2025年版

1級

建築
施工管理
第二次検定
問題解説集

令和6年度〜平成27年度

地域開発研究所

は じ め に

　「1級建築施工管理技術検定試験」は建設業法に基づき，国土交通大臣が指定した試験機関である（一財）建設業振興基金が実施しています。建築工事業は建設業法の定める「指定建設業」となっており，特定建設業の許可業者の場合，営業所の専任の技術者，工事現場ごとに置かなければならない監理技術者は「1級建築施工管理技士」の資格を取得した国家資格者等に限定されます。

　近年，建設業における中長期的な担い手の確保・育成が急務とされており，技術検定の受検資格や技術者要件の見直しが図られてきました。

　令和6年4月に施行された「施工技術検定規則及び建設業法施行規則の一部を改正する省令」とその関連告示では，技術検定合格者の技術力の水準を維持しつつ技術検定制度の合理化を図るため，1級第一次検定は当該年度末時点で19歳以上，1級第二次検定は第一次検定合格後の一定の経験年数により，学歴を問わず受検できるように改正されました。受検資格の緩和により，早期に技士補の資格を取得できるようになったことで，現場の技術者不足の解消への期待が高まっています。

　また，令和6年度以降，検定問題の見直しも行われています。第二次検定では，受検者の経験に基づく解答を求める設問に関し，模範解答例の暗記ではなく，受検者の経験・知識に基づき施工管理上の課題や対策などを解答するように見直しが行われました。

　本書では，1級建築施工管理技術検定の第二次検定を受検する方へ向け，平成27年度から令和6年度の過去10年間に行われた第二次検定（実地試験）の問題と解説を分野別に整理し編集していますので，傾向の把握と対策にお役立てください。

　当研究所では，資格取得を目指す方々のために受検講習会も開催しています。受検講習会の教材としても実績豊富な本書を十分に活用し，皆様が試験に合格されますことをお祈り申し上げます。

　　令和7年4月

一般財団法人 地域開発研究所

目　　次

本書は令和7年1月現在の法令に基づいています

本書で使用している基準・指針等の略称

基準・指針等	略称
公共建築工事標準仕様書（建築工事編）／（一社）公共建築協会	標仕
建築工事監理指針／（一社）公共建築協会	監理指針
建築工事標準仕様書1～27／（一社）日本建築学会	JASS 1～JASS 27
日本産業規格	JIS
日本農林規格	JAS

施工管理技術検定　受検資格の見直しについて

　令和6年度の検定より，1級第一次検定は学歴や実務経験の制限なく19歳以上であれば受検可能になり，さらに1級第二次検定を受検するには，第一次検定合格後に，一定期間の実務経験が求められるようになりました。なお，この変更にあたり，令和10年度までは旧受検資格でも受検可能な経過措置期間です。ここでは，それらの要点について説明します。

要点1　全種目共通の受検資格の見直し

　改正前は，受検者の学歴による卒業後の実務経験年数が受検資格として問われていたが，第一次検定は年齢が，第二次検定は第一次検定合格後の実務経験年数が問われるようになった。

学歴	旧受検資格		新受検資格	
	第一次検定	第二次検定	第一次検定	第二次検定
大学（指定学科）	卒業後	3年実務	年度末時点での年齢が19歳以上	○1級第一次検定合格後， ・実務経験5年以上 ・特定実務経験（※）1年以上を含む実務経験3年以上 ・監理技術者補佐としての実務経験1年以上 ○2級第二次検定合格後， ・実務経験5年以上（1級第一次検定合格者に限る） ・特定実務経験（※）1年以上を含む実務経験3年以上（1級第一次検定合格者に限る）
短大，高専（指定学科）	卒業後	5年実務		
高等学校（指定学科）	卒業後	10年実務		
大学	卒業後	4.5年実務		
短期大学，高等専門学校	卒業後	7.5年実務		
高等学校	卒業後	11.5年実務		
2級合格者	条件なし	2級合格後5年実務		
上記以外	15年実務			
	いずれも指導監督的実務経験1年を含む必要あり			

※特定実務経験
　請負金額4,500万円（建築一式工事は7,000万円）以上の建設工事において，監理技術者・主任技術者（当該業種の監理技術者資格者証を有する者に限る）の指導の下，または自ら監理技術者・主任技術者として行った経験（発注者側技術者の経験，建設業法の技術者配置に関する規定の適用を受けない工事の経験等は特定実務経験には該当しない）

要点2　第二次検定は旧受検資格と新受検資格の選択が可能

・**令和10年度までは経過措置期間とし，制度改正前の受検資格要件による第二次検定受検が可能。**
・令和6年度から10年度までの間に，有効な第二次検定受検票の交付を受けた場合，令和11年度以降も引き続き同第二次検定を受検可能（旧2級学科試験合格者及び同日受検における第一次検定不合格者を除く）。

※このほか試験の日程や受検資格の詳細は，国土交通省HPや「受検の手引」をご確認ください。

めざせ一発合格！　学習の進め方

　マークシート式の第一次検定と異なり，第二次検定は施工経験記述問題をはじめ，記述式の問題が中心です。試験本番で時間内に考えをまとめ，解答用紙のスペースに合わせて記述できるように，実際に手を動かして記述に慣れておくことが必要です。ここでは，第二次検定の受検対策を始めようとしている皆さんが，学習計画を立てる際に参考になるよう，本書を使用した学習の進め方についてお伝えします。

※この勉強法はあくまでも一例です。参考にしながら自分に合った方法で取り組んでください。

STEP 1　過去問題で出題の傾向を確認する

よく出される用語や
テーマを覚えておこう！

　試験対策の第一歩は，試験問題の形式や出題の傾向を大まかに把握することです。P.10〜13の出題内容一覧表を参考にして，よく出題される用語やその頻度などを確認してください。

STEP 2　試験当日までの学習計画を立てる

記述問題は
試験日の2カ月以上前
から準備！

　第二次検定では，これまで培ってきた施工管理の知識やノウハウを文章で記述する力が求められます。記述力は短期間に育成するのが難しいため，試験日から逆算し，2カ月以上前から対策に着手するといいでしょう。

STEP 3　いざ実践！「書く力」を伸ばす

その1　現在の力を把握する（受検申込前後）

　本書を購入したら，まず過去3〜5年間の問題を解いてみましょう。正答が公表されている択一式の問題を中心に，合格基準である「得点の60％以上」をクリアできそうか，手応えを感じてみてください。

Check　記述問題は事前準備が不可欠

記述問題で頻出のテーマについては，事前に記述内容を検討し，覚えておきましょう。同じ職場の先輩等に読んでもらい，意見を聞くのも有効です。

その2　繰り返し書く（試験2〜3カ月前から）

　頭では理解していても，それをそのまま解答用紙に書けるとは限りません。記述問題で過去に出題されたことがあるテーマや用語について，着目点や技術的なポイントを整理し，繰り返し書いてみましょう。手を動かすうちに思考がまとまり，簡潔に表現できるようになります（ Check 参照）。

その3　仕上げる（試験2〜3週間前）

　記述に慣れてきたら最終確認です。実際の試験と同じ時間内に，簡潔に書ききれるかどうか，時間を計りながら過去問題に再度トライしてみましょう（ Point 1 Point 2 参照）。

試験日

Point 1　簡潔で要点を押さえた解答を目指そう

試験本番で，事前に準備をしていなかったテーマや用語が出題されても焦らないでください。文学作品のような流麗な文章を書く必要はありません。落ち着いて必要事項を整理し，解答欄の範囲内に簡潔にまとめれば大丈夫です。

Point 2　講習会や添削指導を併用しよう

択一式の第一次検定と異なり，第二次検定のような記述式問題の正答や，それを導き出すポイントを，問題解説集だけで理解するのはなかなか困難ですが，講習会など，講師から直接書き方を学ぶ機会や添削指導を活用すれば，よりスムーズに記述のノウハウを吸収できます。

講習会※

※当研究所主催講習会，発行図書のお知らせは巻末広告・HPをご覧ください。

合格

第二次検定の概要

1．技術検定試験の概要（令和 7 年度の予定）

⑴ 受検資格

※ 受検資格の詳細については，「受検の手引」をご確認ください。

⑵ 試験機関と実施時期等

① 試験機関：一般財団法人 建設業振興基金 試験研修本部

〒 105-0001　東京都港区虎ノ門 4-2-12　虎ノ門 4 丁目 MT ビル 2 号館

☎ 03-5473-1581 ㈹　　https://www.fcip-shiken.jp

② 受検申込受付期間：令和 7 年 2 月 14 日（金）〜 2 月 28 日（金）

③ 試　験　日：令和 7 年 10 月 19 日（日）

④ 試　験　地：札幌・仙台・東京・新潟・名古屋・大阪・広島・高松・福岡・沖縄

⑤ 合格発表：令和 8 年 1 月 9 日（金）

> ※　詳細については「受検の手引」をご参照ください　※

2．出題の概要

⑴ 第二次検定の目的と出題形式

　1 級技術検定の目的は，一定の実務の経験者である受検者が，1 級建築施工管理技士としてふさわしい知識・能力を持ち，現場で適切な施工管理が実施できる技術者であるかどうかを判定することにある。

　特に第二次検定は，実務経験の有無，その内容と能力（表現能力を含む）を見ることに重点が置かれるため，五肢択一（マークシート）のほか，記述式の問題が出題される。

⑵ 出題内容（令和 6 年度 1 級建築施工管理第二次検定）

　第二次検定は，例年 6 問出題されており，全問必須問題となっている。

　合格基準については，試験機関の「受検の手引」によると，以下のとおりとなっている。

「第一次検定及び第二次検定の別に応じて，次の基準以上の者を合格としますが，試験の実施状況等を踏まえ，変更する可能性があります。

・第一次検定（全体）　　　　　　　得点が 60% 以上

　　　　　　（施工管理法（応用能力））　得点が 60% 以上

・第二次検定　　　　　　　　　　　得点が 60% 以上」

出題内容　令和 6 年度の例

出　題　内　容		出　題　数
問題 1	施 工 経 験 記 述	1 問
問題 2	仮 設 ・ 安 全	1 問
問題 3	施 工 管 理	1 問
問題 4	仕 上 げ 施 工	1 問
問題 5	躯 体 施 工	1 問
問題 6	法 規	1 問
合　計		6 問

※　試験時間：3 時間

1 級建築第二次検定（実地試験）合格率

令和 6 年度	40.8 ％
令和 5 年度	45.5 ％
令和 4 年度	45.2 ％
令和 3 年度	52.4 ％
令和 2 年度	40.7 ％
令和元 年度	46.5 ％
平成 30 年度	37.1 ％　※
平成 29 年度	33.5 ％
平成 28 年度	45.6 ％
平成 27 年度	37.8 ％

※　平成 30 年度は，「臨時試験」の結果を含めた数値。

〈過去の出題内容〉

【問題 1】施工経験記述

　　受検者の実務経験の有無と施工管理能力が判定される重要な問題であり，令和 5 年度までは自身が経験した建築工事の中から 1 つ選び，「品質管理」，「施工の合理化」，「建設副産物対策」等の課題に関して，現場で行った取組みや活動等について具体的に記述する問題が出題されていた。令和 6 年度は，設問に示された工事概要において，「施工の合理化」に関して適正かつ合理的に施工管理を進めるうえで，有効と考える現場の作業軽減策を 3 つ提案する問題であった。

　　また，工事経験に照らして，与えられた課題に関する自身の考えや意見等の記述も求められる。

【問題 2】仮設・安全

　　これまでの経験や知識を踏まえて，建築工事における，「災害防止対策」や「仮設物の配置計画」上の留意又は検討すべき事項・対策等について具体的に記述する。

【問題 3】施工管理

　　平成 12 年度以前はネットワーク工程表の読取りや品質管理の分野から出題され，平成 13 年度より，バーチャート工程表の読取り問題が出題されていたが，平成 29 年度よりネットワーク工程表の読取り問題が出題されている。

【問題 4 or 5】躯体施工

　　「土工事」，「地業工事」，「鉄筋工事」，「コンクリート工事」，「鉄骨工事」等から，施工上の留意事項を記述する問題，又は施工に関する規定の間違いを指摘し適切な語句にする問題や五肢択一問題が出題されている。

【問題 4 or 5】仕上げ施工

　　「防水工事」，「タイル工事」，「屋根工事」，「左官工事」，「建具工事」，「内装工事」等から，施工上の留意事項を記述する問題，又は施工に関する規定の間違いを指摘し適切な語句にする問題や五肢択一問題が出題されている。

【問題 6】法　規

　　建設業法や建築基準法，労働安全衛生法について，空欄に条文の語句を記入する出題が多いが，令和 3 年度以降は五肢択一問題が出題されている。

3.　1 級建築施工管理技士の効用

　　第二次検定に合格すると，所定の手続きを経て国土交通大臣より技術検定合格証明書が交付され「1 級建築施工管理技士」と称することが認められて，建設業法に基づき下記の要件に該当する技術者として取り扱われる。

(1)　「営業所に置く専任の技術者（許可の基準）」及び「監理技術者」・「主任技術者」

(2)　経営事項審査における 1 級技術者

4．年度別の出題内容一覧表

区分 / 年度		令和6年度	令和5年度
問題1	施工経験記述	設問に示された工事概要において，機能，性能等の要求された品質を確保しながら，適正かつ合理的に施工管理を進める上で，有効と考える現場作業の軽減策を3つ提案し，①〜③の事項について具体的に記述 ①工種名又は作業名等 ②現場作業の軽減策と軽減に繋がる理由 ③確保すべき品質と施工上の留意事項	要求された品質を満足させるため，重点的に品質管理を行った事例を3つあげ，①〜③の事項について具体的に記述 ①工種名又は作業名等 ②品質管理項目及び設定した理由 ③実施した内容及び確認方法又は検査方法
		工事経験を踏まえて，次の①，②について具体的に記述 ①時間外労働を増長させていた要因とその理由 ②①の対策として，有効と考える組織としての取組や工夫	工事概要であげた工事にかかわらず，次の①，②について具体的に記述 ①品質管理を適確に行うための作業所における組織的な取組 ②①の取組によって得られる良い効果
問題2	仮設・安全	設備又は機械を安全に使用するための留意事項の記述。 ①バケット容量0.5㎡程度のバックホウ ②工事用の仮設電力設備 ③ホイール式垂直昇降型の高所作業車	仮設物の設置計画に当たり留意，検討すべき事項の記述 ①くさび緊結式足場 ②建設用リフト ③場内仮設道路
問題3	施工管理	RC造事務所ビル建設工事（6階）の内装工事のネットワーク工程表の判読	RC造事務所ビル建設工事（6階）の基準階の躯体工事のネットワーク工程表の判読
問題4 or 5	躯体施工	〔問題5〕 ①通路 ②根切工事における地下水が原因となる異常現象 ③既製コンクリート杭の埋込み工法 ④鉄筋相互のあきの最小寸法等 ⑤型枠支保工で鋼管枠とパイプサポートを支柱として用いる時の措置 ⑥コンクリートポンプによる打込み，圧送 ⑦寒中コンクリートの打設，養生 ⑧完全溶込み溶接の余盛高さの最小値	〔問題4〕 ①山留め壁に鋼製切梁工法の支保工を設置する際の施工上の留意事項の記述 ②鉄筋工事におけるバーサポート又はスペーサーを設置する際の施工上の留意事項の記述 ③床型枠用鋼製デッキプレート（フラットデッキプレート）を設置する際の施工上の留意事項の記述 ④普通コンクリートを密実に打ち込むための施工上の留意事項の記述
問題4 or 5	仕上げ施工	〔問題4〕 ①有機系接着剤を用いて外壁タイル張りを行うときの施工上の留意事項の記述 ②パラペット天端にアルミニウム製笠木を設けるときの施工上の留意事項の記述 ③床張物下地となるセルフレベリング材塗りの施工上の留意事項の記述 ④ビニル床シートを平場部に張り付けるときの施工上の留意事項の記述	〔問題5〕 ①塩化ビニル樹脂系シート防水の接着工法 ②外壁タイル後張り工法の引張接着強度検査 ③折板葺屋根におけるけらば包みの施工 ④軽量鉄骨壁下地の施工 ⑤セメントモルタル塗りの表面仕上げ ⑥アルミニウム製建具の施工 ⑦パテ処理 ⑧フリーアクセスフロア下地へのタイルカーペット張付け
問題6	法規	①建設業法 ・施工体制台帳及び施工体系図の作成等 ②建築基準法施行令 ・建て方 ③労働安全衛生法 ・事業者の講ずる措置	①建設業法 ・下請代金の支払 ②建築基準法施行令 ・根切り工事，山留め工事等を行う場合の危害の防止 ③労働安全衛生法 ・総括安全衛生管理者

令和4年度・令和3年度

年度／区分		令和4年度	令和3年度
問題1	施工経験記述	品質を確保したうえで行った施工の合理化の中から，労働生産性の向上に繋がる現場作業の軽減を図った工事の事例の記述 ①工種名等 ②実施した内容と具体的な理由 ③懸念された品質と施工上の留意事項	品質管理の事例を2つあげ，それぞれについて具体的に記述 ①工種名 ②品質の目標及び重点品質管理項目 ③重点品質管理項目を定めた理由及び欠陥又は不具合 ④実施した内容及び確認方法又は検査方法
		工事概要であげた工事にかかわらず，建設現場での労働者の確保についての記述 ①労働者の確保を困難にしている建設現場が直面している課題や問題点 ②①に効果があると考える建設現場での取組や工夫	工事概要であげた工事にかかわらず，組織的な品質管理活動についての記述 ①品質管理活動の内容及びそれを協力会社等に伝達する手段又は方法 ②品質管理活動によってもたらされる良い影響
問題2	仮設・安全	災害の発生するおそれのある状況や作業の内容と，防止するための対策の記述 ①墜落，転落による災害 ②崩壊，倒壊による災害 ③移動式クレーンによる災害	仮設物の設置計画に当たり留意，検討すべき事項の記述 ①仮設ゴンドラ ②場内仮設事務所 ③工事ゲート（車両出入口）
問題3	施工管理	RC造事務所ビル建設工事の内装工事（3階）のネットワーク工程表の判読	RC造事務所ビル建設工事の躯体工事（基準階の柱，上階の床，梁部分）のネットワーク工程表の判読
問題4or5	躯体施工	〔問題5〕 ①地盤の平板載荷試験 ②根切りにおける機械式掘削 ③場所打ちコンクリート杭地業のオールケーシング工法 ④鉄筋のガス圧接 ⑤型枠に作用するコンクリートの側圧 ⑥型枠組立てに当たってのセパレーターの取付け ⑦暑中コンクリートの打設，養生 ⑧スタッド溶接の検査	〔問題4〕 ①既製コンクリート杭の埋込み工法の施工上の留意事項の記述 ②柱又は梁型枠の加工，組立ての施工上の留意事項の記述 ③コンクリート打込み後の養生に関する施工上の留意事項の記述 ④トルシア形高力ボルトの締付けに関する施工上の留意事項の記述
問題4or5	仕上げ施工	〔問題4〕 ①屋根保護防水断熱工法における保護層の平場部の施工上の留意事項の記述 ②フローリングボード，複合フローリングを釘止め工法で張るときの施工上の留意事項の記述 ③外装合成樹脂エマルション系薄付け仕上塗材（外装薄塗材E）仕上げの施工上の留意事項の記述 ④RC造外壁に鋼製建具を取り付けるときの施工上の留意事項の記述	〔問題5〕 ①改質アスファルトシート防水の施工 ②剥落防止用引金物 ③長尺金属板葺の施工 ④セルフレベリング床材の施工 ⑤PCカーテンウォールのファスナー方式 ⑥塗装工事における研磨紙ずり ⑦壁紙施工 ⑧コンクリートひび割れ部への樹脂注入工法
問題6	法規	①建設業法 ・特定建設業者の下請代金の支払期日等 ②建築基準法施行令 ・落下物に対する防護 ③労働安全衛生法 ・元方事業者の講ずべき措置等	①建設業法 ・請負契約とみなす場合 ②建築基準法施行令 ・建て方 ③労働安全衛生法 ・元方事業者の講ずべき措置等

令和2年度

年度／区分		令和2年度
問題1	施工経験記述	品質を確保したうえで実施した施工の合理化の事例の記述 ①工種又は部位等 ②実施した内容と品質確保のための留意事項 ③施工の合理化となる理由 ④副次的効果
		施工の合理化において品質を確保しながらコスト削減を行った事例に関する記述 ①工種又は部位等 ②施工の合理化の内容とコスト削減できた理由
問題2	仮設・安全	設備又は機械を安全に使用するための留意事項の記述 ①外部枠組足場 ②コンクリートポンプ車 ③建設用リフト
問題3	躯体施工	①つり足場 ②ディープウェル工法とウェルポイント工法比較 ③既製コンクリート杭の埋込み工法 ④鉄筋相互のあきの最小寸法 ⑤型枠支保工で鋼管枠とパイプサポートを支柱として用いる時の措置 ⑥コンクリート打設時の分離防止 ⑦溶融亜鉛めっき高力ボルト接合 ⑧現場溶接作業時の防風対策
問題4	仕上げ施工	①有機系接着剤を用いて外壁タイル張りを行うときの施工上の留意事項の記述 ②金属製折板屋根葺を行うときの施工上の留意事項の記述 ③天井仕上げとしてロックウール化粧吸音板を，せっこうボード下地に張るときの施工上の留意事項の記述 ④吹付け硬質ウレタンフォームの吹付けを行うときの施工上の留意事項の記述
問題5	施工管理	RC造事務所ビル建設工事の内装仕上げ工事（3階部分）のネットワーク工程表の判読
問題6	法規	①建設業法 ・検査及び引渡し ②建築基準法施行令 ・根切り工事，山留め工事等を行う場合の危害の防止 ③労働安全衛生法 ・総括安全衛生管理者

区分 \ 年度	令和元年度	平成30年度 臨時試験	平成30年度 通常試験
問題1 施工経験記述	要求された品質を実現するため，品質管理計画に基づき，重点的に品質管理を実施した事例の記述 ①工種名，要求された品質，品質管理項目 ②品質管理項目を設定した理由 ③実施した内容と留意した内容	品質を確保したうえで，現場作業の軽減及び工期の短縮を図った事例の記述 ①工種又は部位等 ②実施したことと品質確保のための留意事項 ③現場作業の軽減又は工期の短縮に結び付く理由 ④副次的効果	建築物の更新や解体工事に伴う建設副産物対策のうち，発生抑制，再使用，再生利用のいずれかに関する記述 ①選択した建設副産物対策 ②工種名等 ③実施した内容と留意事項 ④副次的効果
	工事概要であげた工事にかかわらず，組織的な品質管理活動についての記述 ①作業所における組織的な品質管理を行うための方法や手段 ②①を行うことにより得られる効果	建設現場における労働生産性の向上のための取組みの記述 ①取り組んだこと ②得られる効果	建設副産物対策として，建設廃棄物の適正な処理の2事例についての記述 ①対策として実施したこと ②対策を適切に実施するための留意事項
問題2 仮設・安全	仮設物の設置計画の作成に当たり留意，検討した事項の記述 ①荷受け構台 ②鋼板製仮囲い（ゲート及び通用口を除く） ③工事用エレベーター	仮設物の設置計画の作成に当たり留意，検討した事項の記述 ①場内仮設道路 ②建設用リフト ③排水（濁水）処理設備	災害の発生するおそれのある状況や作業の内容と，防止するための対策の記述 ①墜落，転落による災害 ②電気による災害 ③車両系建設機械による災害
問題3 躯体施工	①山留め支保工において，地盤アンカーを用いる場合の施工上の留意事項の記述 ②鉄筋の組立てを行う場合の施工上の留意事項の記述 ③コンクリートを密実に打ち込むための施工上の留意事項の記述 ④鉄骨工事において，建入れ直しを行う場合の施工上の留意事項の記述	①地盤の平板載荷試験 ②山留め工事における切梁，変位 ③場所打ちコンクリート杭地業のオールケーシング工法 ④鉄筋の機械式継手 ⑤鉄筋のガス圧接 ⑥型枠の構造計算 ⑦コンクリートポンプによる打込み，圧送 ⑧完全溶込み溶接の余盛高さの最小値	①地盤の平板載荷試験 ②根切り工事における地下水が原因となる異常現象 ③場所打ちコンクリート杭地業のオールケーシング工法 ④ガス圧接の技量資格種別 ⑤鉄筋のガス圧接継手の外観検査と処置 ⑥型枠組立てに当たってのセパレーターの取付け ⑦コンクリートポンプを用いてコンクリート打設を行う際の注意事項 ⑧スタッド溶接の検査
問題4 仕上げ施工	①アスファルト防水密着工法の施工 ②セメントモルタルによる外壁タイル後張り工法（マスク張り，モザイクタイル張り） ③金属製折板葺きにおけるタイトフレームの接合，壁取合い部の雨押え，重ね形折板端部の端あき寸法 ④軽量鉄骨壁下地の施工 ⑤セメントモルタル塗りの表面仕上げ ⑥防煙シャッター ⑦パテ処理 ⑧せっこうボード直張り工法	①屋上アスファルト防水（断熱工法）における保護コンクリートを打設する場合に用いる絶縁用シートに関する施工上の留意事項の記述 ②屋内床仕上げの下地をコンクリート直均し仕上げとする場合の施工上の留意事項の記述 ③軽量鉄骨天井下地工事の施工上の留意事項の記述 ④二丁掛タイル密着張りの施工上の留意事項の記述	①屋上アスファルト防水のアスファルトルーフィング類を平場部に張り付ける場合の施工上の留意事項の記述 ②外壁コンクリート面を外装合成樹脂エマルション系薄付け仕上塗材（外装薄塗材E）仕上げとする場合の施工上の留意事項の記述 ③パラペット天端にアルミニウム笠木を設ける場合の施工上の留意事項の記述 ④外壁下地モルタル面に小口タイルを改良圧着張りとする場合の施工上の留意事項の記述
問題5 施工管理	RC造事務所ビル建設工事の躯体工事（3階柱,4階床梁部分）のネットワーク工程表の判読	RC造事務所ビル建設工事の躯体工事（3階柱,4階床梁部分）のネットワーク工程表の判読	RC造事務所ビル建設工事の内装仕上げ工事（3階部分）のネットワーク工程表の判読
問題6 法規	①建設業法 ・主任技術者及び監理技術者の職務等 ②建築基準法施行令 ・落下物に対する防護 ③労働安全衛生法 ・特定元方事業者等の講ずべき措置	①建設業法 ・検査及び引渡し ②建築基準法施行令 ・落下物に対する防護 ③労働安全衛生法 ・元方事業者の講ずべき措置等	①建設業法 ・建設工事の見積り等 ②建築基準法施行令 ・仮囲い ③労働安全衛生法 ・事業者等の責務

区分 \ 年度	平成 29 年度	平成 28 年度	平成 27 年度
問題1 施工経験記述	品質を確保したうえで実施した施工の合理化に関する記述 ①工種又は部位等 ②施工の合理化が必要となった原因と実施した内容 ③確保しようとした品質と留意事項 ④施工の合理化ができた理由	発注者や設計図書等により要求された品質及びその品質を満足させるための品質管理活動に関する記述 ①工種名，要求された品質，品質管理項目 ②取り上げた理由 ③実施した内容	資源循環型社会の推進に向けて計画実施した建設副産物対策のうちから，発生抑制と再生利用に関する記述 ①工種名 ②計画・実施した内容 ③結果と波及効果
	品質を確保したうえで行う施工の合理化の方法に関する次の事項についての記述 ①建設資材廃棄物の発生抑制に効果がある施工方法 ②効果があると考える理由	品質管理目標，品質管理項目及び活動内容に関する次の事項についての記述 ①協力業者等に周知するための方法・手段 ②周知した方法・手段に基づき施工されていることを確認するための方法・手段	現場で分別された産業廃棄物の適正処分にあたっての留意事項の記述
問題2 仮設・安全	仮設物の設置計画の作成に当たり，留意，検討すべき事項の記述 ①つり足場 ②起伏式（ジブ）タワークレーン ③仮設ゴンドラ	設備又は機械を安全に使用するための留意事項の記述 ①ロングスパンエレベーター ②高所作業車（クローラ式の垂直昇降型） ③バックホウ（バケット容量0.5㎥程度）	仮設物の設置計画の作成に当たり，留意，検討すべき事項の記述 ①外部枠組足場 ②仮設電力設備 ③荷受け構台
問題3 躯体施工	①既製コンクリート杭の埋込み工法における，支持力を確保するための施工管理上の確認方法の記述 ②鉄筋工事における，バーサポート又はスペーサーを設置する際の施工上の留意事項の記述 ③コンクリート工事の打込み時における，コールドジョイントの発生を防止するための施工上の留意事項の記述 ④鉄骨工事の耐火被覆における，吹付けロックウール（乾式又は半乾式）工法の施工上の留意事項の記述	①各種クレーンの性能 ②根切りにおける機械式掘削 ③アースドリル工法 ④鉄筋のガス圧接 ⑤型枠に作用するコンクリートの側圧 ⑥コンクリート打設時の分離防止 ⑦スタッド溶接の検査 ⑧トルシア形高力ボルトの締付け完了後の検査	①場所打ちコンクリート杭地業（アースドリル工法）のスライム処理，安定液に関する施工上の留意事項の記述 ②床型枠用鋼製デッキプレート（フラットデッキプレート）に関する施工上の留意事項の記述 ③ひび割れを防止するためのコンクリートの調合上の留意事項の記述 ④頭付きスタッドのアークスタッド溶接に関する施工上の留意事項の記述
問題4 仕上げ施工	①改質アスファルトシート防水常温粘着工法・断熱露出仕様の施工 ②タイル（標準品・特注品）の検査 ③金属板葺き屋根工事の下葺きアスファルトルーフィングの施工 ④金属製手すりの伸縮調整部の施工 ⑤左官工事における吸水調整材の施工 ⑥ステンレス製建具の製作 ⑦アクリル樹脂系非水分散形塗料（NAD）の施工 ⑧事務室用フリーアクセスフロアにおける，タイルカーペットの施工	①屋上アスファルト防水保護層の平場部に関する施工上の留意事項の記述 ②床張物下地のセルフレベリング材塗りに関する留意事項の記述 ③内壁モルタル下地面への有機系接着剤によるタイル後張り工法に関する施工上の留意事項の記述 ④せっこうボード下地における天井ロックウール化粧吸音板張り工事に関する施工上の留意事項の記述	①ゴムアスファルト系塗膜防水材の施工 ②外壁タイル後張り工法における引張接着強度検査 ③鋼板製折板葺き屋根のけらば包みの継手 ④軽量鉄骨天井下地の施工 ⑤セメントモルタル塗りの表面仕上げ ⑥防煙シャッター ⑦パテ処理 ⑧タイルカーペットの張付け
問題5 施工管理	RC造事務ビル建設工事の躯体工事（3階部分）のネットワーク工程表の判読	S造事務所ビル建設工事のバーチャート工程表の判読	S造事務所ビル建設工事のバーチャート工程表の判読
問題6 法規	①建設業法 ・施工体制台帳及び施工体系図の作成等 ②建築基準法施行令 ・根切り工事，山留め工事等を行う場合の危害の防止 ③労働安全衛生法 ・安全衛生教育	①建設業法 ・主任技術者及び監理技術者の職務等 ②建築基準法施行令 ・建て方 ③労働安全衛生法 ・健康診断	①建設業法 ・建設工事の見積り等 ②建築基準法施行令 ・仮囲い ③労働安全衛生法 ・元方事業者の講ずべき措置等

受　検　番　号	氏　　　　名

令和6年度

1級建築施工管理技術検定

第二次検定問題

令和6年10月20日(日)

〔注　意　事　項〕

1．ページ数は，表紙を入れて15ページです。

2．試験時間は，**13時から16時**です。

3．解答用紙は，別紙（両面）になっています。

4．試験問題は，**6問題**です。

5．問題1から問題4は，記述式です。

　　解答は，解答用紙の定められた範囲内に，〔HB〕の**黒鉛筆**か**黒シャープペンシル**で記入して

　　ください。

6．問題5及び問題6は，**五肢択一式**です。正解と思う肢の番号を1つ選んでください。

　　解答の記入に当たっては，次によってください。

　　　イ．解答は，選んだ番号を右のマークの塗りつぶし例に

　　　　　従って，〔HB〕の**黒鉛筆**か**黒シャープペンシル**で

　　　　　塗りつぶしてください。ボールペン，サインペン，色鉛筆等では採点されません。

　　　ロ．マークを訂正する場合は，消しゴムできれいに消して訂正してください。

マークの塗りつぶし例	●

7．解答用紙は，雑書きしたり，汚したり，折り曲げたりしないでください。

8．この問題用紙は，計算等に使用しても差し支えありません。

9．漢字に付した**ふりがな**は補足であり，異なる読み方の場合があります。

10．この問題用紙は，試験終了時刻まで在席した場合に限り，持ち帰りを認めます。

　　　途中退席する場合は，持ち帰りできません。

問題1 持続可能な建設業を目指して，**働き方改革**を推進すべく様々な取組が官民一体となって続けられている昨今，建築工事の現場を管理していく上でのあなたの考えについて，次の1. 及び2. の問いに答えなさい。

1. 右に示す**工事概要**の建築工事において，あなたが建設現場における統括的な施工の技術上の管理を求められる立場として，機能，性能等の要求された品質を確保しながら適正，かつ，合理的に進める上で，有効と考える**現場作業の軽減策**を3つ提案し，それぞれ次の①から③について具体的に記述しなさい。

　　ただし，**3つの提案の②及び③**はすべて異なる内容を記述するものとする。
　　なお，次の記述は不可とする。
　　・工事概要に示す工事において施工上必要としない工事及び作業に関する内容
　　・計画変更確認申請が必要となる内容
　　・竣工引渡し時期の遅れに繋がる内容
　　・工程の短縮は図れるが現場作業の軽減には繋がらない内容
　　・建築設備工事に関する内容

　　① **工種名又は作業名等**
　　② あなたが考える有効な**現場作業の軽減策**とそれが現場作業の軽減に繋がる**理由**
　　③ ②の実施に当たって**確保すべき品質**とそのための軽減策における**施工上の留意事項**

2. 建設業における**働き方改革**の課題の1つとして，建設現場における**時間外労働**が挙げられる。
　　右に示す工事概要の建築工事に係わらず，あなたの今日までの経験を踏まえて，建築工事の施工に従事する者の時間外労働の現状に関して，次の①及び②について具体的に記述しなさい。
　　ただし，1. の②と同じ内容の記述は不可とする。

　　① これまでの建設現場における施工や工程，管理等の業務において，施工に従事する者の時間外労働を増長させていた要因とそれが時間外労働の増長に繋がっていた理由
　　② ①の対策として，あなたが有効と考える建設現場における**組織としての取組や工夫**

工事概要 （表中「〇+△+□」は〇下地の上に△面に□仕上げ等，下地と表面仕上げの関係を示す。）

工事名　共同住宅新築工事

主要用途	共同住宅 52 戸	工　期	2024 年 1 月 ～ 2025 年 6 月
用途地域	住居地域　6 m 道路隣接	主要構造	鉄筋コンクリート構造　地上 7 階建て
面　積	敷地面積　2,350.00 m²	最高高さ	23.25 m
	建築面積　758.85 m²	階　高	1 ～ 4 階　3.3 m，5 ～ 7 階　3.0 m
	延床面積　4,950.60 m²	エレベーター	乗用　8 人乗り　1 台

主な構造仕様

根切深さ	2.5 m	型　枠	コンクリート型枠用合板
山留め	親杭横矢板工法		支保工：パイプサポート
地　業	現場造成杭（アースドリル工法）	鉄　筋	工場加工，現場組立て
コンクリート	普通コンクリート		柱，梁主筋：ガス圧接継手

主な外部仕上げ

屋根	陸屋根	アスファルト露出断熱防水	バルコニー	モルタル下地+ウレタン系塗膜防水
		アルミ製笠木	床 外部廊下	コンクリート直均し+ビニル床シート
外壁	主な外壁	コンクリート打放し+防水形複層塗材	外部階段	モルタル下地+ビニル床シート
	断熱	内断熱工法	風除室	ステンレス製オートロック式自動扉
		現場発泡断熱材吹付け		強化ガラス共
手すり壁	バルコニー	アルミ製既製品　H = 1.2 m	建具 玄関	化粧シート張り鋼製扉
	外部廊下	コンクリート打放し+防水形複層塗材	窓	アルミ製サッシ
	外部階段	コンクリート打放し+防水形複層塗材		1 ～ 2 階　網入りガラス共
		ステンレス製壁付手すり		3 ～ 7 階　フロートガラス共

主な内部仕上げ　（居室，水廻り：天井高さ 2.4 m，風除室：天井高さ 2.5 m）

床	居室	コンクリート直均し+乾式二重床+フローリングボード	壁 風除室	モルタル下地+有機系接着剤による小口タイル
	水廻り	コンクリート直均し+乾式二重床+耐水合板+ビニル床シート	天井 居室	軽量鉄骨下地+せっこうボード+ビニルクロス
			天井 水廻り	
	風除室	モルタル下地+ノンスリップタイル	天井 風除室	軽量鉄骨下地+アルミスパンドレル
壁	居室	軽量鉄骨下地+せっこうボード+ビニルクロス	建具他 居室	化粧シート張り木製扉　枠共
	水廻り	軽量鉄骨下地+シージングせっこうボード+ビニルクロス	建具他 水廻り	ユニットバス，洗面化粧台，システムキッチン
			建具他 風除室	集合郵便受け，インターホンパネル

主な外構仕様

構内舗装	駐車場：アスファルト舗装	囲障	化粧フェンス
	駐輪場：コンクリート舗装		駐車場入口：レール式門扉
	アプローチ：インターロッキング舗装	植栽	敷地境界：中木，低木混栽

問題2 建築工事における次の 1. から 3. の設備又は機械を安全に使用するための**留意事項**を，**それぞれ2つ具体的に記述**しなさい。

　　ただし，1. から 3. の解答はすべて異なる内容の記述とし，保護帽や要求性能墜落制止用器具等の保護具の使用，気象条件，資格，免許及び届出に関する記述は除くものとする。

　　また，使用資機材に不良品はないものとし，2. を除き保守点検に関する記述は不可とする。

1.　バケット容量 0.5 m³ 程度のバックホウ

2.　工事用の仮設電力設備

3.　ホイール式垂直昇降型の高所作業車

問題3　市街地での事務所ビル新築工事において，右の工事概要に示す事務所部分の内装工事に関する作業工程について，次の1. から4. の問いに答えなさい。

工程表は計画時点におけるもので，対応する作業内容と所要日数，施工条件を合わせて示しているが，作業⑤及び作業⑧については作業内容を記載していない。

また，作業⑦のフリーアクセスフロア敷設作業は，作業ⓓ及び作業ⓔとの関係を示すために作業⑦-1, 作業⑦-2 に分けて工程表及び作業内容と所要日数に示している。

工程表の設備工事は電気設備（照明，コンセント），通信設備，警報設備，空調設備とする。

なお，各作業は一般的な手順に従って施工されるものとし，施工中に必要な試験や検査については記載を省略している。

1. 作業⑤及び作業⑧の作業内容を記述しなさい。

2. 内装工事における建築工事と設備工事の一般的な施工手順と，作業内容と所要日数，施工条件に記載してある条件を読み取り，㊁から㊀までの総所要日数を記入しなさい。

3. 作業④のフリーフロート及び作業⑦のトータルフロートを記入しなさい。

4. 作業⑦の着手に必要な支持脚（ペデスタル）の墨出しに係る工程を見込んでおらず，作業⑦の所要日数に1日を追加しなければならないことが判明した。
工程追加後の㊁から㊀までの総所要日数を記入しなさい。

検討用

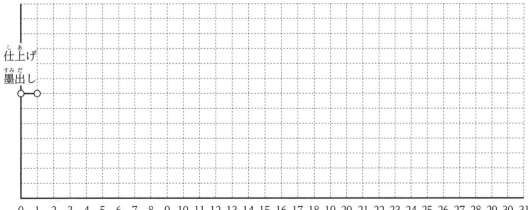

工事概要

用　　　途：事務所

構造，規模：鉄筋コンクリート構造，地上6階，基準階における事務室部分の床面積325 m²

事務室仕上げ：床はフリーアクセスフロア下地，タイルカーペット仕上げ

壁は軽量鉄骨下地，せっこうボード張り，塗装仕上げ（壁の軽量鉄骨下地，せっこうボード張り共に天井軽量鉄骨下地高さまでとする）

天井は軽量鉄骨下地，せっこうボード張り，ロックウール化粧吸音板仕上げ

工程表

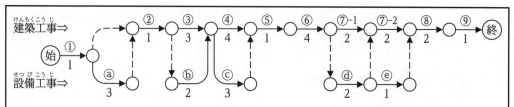

（凡例）○ ──②→ ○：作業②天井足場架設作業の所要日数が1日であることを表している。
　　　　　　1

※　所要日数はリードタイム（手待ち時間）を含めていない。

作業内容と所要日数　（各作業に必要な資機材運搬等を含む）

作業	作業内容	所要日数	作業	作業内容	所要日数
①	仕上げ墨出し	1日	⑦-2	フリーアクセスフロア敷設	2日
②	天井足場架設	1日	⑧		2日
③	天井，壁軽量鉄骨下地組立て（建具枠取付共）	3日	⑨	建具扉吊込み	1日
			ⓐ	天井内設備機器等設置	3日
④	天井，壁ボード張り	4日	ⓑ	間仕切壁内配管等設置	2日
⑤		1日	ⓒ	天井面照明設備等設置	3日
⑥	壁，鋼製建具枠塗装	4日	ⓓ	壁面器具結線，取付け	2日
⑦-1	フリーアクセスフロア敷設	2日	ⓔ	フリーアクセスフロア内配線	1日

施工条件

作業ⓐ：天井内の配管，配線，機器設置，ダクト等の設置
　　　　高所作業車を使用

作業ⓑ：間仕切壁内の配管，ボックス取付け工事
　　　　作業③の開始2日後に並行作業として着手

作業ⓒ：作業④の開始3日後に並行作業として着手
　　　　天井足場を使用

作業ⓓ：着手は作業⑥の完了後1日の養生日を置き，作業⑦-1と並行作業として着手

作業ⓔ：作業⑦-2と並行作業として着手

問題 4 次の 1. から 4. の問いに答えなさい。

ただし，1. から 4. の解答はすべて異なる内容の記述とし，材料（仕様，品質，搬入等），作業環境（騒音，振動，気象条件等），清掃及び安全に関する記述は除くものとする。

1. タイル工事において，有機系接着剤を用いて外壁タイル張りを行うときの施工上の留意事項を 2 つ，具体的に記述しなさい。

　　ただし，タイルの割付け，材料の保管及び下地に関する記述は除くものとする。

2. 金属工事において，パラペット天端に押出形材の既製品であるアルミニウム製笠木を設けるときの施工上の留意事項を 2 つ，具体的に記述しなさい。

　　ただし，材料の保管及び防水層に関する記述は除くものとする。

　　なお，パラペットは現場打ちコンクリートとする。

3. 左官工事において，内装床の張物下地となるセルフレベリング材塗りを行うときの施工上の留意事項を 2 つ，具体的に記述しなさい。

　　なお，セルフレベリング材は固定プラント式のスラリータイプとし，専用車両で現場まで輸送供給されるものとする。

4. 内装床工事において，ビニル床シートを平場部に張り付けるときの施工上の留意事項を 2 つ，具体的に記述しなさい。

　　ただし，下地に関する記述は除くものとする。

問題5 次の1.から8.の各記述において，[ ]に当てはまる**最も適当な語句又は数値の組合せ**を，下の枠内から**1つ**選びなさい。

1. 作業場に通ずる場所及び作業場内には，労働者が使用するための安全な通路を設け，かつ，これを常時有効に保持しなければならない。

通路で主要なものには，これを保持するため，通路であることを示す表示をしなければならない。

通路には，正常の通行を妨げない程度に，[a]又は照明の方法を講じなければならない。

ただし，常時通行の用に供しない地下室等で通行する労働者に，適当な照明具を所持させるときは，この限りでない。

また，[b]に設ける通路は用途に応じた幅を有し，通路面から高さ[c]m以内に障害物を置いてはならない。

	a	b	c
①	採光	屋内	2.0
②	換気	屋外	1.8
③	採光	屋内	1.8
④	換気	屋外	2.0
⑤	採光	屋外	1.8

2. 根切り工事において，掘削底面付近の砂質地盤に上向きの浸透流が生じ，この水の浸透力が砂の水中での有効重量より大きくなり，砂粒子が水中で浮遊する状態を[a]という。

[a]が発生し，沸騰したような状態でその付近の地盤が破壊する現象を[b]という。

また，掘削底面やその直下に難透水層があり，その下にある被圧地下水により掘削底面が持ち上がる現象を[c]という。

	a	b	c
①	地盤沈下	パイピング	ヒービング
②	クイックサンド	ボイリング	ヒービング
③	クイックサンド	パイピング	ヒービング
④	地盤沈下	ボイリング	盤ぶくれ
⑤	クイックサンド	ボイリング	盤ぶくれ

3. 既製コンクリート杭の埋込み工法において，杭心ずれを低減するためには，掘削ロッドの振止め装置を用いることや，杭心位置から直角二方向に逃げ心を取り，掘削中や杭の建込み時にも逃げ心からの距離を随時確認することが大切である。

一般的な施工精度の管理値は，杭心ずれ量が $\dfrac{D}{a}$ 以下（Dは杭直径），かつ，

b mm 以下，c が $\dfrac{1}{100}$ 以内である。

	a	b	c
①	3	100	鉛直精度
②	4	100	鉛直精度
③	3	150	水平精度
④	4	150	鉛直精度
⑤	4	100	水平精度

4. 鉄筋工事において，鉄筋相互のあきは a の最大寸法の1.25倍，b mm 及び隣り合う鉄筋の径（呼び名の数値）の平均の1.5倍のうち最大のもの以上とする。

鉄筋の間隔は，鉄筋相互のあきに鉄筋の最大外径を加えたものとする。

柱及び梁の主筋のかぶり厚さは，D 29 以上の異形鉄筋を使用する場合，径（呼び名の数値）の c 倍以上とする。

	a	b	c
①	細骨材	20	1.25
②	粗骨材	20	1.5
③	粗骨材	25	1.25
④	粗骨材	25	1.5
⑤	細骨材	20	1.5

5. 型枠支保工において，鋼管枠を支柱として用いるものにあっては，鋼管枠と鋼管枠との間に a を設け，支柱の脚部の滑動を防止するための措置として，支柱の脚部の固定及び b の取付け等を行う。

また，パイプサポートを支柱として用いるものにあっては，支柱の高さが c m を超えるときは，高さ 2 m 以内ごとに水平つなぎを 2 方向に設けなければならない。

	a	b	c
①	中桟	布枠	3.0
②	交差筋かい	根がらみ	3.0
③	交差筋かい	根がらみ	3.5
④	交差筋かい	布枠	3.5
⑤	中桟	布枠	3.5

6. コンクリートポンプ工法による 1 日のコンクリートの打込み区画及び a は，建物の規模及び施工時間，レディーミクストコンクリートの供給能力を勘案して定める。

コンクリートの打込み速度は，スランプ 18 cm 程度の場合，打ち込む部位によっても変わるが，20 m³/h から b m³/h が目安となる。

また，スランプ 10 cm から 15 cm のコンクリートの場合，公称棒径 45 mm の棒形振動機 1 台当たりの締固め能力は，10 m³/h から c m³/h 程度である。

	a	b	c
①	打込み量	30	15
②	打込み順序	40	20
③	打込み順序	30	20
④	打込み量	40	15
⑤	打込み量	30	20

7. コンクリート工事において，寒中コンクリートでは，レディーミクストコンクリートの荷卸し時のコンクリート温度は，原則として ［ a ］ ℃以上 20℃未満とし，加熱した材料を用いる場合，セメントを投入する直前のミキサ内の骨材及び水の温度は，40℃以下とする。

打込み後のコンクリートは，初期凍害を受けないよう，必要な保温養生を行う。

初期養生の期間は，コンクリートの圧縮強度が ［ b ］ N/mm² が得られるまでとし，この間は，打ち込んだコンクリートのすべての部分が0℃を下回らないようにする。

また，［ c ］養生中は，コンクリートが乾燥しないように散水等で湿潤養生する。

	a	b	c
①	10	5	断 熱
②	10	5	加 熱
③	5	10	加 熱
④	5	5	加 熱
⑤	5	10	断 熱

8. 鉄骨の完全溶込み溶接において，突合せ継手の余盛高さの最小値は ［ a ］ mm とする。

裏当て金付きのT継手の余盛高さの最小値は，突き合わせる材の厚さの $\frac{1}{4}$ とし，材の厚さが 40 mm を超える場合は ［ b ］ mm とする。

裏はつりT継手の余盛高さの最小値は，突き合わせる材の厚さの $\frac{1}{［ c ］}$ とし，材の厚さが 40 mm を超える場合は 5 mm とする。

	a	b	c
①	0	8	8
②	0	8	10
③	2	10	8
④	2	8	10
⑤	0	10	8

問題6 次の 1. から 3. の各法文において，□に当てはまる**正しい語句**を，下の該当する枠内から**1つ**選びなさい。

1. 建設業法 （施工体制台帳及び施工体系図の作成等）

第 24 条の 8 　特定建設業者は，発注者から直接建設工事を請け負った場合において，当該建設工事を施工するために締結した下請契約の請負代金の額（当該下請契約が 2 以上あるときは，それらの請負代金の額の総額）が政令で定める金額以上になるときは，建設工事の適正な施工を確保するため，国土交通省令で定めるところにより，当該建設工事について，下請負人の商号又は名称，当該下請負人に係る建設工事の内容及び　①　その他の国土交通省令で定める事項を記載した施工体制台帳を作成し，工事現場ごとに備え置かなければならない。

2　（略）

3　（略）

4　第 1 項の特定建設業者は，国土交通省令で定めるところにより，当該建設工事における各下請負人の施工の　②　関係を表示した施工体系図を作成し，これを当該工事現場の見やすい場所に掲げなければならない。

①	①施工範囲	②施工方法	③竣工時期	④工期	⑤納期

②	①共有	②分担	③配分	④上下	⑤前後

2. 建築基準法施行令 （建て方）

第 136 条の 6 　建築物の建て方を行なうに当たっては，　③　を取り付ける等荷重又は外力による倒壊を防止するための措置を講じなければならない。

2　鉄骨造の建築物の建て方の　④　は，荷重及び外力に対して安全なものとしなければならない。

③	①仮筋かい	②仮設梁	③火打ち	④支保工	⑤仮設柱

④	①方法	②本締	③仮締	④仮組	⑤手順

3. 労働安全衛生法　（事業者の講ずる措置）

　第71条の2　事業者は，事業場における安全衛生の水準の向上を図るため，次の措置を継続的かつ計画的に講ずることにより，快適な　⑤　環境を形成するように努めなければならない。

　一　作業環境を快適な状態に　⑥　するための措置
　二　労働者の従事する作業について，その方法を改善するための措置
　三　作業に従事することによる労働者の疲労を回復するための施設又は設備の設置又は整備
　四　前三号に掲げるもののほか，快適な　⑤　環境を形成するため必要な措置

⑤	①事　業	②現　場	③労　働	④衛　生	⑤職　場

⑥	①維持管理	②運営管理	③構　築	④確　立	⑤保　守

第1章　過去の問題と解説

第1節　施工経験記述 【問題1】

過去の出題一覧表

年度	設問に示された工事概要における処置・対策等を問う問題	経験等から学んだ知識や管理能力を問う問題	品質管理	施工合理化	副産物環境	その他
R6	機能, 性能等の要求された品質を確保しながら, 適正かつ合理的に施工管理を進めるうえで, 有効と考える**現場作業の軽減策を3つ**提案し, ①〜③の事項について具体的に記述する。 ①工種名又は作業名等 ②現場作業の軽減策と軽減に繋がる理由 ③確保すべき品質と施工上の留意事項	工事経験を踏まえて, 次の①, ②について具体的に記述する。 ①時間外労働を**増長させていた要因**とその**理由** ②組織としての**取組**や**工夫**		○		○ (注 1)

年度	経験した工事における処置・対策等を問う問題	経験等から学んだ知識や管理能力を問う問題	品質管理	施工合理化	副産物環境	その他
R5	要求された品質を満足させるため, 重点的に**品質管理**を行った事例を3つあげ, ①〜③の事項について具体的に記述する。 ①工種名又は作業名等 ②品質管理項目及び設定した理由 ③実施した内容及び確認方法又は検査方法	工事経験を踏まえて, 次の①, ②について具体的に記述する。 ①品質管理を適確に行うための作業所における組織的な**取組** ②①の取組によって得られる**良い効果**	○			
R4	要求された品質を確保したうえで行った施工の合理化の中から, 労働生産性の向上に繋がる**現場作業の軽減を図った事例**を3つあげ, ①〜③の事項について具体的に記述する。 ①工種名等 ②実施した内容と具体的な理由 ③低下が懸念された品質と施工上の留意事項	工事経験を踏まえて, 現場での**労働者の確保**に関して次の①, ②について具体的に記述する。 ①労働者の確保を困難にしている課題や問題点 ②現場での取組や工夫		○		○ (注 2)
R3	要求された品質を実現するため, 重点的に**品質管理**を実施した事例を2つあげ, ①〜④の事項について具体的に記述する。 ①工種名 ②品質の目標と重点品質管理項目 ③定めた理由及び欠陥又は不具合 ④実施した内容及び確認方法又は検査方法	工事経験を踏まえて, 組織的な品質管理活動について次の①, ②について具体的に記述する。 ①品質管理活動の内容及び伝達する手段又は方法 ②もたらされる良い影響	○			
R2	品質を確保したうえで, **施工の合理化**を行った事例を2つあげ, ①〜④の事項について具体的に記述する。 ①工種又は部位等 ②実施した内容と品質確保のための留意事項 ③施工の合理化となる理由 ④副次的効果	工事経験に照らして, **施工の合理化**において品質を確保しながらコスト削減を行った事例を2つあげ, 次の①, ②について具体的に記述する。 ①工種又は部位等 ②合理化の内容とコスト削減できた理由		○		
R元	要求された品質を実現するため, 品質管理計画に基づき品質管理を行った工事において, **品質管理**を実施した事例を2つあげ, ①〜③について具体的に記述する。 ①工種名, 要求された品質及び品質管理項目 ②品質管理項目を設定した理由 ③実施した内容及び留意した内容	工事経験に照らして, 次の①, ②について具体的に記述する。 ①作業所において, 組織的な品質管理を行うための**方法や手段** ②①の方法や手段で組織的な品質管理を行うことによって得られる**効果**	○			

第1章　過去の問題と解説

第1節　施工経験記述

年度	経験した工事における処置・対策等を問う問題	経験等から学んだ知識や管理能力を問う問題	品質管理	施工合理化	副産物環境	その他
H30（臨時）	品質を確保したうえで，**現場作業の軽減及び工期の短縮**を実施した事例をそれぞれ１つあげ，①～④の事項について具体的に記述する。 ①工種又は部位等 ②実施内容と品質確保のための留意事項 ③実施したことが結果に結び付く理由 ④実施後得られた副次的効果	工事経験を踏まえて，**労働生産性の向上のための取組み事例**について２つあげ，取り組んだことと，それによって得られる効果について具体的に記述する。		○		○ （注3）
H30（通常）	施工計画の段階から検討し実施した**建設副産物対策**について**３つ**あげ，①～④の事項について具体的に記述する。 ①建設副産物対策（発生抑制，再使用又は再生利用） ②工種名等 ③対策として実施したことと留意事項 ④実施して得られた副次的効果	工事経験を踏まえて，**建設廃棄物の適正な処理の事例**を２つあげ，次の①，②について具体的に記述する。 ①対策として実施したこと ②適切に実施するための留意事項			○	
H29	生産性向上をめざして，**品質を確保したうえで施工の合理化**を行った事例について**２つ**あげ，①～④の事項について具体的に記述する。 ①工種又は部位等 ②必要となった原因と実施内容 ③確保しようとした品質と留意事項 ④合理化ができたと考えられる理由	工事経験に照らして，品質を確保したうえで行う施工の合理化の方法において，**建設資材廃棄物の発生抑制**の効果について，次の①，②について具体的に記述する。 ①施工方法 ②そう考える理由		○	○	
H28	発注者や設計図書等により要求された品質を実現するため，品質計画に基づき行った工事において，**品質管理活動の事例**を**２つ**あげ，①～③の事項について具体的に記述する。 ①工種名，要求された品質と設定した品質管理項目 ②品質管理項目と取り上げた理由 ③実施した内容	工事経験に照らして，品質管理目標，品質管理項目及び活動内容を協力業者等に**周知する**ため及びそれらに基づいて施工されていることを**確認する**ための方法・手段を具体的に記述する。	○			
H27	資源循環型社会の推進に向けて計画し実施した**建設副産物対策**のうちから**発生抑制について２つ，再生利用について１つ**あげ，次の①～③の事項について具体的に記述する。 ①工種名 ②計画・実施した内容 ③結果と波及効果	工事経験を踏まえて，現場で分別された産業廃棄物の**適正処分**にあたっての**留意事項を２つ**，産業廃棄物名をあげて具体的に記述する。			○	
備考	平成26年度以前に出題された管理項目		H26 H23 H20 H18 H16	H25 H22 H19 H13	H24 H21 H17 H15	H14 （注3）

（注1）時間外労働の現状
（注2）労働者の確保
（注3）労働生産性の向上

※　令和6年度は，国土交通省の発表に基づき出題内容が変更されました。

令和 6 年度　施工経験記述のポイント

1．施工経験記述問題の見直しについて

(1)　変更概要

令和 6 年度の施工経験記述問題については，試験実施機関より公表された「模範解答例の暗記等ではなく，自身の経験に基づかなければ解答できないような設問への見直しを行う」との方針に基づき，下記のとおり変更された。

（旧）<u>受検者の経験した工事概要を記述し</u>，受検者の経験・知識に基づき，施工管理上の課題や対策等を解答する。

↓

（新）<u>設問に示された建物概要や現場状況等の工事概要に対し</u>，受検者の経験・知識に基づき，施工管理上の課題や対策等を解答する。

(2)　具体的な変更点

上記の変更により，これまでは受検者が記述することとされていた**工事概要については，設問に示される**こととなった。

工事概要には，建物用途，工期，用途地域，階数，面積等の概要に加え，構造仕様，外部仕上げ，内部仕上げ，外構仕様等について詳細に設定されているので，その内容を十分理解したうえで解答を記述する必要がある。

また，解答に当たり，**下記 5 項目に該当する記述は不可**となることが明記されている。

① 　工事概要に示す工事において施工上必要としない工事及び作業に関する内容

② 　**計画変更確認申請が必要となる内容**

③ 　竣工引渡し時期の遅れに繋がる内容

④ 　工程の短縮は図れるが現場作業の軽減には繋がらない内容

⑤ 　建築設備工事に関する内容

このうち，「②　計画変更確認申請が必要となる内容」については，建築基準法第 6 条（建築物の建築等に関する申請及び確認）において，建築物の計画の変更（軽微な変更を除く）を行う場合には建築主事等の確認を受けなければならないことが定められており，「軽微な変更」の対象となるものは，建築基準法施行規則第 3 条の 2（計画の変更に係る確認を要しない軽微な変更）に定められている。

解答において，「軽微な変更」の対象とならない変更内容について記述した場合には，「計画変更確認申請が必要となる内容」に該当するため「不可」とされるので注意が必要である。

2．これまでの出題テーマ

これまで試験においては，「**施工の合理化**」（令和 6 年度・令和 4 年度・令和 2 年度・平成 30 年度【臨時】），「**品質管理**」（令和 5 年度・令和 3 年度・令和元年度），「**時間外労働の現状**」（令和 6 年度），「**労働者の確保**」（令和 4 年度），「**労働生産性の向上**」（平成 30 年度【臨時】）等，建設業に

おける主要な課題や，建設工事を取り巻く社会的動向の変化を受けたタイムリーな課題が出題されている。1 級建築施工管理技士には，単なる施工管理にとどまらず，社会的背景を踏まえた施工全般に関する総合的マネジメント能力が求められてきており，今後も前記のようなテーマが出題される可能性がある。

　なお，「令和 6 年度試験問題と解答例」に続いて，令和 6 年度の試験問題を元に， (例題) として「品質管理」の問題を作成し解答例を掲載したので参考にしてほしい（P. 40 ～ 41）。

３．解答文章のまとめ方

(1)　経験・知識に基づく考えを的確に採点者に伝える

　施工経験記述は，建築現場で発生する諸課題や建設工事を取り巻く社会的問題に対し，**施工管理技士として適切に対処できる能力を有しているかどうかが判断される重要な設問**であり，**自身の経験・知識に基づく考えを的確に採点者に伝える**ことが求められる。

(2)　具体的に記述することがポイント

　教科書に書かれているような施工の一般的な留意点をあげるのではなく，必ず工事概要に示された立地条件，施工時期，構造仕様，仕上げ等に応じた**工法，部位・部材等の名称や管理値等を具体的にあげて記述する**ことを心がける。

　仕様書や施工要領書，施工計画書に記載されていること等を参考に，**あらかじめ各現場固有の管理内容について解答例を組み立てて試験に臨む**ことが望ましい。

　なお，解答に当たっては，**現在形（～行う／～すべきである等）で具体的に記述**する。

４．その他の注意事項

1 ）出題テーマや管理項目については，「施工の合理化」「品質管理」「労働生産性の向上」等のこれまでの出題傾向をふまえて記述内容の準備をしておく。

2 ）「工種」とは単独の工事種類のことで，基礎工事や躯体工事，仕上げ工事のようなまとめた表現とはしないように注意する。

3 ）施工に関する誤った判断や認識に基づく記述はしない。
　〔良くない例〕コールドジョイントは冬場のコンクリート打設において生じやすいので…等

4 ）管理能力の是非を問われかねないような記述はしない。
　〔良くない例〕新築工事における豆板の補修，施工不良部の打直し等

5 ）指定された課題と記述内容を整合させ，要求事項を的確に記述する。

6 ）各記述は解答欄（スペース）に応じて適切な分量で書く。

7 ）あらかじめ解答例を作成し，先輩や上司にチェックしてもらうとよい。自分では納得して書いた文章でも，他人にはわかりにくい場合がある。

8 ）専門用語や数値等を正しく用いて説明し，説得力を増すようにする。

9 ）記述に際しては，誤字，脱字，当て字のないように注意する。

10）硬すぎる鉛筆を使用すると文字が薄く読みにくくなるので，適当な硬さ（HB）のものを使用し，文字は丁寧に，採点者にわかりやすい記述を心がける。

令和6年度－問題1

　持続可能な建設業を目指して，**働き方改革**を推進すべく様々な取組が官民一体となって続けられている昨今，建築工事の現場を管理していく上でのあなたの考えについて，次の 1．及び 2．の問いに答えなさい。

1．右に示す**工事概要**の建築工事において，あなたが建設現場における統括的な施工の技術上の管理を求められる立場として，機能，性能等の要求された品質を確保しながら適正，かつ，合理的に進める上で，有効と考える**現場作業の軽減策**を 3 つ提案し，それぞれ次の①から③について具体的に記述しなさい。

　　ただし，3 つの提案の②及び③はすべて異なる内容を記述するものとする。

　　なお，次の記述は不可とする。

　　　・工事概要に示す工事において施工上必要としない工事及び作業に関する内容
　　　・計画変更確認申請が必要となる内容
　　　・竣工引渡し時期の遅れに繋がる内容
　　　・工程の短縮は図れるが現場作業の軽減には繋がらない内容
　　　・建築設備工事に関する内容

　　　①　**工種名又は作業名等**
　　　②　あなたが考える有効な**現場作業の軽減策**とそれが現場作業の軽減に繋がる**理由**
　　　③　②の実施に当たって**確保すべき品質**とそのための軽減策における**施工上の留意事項**

2．建設業における働き方改革の課題の 1 つとして，建設現場における**時間外労働**が挙げられる。

　　右に示す工事概要の建築工事に係わらず，あなたの今日までの経験を踏まえて，建築工事の施工に従事する者の時間外労働の現状に関して，次の①及び②について具体的に記述しなさい。

　　ただし，1．の②と同じ内容の記述は不可とする。

　　　①　これまでの建設現場における施工や工程，管理等の業務において，施工に従事する者の時間外労働を**増長させていた要因**とそれが時間外労働の増長に繋がっていた**理由**
　　　②　①の対策として，あなたが有効と考える建設現場における**組織としての取組や工夫**

工事概要（表中「○＋△＋□」は○下地の上△面に□仕上げ等，下地と表面仕上げの関係を示す。）

工 事 名	共同住宅新築工事			
主要用途	共同住宅　52 戸	工　　期	2024 年 1 月～ 2025 年 6 月	
用途地域	住居地域　6 m 道路隣接	主要構造	鉄筋コンクリート構造　地上 7 階建て	
面　　積	敷地面積　2,350.00 ㎡	最高高さ	23.25 m	
	建築面積　758.85 ㎡	階　　高	1 ～ 4 階　3.3 m，5 ～ 7 階　3.0 m	
	延床面積　4,950.60 ㎡	エレベーター	乗用　8 人乗り　1 台	
主な構造仕様				
根切深さ	2.5 m	型　　枠	コンクリート型枠用合板	
山 留 め	親杭横矢板工法		支保工：パイプサポート	
地　　業	現場造成杭（アースドリル工法）	鉄　　筋	工場加工，現場組立て	
コンクリート	普通コンクリート		柱，梁主筋：ガス圧接継手	
主な外部仕上げ				
屋根	陸屋根	アスファルト露出断熱防水	バルコニー	モルタル下地＋ウレタン系塗膜防水
		アルミ製笠木	床 外部廊下	コンクリート直均し＋ビニル床シート
外壁	主な外壁	コンクリート打放し＋防水形複層塗材	外部階段	モルタル下地＋ビニル床シート
	断　熱	内断熱工法	風除室	ステンレス製オートロック式自動扉
		現場発泡断熱材吹付け		強化ガラス共
手すり壁	バルコニー	アルミ製既製品　H ＝ 1.2 m	建具 玄　関	化粧シート張り鋼製扉
	外部廊下	コンクリート打放し＋防水形複層塗材	窓	アルミ製サッシ
	外部階段	コンクリート打放し＋防水形複層塗材		1 ～ 2 階　網入りガラス共
		ステンレス製壁付手すり		3 ～ 7 階　フロートガラス共
主な内部仕上げ（居室，水廻り：天井高さ 2.4 m，風除室：天井高さ 2.5 m）				
床	居　室	コンクリート直均し＋乾式二重床＋フローリングボード	壁 風除室	モルタル下地＋有機系接着剤による小口タイル
	水 廻 り	コンクリート直均し＋乾式二重床＋耐水合板＋ビニル床シート	天井 居　室	軽量鉄骨下地＋せっこうボード＋ビニルクロス
				水 廻 り
	風 除 室	モルタル下地＋ノンスリップタイル	風 除 室	軽量鉄骨下地＋アルミスパンドレル
壁	居　室	軽量鉄骨下地＋せっこうボード＋ビニルクロス	建具他 居　室	化粧シート張り木製扉　枠共
	水 廻 り	軽量鉄骨下地＋シージングせっこうボード＋ビニルクロス	水 廻 り	ユニットバス，洗面化粧台，システムキッチン
			風 除 室	集合郵便受け，インターホンパネル
主な外構仕様				
構内舗装	駐車場：アスファルト舗装	囲　障	化粧フェンス	
	駐輪場：コンクリート舗装		駐車場入口：レール式門扉	
	アプローチ：インターロッキング舗装	植　栽	敷地境界：中木，低木混栽	

問1 【解答例】

躯体工事

事例1	①	工種名又は作業名等	型枠工事（ラス型枠）
	②	現場作業の軽減策と軽減に繋がる理由	地中梁の側型枠をベニヤから技術審査証明を受けたラス型枠に変更する。これにより，コンクリート打設後の型枠解体が不要となり，型枠解体工の作業が軽減されるため。
	③	確保すべき品質と施工上の留意事項	ラス型枠の隙間からセメントペーストが若干流出するので，構造的に必要な断面積を確保すべき品質とする。かぶり厚さを10〜20㎜大きく取って必要断面積を確保するよう留意する。
事例2	①	工種名又は作業名等	鉄筋工事（機械式継手）
	②	現場作業の軽減策と軽減に繋がる理由	鉄筋のガス圧接継手を，設計者の承諾を得て機械式継手に変更する。これにより，天候に左右されず作業ができるので施工効率が上がり，鉄筋継手の作業工程が軽減されるため。
	③	確保すべき品質と施工上の留意事項	必要な継手性能を得ることを確保すべき品質とする。カップラーへの挿入長さの確認や，グラウト材が確実に充填されるようカップラーの両端等からグラウト材があふれ出るよう留意する。
事例3	①	工種名又は作業名等	鉄筋工事（工場先組み）
	②	現場作業の軽減策と軽減に繋がる理由	現場で組み立てていた柱筋や梁筋を，工場にてフープ筋やスターラップ筋と一緒に組み立て現場に搬入する。これにより，現場での配筋作業が軽減されるため。
	③	確保すべき品質と施工上の留意事項	必要な継手性能を得ることを確保すべき品質とする。同位置での鉄筋継手として溶接継手もしくは機械式継手となるため，継手の外観検査と超音波測定検査箇所数に留意する。

（「躯体工事」のその他の解答例1）

事例1	①	工種名又は作業名等	型枠工事（フラットデッキ）
	②	現場作業の軽減策と軽減に繋がる理由	床型枠を在来工法からフラットデッキ工法に変更する。これにより，根太や大引きが少なくなって組立ての手間が軽減されるとともに，解体の手間も不要となるため。
	③	確保すべき品質と施工上の留意事項	コンクリートへの早期載荷によるひび割れ発生防止を確保すべき品質とする。根太や大引きが少ないので，資機材を荷揚げする場所には，サポートで補強するよう留意する。
事例2	①	工種名又は作業名等	鉄筋工事（鉄筋トラス付きデッキ）
	②	現場作業の軽減策と軽減に繋がる理由	設計者の承諾を得て，床を鉄筋トラス付きデッキに変更する。その理由は，工場でほとんどの配筋が行われてから搬入されるので，現場での配筋作業量が大幅に少なくなるため。
	③	確保すべき品質と施工上の留意事項	選定した材料が公的機関の技術規準に適合していることを確保すべき品質とする。公的機関の評価を受けた材料を使用し，型枠解体後のデッキ脱落防止のため，梁躯体に10㎜飲み込ませることに留意する。
事例3	①	工種名又は作業名等	型枠工事（パーマネント工法）
	②	現場作業の軽減策と軽減に繋がる理由	スラブ支柱の一部を残存させるパーマネント工法を採用する。型枠資材が減り，過半の型枠資材が直上階への転用となり，資材搬出入の手間と荷揚げ労務の削減が可能となるため。
	③	確保すべき品質と施工上の留意事項	JASS 5（鉄筋コンクリート工事）に基づいた構造検討による躯体の安全性を確保すべき品質とする。残存サポートに乗るベニヤの割付けを行い，サポートの盛替えは絶対に行わないよう留意する。

（「躯体工事」のその他の解答例2）

事例1	①	工種名又は作業名等	土工事
	②	現場作業の軽減策と軽減に繋がる理由	基礎部分の掘削に当たり，バックホウにGPSを装着し，車載モニタで平面的な位置と深さを確認しながら掘削する。計測のための人工と時間が大幅に軽減されるため。
	③	確保すべき品質と施工上の留意事項	定期的に位置と深さの確認計測を行い，図面どおりであることを確保すべき品質とする。事前に図面をCAD化しておくことと，運転手がモニタに集中するので安全管理に留意する。
事例2	①	工種名又は作業名等	杭工事（アースドリル工法）
	②	現場作業の軽減策と軽減に繋がる理由	杭に使用する鉄筋かごを工場で製作して現場に搬入する。これにより，現場での鉄筋かごの製作手間が軽減されるとともに環境の整った工場で効率よく製作することができるため。
	③	確保すべき品質と施工上の留意事項	工場で組んだ鉄筋かごの形状を保ったまま，現場に搬入することを確保すべき品質とする。輸送時に変形しないように，適切な位置に補強用鉄筋を入れ，結束状況にも留意する。
事例3	①	工種名又は作業名等	鉄筋工事（定着板工法）
	②	現場作業の軽減策と軽減に繋がる理由	梁端部等における鉄筋の定着を，コンクリートの付着長さで確保する在来工法から定着板工法に変更する。これにより，作業性が大きく向上し，手間が軽減するため。
	③	確保すべき品質と施工上の留意事項	定着板からコンクリートへ応力を確実に伝達させることを確保すべき品質とする。そのため，定着板付近にコンクリートが確実に充填されるよう，打設計画に留意する。

仕上げ工事

事例1	①	工種名又は作業名等	内装工事（木造造作）
	②	現場作業の軽減策と軽減に繋がる理由	現場での造作工事において，工場にて半製品まで組み立てた状態で現場に持ち込む。これにより，現場での家具組立て作業を減らすことができるため。
	③	確保すべき品質と施工上の留意事項	温湿度の変化の大きい現場に持ち込んでも，家具に変形が生じないことを確保すべき品質とする。現場内に温湿度管理ができる部屋を設置し，その中で保管するよう留意する。
事例2	①	工種名又は作業名等	左官工事（バルコニー床）
	②	現場作業の軽減策と軽減に繋がる理由	バルコニー床の塗膜防水下地をモルタルから勾配用のセルフレベリング材に変更する。コテによる表面仕上げが不要となるため，現場作業が軽減される。
	③	確保すべき品質と施工上の留意事項	十分な表面強度を確保すべき品質とする。そのために，気温5℃以下での施工を行わないよう留意する。施工後，気温が下がる場合は，ジェットヒーター等により適切な採暖を行う。
事例3	①	工種名又は作業名等	内装工事（壁ボード）
	②	現場作業の軽減策と軽減に繋がる理由	壁せっこうボードを，一般的な910㎜×1,820㎜サイズではなく，天井高さまでの長さのボードを発注する。これにより，水平ジョイントがなくなり，目地処理が軽減できるため。
	③	確保すべき品質と施工上の留意事項	ボードのサイズが大きくなり重量も増えるが，資材揚げや搬送時にボードが傷つかないことを確保すべき品質とする。搬送ルートの確保や作業時間外の納入等，搬送計画に留意する。

・・・

（「仕上げ工事」のその他の解答例 1）

事例1	①	工種名又は作業名等	断熱工事
	②	現場作業の軽減策と軽減に繋がる理由	内断熱工法が現場発泡断熱材吹付け工法となっているが，断熱材を内側型枠として打込む RC 型枠兼用断熱工法を採用する。これにより，断熱材吹付けが不要となり軽減に繋がるため。
	③	確保すべき品質と施工上の留意事項	内側型枠を解体しないので，豆板等のないコンクリート品質を確保すべき品質とする。柱・壁躯体の先行打設等，密実な躯体を打設できるようコンクリート打設計画に留意する。
事例2	①	工種名又は作業名等	左官工事
	②	現場作業の軽減策と軽減に繋がる理由	バルコニー床がモルタル下地を行う設計となっているが，コンクリート打設時に直押えとする。モルタル塗りをなくすことで作業が軽減できるため。
	③	確保すべき品質と施工上の留意事項	コンクリート直押えで，確実な水勾配を取ることを確保すべき品質とする。排水溝型枠の据付けの精度を上げ，そのままコテで押さえるだけで水勾配が確実に取れるよう留意する。
事例3	①	工種名又は作業名等	内装工事（軽量鉄骨壁下地）
	②	現場作業の軽減策と軽減に繋がる理由	内装間仕切りの軽量鉄骨下地の切断を，工場でプレカットして現場に搬入する。これにより，現場での切断手間を削減することができ軽減に繋がるため。
	③	確保すべき品質と施工上の留意事項	上ランナーへのかかり代を確保することを，確保すべき品質とする。現場を実測して上階スラブ下から 10 ㎜ のクリアランスを取れるようにスタッドを発注する。

（「仕上げ工事」のその他の解答例 2）

事例1	①	工種名又は作業名等	内装工事（天井ボード）
	②	現場作業の軽減策と軽減に繋がる理由	居室の天井はせっこうボードにビニルクロス張りであるが，設計者の承諾を得て，化粧せっこうボードに変更する。クロス下地処理とクロス張りが不要になり軽減に繋がるため。
	③	確保すべき品質と施工上の留意事項	化粧せっこうボードの目地と照明器具類の位置を合わせて，美観性を得ることを確保すべき品質とする。照明器具の中心に合わせて，化粧せっこうボードの目地の割付けを行う。
事例2	①	工種名又は作業名等	左官工事（壁タイル張り下地）
	②	現場作業の軽減策と軽減に繋がる理由	風除室の壁のタイル下地としてモルタル塗りを行う設計となっているが，躯体精度を上げ，有機系接着剤によるタイル直張り工法とする。これにより，左官工事を軽減できるため。
	③	確保すべき品質と施工上の留意事項	タイル直張りでも，高品質の面精度とすることを確保すべき品質とする。躯体の修正が必要な部分には，有機系下地調整塗材を使用し，躯体と下地調整材との剥離防止に留意する。
事例3	①	工種名又は作業名等	内装工事
	②	現場作業の軽減策と軽減に繋がる理由	軽量鉄骨下地材やユニットバスを，上階の床型枠組立前に上からクレーンで各部屋に荷揚げする。躯体構築後にロングスパンエレベーター等で荷揚げするより，効率的に搬入できるため。
	③	確保すべき品質と施工上の留意事項	コンクリート打設による材料の汚損防止を，確保すべき品質とする。搬入した材料を，ビニールシートで確実に養生することに留意する。

問2　【解答例】

①	増長させていた要因と理由	施工計画書等の施工管理書類の増加，詳細化への要求が原因となり，本来の施工計画，施工管理，確認業務等が業務時間内に取れず，残業でカバーせざるを得なくなったため。
②	組織としての取組や工夫	内勤の支援部署やバックオフィス，外注などを会社として組織的に導入し，検査や書類作成業務等を肩代わりして，施工に従事する者の業務量を軽減させる。

（その他の解答例1）

①	増長させていた要因と理由	社員不足，職人不足の中，発注者の事業計画に沿って限られた工期の中で工事を進めなければならず，突貫工事となり，休日出勤や残業でカバーせざるを得なくなったため。
②	組織としての取組や工夫	営業段階から適正工期による受注に取り組み，発注者の了解を得て進めるとともに，業界団体を通じて発注者の理解を得られるように働きかけてゆく。

（その他の解答例2）

①	増長させていた要因と理由	技能労働者数が減り続けている一方で，建設需要は増えてきており，少ない人数で工事を進めざるを得なくなり，1人当たりの負担が増え，時間外労働時間でカバーせざるを得なくなったため。
②	組織としての取組や工夫	建設産業に多くの若者が入ってくるよう建設業を魅力ある業種にすべく，賃金の向上，労働時間の改善，休日の取得等に取り組み，業界のビジネスモデルを変革し，持続可能な産業へと変えてゆく。

5

10

15

20

25

30

35

例　題

　　次に示す工事概要の建築工事において，あなたが建設現場で**重点的に品質管理**を行うべきだと考える事例を**3つ**あげ，それぞれの事例について，次の①から③を具体的に記述しなさい。

　　ただし，**3つ**の事例の②及び③はすべて異なる内容を記述するものとする。

　　なお，次の記述は不可とする。

- ・工事概要に示す工事において施工上必要としない工事及び作業に関する内容
- ・計画変更確認申請が必要となる内容
- ・竣工引渡し時期の遅れに繋がる内容
- ・建築設備工事に関する内容

① 　**工種名又は作業名等**

② 　施工に当たって設定した**品質管理項目**及びそれを**設定する理由**

③ 　②の品質管理項目について**実施する内容**及びその**確認方法又は検査方法**

工事概要（表中「○ + △ + □」は○下地の上△面に□仕上げ等，下地と表面仕上げの関係を示す。）

工 事 名	共同住宅新築工事		
主要用途	共同住宅　52 戸	工　期	2024 年 1 月～ 2025 年 6 月
用途地域	住居地域　6 m 道路隣接	主要構造	鉄筋コンクリート構造　地上 7 階建て
面　積	敷地面積　2,350.00 ㎡	最高高さ	23.25 m
	建築面積　758.85 ㎡	階　高	1 ～ 4 階　3.3 m，5 ～ 7 階　3.0 m
	延床面積　4,950.60 ㎡	エレベーター	乗用　8 人乗り　1 台
主な構造仕様			
根切深さ	2.5 m	型　枠	コンクリート型枠用合板
山留め	親杭横矢板工法		支保工：パイプサポート
地　業	現場造成杭（アースドリル工法）	鉄　筋	工場加工，現場組立て
コンクリート	普通コンクリート		柱，梁主筋：ガス圧接継手
主な外部仕上げ			
屋根　陸屋根	アスファルト露出断熱防水　アルミ製笠木	バルコニー床	モルタル下地 + ウレタン系塗膜防水
外壁　主な外壁	コンクリート打放し + 防水形複層塗材	外部廊下	コンクリート直均し + ビニル床シート
外壁　断熱	内断熱工法　現場発泡断熱材吹付け	外部階段	モルタル下地 + ビニル床シート
手すり壁　バルコニー	アルミ製既製品　H = 1.2 m	風除室	ステンレス製オートロック式自動扉　強化ガラス共
手すり壁　外部廊下	コンクリート打放し + 防水形複層塗材	建具　玄関	化粧シート張り鋼製扉
手すり壁　外部階段	コンクリート打放し + 防水形複層塗材　ステンレス製壁付手すり	建具　窓	アルミ製サッシ　1 ～ 2 階　網入りガラス共　3 ～ 7 階　フロートガラス共
主な内部仕上げ（居室，水廻り：天井高さ 2.4 m，風除室：天井高さ 2.5 m）			
床　居室	コンクリート直均し + 乾式二重床 + フローリングボード	壁　風除室	モルタル下地 + 有機系接着剤による小口タイル
床　水廻り	コンクリート直均し + 乾式二重床 + 耐水合板 + ビニル床シート	天井　居室　水廻り	軽量鉄骨下地 + せっこうボード + ビニルクロス
床　風除室	モルタル下地 + ノンスリップタイル	天井　風除室	軽量鉄骨下地 + アルミスパンドレル
壁　居室	軽量鉄骨下地 + せっこうボード + ビニルクロス	建具他　居室	化粧シート張り木製扉　枠共
壁　水廻り	軽量鉄骨下地 + シージングせっこうボード + ビニルクロス	建具他　水廻り	ユニットバス，洗面化粧台，システムキッチン
		建具他　風除室	集合郵便受け，インターホンパネル
主な外構仕様			
構内舗装	駐車場：アスファルト舗装	囲　障	化粧フェンス
	駐輪場：コンクリート舗装		駐車場入口：レール式門扉
	アプローチ：インターロッキング舗装	植　栽	敷地境界：中木，低木混栽

例題【解答例】

躯体工事

事例1	①	工種名又は作業名等	鉄筋工事
	②	品質管理項目及び設定する理由	最小かぶり厚さを品質管理項目とする。鉄筋のかぶり厚さ不足により，コンクリートが中性化し鉄筋が発錆しやすくなるとともに，耐火性能不足にも繋がるため。
	③	実施する内容及び確認・検査方法	鉄筋の加工を最小かぶり厚さ＋10㎜として配筋する。確認方法として，部位ごとに異なるかぶり厚さをスペーサーの色で分類し，目視で判断できるようにする。
事例2	①	工種名又は作業名等	型枠工事
	②	品質管理項目及び設定する理由	躯体表面の面精度や平滑度を品質管理項目とする。塗装仕上げとなる外壁の打放しコンクリートの美観を得るため。
	③	実施する内容及び確認・検査方法	せき板には剛性の高い15㎜の塗装合板を使用し，適切なセパレーター割りを行う。検査方法として，目視以外に定規を当てて所定の精度が確保されているかを確認する。
事例3	①	工種名又は作業名等	コンクリート工事
	②	品質管理項目及び設定する理由	コンクリート部材の表面と内部の温度差を品質管理項目とする。部材厚80㎝以上の基礎梁のコンクリートがセメントの水和熱による温度上昇により,温度差でひび割れが入る可能性があるため。
	③	実施する内容及び確認・検査方法	セメントは中庸熱セメントとし，所定の強度が得られる範囲内で単位セメント量を減らす。プラントでの試験練りで材料と配合を確認し，打設後の保温養生も目視確認を行う。

仕上げ工事

事例1	①	工種名又は作業名等	防水工事（アスファルト防水）
	②	品質管理項目及び設定する理由	下地の含水率を品質管理項目とする。防水下地のコンクリートに多くの水分が残っていると，水蒸気圧によって膨れが生じ，防水層が劣化するため。
	③	実施する内容及び確認・検査方法	屋上床コンクリート打設後4週間の養生期間を取り，躯体内の水分量を下げる。高周波水分計で十分乾燥していることを確認してから防水施工を行う。
事例2	①	工種名又は作業名等	内装工事（壁ビニルクロス下地）
	②	品質管理項目及び設定する理由	せっこうボードの目地部分の平滑度を品質管理項目とする。パテで目地部分が盛り上がると，表面の仕上りに影響を与えるため。
	③	実施する内容及び確認・検査方法	ボード長さを天井高さまでとし，水平目地をなくすとともにテーパーエッジボードを使用して，縦目地の処理を3層のパテで行う。定規を当てて，平滑度を確認する。
事例3	①	工種名又は作業名等	内装工事（現場発泡断熱材吹付け）
	②	品質管理項目及び設定する理由	現場発泡断熱材の吹付け厚さを品質管理項目とする。吹付け厚さが不足すると,必要な外壁の断熱性能が得られなくなり,室内側に結露が発生する可能性があるため。
	③	実施する内容及び確認・検査方法	吹付け厚さは，確認ピンを用いて設計図どおりか確認する。確認ピンの本数は，壁は5㎡に1箇所以上，柱や梁は1面につき各1箇所以上とし，そのまま存置する。

令和 5 年度〜平成 27 年度　施工経験記述のポイント

1．施工経験記述問題について

　「施工経験記述」は，建築現場で発生する諸課題や建設工事を取り巻く社会的問題に対し「施工管理技士」として適切に対処できる能力を有しているかどうかが判断される重要な設問であり，自身の経験や考えを的確に採点者に伝えることが求められる。

　実務経験とは建築工事の実務経験であり，電気，空調，給排水等の建築設備工事等は実務経験に含まれないので，「受検の手引」をよく確認してほしい。

2．工事概要の書き方

(1)　工事名

　建築の工事名には，必ず○○ビル又は△△邸のような建物名称のわかる固有名詞のほか，新築，増築，改修，改築，修繕，模様替え工事等，経験した工事内容が工事名からもわかるように表現する。

〔例〕　①　水道橋ホールビル新築工事

　　　　②　大日本ガラス鴨居工場第 2 倉庫増築工事

　　　　③　深谷邸新築工事

　　　　④　麹町ビル改修工事

　　　　⑤　江戸川ビル外壁改修工事

(2)　工事場所

　1)　実例としてあげる建築工事が行われた場所の都道府県名，市又は郡名及び町村名を記述する。また，埋立地等の新開発地区は地区名を記述するとよい。

〔例〕　①　東京都葛飾区小菅○丁目○○番地

　　　　②　大阪府大阪市都島区友渕町○丁目○○番地

　2)　解答の記述において，自然環境に関係する内容は，ここで記入した**工事場所の環境と整合**していることが重要である。

〔例〕　①　寒冷地なので，コンクリートの凍結が予想された…

　　　　②　海岸に近く，強風が予想されたので…

(3)　工事の内容

1)　新築等の場合

建物用途　　：建築基準法の用途で記述するとよい。

〔例〕事務所，共同住宅，寄宿舎，ホテル，旅館，百貨店，店舗，飲食店，公衆浴場，児童福祉施設，保育所，身体障害者福祉ホーム，老人福祉センター，老人ホーム，病院，診療所，神社，寺院，教会，大学，高等専門学校，中学校，小学校，幼稚園，体育館，博物館，美術館，図書館，ボーリング場，スキー場，スケート場，水泳場，劇場，映画館，演芸場，観覧場，公会堂，集会場，自動車車庫，自動車修理工場，自動車教習所，畜舎，倉庫，工場，貯蔵施設，発電所等

構　造　　：鉄筋コンクリート造，鉄骨造，木造等（RC 造，S 造，W 造でも可）

階　数　　：6 階建て，地上 3 階地下 1 階等（6 F，3 F／B 1 F でも可）

延べ面積　：6,500 ㎡ 等

施工数量(注1)：屋上アスファルト防水 570 ㎡ 等

　（注1）新築工事の仕上げ工事等を担当したり，2)の改修工事(外壁改修等)を担当した場合には，使用材料，工法，実際に施工された部位や数量・面積等を具体的に記述する。延べ面積や施工数量は，担当した工事内容を採点者にイメージしてもらい，設問の解答主旨をよく理解してもらううえでとても大切な箇所である。

主な外部仕上げ　　　：小口タイル張り，金属カーテンウォール等

主要室の内部仕上げ：(壁) 壁紙張り，(床) ビニルタイル，(天井) ロックウール化粧吸音板張り等

2)　改修等の場合

建物用途　　：(新築等の場合と同じ)

主な改修内容：外壁タイル改修一式，耐震改修一式等

施工数量　　：小口タイル張替え 850 ㎡，RC 耐震壁 6 枚設置等（上記（注1）参照）

建物規模　　：構造，階数，延べ面積等

(4)　工期等

1)　「令和○年○○月～令和○年○○月」と月まで記述する。西暦で書いてもよい。

　工事は完成していることが必要で，建物規模に比べて異常に長い（短い）工期は，理由がきちんとわかるようにする。専門工事部分を担当した場合には，「建物全体の工期（担当した工期）」のように併記するとよい。

2) 解答の記述において，**施工時期と自然環境とが整合**していることが必要である。

〔例〕① 基礎工事が，梅雨時期であり作業が遅れ→工程は梅雨の時期に整合しているか？

② 寒冷地で気温が低く，温度補正が必要であった→コンクリートの打設はその時期？

(5)　あなたの立場

　請負者側の現場代理人，主任技術者(注2)，工事主任，設計者側の工事監理者，発注者側の監督員等の立場を記述する。

　（注2）建設業法第 7 条第二号に定められた要件に該当する者

(6)　あなたの業務内容

　どのような業務に従事したのかわかりやすく記載する。

(7)　工事概要の記述例

　　1)　新築等の場合

　　　　工　事　名　○○本社新築工事

　　　　工　事　場　所　北海道札幌市東区東苗穂○条○−○−○

　　　　工　事　の　内　容　事務所，鉄筋コンクリート造，5階建地下1階，延べ面積 4,450 ㎡

　　　　　　　　　　　　　外部：二丁掛タイル密着張り一部打放し仕上げ，屋上アスファルト防水

　　　　　　　　　　　　　内部：（天井）ロックウール化粧吸音板，（壁）せっこうボード下地 EP，

　　　　　　　　　　　　　（床）ビニル床シート

　　　　工　期　等　令和2年10月〜令和4年10月

　　　　あなたの立場　工事主任

　　　　あなたの業務内容　仕上げ工事の施工管理

　　2)　改修等の場合

　　　　工　事　名　△△マンション改修工事

　　　　工　事　場　所　奈良県奈良市登大路町△−△−△

　　　　工　事　の　内　容　共同住宅，外壁防水形複層塗材 RE 改修 1,850 ㎡

　　　　　　　　　　　　　モルタル浮き部分 45 ㎡ エポキシ樹脂注入

　　　　　　　　　　　　　（RC 造 6 F，延べ面積 2,500 ㎡）(注)

　　　　工　期　等　令和4年5月〜令和4年8月

　　　　あなたの立場　主任技術者

　　　　あなたの業務内容　改修工事全般の施工管理

　　　　　　　　　　（注）建物規模も添えると採点者がわかりやすい。

3．解答文章のまとめ方

(1)　「実施した内容，理由」又は「処置又は対策」

　　1)　自身の施工経験において実際に実施した内容や講じた処置・対策についての解答を求める
　　　形式で出題されている。

　　　　このような場合には，実施した内容において留意したことや工事概要であげた工事を施工
　　　した際の取組み内容やその理由を**過去形**で具体的に記述する。「処置又は対策を〇つ記述し
　　　なさい」と指定されたり，**理由**等に関して個々に解答を求められる場合もあるので，**要求さ
　　　れている解答数や求められている事項**をよく確認してから解答すること。

　　2)　記述に際しては，教科書に書かれているような施工の一般的な留意点をあげるのではなく，
　　　必ず，事例としてあげた現場固有の施工条件・施工環境に応じた工法，部位・部材等の名称
　　　や管理値等を具体的にあげて記述することを心がける。

　　　　〈処置又は対策の記述例〉　※解答欄に納まるよう（2〜3行程度）にまとめる。

　　　　　　　　　　「○○○○○○（固有の施工条件や理由等）のため
　　　　　　　　　　△△△△△△（留意事項の展開）が考えられたので，
　　　　　　　　　　◇◇◇◇◇◇（処置・対策の対象等）について
　　　　　　　　　　☆☆☆☆☆☆（処置・対策の具体的方法，内容等）を行った。」

仕様書や施工要領書，施工計画書に記載されていること等を参考に，あらかじめ各現場固有の管理内容について解答例を組み立てて試験に臨むとよいだろう。

なお，工事が終わってしばらく経過してから発見された不具合や施工不良に対する手直しのような内容，工事が発注される前の設計上の記述等は不適当である。

(2)　「結果とその評価，効果」

1)　「結果」の記述に際しては，実施した内容との整合性がとれているとともに，「目標に対する結果・成果」「スムーズに進行したこと」「品質や性能の確保をきちんと確認したこと」等を具体的に記述する。

2)　「評価」とは，実施した内容の結果から，「付加価値が生じたこと」「今後の仕事に活用できること」「工期の短縮や省力化が図れたこと」等，当初意図していた結果以外に，得られた効果等，**自身の評価**を記述する。「結果とその評価」が，採点者にきちんと伝わる表現力が大切である。

(3)　「活動のあり方」「取組み」

設問に「工事概要であげた工事にかかわらず」とある場合は，工事経験に照らして，自身の考えを記述できる。

今後の活動のあり方や取組み等について，**現在形**（〜行う／〜すべきである等）で具体的に記述する。

(4)　その他の注意事項

1)　工事規模の大小，工法の特殊性は問わないので，自分の立場で一貫性をもって簡潔に記述する。

2)　出題テーマや管理項目については，「施工の合理化」「品質管理」「環境対策」等のこれまでの出題傾向をふまえて記述内容の準備をしておくとよい。

3)　「工種」とは単独の工事種類のことで，基礎工事や躯体工事，仕上げ工事のようなまとめた表現とはしないように注意すること。

4)　施工に関する誤った判断や認識に基づく記述はしない。

〔良くない例〕コールドジョイントは，冬場のコンクリート打設において生じやすいので…等

5)　管理能力の是非を問われかねないような記述はしない。

〔良くない例〕新築工事における豆板の補修，施工不良部の打直し等

6)　指定された課題と記述内容を整合させ，要求事項を的確に記述する。

7)　各記述は解答欄（スペース）に応じて適切な分量で書くようにする。

8)　あらかじめ解答例を作成し，先輩や上司にチェックしてもらうとよい。自分では納得して書いた文章でも，他人にはわかりにくい場合がある。

9)　専門用語や数値等を正しく用いて説明し，説得力を増すようにする。

10)　記述に際しては，誤字，脱字，当て字のないように注意する。

11)　硬すぎる鉛筆を使用すると文字が薄く読みにくくなるので，適当な硬さ（HB）のものを使用し，文字は丁寧に，採点者にわかりやすい記述を心がける。

━┤令和5年度-問題1├━

　　建築工事の施工者は，発注者の要求等を把握し，施工技術力等を駆使して品質管理を適確に行うことが求められる。

　　あなたが経験した**建築工事**のうち，要求された品質を満足させるため，品質計画に基づき**品質管理**を行った工事を1つ選び，工事概要を具体的に記入した上で，次の1.及び2.の問いに答えなさい。

　　なお，**建築工事**とは，建築基準法に定める建築物に係る工事とし，建築設備工事を除くものとする。

〔工事概要〕

　イ．工　事　名

　ロ．工　事　場　所

　ハ．工　事　の　内　容（新築等の場合：建物用途，構造，階数，延べ面積又は施工数量，
　　　　　　　　　　　　　　　　　　　主な外部仕上げ，主要室の内部仕上げ
　　　　　　　　　　　　　　改修等の場合：建物用途，建物規模，主な改修内容及び施工数量）

　ニ．工　　期　　等　　（工期又は工事に従事した期間を年号又は西暦で年月まで記入）

　ホ．あなたの立場

　ヘ．あなたの業務内容

1.　工事概要であげた工事で，あなたが現場で**重点的に品質管理**を行った事例を**3つ**あげ，それぞれの事例について，次の①から③を具体的に記述しなさい。

　　ただし，**3つ**の事例の①は同じものでもよいが，②及び③はそれぞれ異なる内容を記述するものとする。

　　①　**工種名又は作業名等**
　　②　施工に当たって設定した**品質管理項目**及びそれを**設定した理由**
　　③　②の品質管理項目について**実施した内容**及びその**確認方法又は検査方法**

2.　工事概要であげた工事に係わらず，あなたの今日までの建築工事の経験を踏まえて，次の①及び②を具体的に記述しなさい。

　　ただし，1.の③と同じ内容の記述は不可とする。

　　①　品質管理を適確に行うための作業所における組織的な**取組**
　　②　①の取組によって得られる**良い効果**

　　工事概要の記述は，**P.42～45**「令和5年度～平成27年度　施工経験記述のポイント」の「2.工事概要の書き方」を参照してください。

問1　【解答例】

躯体工事

事例1	①	工種名又は作業名等	コンクリート工事（土間コンクリート）
	②	品質管理項目及び設定した理由	土間コンクリートの収縮ひび割れにより，床の美観及び使用上や衛生上の問題が発生することがないよう，コンクリート養生における湿潤状態を品質管理項目とした。
	③	実施した内容及び確認・検査方法	コンクリート打設後，養生用ポリエチレンシートを敷き，シートの下部に水を供給する湿潤養生を2週間行った。透明のシートに水が回っていることを1日3回,朝昼夕に確認した。
事例2	①	工種名又は作業名等	鉄筋工事（ガス圧接）
	②	品質管理項目及び設定した理由	地中梁鉄筋のガス圧接工事を，気温が低く天候が不安定な時期に行うこととなり，圧接不良の発生が予想されたため，圧接部の欠陥防止を品質管理項目とした。
	③	実施した内容及び確認・検査方法	圧接技能者に対し，圧接作業標準通りの作業を徹底するとともに，試験施工による技量確認を行った。圧接後，超音波探傷試験を全数行い，溶接内部欠陥の有無を確認した。
事例3	①	工種名又は作業名等	コンクリート工事
	②	品質管理項目及び設定した理由	コンクリート打設日の外気温が25℃を超える見込みであったため，練り混ぜから打設終了までの時間の上限である90分を超えることがないよう，打設時間を品質管理項目とした。
	③	実施した内容及び確認・検査方法	打設開始を早朝5時からとし，生コンポンプ車2台付けで30㎥/hで打ち込む計画とした。生コン工場と綿密な出荷調整を行い，90分以内で打設が完了したことを確認・記録した。

（その他の解答例）

事例1	①	工種名又は作業名等	鉄骨工事（高力ボルト）
	②	品質管理項目及び設定した理由	鉄骨接合部の構造耐力を確保するため，トルシア形高力ボルトの締付け不備等が生じないよう,一次締め,本締めの状況を品質管理項目とした。
	③	実施した内容及び確認・検査方法	高力ボルトの締付けは,一次締め→マーキング→本締めという手順で行い,本締め後にはピンテールの破断,軸回り等の不具合の有無を目視で確認した。
事例2	①	工種名又は作業名等	杭工事（アースドリル杭）
	②	品質管理項目及び設定した理由	杭のコンクリート打設にあたり,安定液がコンクリートに混入するとコンクリート強度不足が生じるため,トレミー管の配置（先端が常にコンクリート内にあること）を品質管理項目とした。
	③	実施した内容及び確認・検査方法	トレミー管上部にプランジャーを挿入後,コンクリート打設を開始し,打設中は常にトレミー管がコンクリート中に2m以上挿入された状態になっていることを確認した。
事例3	①	工種名又は作業名等	鉄骨工事（アンカーボルト）
	②	品質管理項目及び設定した理由	鉄骨のアンカーボルト位置がずれると,鉄骨柱を倒して梁を納めざるを得なくなり,これが限界許容差を超えると構造的な欠陥となるため,アンカーの位置精度を品質管理項目とした。
	③	実施した内容及び確認・検査方法	基礎配筋に先立ち,工場製作したアンカーフレームを捨てコンに固定し,管理許容差の±3㎜以内であることを確認して,基礎コンクリート打設中も常に確認した。

仕上げ工事

事例1	①	工種名又は作業名等	内装工事（乾式遮音壁）
	②	品質管理項目及び設定した理由	住居間の乾式耐火遮音壁と上下左右の躯体取合部との隙間処理が不十分だと，耐火性能と遮音性能が確保できないため，隙間処理の状況を品質管理項目とした。
	③	実施した内容及び確認・検査方法	二重張りボードの1枚目と四周の躯体取合部には耐火目地材を詰め，2枚目との隙間には耐火シール材を詰めることで隙間をなくした。施工後，遮音測定を実施して性能確認した。
事例2	①	工種名又は作業名等	内装工事（壁クロス張り）
	②	品質管理項目及び設定した理由	平滑で長いスパンの廊下壁では，出入口枠上部だけでなく，一般の壁クロスも経年でひび割れが発生しやすいため，ひび割れ防止のための伸縮目地の間隔を品質管理項目とした。
	③	実施した内容及び確認・検査方法	出入口枠両端上部だけでなく，6mピッチごとに幅5mmの伸縮目地を設け，クロスを巻き込んだことを確認した。また，竣工後の定期点検でひび割れ発生がないことを確認した。
事例3	①	工種名又は作業名等	タイル工事（密着張り）
	②	品質管理項目及び設定した理由	タイル張りにおいて，張付けモルタルがドライアウトすると接着力を確保できず，浮きや剥離の原因となるため，張付けモルタルの塗付け状況を品質管理項目とした。
	③	実施した内容及び確認・検査方法	タイル下地に対し，張付けモルタルを4mm厚で2層塗り，塗付け面積は2㎡以下，20分以内で張り終えるよう施工した。引張接着試験により引張接着強度及び破壊状況を確認した。

（その他の解答例）

事例1	①	工種名又は作業名等	タイル工事（伸縮目地）
	②	品質管理項目及び設定した理由	躯体外壁には伸縮調整目地，構造スリット等の目地があるが，この目地を跨いでタイルを張ってしまうとタイルに割れや浮きが生じるため，目地割付けを品質管理項目とした。
	③	実施した内容及び確認・検査方法	構造スリット，外壁伸縮目地等をすべて考慮してタイルの割付け検討を行った。タイル伸縮目地が同じ位置に割り付けられていることをタイル割付図で確認した。
事例2	①	工種名又は作業名等	タイル工事（既存改修）
	②	品質管理項目及び設定した理由	浮きが生じている下地モルタルと構造体コンクリートの接合を確実に行うため，アンカーピン穴の深さ，清掃，接着剤の注入量を品質管理項目とした。
	③	実施した内容及び確認・検査方法	ピン径，躯体に30mm以上入るドリルを決定し穿孔後，圧縮空気で清掃，孔にエポキシ樹脂を25〜30cc底から注入させた。深さはゲージで，切粉は綿棒で，注入量はガンの残量で確認した。
事例3	①	工種名又は作業名等	防水工事（ウレタン塗膜防水改修）
	②	品質管理項目及び設定した理由	既設アスファルト防水層を撤去し，樹脂モルタルで水勾配を修正してウレタン塗膜防水を行う仕様だったので，防水層に膨れを生じさせないよう，下地の乾燥状態を品質管理項目とした。
	③	実施した内容及び確認・検査方法	樹脂モルタルによる水勾配の修正後，2週間程度自然乾燥させ，雨天予報時にはシート養生し乾燥状態を確保した。そののち，高周波水分計で含水率8％以下であることを確認してから塗膜防水を施工した。

【解　説】

　問題1の1．では，施工計画書の中に記述されると考えられる品質計画，品質管理について焦点が当てられている。「標仕」1章「各章共通事項」の1節「共通事項」によれば，品質計画とは「設計図書で要求された品質を満たすために,受注者等が工事における使用予定の材料,仕上げの程度，性能，精度等の目標，品質管理及び体制について具体的に示すことをいう。」と記述されており，また，品質管理については，「品質計画における目標を施工段階で実現するために行う管理の項目，方法等をいう。」と記述されている。出題では，工事種目又は作業に係る施工計画において設定した品質管理項目について，要求品質を満たすうえで重要と考えた理由や具体的に項目に対して施工方法として実施すること，その実施内容に対して施工管理者としてどのように管理したか具体的な確認方法や検査方法が問われている。問題文中に,「施工にあたって」という文言があるので，材料受入れに関する品質管理は含まれないと考えるのが妥当である。

　解答作成に当たっては，例えば，コンクリート工事において，耐久性を確保するためにはひび割れ防止の実現が考えられ，ひび割れ防止のために施工上留意することは,密実なコンクリートを打設するために棒形振動機を適切に活用することや，2週間程度の湿潤養生等が考えられる。そこから，有効と考えた項目を選択し，1つに絞って品質管理項目を定めるとよい。具体的な数値も入れて，「棒形振動機を600 mm ピッチで挿入し，10秒程度振動させゆっくりと抜くことを品質管理項目とする」とした場合，設定した理由としては，「コンクリートのひび割れを防止し，密実なコンクリートを打設する必要があるため」と記述することが可能であろう。ここで，注意が必要なのは，品質管理項目と理由との関係性である。上位に位置する「躯体の耐久性を確保するため」といった理由では，品質管理項目との直接的な関係が不明確であるため評価されない可能性がある。

　また，実施した内容の記述に当たっては作業員に対し，単に指示をしてやらせたという表現ではなく，「躯体図に棒形振動機を挿入する位置を示して挿入後，10数えてゆっくり引き抜かせた」と記述する等，品質管理項目を実現するために指示した内容が具体的に表現されていることが求められる。さらに，確認方法については，作業員以外の者が，「コンクリート打設位置で躯体図を見ながら挿入位置の確認，振動時間の確認を行った」等，具体的に作業員とは異なる立場での確認が行われたことがわかるような記述が必要である。作業員による品質管理項目の実現と，施工管理者による品質管理項目の確認を混同しないように注意する。

問2　【解答例】

①	組織的な取組	本社品質管理部門や専門会社と協議し，品質管理項目とその管理水準，チェック方法や不合格時の処理方法等を定めて，品質管理を行う。
②	良い効果	本社や専門会社に蓄積された豊富な技術資料を活用することにより，高品質な建物となり，竣工後の不具合も減り，関係者の技術力向上にもつながる。

（その他の解答例）

①	組織的な取組	支店品質管理担当者が立ち会って，過去に発生した不具合事例をもとに，現場担当者全員で協議を行い，知識を深め，現場の品質計画に反映して不具合を減らす。
②	良い効果	現場担当者全員が，不具合防止のための品質管理に共通認識を持ち，実際の工事に反映させることで，不具合の減少，顧客満足度の向上につながる。

【解説】

　　問題1の2.では，品質管理を的確に行うための作業所における組織的な取組が問われている。作業所で行われる品質管理を行うためには，技能者，下請負人の主任技術者等，元請負人の主任技術者や監理技術者等，それぞれの立場の関係者が，設計図書における要求品質のうちそれぞれの立場に応じた内容や実施すべきことを理解することが重要である。さらに，担当工事以外の関連工事に対する理解も深めることで，個別の品質のみならず，総合的な品質を高めていくことが必要である。また，品質管理についての個々の経験，知識だけでは限られたものがあるだけに，組織的に行われるナレッジマネジメントの活用や組織内や関係者による知識，経験を注入するプラットフォームを作ること等も求められていると考えられる。

　　①では，上記のような視点に立ち，作業所において，所属する会社のノウハウを組織的に引き出すための取組について記述する。作業所において，下請け業者の主任技術者とともに行う品質管理計画確認会議に，会社の経験豊かな技術者に参加してもらい，品質管理計画の内容のレビューを行う等，具体的な場面を記述するとよい。

　　さらに②においては，どういう良い効果があったか問われているが，①の活動により品質が向上し，施主の満足度が向上したことや施工会社に対する信用力が向上して，その後の受注につながったこと，個々人や組織の技術力が向上したこと等，参加者や参加者の所属する会社への良い効果の記述が求められている。

令和4年度－問題1

　建設業を取り巻く環境の変化は著しく，労働生産性の向上や担い手の確保に対する取組は，建設現場において日々直面する課題となり，重要度が一層増している。

　あなたが経験した**建築工事**のうち，要求された品質を確保したうえで行った**施工の合理化**の中から，労働生産性の向上に繋がる**現場作業の軽減**を図った工事を1つ選び，工事概要を具体的に記入したうえで，次の1．及び2．の問いに答えなさい。

　なお，**建築工事**とは，建築基準法に定める建築物に係る工事とし，建築設備工事を除くものとする。

〔工事概要〕

　イ．工　事　名

　ロ．工　事　場　所

　ハ．工事の内容　（新築等の場合：建物用途，構造，階数，延べ面積又は施工数量，
　　　　　　　　　　　　　　　　　主な外部仕上げ，主要室の内部仕上げ
　　　　　　　　　　　　改修等の場合：建物用途，建物規模，主な改修内容及び施工数量）

　ニ．工　期　等　（工期又は工事に従事した期間を年号又は西暦で年月まで記入）

　ホ．あなたの立場

　ヘ．あなたの業務内容

1．工事概要であげた工事において，あなたが実施した**現場作業の軽減**の事例を3つあげ，次の①から③について具体的に記述しなさい。

　　ただし，3つの事例の②及び③はそれぞれ異なる内容を記述するものとする。

　　①　**工種名等**

　　②　現場作業の軽減のために**実施した内容**と軽減が必要となった**具体的な理由**

　　③　②を実施した際に低下が**懸念された品質**と品質を確保するための**施工上の留意事項**

2．工事概要であげた工事にかかわらず，あなたの今日までの建築工事の経験を踏まえて，建設現場での労働者の確保に関して，次の①及び②について具体的に記述しなさい。

　　ただし，労働者の給与や賃金に関する内容及び1．の②と同じ内容の記述は不可とする。

　　①　労働者の確保を困難にしている建設現場が直面している**課題や問題点**

　　②　①に効果があると考える建設現場での**取組や工夫**

　工事概要の記述は，**P.42～45**「令和5年度～平成27年度　施工経験記述のポイント」の「2．工事概要の書き方」を参照してください。

51

問1　【解答例】

躯体工事

事例1	①	工 種 名 等	土工事
	②	実施した内容と具体的な理由	基礎地中梁の掘削工事において，合番作業員の雇い入れができなかったため，通常のバックホウに代えてICT土工用のバックホウを用い，合番を必要としない掘削作業を行った。
	③	懸念された品質と施工上の留意事項	床付けの高さ精度が懸念された。最初の掘削時，GNSSのデータを活用して試験掘削を行い，使ったオペレータの技量で正確な高さ精度が出ることを確認して，本施工させた。
事例2	①	工 種 名 等	鉄筋工事
	②	実施した内容と具体的な理由	当初予定していた現場での鉄筋組立て作業員を雇い入れできなかったため，柱及び大梁の鉄筋を鉄筋加工場で先組みし，現場作業を軽減して，搬入のうえ組み立てた。
	③	懸念された品質と施工上の留意事項	鉄筋を先組みすると，運搬時や組立てのための吊り上げ時に変形して鉄筋組立て精度が低下するおそれがあったので，スタラップ，フープに斜め補強筋を添わせて強固にした。
事例3	①	工 種 名 等	コンクリート工事，タイル工事
	②	実施した内容と具体的な理由	タイル工が他の現場に取られて確保できなかったため，在来工法のバルコニーでの現地タイル張りを，設計者の承認を得て工場製作のタイル打込みPCに変更してタイル張り作業を軽減した。
	③	懸念された品質と施工上の留意事項	工場タイル打込みでは，タイルの裏足にコンクリートがまわらず浮きが発生するおそれがあったので，試験施工でバイブレータの振動時間，位置を確認のうえで標準化して製作した。

（その他の解答例）

事例1	①	工 種 名 等	鉄骨工事（鉄骨階段）
	②	実施した内容と具体的な理由	RC造屋内階段の型枠製作には熟練を要するが,階段型枠を現場で製作し，組み立てる熟練工を雇い入れできなかったため,工場製作の鉄骨階段とし，階段型枠製作組立て作業を軽減した。
	③	懸念された品質と施工上の留意事項	屋内鉄骨階段に変更となったため，錆止め処理の不十分さから発錆することが懸念された。そのため，防錆効果の高いどぶ漬け亜鉛めっき下地に錆止め塗装，仕上げ塗装とした。
事例2	①	工 種 名 等	型枠工事（基礎・地中梁）
	②	実施した内容と具体的な理由	雨天が予想以上に続き基礎・地中梁工事期間を短縮する必要が発生したため，側面にラス型枠を使用し，型枠の解体作業を不要として作業を縮減し速やかに埋戻しを行った。
	③	懸念された品質と施工上の留意事項	通常のラスでは，ノロ漏れによるコンクリートの締固め不良が懸念されたので,建設技術審査証明を受けた材料を選定し，10 mm ふかすようにラス型枠をセットした。
事例3	①	工 種 名 等	鉄骨工事
	②	実施した内容と具体的な理由	鉄骨建方トビ職人の不足で建て方作業の合理化が必要となったため，トラス梁をユニットに分けて地上で組み，トビ職人の作業を軽減した。地上作業で効率が上がり，総作業量も減少した。
	③	懸念された品質と施工上の留意事項	地上での先組み吊り上げのため，ボルトの緩みが発生することが懸念された。鉄骨組立て後，ボルトの全数の緩みについてレンチを使って確認した。

仕上げ工事

		工 種 名 等	金属工事
事例1	①	工 種 名 等	金属工事
	②	実施した内容と具体的な理由	躯体工事の遅れに相まって軽鉄壁下地職人が不足し，軽鉄壁下地の現場作業縮減が必要となったため，軽鉄壁下地を工場で切断搬入し，現場では取り付けるだけとした。
	③	懸念された品質と施工上の留意事項	現場における施工精度の悪さから，軽鉄壁下地の取付けに不備が発生することが懸念された。現場採寸を行い，採寸に基づいたカット寸法図，材料の番号付けをし，上下とも精度よく納めた。
事例2	①	工 種 名 等	内装工事（木造造作）
	②	実施した内容と具体的な理由	現場の造作工事において熟練工の人手不足で確保が難しいため，工場にて半製品まで組み立てた状態で現場に持ち込み，現場での加工作業を減らし，工期内に作業を終えることができた。
	③	懸念された品質と施工上の留意事項	工場製品と現場取付け部の精度の差から隙間が発生することが懸念された。現場と工場で，もの差しの誤差がないことを確認して製作し，工場出荷前も現場採寸法と比較，確認した。
事例3	①	工 種 名 等	組積工事（外壁ALC）
	②	実施した内容と具体的な理由	外壁塗装職人の人手不足で外壁塗装を予定通り行うことができないことから，外壁ALC板の塗装仕上げを工場出荷前に行い，現場での塗装工程を省いた。
	③	懸念された品質と施工上の留意事項	現場運搬時に外壁塗装面を傷つける等の品質低下が懸念された。梱包材を解いたあとは，運送用のクロスで簡易養生し，取付け場所近辺の保管場所に運んで，取り付ける時に外した。

（その他の解答例）

		工 種 名 等	内装工事（金属パーテーション）
事例1	①	工 種 名 等	内装工事（金属パーテーション）
	②	実施した内容と具体的な理由	内装工不足で事務所の間仕切り壁施工の職人が集まらなかったため，従来の軽量鉄骨下地PB張りの壁を，設計者の承認を得て工場製作の金属パーテーションに変更した。
	③	懸念された品質と施工上の留意事項	金属パーテーションは工場製作品で寸法調整ができないため，隙間が発生することが懸念された。天井下地レベルと床コンクリートレベルが，基準値±3mmに収まるよう精度管理に留意した。
事例2	①	工 種 名 等	防水工事（屋上アスファルト防水改修）
	②	実施した内容と具体的な理由	屋上防水改修工事において，保護コンクリートを全面撤去する計画となっていたが，解体職人不足で解体作業が困難となったため，保護コンクリート上からウレタン塗膜防水を施工した。
	③	懸念された品質と施工上の留意事項	防水層下地に起因する防水層の品質低下が懸念された。保護コンクリートの天端を平滑に補修し，既存伸縮目地に絶縁テープを貼り，防水層に悪影響のない下地とした。
事例3	①	工 種 名 等	金属製建具工事（アルミサッシのかぶせ工法）
	②	実施した内容と具体的な理由	既存アルミサッシを全面撤去交換する工事において，撤去のための解体職人不足で予定日までに工事が終了しないため，かぶせ工法に変更して撤去作業を縮減した。
	③	懸念された品質と施工上の留意事項	既存サッシ枠と新設サッシ枠との取合いで不必要な隙間が発生することを懸念し，既存枠を現場採寸して既設枠毎に新設サッシ枠の寸法を決定し，不必要な隙間の発生を防止した。

【解　説】

　解答欄の「②実施した内容と具体的な理由」に記述する解答は，設問をよく理解して作成する必要がある。解答欄では，略して書かれているが，設問にあるように，「現場作業の軽減のために実施した内容」と「軽減が必要となった具体的な理由」を的確に記述することが求められる。

　ここでは，「現場作業の軽減」という観点から，施工合理化工法として実施される内容が求められている，と考えられる。工事において，工期の制約から工期を縮めるためだけに実施する現場への人的投入量の増加や，工事当初に想定した工法で実施するにあたり作業能率を上げるだけで総作業量は変わらない，というような記述は求められておらず，具体的に「人的投入を減らすことができて，作業量が軽減した経験」を解答することが求められている。現在，建設業界全体で取り組んでいる建設業の将来に向けての担い手不足の解消，さらには確保できる限られた担い手の総量で施工ができるような工夫が求められている設問である。

問2　【解答例】

①	課題や問題点	職人の高齢化による職人の引退や肉体的な作業量の限度，若手職人の減少により，労働者の確保を困難にしている。
②	取組や工夫	若手労働者にとって建設業が魅力的な産業として選択されるよう，現場見学会の実施や施工合理化工法できつい作業の縮減を図っている。

【解　説】

　国土交通省では，建設業の抱える課題として，建設業に従事する就業者の高齢化，若手の担い手不足を課題として，「担い手三法」，「新担い手三法」と銘打って改正を行い，ダンピング防止対策や建設工事の担い手の育成・確保，働き方改革促進による建設業の長時間労働の是正，i-Construction の推進等による生産性の向上に取り組んでいる。

　労働者不足に行政が行う制度的な取組みだけでなく，建設業の現場における取組みも期待されているところであり，離職対策としても実施される「新人・若手社員フォローアップ研修」，制度の改正も相まって若いうちからの「資格取得支援」，若い人たちに建設業の魅力を理解してもらうための「現場見学会」「現場単位の広報・イベントの開催」等が実態としても行われている。これらの取組みについて，主体となって実施した経験や会社として取り組んでいることへの参加経験等が，ここでの解答に求められていると考えられる。

令和3年度－問題1

　建築工事における品質確保は,建築物の長寿命化を実現するために重要である。このため,施工者は,発注者のニーズ及び設計図書等を把握し,決められた工期やコスト等の条件の下で適切に品質管理を行うことが求められる。

　あなたが経験した**建築工事**のうち,発注者及び設計図書等により要求された品質を確保するため,重点的に**品質管理**を行った工事を1つ選び,工事概要を具体的に記述したうえで,次の1.及び2.の問いに答えなさい。

　なお,**建築工事**とは,建築基準法に定める建築物に係る工事とし,建築設備工事を除くものとする。

〔工事概要〕

　イ.工　事　名

　ロ.工　事　場　所

　ハ.工　事　の　内　容　(新築等の場合：建物用途,構造,階数,延べ面積又は施工数量,
　　　　　　　　　　　　　　　　　　主な外部仕上げ,主要室の内部仕上げ
　　　　　　　　　　　　　改修等の場合：建物用途,建物規模,主な改修内容及び施工数量)

　ニ.工　期　等　　(工期又は工事に従事した期間を年号又は西暦で年月まで記入)

　ホ.あなたの立場

　へ.あなたの業務内容

1.工事概要であげた工事で,あなたが現場で重点をおいて実施した**品質管理**の事例を2つあげ,次の①から④について具体的に記述しなさい。

　　ただし,2つの事例の②から④は,それぞれ異なる内容を記述するものとする。

　　① **工種名**

　　② 施工に当たっての**品質の目標**及びそれを達成するために定めた**重点品質管理項目**

　　③ ②の重点品質管理項目を**定めた理由**及び発生を予測した**欠陥又は不具合**

　　④ ②の重点品質管理項目について,**実施した内容**及びその**確認方法又は検査方法**

2.工事概要にあげた工事にかかわらず,あなたの今日までの工事経験を踏まえて,現場で行う**組織的な品質管理活動**について,次の①,②を具体的に記述しなさい。

　　ただし,1.④と同じ内容の記述は不可とする。

　　① 品質管理活動の**内容**及びそれを協力会社等に伝達する**手段又は方法**

　　② 品質管理活動によってもたらされる**良い影響**

　工事概要の記述は,**P.42〜45**「令和5年度〜平成27年度　施工経験記述のポイント」の「2.工事概要の書き方」を参照してください。

問1　【解答例】

躯体工事

事例1	①	工　種　名	コンクリート工事
	②	品質の目標及び重点品質管理項目	床コンクリートのひび割れを防止するために，コンクリート打設後の湿潤養生状態を重点品質管理項目とした。
	③	定めた理由及び欠陥又は不具合	一定期間の湿潤養生状態不足が，初期の乾燥収縮による床のひび割れの原因となるため。床のひび割れは，台車等の通行障害や埃溜り等使用上，衛生上の問題が生じる。
	④	実施した内容及び確認方法又は検査方法	コンクリート打設後,保水タイプの床養生マットを敷き込み，床の表面が常に湿潤状態を保つようにマット下へ水を供給した。9時，13時，17時に湿潤状態を確認し，記録した。
事例2	①	工　種　名	鉄筋工事
	②	品質の目標及び重点品質管理項目	鉄筋コンクリート躯体の耐火性，耐久性の確保のために，鉄筋の最小かぶり厚さの確保を重点品質管理項目とした。
	③	定めた理由及び欠陥又は不具合	鉄筋のかぶり厚さは，火災時の構造体の強度確保や，中性化による鉄筋の発錆に影響するため。鉄筋の耐火性,耐久性不足により，火災時の倒壊や耐用年数が確保できないため。
	④	実施した内容及び確認方法又は検査方法	かぶり厚さを最少かぶり厚さ＋10㎜と定めて鉄筋を加工，配筋し，使用部位毎にスペーサーのサイズと色を決め，間違わないようにセットした。コンクリート打設前に目視確認し記録した。

（その他の解答例）

事例1	①	工　種　名	型枠工事
	②	品質の目標及び重点品質管理項目	打放しコンクリートの美観を得るために，躯体表面の平滑度や面精度の確保を重点品質管理項目とした。
	③	定めた理由及び欠陥又は不具合	美観を高めるためには，躯体表面の平滑度や面精度を確保する必要があるため。精度が悪く，コンクリートに凹凸が出るとクレームや価値の低下をもたらす。
	④	実施した内容及び確認方法又は検査方法	せき板に剛性の高い15㎜の塗装合板を使用し，パネルの強度を上げ凹凸や目違いを防止し，平滑度や面精度を確保した。コンクリート打設前の型枠精度の管理図を作成し確認,記録した。
事例2	①	工　種　名	鉄骨工事
	②	品質の目標及び重点品質管理項目	溶接による鉄骨接合部の品質を確保するため，溶接不良をなくすことを重点品質管理項目とした。
	③	定めた理由及び欠陥又は不具合	溶接による鉄骨接合部の品質は，良好な溶接により確保することができるため。鉄骨接合部の品質不良により，鉄骨フレームの倒壊が発生する可能性がある。
	④	実施した内容及び確認方法又は検査方法	突き合わせ溶接は全数超音波探傷試験，隅肉溶接は全数サイズ測定によるのど厚確認により欠陥を発見し，溶接の是正を行った。さらに，是正後の検査を行い記録を残した。

仕上げ工事

		工　種　名	内装工事（石膏ボード塗装仕上げ）
事例1	①	工　種　名	内装工事（石膏ボード塗装仕上げ）
	②	品質の目標及び重点品質管理項目	石膏ボード下地での塗装面の美観を確保するために，テーパーボードの継目処理工法による施工を重点品質管理項目とした。
	③	定めた理由及び欠陥又は不具合	テーパーボードの継目処理が正しく施工されていないと，平滑さが悪くなり仕上げ塗装面に不陸が見えて美観を損ねるため。美観が悪いと，施主からのクレームや手直しが必要になる。
	④	実施した内容及び確認方法又は検査方法	ボードは階高に合わせたテーパーエッジボードを特注し，横方向処理の必要をなくし，縦目地部分はテーパーの幅より大きなサイズのパテヘラで平滑に仕上げ，平滑精度を目視で確認し記録した。
事例2	①	工　種　名	タイル工事
	②	品質の目標及び重点品質管理項目	外壁タイル仕上げの落下防止性能を確保するため，躯体とタイル下地モルタル間の接着力確保を重点品質管理項目とした。
	③	定めた理由及び欠陥又は不具合	躯体と下地モルタルの欠陥は，タイル仕上げ面での落下につながり，非常に危険であるため。タイル仕上げ後の落下により，人身事故が発生する可能性がある。
	④	実施した内容及び確認方法又は検査方法	コンクリート表面を超高圧洗浄で目荒らしし，接着面積の増加と投錨効果を発揮させ，下地モルタル塗り乾燥後に全面打診検査を行い，引張試験により十分な接着力を確認し記録した。

（その他の解答例）

		工　種　名	防水工事（シーリング）
事例1	①	工　種　名	防水工事（シーリング）
	②	品質の目標及び重点品質管理項目	外装パネルの防水性を確保するため，シーリング材の剥離，破断防止を重点品質管理項目とした。
	③	定めた理由及び欠陥又は不具合	ワーキングジョイントにおいては，シーリング接着面の剥離，破断が生じると外壁パネルの防水性能が確保できなくなるため。外壁パネルの防水が切れると室内への漏水が発生してしまう。
	④	実施した内容及び確認方法又は検査方法	施工方法（溝の清掃，プライマー塗布，寸法調整のバックアップ材とボンドブレーカーのセット，シーリング充填）を職人に試験施工させて本施工した。目視により工程を確認し記録した。
事例2	①	工　種　名	建具工事（外装カーテンウォール）
	②	品質の目標及び重点品質管理項目	外装カーテンウォールの仕様（耐風圧性能，気密性能等）の確保のため，性能確認された施工図通りの施工を管理項目とした。
	③	定めた理由及び欠陥又は不具合	メーカーの技術資料に基づく施工図をあらかじめ確認することで，性能確保ができるため。性能不足だと漏水等が発生する可能性がある。
	④	実施した内容及び確認方法又は検査方法	カーテンウォールのフレームの組立て段階，内部シール段階，ガラス留め付け前後の各段階で，施工図との照合を行い，施工図通りに施工させた。照合による確認を行い，照合結果を記録した。

【解　説】

　　設問では，最初に「品質確保」が「長寿命化」に「重要」と書かれているが，その関係に言及する解答を求められてはいないことに注意が必要である。また，建築工事では，さまざまな耐久年数が違う部材が組み合わされて建設されており，個々の工事種目で作られる個々の部材の品質が向上すれば，その部材の長寿命化につながる。解答においては，「発注者及び設計図書等により要求された品質」を確保するために，「重点的に品質管理を行った工事」に焦点を当てれば，自ずと「発注者及び設計図書等により要求された」長寿命化にかかる要求品質も確保されているものと考えられる。

　　ここで，「要求された品質」を考える場合，雨漏りしないこと等は，建築上当たり前で設計図書に書かれていないが，このような事柄も，当然「要求された品質」のひとつであるという認識を持たなくてはならない。さらに，建築物が内外に対して予見可能性のある事故に対して安全であること等も，当たり前な基本的品質である。

　　今回の設問では，要求された品質があって，「重点的品質管理」が問われているが，実際の専門工事を考えたとき，当該施工，例えばウレタン防水工事であれば，設計図書で示された仕様・メーカーの仕様・これまでの経験等に照らして，いい品質のものにしようと考え，そのためにどの部分に注意しよう，工事の状況のトレーサビリティを明確にしようと考えられるのではないかと思われる。今回の設問は，そうした実践的品質管理を重点管理項目として，その結果，どのような要求品質に合致してくるのかと考えるとよい。

問2　【解答例】

①	内容及び手段又は方法	協力会社に施工要領書案を作ってもらい，それを活用した施工計画書案を作成の上，関係者全員で内容について問題点の抽出と改善点の検討を行い，最終計画書とし全員に写しを配布する。
②	良い影響	品質管理活動によって，施工の手戻り防止や品質改善が図られ，関係者の技術の向上，顧客の満足度の向上，会社の社会的信頼が高められる。

【解　説】

　　設問では，「組織的な品質管理活動」について，①，②にかかる具体的記述が求められている。なお，1．④と同じ内容の記述は不可とされている。

　　ここでは，「組織的な品質活動」をどのように捉えるかが重要である。建築工事の場合，通常の工場生産とは違い，下請け契約により複数の施工業者が協力しあい，それぞれのノウハウを発揮しながら工事を進めていく。

令和2年度−問題1

　建築工事の施工者は，設計図書に基づき，施工技術力，マネジメント力等を駆使して，要求された品質を実現させるとともに，設定された工期内に工事を完成させることが求められる。

　あなたが経験した**建築工事**のうち，品質を確保したうえで，**施工の合理化**を行った工事を1つ選び，工事概要を具体的に記述したうえで，次の1．及び2．の問いに答えなさい。

　なお，**建築工事**とは，建築基準法に定める建築物に係る工事とし，建築設備工事を除くものとする。

〔工事概要〕

　イ．工　事　名

　ロ．工　事　場　所

　ハ．工事の内容　（新築等の場合：建物用途，構造，階数，延べ面積又は施工数量，
　　　　　　　　　　　　　　　　　主な外部仕上げ，主要室の内部仕上げ
　　　　　　　　　　改修等の場合：建物用途，建物規模，主な改修内容及び施工数量）

　ニ．工　　　　　期　（年号又は西暦で年月まで記入）

　ホ．あなたの立場

1．工事概要であげた工事において，あなたが実施した現場における労務工数の軽減，工程の短縮などの**施工の合理化**の事例を**2つ**あげ，次の①から④について記述しなさい。

　　ただし，2つの事例の②から④は，それぞれ異なる内容を具体的に記述するものとする。

　　①　工種又は部位等

　　②　実施した**内容**と品質確保のための**留意事項**

　　③　実施した内容が**施工の合理化となる理由**

　　④　③の施工の合理化以外に得られた**副次的効果**

2．工事概要にあげた工事にかかわらず，あなたの今日までの工事経験に照らして，施工の合理化の取組みのうち，品質を確保しながらコスト削減を行った事例を**2つ**あげ，①工種又は部位等，②施工の**合理化の内容**とコスト削減できた**理由**について具体的に記述しなさい。

　　なお，コスト削減には，コスト増加の防止を含む。

　　ただし，2つの事例は，1．②から④とは異なる内容のものとする。

　工事概要の記述は，**P.42 〜 45**「令和5年度〜平成27年度　施工経験記述のポイント」の「2．工事概要の書き方」を参照してください。

問1　【解答例】

躯体工事

事例1	①	工種又は部位等	型枠工事（基礎，地中梁）
	②	内容と留意事項	設計者の承認を得て，基礎及び地中梁のせき板の合板型枠をラス型枠に変更した。建築技術審査証明を受けた工法で施工することで，品質を確保できるよう留意した。
	③	施工の合理化となる理由	ラス型枠に変更することで，せき板の解体が不要になる上，速やかに埋戻し作業に入れることから，工程の短縮と省力化が図れるため。
	④	副次的効果	せき板材としての南洋材を使わないことで，CO_2吸収効果の大きい熱帯雨林を守り，地球温暖化防止にも貢献することができた。
事例2	①	工種又は部位等	鉄筋工事
	②	内容と留意事項	設計者の承認を得て，大梁の鉄筋を現場で先組みし，吊り込み圧接をA級の機械式継手としてクレーンで組み立てた。先組み鉄筋の変形防止のため，全交差部を結束することに留意した。
	③	施工の合理化となる理由	大梁を足場の良いところで先組みすることで，鉄筋組立て効率や型枠等，他作業に起因する待ち時間の縮減ができ，機械式継手のため天候の影響を軽減できるから。
	④	副次的効果	ガス圧接工法の品質は作業員の技量に左右され，手戻りが発生する場合があるが，機械式継手は作業員の技量によらず一定の品質が確保できた。

（その他の解答例）

事例1	①	工種又は部位等	型枠工事
	②	内容と留意事項	床型枠を合板から鋼製型枠デッキプレートに変更した。梁側面型枠に縦さん木や門型支柱による補強をし，梁に10 ㎜ののみ込みしろを確保して，品質保持に留意した。
	③	施工の合理化となる理由	鋼製型枠デッキプレートは型枠を解体する必要がないことで工程が省力化できるとともに，支保工も削減でき，床版型枠の敷き込みの効率化が図れるため。
	④	副次的効果	床版の合板型枠の解体に伴う端材や廃棄合板の発生が抑制された。
事例2	①	工種又は部位等	各階のバルコニー
	②	内容と留意事項	設計者の承認を得て，在来工法のバルコニーを認定取得工場で製作されたプレキャストコンクリートに変更した。取付け現場打ち梁への投影定着長，定着長，かかりしろに留意した。
	③	施工の合理化となる理由	バルコニーの現場での型枠組立て及び解体，鉄筋組立て，コンクリート打設がなくなり，クレーンによる吊込み，仮固定だけとなって，省力化が図れる。
	④	副次的効果	バルコニー外部がタイル仕上げとなっていたが，PCa化に伴いタイルを工場打込みとしたため，経年劣化等によるタイル剥落の危険性がほとんどなくなった。

仕上げ工事

事例 1	①	工種又は部位等	組積工事（外壁 ALC 板工事）
	②	内容と留意事項	外壁 ALC の仕上げが複層仕上げ塗材となっていたが，作業環境の整った工場で塗装を行った。搬入，取付後，ALC を傷つけないよう養生することに留意した。
	③	施工の合理化となる理由	工場で事前に塗装を行ってから現場に搬入することで，現場での下地処理，塗装の工程がなくなり，塗装作業やそのための足場，作業養生が省略でき，合理化できるため。
	④	副次的効果	工場塗装により，ALC パネル間のシーリングを建物内から行うことで無足場での施工が可能となり，建物周りの外構工事，設備工事の早期着手が可能となった。
事例 2	①	工種又は部位等	防水工事（アスファルト防水）
	②	内容と留意事項	屋上防水が現場溶融のアスファルト防水であったが，設計者の承認を得て，改質アスファルトシートのトーチ工法に変更した。シートの重ね幅は 100 mm 以上確保できるように留意した。
	③	施工の合理化となる理由	単層のアスファルトシートをトーチで炙って密着させるだけなので，作業工程が少なくなり，省力化や工程短縮効果が得られるため。
	④	副次的効果	在来のアスファルト防水工事のように，アスファルト窯による溶融で臭いが発生することがないため，近隣からの臭気に対するクレームの発生がなくなった。

（その他の解答例）

事例 1	①	工種又は部位等	防水工事（屋上アスファルト防水改修）
	②	内容と留意事項	設計者の承認を得て，屋上の保護コンクリートを撤去する工法から，残してウレタン防水とした。保護コンクリート目地の平滑化処理，補強布の幅に留意した。
	③	施工の合理化となる理由	保護コンクリートの撤去と新設が不要となることで，作業工程が軽減され，省人化や工期短縮につながるため。
	④	副次的効果	防水層撤去時の下階への漏水の懸念がなくなる上，保護コンクリート解体時の騒音や廃棄物の処分も軽減できた。
事例 2	①	工種又は部位等	鋼製建具工事（アルミ製建具改修）
	②	内容と留意事項	既存建具をはつり出して新規建具を取り付ける計画から，既存建具枠を残すかぶせ工法に変更した。全既存建具の縦横対角線を実測し，取付建具の製品寸法に留意した。
	③	施工の合理化となる理由	枠周囲の仕上げ材やモルタルの撤去及びその修復がなくなり，工期が短縮され，施工合理化につながった。
	④	副次的効果	はつり工事で発生する廃棄物が縮減され，廃棄物処理コストが縮減された。また，建具交換の施工中に漏水するリスクを避けることができた。

【解　説】

　　経験した建築工事のうち施工の合理化を行ったものについての設問である。ただし，施工の合理化を行うにあたり，「品質を確保したうえで」という条件がついていることに注意する。

　　工事概要については，設問で求められている項目を確実に記述することが必要である。

　　①では，「工種又は部位等」の記述が求められている。②で記述する施工合理化の内容のターゲットになっている部分が，明確に記述されていることが必要であろう。逆に言えば，②の施工合理化の内容が，①に記述されている内容に合致しない場合，不適切であると考えられる。

　　②では，施工合理化の「実施した内容と品質確保のための留意事項」の記述が求められている。設問１．の中で，「現場における労務工数の軽減，工程の短縮等の施工の合理化の事例」と記載されており，ここで求められている施工の合理化が，「労務工数の軽減」「工程の短縮」に寄与したものであると理解する必要がある。別の表現をすると，「労務工数の軽減」「工程の短縮」に寄与しない場合，本人が施工の合理化だと思っていても，解答として求められていないと理解すべきであろう。また，「品質確保のための留意事項」が設問で求められていることから，必ず解答の中に含めなくてはいけない。その場合，１級の水準に鑑みて，具体性のある品質確保のための留意事項の記述が必要と考えられる。

　　③では，「実施した内容が施工の合理化となる理由」が求められている。先述したように，設問から施工の合理化が「労務工数の軽減」「工程の短縮」に寄与するものと考えられることから，ここでは「これを実施したことにより，こういう部分で労務工数が軽減した」や，「こういう部分が減少し工程の短縮につながった」というような理由が，具体的に記述されていることが必要である。

　　④では，「③の施工の合理化以外に得られた副次的効果」の記述が求められている。上記で述べたように，「労務工数の軽減」「工程の短縮」に寄与という施工の合理化以外のことを記述しなければならない。

　　施工の合理化は，建設技術の進歩の点からも永遠の課題であると考えられるが，日常的な施工管理等の業務の中で，新材料，新技術に対する本質的な理解・スタディをしつつ，慎重に品質確保のための準備をしながら取り組んでいく姿勢が必要だと思われる。

問2　【解答例】

事例1	①	工種又は部位等	内装工事（壁せっこうボード張り）
	②	合理化の内容と理由	壁に天井高に合わせた 2,420 ㎜ × 910 ㎜ の石膏ボードを使用することで，ボード切断の手間や目地処理が軽減され省人化できた。このため，労務コストの削減ができた。
事例2	①	工種又は部位等	土工事（残土の再使用）
	②	合理化の内容と理由	場外処分する予定だった掘削残土を現場内に仮置きし，埋戻し土として再使用することで，残土の運搬費や処分費，埋戻し土の購入費を削減することができた。

【解　説】

　広くこれまでの経験から，「品質を確保しながらコスト削減を行った」施工の合理化の取組みを解答することが求められている。なお，ここでは，「①工種又は部位等」と「②施工の合理化の内容とコスト削減できた理由」の記述が求められている。ここで，注意が必要なのは，設問1．では，「品質確保のための留意事項」の記述が求められていたが，ここでは求められていない。しかしながら，あくまで品質を確保しながら行った施工合理化という範囲の中から考えなくてはいけないことには注意が必要である。また，求められている解答の中に，「コスト削減できた理由」を記述するように指示されている。

　合理化工法として採用した内容と，なぜそれが合理化となったかを記述した上で，さらにどういう点でコスト削減になったかを記述することが必要で，設問の要求している解答事項は確実に記述しておく必要がある。

　先述したとおり，ここでも，施工の合理化は，「労務工数の軽減」「工程の短縮」に寄与できるということを念頭においておく必要がある。

　担当している工事において，コスト管理は重要な業務の一つであると思われるが，日頃より新工法の技術的事項や労務管理，コスト管理を意識し整理しておくことが，今回のような問題に対処していく上で重要なことであると考えられる。

令和元年度－問題 1

　建築工事の施工者は，設計図書等に基づき，要求された品質を実現させるため，施工技術力，マネジメント力等を駆使し，確実に施工することが求められる。

　あなたが経験した**建築工事**のうち，要求された品質を実現するため，品質管理計画に基づき，**品質管理を行った工事を 1 つ選び**，工事概要を具体的に記述したうえで，次の 1．及び 2．の問いに答えなさい。

　なお，**建築工事**とは，建築基準法に定める建築物に係る工事とし，建築設備工事を除くものとする。

〔工事概要〕

イ．工　事　名

ロ．工　事　場　所

ハ．工事の内容　$\left(\begin{array}{l} \text{新築等の場合：建物用途，構造，階数，延べ面積又は施工数量，}\\ \qquad\qquad\quad\text{主な外部仕上げ，主要室の内部仕上げ}\\ \text{改修等の場合：建物用途，建物規模，主な改修内容及び施工数量} \end{array} \right)$

ニ．工　　　　期　（年号又は西暦で年月まで記入）

ホ．あなたの立場

1．工事概要であげた工事で，あなたが重点的に**品質管理**を実施した事例を **2 つ**あげ，次の①から③について具体的に記述しなさい。

　　ただし，2 つの事例の**工種名**は同じでもよいが，他はそれぞれ異なる内容の記述とする。

　　①　**工種名，要求された品質**及びその品質を実現させるために設定した**品質管理項目**

　　②　①の品質管理項目を**設定した理由**

　　③　①の品質管理項目について，**実施した内容**及び**留意した内容**

2．工事概要にあげた工事にかかわらず，あなたの今日までの工事経験に照らして，次の①，②について具体的に記述しなさい。

　　ただし 1．③と同じ内容の記述は不可とする。

　　①　作業所において，組織的な品質管理を行うための**方法や手段**

　　②　①の方法や手段で組織的な品質管理を行うことによって得られる**効果**

　工事概要の記述は，**P.42 ～ 45**「令和 5 年度～平成 27 年度　施工経験記述のポイント」の「2．工事概要の書き方」を参照してください。

問1　【解答例】

躯体工事

事例1		工　種　名	鉄骨工事
	①	要求された品質	高力ボルト摩擦接合部の耐力
		品質管理項目	鉄骨摩擦面の処理とボルト締付け力
	②	設定した理由	鉄骨摩擦面の処理とボルト締付け力が適切でなければ，すべりが生じて接合部の耐力不足が起きるため。
	③	実施した内容及び留意した内容	標準ボルト張力が出るよう締め付け器具を調整し，締め付け後のマーカーのずれに留意した。
事例2		工　種　名	コンクリート工事
	①	要求された品質	複数の生コン工場から供給した場合のコンクリートの強度
		品質管理項目	異なるコンクリートの打設管理
	②	設定した理由	同一打込み工区に同時に複数の工場よりコンクリートが供給されると，単位水量の異なるコンクリートの混入により，コンクリート強度等の品質低下が発生するおそれがあったため。
	③	実施した内容及び留意した内容	打込み工区の区分，工場毎のポンプ車の配置をし，単位水量の異なるコンクリートの混入を回避し，受入れ時の検査に留意した。

（その他の解答例）

事例1		工　種　名	鉄骨工事
	①	要求された品質	スタッドボルトの溶接部の健全性
		品質管理項目	外観試験による軸全周のカラー，アンダーカットの有無
	②	設定した理由	カラーやアンダーカットがあると所要の強度が出ないので，鉄骨梁と床コンクリートが一体にならず，スタッドボルト用設備の健全性が保てないため。
	③	実施した内容及び留意した内容	スタッド軸の全周が均一なカラーで形成され，母材・スタッド軸部にアンダーカットがないかに留意し，全数目視確認，記録した。カラーの包囲が不十分なものは15°打撃曲げ検査を実施した。
事例2		工　種　名	コンクリート工事
	①	要求された品質	マスコンクリートのひび割れ防止
		品質管理項目	マスコンクリートの内外温度差減少管理
	②	設定した理由	部材厚80cm以上の壁材，100cm以上のマット状部材では，セメントの水和熱による温度上昇により部材内外の温度差が大きくなり，部材表面に有害なひび割れが発生するおそれがあるため。
	③	実施した内容及び留意した内容	セメントは低熱ポルトランドセメントとし，所定の品質が得られる範囲内で単位セメント量を減らし，さらに表面が急激に冷却しないような保温養生に留意した。

仕上げ工事

		工　種　名	防水工事（シーリング）
事例1	①	要求された品質	外壁目地部のシーリング材の破断防止
		品質管理項目	ワーキングジョイント目地の納まりの確認
	②	設定した理由	外装材そのものの防水性が高くても，ムーブメントにより目地シーリング材に破断等が生じると，室内側への漏水につながるおそれがあるため。
	③	実施した内容及び留意した内容	ワーキングジョイント目地は部材相互の2面接着とするために，ボンドブレーカーを用いて3面接着となるのを避け，さらにシーリング材と接着しない材料の選定に留意した。
事例2	①	工　種　名	タイル工事
		要求された品質	外装タイルの剥落防止
		品質管理項目	伸縮調整目地の納まりの仕様確認
	②	設定した理由	伸縮調整目地の納まりが悪いと，タイル及びタイル下地の温度伸縮が吸収できず，目地周りから浮きが発生し，タイルの剥落につながってしまうため。
	③	実施した内容及び留意した内容	タイルの伸縮調整目地は，躯体のひび割れ誘発目地と一致するようタイル割付けを行った。下地モルタルも同じ位置で発泡材等により縁を切るように留意した。

（その他の解答例）

		工　種　名	石工事（湿式工法）
事例1	①	要求された品質	ぬれ色及び白華の防止
		品質管理項目	石裏面処理剤の使用範囲と部位の確認及び規定量の塗布
	②	設定した理由	壁の最下段や床に用いる石材において，背面に水分が多い場合，石内部に水が浸入して，ぬれ色や白華により美観を損ねてしまうおそれがあるため。
	③	実施した内容及び留意した内容	石材の裏面及び小口面に石裏面処理剤を100cc/㎡以上塗布した。塗布が均一になるよう留意した。
事例2	①	工　種　名	金属製建具工事（外部ガラスカーテンウォール）
		要求された品質	暴風雨や地震時における漏水や脱落防止
		品質管理項目	耐風圧性，水密性，面内変形追随性等の確保
	②	設定した理由	外部金属製建具の必須基本性能に加え，近年多発している暴風雨や大地震等に対しても十分安全であることが求められるため。
	③	実施した内容及び留意した内容	耐風圧性S-3確保のため，実験で方立のたわみを確認した。たわみ量が1/300以下となるよう留意した。

【解　説】

ここでは，品質管理を行う中で「工種名」「要求された品質」，その品質を実現させるために設定した「品質管理項目」，その品質管理項目を「設定した理由」，また，その品質管理項目について「実施した内容及び留意した内容」の事例が求められている。なお，ここでは経験した

工事の中での工事種別から記述することが求められている。つまり,経験した工事に照らして,明らかに含まれない工事種別の記述は認められていないので注意が必要である。

　「要求された品質」を記述するにあたっては,それに関する「品質管理項目」「設定した理由」を続いて記述することに鑑み,個別の工種を実施する場合の個別のパーツにおける要求性能が求められていると理解するとよい。その性能を確保するために,比較的リスクの大きい施工部分の品質向上をどのように実現するか,という視点で,品質管理項目を設定する必要がある。その際,設計図書により基準・仕様が指定されている場合には,その指定に対して技術的判断から,当該工事現場においてはどうしたか,ということに配慮する必要がある。つまり基準・仕様では,○○以上,という記述がされている場合があるが,工事現場ではその数値に対してどこをターゲットにして実現するのか,という点を意識することも必要である。

　また,その性能基準を考える段階でリスク把握をしていることから,そのリスクこそが性能欠陥を作らないための「設定した理由」になるという視点を持つことも必要である。

　「実施した内容及び留意した内容」については,まず,「及び」でつながれていることに留意する。設問の趣旨として,「実施した内容」と「留意した内容」の両方の記述が求められていることを認識する必要がある。設定した品質管理項目・目標を,工事現場で実現するためにどのようなことに注意し,具体的にどのようにするのか,また,実現していることをどのように確認するのか,といった視点での記述が必要であることに留意する。

問2　【解答例】

①	方法や手段	顧客が要求する性能や品質を確保するため,現場内だけでなく本社品質管理部門や専門工事会社とも十分協議を行い,現場の状況に合わせたQC工程表を作成し,役割を決めて品質管理活動を行う。
②	効　　果	作業所ごとに設計も仕様も要求性能も違う中,定期的に上記の活動を行ってQC工程表等に反映することで組織的な品質管理活動につながり,全国レベルで顧客満足度の高い建物を施工できる。

【解　説】

　設問では,「作業所において,組織的な品質管理を行うための方法や手段」「その方法や手段で組織的な品質管理を行うことによって得られる効果」にかかる記述を求められている。

　ここで留意すべきは,「作業所において」行うことについて記述することが求められているということだ。「組織的な品質管理」という視点は,特定の部分の品質管理を実施するにあたって,個別の担当者だけで担うのではなく,「組織的に体制」をつくり,品質目標にかかる組織的合意を形成した上で,施工時の段階的確認においても,確認担当者の指名・責任範囲の明確化を図っていくことが重要である。こうした重要な事項を具体的な場面に照らして記述することに留意する必要がある。

　また,こうした活動を行うことによって,技術・知識が拡散され,個々人が成長し,建設業者の技術の向上にも寄与していくということは明らかであり,そうした事象についても具体的に記述することに留意が必要である。

平成30年度【臨時】ー問題 1

　　少子高齢化や技能労働者の不足の中で，建設業が継続的な活動を続けていくためには生産性の向上が求められており，中でも建設現場における労働生産性の向上が喫緊の課題である。

　　あなたが経験した**建築工事**のうち，**品質を確保したうえで，現場作業の軽減及び工期の短縮**を図った工事を 1 つ選び，工事概要を具体的に記述したうえで，次の 1．及び 2．の問いに答えなさい。

　　なお，**建築工事**とは，建築基準法に定める建築物に係る工事とし，建築設備工事を除くものとする。

　〔工事概要〕

　　イ．工　事　名

　　ロ．工　事　場　所

　　ハ．工事の内容 （ 新築等の場合：建物用途，構造，階数，延べ面積又は施工数量，
　　　　　　　　　　　　　　　　　　　　主な外部仕上げ，主要室の内部仕上げ
　　　　　　　　　　　　改修等の場合：建物用途，建物規模，主な改修内容及び施工数量 ）

　　ニ．工　　　　　期　（年号又は西暦で年月まで記入）

　　ホ．あなたの立場

1．工事概要であげた工事において，あなたが実施した**現場作業の軽減**及び**工期の短縮**の事例を**それぞれ 1 つ**あげ，次の①から④を具体的に記述しなさい。

　　ただし，2 つの事例の②から④はそれぞれ異なる内容の記述とする。

　　① 工種又は部位等

　　② **実施したこと**と品質確保のための**留意事項**

　　③ 実施したことが現場作業の軽減又は工期の短縮に結び付く**理由**

　　④ 現場作業の軽減又は工期の短縮以外に得られた**副次的効果**

2．工事概要であげた工事にかかわらず，あなたの今日までの工事経験に照らして，1．で記述した内容以外の建設現場における**労働生産性の向上のための取組み**について，**2 つ**事例をあげ，**取り組んだこと**と，それによって得られる**効果**について具体的に記述しなさい。

　　ただし，2 つの事例は異なる内容の記述とする。

　　工事概要の記述は，**P.42 ～ 45**「令和 5 年度～平成 27 年度　施工経験記述のポイント」の「2．工事概要の書き方」を参照してください。

問1　【解答例】

躯体工事

		工種又は部位等	外壁の躯体（型枠工事，タイル工事）
現場作業の軽減	①	工種又は部位等	外壁の躯体（型枠工事，タイル工事）
	②	実施したことと留意事項	在来工法の外壁躯体（タイル後張り）を，設計者の了解を得てタイル打込みの PCF 板に変更した。精度確保のため，補強サポートの設置方法に留意した。
	③	理由	外壁側の現場施工の型枠工事とタイル張り工事を省略できたことで，現場の作業量が大幅に軽減されるため。
	④	副次的効果	外壁タイルを PC 工場での PCF 板打込みとすることで，経年劣化によるタイルの剥離の可能性が減少し，品質が向上した。
工期の短縮	①	工種又は部位等	鉄骨工事（トルシア形高力ボルト）
	②	実施したことと留意事項	接合部は従来型のトルシア形高力ボルト（F10T）であったが，遅れ破壊に留意し，接合部の構造計算を確認後，建築主事，設計者の了解後にトルシア形超高力ボルト（SHTB）に変更した。
	③	理由	SHTB を採用することでボルト数を 2/3 に減らすことができたので，作業量が大幅に軽減され工期短縮につながるため。
	④	副次的効果	スプライスプレートが大幅に減ったため，鉄骨量が減少し，トータルでコストダウンが図れた。

（その他の解答例）

		工種又は部位等	型枠工事，鉄筋工事（鉄筋付きデッキプレート）
現場作業の軽減	①	工種又は部位等	型枠工事，鉄筋工事（鉄筋付きデッキプレート）
	②	実施したことと留意事項	在来工法の床躯体を設計者の了解を得て鉄筋付きデッキプレートに変更した。床の荷重がすべて梁側型枠に加わるため，側型枠の補強と（スパンの大きい部分の）デッキの補強に留意した。
	③	理由	あらかじめ捨て型枠代わりの鉄板に配筋されているため，現場での型枠，型枠支保工，配筋作業が大きく軽減されるため。
	④	副次的効果	躯体図をもとに割付図を作成し，工場で加工してくるため，現場での残材や産業廃棄物の発生はほとんどなくなった。
工期の短縮	①	工種又は部位等	型枠工事，鉄筋工事，鉄骨工事（逆打ち工法）
	②	実施したことと留意事項	敷地に余裕があり，平面的にも大きく，大深度であったので，切梁方式からアースアンカー方式の山留めとした。アンカーの定着の安定のため，グラウトの配合，注入量に注意した。
	③	理由	アースアンカー方式は，切梁がないので掘削工事の効率が向上し，当初予定していた日数の 3/4 の作業で終了し，大きな工期短縮効果が得られるため。
	④	副次的効果	1 階の先行床が安定した水平切梁となり，山留壁の変形が少ないことから，敷地周辺への影響が軽減された。

仕上げ工事

現場作業の軽減	①	工種又は部位等	内装工事
	②	実施したことと留意事項	内壁の石膏ボードを天井高さ 2.4 m で工場加工して搬入し，軽量鉄骨下地に張り付けた。重量もサイズも定尺物より大きいので，搬入時の損傷に留意した。
	③	理由	現場での切断がなくなるうえ，水平方向の継目処理がなくなるため。
	④	副次的効果	現場で発生する切断残材量が大きく削減でき，さらに水平方向の継目処理がなくなることで壁面の平滑度が上がった。
工期の短縮	①	工種又は部位等	内装工事
	②	実施したことと留意事項	在来工法で設計されていた事務所の天井をシステム天井に変更した。設備工事も同時施工していくので，工程が順調に進むよう設備会社との工程調整に留意した。
	③	理由	システム天井は，納まりがシンプルで施工が容易なため。
	④	副次的効果	システム天井は，在来工法のように切断・加工等による部材のロスが少なく廃棄物量も減少するので，コストダウンを図ることができた。

（その他の解答例）

現場作業の軽減	①	工種又は部位等	木製建具工事
	②	実施したことと留意事項	居室入口の木製建具を，発注者及び設計者の了承を得て，現場合わせの注文品からすべて同一寸法の既製品に変更した。建具が吸湿しないよう密閉された部屋において湿度管理した。
	③	理由	現場では下地に取り付けるだけの作業となり，建具製作作業が軽減されるため。
	④	副次的効果	工場製作の既製品を採用することで，品質が均一化され，コストダウンにもつながった。
工期の短縮	①	工種又は部位等	押出成形セメント板の取付けとタイル張り工事
	②	実施したことと留意事項	押出成形セメント板は，あらかじめ工場でタイル張りを行い，現場では無足場で取り付け，目地シーリングだけゴンドラ作業で施工した。目地の通りに留意した。
	③	理由	現場でのタイル張り作業がなくなり，足場も不要となったため，建物周辺の外構工事に早期着手できるため。
	④	副次的効果	環境の良い工場で水平に寝かせてタイル張りができるので，経年劣化によるタイル剥離の可能性が減少した。

【解　説】

　ここでは，「現場作業の軽減及び工期の短縮」を図った建築工事の事例が求められている。また，当然であるが，「品質を確保したうえで」という条件が付けられている。

　建築工事を受注した建設業者は，契約書に基づき，契約図書に記載された性能・品質を，経営資源を活用し実現することによって，その対価を得るものである。その実現にあたっては，法的制約，立地条件による制約，さらには予算的制約等，複雑に絡むさまざまな条件をクリアしなくてはならない。また，そうした条件をクリアするために，契約図書に記載された性能・品質水準を確保することが，建設業法の目的にも記載されている発注者保護の重要な要素である。

　ここで，「現場作業の軽減及び工期の短縮」は，施工の合理化の一部であると考えられる。建築工事を管理するうえで，一つのパーツを作成するため現場に入る前の作業を増やすことによって，現場で行う作業を軽減したり，作業環境の良い状態の作業，例えば，地盤面に作業ヤードを設けて，実際の組立て場所に吊り上げる前の作業を行うといった新技術を用いることにより全体的な作業効率を上げ，作業手間を減じたりすることが，いわゆる「現場作業の軽減」と言える。そのためには，施工図段階での検討や現場搬入前に行える加工や作業にどのようなものがあるのかを個別の工事種別で考える必要がある。工期の短縮を単独で考えた場合には，現場作業の軽減を行った結果生まれるものに加え，現場に投入する労務や資機材を一定期間，通常よりも多く投入することによっても可能であるが，今回の設問では，「現場作業の軽減及び工期の短縮」と記述されていることから，「及び」という言葉に鑑み，「現場作業の軽減により工期が短縮できた事例」を考える必要がある。

　なお，現場作業の軽減が，現場総労働時間の短縮と安全管理の低減につながる。さらには，建設作業員の高齢化が進み，将来に向けて建設作業員が不足することに鑑み，担い手確保が喫緊の課題となり，いわゆる担い手三法の改正が行われ，国を挙げて取り組む中にも，労働生産性の向上に資する施工の合理化が推奨されていることを認識しておく必要がある。

問2　【解答例】

事例1	取り組んだこと	高層建物だったので，仮設人荷用エレベーターを増設し，作業員や資材の上下階への移動時間を削減した。
	効　果	仮設経費は増えたが，作業場所での実質労働時間が増えることで労働生産性が向上し，工程短縮につながった。
事例2	取り組んだこと	着工前にフロントローディングを行うため，設計図書をBIM化し施工の納まり検討や手順の検討を行った。
	効　果	3次元で検討することにより問題点が明らかになり，施工時の手戻りがなくなることで，労働生産性が大きく向上した。

【解　説】

　設問では，「建設現場における労働生産性の向上のための取組み」について，事例を求められている。ここで，労働生産性とは，現場への労務の投入，すなわち，現場作業員の投入量に対してどれだけの出来形が生み出せたかを示す指標と理解するのがよい。つまり，BIM等による事前検討やそこから工場生産工程を増やして，現場工程を減らし，各工事種目別の労務現象はもちろんのこと，全体的な工期を通して労務投入を減らすことが考えられる。また，新技術を用いたり，仮設資材の工夫により作業時間ロスを少なくしたり，施工効率を上げることにより労務を減少させるといったことも考えられる。さらに，ロボット等の作業支援機材の充実により，建設作業員一人で実施する作業の減少を図ることや，そもそも，ロボットにより建設作業員の代替をさせるといったことも考えられる。これらの労働生産性向上の取組みの結果，建設作業員の給与水準を向上させることは，建設業の担い手確保につながるといえる。

　なお，労務を減少させることが，コストや品質の安定，安全管理の軽減，工程の短縮にもつながるといった副次的効果があることも認識しておく必要がある。

平成30年度【通常】－問題 1

　建設業においては，高度成長期に大量に建設された建築物の更新や解体工事に伴う建設副産物の発生量の増加が想定されることから，建設副産物対策への更なる取組みが求められている。

　あなたが経験した**建築工事**のうち，施工に当たり**建設副産物対策**を施工計画の段階から検討し実施した工事を 1 つ選び，工事概要を具体的に記述したうえで，次の 1. 及び 2. の問いに答えなさい。

　なお，**建築工事**とは，建築基準法に定める建築物に係る工事とし，建築設備工事を除くものとする。

〔工事概要〕

　イ．工　事　名

　ロ．工 事 場 所

　ハ．工事の内容（新築等の場合：建物用途，構造，階数，延べ面積又は施工数量，
　　　　　　　　　　　　　　　　主な外部仕上げ，主要室の内部仕上げ
　　　　　　　　　　改修等の場合：建物用途，建物規模，主な改修内容及び施工数量）

　ニ．工　　　　期　（年号又は西暦で年月まで記入）

　ホ．あなたの立場

1．工事概要であげた工事において，あなたが実施した建設副産物対策に係る **3 つ**の事例をあげ，それぞれの事例について，次の①から④を具体的に記述しなさい。

　　ただし，3 つの事例の③及び④はそれぞれ異なる内容の記述とする。

　　なお，ここでいう①建設副産物対策は，**発生抑制，再使用**又は**再生利用**とし，重複して選択してもよい。

　　　①　建設副産物対策（該当するものを 1 つ○で囲むこと。）

　　　②　工種名等

　　　③　対策として**実施したこと**と実施に当たっての**留意事項**

　　　④　実施したことによって得られた**副次的効果**

2．工事概要であげた工事にかかわらず，あなたの今日までの工事経験に照らして，1. で記述した内容以外の建設副産物対策として，建設廃棄物の**適正な処理**の事例を **2 つ**あげ，対策として**実施したこと**と，それらを適切に実施するための**留意事項**を具体的に記述しなさい。

　　ただし，2 つの事例は異なる内容の記述とする。

　工事概要の記述は，**P.42 ～ 45**「令和 5 年度～平成 27 年度　施工経験記述のポイント」の「2．工事概要の書き方」を参照してください。

問1　【解答例】

躯体工事

事例1	①	建設副産物対策	発生抑制	② **工種名等**	型枠工事
	③	実施したこと 留意事項	地中梁の型枠で，合板型枠の代わりに建設技術審査を受けたラス型枠を使用し，合板の加工切断による発生材をなくした。ラス型枠周辺の充填不足に留意した。		
	④	副次的効果	型枠解体を行わないため解体工が不要となり，早期に埋戻しに着手でき，工程短縮を図ることができた。		
事例2	①	建設副産物対策	再使用	② **工種名等**	土工事
	③	実施したこと 留意事項	発生土が良質土であったので，工事監理者の確認・承認を得て場内にストックしておき，土間下の埋戻し土として再使用した。埋戻し厚さと転圧方法に留意した。		
	④	副次的効果	場外処分及び客土に要する費用が大幅に減少でき，コスト縮減することができた。		
事例3	①	建設副産物対策	再生利用	② **工種名等**	鉄筋工事，内装工事
	③	実施したこと 留意事項	現場で発生した鉄筋くず，番線くず，軽量鉄骨下地の端材を分別回収し，鋼材の再生工場に持ち込んだ。混合廃棄物は産業廃棄物となるため，適切に分別できるよう留意した。		
	④	副次的効果	産業廃棄物としての処分費用が不要となり，コスト縮減することができた。		

（その他の解答例）

事例1	①	建設副産物対策	発生抑制	② **工種名等**	型枠工事，鉄筋工事
	③	実施したこと 留意事項	在来工法となっていた床を，工事監理者と協議し鉄筋付きデッキに変更したことで廃合板型枠の発生抑制ができた。工場加工であるため，躯体図に合わせた割付図作成に留意した。		
	④	副次的効果	現場の床配筋や型枠の解体が不要となり，鉄筋工や型枠大工が大幅に削減できたことから工程が短縮できた。		
事例2	①	建設副産物対策	再使用	② **工種名等**	コンクリート工事
	③	実施したこと 留意事項	コンクリート打設において，発生した余剰コンクリートを外構工事で使用予定の歩道用平板ブロックとして再使用した。コンクリート打設時に平板ブロック用鋼製型枠をあらかじめ準備した。		
	④	副次的効果	余剰コンクリートの再使用により，資源の有効活用に貢献できたうえ，平板ブロックへの再使用によりコスト削減ができた。		
事例3	①	建設副産物対策	再生利用	② **工種名等**	型枠工事
	③	実施したこと 留意事項	型枠の加工で発生した合板や桟木の切断片を分別回収して，木材のチップ工場に持ち込み再生した。木質系廃棄物専用コンテナを設置し，異物混入防止に留意した。		
	④	副次的効果	ゴミとしての産業廃棄物で処分するよりも，処分コストが安価となり，コスト縮減ができた。		

仕上げ工事

事例1	①	建設副産物対策	発生抑制	② **工種名等**	内装工事
	③	実施したこと 留意事項	壁の石こうボードの施工に際し，展開図によるボードの割付図を作成し，石こうボードの発注をした。搬入に当たり，効率的な作業ができる設置場所に留意した。		
	④	副次的効果	水平ジョイント処理がなくなり，壁面精度が良くなるとともに工程短縮にもつながった。		
事例2	①	建設副産物対策	再使用	② **工種名等**	建具工事，石工事
	③	実施したこと 留意事項	建具及び石材の木製・ゴム製の養生材や梱包材を，納入業者に持ち帰らせ養生材や梱包材として再使用させた。養生材，梱包材に損傷が出ないように，ひもを活用して梱包した。		
	④	副次的効果	ゴミとしての産業廃棄物で処分するよりもコストが安価となり，コスト縮減ができた。		
事例3	①	建設副産物対策	再生利用	② **工種名等**	内装工事
	③	実施したこと 留意事項	内部間仕切り壁に使用した石こうボードの端材を分別回収し，メーカーに引き取らせて，再び石こうボードに再生利用させた。石こうボード専用コンテナを設置し，徹底した分別回収に留意した。		
	④	副次的効果	石こうボードを産業廃棄物で処理しなかったため，コストが安価となり，コスト縮減ができた。		

（その他の解答例）

事例1	①	建設副産物対策	発生抑制	② **工種名等**	木工事
	③	実施したこと 留意事項	木製家具類はできるだけ工場加工として，半製品のままで現場に納入し，現場加工を回避することで木クズの発生を抑えた。工場製作期間を考慮し，工程に合致した早期の発注に留意した。		
	④	副次的効果	現場作業の軽減による工期短縮と，環境の良い工場での製作により，精度の良い家具を取り付けることが可能となった。		
事例2	①	建設副産物対策	再使用	② **工種名等**	建具改修工事
	③	実施したこと 留意事項	建具改修においてカバー工法で設計されていたが，現場の建具が健全であったのでクリーニングして再使用した。クリーニングを一部試験施工し，施主・設計者の了承を得た。		
	④	副次的効果	大幅なコストダウンと工期短縮が得られるとともに，改修工事中の雨水浸入も防ぐことができた。		
事例3	①	建設副産物対策	再生利用	② **工種名等**	内装工事
	③	実施したこと 留意事項	梱包材や養生材の紙，段ボールを分別回収し，再生紙業者に引き取らせて，再生紙やグリーン商品として再生利用した。専用コンテナを屋内に設置し，徹底した分別回収に留意した。		
	④	副次的効果	現場における整理整頓が図られるとともに，産業廃棄物として処分することに比べて，コスト縮減ができた。		

【解　説】

　循環型社会では，廃棄物の発生抑制を優先するが，発生した廃棄物は再使用，再生利用及び熱回収を図り，循環的利用のできないものは適正処分を行うことが基本原則になっている。建設副産物対策もこの原則に基づいて行う必要がある。

　「資源の有効な利用の促進に関する法律」に基づく基本方針に，建設副産物に関して，「建設発生土をその性質に応じて適切な用途に利用するよう努めること」「コンクリート塊の利用を促進するため当該工事現場における分別及び破砕並びに再資源化施設の活用に努めること」「アスファルト・コンクリート塊の利用を促進するため当該工事現場における分別及び破砕並びに再資源化施設の活用に努めること」「建設発生木材の利用を促進するため当該工事現場における分別及び切断並びに再資源化施設の活用に努めること」と定められている。

　また，その他の建設副産物については，「廃棄物の処理及び清掃に関する法律」に基づき，元請の建設業者は，産業廃棄物の排出事業者として，産業廃棄物として処分する場合の委託手続きやマニフェストの処理等，不法投棄が発生しないようにしなければならない。そうした中で，再使用，再生利用可能なものは，資源の有効活用を図るためできるだけ分別を行い，再資源化施設等への委託を行っていくことが望ましい。特に，建材メーカー等が同法律に基づく「広域的処理認定制度」を活用して広域認定を受け，再資源化に取り組んでいるものがあるので，環境省のホームページで「産業廃棄物広域認定制度の認定状況」を確認し，担当する建築工事の中で発生する建設副産物が該当する場合，活用することも考えられ，そうした活用の取組みは建設副産物対策の一つになる。ただし，制度の内容をよく理解し，建設副産物の引き渡しのルール等，制度の運用を間違わないように行う必要がある。

　建築工事で発生する建設副産物の処分や縮減を考えるにあたっては，「建設工事に係る資材の再資源化等に関する法律（建設リサイクル法）」や「廃棄物の処理及び清掃に関する法律」等の環境関係基本法令を確認し，個別に担当した建築工事の中で，どのようなものが該当していたか，どのように処理したかを整理しておくことが望ましい。

　なお，問題本文の中で，「…施工に当たり建設副産物対策を…」と記載されており，直接，施工に関係する事例のみが求められていることにも注意が必要である。

　また，実施にあたり留意したことについては，実際の施工時に注意して，結局のところ，「効果が発現されない」，「品質が低下してしまう」ことがないよう，具体的に記述することが求められる。

　また，副次的効果については，工事の責任者としての経験が実感できるものを具体的に記述することが必要で，コスト縮減につながる具体的な記述や工期短縮につながる具体的な記述，品質向上につながった具体的な記述が求められている。

　さらに，問題本文に，「3つの事例の③及び④はそれぞれ異なる内容」という条件がつけられていることにも注意が必要である。

問2　【解答例】

事例1	実施したこと	SMW 山留壁施工時の多量の汚泥発生に際し，産業廃棄物処理業者に委託し，管理型産業廃棄物処理施設に搬入させた。
	留意事項	収集運搬能力，管理型産業廃棄物処理施設の事前確認，マニフェスト E 票による適正処分の確認に留意した。
事例2	実施したこと	左官工事等で発生した廃アルカリ水をノッチタンクに集めて，pH5.8 〜 8.6 に化学的処理を行った後に公共下水道に排出した。
	留意事項	公共下水道管理者と事前に協議を行い，処理方法について確認してもらい，承諾を得てから排出するよう留意した。

【解　説】

　問題文では，建築工事で発生した建設副産物のうち，「建設廃棄物の適正な処理」についての記述が求められている。そのため，環境関係基本法令を確認し，産業廃棄物に示されたものの処理について記述する必要がある。建築工事における産業廃棄物の適正処分については,「廃棄物の処理及び清掃に関する法律」に基づいて行われなければならないが，その具体的な処理手順等をまとめた「建設廃棄物処理指針」(平成 22 年度版) が環境省より出されている。この中で，排出事業者である元請業者について，「元請業者は直接処理業者を選定した上で委託契約を締結するとともに，マニフェスト又は電子マニフェストの使用等により適切な委託を行うこと。」と記載されている。

　また，建築工事から出される建設廃棄物の種類によって，安定型産業廃棄物として安定型最終処分場に持ち込めるもの，管理型産業廃棄物として管理型処分場に持ち込めるもの，特別管理産業廃棄物として取り除く方法や現場での保管方法等，個別の扱いが必要となるアスベスト等のようなものがあるので，それぞれの建設廃棄物に応じた適正な処理の方法を，法令の定めと矛盾の生じないように記述する必要がある。

平成29年度－問題 1

　　今後，建設業において，高齢化等により技能労働者が大量に離職し，労働力人口が総じて減少するために，建設現場の生産性の向上がなお一層求められている。

　　あなたが経験した**建築工事**のうち，生産性向上をめざして，**品質を確保したうえで施工の合理化**を行った工事を 1 つ選び，工事概要を具体的に記入したうえで，次の 1. から 2. の問いに答えなさい。

　　なお，**建築工事**とは，建築基準法に定める建築物に係る工事とし，建築設備工事を除くものとする。

　　〔工事概要〕
　　　イ．工 事 名
　　　ロ．工 事 場 所
　　　ハ．工事の内容　（新築等の場合：建物用途，構造，階数，延べ面積（又は施工数量），
　　　　　　　　　　　　　　　　　　　　主な外部仕上げ，主要室の内部仕上げ
　　　　　　　　　　　　改修等の場合：建物用途，主な改修内容，施工数量（又は建物規模））
　　　ニ．工　　　期　（年号又は西暦で年月まで記入）
　　　ホ．あなたの立場

1．工事概要であげた工事において，あなたが計画した**施工の合理化**の事例を **2 つ**あげ，それぞれの事例について，次の①から④を具体的に記述しなさい。
　　　ただし，2 つの事例の②から④の内容は，それぞれ異なる内容の記述とする。
　　　①　工種又は部位等
　　　②　施工の合理化が必要となった原因と実施した内容
　　　③　実施する際に確保しようとした品質と留意事項
　　　④　実施したことにより施工の合理化ができたと考えられる理由

2．工事概要にあげた工事にかかわらず，あなたの今日までの工事経験に照らして，品質を確保したうえで行う施工の合理化の方法であって，**建設資材廃棄物の発生抑制**に効果があると考えられるものについて，次の①から②を具体的に記述しなさい。
　　　ただし，1. の②から④と同じ内容の記述は不可とする。
　　　①　施工方法
　　　②　そう考える理由

　　工事概要の記述は，**P.42 ～ 45**「令和 5 年度～平成 27 年度　施工経験記述のポイント」の「2．工事概要の書き方」を参照してください。

問1 【解答例】

躯体工事

(1)	①	工種又は部位等	仮設工事（地盤アンカー）
	②	原因と実施内容	山留めを水平切梁工法で計画していたが，敷地が広く平面的に変形しており，腹起しや切梁の不安定性と架設・解体時の遅延が想定されたので，全面的に地盤アンカー工法を採用した。
	③	品質と留意事項	切梁だと同じレベルでの同時解体が必要だが，地盤アンカーを採用したことで，施工手順に合わせた部分的な山留め材の解体が可能となり，躯体の構築がスムーズになった。鋼線を敷地内に納める工夫が必要となった。
	④	理　　由	切梁や支柱の架設・解体がなくなることで工程短縮となるだけでなく，地下の施工スペースが広く取れることで，材料の揚重や設置が容易になって地下躯体の施工の合理化が可能となるため。
(2)	①	工種又は部位等	型枠工事，鉄筋工事
	②	原因と実施内容	床型枠を在来工法で行う予定だったが，型枠工と鉄筋工の不足により，躯体工期が延びる可能性があったため，設計者の承諾を得て鉄筋付きデッキに変更して施工した。
	③	品質と留意事項	製作期間を確保するため早期の躯体図作成をした。また，工場製作のため，鉄筋の径や材質の受入れ検査を入念に行った。
	④	理　　由	現場での配筋が配力筋方向とジョイント部分だけに軽減されるとともに，剛性が高いため支保工も大幅な削減が可能で，作業員不足でも工期遅延を防ぐことができるため。

（その他の解答例）

(1)	①	工種又は部位等	鉄骨工事
	②	原因と実施内容	建方重機1台で予定していたが，鉄骨部材は細物が中心で部材数も多く，4日必要であった。重機のトラブル等による遅れを防止するため，建方用と地組用の2台の重機で施工した。
	③	品質と留意事項	地組した部材は不安定なため，吊り上げるときに接合部に過大な力がかからないように注意した。組み立てた部材相互の変形がないように，吊り位置の重心位置に留意した。
	④	理　　由	架台を構築して専用の重機で地組し，建方時の部材数を減らし，別の重機でまとめて建方することで，効率の良い鉄骨建方を行うことができるとともに，地上作業とすることで安全な作業ができるため。
(2)	①	工種又は部位等	鉄筋工事
	②	原因と実施内容	基礎梁主筋のジョイントはすべて圧接で計画されていたが，梅雨時期の施工と圧接工の不足の懸念により，接合は設計者の承諾を得て，すべてねじ式機械継手へ変更した。
	③	品質と留意事項	ねじ式機械継手は，ガス圧接継手のような技量は不要であるが，カップラーへの飲込み寸法を確保した。なお，継手部分の径が太くなるので，かぶり厚さの確保に留意した。
	④	理　　由	圧接継手の施工は天候に左右され，梅雨時期は晴天日にまとめて施工するため多くの圧接工の確保が必要であるが，ねじ式機械継手は少雨での作業が可能なので，少人数で予定通り施工を進められるため。

仕上げ工事

(1)	①	工種又は部位等	内装工事（木造造作）
	②	原因と実施内容	現場における造作工事において，熟練工の確保が難しいため，家具工場にて半製品まで組み立てた状態で持ち込み，現場では簡単な取り付けだけを行うことで，少ない作業員でも工期に間に合わせることができた。
	③	品質と留意事項	作業環境の良い工場で製作するので寸法や留め加工の精度が向上した。一方，工場と現場とでは温湿度が違うので，変形が生じないよう現場の収納場所の温湿度管理に留意した。
	④	理　　由	現場における加工・組立て等の作業が少なくなり，塗装を工場で済ませることにより工期短縮となるため。
(2)	①	工種又は部位等	内装工事，金属工事
	②	原因と実施内容	事務所の間仕切り壁の施工において，内装工の不足に対して工期を順守するために，在来の軽量鉄骨壁下地PB張りの壁を設計者の承諾を得て工場製作の金属製パーテーションに変更した。
	③	品質と留意事項	金属製パーテーションは工場製作とすることで一定以上の仕上げ品質を保てた。一方，既存床及び天井レベル精度のばらつきに対応するために30cmピッチでレベルを計測し，製作寸法に反映した。
	④	理　　由	工場で80％以上製品化してくるので，現場の手間が省け，省人化もできて，工期内に竣工させることができ，将来の解体や間仕切り変更に対しても，少ない手間で対応可能となるため。

（その他の解答例）

(1)	①	工種又は部位等	防水改修工事（屋上アスファルト防水改修）
	②	原因と実施内容	屋上の防水改修において，保護コンクリートを全面撤去する計画となっていたが，工期短縮と工事中の漏水防止のため，設計者の承諾を得て，保護コンクリートの上からウレタン塗膜防水を施工した。
	③	品質と留意事項	保護コンクリート天端を平滑に補修し，伸縮目地上に絶縁テープを張ることにより，下地の影響による漏水を防ぎ，防水性能を確保した。塗膜防水材の伸縮性や耐候性が重要なので，実績のあるメーカーを選定した。
	④	理　　由	保護コンクリートの撤去及び新設が不要となることで，作業工程が軽減されて工期が短縮されただけでなく，解体時の騒音の低減や廃棄物の発生抑制も可能となるため。
(2)	①	工種又は部位等	金属製建具改修工事（アルミサッシのかぶせ工法）
	②	原因と実施内容	外壁の改修において，アルミサッシを全面取り換える仕様だったが，現状で漏水しておらず，工期短縮と騒音防止のため設計者の承諾を得て，既存サッシを残して施工するかぶせ工法に変更した。
	③	品質と留意事項	既存サッシが健全で漏水しないことが工法採用の条件であるため，かぶせ工法を採用しても品質的に問題ないと判断したが，さらに10ℓ/分の高圧水噴射を行って実際に漏水しないことを確認した。
	④	理　　由	既存サッシを取り外さないかぶせ工法を採用することで，内外壁の仕上げの撤去や修復等が少なくなり，現場作業の軽減が図られ，工期短縮となるため。

【解　説】

　　施工の合理化の定義は明確ではないが一般には，生産性の向上，工期の短縮，コストの縮減，品質の向上，安全性の向上，環境負荷の低減等，当初予定している施工法（工法）より何らかの目的を持って改善，改良することを言っている。

　　しかし，施工技術は常に進歩しているものであり，進歩した技術は世の中に普及し，一般的な技術になる。従って，例えば土工事において人力掘削を機械掘削に変更することは，現在の建設技術の中では機械掘削が一般的で，合理化した施工法として記述することは不適当である。

　　実際の工事では，施工条件の変更，工事費の逼迫，工期の遅れ，人手不足，天候不順等で，施工方法の変更が必要になる場合や，施工方法の詳細を検討する中でより合理的な施工方法が見つかることも多い。

　　請負工事では施工方法は請負者に任されるが，施工方法の変更により品質が低下する等，発注者に不利益があるような合理化は不適当である。

　　設問は，生産性向上を目指して，品質を確保したうえで施工の合理化を行った工事に関して，その理由，変更して実施した内容，実施する際の品質管理上のポイント及び何をもって合理化できたと判断したか，①から④に具体的に書き分けて記述する。

①　工種又は部位等

　　工事概要であげた工事と工種，部位の内容に整合がとれている必要がある。

②　施工の合理化が必要となった原因と実施した内容

　　当初予定していた施工方法を変更する必要が生じた原因（理由）と，何をどのように変更して実施したか記述する。

③　実施する際に確保しようとした品質と留意事項

　　施工方法の変更に伴い発生する品質上の問題点と，そのための留意事項を記述する。

④　実施したことにより施工の合理化ができたと考えられる理由

　　施工方法の変更を実施した結果，どのように改善，改良された結果が現れたか記述する。

問2　【解答例】

例1	① 施工方法		床コンクリートを打設するための床型枠を，在来の合板型枠から金属製フラットデッキに変更する。
	② 理由		床型枠をフラットデッキに変更することによって，せき板の脱型が不要になるとともに，せき板や大引きに使用する南洋材の使用量を大幅に減らすことができるため。
例2	① 施工方法		壁のせっこうボードを天井高さに合わせた大きさで特注し，水平方向のジョイントなしで施工する。
	② 理由		特注品のボードは天井高さに合わせて切断する必要性がなく，端材によるボード廃棄物が発生しなくなるため。

【解　説】

　設問は，品質を確保したうえで行う施工の合理化で，同時に，建設資材廃棄物の発生抑制に効果がある方法と指定されており，建設資材廃棄物の発生する工事内容についての施工方法が対象になる。

　問1の施工の合理化の方法に加えて，建設資材廃棄物の発生が抑制される方向（廃棄物の削減を目的としたものでなくても，結果（副次効果）として縮減になる合理化を含む）での合理化について，自分の経験，知識，情報の中から選定する。

　① 施工方法

　　建設資材廃棄物の発生抑制に効果のある施工の合理化の方法を具体的に記述する。

　② そう考える理由

　　合理化により何が改善，改良され，なぜ建設資材廃棄物の発生抑制に効果があると考えたか記述する。

┌─ 平成28年度－問題1 ─┐

　建築工事の施工者に対して，建築物の施工品質の確保が強く求められている。あなたが経験した**建築工事**のうち，発注者や設計図書等により要求された品質を実現するため，品質計画に基づき**品質管理**を行った工事を1つ選び，工事概要を具体的に記入したうえで，次の1.から2.の問いに答えなさい。

　なお，**建築工事**とは，建築基準法に定める建築物に係る工事とし，建築設備工事を除くものとする。

〔工事概要〕

　イ．工　事　名
　ロ．工　事　場　所
　ハ．工事の内容　┌新築等の場合：建物用途，構造，階数，延べ面積又は施工数量，
　　　　　　　　　│　　　　　　　　　主な外部仕上げ，主要室の内部仕上げ
　　　　　　　　　└改修等の場合：建物用途，主な改修内容，施工数量又は建物規模
　ニ．工　　　期　　（年号又は西暦で年月まで記入）
　ホ．あなたの立場

1．工事概要であげた工事で，あなたが担当した工種において実施した**品質管理活動**の事例を**2つ**あげ，次の①から③についてそれぞれ記述しなさい。

　　ただし，2つの品質管理活動はそれぞれ異なる内容の記述とすること。

　　①　発注者や設計図書等により**要求された品質**及びその品質を満足させるために特に設定した**品質管理項目**を，**工種名**をあげて具体的に記述しなさい。

　　②　①で設定した品質管理項目について**取り上げた理由**を具体的に記述しなさい。

　　③　①で設定した品質管理項目をどのように管理したか，その**実施した内容**を具体的に記述しなさい。

2．工事概要にあげた工事にかかわらず，あなたの今日までの工事経験に照らして，品質管理目標，品質管理項目及び活動内容を協力業者等に，**周知するため**及びそれらに基いて施工されていることを**確認するための方法・手段**を具体的に記述しなさい。

　　なお，1.③の「実施した内容」と同一の記述は不可とする。

└────────────────────────────────┘

　工事概要の記述は，**P.42～45**「令和5年度～平成27年度　施工経験記述のポイント」の「2．工事概要の書き方」を参照してください。

問1　【解答例】

躯体工事

		工種名	杭工事
(1)	①	要求された品質	すべての杭において沈下が発生しないようにする
		品質管理項目	杭先端の支持層と根固め液の確認
	②	取り上げた理由	杭の施工不良による建物の不同沈下が発生すると，社会的に大きな問題となるうえ，利用者に多大な迷惑を掛けることになるため。
	③	実施した内容	すべての杭に対して工事監理者が立会い，電流計の変化を目視して支持地盤の確認を行うとともに，根固めの液量の確認を行って杭先端部分の健全性を確認した。
(2)	①	工種名	鉄筋工事
		要求された品質	ガス圧接部の健全性
		品質管理項目	規定値に対する圧接部の径，形状，軸心のずれ等の確認
	②	取り上げた理由	鉄筋のガス圧接部の施工不良は，躯体の構造的な強度不足に直結し，地震時に建物が大きな被害を受けることになるため。
	③	実施した内容	圧接部のふくらみの径は鉄筋径の 1.4 倍以上で，ふくらみの長さは鉄筋径の 1.1 倍以上でなだらかにし，鉄筋中心軸の偏心量は細い鉄筋径の 1/5 以下となることを目視確認した。

（その他の解答例）

		工種名	コンクリート工事
(1)	①	要求された品質	打継ぎ箇所の健全性
		品質管理項目	打継ぎ位置の確認と打継ぎ面の一体性確保
	②	取り上げた理由	大規模な建物には平面的な工区分けが必要となるが，躯体の健全性を確保するためには，発生応力の少なくなる位置で健全に打継ぐ必要があるため。
	③	実施した内容	梁及びスラブにおいては，せん断力が最少となるスパンの中央付近で打継ぐとともに，打継ぎ面を目荒ししてコンクリートの一体性を確保した。
(2)	①	工種名	鉄骨工事
		要求された品質	角型鋼管柱の現場溶接接合の耐力
		品質管理項目	溶接部の予熱の確認及び溶接箇所の防風囲いの設置
	②	取り上げた理由	角型鋼管柱は SM 490 材で厚さ 32 mm であり，溶接棒に低水素系被覆アーク溶接を使用しても，十分な施工管理を行わないと溶接部の耐力が確保できないため。
	③	実施した内容	柱の突合せ部を固定しエレクションピースにて本締めし，周囲に防風囲いを作り，溶接部の周囲を 50 ℃ に予熱して，溶接作業における技能資格者にて施工した。

仕上げ工事

(1)	①	工種名	タイル工事
		要求された品質	長期間にわたって浮きを発生させない
		品質管理項目	躯体と下地モルタルの接着力の確保
	②	取り上げた理由	タイルの剥落の多くは，躯体と下地モルタルの界面剥離が主な原因となっており，この部分の接着力を長期にわたって確保する必要があるため。
	③	実施した内容	接着の阻害要因となっている躯体表面の脆弱部分の除去と接着面積の増加及び投錨効果の向上のため，躯体表面を150MPa 程度の超高圧水洗で目荒しした。
(2)	①	工種名	内装工事
		要求された品質	せっこう系直張り工法のボードの吸湿，ずれや剥離の防止
		品質管理項目	床からの吸湿の有無と直張り用接着材の間隔の確認
	②	取り上げた理由	プラスターボードは吸水率が大きく，床スラブから水分を吸収してボード下端がふくれてボードが剥離するおそれがあるうえ，接着材の間隔が広いとボードが変形，破損するため。
	③	実施した内容	ボードは床スラブに接しないようくさび等により 10 ㎜ 持ち上げるとともに，接着材の間隔はボード周辺は 150 ㎜，床上 1.2m 以下の中央部は 200 ㎜，1.2m 以上は 250 ㎜ とした。

（その他の解答例）

(1)	①	工種名	防水工事（シーリング）
		要求された品質	目地まわりから漏水を発生させない
		品質管理項目	適切な材料選択と目地設計
	②	取り上げた理由	特にワーキングジョイントの場合，目地の材料選定と目地形状の設定を間違えると，シーリング材の劣化が進み早期に漏水が発生してしまうため。
	③	実施した内容	被着体との接着性，汚染性の可否，仕上げの有無等で適切な材料を選択するとともに，ムーブメントと設計伸縮率等から計算される目地幅を確保した。
(2)	①	工種名	金属製建具改修工事
		要求された品質	スチールサッシからの漏水不具合の防止
		品質管理項目	サッシまわりの防水剤の選定及びシーリング後の噴水試験
	②	取り上げた理由	サッシのかぶせ工法は，サッシ枠部分を残して新規サッシをかぶせて固定する工法であるが，サッシまわりのトロ詰め部分とシーリング材の劣化からの漏水事故が多いため。
	③	実施した内容	旧サッシ枠の劣化状態を詳細に確認し，旧トロ詰めモルタルに浸透性防水剤を塗布した上，かぶせ工法のサッシ取合い部をシーリング後，5ℓ/㎡分の噴水試験で漏水ゼロを確認した。

5

10

15

20

25

30

35

【解　説】

　　発注者や設計図書等で要求される品質とは，発注者からの要望，工事監理者からの指示，設計図書・仕様書から読み取った品質の他，建物として当然備えていると期待される安全性，耐久性等を含む。

5　　　施工現場では，これらの要求品質を具体的に実現することが求められるが，どう実現するかは設計図書等に具体的に書き込まれることは少なく，施工者に任されている。

　　そのため，施工者は要求品質を具体的に施工現場で管理できる対象に置き換えることが必要になる。例えば，「ひび割れの少ない外壁コンクリート」が要求品質であれば，施工現場としては収縮の少ないコンクリートを使用し，十分な湿潤養生を行い，ひび割れを細かく分散する

10　配筋を行うことが管理項目として考えられるが，管理の対象としては抽象的で，さらにブレークダウンが必要になる。その結果，施工現場では生コンのスランプ，湿潤養生の方法・期間，配筋量・鉄筋間隔・かぶり厚さ等を管理対象にすることで初めて「ひび割れの少ない外壁コンクリート」が実現できる。

　　設問でいう「要求品質」とは，設計図書等から読み取った品質であり，「品質管理項目」は，

15　要求品質を実現するための管理項目になる。

　　「品質管理項目として取り上げた理由」は，「品質管理項目」を管理する目的，又は管理しない場合に要求品質にどのような影響があるかについて記述すればよい。

　　「実施した内容」は，管理の具体的な内容，すなわち，どのような施工方法・手順か，何を確認したか，どのような方法でチェックしたか等について記述する。

20

25

30

35

問2　【解答例】

例1	周知するための方法・手段	各工種ごとに作成した「施工計画書」と，プロセスごとに作成した「品質管理計画書」に基づき，協力会社にその具体的な活動方法を施工計画書に反映させることで周知させる。
	確認するための方法・手段	各工事のプロセスごとに職長とともに施工計画書通りに施工されているかどうかについて管理値や外観に関して確認を行い，記録に残し，未済部分は後日再確認することでフォローする。
例2	周知するための方法・手段	発注者及び設計者からの要望や指示事項を協力会社に伝達するために設計説明会を開催し，施工運営方針書によって品質目標とその達成手段を周知させる。
	確認するための方法・手段	作業所の担当者による日々の確認に加え，内勤の品質管理部門による定期的な工事指導，社内検査によって品質目標に達しているかどうか客観的に判断することで施工状況を確認する。

【解　説】

　元請業者の品質管理活動は，元請業者で基本的な部分は行われるが，実際の施工現場での品質管理活動の大半は協力業者等に依存している。従って，元請業者が発注者の要求品質を実現するためには，協力業者等に必要とする品質管理活動を正確に伝える必要がある。

　施工現場では元請業者と協力業者等との間で会議，打合せが行われ，元請業者の品質管理の考え方が協力業者等に伝達される。

　工事の準備段階では設計趣旨説明会，施工方針会議等があり，施工計画段階では工程会議，品質方針会議，施工計画検討会等を経て，施工計画書，施工要領書等が作成される。

　施工に当たっては，当日のミーティング，試験施工，現場巡視，検査，施工結果報告等により，品質管理活動がねらいどおり行われたかの確認が行われる。

　設問では，元請業者の必要とする品質管理活動を協力業者等に周知させるための方法・手段と，それに基づいて施工されているか確認するための方法・手段について具体的に記述することが求められている。記述に当たっては，上記のようなことを参考に自身の考え方を具体的に記述する。

　　建設工事における建設副産物は，その種類と発生量が多いため，建設業においては資源循環型社会の推進に向けて建設副産物に対する更なる取組みが求められている。

　　あなたが経験した**建築工事**のうち，施工にあたり**建設副産物対策**を計画し実施した工事を 1 つ選び，工事概要を記入したうえで，次の 1. から 2. の問いに答えなさい。

　　なお，**建築工事**とは，建築基準法に定める建築物にかかる工事とし，建築設備工事を除くものとする。

〔工事概要〕

　イ．工　事　名

　ロ．工 事 場 所

　ハ．工事の内容 （新築等の場合：建物用途，構造，階数，延べ面積（又は施工数量），主な外部仕上げ，主要室の内部仕上げ

改修等の場合：建物用途，主な改修内容，施工数量（又は建物規模））

　ニ．工　　　　期　（年号又は西暦で年月まで記入）

　ホ．あなたの立場

1．工事概要であげた工事において，あなたが計画し実施した建設副産物対策のうちから**発生抑制**について **2 つ**，**再生利用**について **1 つ**あげ，次の①から③の事項についてそれぞれ具体的に記述しなさい。

　　ただし，②の「計画・実施した内容」はそれぞれ異なる内容の記述とする。

　　① 　工種名

　　② 　計画・実施した内容

　　③ 　結果と波及効果

2．工事概要にあげた工事にかかわらず，あなたの今日までの工事経験に照らして，現場で分別された産業廃棄物の**適正処分**にあたっての**留意事項**を **2 つ**，産業廃棄物をあげて具体的に記述しなさい。

　　ただし，留意事項はそれぞれ異なる内容の記述とする。

　　工事概要の記述は，**P.42 ～ 45**「令和 5 年度～平成 27 年度　施工経験記述のポイント」の「2．工事概要の書き方」を参照してください。

問 1 　【解答例】

　　次に示す建設副産物対策の解答例を参考に，発生抑制について 2 つ，再生利用について 1 つ選んで記述する。

（解答例1）

(1)	実施した建設副産物対策	発生抑制	①工種名	型枠工事, 鉄筋工事, コンクリート工事, タイル工事
	② 計画・実施した内容	在来工法で計画された外壁躯体を設計者の承認を得て, タイル打込みハーフ PC 板に変更して型枠を内部側だけにするとともに, 床型枠もフラットデッキプレートに変更した。		
	③ 結果と波及効果	合板型枠を使用する面積を減らすことにより, 加工時に発生する合板残材の発生量を減らすことができた。また, 現場での外壁タイル張り作業がなくなることで, 全体工期が短縮できた。		
(2)	実施した建設副産物対策	発生抑制	①工種名	土工事
	② 計画・実施した内容	基礎梁貫通の人通口を設計者の承認を得て, すべて床点検口に変更することで基礎梁せいを小さくし, その結果として根切り底のレベルを1 m 上げることができた。		
	③ 結果と波及効果	根切り底を上げることで, 掘削土量を大きく減らすことができ, 残土の場外処分量や基礎梁の側型枠量を大きく減らすことができた。その結果, 全体工期を短縮することができた。		
(3)	実施した建設副産物対策	再生利用	①工種名	場所打ちコンクリート杭工事
	② 計画・実施した内容	場所打ちコンクリート杭の余盛り部分を工事監理者の承認を得て, 解体したガラを工事現場で細かく砕き, 仮設道路の路盤材として再生利用した。		
	③ 結果と波及効果	砕石と変わらない材質の仮設道路の材料として再生利用できた。さらに, 現場で購入する砕石量が減り, 原価低減にも貢献することができた。		

（解答例2）

(1)	実施した建設副産物対策	発生抑制	①工種名	左官工事
	② 計画・実施した内容	集会室はビニル床シート張りと OA フロアの床工事で, 下地モルタル塗り金ごて仕上げであったが, セルフレベリング材による下地に変更した。		
	③ 結果と波及効果	左官の練り場がなくなることで, モルタル発生材の量が大幅に削減できた。さらに, 天端押さえの手間が少なくなるため, 熟練作業員の人数を減らすことができた。		
(2)	実施した建設副産物対策	発生抑制	①工種名	石工事, 建具工事, 内装工事
	② 計画・実施した内容	石材や建具材, 内装材の養生材や梱包材を, 協力会社やメーカーと打合せし, 最小限にして搬入させるべく協力と指導を行った。		
	③ 結果と波及効果	養生材や梱包材の産業廃棄物としての処分量が大幅に減ったうえ, ゴムチューブ等再使用可能な材料は販売店に返却することで再使用することができた。		
(3)	実施した建設副産物対策	再生利用	①工種名	内装工事
	② 計画・実施した内容	間仕切り壁に使用したプラスターボードと軽量鉄骨下地材の端材はきちんと分別して, それぞれのメーカーに引き取らせた。		
	③ 結果と波及効果	端材は完全に分別されていたので産業廃棄物とならず, メーカー側で再びプラスターボードと軽量鉄骨材に再生された。産業廃棄物処理費用が大幅に低減し, コスト削減が図れた。		

【解　説】

　　循環型社会では，廃棄物の発生抑制を優先するが，発生した廃棄物は再使用，再生利用及び熱回収を図り，循環的利用のできないものは適正処分を行うことが基本原則になっている。建設副産物対策もこの原則に基づいて行う必要がある。

　　「資源の有効な利用の促進に関する法律」では，建設副産物のうち，土砂，コンクリートの塊，アスファルト・コンクリートの塊，木材については再使用，再生利用を行うことが基本方針になっている。その他の廃棄物については，「廃棄物の処理及び清掃に関する法律」に基づき適正な処理をしなければならないが，この法律では，廃棄物をリサイクルする場合の取扱いも定めている。すなわち，廃棄物を再生利用する方法として，次のようなものが挙げられる。

①自ら利用：発生した廃棄物を現場内で再生利用する場合並びに排出側工事と利用側工事の元請け業者が同一の場合。

②もっぱら再生業者への委託：スクラップや段ボール等の古紙を専門回収業者に回収させる場合。

③再生利用制度の活用：大臣認定制度，個別指定制度，広域大臣認定制度があるが，石こうボード，ALC，グラスウール等，建築資材メーカーが広域大臣認定制度の認定を取得している。

　　また，この法律の中で，「再使用」とは，循環資源を製品としてそのまま使用，又は部品として使用すること，「再生利用」とは，循環資源の全部又は一部を原材料として利用することをいうと定義されている。

　　設問では，建設副産物対策としての発生抑制と再生利用について，計画し，実施した内容を記述することが求められている。発生抑制については，最終的に現場から搬出する必要がある副産物の発生を減らすために，自身が計画，実施したことについて記述する。また，再生利用について（再生資源を自ら利用するだけでなく，他の人が利用できるようにすること（再資源化施設の利用）も含まれる）は，「再使用」とは違うことに注意が必要である。

第1章　過去の問題と解説

第1節　施工経験記述

問2　【解答例】

例1	産業廃棄物	内装材の副産物類
	適正処分にあたっての留意事項	現場内に建設副産物毎に分別回収ボックスを設置することで確実な分別を行い，分別された廃棄物は許可を持つ処理業者に委託して処理させる。
例2	産業廃棄物	汚泥
	適正処分にあたっての留意事項	現場で発生した汚泥は，許可を受けた処理業者に委託して管理型産業廃棄物処理施設に搬入させるとともに，マニフェスト伝票E票により適正に処分されたことを確認する。

【解　説】

　産業廃棄物の適正処分については，「廃棄物の処理及び清掃に関する法律」に基づいて行われなければならないが，その具体的な処理手順等をまとめた「建設廃棄物処理指針」（平成22年度版）が環境省より出されている。

　この中で，「処理」とは，分別，保管，収集，運搬，再生，処分等をいうと定義され，「処分」とは，中間処理と最終処分をいう。「中間処理」とは，減量・減容化，安定化・無害化等を目的とした処理，「最終処分」とは，埋立処分，海洋投入処分又は再生をいうと定義されている。

　また，建設廃棄物の処理責任は排出事業者（元請業者）にあり，元請業者が中心となって，発注者－設計者－元請業者－下請負人－処理業者の間の協力体制を整備する必要がある。

　設問では，産業廃棄物の適正処分にあたっての留意事項で，幅広い内容であるが，排出事業者の立場でいえば，基本は，①適切な処理業者と適切な委託契約を結ぶ。②マニフェスト等による委託契約の実施管理。③建設リサイクル法による説明責任，再資源化の確認等について記述する。

　排出事業者以外の立場の者は，それぞれの立場に応じた責務を果たすことになる。

第2節　仮設・安全【問題2】

過去の出題一覧表

年度	出　題　概　要	安全管理	仮設計画
R6	下記の設備又は機械を安全に使用するための留意事項を2つずつ具体的に記述する。 1. バケット容量 0.5 ㎥ 程度のバックホウ 2. 工事用の仮設電力設備 3. ホイール式垂直昇降型の高所作業車	○	
R5	下記の仮設物について，設置計画の作成に当たり，留意及び検討すべき事項を2つずつ具体的に記述する。 1. くさび緊結式足場 2. 建設用リフト 3. 場内仮設道路		○
R4	下記の災害について，発生するおそれのある状況や作業内容と防止するための対策を2つずつ具体的に記述する。 1. 墜落，転落による災害 2. 崩壊，倒壊による災害 3. 移動式クレーンによる災害	○	
R3	下記の仮設物について，設置計画の作成に当たり，留意及び検討すべき事項を2つずつ具体的に記述する。 1. 仮設ゴンドラ 2. 場内仮設事務所 3. 工事ゲート（車両出入口）		○
R2	下記の設備又は機械を安全に使用するための留意事項を2つずつ具体的に記述する。 1. 外部枠組足場 2. コンクリートポンプ車 3. 建設用リフト	○	
R元	下記の仮設物について，設置計画の作成に当たり，検討すべき事項を，留意点とともに2つずつ具体的に記述する。 1. 荷受け構台 2. 鋼板製仮囲い（ゲート及び通用口を除く） 3. 工事用エレベーター		○
H30 （臨時）	下記の仮設物について，設置計画の作成に当たり留意し，検討した事項を，2つずつ具体的に記述する。 1. 場内仮設道路 2. 建設用リフト 3. 排水（濁水）処理設備		○
H30 （通常）	下記の災害について，発生するおそれのある状況や作業内容と防止するための対策を2つずつ具体的に記述する。 1. 墜落，転落による災害 2. 電気による災害 3. 車両系建設機械による災害	○	
H29	下記の仮設物について，設備計画の作成に当たり，留意又は検討すべき事項を2つずつ具体的に記述する。 1. つり足場 2. 起伏式（ジブ）タワークレーン 3. 仮設ゴンドラ		○

年度	出　題　概　要	安全管理	仮設計画
H28	下記の設備又は機械を安全に使用するための留意事項を 2 つずつ具体的に記述する。 　1. ロングスパンエレベーター 　2. 高所作業車（クローラ式の垂直昇降型） 　3. バックホウ（バケット容量 0.5 ㎥ 程度）	○	
H27	下記の仮設物の設置計画の作成に当たり，留意・検討すべき事項を 2 つずつ具体的に記述する。 　1. 外部枠組足場 　2. 仮設電力設備 　3. 荷受け構台		○
備考	平成 26 年度以前に出題された管理項目	H26 H24 H22 H20 H18	H25 H23 H21 H19

【令和 6 年度－問題 2】

　建築工事における次の 1. から 3. の設備又は機械を安全に使用するための**留意事項**を，**それぞれ 2 つ**具体的に記述しなさい。

　ただし，1. から 3. の解答はすべて異なる内容の記述とし，保護帽や要求性能墜落制止用器具等の保護具の使用，気象条件，資格，免許及び届出に関する記述は除くものとする。

　また，使用資機材に不良品はないものとし，2. を除き保守点検に関する記述は不可とする。

1.　バケット容量 0.5 ㎥ 程度のバックホウ

2.　工事用の仮設電力設備

3.　ホイール式垂直昇降型の高所作業車

【解答例】

1. バックホウ	事項 1	運転中のバックホウに接触することにより労働者に危険が生ずるおそれがある箇所に，労働者を立ち入らせてはならない。
	事項 2	転倒又は転落防止のため，通行経路の路肩の崩壊を防止し，地盤の不同沈下の防止等必要な措置を講じなければならない。
2. 仮設電力設備	事項 1	工事用使用機械工程表や仮設建築物の計画等に基づき，工事用電力使用工程表を作成する。
	事項 2	キュービクル，変圧器等の設置計画は，操作及び機器の点検が容易な余地を有し，仮囲いを施して取扱責任者以外の立入りを禁止する。
3. 高所作業車	事項 1	高所作業車を走行させるときは，当該高所作業車の作業床に労働者を乗せてはならない。
	事項 2	高所作業車の最大積載荷重及びその他の能力を超えて使用してはならない。

（その他の解答例）

1. バックホウ	事項 1	転倒又は転落により危険が生ずるおそれがあるときは，誘導者を配置し，その者にバックホウを誘導させなければならない。
	事項 2	バックホウの運転者が運転位置から離れるときは，バケット，ジッパー等の作業装置を地上に下ろさせなければならない。
2. 仮設電力設備	事項 1	仮設電力設備において，アース線の接続不良がないか確認する。
	事項 2	配線又は移動電線の絶縁被覆の損傷のおそれのない状態で使用するとき以外は，仮設の配線又は移動電線を通路面において使用してはならない。
3. 高所作業車	事項 1	高所作業車を用いて作業を行う場合は，一定の合図を定め，当該合図を行う者を指名してその者に行わせなければならない。
	事項 2	高所作業車を用いて作業を行うときは，あらかじめ，当該作業に係る場所の状況に適応する作業計画を定め，作業を行わなければならない。

【解　説】

1．バケット容量 0.5 ㎥ 程度のバックホウ

　　バックホウはドラグショベルともいう。オペレータ側の向きでショベル部分を取り付けた
もので，オペレータは自分に引き寄せる方向に操作し，地表面より低い場所の掘削に適して
いる。

　　安全対策としては，下記の事項がある。

・安全確保のために立入禁止範囲を明示する。

・斜面に据え付けるときは，斜面に盛土等をして車体を水平にする。

・機体の尻を浮かせて掘削しない。

・機体に近付くときは，合図をして運転者の了解を得る。

・掘削中に旋回したり，旋回力を利用して土の埋戻しや均しをしない。

2．工事用の仮設電力設備

　　仮設電力設備の計画は，専門的知識と多くの経験が必要であり，同種，同規模工事のデー
タを参考に検討し，安全性・経済性・合理性を追求し，綿密に練る必要がある。さらに，工
事規模，建物の種類と性能及び台数等により立案された工事工程表，工事計画書をもとに機
械工具及び電力使用工程表を作成する必要がある。

3．ホイール式垂直昇降型の高所作業車

　　高所で作業を行うための特殊車両ならびに建設機械である。走行装置はトラック式・ホイー
ル式・クローラ式の 3 種類があり，一般道を走行できるトラック式は工期の短い工事現場等
に，舗装道路を傷めないゴムタイヤが使われているホイール式は建設工事や造船工事に，ク
ローラ式は不整地地盤の現場等に使用されている。

　　プラットホームが垂直に昇降する構造の垂直昇降型とブーム（クレーンのようなもの）の
先端に作業員が乗る作業床（バスケット，カゴともいわれる）が取り付けられていて，その
起伏（昇降）・伸縮・旋回による構造のブーム式がある。垂直昇降型には，昇降機構がマストブー
ム式（作業床を垂直に昇降させる構造を採用した高所作業車で，主に小型の作業車に搭載さ
れている。マストは油圧によって昇降でき，何段かに分けて収納されている。機動性が高い
ため，スペースが限られた現場でも活躍する）のものとシザース式（伸縮する部分がハサミ
状の支柱となっている点が特徴で，ハサミが開閉していくように上下に動き，全伸長で走行
も行える）がある。

　　高所作業車を用いて作業を行うときは，高所作業車の転倒又は転落による労働者の危険を
防止するため，アウトリガーを張り出すこと，地盤の不同沈下を防止すること，路肩の崩壊
を防止すること等必要な措置を講じることが基本となる。

【令和5年度-問題2】

　建築工事における次の1.から3.の仮設物の設置を計画するに当たり，**留意すべき事項**及び**検討すべき事項**を，それぞれ2つ具体的に記述しなさい。

　ただし，解答はそれぞれ異なる内容の記述とし，申請手続，届出及び運用管理に関する記述は除くものとする。

　また，使用資機材に不良品はないものとする。

1．くさび緊結式足場

2．建設用リフト

3．場内仮設道路

【解答例】

1.	くさび緊結式足場	事項1	足場の脚部は，沈下及び滑動防止のため，桁行方向，張間方向に根がらみを設置する。
		事項2	壁つなぎには壁つなぎ用金具を使用し，垂直方向5.0 m以下，水平方向5.5 m以下に設ける。
2.	建設用リフト	事項1	建設用リフトに，その積載荷重をこえる荷重をかけて使用しないように注意書き等の検討を行う。
		事項2	設置計画に当たって建設用リフトは，巻上げ用ワイヤロープに標識を付することを確認する。
3.	場内仮設道路	事項1	長期間にわたり，複数の工事に共通の仮設道路を使用するので，期間中の使用に耐えられるように転圧，表面処理を行う。
		事項2	本設躯体の床を仮設道路として使用する場合は，固定荷重・積載荷重・車両の走行及び作業荷重等を考慮して床の強度検討を行う。

（その他の解答例）

1.	くさび緊結式足場	事項1	足場の脚部には，沈下及び滑動防止のため，地盤の状況によって，ねじ管式ジャッキ型ベース金具の下に敷板又は敷盤を使用する。
		事項2	緊結部付支柱による組立ては，支柱の間隔は桁行方向1.85 m以下，梁間方向1.5 m以下とする。
2.	建設用リフト	事項1	建設用リフトの運転の業務に労働者をつかせるときは，当該労働者に対し，当該業務に関する安全のための特別の教育を行うことを確認する。
		事項2	警報装置を設けること等，巻上げ用ワイヤロープの巻き過ぎによる労働者の危険を防止するための措置を検討する。
3.	場内仮設道路	事項1	車高に対する新設構造物の有効高さ等，通行部分の検討を行う。
		事項2	工事工程上，コンクリートの強度発現を待てない場合は，置き構台等の検討を行い，揚重機械や工事用車両の仮設道路として使用する。

【解　説】

1．くさび緊結式足場

　くさび緊結式足場の基本部材は，緊結部付支柱，緊結部付布材，緊結部付腕木材，床付き布枠，緊結部付ブラケット，ねじ管式ジャッキ型ベース金具，壁つなぎ，くさび緊結式足場

用斜材又は大筋かいで構成される。くさび緊結式足場は，安全上，本足場とするが，敷地が狭隘な場合等，本足場の設置が困難な場合は一側足場とすることができる。基本的には本足場の場合は，枠組足場等と同様な基準であるが，壁つなぎの間隔や最高高さ 31 m を超える場合等，単管足場と同様な基準もある。また，くさび緊結式足場独自の基準も多く，解答例は一般的なものを示した。詳細については，（一社）仮設工業会の「くさび緊結式足場の組立て及び使用に関する技術基準（改訂版）」を参照されたい。

2．建設用リフト

建設用リフトは設置計画に当たって，巻上げ用ワイヤロープに標識を付すること，警報装置を設けること等，巻上げ用ワイヤロープの巻き過ぎによる労働者の危険を防止するための措置を講じるようにする。建設用リフトの運転の業務に労働者を就かせるときは，当該労働者に対し，当該業務に関する安全のための特別の教育を行うことを確認する。また，建設用リフトにその積載荷重を超える荷重をかけて使用しないように注意書きの設置等の検討を行う。建設用リフトを用いて作業を行うときは，建設用リフトの運転について一定の合図を定め，合図を行う者を指名して，その者に合図を行わせるように事前に決めておく。建設用リフトの搬器に労働者を乗せてはならないので掲示等の検討を行う。建設用リフトを用いて作業を行うときは，建設用リフトの搬器の昇降によって労働者に危険を生ずるおそれのある箇所に労働者を立ち入らせてはならないので，設置に当たって場所の確認を行う。また，建設用リフトの運転者を，搬器を上げたままで運転位置から離れさせてはならない等の安全対策について事前に検討が必要である。

3．場内仮設道路

場内仮設道路の設置計画に当たり，基礎杭の施工機械等，大型の工事用機械は作業時の接地圧が大きいので，作業スペースについては整地後に砂利敷（砕石）を行い，十分転圧してから鉄板を敷く。また，平均接地圧（機械総重量÷総接地面積）と地耐力との比較検討を行い，地耐力が不足するときは地盤改良を行う。複数の工事に共通の仮設道路は設置期間が長いので，期間中の使用に耐えられるように転圧，表面処理を行う。また，使用目的や使用頻度，走行頻度等を勘案した仕様とする。建築計画上，逆打ち工事や敷地が狭いとき等，本設躯体の床を仮設道路として使用する場合は，固定荷重・積載荷重・車両の走行及び作業荷重等を考慮して床の強度検討を行い，工事監理者の承諾を得る。工事工程上，コンクリートの強度発現を待つことができない場合等は，置き構台等の検討を行い，揚重機械や工事用車両の仮設道路として使用する。また，車高に対する新設構造物の有効高さ等，通行部分の検討を行う。作業所内の仮設道路は，建物の平面計画・作業所外の車道や歩道の通行状況や作業所内での工事動線等を考慮して計画する。

令和4年度－問題2

　建築工事における次の1. から3. の災害について，施工計画に当たり事前に検討した事項として，災害の発生するおそれのある**状況又は作業内容**と災害を防止するための**対策**を，**それぞれ2つ**具体的に記述しなさい。

5 　ただし，解答はそれぞれ異なる内容の記述とする。また，保護帽や要求性能墜落制止用器具の使用，朝礼時の注意喚起，点検や整備等の日常管理，安全衛生管理組織，新規入場者教育，資格や免許に関する記述は除くものとする。

1. 墜落，転落による災害
2. 崩壊，倒壊による災害
10
3. 移動式クレーンによる災害

【解答例】

1.	墜落，転落による災害	事項1	高さが2m以上の作業床の端，開口部等で墜落により労働者に危険を及ぼすおそれのある箇所には，囲い，手すり，覆い等を設ける。
		事項2	屋根の上の作業で，踏み抜きのおそれのあるときは，幅30cm以上の歩み板を設け，防網を張る等踏み抜きを防止するための措置を講ずる。
2.	崩壊，倒壊による災害	事項1	地山の崩壊により労働者に危険を及ぼすおそれのあるときは，崩壊又は土石の落下の原因となる雨水，地下水等を排除する。
		事項2	坑内における側壁の崩壊により労働者に危険を及ぼすおそれのあるときは，支保工を設ける等危険を防止するための措置を講ずる。
3.	移動式クレーンによる災害	事項1	地盤が軟弱であったり，埋設物その他地下に存する工作物が損壊するおそれがある場所においては，移動式クレーンを用いて作業を行ってはならない。
		事項2	アウトリガーを用いて作業を行うときは，アウトリガーを鉄板等の上で移動式クレーンが転倒するおそれのない位置に設置しなければならない。

（その他の解答例）

1.	墜落，転落による災害	事項1	作業の必要上，臨時に囲い等を取り外すときは，防網を張る等墜落による労働者の危険を防止するための措置を講ずる。
		事項2	高さ2m以上の箇所で作業を行う場合，墜落により労働者に危険を及ぼすおそれのあるときは，作業床を設ける。
2.	崩壊，倒壊による災害	事項1	地山の崩壊により労働者に危険を及ぼすおそれのあるときは，地山を安全な勾配とし，擁壁，土止め支保工等を設ける。
		事項2	過積載による作業構台の崩壊を防ぐため，構造及び材料に応じて，作業床の最大積載荷重を定め，これを超えて積載しない。
3.	移動式クレーンによる災害	事項1	アウトリガーを有する移動式クレーンを用いて作業を行うときは，アウトリガーを最大限に張り出さなければならない。
		事項2	移動式クレーンの転倒等による労働者の危険を防止するため，荷の重量，移動式クレーンの種類及び能力等を考慮する。

35

【解　説】

　施工計画書作成に当たり，発生するおそれのある状況や作業内容の事前に検討したことを記述する。足場や鉄骨の建方，開口部等の墜落や転落事故，崩壊や倒壊による事故，移動式クレー

ンによる転倒や転落，高圧電線等の接触による事故が想定される場合，工事特有の施工条件や立地条件を検討しながら，安全対策に十分配慮する。

　なお，労働安全衛生法による保護帽や要求性能墜落制止用器具の使用，朝礼時の注意喚起，点検や整備等の日常管理，安全衛生管理組織，新規入場者教育，資格や免許に関する記述は除かれているので注意する。

```
令和3年度－問題2
```

　次の 1. から 3. の建築工事における仮設物の設置を計画するに当たり，**留意及び検討すべき事項**を2つ具体的に記述しなさい。

　ただし，解答はそれぞれ異なる内容の記述とし，申請手続，届出及び運用管理に関する記述は除くものとする。また，使用資機材に不良品はないものとする。

1．仮設ゴンドラ
2．場内仮設事務所
3．工事ゲート（車両出入口）

【解答例】

1.	仮設ゴンドラ	事項1	設置計画に当たり，事前に吊元からゲージにいたる吊ワイヤロープの確実な取付けが可能かを調査する。
		事項2	事前調査に基づき，建物と作業内容に最も適した屋上の固定方法とゴンドラの機種を選定する。
2.	場内仮設事務所	事項1	作業員の出入り，諸資材の搬出入が管理しやすい場所に設けるとよい。
		事項2	給排水や電力等のインフラ設備を，引き込みやすい敷地外周部に配置するとよい。
3.	工事ゲート（車両出入口）	事項1	ゲートは工事に必要な車両の入退場ができる有効高さ，有効幅を有するものとする。
		事項2	強風時には，ゲートを開いて柱に束ねる等して転倒防止措置を講じる。

（その他の解答例）

1.	仮設ゴンドラ	事項1	設置計画に当たり，事前にゲージ本体の重量と積載荷重を充分に支えられる吊元の確保ができるか調査する。
		事項2	設置計画に当たり，吊元となる固定物の強度を確認し，亀裂，腐食，面ずれのあるもの，強度の不明なものは避ける。
2.	場内仮設事務所	事項1	監理事務所と工事事務所は，日常の業務の関連性とコミュニケーションの重要性を考えて，近い位置に配置する。
		事項2	下小屋や加工場の状況を把握しやすい場所に設けるとよい。
3.	工事ゲート（車両出入口）	事項1	ゲートは場内の車両動線，前面道路の電柱，植栽等を考慮し，入退場に支障のない位置に設置する。
		事項2	ゲートは通行人の安全や交通の妨げにならないような位置に設置する。

【解　説】

1．仮設ゴンドラ

　　ゴンドラの設置計画に当たって，事前調査が重要な要素となる。事前調査の主な要素は以下のとおり。

・ゲージ本体の重量と積載荷重を充分に支えることができる吊元の確保。

・吊元からゲージにいたる吊ワイヤロープの確実な取付け。

・作業員，通行人への安全確保と環境対策。

　　また，ゴンドラ災害を未然に防ぐための項目を挙げると以下のようになる。

①　吊元は建物の躯体に確実に固定し，安定させる。

②　吊元となる固定物の強度を確保する。

③　建物の大きさ，形状，工事内容を考慮し，適切なゴンドラの機種を選定する。

④　パラペットは突りょう，フックが取付けやすい形状，材質であるか確認する。

⑤　周囲に作業の障害になる建造物や設備があるかを確認する。

⑥　環境保全や近隣対策のために事前に養生の必要な箇所を確認する。

⑦　機材搬出入の経路，保管スペースを確保する。

⑧　移設時や撤去作業を行う上での障害の有無を確認する。

⑨　公道，市道の区別，通行量と道路状況を確認する。

⑩　運搬経路，車両通行制限，監視人配置の必要性を確認する。

⑪　周辺の建物，駐車場，街路樹，庭木等の養生の必要性を確認する。

⑫　建物出入口の安全を確認する。

⑬　落下，飛散防止処置の必要性を確認する。

2．場内仮設事務所

　　施工者が建設する建物の品質・工程・安全等の諸管理業務を行う施設なので，できるだけ作業所の出入口近くで現場の状況が見渡せる場所がよく，インフラ設備が引き込みしやすい敷地外周部等，現場の状況に合わせて設置計画を検討する。また，工事監理者との打合せやコミュニケーションが図りやすい配置にも留意する必要がある。

3．工事ゲート（車両出入口）

　　仮囲いに車両用のゲートを設ける場合は，解答例以外に，次の点にも留意する。

・ゲートは工事期間中に，車両や工事関係者を出入りさせるために開閉を繰り返すことになるので，ゲートの構造については相応の耐久性と，閉鎖中は仮囲いと同等の機能を持たせる。

・工事中において車両や作業員の出入りの必要がない場合は，車両用のゲートや通用口は閉鎖し，工事関係者以外が侵入しないようにするとともに，出入りを禁ずる旨の表示をする。

・表示灯・ブザーの使用は，周囲生活環境によっては音や光として悪影響を及ぼすことがあるので，相応の配慮を行う。

【令和2年度－問題2】

　次の1. から3. の設備又は機械を安全に使用するための**留意事項**を，**それぞれ2つ**具体的に記述しなさい。

　ただし，解答はそれぞれ異なる内容の記述とし，保護帽や要求性能墜落制止用器具等の保護具の使用，気象条件，資格，免許及び届出に関する記述は除くものとする。また，使用資機材に不良品はないものとする。

1. 外部枠組足場

2. コンクリートポンプ車

3. 建設用リフト

【解答例】

1.	外部枠組足場	(1)	安全性が高い手すり先行工法による2段手すりや，高さ15㎝以上の幅木の設置の確認を行う。
		(2)	足場からの落下物を防止するために，メッシュシート又は防網等を設置し労働者の災害防止措置を講じる。
2.	コンクリートポンプ車	(1)	コンクリートポンプ車を設置するときは，自走してしまうことを防ぐために，タイヤに車止めを確実に取り付ける。
		(2)	ブームを使用して圧送作業を行う場合は，転倒事故を防ぐため，コンクリートポンプ車のアウトリガーは，両側を最大幅に張り出して設置する。
3.	建設用リフト	(1)	建設用リフトは荷重を超えて載せると，落下する危険があるため，積載荷重を超えた荷重を載せてはならない。
		(2)	巻上げ用ワイヤロープの巻き過ぎによる労働者の危険を防止するための措置が正常に作動するか確認する。

（その他の解答例）

1.	外部枠組足場	(1)	外部枠組足場の建枠と布板の隙間は12㎝未満とし，隙間からの落下防止措置が適切か確認する。
		(2)	外部枠組足場の組立が終わったとき，組立，指導・監督等に直接関わった当事者以外の十分な知識と経験を有する者による点検を実施する。
2.	コンクリートポンプ車	(1)	配電線や送電線の付近にブーム付コンクリートポンプ車を設置する場合は，ブームの作業範囲が電線と一定の距離を保てる場所に設置する。
		(2)	輸送管を足場に配管するときには，作業範囲内は立入禁止等の措置を講じるとともに，輸送管やジョイントを落とさないよう注意する。
3.	建設用リフト	(1)	建設用リフトを用いて作業を行うときは，一定の合図を定め，合図を行う者を指名して，その者に合図を行わせる。
		(2)	建設用リフトの運転者が，搬器を上げたままで運転位置から離れないよう注意する。

【解　説】

1. 外部枠組足場

　外部枠組足場を安全に使用するため，労働安全衛生規則，建築基準法施行令，建設工事公衆災害防止対策要綱（建築工事等編）等を遵守し，建物の構造・種類・高さ，作業員の数・

作業内容，足場で使用する材料の質量・大きさ・数量，施工の順序，階段の位置，敷地境界，隣接構造物との関係，道路，材料の搬出入路・揚重方法，材料置場・下小屋との位置関係等を考慮に入れて検討する。

2．コンクリートポンプ車

解答例の他に，次のような留意事項が考えられる。やむを得ず傾斜地に設置する場合は，アウトリガーのジャッキで車体の水平角度が前後左右 3°以内になるように調整を行う。地下躯体を埋め戻した部分や軟弱地盤のおそれがある時は，転倒防止を避けるために場所替えを行うことや敷き鉄板を設置する。圧送するために必要な圧力が高いほど，輸送管の破裂等の事故の危険が増すことを認識して作業を行う。生コン車の誘導及び生コン車のシュートの取扱いは，生コン車とポンプ車との間に挟まれる等の重大災害を引き起こすおそれがあるため行わない。誘導は専門の誘導員が行う。ブームで輸送管や機材を吊り上げる等の行為は，ブームに負荷がかかり折損の原因となるおそれがあるため，コンクリートポンプ車の主たる用途以外にブームを使用してはならない。ブームの直下には作業員等を立ち入らせてはならない。

3．建設用リフト

建設用リフトは，巻上げ用ワイヤロープに標識を付すること，警報装置を設けること等，巻上げ用ワイヤロープの巻き過ぎによる労働者に及ぶ危険を防止するための措置を講じるようにする。建設用リフトにその積載荷重を超える荷重をかけて使用しないように注意書きを設置する。建設用リフトを用いて作業を行うときは，建設用リフトの運転について一定の合図を定め，合図を行う者を指名して，その者に合図を行わせるようにする。建設用リフトの搬器に労働者を乗せてはならない。建設用リフトを用いて作業を行うときは，建設用リフトの搬器の昇降によって労働者に危険を生ずるおそれのある箇所に労働者を立ち入らせてはならない。建設用リフトの運転者が，搬器を上げたままで運転位置から離れないよう注意する。

令和元年度－問題 2

次の 1．から 3．の建築工事における仮設物について，設置計画の作成に当たり**検討すべき事項**を，**それぞれ 2 つ，留意点とともに**具体的に記述しなさい。

ただし，解答はそれぞれ異なる内容の記述とし，申請手続，届出及び運用管理に関する記述は除くものとする。また，使用資機材に不良品はないものとする。

1．荷受け構台
2．鋼板製仮囲い（ゲート及び通用口を除く）
3．工事用エレベーター

【解答例】

1.	荷受け構台	(1)	型枠材料，鉄筋，仕上げ材料，設備工事材料等，多種の材料の揚重に使用するので，その規模・形状は揚重材料に応じて計画する。
		(2)	荷受構台を構成する部材については，積載荷重の偏りを考慮して検討する。
2.	鋼板製仮囲い（ゲート及び通用口を除く）	(1)	風圧による倒壊防止対策として，支柱間隔を適切に保持し，控えパイプ及び埋込み材を堅固に固定する。
		(2)	工事現場内からの雨水等が流出しないように，幅木やコンクリート製の土手を設置する等，すき間がないような構造とする。
3.	工事用エレベーター	(1)	瞬間風速が毎秒 35m を超えるような強風を考慮して，控えの数を増す等その倒壊を防止するための措置を計画する。
		(2)	工事用エレベーターの停止階には，出入口及び荷の積卸し口の遮断設備を設けるように計画する。

（その他の解答例）

1.	荷受け構台	(1)	作業荷重は，自重と積載荷重の合計の 10 ％として計画する。
		(2)	材料構台を兼用する荷受け構台では，各工事を円滑に進めるうえで，どの程度の材料のストックが必要かを想定して積載荷重を検討する。
2.	鋼板製仮囲い（ゲート及び通用口を除く）	(1)	歩道に面する仮囲いは，街の景観を考慮したアート鋼板や場内を確認できるパンチング鋼板等の使用を検討する。
		(2)	使用材料は，鋼板の高さに応じて断面性能を確認のうえ，許容耐力以下で使用する。
3.	工事用エレベーター	(1)	工事用エレベーターの昇降路は，積み荷の落下・飛散防止，また人の出入りを禁止するため，外周をネット，金網等で養生する計画とする。
		(2)	エレベーターの搭乗口の床からヘッドガードの上部枠の下面までの高さは 1.8 m 以上とし，ヘッドガードは堅固なものを設置する計画とする。

【解　説】

1．荷受け構台

　　荷受け構台の計画に当たっては，関係法令に従い資機材の搬出入に適した位置に設け，揚重機の能力，揚重材料の形状・寸法・数量に応じた形状・規模のものとし，積載荷重等に対して十分に安全な構造とする。

2．鋼板製仮囲い（ゲート及び通用口を除く）

　　仮囲いの目的は，工事現場と外部との隔離・盗難防止・通行人の安全・隣接物保護等のために設置する。したがって，法令に準拠して設置するとともに，工事現場内の飛散物や落下物，雨水等を場外に飛散・流出させないことにも配慮して計画する。鋼板製仮囲いは転用性に優れ，強度が大きく多用されるので，風圧力や衝撃に対する構造耐力の確保や街の景観・美観等への配慮等について具体的に記述するとよい。

3．工事用エレベーター

　　工事用エレベーターにはロングスパンエレベーターがよく用いられ，昇降速度 0.17 m/s 以下で，長尺物の材料を運ぶことができ，設置が簡単である。設置計画に当たり，作業員に安全作業上の厳守事項並びに当該機械の運転者，性能等を周知させる看板を設置する。外部足場等に設置したエレベーターから屋内作業場への出入口の段差を小さくし，安全に配慮する。停止階には必ず出入口及び荷の積卸し口の遮断設備を設ける。エレベーターの昇降路には人が出入りできないように，また積み荷の落下，飛散がないように外周を金網等で養生する等を考慮する。

平成30年度【臨時】－問題2

　　建築工事における次の1．から3．の仮設物について，設置計画の作成に当たり**留意し，検討した事項**を，**それぞれ2つ**具体的に記述しなさい。

　　ただし，解答はそれぞれ異なる内容の記述とし，申請手続，届出及び運用管理に関する記述は除くものとする。また，使用資機材に不良品はないものとする。

1．場内仮設道路
2．建設用リフト
3．排水（濁水）処理設備

【解答例】

1.	場内仮設道路	(1)	複数の工事に共通の仮設道路は設置期間が長いので，期間中の使用に耐えられるように転圧，表面処理を行う。
		(2)	本設躯体の床を仮設道路として使用する場合は，固定荷重，積載荷重，車両の走行及び作業荷重等を考慮して床の強度検討を行う。
2.	建設用リフト	(1)	設置計画に当たって，建設用リフトは巻上げ用ワイヤロープに標識を付することを確認する。
		(2)	建設用リフトに，その積載荷重をこえる荷重をかけて使用しないように注意書き等の検討を行う。
3.	排水（濁水）処理設備	(1)	後続する処理設備への負荷を低減するとともに，処理を効果的に行うために沈殿池や振動ふるい等の前処理設備を検討する。
		(2)	濁水処理に伴い，原水，処理水等の水量，水質の測定，記録をするための計装設備の設置を検討する。

（その他の解答例）

1.	場内仮設道路	(1)	工事工程上，コンクリートの強度発現を待てない場合は，置き構台等の検討を行い，揚重機械や工事用車両の仮設道路として使用する。
		(2)	車高に対する新設構造物の有効高さ等，通行部分の検討を行う。
2.	建設用リフト	(1)	警報装置を設けること等，巻上げ用ワイヤロープの巻き過ぎによる労働者の危険を防止するための措置を検討する。
		(2)	建設用リフトの運転の業務に労働者をつかせるときは，当該労働者に対し，当該業務に関する安全のための特別の教育を行うことを確認する。
3.	排水（濁水）処理設備	(1)	濁水が酸性又はアルカリ性を呈するときは，中和設備の設置を考慮する。
		(2)	汚泥の脱水のため，機械脱水を行う脱水施設の設置を検討する。

【解　説】

1．場内仮設道路

　　場内仮設道路の設置計画に当たり，基礎杭の施工機械等，大型の工事用機械は作業時の接地圧が大きいので，作業スペースについては整地後に砂利敷（砕石）を行い，十分転圧してから鉄板を敷く。また，平均接地圧（機械総重量÷総接地面積）と地耐力との比較検討を行い，地耐力が不足するときは地盤改良を行う。複数の工事に共通の仮設道路は設置期間が長いので，期間中の使用に耐えられるように転圧，表面処理を行う。また，使用目的や使用頻度，走行頻度等を勘案した仕様とする。建築計画上，逆打ち工事や敷地が狭いとき等，本設躯体の床を仮設道路として使用する場合は，固定荷重，積載荷重，車両の走行及び作業荷重等を考慮して床の強度検討を行い，工事監理者の承諾を得る。工事工程上，コンクリートの強度発現を待つことができない場合等は，置き構台等の検討を行い，揚重機械や工事用車両の仮設道路として使用する。また，車高に対する新設構造物の有効高さ等，通行部分の検討を行う。作業所内の仮設道路は，建物の平面計画，作業所外の車道や歩道の通行状況や作業所内での工事動線等を考慮して計画する。

2．建設用リフト

　　建設用リフトは設置計画に当たって，巻上げ用ワイヤロープに標識を付すること，警報装置を設けること等，巻上げ用ワイヤロープの巻き過ぎによる労働者の危険を防止するための措置を講じるようにする。建設用リフトの運転の業務に労働者を就かせるときは，当該労働者に対し，当該業務に関する安全のための特別の教育を行うことを確認する。建設用リフトにその積載荷重を超える荷重をかけて使用しないように注意書きの設置等の検討を行う。建設用リフトを用いて作業を行うときは，建設用リフトの運転について一定の合図を定め，合図を行う者を指名して，その者に合図を行わせるように事前に決めておく。建設用リフトの搬器に労働者を乗せてはならないので掲示等の検討を行う。建設用リフトを用いて作業を行うときは，建設用リフトの搬器の昇降によって労働者に危険を生ずるおそれのある箇所に労働者を立ち入らせてはならないので，設置に当たって場所の確認を行う。また，建設用リフ

トの運転者を，搬器を上げたままで運転位置から離れさせてはならない等の安全について事前に検討が必要である。

3．排水（濁水）処理設備

建設工事における濁水は，土木材料と水との混合によって発生するが，特に建設工事に使用する土，セメント，骨材，ベントナイト等の土木材料と雨水，地下水，湧水との混合によって濁水となることが多い。その排水（濁水）処理に必要な設備として，前処理設備，原水槽，凝集沈殿装置，スラリ槽，中和設備，脱水施設，計装設備等がある。濁水処理設備の具体的な計画条件を検討し，処理量，原水，処理水，汚泥の処理方法，敷地条件，設備の運転時間，工期等が検討条件となる。

平成30年度【通常】－問題2

建築工事における次の1．から3．の災害について，施工計画に当たり事前に検討した災害の発生するおそれのある**状況や作業の内容**と災害を防止するための**対策**を，**それぞれ2つ**具体的に記述しなさい。

ただし，解答はそれぞれ異なる内容の記述とする。また，要求性能墜落制止用器具や保護帽の使用，朝礼時の注意喚起，点検や整備等の日常管理，安全衛生管理組織，新規入場者教育，資格や免許に関する記述は除くものとする。

1．墜落，転落による災害
2．電気による災害
3．車両系建設機械による災害

（注）労働安全衛生法施行令，労働安全衛生規則等の改正により，出題当時の問題の一部を改作してあります。

【解答例】

1.	墜落，転落による災害	(1)	作業の都合で，臨時に手すり等の墜落防止設備を取り外した場合には，作業終了後に速やかに必ず墜落防止設備を復旧させる。
		(2)	高さが2m以上の作業床の端，開口部等で墜落の危険がある箇所には，囲い，手すり，覆い等の墜落防止設備を設ける。
2.	電気による災害	(1)	電気機械器具の充電部分で，労働者が感電の危険を生ずるおそれのあるものには，感電を防止するための囲い又は絶縁覆いを設ける。
		(2)	アーク溶接等の作業で溶接棒等のホルダーを使用する場合には，感電防止をするため，絶縁効力及び耐熱性を有するものを使用する。
3.	車両系建設機械による災害	(1)	車両系建設機械の転落の危険のおそれのある場所で作業を行う場合には，作業場所の地形，地質の状態等を調査し，その結果を記録する。
		(2)	運転中の車両系建設機械に労働者が接触する危険がある箇所では，労働者を立入禁止とするか，誘導者を配置し，車両系建設機械を誘導させる。

（その他の解答例）

1.	墜落，転落による災害	(1)	足場等の組立て，解体等の作業を行う場合で，墜落の危険がある場合には，作業を指揮する者を指名して，その者に直接作業を指揮させる。
		(2)	高さ又は深さが 1.5 m をこえる箇所で作業を行う場合には，作業に従事する労働者が安全に昇降するための設備等を設ける。
2.	電気による災害	(1)	対地電圧が 150 V を超える移動式の電動機を有する機械，器具には，漏電による感電の危険を防止するため，感電防止用漏電遮断装置を接続する。
		(2)	絶縁被覆を有するもので，労働者が接触するおそれのある配線には，絶縁被覆の損傷・老化による感電の危険が生じない防止措置を講じる。
3.	車両系建設機械による災害	(1)	車両系建設機械の作業で，労働者の転倒，転落による危険がある場合には，運行経路の路肩の崩壊，地盤の不同沈下等を防止する必要な措置を講じる。
		(2)	傾斜地等で転倒，転落により運転者に危険がある場所では，転倒時保護構造の車両系建設機械を使用し，運転者にシートベルトを使用させる。

【解　説】

　施工計画書作成に当たり，発生するおそれのある状況や作業内容の事前に検討したものを記述する。足場や鉄骨の建方，開口部等の墜落や転落事故，感電や漏電による電気災害，バックホウやブルドーザー等の車両系建設機械による転倒や転落，クレーン等の高圧電線等の接触による事故等が想定される場合，工事特有の施工条件や立地条件を検討しながら安全対策に十分配慮する。

　なお，労働安全衛生法による要求性能墜落制止用器具や保護帽の使用，朝礼時の注意喚起，点検や整備等の日常管理，安全衛生管理組織，新規入場者教育，資格や免許に関する記述は除かれているので注意する。

平成29年度－問題 2

　建築工事における次の 1．から 3．の仮設物について，設置計画の作成に当たり，**留意又は検討すべき事項**をそれぞれ **2 つ**具体的に記述しなさい。

　ただし，解答はそれぞれ異なる内容の記述とし，申請手続，届出及び運用管理に関する記述は除くものとする。また，使用資機材に不良品はないものとする。

1．つり足場
2．起伏式（ジブ）タワークレーン
3．仮設ゴンドラ

【解答例】

1.	つり足場	(1)	足場盛替え時の安全性を考慮し，組立解体や移動が容易な構造の足場を選定する。
		(2)	つり足場の組立・解体・盛替え作業は，鉄骨建方の中で比較的大きな比率を占めるので，組立解体や移動が容易な構造の足場を検討する。
2.	起伏式（ジブ）タワークレーン	(1)	タワークレーンの機種と設置位置は，鉄骨の重量，その部材の位置，PC板等の他の重量部材も考慮して選定する。
		(2)	タワークレーンは重量が大きく，また作業時・地震時・強風時によって架台反力が異なり，その反力も大きいので，鉄骨構造体の強度，変形等を検討する。
3.	仮設ゴンドラ	(1)	設置計画に当たり，事前にケージ本体の重量と積載荷重を充分に支えることができる吊元の確保ができるか調査する。
		(2)	事前調査に基づき，建物と作業内容に最も適した屋上の固定方法とゴンドラの機種を選定する。

（その他の解答例）

1.	つり足場	(1)	つり足場の形状は，高力ボルト締付け用はボルトの落下を防止できるもの，溶接作業用は溶接火花の落下防止を兼ねたものを選定する。
		(2)	つり足場を鉄骨工事以外の工程にも使用する場合があるので，他工事の足場計画と合わせて検討する。
2.	起伏式（ジブ）タワークレーン	(1)	タワークレーンの組立て時・解体時のクレーンの選定では，タワークレーンの分割重量，相互の位置関係により必要能力に応じた機種を選定する。
		(2)	建方用機械設置の用地がない場合は，建物内にタワークレーンを設置しフロアクライミング式とするが，支持構台や本設構造体鉄骨の強度等を検討の上，補強を考慮する。
3.	仮設ゴンドラ	(1)	設置計画に当たり，事前に吊元からケージにいたる吊ワイヤロープの確実な取付けが可能かを調査する。
		(2)	設置計画に当たり，吊元となる固定物の強度を確認し，亀裂，腐食，面ずれのあるもの，強度の不明なものは避ける。

【解　説】

1．つり足場

つり足場の設置に当たっては，次の事項を考慮して決定する。

①　安全作業

足場上の作業時の安全性はもとより，足場盛替え時の安全性を考慮し，組立解体や移動が容易な構造の足場が望ましい。高力ボルト締付け用はボルトの落下を防止できるもの，溶接作業用は溶接火花の落下防止を兼ねた形状とする。

②　組立・解体・盛替え作業

足場の組立・解体・盛替え作業は，鉄骨建方の中で比較的大きな比率を占めるので，組立解体や移動が容易な構造の足場が望ましい。また，工程計画では足場の組立解体の日数を組み込むため，建方用機械の使用の有無や組立解体の作業員の配置は重要な検討事項となる。

③　他工事との関連

足場を鉄骨工事以外の工程にも使用する場合があるので，他工事の足場計画と合わせて

検討する。また，組立解体時期と他工事との関連は，事前に手順計画を十分に検討し足場を選定するとよい。

2．起伏式（ジブ）タワークレーン

　　水平積上げ式の計画によく用いられる起伏式（ジブ）タワークレーンは，大質量の揚重に適し，市街地の狭い場所でジブの起伏動作によって作業半径を自由に取れるメリットがある。各節ごとに水平にまとめながら上部へ建方を進めることにより，すぐ下の節から後続作業が追従でき，またデッキプレート敷きの構法なら，いくら高い建物でも直下に床が設けられることにより，高所作業の心理的不安感が除かれて作業の安全性も高い。

　　クレーンをフロアクライミング式の建物内に設置することにより，建方用機械設置のための用地を必要としないので，設置を検討するとよい。タワークレーンの機種と設置位置は，鉄骨の重量，その部材の位置，PC板等の他の重量部材も考慮し選定する。タワークレーンはその重量が大きく，また作業時・地震時・強風時によって架台反力が異なり，その反力も大きいので，支持構台や本設構造体鉄骨の強度，変形を十分に検討し，補強の要否を判定しなければならない。

　　タワークレーンの組立て時・解体時のクレーンの選定ではタワークレーンの分割重量，相互の位置関係により必要能力に応じた機種とする。

3．仮設ゴンドラ

　　ゴンドラの設置計画に当たって，事前調査が重要な要素となる。事前調査の主な要素は以下の通り。

・ケージ本体の重量と積載荷重を充分に支えることができる吊元の確保。

・吊元からケージにいたる吊ワイヤロープの確実な取付け。

・作業員，通行人への安全確保と環境対策。

　　ゴンドラ災害を未然に防ぐための項目を挙げると以下のようになる。

① 吊元は建物の躯体に確実に固定し，安定させる。

② 吊元となる固定物の強度を確認する。

③ 建物の大きさ，形状，工事内容を考慮し，適切なゴンドラ機種を選定する。

④ パラペットは突りょう，フックが取付けやすい形状，材質であるか確認する。

⑤ 周囲に作業の障害になる建造物や設備があるかを確認する。

⑥ 環境保全や近隣対策のために事前に養生の必要な箇所を確認する。

⑦ 機材搬出入の経路，保管スペースを確保する。

⑧ 移設時や撤去作業を行う上での障害の有無を確認する。

⑨ 公道，私道の区別，通行量と道路状況を確認する。

⑩ 運搬経路，車両通行制限，監視人配置の必要性を確認する。

⑪ 周辺の建物，駐車場，街路樹，庭木等の養生の必要性と対策の確認と対策を行う。

⑫ 建物出入口の安全対策を行う。

⑬ 落下，飛散防止処置の必要性を確認する。

平成28年度－問題2

次の１．から３．の設備又は機械を安全に使用するための**留意事項**を，それぞれ**2つ**具体的に記述しなさい。

ただし，解答はそれぞれ異なる内容の記述とし，保護帽や要求性能墜落制止用器具等の保護具の使用，資格，免許及び届出に関する記述は除くものとする。

１．ロングスパンエレベーター

２．高所作業車（クローラ式の垂直昇降型）

３．バックホウ（バケット容量 0.5 ㎥ 程度）

（注）労働安全衛生法施行令，労働安全衛生規則等の改正により，出題当時の問題の一部を改作してあります。

【解答例】

1.	ロングスパンエレベーター	(1)	瞬間風速が毎秒35 m をこえる風が吹くおそれのあるときは，控えの数を増やす等その倒壊を防止するための措置を講じる。
		(2)	エレベーターの昇降路塔又はガイドレール支持塔の組立てや解体の作業を行うときは，作業を指揮する者を選任して作業を実施する。
2.	高所作業車	(1)	高所作業車を用いて作業を行う場合は，一定の合図を定め，当該合図を行う者を指名してその者に行わせなければならない。
		(2)	高所作業車を走行させるときは，高所作業車の作業床を上げた状態で労働者を乗せてはならない。
3.	バックホウ	(1)	運転中のバックホウに接触することにより労働者に危険が生ずるおそれのある箇所に，労働者を立ち入らせてはならない。
		(2)	バックホウの運転者が運転位置から離れるときは，バケット，ジッパー等の作業装置を地上に下ろさせなければならない。

（その他の解答例）

1.	ロングスパンエレベーター	(1)	作業を行う区域に関係労働者以外の労働者が立ち入ることを禁止し，かつ，その旨を見やすい箇所に表示する。
		(2)	強風，大雨，大雪等の悪天候のため作業の実施について危険が予想されるときは，当該作業に労働者を従事させない。
2.	高所作業車	(1)	高所作業車を用いて作業を行うときは，乗車席及び作業床以外の箇所に労働者を乗せてはならない。
		(2)	高所作業車を荷のつり上げ等，当該高所作業車の主たる用途以外の用途に使用してはならない。
3.	バックホウ	(1)	転倒又は転落防止のため,運行経路の路肩の崩壊を防止し,地盤の不同沈下の防止等必要な措置を講じなければならない。
		(2)	転倒又は転落により危険が生ずるおそれのあるときは，誘導者を配置し，その者にバックホウを誘導させなければならない。

【解　説】

1. ロングスパンエレベーター

　工事用エレベーター（昇降設備）のひとつで，昇降速度 0.17 m/s 以下で，数名の人員と長尺物の材料を運ぶことができ，設置が簡単である。安全に使用するためのその他の事項としては，作業員に安全作業上の厳守事項並びに当該機械の運転者，性能等を周知させる看板を設置する。外部足場等に設置したエレベーターから屋内作業場への出入口の段差を小さくし，安全に配慮する。停止階には，必ず出入口及び荷の積卸口の遮断設備を設ける。エレベーターの昇降路には人が出入りできないように，また，積み荷の落下，飛散がないように外周を金網等で養生する等が挙げられる。

2. 高所作業車（クローラ式の垂直昇降型）

　高所で作業を行うためにその機構を有した特殊車輌並びに建設機械である。クレーンのようなブームを備え，その起伏（昇降）・伸縮・旋回による構造のブーム式とプラットホームが垂直に昇降する構造の垂直昇降型があり，垂直昇降型には，昇降機構がマストブーム式（ブームが直立）のものとシザース式（はさみ状に交差する支持脚を組み合わせ昇降するもの）がある。高所作業車を用いて作業を行うときは，高所作業車の転倒又は転落による労働者の危険を防止するため，アウトリガーを張り出すこと，地盤の不同沈下を防止すること，路肩の崩壊を防止すること等必要な措置を講じることが基本となる。

3. バックホウ（バケット容量 0.5 ㎥ 程度）

　バックホウはドラグショベルともいう。オペレータ側の向きでショベル部分を取り付けたもので，オペレータは自分に引き寄せる方向に操作し，地表面より低い場所の掘削に適している。

　安全対策としては，下記の事項がある。

・安全確保のために立入禁止範囲を明示する。

・斜面に据え付けるときは，斜面に盛土等をして車体を水平にする。

・機体の尻を浮かせて掘削しない。

・機体に近付くときは，合図をして運転者の了解を得る。

・掘削中に旋回したり，旋回力を利用して土の埋戻しや均しをしない。

5

10

15

20

25

30

35

平成27年度－問題 2

　建築工事において，次の 1. から 3. の仮設物の設置計画の作成にあたり，**留意・検討すべき事項**を 2 つ，具体的に記述しなさい。

　ただし，解答はそれぞれ異なる内容の記述とし，設置後の保守点検等の運用管理に関する記述は除くものとする。また，使用資機材に不良品はないものとする。

1. 外部枠組足場
2. 仮設電力設備
3. 荷受け構台

【解答例】

1.	外部枠組足場	(1)	壁つなぎは，垂直方向 9 m 以下，水平方向 8 m 以下の間隔で設け，地上第一の壁つなぎは地上より 9 m 以下の位置に設ける。
		(2)	脚部は，滑動及び沈下を防止するため，地盤を十分突き固める。軟弱地盤では，砂利敷き又は捨てコンクリート等により安全性を高める。
2.	仮設電力設備	(1)	工事用使用機械工程表や仮設建物の計画等に基づき，工事用電力使用工程表を作成する。
		(2)	電気関連法令の他，電気設備の一般的な災害防止についての労働安全衛生法等の関係法令に従って施工計画書を作成する。
3.	荷受け構台	(1)	型枠材料，鉄筋，仕上げ材料，設備工事用材料等，多種の材料の揚重に使用するので，その規模・形状は揚重材料に応じて計画する。
		(2)	荷受け構台を構成する部材については，積載荷重の偏りを考慮して検討する。

（その他の解答例）

1.	外部枠組足場	(1)	架空電路に近接した計画の場合，架空電路との接触を防止するため，架空電路の移設や，架空電路に絶縁用防護具を装置する。
		(2)	墜落のおそれのある箇所には，交さ筋かい及び高さ 15 ㎝ 以上 40 ㎝ 以下の桟もしくは高さ 15 ㎝ 以上の幅木又は手すりわくを設ける。
2.	仮設電力設備	(1)	受電設備の設置計画は，敷地内外を調査し，設置場所を検討する。
		(2)	キュービクル，変圧器等の設置計画は，操作及び機器の点検が容易な余地を有し，仮囲いを施して取扱責任者以外の立入りを禁止する。
3.	荷受け構台	(1)	作業荷重は，自重と積載荷重の合計の 10 % として計画する。
		(2)	材料構台を兼用する荷受け構台では，各工事を円滑に進めるうえで，どの程度の材料のストックが必要かを想定して積載荷重を検討する。

【解　説】

1．外部枠組足場

　　外部枠組足場の計画に当たっては，建物の構造・種類・高さ，作業員の数・作業内容，足場で使用する材料の質量・大きさ・数量，施工の順序，階段の位置，敷地境界，隣接構造物との関係，道路，材料の搬出入路・揚重方法，材料置場・下小屋との関係等について十分考慮するとともに，関係法令を遵守し，検討する。

2．仮設電力設備

　　仮設電力設備の計画は，専門的知識と多くの経験が必要であり，同種，同規模工事のデータを参考に検討し，安全性・経済性・合理性を追求し，綿密に練る必要がある。さらに，工事規模，建物の種類と性能及び台数等により立案された工事工程表，工事計画書をもとに機械工具及び電力使用工程表を作成する必要がある。

3．荷受け構台

　　荷受け構台の計画に当たっては，関係法令に従い，資機材の搬出入に適した位置に設け，揚重機の能力，揚重材料の形状・寸法・数量に応じた形状・規模のものとし，積載荷重等に対して十分に安全な構造とする。

第3節　施工管理【問題3】　※令和 2 年度以前は【問題 5】

過去の出題一覧表

年度	出 題 概 要	工程管理	
		バーチャート	ネットワーク
R6	RC 造事務所ビル建設工事のネットワーク工程表 地上 6 階，基準階における事務室部分床面積 325 ㎡ 基準階の内装工事工程に関するネットワーク計算と作業内容等を記述する。 　1．天井，壁ボード張り直後，及びフリーアクセスフロア敷設直後に行う作業内容について 　2．総所要日数の計算 　3．天井，壁ボード張りにおけるフリーフロート計算，及びフリーアクセスフロア敷設におけるトータルフロート計算 　4．作業工程追加後の総所要日数の計算		○
R5	RC 造事務所ビル建設工事のネットワーク工程表 地上 6 階，延べ面積 3,000 ㎡，基準階面積 480 ㎡ 基準階の躯体工事工程に関するネットワーク計算と作業内容等を記述する。 　1．柱型枠，壁型枠返し施工直後及び壁配筋直前に行う作業内容について 　2．柱型枠，壁型枠返しの最早開始時期の計算 　3．型枠締固め及び床配筋におけるフリーフロート計算 　4．作業工程変更後の総所要日数の計算		○
R4	RC 造事務所ビル建設工事のネットワーク工程表 地上 6 階，塔屋 1 階，延べ面積 2,800 ㎡ 同一フロアを 2 工区に分けた時の仕上げ工事工程に関するネットワーク計算と作業内容等を記述する。 　1．墨出し及び壁ビニルクロス張り直後に行う作業内容について 　2．総所要日数 　3．システム天井組立て（ロックウール化粧吸音板仕上げを含む）におけるフリーフロート計算 　4．作業工程変更後の見直し		○
R3	RC 造事務所ビル建設工事のネットワーク工程表 地上 6 階，塔屋 1 階，延べ面積 3,000 ㎡ 施工数量の異なる 2 工区の躯体工事工程に関するネットワーク計算と作業人数，及び作業内容等を記述する。 　1．柱型枠組込み及び梁配筋直後に行う作業内容について 　2．床型枠組立てにおけるフリーフロート計算 　3．作業人員の見直し 　4．総所要日数		○
R2	RC 造事務所ビル建設工事のネットワーク工程表 地上 6 階，塔屋 1 階，延べ面積 2,800 ㎡ 3 階部分の施工量の異なる 2 工区の内装工事工程に関するネットワーク計算と作業内容，及び作業人員削減を記述する。 　1．システム天井組立て（ロックウール化粧吸音板取付けを含む）直後に行う作業内容について 　2．壁せっこうボード張りにおけるフリーフロート計算 　3．総所要日数と具体的な暦日の工事完了日 　4．作業人員の見直し		○
R元	RC 造事務所ビル建設工事のネットワーク工程表 地下 1 階，地上 6 階，延べ面積 3,200 ㎡，外壁：ALC パネル 3 階部分の 2 班体制の躯体工事工程に関するネットワーク計算と作業手順，及び作業内容を記述する。 　1．柱型枠の組立て直前に行う作業内容について 　2．B 班の床の配筋におけるフリーフロート計算 　3．総所要日数と具体的な暦日の工事完了日 　4．型枠作業班が 1 班の場合の工程表の見直し（作業順序，工程遅延日数）		○

年度	出 題 概 要	工程管理	
		バーチャート	ネットワーク
H30 (臨時)	RC 造事務所ビル建設工事のネットワーク工程表 　地下 1 階，地上 6 階，延べ面積 3,200 ㎡，RC 造の壁無し 　3 階部分の躯体工事工程に関するネットワーク計算と作業手順，及び作業内容を記述する。 　　1．柱の配筋直後に行う作業内容について 　　2．総所要日数の計算と必要作業班数について 　　3．1 班しか手配できなかった場合の工程表の見直し（作業順序，総所要日数，フリーフロートの計算）について		○
H30 (通常)	RC 造事務所ビル建設工事のネットワーク工程表 　地下 1 階，地上 6 階，延べ面積 3,200 ㎡ 　3 階部分の内装仕上げ工事工程に関するネットワーク計算と作業手順，及び作業内容を記述する。 　　1．タイルカーペット敷設直後に行う作業内容について 　　2．総所要日数の計算と必要作業班数について 　　3．1 班しか手配できなかった場合の工程表の見直し（作業順序，総所要日数，フリーフロートの計算）について		○
H29	RC 造事務所ビル建設工事のネットワーク工程表 　地下 1 階，地上 6 階，延べ面積 3,200 ㎡ 　3 階部分の躯体工事工程に関するネットワーク計算と作業手順，及び作業内容を記述する。 　　1．3 階墨出し直後に行う作業内容について 　　2．作業の順序とフリーフロートの計算 　　3．総所要日数の計算 　　4．部分作業が延びても総所要日数を変えないために分岐した作業の手順と工程短縮日数の計算		○
H28	S 造事務所ビル建設工事のバーチャート工程表 　地下 1 階，地上 5 階，延べ面積 3,200 ㎡，直接基礎（べた基礎） 　ソイルセメント壁水平切梁工法で地下外壁型枠兼用とし鋼材は引き抜かない。 　鉄骨建方及び PC カーテンウォールはクライミング式ジブクレーンで行う。 　屋根はアスファルト防水の上，保護コンクリート直均し仕上げ 　外壁は 2 面がスパンドレル方式のタイル打込み PC カーテンウォール，他の 2 面は工場塗装の ALC パネル	○	
H27	S 造事務所ビル建設工事のバーチャート工程表 　地下 1 階，地上 6 階，延べ面積 3,000 ㎡，直接基礎（べた基礎） 　親杭横矢板水平切梁工法で地下外壁型枠兼用とし親杭は引き抜かない。 　鉄骨建方は建物外周の 2 方向から行う。 　屋根はアスファルト防水の上，保護コンクリート直均し仕上げ 　外壁は 2 面が方立方式のメタルカーテンウォール，他の 2 面は ALC 板に複層仕上げ塗材仕上げ	○	

115

ネットワーク手法

ネットワーク工程表には，作業とその順序関係を示す方法として，作業を矢線（アロー）で表示するアロー型ネットワークと，作業を丸印（ノード）で表示するノード型ネットワーク（サークル型ネットワーク）があるが，ここではアロー型について説明する。

① アロー型ネットワーク

作業を矢線で表示する方法（**図1**）。

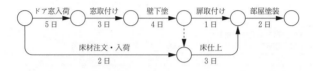

図1　アロー型ネットワーク

② ノード型（サークル型）ネットワーク

作業を丸印で表示する方法（**図2**）。

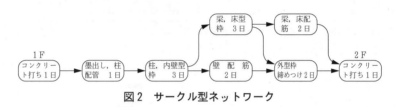

図2　サークル型ネットワーク

1　基本用語

ネットワーク計算で用いられる基本的な用語を**表1**に示す。

表1　ネットワーク手法の基本用語

用　　　語	略　　称	意　　　　　味
作　　　業 （アクティビティ）		ネットワークを構成する作業単位
イ　ベ　ン　ト （結　合　点）		アロー型ネットワークにおいて，作業（又はダミー）と作業（又はダミー）を結合する点及び対象工事の開始点又は終了点
ダ　ミ　ー		アロー型ネットワークにおいて，正しく表現できない作業の順序関係を図示するために用いる矢線で，時間の要素は含まない
所　要　時　間 （デュレイション）	D	作業をするのに必要な時間
最　早　開　始　時　刻	EST	作業を始めうる最も早い時刻
最　早　終　了　時　刻	EFT	作業を終了しうる最も早い時刻
最　遅　開　始　時　刻	LST	対象工事の工期に影響のない範囲で作業を最も遅く開始してもよい時刻
最　遅　終　了　時　刻	LFT	対象工事の工期に影響のない範囲で作業を最も遅く終了してもよい時刻
パ　　　ス		ネットワークの中で2つ以上の作業の連なりをいう
クリティカルパス	CP	アロー型ネットワークでは，開始結合点から終了結合点に至る最長パス，サークル型ネットワークでは，最初の作業から最後の作業に至る最長パス
フ　ロ　ー　ト （余　裕　時　間）		作業余裕時間

トータルフロート （最大余裕時間）	TF	作業を最早開始時刻で始め，最遅終了時刻で完了する場合に生ずる余裕時間で，1 つの経路上では共有されており，任意の作業が使い切ればその経路上の他の作業の TF に影響する
フリーフロート （自由余裕時間）	FF	作業を最早開始時刻で始め，後続する作業も最早開始時刻で始めてなお存在する余裕時間で，その作業中で自由に使っても，後続作業に影響を及ぼさない
ディペンデントフロート （干渉余裕時間）	DF	後続作業のトータルフロートに影響を及ぼすようなフロートのことでインターフェアリングフロートともいう

2　基本ルール

(1)　作業（アクティビティ/Activity）

　ネットワーク表示に使われている矢線は一般に作業（アクティビティ）とよばれ，作業活動，見積り，材料入手等，時間を必要とする諸活動を示す。アクティビティの基本要点は次のとおりである。

① 作業に必要な時間の大きさを矢線の下に書く。この時間を所要時間（デュレイション/Duration）といい，矢線の長さとは無関係である。

② 矢線は作業が進行する方向に表す。

③ 作業の内容は矢線の上に表示する。

(2)　イベント（結合点/Event）

　イベントは丸印（→○→）で表され，作業の開始又は終了時点を示す。イベントの基本要点は次のとおりである。

① イベントには番号（正整数）又は記号を付ける。これをイベント番号とよび，作業を番号でよぶことができる。

② 1 つのネットワークでは，イベント番号は同じ番号が 2 つ以上あってはならない。

③ 番号は作業の進行する方向に向かって大きな数字になるように付ける。

④ 作業はその矢線の尾が接するイベントに入ってくる矢線群（作業群）がすべて終了してからでないと着手できない。

⑤ イベントは時間的には 0 である。

(3)　ダミー（Dummy）

　点線の矢印（---▶）は架空の作業（Dummy）の意味で，作業の前後関係のみを表し，作業及び時間の要素は含まない。図 3 (イ)のような作業において，作業 R は作業 A の他に作業 B，C にも関係があり，作業 A，B，C が終わらないと着手できない場合は，図 3 (ロ)のような表示になる。このようにダミーは作業とは区別され，作業の相互関係を結び付けるために用いる。

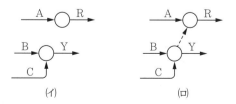

図 3　ダミーの使い方

(4)　先行作業と後続作業

　イベントに入ってくる矢線(先行作業)がすべて完了した後でないと，イベントから出る矢線(後続作業)は開始できない。**図4**ではA及びBの両方の作業とも完了しないとCは開始できないという意味である。また，**図5**ではDはBが完了すれば開始できるが，CはA及びBが完了しないと開始できないことを表している。

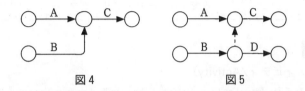

図4　　　　　　　図5

(5)　同一イベントの並行作業

　隣り合う同一イベント間には2つ以上の作業を表示してはならない。これは作業日程の計算を行う場合等，各作業を矢線の両端のイベント番号で表すので，**図6**のようにイベント②と④の間にBとDの2つの矢線を入れてしまうと，イベント②→④の作業がBとDのどちらを指すのかわからなくなるためである。

　図6のBとDのように2つの作業が並行して行われる場合は，**図7**又は**図8**のように2つのイベント間（例えば②→④間）の1つの作業（例えばD）の中間に新たに別のイベント（例えば③）を設け，②と③の間（**図8**の場合は③と④の間）をダミーで結ぶ。このようにすれば作業Bは②→④で，作業Dは③→④（**図8**の場合は②→③）で表すことができる。

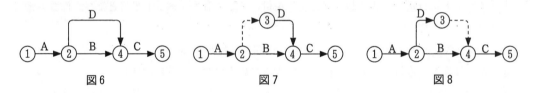

図6　　　　　　　　図7　　　　　　　　図8

(6)　開始点と終了点

　1つのネットワークでは開始のイベントと終了のイベントはそれぞれ1つでなければならない。

(7)　サイクルの禁止

　図9のような作業が，A，B，C，D，E，F，Gのネットワークでは，C，D，Eはサイクルとなる。「CはDに先行し，DはEに先行し，EはCに先行する」ことになり，作業は進行せず日程計算が不可能になるため，サイクルが生じた場合は再検討を要する。

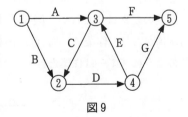

図9

3　作業時刻

　ネットワークは，作業順序の組立てが終わり，図が完成すれば，次には時間の要素を組み込んで日程計画を立てることになる。工事は完成期限が決められているので，この時間的な制約条件に対して，それぞれの作業時間を調整することが必要になる。その管理に必要な管理時刻等を次に述べる。

(1)　最早開始時刻（Earliest Start Time）

　作業が**最も早く開始できる時刻**を**最早開始時刻**（**EST**）という。最早開始時刻の表示方法は，ここでは○数字で表示する（**図11**）。

　いま，**図12**のようなネットワークがある場合，時間計算の手順としては，矢線の尾の接するイベントの最早開始時刻にその作業の所要時間を加えて矢線の頭の接するイベントの最早開始時刻とすればよい。 最早は足し算

　スタートを0とし①→②の作業に3日かかるとすれば，イベント②から後続する作業の開始可能日は3日である。ただし，イベント④のように2つの作業が先行している場合は①→②→③┄→④の経路では3＋5＋0＝8日間，①→②→④の経路では3＋3＝6日間を要する。

	EST	LFT
計算	＋	－
方向	始→	←終
選択	多	少
表示	○	□

図10　ネットワーク計算の基本ルール

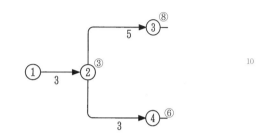

図11　最早開始時刻の表示

　したがって，④のESTは8日になる。すなわち先行する作業群の最早終了時刻の内で最も時間の多いものが後続する作業のESTとなる。このようにして最終イベントのEST 16日が求められる。これが計画の所要時間を表すことになる。

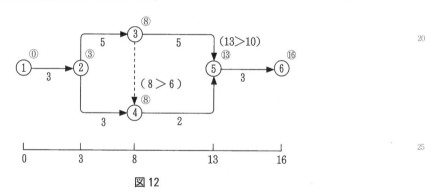

図12

　図12の各イベントのESTを順次計算すると次のようになる。

イベント	計　　算	EST
①	0	⓪
②	0＋3＝3	③
③	3＋5＝8	⑧
④	8＋0＝8 ⎱ 8＞6 3＋3＝6 ⎰	⑧
⑤	8＋5＝13 ⎱ 13＞10 8＋2＝10 ⎰	⑬
⑥	13＋3＝16	⑯

(2)　**最遅終了時刻**（Latest Finish Time）

　　工事を所要時間以内に完了するために各イベントが**遅くとも終了しなくてはならない時刻**を**最遅終了時刻（LFT）**という。最遅終了時刻の表示方法をここでは□で表示する（**図13**）。

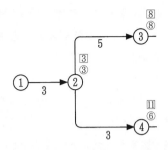

図13　最遅終了時刻の表示

　　これは最終イベントの**EST**を所要工期として**EST の計算の場合とは逆**に，先行作業の所要時間を**図14**のように順次引き算して算出する。

| 最遅は引き算 |

　　例えば，イベント④の最遅終了時刻はイベント⑤までの所要日数 13 日から④→⑤の所要日数 2 日を引いた 11 日となる。

　　しかし，イベント②は②→④の経路で計算すると 8 日（⑪ − 3 ＝ 8）に終了していれば所要時間に間に合うが，②→③の経路では 3 日（⑧ − 5 ＝ 3）に終了していないと間に合わない。

　　したがって，イベント②の最遅終了時刻は 3 日となる。イベント②のように矢線の尾が 2 つ以上ある結合点については，最小値をとる。

　　最早開始時刻と最遅終了時刻は，工程管理上，次のような重要な意味をもつ。

①　暦日との関連をつけられる。

②　フロート（余裕時間）計算の基となる。

③　最早開始時刻＝最遅終了時刻のイベントは，クリティカルイベント（Critical Event）とよび，後述するクリティカルパス（Critical Path）は必ずそこを通る。

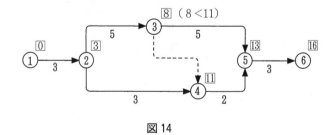

図14

　　図14の各イベントの LFT を順次計算すると次のようになる。

イベント	計　　算		LFT
⑥			⑯
⑤	16 − 3 ＝13		⑬
④	13 − 2 ＝11		⑪
③	11 − 0 ＝11 13 − 5 ＝ 8	8 ＜11	⑧
②	8 − 5 ＝ 3 11 − 3 ＝ 8	3 ＜ 8	③
①	3 − 3 ＝ 0		⓪

(3)　**最早終了時刻**（Earliest Finish Time）

　　その作業が最も**早く完了できる時刻**を**最早終了時刻（EFT）**といい，その作業の最早開始時刻

に作業の所要時間を加えたものである。作業ⓐ→ⓑの最早開始時刻を $t_a{}^E$，所要時間を T_{ab} とすると，

作業ⓐ→ⓑの最早終了時刻＝ $t_a{}^E + T_{ab}$ 　|最早は足し算|

図 12 における作業②→④を例にとると，最早開始時刻は 3 日，作業の所要時間は 3 日であるから，最早終了時刻は 6 日である。

(4)　最遅開始時刻（Latest Start Time）

その作業が**遅くともその時刻に開始されなければ予定工期までに完成できない**という時刻を**最遅開始時刻（LST）**といい，その作業の最遅終了時刻からその作業に要する所要時間を引いたものである。作業ⓐ→ⓑの最遅終了時刻を $t_b{}^L$，所要時間を T_{ab} とすると

作業ⓐ→ⓑの最遅開始時刻＝ $t_b{}^L - T_{ab}$ 　|最遅は引き算|

図 14 における作業②→④の最遅終了時刻は 11 日，作業の所要時間は 3 日であるから最遅開始時刻は 11 − 3 ＝ 8 日である。

4　フロート（余裕時間 /Float）

イベントに 2 つ以上の作業が集まる場合，それぞれの作業の所要時間に差があるのが普通である。したがって，それらの作業の中で最も遅く完了する作業以外のものは時間的余裕が存在することになる。それをフロート（余裕時間）とよぶ。**図 15** の最早開始時刻を計算していくと，イベント⑤では 15 となり，工事の全体を完成するのに要する時間は 15 日であることがわかる。その経路としては，①→②→④→⑤と①→②→③→④→⑤との 2 つがあるが，経路②→③→④は 5 日，②→④は 8 日かかるので前者は 3 日延びて，8 日になっても工期に影響しない。5 日で行えば，開始を 3 日遅らせても間に合うので，8 日の経路に対して 3 日の余裕があることになる。

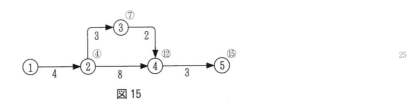

図 15

(1)　トータルフロート（最大余裕時間/Total Float，TF）

任意の作業①→①内でとり得る**最大余裕時間をトータルフロート（TF）**とよぶ。例えば，**図 16** で作業②→④の作業は 3 日に開始して 3 日間かかるため 6 日には完了する。しかし，④の最遅終了時刻は 11 日であるから 11 日までに完了していれば工期 16 日に影響を与えないので，11 − 6 ＝ 5 日間の余裕がある。同様にして④→⑤では，13 − 10 ＝ 3 日間の余裕がある。しかしながら，②→④の TF を全部この作業で使い 8 日かかったとすると，④の EST は 11 日となり後続の④→⑤の作業の TF がなくなる。このように先行作業でトータルフロートを使うと後続作業のトータルフロートに影響する場合がある。TF は各々の作業に含まれるフリーフロート（FF）とディペンデントフロート（DF）（各後述）を合計したものから成り立っている。

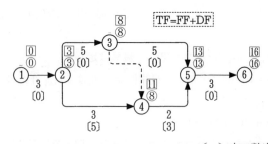

TF＝FF＋DF

〔　〕内の数字は TF を表す

図 16

図 16 の TF の計算例を，図 17 に示す。

トータルフロートの性質は次のとおりである。

1)　TF＝0 の作業をクリティカル作業という。また，トータルフロートが 0 の作業をつない
だものがクリティカルパスである。

2)　TF＝0 ならば他のフロートも 0 である。

図 16 の TF	
作　業	TF
①→②	0
②→③	0
②→④	5
③→⑤	0
④→⑤	3
⑤→⑥	0

④→⑤の計算例

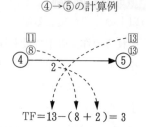

$$TF＝13－(8＋2)＝3$$

図 17　TF の計算例

3)　TF はその作業のみでなく前後の作業に関係があり，1 つの経路上では TF に含まれる DF
は共有されているものである。各作業の TF は，それを加えた分だけその経路に余裕時間が
あるのではない。先行作業で TF を使い切れば，そのなかの DF 分だけ後続作業の TF は少
なくなる。

4)　トータルフロートは，フリーフロートとディペンデントフロートの和である。したがって，
トータルフロートが 0 ならばディペンデントフロートもフリーフロートも 0 である。

5)　TF＝FF＋DF のため，フリーフロートが 0 でもディペンデントフロートが 0 でなけれ
ばトータルフロートは 0 ではない。

(2)　**フリーフロート**（自由余裕時間/Free Float）

TF をもつ先行作業が TF の一部又は全部を使うと，後続する作業は最早開始時刻で始めるこ
とができなくなる。そこで**作業の中で自由に使っても，後続する作業に影響を及ぼさない余裕時
間をフリーフロート（FF）**とよぶ。たとえば**図 18** の②→④の作業が完了するのが 6 日で，④の
最早開始時刻は 8 日であるから 8－6＝2 日間は自由に使っても後続する作業④→⑤のフロート
に影響はない。FF の計算では作業の最早終了時刻と後続する結合点の最早開始時刻との差を求
めればよい。

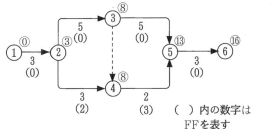 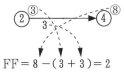

FF ＝ 8 － (3 ＋ 3) ＝ 2

図 18　FF の計算例

フリーフロートの性質は次のとおりである。

1)　FF は必ず TF と等しいか小さいか。FF ≦ TF。

2)　クリティカルイベントを終点とする作業の FF は TF に等しい。

3)　**FF はこれを使用しても，後続する作業に何らかの影響を及ぼすものではなく**，後続する作業は，最早開始時刻で開始することができる（**図 18** の FF の計算例を参照）。

(3)　ディペンデントフロート（干渉余裕時間／Dependent Float）

　後続作業の持つ TF に影響を与えるフロートをディペンデントフロート（DF）又はインターフェアリングフロート（IF）とよぶ。

　図 19 の①→③の TF 8 日には，（8 日の TF）－（6 日の FF）＝ 2 日の DF が含まれている。この場合①→③で 8 日間の TF を全部使用すると，後続する工程の TF はすべて 2 日ずつ減少する。同じように③→⑤の作業がもつ 7 日の TF は，この作業の FF が 0 なので全部が DF であり，ここで使ったフロートはすべて後続する工程に影響を与える。

作　　業	TF	FF	DF
①→②	0	0	0
①→③	8	6	2
②→③	2	0	2
②→④	0	0	0
③→④	2	2	0
③→⑤	7	0	7
④→⑥	0	0	0
⑤→⑥	7	7	0

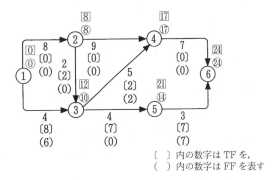

〔　〕内の数字は TF を，
（　）内の数字は FF を表す

図 19

　言い換えると DF は使わずにとっておけば，後続する他の工程でその分を使用できるフロートであり，FF はその作業についてだけしか使えないフロートで，ため込みのきかないものである。

123

5　クリティカルパス（Critical Path）

　　図 19 のネットワークにおいて, ①の開始イベントから⑥の最終イベントに至る各ルートに沿って日数を集計すると次のように 5 本できる。

(i)	①→②→③→④→⑥	22 日
(ii)	①→②→③→⑤→⑥	17 日
(iii)	①→②→④→⑥	**24 日**
(iv)	①→③→④→⑥	16 日
(v)	①→③→⑤→⑥	11 日

　　この工事に要する最大日数はルート(iii)の 24 日になる。つまりルート(iii)に沿った各作業が工期を支配しているわけで, このように**各ルートのうち最も長い日数を要するルートをクリティカルパス（CP）** とよぶ。

　　ネットワークを組む場合, このようなクリティカルパスになる経路が, **必ず 1 本以上**できる。この経路の通算日数が工期を決定しているので, 期限内に計画を完成するためには, クリティカルパス上の作業を遅れないように工程管理を行うことが, 最も効果的な手段であるといってもよい。クリティカルパスは作業工程上, 時間的に最も長い経路にあたるため, 作業が順調に進められる限りクリティカルパスに変動はないが, 作業条件の変化で工期短縮が必要になった場合には, この経路上で最も多くの日数を短縮しなくてはならない。

　　また, **図 19** の③→⑤の工程で 7 日間のトータルフロートを全部使ってしまうと, ③→⑤→⑥の経路は TF ＝ 0 となり, クリティカルパスになる。

　　逆に, クリティカルパスもその経路上の作業時間に余裕を生じ, TF をもつことになるとクリティカルパスではなくなる。

　　このように, クリティカルパスは一定しているものではなく, あらゆるパスを計算して最長日のパス, クリティカルイベントを通るパス, TF ＝ 0 のパスを求める 3 つの方法がある。

　　クリティカルパスの性質は次のとおりである。

　1)　クリティカルパス上の作業のフロート（TF, FF, DF）は 0 である。

　2)　クリティカルパスは開始点から終了点までのすべての経路の中で, もっとも時間が長い経路である。つまり, この経路の時間によって工期が決まる。

　3)　工程短縮の場合は, この経路に着目しなければならない。

　4)　**クリティカルパスは, 必ずしも 1 本ではない。**

　5)　クリティカルパス以外の作業でも, フロートを消化してしまうとクリティカルパスになる。
　　　CP は変化する

　6)　ネットワークでは, クリティカルパスを通常, **太線**で表す。

令和 6 年度－問題 3

　市街地での事務所ビル新築工事において，右の工事概要に示す事務所部分の内装工事に関する作業工程について，次の 1. から 4. の問いに答えなさい。

　工程表は計画時点におけるもので，対応する作業内容と所要日数，施工条件を合わせて示しているが，作業⑤及び作業⑧については作業内容を記載していない。

　また，作業⑦のフリーアクセスフロア敷設作業は，作業ⓐ及び作業ⓒとの関係を示すために作業⑦-1，作業⑦-2 に分けて工程表及び作業内容と所要日数に示している。

　工程表の設備工事は電気設備（照明，コンセント），通信設備，警報設備，空調設備とする。

　なお，各作業は一般的な手順に従って施工されるものとし，施工中に必要な試験や検査については記載を省略している。

1. 作業⑤及び作業⑧の作業内容を記述しなさい。
2. 内装工事における建築工事と設備工事の一般的な施工手順と，作業内容と所要日数，施工条件に記載してある条件を読み取り，ⓐから㊗までの総所要日数を記入しなさい。
3. 作業④のフリーフロート及び作業⑦のトータルフロートを記入しなさい。
4. 作業⑦の着手に必要な支持脚（ペデスタル）の墨出しに係る工程を見込んでおらず，作業⑦の所要日数に 1 日を追加しなければならないことが判明した。
　　工程追加後のⓐから㊗までの総所要日数を記入しなさい。

検討用

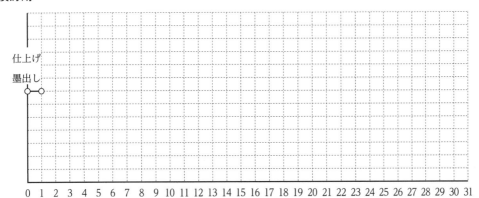

工事概要
　用　　　　途：事務所
　構 造, 規 模：鉄筋コンクリート構造，地上 6 階，基準階における事務室部分の床面積 325 ㎡
　事務室仕上げ：床はフリーアクセスフロア下地，タイルカーペット仕上げ
　　　　　　　　壁は軽量鉄骨下地，せっこうボード張り，塗装仕上げ（壁の軽量鉄骨下地，せっこうボード張り共に天井軽量鉄骨下地高さまでとする）
　　　　　　　　天井は軽量鉄骨下地，せっこうボード張り，ロックウール化粧吸音板仕上げ

工程表

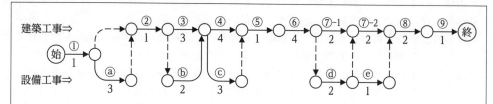

（凡例）○ ②→○ ：作業②天井足場架設作業の所要日数が 1 日であることを表している。
　　　　　1

　※　所要日数はリードタイム（手待ち時間）を含めていない。

作業内容と所要日数（各作業に必要な資機材運搬等を含む）

作業	作 業 内 容	所要日数	作業	作 業 内 容	所要日数
①	仕上げ墨出し	1 日	⑦-2	フリーアクセスフロア敷設	2 日
②	天井足場架設	1 日	⑧		2 日
③	天井，壁軽量鉄骨下地組立て（建具枠取付共）	3 日	⑨	建具扉吊込み	1 日
			ⓐ	天井内設備機器等設置	3 日
④	天井，壁ボード張り	4 日	ⓑ	間仕切壁内配管等設置	2 日
⑤		1 日	ⓒ	天井面照明設備等設置	3 日
⑥	壁，鋼製建具枠塗装	4 日	ⓓ	壁面器具結線，取付け	2 日
⑦-1	フリーアクセスフロア敷設	2 日	ⓔ	フリーアクセスフロア内配線	1 日

施工条件

作業ⓐ：天井内の配管，配線，機器設置，ダクト等の設置
　　　　高所作業車を使用
作業ⓑ：間仕切壁内の配管，ボックス取付け工事
　　　　作業③の開始 2 日後に並行作業として着手
作業ⓒ：作業④の開始 3 日後に並行作業として着手
　　　　天井足場を使用
作業ⓓ：着手は作業⑥の完了後 1 日の養生日を置き，作業⑦-1 と並行作業として着手
作業ⓔ：作業⑦-2 と並行作業として着手

【解答例】

1.	作業⑤の作業内容	天井足場解体
	作業⑧の作業内容	タイルカーペット敷設
2.	総所要日数	28 日
3.	作業④のフリーフロート	2 日
	作業⑦のトータルフロート	1 日
4.	工程追加後の総所要日数	28 日

【解　説】

1．作業⑤は，④天井，壁ボード張りが終わり，⑥壁，鋼製建具枠塗装が始まるまでの間の作業となる。工事概要から考えると，この2つの作業の間に仕上げ工事はなく，連続して行われるので，仕上げ工事以外であると考えられる。④天井，壁ボード張りが終わった段階では，②で架設した天井足場が残っているが，その後に続く⑥壁，鋼製建具枠塗装に天井足場は必要がなく床工事では邪魔になるので，この段階で天井足場を解体することになる。したがって，⑤の作業内容は「**天井足場解体**」となる。

　　作業⑧は，⑦フリーアクセスフロア敷設とその中の配線が終わり，⑨建具扉吊込みの開始前となると，工事概要にある仕上げ工事のうち，タイルカーペット仕上げ工事が最も相応しい。したがって，⑧の作業内容は「**タイルカーペット敷設**」となる。

2．ここでは，与えられた条件をネットワーク工程表に追記し，順番に最早開始時刻（EST）を計算していけば，最終イベントの最早開始時刻（EST）が総所要日数となる。なお，この計算の過程でクリティカルパスを把握していくことで，設問3．のフロートの計算が簡便になる。

　　施工条件に記載されている条件を読み取ると，各作業の所要日数は以下のとおりとなる。

- 作業ⓑ：実所要日数2日に，2日を加え，所要日数を4日とする。
- 作業ⓒ：実所要日数3日に，3日を加え，所要日数を6日とする。
- 作業ⓓ：実所要日数2日に，養生日の1日を加え，所要日数を3日とする。

　　これらを反映した工程表は，**図－1**となる。計算の結果，総所要日数は**28日**となる。

　　なお，最も時間を要したルートであるクリティカルパスは，「①→ⓐ⋯→②→ⓑ→ⓒ⋯→⑤→⑥⋯→ⓓ⋯→⑦-2→⑧→⑨」となる。クリティカルパスは必ずクリティカルイベントを通り，クリティカルイベントは，最早開始時刻（EST）＝最遅終了時刻（LFT）となる。

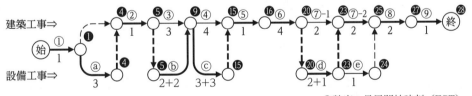

●数字：最早開始時刻（EST）
太線：クリティカルパス

図－1　原計画によるネットワーク工程表1

3．フリーフロート（FF），トータルフロート（TF）は下式により求められる。

- フリーフロート（FF）
  ＝後続作業の最早開始時刻（EST）－当該作業の最早開始時刻（EST）－作業日数
- トータルフロート（TF）
  ＝当該作業の最遅終了時刻（LFT）－当該作業の最早開始時刻（EST）－作業日数

トータルフロート算出のため，最遅終了時刻（LFT）を計算する必要がある。各イベントの最早開始時刻（EST）と最遅終了時刻（LFT）を示したものが，**図－2**のネットワーク工程表となる。

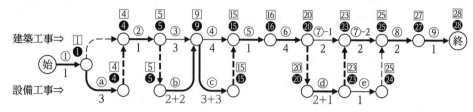

●数字：最早開始時刻（EST）
□数字：最遅終了時刻（LFT）
太線：クリティカルパス

図－2　原計画によるネットワーク工程表2

設問のフリーフロート，トータルフロートについて，上記の式に当てはめて計算すると以下のとおりとなる。

・作業④のフリーフロート（FF）＝ 15 － 9 － 4 ＝ **2日**
・作業⑦（⑦-1，⑦-2）のトータルフロート（TF）＝ 25 － 20 －（2 ＋ 2）＝ **1日**

なお，作業⑦の最遅終了時刻（LFT）は，先ほど求めたクリティカルパス上であることがわかっていれば，最早開始時刻（EST）＝最遅終了時刻（LFT）というルールにより，最遅終了時刻（LFT）を計算せずに求めることができる。

※⑦の作業は⑦-1と⑦-2の2つに分解されているが，フロートの計算時は一体とみなして計算する。

4. 作業⑦に墨出しの工程が1日加わるとのことであるが，墨出しの工程は作業⑦の最初に行われるので，工程表の作業⑦-1に加わることになり，ここの日程が2日から3日に変わる。

この条件を工程表に加えると**図－3**になるが，クリティカルパスである作業⑦-2の最早開始時刻（EST）には影響を与えないため（作業⑦-1がクリティカルパスになるだけ），総所要日数は当初工程と変わらず，**28日**のままとなる。

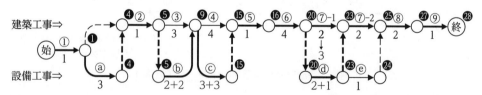

●数字：最早開始時刻（EST）
太線：クリティカルパス

図－3　作業追加後のネットワーク工程表

令和5年度－問題3

　市街地での事務所ビル新築工事について，下の基準階の躯体工事工程表及び作業内容表を読み解き，次の1．から4．の問いに答えなさい。

　工程表は工事着手時のもので，各工種の作業内容は作業内容表のとおりであり，型枠工事の作業④と，鉄筋工事の作業⑦については作業内容を記載していない。

　基準階の施工は型枠工10人，鉄筋工6人のそれぞれ1班で施工し，③柱型枠，壁型枠返しは，⑧壁配筋が完了してから開始するものとし，⑨梁配筋（圧接共）は，⑤床型枠組立て（階段を含む）が完了してから開始するものとする。

　なお，仮設工事，設備工事及び検査は，墨出し，型枠工事，鉄筋工事，コンクリート工事の進捗に合わせ行われることとし，作業手順，作業日数の検討事項には含めないものとする。

〔工事概要〕

　　用　　　　途：事務所
　　構造・規模：鉄筋コンクリート造，地上6階，延べ面積3,000 ㎡，基準階面積480 ㎡

1．型枠工事の作業④及び鉄筋工事の作業⑦の**作業内容**を記述しなさい。

2．型枠工事の③ 柱型枠，壁型枠返しの**最早開始時期（EST）**を記入しなさい。

3．型枠工事の⑥型枠締固め及び鉄筋工事の⑩床配筋の**フリーフロート**を記入しなさい。

4．次の記述の	　　　　　に当てはまる**数値**を記入しなさい。

　　ある基準階において，②片壁型枠建込み及び③柱型枠，壁型枠返しについて，当初計画した型枠工の人数が確保できず，②片壁型枠建込みでは2日，③柱型枠，壁型枠返しでは1日，作業日数が増加することとなった。

　　このとき，墨出しからコンクリート打込み完了までの**総所要日数**は	　　　　　日となる。

基準階の躯体工事工程表（当該階の柱及び壁，上階の床及び梁）

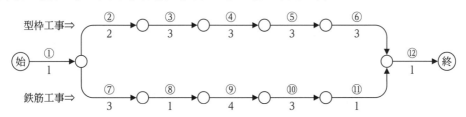

（凡例）○ →②→ ●：②片壁型枠建込み作業の所要日数が2日であることを表している。
　　　　　　2

　　※　工程表にダミーアローは記載していない。

作業内容表（所要日数には仮設，運搬を含む）

工種	作業内容		所要日数(日)
墨出し	①	墨出し	1
型枠工事	②	片壁型枠建込み	2
	③	柱型枠，壁型枠返し	3
	④		3
	⑤	床型枠組立て（階段を含む）	3
	⑥	型枠締固め	3
鉄筋工事	⑦		3
	⑧	壁配筋	1
	⑨	梁配筋（圧接共）	4
	⑩	床配筋	3
	⑪	差筋	1
コンクリート工事	⑫	コンクリート打込み	1

ネットワーク工程表検討用

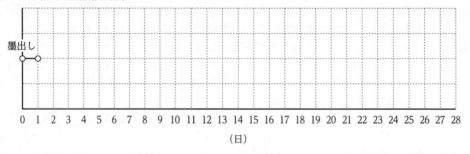

墨出し

0　1　2　3　4　5　6　7　8　9　10　11　12　13　14　15　16　17　18　19　20　21　22　23　24　25　26　27　28

（日）

【解答例】

1.	作業④の作業内容	梁型枠組立て
	作業⑦の作業内容	柱配筋
2.	最早開始時期（EST）	5 日
3.	⑥のフリーフロート	5 日
	⑩のフリーフロート	0 日
4.	総所要日数	24 日

【解　説】

1．型枠工事には施工順に大きく分類して，柱，壁，梁，床の4部位がある。作業④は，柱型枠及び壁型枠返しを施工後，直ちに取り掛かり，その後，床型枠組立て（階段を含む）に入っていくことから，「**梁型枠組立て**」作業となる。一方，鉄筋工事も施工順に大きく分類して，柱，壁，梁，床の4部位がある。作業⑦は，壁配筋の前に行うので「**柱配筋**」作業となる。

2．最早開始時期（EST）を計算するにあたり，ネットワーク工程表を作成する必要がある。1つ目の条件「③柱型枠，壁型枠返しは，⑧壁配筋が完了してから開始する」については，⑧の作業が終わったイベント（○）から，③の作業が開始されるイベントに向かってダミー

の点線矢印を入れることになる。さらに，もう1つの条件である「⑨梁配筋（圧接共）は，⑤床型枠組立て（階段を含む）が完了してから開始する」については，作業⑤が終わったイベントから，作業⑨が開始されるイベントに向かってダミーの点線矢印を入れることになる。これらの条件を踏まえて，ネットワーク工程表として整理すると，**図**のとおりとなる。

　　最早開始時期（EST）を順に計算してゆくと，③の最早開始時期（EST）は「**5日**」となり，その他のイベントの最早開始時期（EST）も図の右上の●数字のようになる。ちなみにクリティカルパスは，①→⑦→⑧…③→④→⑤…⑨→⑩→⑪→⑫となる。

3．⑥型枠締固めのフリーフロート（FF）は，⑥の作業終了時の最早開始時期（EST）から作業開始時の最早開始時期（EST）を引いて，さらに作業時間を引くことで求められる。

　　　　FF＝「後続作業の最早開始時期（EST）」－「当該作業の最早開始時期（EST）」
　　　　　　－「作業日数」＝ 22 － 14 － 3 ＝ 5

　　よって，⑥のフリーフロートは，**5日**となる。

　　一方，⑩床配筋は，上記よりクリティカルパス上にあることがわかっているので，そこにはすべてのフロートが存在せず，**0日**となる。

4．所要日数の変更による総所要日数の再計算の問題である。②片壁型枠建込みが2日増えて4日となり，③柱型枠，壁型枠返しが1日増えて4日となるので，これをネットワーク工程表に反映して再計算すると，**図**の□数字で表したように，最終の最早開始時期（EST），つまり総所要日数は **24日**となる。

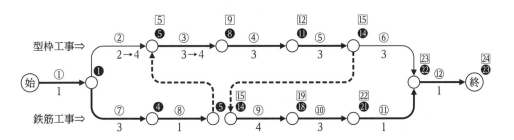

●数字：最早開始時期（EST）
□数字：工程見直し後の最早開始時期（EST）
太線：クリティカルパス

図　当初工程及び工程見直し後のネットワーク工程表

令和 4 年度 − 問題 3

　　市街地での事務所ビル新築工事において，同一フロアをA，Bの 2 工区に分けて施工を行うとき，下の内装工事工程表（3 階）に関し，次の 1 . から 4 . の問いに答えなさい。

　　工程表は計画時点のもので，検査や設備関係の作業については省略している。

　　各作業日数と作業内容は工程表及び作業内容表に記載のとおりであり，Aで始まる作業名はA工区の作業を，Bで始まる作業名はB工区の作業を，Cで始まる作業名は両工区を同時に行う作業を示すが，作業A 1，B 1 及び作業A 6，B 6 については作業内容を記載していない。

　　各作業班は，それぞれ当該作業のみを行い，各作業内容共，A工区の作業が完了してからB工区の作業を行う。また，A工区における作業A 2 と作業C 2 以外は，工区内で複数の作業を同時に行わず，各作業は先行する作業が完了してから開始するものとする。

　　なお，各作業は一般的な手順に従って施工されるものとする。

〔工事概要〕

　　　　用　　　途：事務所

　　　　構造・規模：鉄筋コンクリート造，地上 6 階，塔屋 1 階，延べ面積 2,800 ㎡

　　　　仕上げ：床は，フリーアクセスフロア下地，タイルカーペット仕上げ

　　　　　　　　壁は，軽量鉄骨下地，せっこうボード張り，ビニルクロス仕上げ

　　　　　　　　天井は，システム天井下地，ロックウール化粧吸音板仕上げ

　　　　　　　　A工区の会議室に可動間仕切設置

1 ．作業A 1，B 1 及び作業A 6，B 6 の**作業内容**を記述しなさい。

2 ．㊎から㊡までの**総所要日数**を記入しなさい。

3 ．作業A 4 の**フリーフロート**を記入しなさい。

4 ．次の記述の[　　　]に当てはまる**作業名と数値**をそれぞれ記入しなさい。

　　建具枠納入予定日の前日に，A工区分の納入が遅れることが判明したため，B工区の建具枠取付けを先行し，その後の作業もB工区の作業が完了してからA工区の作業を行うこととした。

　　なお，変更後のB工区の建具枠取付けの所要日数は 2 日で，納入の遅れたA工区の建具枠は，B工区の壁せっこうボード張り完了までに取り付けられることが判った。

　　このとき，当初クリティカルパスではなかった作業[　あ　]から作業A 8 までがクリティカルパスとなり，㊎から㊡までの総所要日数は[　い　]日となる。

内装工事工程表（3 階）

　※　凡例　○─B 1─○：作業B 1 の所要日数が 2 日であることを表している。
　　　　　　　　2

　※　所要日数には，各作業に必要な仮設，資機材運搬を含む。

作業内容表（各作業に必要な仮設，資機材運搬を含む）

作業名	作業内容
C 1	墨出し
A 1，B 1	
A 2	可動間仕切レール取付け（下地共）
C 2	建具枠取付け
A 3，B 3	壁せっこうボード張り
A 4，B 4	システム天井組立て（ロックウール化粧吸音板仕上げを含む）
A 5，B 5	壁ビニルクロス張り
A 6，B 6	
A 7，B 7	タイルカーペット敷設，幅木張付け
A 8	可動間仕切壁取付け
C 3	建具扉吊込み

検討用

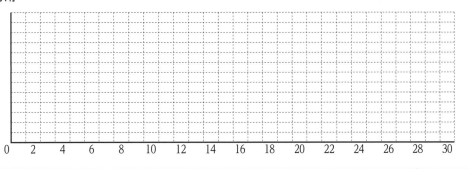

【解答例】

1.	作業 A1，B1 の作業内容	壁軽量鉄骨下地組み
	作業 A6，B6 の作業内容	フリーアクセスフロア敷設
2.	総所要日数	25 日
3.	フリーフロート	0 日
4.	あ	A5
	い	27 日

【解　説】

1．作業 A1 及び B1 は墨出し完了後,可動間仕切レール取付け（A2）及び建具枠取付け（C2）に先立つ作業となると，少なくとも建具枠を取り付けるための下地が必要となる。よって,「**壁軽量鉄骨下地組み**」作業となる。

作業 A6 及び B6 は，壁と天井の仕上げ完了後，タイルカーペット敷設に先立つ作業となると，タイルカーペットの下地となる「**フリーアクセスフロア敷設**」作業となる。

2．総所要日数を計算するにあたり，問題の条件をネットワーク工程表に書き込み，各イベントの最早開始時刻（EST）を積み上げていくと**図−1**のとおりとなる。終了時点での最早開

始時刻（EST）が総所要日数となるので，**25日**となる。

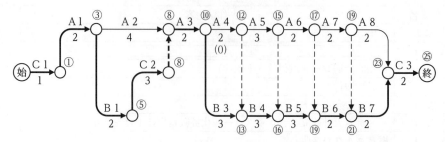

図－1　当初工程のネットワーク工程表

3．A作業を最早開始時刻（EST）で始め，後続する作業も最早開始時刻（EST）で始めてなお存在する余裕時間をフリーフロート（FF）といい，その作業中で自由に使っても，後続作業に影響を及ぼさない。フリーフロート（FF）は，後続作業の最早開始時刻（EST）と当該作業の最早開始時刻（EST）の差から，作業日数を減じた日数で求められる。

　　　FF＝「後続作業の最早開始時刻（EST）」－「当該作業の最早開始時刻（EST）」
　　　　　－「作業日数」＝12－10－2＝0

　　よって，作業A4のフリーフロート（FF）は**0日**となる。

4．示された条件を整理すると，下記のとおりとなる。
- 作業C2はB工区を先行することとなり，所要日数は2日である。これを，作業「C2B」とする。
- 作業C2B終了後はB工区先行となるため，後続作業は「B3」となる。
- 作業A3開始までに，遅れていたA工区の建具枠取付け作業「C2A」は完了する（作業B3完了後すぐにA3に取りかかれる）。
- 以降，作業B7まではB工区先行で作業が進められていく。

　　これをネットワーク工程表に表すと**図－2**になり，最も時間を要しているルートであるクリティカルパスは「C1→A1→B1→C2B→B3→B4→B5--▶A5→A6→A7→A8→C3」となるため，「あ」に入るのは「**A5**」となり，再計算した総所要日数は**図－2**より**27日**となる。

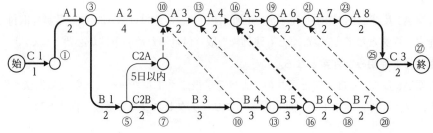

図－2　工程見直し後のネットワーク工程表

【令和3年度－問題3】

市街地での事務所ビルの新築工事において，各階を施工数量の異なるA工区とB工区に分けて工事を行うとき，下の躯体工事工程表（基準階の柱，上階の床，梁部分）に関し，次の1．から4．の問いに答えなさい。

工程表は検討中のもので，型枠工10人，鉄筋工6人をそれぞれ半数ずつの2班に割り振り，両工区の施工を同時に進める計画とした。

各作業班の作業内容は作業内容表のとおりであり，Aで始まる作業名はA工区の作業を，Bで始まる作業名はB工区の作業を，Cで始まる作業名は両工区同時に行う作業を示すが，作業A4，B4及び作業A8，B8については作業内容を記載していない。

各作業は一般的な手順に従って施工されるものとし，検査や設備関係の作業については省略している。

なお，安全上の観点から鉄筋工事と型枠工事の同時施工は避け，作業A3，B3及び作業A7，B7はA，B両工区の前工程が両方とも完了してから作業を行うこととする。

〔工事概要〕

用　　途：事務所

構造・規模：鉄筋コンクリート造，地上6階，塔屋1階，延べ面積3,000㎡

階段は鉄骨造で，別工程により施工する。

1．作業A4，B4及びA8，B8の**作業内容**を記述しなさい。

2．作業B6の**フリーフロート**を記入しなさい。

3．次の記述の　　　　に**当てはまる数値**をそれぞれ記入しなさい。

A工区とB工区の施工数量の違いから，各作業に必要な総人数に差のある作業A1，B1から作業A4，B4までについて，最も効率の良い作業員の割振りに変え，所要日数の短縮を図ることとした。

ただし，一作業の1日当たりの最少人数は2人とし，一作業の途中での人数の変更は無いものとする。

このとき，変更後の1日当たりの人数は，作業A1は2人，作業B1は4人に，作業A2は4人，作業B2は2人に，**作業A3の人数**は　あ　人となり，**作業A4の人数**は　い　人となる。

4．3．で求めた，作業A1，B1から作業A4，B4の工事ごと，工区ごとの割振り人数としたとき，⑬から㊫までの**総所要日数**を記入しなさい。

躯体工事工程表（基準階の柱，上階の床，梁部分）

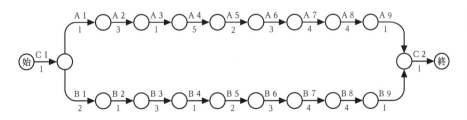

※　凡例 ◯—B1／2→◯：作業B1の所要日数が2日であることを表している。

なお，工程表にダミー線は記載していない。

作業内容表（所要日数，必要総人数には仮設，運搬を含む）

作業名	作業員（人）	所要日数（日）	必要総人数（人）	作業内容
C 1	2	1	2	墨出し
A 1	3	1	2	柱配筋　※1
B 1	3	2	4	
A 2	3	3	8	壁配筋
B 2	3	1	2	
A 3	5	1	5	柱型枠建込み
B 3	5	3	14	
A 4	5	5	24	
B 4	5	1	5	
A 5	5	2	10	梁型枠組立て
B 5	5	2	10	
A 6	5	3	15	床型枠組立て
B 6	5	3	15	
A 7	3	4	12	梁配筋　※1
B 7	3	4	12	
A 8	3	4	12	
B 8	3	4	12	
A 9	5	1	5	段差，立上り型枠建込み
B 9	5	1	5	
C 2	2（台）	1	2（台）	コンクリート打込み

※1：圧接は，配筋作業に合わせ別途作業員にて施工する。

検討用

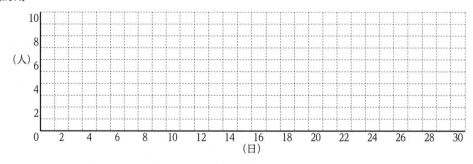

【解答例】

1.	作業 A4，B4 の作業内容	壁型枠建込み
	作業 A8，B8 の作業内容	床配筋
2.	作業 B6 のフリーフロート	2 日
3.	あ（作業 A3 の人数）	3（人）
	い（作業 A4 の人数）	8（人）
4.	総所要日数	24 日

【解　説】

1. まず，躯体工事工程の基本として，垂直方向（柱及び壁）の鉄筋工事→型枠工事が行われ，続いて水平方向（梁及び床）の型枠工事→鉄筋工事という手順になる。この手順を当てはめると，A4 及び B4 の作業のタイミングでは，垂直方向の柱配筋（A1 及び B1）と壁配筋（A2 及び B2）が終わり，引き続き垂直方向の型枠工事（柱及び壁）が行われる中で，すでに柱型枠の建込み（A3 及び B3）が終わっているので，A4 及び B4 は**壁型枠建込み**となる。

　　さらに，A8 及び B8 の作業のタイミングでは，水平方向の梁型枠（A5 及び B5）と床型枠（A6 及び B6）が終わり，引き続き水平方向の鉄筋工事（梁及び床）が行われることになるが，すでに梁配筋（A7 及び B7）が終わっているので，A8 及び B8 は**床配筋**となる。

2. ネットワーク工程表の計算を行うにあたり，まずは躯体工事工程表を完成させてから問題に取り組まなくてはならない。例年ダミー線が消されている問題が出ているが，今回も**問題の工程表**の中に「なお，工程表にダミー線は記載していない」という大きなヒントがある。

　　ダミー線は問題文中の最後にある「作業 A3，B3 及び作業 A7，B7 は A，B 両工区の前工程が両方とも完了してから作業を行うこととする」という条件をネットワーク工程表に記入することから始まる。

　　まず前半は，A2 及び B2 の作業の両方が終わってから A3，B3 の作業に着手するという条件を満たすために両者のイベント（○：結合点）同士をダミー線で結ぶのだが，その方向は工程の遅い方（EST の数値の大きい方）から発進するので，A 工区から B 工区に向かってダミー線を記入する。

　　後半は A6 及び B6 の作業の両方が終わってから A7，B7 の作業に着手するという条件を満たすために両者のイベント同士をダミー線で結ぶのだが，その方向は工程の遅い方から発進するので，A 工区から B 工区に向かってダミー線を記入する。

　　以上でネットワーク工程表（**図−1**）が完成するので，各イベント「○」に EST（最早開始時刻）を記入していく。その結果，作業 B6 の EST が 11 日，作業 B7 の EST が 16 日となり，B6 の作業時間 3 日を考慮すると，作業 B6 のフリーフロート（FF）は，

　　　FF ＝ 16 −（11 ＋ 3）＝ **2 日**となる。

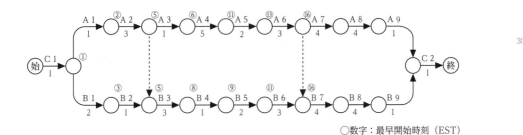

○数字：最早開始時刻（EST）

図−1　当初工程のネットワーク工程表

3. A 工区及び B 工区の所要日数が不均一であることが総所要日数を長くしている原因なので，この不均一を平準化すれば（所要日数の多い工区の作業員を増やす），総所要日数を短

縮することができると考えればよい。

　この計算にあたり，作業内容表の読み方を解説すると，「作業員」は当該工区に配置される作業員数，「所要日数」は当該工区で拘束される日数であるが，「必要総人数」は当該工区の作業を完成させるために必要な延べ人数のことで，必要人工（単位は人・日）を表している。

　現在，作業 A3 及び B3 の所要日数がそれぞれ 1 日と 3 日と不均一なので，まず B 工区の所要日数を 1 日減らして 2 日にした場合，必要総人数（14 人工）を 2 日で終えるための必要作業員数を計算すると，14 人工÷ 2 日＝ 7 人となるので，A 工区には残りの **3 人** が配置できることになる。

　この 3 人で A 工区の作業を行うための所要日数は，必要総人数（5 人工）より，5 人工÷ 3 人≒ 1.7 日となるので作業は 2 日間となり，その結果 A 工区も B 工区も 2 日で作業が終わることで，総所要日数が短縮できることとなった。

　同様に作業 A4 及び B4 に注目すると，現在，所要日数がそれぞれ 5 日と 1 日と不均一なので，まず **A 工区** の所要日数を 2 日減らして 3 日にした場合，必要総人数（24 人工）を 3 日で終えるための必要作業員数を計算すると，24 人工÷ 3 日＝ **8 人** となるので，B 工区には残りの 2 人が配置できることになる。

　この 2 人で B 工区の作業を行うための所要日数は，必要総人数（5 人工）より，5 人工÷ 2 人≒ 2.5 日となるので作業は 3 日間となり，その結果 A 工区も B 工区も 3 日で作業が終わることで，総所要日数が短縮できることとなった。

表　変更後の作業内容表

作業名	作業員（人）	所要日数（日）	必要総人数（人）
C 1	2	1	2
A 1	3 → 2	1 → 1	2
B 1	3 → 4	2 → 1	4
A 2	3 → 4	3 → 2	8
B 2	3 → 2	1 → 1	2
A 3	5 → 3	1 → 2	5
B 3	5 → 7	3 → 2	14
A 4	5 → 8	5 → 3	24
B 4	5 → 2	1 → 3	5
A 5	5	2	10
B 5	5	2	10
A 6	5	3	15
B 6	5	3	15
A 7	3	4	12
B 7	3	4	12
A 8	3	4	12
B 8	3	4	12
A 9	5	1	5
B 9	5	1	5
C 2	2（台）	1	2（台）

4．前記「3.」の計算で得られた所要日数でネットワーク工程表を書き換え（**図－2**），最終の
EST を求めると総所要日数は **24 日**となる。

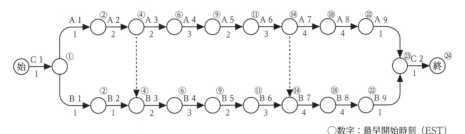

○数字：最早開始時刻（EST）

図－2　変更後のネットワーク工程表

【令和 2 年度－問題 5】

　市街地での事務所ビルの内装工事において，各階を施工量の異なる A 工区と B 工区に分けて工事を行うとき，右の内装仕上げ工事工程表（3 階）に関し，次の 1．から 4．の問いに答えなさい。

　工程表は計画時点のもので，検査や設備関係の作業については省略している。

　各作業班の作業内容及び各作業に必要な作業員数は作業内容表のとおりであり，A で始まる作業名は A 工区の作業を，B で始まる作業名は B 工区の作業を，C で始まる作業名は両工区同時に行う作業を示すが，作業 A4 及び作業 B4 については作業内容を記載していない。

　各作業班は，それぞれ当該作業のみを行い，各作業内容共，A 工区の作業が完了してから B 工区の作業を行うものとする。また，工区内では複数の作業を同時に行わず，各作業は先行する作業が完了してから開始するものとする。なお，各作業は一般的な手順に従って施工されるものとする。

〔工事概要〕

　　用　　　　途：事務所

　　構造・規模：鉄筋コンクリート造，地上 6 階，塔屋 1 階，延べ面積 2,800 ㎡

　　仕　上　げ：床は，フリーアクセスフロア下地，タイルカーペット仕上げ

　　　　　　　　　　間仕切り壁は，軽量鉄骨下地せっこうボード張り，ビニルクロス仕上げ

　　　　　　　　　　天井は，システム天井下地，ロックウール化粧吸音板取付け

　　なお，3 階の仕上げ工事部分床面積は 455 ㎡（A 工区：273 ㎡，B 工区 182 ㎡）である。

1．作業 A4 及び作業 B4 の**作業内容**を記述しなさい。

2．作業 B2 の**フリーフロート**を記入しなさい。

3．㊙から㊝までの**総所要日数**と，工事を令和 3 年 2 月 8 日（月曜日）より開始するときの**工事完了日**を記入しなさい。

　　ただし，作業休止日は，土曜日，日曜日及び祝日とする。

　　なお，2 月 8 日以降 3 月末までの祝日は，建国記念の日（2 月 11 日），天皇誕生日（2 月 23 日），春分の日（3 月 20 日）である。

4．次の記述の ☐ に**当てはまる数値**をそれぞれ記入しなさい。

　　総所要日数を変えずに，作業 B2 及び作業 B4 の 1 日当たりの作業員の人数をできるだけ少なくする場合，作業 B2 の人数は ☐あ☐ 人に，作業 B4 の人数は ☐い☐ 人となる。

　　ただし，各作業に必要な作業員の総人数は変わらないものとする。

内装仕上げ工事工程表（3階）

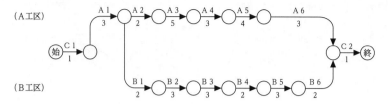

（A工区）

（B工区）

凡例 ◯―B2/3→◯ ：作業B2の所要日数が3日であることを表している。

作業内容表

作業名	各作業班の作業内容[注]	1日当たりの作業員数
C1	3階墨出し	2人
A1, B1	壁軽量鉄骨下地組立て（建具枠取付けを含む）	4人
A2, B2	壁せっこうボード張り （A工区：1枚張り，B工区：2枚張り）	5人
A3, B3	システム天井組立て （ロックウール化粧吸音板取付けを含む）	3人
A4, B4	＿＿＿＿＿＿＿＿＿＿＿＿＿＿＿＿＿＿＿	4人
A5, B5	フリーアクセスフロア敷設	3人
A6, B6	タイルカーペット敷設，幅木張付け	3人
C2	建具扉の吊込み	2人

注）各作業内容には，仮設，運搬を含む。

検討用

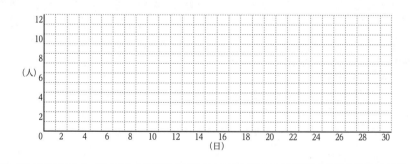

【解答例】

1.	作業内容	壁ビニルクロス張り
2.	フリーフロート	2日
3.	総所要日数	24日
	工事完了日	3月15日
4.	あ	3人
	い	2人

【解　説】

1．作業 A4 及び作業 B4 の作業内容

　　工事概要で内装仕上げを確認すると，壁はせっこうボード下地にビニルクロス張り，天井はシステム天井，床はフリーアクセスフロアにタイルカーペット張りとなっている。内装仕上げ工事の施工手順は一般的に壁→天井→床となっていることから，空欄になっている「作業 A4 及び作業 B4」の手順を確認すると，壁のせっこうボード張りが完了している状況で，システム天井組立てが終わり，フリーアクセスフロア敷設を行う前の作業となっている。以上より，ここに「**壁ビニルクロス張り**」が入ることで，内装工事の施工手順が完成することが分かり，これが解答となる。

2．作業 B2 のフリーフロート（FF）

　　ネットワーク工程の計算を行うにあたり，「各作業班は（中略）A 工区の作業が完了してから B 工区の作業を行うものとする」という設問の条件を工事工程表に追記する必要がある。この作業の順序を示すためにはダミーを活用するとよい（A2 が終わったら B2 へ移動等）。**図－1**のように 4 本のダミーを追記した状態で，まずは各イベントの最早開始時刻（EST）を記入する。フリーフロート（FF）は EST と所要日数が分かれば計算できるので，準備はこれで終了となる。作業 B2 のフリーフロートは下記のとおり。

　　　　FF ＝「後続作業の EST」－「当該作業の EST」－「作業日数」

　　　　　　＝ 11 － 6 － 3 ＝ 2

　　作業 B2 のフリーフロートは **2 日**となる。

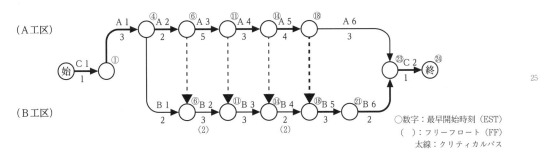

図－1　当初工程のネットワーク工程表

3．総所要日数と工事完了日

　　総所要日数は，上記の EST を計算した段階で判明しており，**24 日**となる。着工日に対して工事完了日を算定するには，余白にカレンダーを書いて確認する方法が確実である。設問にある作業休止日に注意してカレンダーを作成し（**図－2**），2 月 8 日から作業可能日を順番にカウントしてゆくと **3 月 15 日**になることがわかる。なお，月の日数が 31 日間無い月は 2，4，6，9，11 月であり，2 月の最終日が 2 月 29 日となる閏年は 2024（令和 6）年以降 4 年毎となる。

	月	火	水	木	金	土	日
	2/8	9	10	⑪	12	13	14
	15	16	17	18	19	20	21
	22	㉓	24	25	26	27	28
	3/1	2	3	4	5	6	7
	8	9	10	11	12	13	14
	15	16	17	18	19	⑳	21

図－2　カレンダー

4．総所要日数を変えずに作業員の人員を見直す

　この工程表におけるクリティカルパスは「C1 → A1 → A2 → A3 → A4 → A5 --▶ B5 → B6 → C2」となり，その他の作業は B1，B3 を除いて余裕（フロート）が発生するため，その作業ではそのフロートを活用して作業員数を減らすことができる。総所要日数を変えられない条件なので，ここでいうフロートとは後続の作業開始に影響を与えないフリーフロート（FF）を活用することとなる。必要な作業量（現状の作業員数×現状の所要日数）を，所要日数にフリーフロートを加えた作業日数（全部消化しても後続の作業開始日が変わらない）で割れば，その作業で必要な作業員数となる。

　B2 のフリーフロートは**図－1**より 2 日であることが分かっているので，これを使って

$$\textbf{B2 の最小作業員数} = \frac{\text{必要な作業量（5 人×3 日＝ 15 人・日）}}{\text{所要日数＋ FF（3 日＋ 2 日＝ 5 日）}}$$

$$= 3 \text{人}$$

という解答が導かれる。

　同様に B4 に対しても，まずはフリーフロートを求めると，**図－1**より，
18 － 14 － 2 ＝ 2 日となるので，

$$\textbf{B4 の最小作業員数} = \frac{\text{必要な作業量（4 人×2 日＝ 8 人・日）}}{\text{所要日数＋ FF（2 日＋ 2 日＝ 4 日）}}$$

$$= 2 \text{人}$$

という解答が導かれる。

令和元年度－問題5

　市街地での事務所ビルの建設工事において，各階を施工量の異なる A 工区と B 工区に分けて工事を行うとき，下の躯体工事工程表（3 階柱，4 階床梁部分）に関し，次の 1．から 4．の問いに答えなさい。

　工程表は作成中のもので，検査や設備関係の作業については省略している。

　各作業の内容は作業内容表のとおりであり，A で始まる作業名は A 工区の作業を，B で始まる作業名は B 工区の作業を示すが，作業 A2 及び作業 B2 については作業内容及び担当する作業班を記載していない。

　なお，各作業班は，各工区ごとに確保できているものとする。

　また，各作業は一般的な手順に従って施工し，各作業班は複数の作業を同時に行わず，先行する作業が完了してから後続の作業を開始するものとする。

〔工事概要〕
　　用　　　　途：事務所
　　構造・規模：鉄筋コンクリート造，地下 1 階，地上 6 階，延べ面積 3,200 ㎡
　　　　　　　　鉄筋コンクリート製の壁はなく，階段は鉄骨造で別工程により施工する。
　　外　　　　壁：ALC パネル

1．作業 A2 及び作業 B2 の**作業内容**を記述しなさい。

2．作業 B7 の**フリーフロート**を記入しなさい。

3．㊎から㊊までの**総所要日数**と，工事を令和元年 10 月 23 日（水曜日）より開始するときの**工事完了日**を記入しなさい。

　　ただし，作業休止日は，土曜日，日曜日，祝日，振替休日のほか，雨天 1 日とする。

　　なお，10 月 23 日以降年末までの祝日は，文化の日（11 月 3 日）と勤労感謝の日（11 月 23 日）である。

4．工事着手に当たり，各作業班の手配状況を確認したところ，型枠作業班が 1 班しか手配できないため，1 班で両工区の作業を行うこととなった。

　　この時に，次の記述の　　　　　に**当てはまる語句又は数値**をそれぞれ記入しなさい。

　　工程の見直しに当たって，型枠作業班は同じ工区の作業を続けて行うこととしたため，作業 B3 は，作業 B2 の完了後で作業　あ　の完了後でないと開始できないこととなる。

　　このため，作業休止日が同じ場合，工事完了日は当初工程より暦日で　い　日遅れることとなる。

躯体工事工程表（3 階柱，4 階床梁部分）

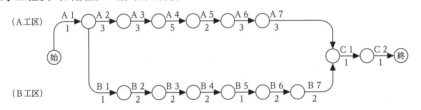

凡例　◯─A1/1─◯　作業 A1 の所要日数が 1 日であることを表している。

作業内容表

作業名	作業内容	担当する作業班
A1，B1	3 階墨出し	墨出し作業班
A2，B2		
A3，B3	柱型枠の組立て	型枠作業班
A4，B4	梁型枠の組立て（梁下支保工を含む）	型枠作業班
A5，B5	フラットデッキの敷設	型枠作業班
A6，B6	梁の配筋	鉄筋作業班
A7，B7	床の配筋	鉄筋作業班
C1	清掃及び打込み準備（A 工区及び B 工区）	清掃準備作業班
C2	コンクリート打込み（A 工区及び B 工区）	打込み作業班

【解答例】

1.	作業内容	柱の配筋
2.	フリーフロート	7 日
3.	総所要日数	22 日
	工事完了日	11 月 25 日
4.	あ	A5
	い	3 日

【解　説】

1．作業 A2 及び作業 B2 の作業内容

　　作業 A2 と作業 B2 は,「3 階墨出し」後で「柱型枠の組立て」前となっている。つまり「地墨がないとできない作業」であり,「柱型枠の組立て作業をしてしまうとできなくなる作業」ということで「**柱の配筋**」となる。

　　「**柱の配筋**」は,鉄筋作業班が地墨を確認しながら帯筋（フープ）のかぶり厚さが確保できるかを確認するとともに,主筋の径,本数,配置と,帯筋（フープ）の径,ピッチ,かぶり厚さ等を確認して配筋する。その後,型枠作業班により「柱型枠の組立て」が行われる。

作業内容表

作業名	作業内容	担当する作業班
A 1，B 1	3 階墨出し	墨出し作業班
A 2，B 2	**柱の配筋**	**鉄筋作業班**
A 3，B 3	柱型枠の組立て	型枠作業班
A 4，B 4	梁型枠の組立て（梁下支保工を含む）	型枠作業班
A 5，B 5	フラットデッキの敷設	型枠作業班
A 6，B 6	梁の配筋	鉄筋作業班
A 7，B 7	床の配筋	鉄筋作業班
C 1	清掃及び打込み準備（A 工区及び B 工区）	清掃準備作業班
C 2	コンクリート打込み（A 工区及び B 工区）	打込み作業班

2．作業 B7 のフリーフロート（FF）

　　作業 B7 のフリーフロート（FF）を計算するために,まずはすべてのイベントに最早開始時刻（EST）を記入する（**図－1**）。

　　その結果,作業 B7 の最早開始時刻（EST）が 11 日目,作業 C1 の最早開始時刻（EST）が 20 日目となり,作業 B7 の作業時間 2 日間を考慮すると,**作業 B7 のフリーフロート（FF）は 7 日**となる（**図－2**）。

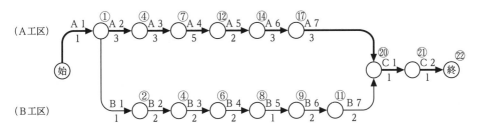

○数字：最早開始時刻（EST）
太線：クリティカルパス

図－1　当初工程のネットワーク工程表

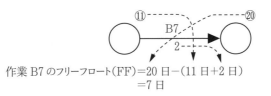

作業 B7 のフリーフロート(FF)＝20 日－（11 日＋2 日）
＝7 日

図－2　作業 B7 のフリーフロート（FF）の計算方法

3．総所要日数と工事完了日

　図－1より，最終イベントの最早開始時刻（EST）＝総所要日数が 22 日であることが確認され，これより令和元年 10 月 23 日（水曜日）に工事開始した場合の工事完了日の計算をするが，短期間（22 日間）の日程の確認であれば，問題用紙の余白にカレンダーを書いてみるのが確実である。

　その結果，土曜日 4 回（10/26，11/2，9，16），日曜日 5 回（10/27，11/3，10，17，24），祝日 1 回（11/23），振替休日 1 回（11/4），雨天日 1 回となり，令和元年 **11 月 25 日**が**工事完了日**となる。

4．型枠作業班が 1 班の場合の工程の見直し

　　型枠作業班が 1 班のみという条件で同じ工区の作業を連続して行うことになると，先行して A 工区に入った型枠作業班は作業 A3，A4，A5 を連続して作業した後に，B 工区へ移動して作業 B3，B4，B5 の作業を連続して行うことになる。したがって型枠作業班の作業 B3 は，「作業 A5 が完了した後に行う」ことに加え，「B 工区の先行作業 B2 の完了後」の作業開始となる。

　　以上を工程見直し後のネットワーク工程表（図－3）に反映するため，作業 A5 の終了地点のイベントから作業 B3 の開始地点のイベントに向かってダミーを入れて最早開始時刻（EST）の再計算を行うと，総所要日数が 25 日となり，作業休止日が同じ場合，工事完了日は暦日で 11 月 28 日となり，3 日遅れることとなる。

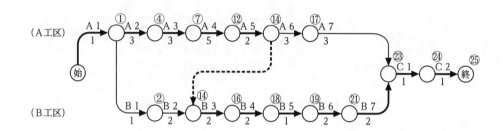

〇数字：工程見直し後の最早開始時刻（EST）
太線：工程見直し後のクリティカルパス

図－3　工程見直し後のネットワーク工程表

平成30年度【臨時】－問題5

　市街地での事務所ビルの建設工事において，各階を施工量のほぼ等しいA工区とB工区に分けて躯体工事を行うとき，下の躯体工事工程表（3階柱，4階床梁部分）に関し，次の1.から3.の問いに答えなさい。

　工程表は作成中のもので，検査や設備関係の作業については省略している。

　各作業の内容並びに鉄筋及び型枠の各作業班の担当は作業内容表のとおりであり，Aで始まる作業名はA工区の作業を，Bで始まる作業名はB工区の作業を示すが，作業A3及び作業B3については作業内容及び担当する作業班を記載していない。

　なお，各作業は一般的な手順に従って施工されるものとする。

　また，各作業を担当する作業班は複数の作業を同時に行わず，各作業は先行する作業が完了してから開始するものとする。

〔工事概要〕

　　用　　　途：事務所

　　構造・規模：鉄筋コンクリート造地下1階，地上6階，延べ面積3,200 ㎡

　　　　　　　　鉄筋コンクリート製の壁はなく，階段は鉄骨造で別工程により施工する。

1．作業A3及び作業B3の**作業内容**を記述しなさい。

2．㊙から㊗までの**総所要日数**を記入しなさい。

　　ただし，各作業班は工程に影響を及ぼさないだけの班数が確保できているものとする。

　　また，この日数で工事を行うときに，最低限手配すべき**型枠作業班**の**班数**を記入しなさい。

3．鉄筋作業班が1班しか手配できないことが判ったため，工程を見直すこととなった。

　　このときの，次の記述の　　　　に**当てはまる語句又は数値**をそれぞれ記入しなさい。

　　工程の見直しに当たって，鉄筋作業班は同じ作業内容を続けて行うこととしたため，作業A7は，作業A6の完了後で作業名　あ　の完了後でないと開始できない。

　　このため，総所要日数は　い　日，作業B5のフリーフロートは　う　日となる。

躯体工事工程表（3階柱，4階床梁部分）

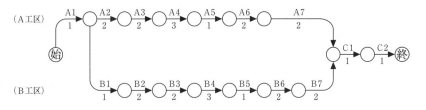

凡例 ○─C／1─→○ 作業Cの所要日数が1日であることを表している。

作業内容表

作業名	作業内容	担当
A1, B1	3階墨出し	
A2, B2	柱の配筋	鉄筋作業班
A3, B3		
A4, B4	梁型枠の組立て（梁下支保工を含む）	型枠作業班
A5, B5	フラットデッキの敷設	型枠作業班
A6, B6	梁の配筋	鉄筋作業班
A7, B7	床の配筋	鉄筋作業班
C1	清掃及び打込み準備（A工区及びB工区）	
C2	コンクリート打込み（A工区及びB工区）	

【解答例】

1.	作業内容	柱型枠の組立て
2.	総所要日数	16 日
	班数	2 班
3.	あ	B6
	い	19
	う	0

【解　説】

1．作業 A3 及び作業 B3 の作業内容

　　「作業 A3 及び作業 B3」の前作業は「柱の配筋」で後作業が「梁型枠の組立て（梁下支保工を含む）」となっている。梁型枠は，その端部を柱型枠に載せるため，柱型枠の組立てを先行する必要がある。また，柱の配筋が終わっていれば柱型枠を組み立てることができる。以上の条件より作業 A3 及び作業 B3 は「**柱型枠の組立て**」となり，担当は型枠作業班となる。

2．総所要日数と最低限手配すべき型枠作業班の班数

　　図－1の当初工程のネットワーク工程表の最早開始時刻（EST）により，B 工区の作業がクリティカルパスとなり，総所要日数（最終イベントの最早開始時刻（EST））は **16 日**となる。

　　また，型枠作業は作業 A3 ～ A5（3 日目～ 9 日目）及び作業 B3 ～ B5（4 日目～ 10 日目）の期間となるので，A 工区と B 工区で同時に作業が行われることになる。したがって，型枠作業班は **2 班**必要となる。

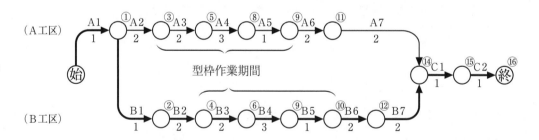

○数字：最早開始時刻（EST）
太線：クリティカルパス

図－1　当初工程のネットワーク工程表

3．鉄筋作業班が 1 班の場合の工程の見直し

　　鉄筋作業班が 1 班しか手配できず，さらに同じ作業を続けて行うという条件を満たすには，「A2 → B2」，「A6 → B6 → A7 → B7」（「A6 → B6 → B7 → A7」でも可）の両方の工事手順を守らなければならない。したがって，図－2 に示すように，作業 A2 の終了後に作業 B2 を開始するようにダミーを入れ，作業 A6 の矢線は作業 B6 の開始のイベントにつなぎ，その後は「B6 → A7 → B7」とつないだ後に，作業 C1 及び作業 C2 がつながるようにしてネッ

トワーク工程表が完成する（**図－ 2**）。

　以上より解答としては，作業 A7 は作業 A6 及び作業 B6 が完了していることが必要なので作業名「あ」は「**B6**」となり，総所要日数は最終イベントの最早開始時刻（EST）である「**19日**」となる。作業 B5 のフリーフロートは，ダミーを経由した作業 B6 の最早開始時刻（EST）11 日から，作業 B5 の最早開始時刻（EST）10 日と作業 B5 の所要日数 1 日を差し引いた日数であり，「**0**」日となる。なお，作業 B5 はクリティカルパス上の作業であることから，フリーフロート（FF）は 0 となることは明らかである。

$$作業B5のフリーフロート（FF）＝作業B6の最早開始時刻（EST）$$
$$－\{作業B5の最早開始時刻（EST）＋作業B5の所要日数\}$$
$$＝11日－（10日＋1日）$$
$$＝0日$$

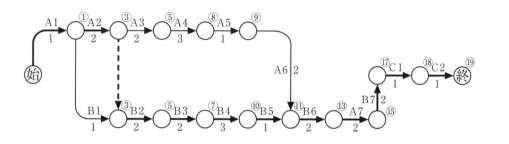

○数字：工程見直し後の最早開始時刻（EST）
太線：工程見直し後のクリティカルパス

図－ 2　工程見直し後のネットワーク工程表

作業内容表

作業名	作業内容	担当
A1，B1	3 階墨出し	
A2，B2	柱の配筋	鉄筋作業班
A3，B3	**柱型枠の組立て**	型枠作業班
A4，B4	梁型枠の組立て（梁下支保工を含む）	型枠作業班
A5，B5	フラットデッキの敷設	型枠作業班
A6，B6	梁の配筋	鉄筋作業班
A7，B7	床の配筋	鉄筋作業班
C1	清掃及び打込み準備（A 工区及び B 工区）	
C2	コンクリート打込み（A 工区及び B 工区）	

平成30年度【通常】－問題 5

　　市街地での事務所ビルの建設工事において，事務室の内装仕上げ工事について各階を施工量のほぼ等しい A 工区と B 工区に分けて工事を行うとき，下の内装仕上げ工事工程表（3 階部分）に関し，次の 1．から 3．の問いに答えなさい。

　　工程表は作成中のもので，検査や設備関係の作業については省略している。

　　各作業の内容は作業内容表のとおりであり，A で始まる作業名は A 工区の作業を，B で始まる作業名は B 工区の作業を示すが，作業 A8 及び作業 B8 については作業内容を記載していない。

　　なお，各作業は一般的な手順に従って施工されるものとする。

　　また，各作業を担当する作業班は複数の作業を同時に行わず，各作業は先行する作業が完了してから開始するものとする。

〔工事概要〕

　　　用　　　　途：事務所

　　　構造・規模：鉄筋コンクリート造地下 1 階，地上 6 階，延べ面積 3,200 ㎡

　　　仕　上　げ：床は，フリーアクセスフロア下地タイルカーペット仕上げ

　　　　　　　　　間仕切り壁は，軽量鉄骨下地せっこうボード張りクロス仕上げ，ソフト幅木取付け

　　　　　　　　　天井は，システム天井下地吸音板取付け

1．作業 A8 及び作業 B8 の**作業内容**を記述しなさい。

2．㊀から㊍までの**総所要日数**を記入しなさい。

　　ただし，各作業班は工程に影響を及ぼさないだけの班数が確保できているものとする。

　　また，この日数で工事を行うときに，作業 A1 及び作業 B1 について最低限手配すべき**班数**を記入しなさい。

3．作業 A3 及び作業 B3 を担当する作業班が 1 班しか手配できないことが判ったため，工程を見直すこととなった。

　　このときの，次の記述の　　　　に**当てはまる語句又は数値**をそれぞれ記入しなさい。

　　作業 B3 は，作業 B2 の完了後で作業名　あ　の完了後でないと開始できない。

　　このため，総所要日数は　い　日，作業 B2 のフリーフロートは　う　日となる。

内装仕上げ工事工程表（3 階部分）

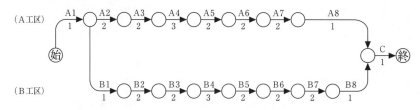

凡例 ◯ーC／1ー◯　作業 C の所要日数が 1 日であることを表している。

作業内容表

作業名	作業内容
A1，B1	3 階墨出し
A2，B2	壁軽量鉄骨下地組立て（建具枠を含む）
A3，B3	壁せっこうボード張り
A4，B4	システム天井組立て（吸音板を含む）
A5，B5	壁クロス張り
A6，B6	フリーアクセスフロア敷設
A7，B7	タイルカーペット敷設
A8，B8	
C	建具の吊込み（A 工区及び B 工区）

【解答例】

1.	作業内容	ソフト幅木取付け
2.	総所要日数	17 日
	班数	1 班
3.	あ	A3
	い	18
	う	1

【解　説】

1．作業 A8 及び作業 B8 の作業内容

　　作業 A8 及び作業 B8 は「建具の吊込み」前の最終仕上げ工事であり，設問の工事概要に示された仕上げ内容と作業内容表の作業内容を見比べてみると，「ソフト幅木取付け」の項目が作業内容表に記載されていないので，この作業内容が該当する。また，施工順序を確認すると，作業 A8 及び作業 B8 は，壁クロス張り後，フリーアクセスフロア，タイルカーペットを敷設してからの工事となるので，作業 A8 及び作業 B8 は「**ソフト幅木取付け**」となる。

2．総所要日数と作業 A1 及び作業 B1 の最低限手配すべき班数

　　図－1の当初工程のネットワーク工程表の最早開始時刻（EST）により，B 工区の作業がクリティカルパスとなり，総所要日数は **17 日**となる。

　　また，工程表上，作業 A1 と作業 B1 は同時には行われないので，**1 班**だけで施工しても総所要日数は変わらない。

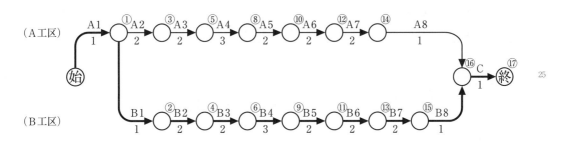

○数字：最早開始時刻（EST）
太線：クリティカルパス

図－1　当初工程のネットワーク工程表

3．作業 A3 及び作業 B3 の作業班が 1 班の場合の工程の見直し

　　作業 A3 及び作業 B3 が同時に作業できないため，作業 A3 の終了を待って作業 B3 を開始する工程表にするには，作業 A3 終了時のイベントから作業 B3 開始時のイベントに向けてダミーを記入することになる。

　　図－2の工程見直し後のネットワーク工程表より，作業 B2 のフリーフロート（FF）は，ダミーを経由した作業 B3 の最早開始時刻（EST）5 日から，作業 B2 の最早開始時刻（EST）

2日と，作業 B2 の所要日数 2 日を差し引いた日数であり，1 日となる。

作業B2のフリーフロート（FF）＝作業B3の最早開始時刻（EST）

$$-\{作業B2の最早開始時刻（EST）＋作業B2の所要日数\}$$

$$=5日-（2日＋2日）$$

$$=1日$$

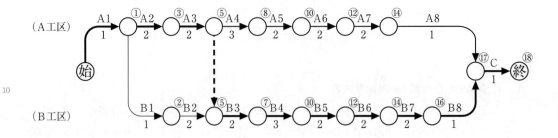

○数字：工程見直し後の最早開始時刻（EST）
太線：工程見直し後のクリティカルパス

図－2　工程見直し後のネットワーク工程表

以上より，作業 B3 は，作業 B2 の完了後で作業「**A3**」の完了後でないと開始できない。
このため，総所要日数は「**18**」日，作業 B2 のフリーフロートは「**1**」日となる。

作業内容表

作業名	作業内容
A1, B1	3 階墨出し
A2, B2	壁軽量鉄骨下地組立て（建具枠を含む）
A3, B3	壁せっこうボード張り
A4, B4	システム天井組立て（吸音板を含む）
A5, B5	壁クロス張り
A6, B6	フリーアクセスフロア敷設
A7, B7	タイルカーペット敷設
A8, B8	**ソフト幅木取付け**
C	建具の吊込み（A工区及び B 工区）

平成29年度－問題5

　市街地での事務所ビルの建設工事における下の躯体工事工程表（3階部分）に関し，次の1．から4．の問いに答えなさい。

　工程表は作成中のもので，各作業は一般的な手順に従って施工され，各部位においては複数の作業を同時に行わないものとする。ただし，作業Eについては後続する作業との関係を記載していない。

　また，各作業の内容及び所要日数は作業内容表のとおりである。ただし，作業Bについては作業内容を記載していない。

〔工事概要〕

　　用　　　途：事務所

　　構造・規模：鉄筋コンクリート造地下1階，地上6階，延べ面積 3,200 ㎡

1．作業Bの**作業内容**を記述しなさい。

2．次の記述の　①　に当てはまる**作業名**，　②　に当てはまる**日数**をそれぞれ記入しなさい。

　　　作業Eは，作業Bの完了後に開始できる。ただし，　①　の開始前に完了させる必要がある。

　　　そのため，作業Eのフリーフロートは　②　となる。

3．㊋から㊌までの**総所要日数**を記入しなさい。

4．工程の再検討を行ったところ，作業Gの所要日数が6日になることが判った。

　　総所要日数を元のとおりとするために，作業Gを壁が有る部分の作業G1と壁が無い部分の作業G2に分割して作業を行うこととした。

　　この時に，次の記述の　③　に当てはまる**日数**及び　④　に当てはまる**作業名**をそれぞれ記入しなさい。

　　　作業G1の所要日数は，　③　以内とする必要がある。

　　　作業G2は，　④　の完了後に開始できる。

躯体工事工程表（3階部分）

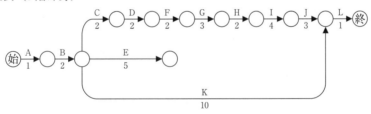

凡例　⚪─A／1─⚪　作業Aの所要日数が1日であることを表している。

作業内容表

作業名	作業内容	所要日数
作業A	3階墨出し	1日
作業B		2日
作業C	柱型枠の組立て	2日
作業D	壁片側型枠の組立て	2日
作業E	壁の配筋	5日
作業F	壁返し型枠の組立て	2日
作業G	梁型枠の組立て（梁下支保工を含む）	3日
作業H	デッキプレートの敷設	2日
作業I	梁の配筋	4日
作業J	床の配筋（設備スリーブ，配管等を含む）	3日
作業K	設備スリーブ，配管，配線（柱，梁，壁）	10日
作業L	コンクリート打込み	1日

【解答例】

1.	作業内容	柱の配筋
2.	①	作業 F
	②	0 日
3.	総所用日数	23 日
4.	③	3 日
	④	作業 C

【解　説】

1. 作業 B は下階のコンクリートが打設され，3 階床部分の墨出し（通り芯，躯体，開口部等の位置を示す）が終わった後，柱型枠の取付け，壁の配筋，設備スリーブ他工事の前に行う作業なので「**柱の配筋**」となる。なぜなら，墨を出さないと柱の配筋位置が決まらないし，柱型枠で囲われる前に柱配筋しなくてはならないからである。また，配筋は一般的に柱→壁→梁→床の順序で行われる。

2. 作業 E（壁の配筋）は，型枠がない状態か壁片側型枠が設置された状態で組立てを開始するが，壁返し型枠の組立てまでには完了していなければならない。したがって，①は「**作業 F（壁返し型枠の組立て）**」となる。これにより，このネットワーク工程表には，作業 E の終了時点のイベントから作業 F の開始時のイベントに向かってダミーを入れることになる（図）。

　　この新しい工程表の最早開始時刻（EST）より，作業 E のフリーフロート（FF）は，ダミーを経由した作業 F の最早開始時刻（EST）8 日から，作業 E の最早開始時刻（EST）3 日と作業 E の所要日数 5 日を差し引いた日数であり，**0 日**となる。なお，作業 E はクリティカルパス上の作業であることから，フリーフロートは 0 日であることは明らかである。

　　　　　　作業 E のフリーフロート（FF）＝作業 F の最早開始時刻（EST）－

　　　　　　　　　　　　　　　　{作業 E の最早開始時刻（EST）＋作業 E の作業日数}

　　　　　　　　　　　　　　＝8 日－（3 日＋5 日）

　　　　　　　　　　　　　　＝0 日

3. 次ページの**図**により，総所要日数（最終イベントの最早開始時刻）は **23 日**となる。

4. この工程表において，クリティカルパス（CP）は作業順に，「A→B→E→F→G→H→I→J→L」となるので，作業 G が延びれば総所要日数も増えてしまう。

　　作業 G を分解した場合，壁がある梁型枠作業 G1 は現在の作業 G と同じ施工手順となるため，総所要日数を増やさないためには以前と同じ「**3 日**」以内にする必要がある。

　　一方，壁のない梁型枠は柱型枠の組立てが終わり次第着手できるので，**作業 C** の完了後に開始でき，G1 と同じく作業 H が始まる前までに完了させればよい。

躯体工事工程表（3 階部分）

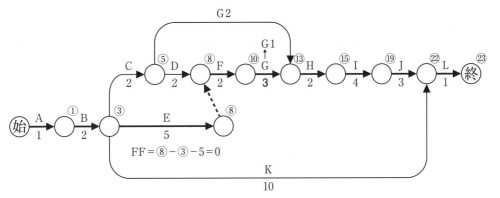

○数字：最早開始時刻（EST）
太線：クリティカルパス（CP）

図　ネットワーク工程表

作業内容表

作業名	作業内容	所要日数
作業A	3 階墨出し	1 日
作業B	**柱の配筋**	2 日
作業C	柱型枠の組立て	2 日
作業D	壁片側型枠の組立て	2 日
作業E	壁の配筋	5 日
作業F	壁返し型枠の組立て	2 日
作業G	梁型枠の組立て（梁下支保工を含む）	3 日
作業H	デッキプレートの敷設	2 日
作業I	梁の配筋	4 日
作業J	床の配筋（設備スリーブ，配管等を含む）	3 日
作業K	設備スリーブ，配管，配線（柱，梁，壁）	10 日
作業L	コンクリート打込み	1 日

バーチャート工程表を見るポイント

1．施工管理の出題傾向

　施工管理の分野としては，**平成13年度から平成28年度までバーチャート工程表**における各作業の前後関係や作業工程の理解度を問う出題がされていた（**※平成29年度以降の出題はネットワーク工程表**）。

> 〈バーチャート工程表の設問形式〉
> （問1）工程の中の**該当する作業名**
> （問2）工程の中で**作業時期の不適当な作業名**と，**適当な工程**となる開始日
> 　　　　又は終了日
> （問3）**未記入の作業の適当な工程**となる開始日や終了日

2．各種工事の作業工程上のポイント

仮設工事

　(1)　乗入れ構台

　　　1次根切り開始後，切梁架けの前に組み立て，地上躯体工事の開始前に解体する。

　(2)　外部足場

　　　構台解体や埋戻しが終了後，1階躯体施工の前（1階躯体施工中でも次善策だが可能）に行う。外装工事が終わって，サッシや外装タイルの清掃終了後に解体する。

地業工事

　一般に，土工事等に先行し場所打ちコンクリート杭や既製杭を施工し，「杭頭処理」は根切り終了後，基礎躯体の施工前に行う。

土工事・山留め工事

　(1)　地下階がない場合の作業手順

　　　1)　PC既製杭→根切り→床付け→砕石敷→杭頭処理→基礎躯体→埋戻し→土間砕石地業→1F土間コンクリート→地上躯体

　　　2)　受水槽室やエレベーターピットの底版等の基礎より低い部分は，基礎躯体に先立って施工する。

　(2)　地下階がある場合の作業手順

　　　山留め工法は「親杭・切梁工法」が多く出題され，親杭は引き抜く場合と引き抜かない場合があるが，出題は「外部型枠兼用」で引き抜かない条件が多い。

　　　1)　躯体と山留め壁の間に作業空間がない場合（**図-1**）

　　　　①山留め親杭等打込み→②場所打ち杭→③1次根切り→④乗入構台架け→⑤切梁架け→⑥2次根切り・床付け→⑦杭頭処理→⑧基礎耐圧盤→⑨B1階床・地中梁→⑩切梁払し（解体）→⑪B1階立上り→⑫乗入構台払し（解体）

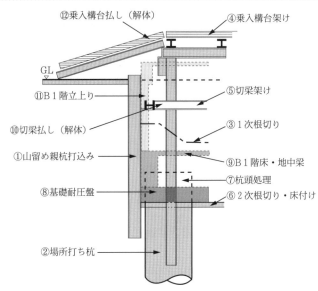

図－1　山留めと地下躯体図（敷地に余裕がない場合）

2)　躯体と山留め壁の間に作業空間がある場合（図－2）

①山留め親杭等打込み→②場所打ち杭→③1次根切り→④乗入構台架け→⑤切梁架け

→⑥2次根切り・床付け→⑦杭頭処理→⑧基礎耐圧盤→⑨B1階床・地中梁

→⑩1次埋戻し・仮切梁→⑪切梁払し（解体）→⑫B1階立上り

→⑬2次埋戻し（→親杭引抜き）→⑭乗入構台払し（解体）

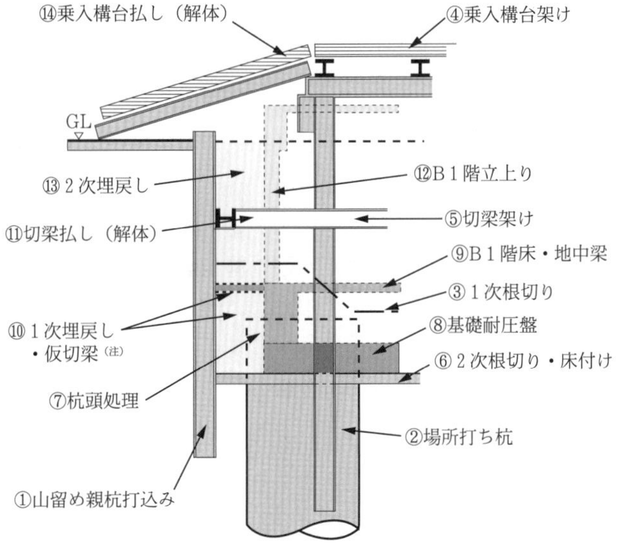

（注）仮切梁は早強コンクリートを用いたスラブ形式が多い。

図－2　山留めと地下躯体との関連（敷地に余裕がある場合）

3)　1次根切りは切梁を架ける前，2次根切りは切梁を架けた後に行う。

コンクリート工事

(1) 土間コンクリート打設時の躯体工事の作業順序

1) 地階や二重ピットがない場合

基礎・地中梁コンクリート打設→型枠解体→埋戻し→土間地業→配筋→土間コンクリート打設，それから1階の型枠・鉄筋工事となる。

2) 地下の一部に受水槽やエレベーターピット等がある場合

埋戻しの前の基礎・地中梁作業と並行して施工しなければならない。

土間コンクリート打設を，後回しにして1階の躯体工事を進める場合もあるが，足元が固定されず，沈下もあるので望ましくない。

(2) マット基礎

厚い床版で，直接地盤反力を受持つ直接基礎形式等で用いられ，最下階の躯体立上り前に施工する。

鉄骨工事

鉄骨造の主な作業手順：

鉄骨建方→本締め→デッキプレート敷き→梁上の頭付きスタッドの溶接→床コンクリート打設→外壁下地鉄骨組み→耐火被覆→外壁金属パネル取付け→外壁シーリング

防水工事

(1) 屋上防水工事

1) 最上階の躯体コンクリート打設後，3週間〜1箇月程度養生期間をとってから開始する。

2) 躯体と山留め壁の間に作業空間がある場合の地下外壁外防水は，地下躯体完了後，埋戻し前に施工する。

3) アスファルト防水の施工後，防水保護コンクリートを打設する前に伸縮目地の取付け作業を行う。

(2) 外壁シーリング工事

1) 外壁がタイル張りの場合は，外壁タイル張り施工後，足場の解体前までに行う。

2) 外壁が仕上塗材仕上げ（又は吹付け仕上げ）の場合は，サッシ取付け後，外壁仕上げの前に行う。

3) 外壁がカーテンウォールの場合は，カーテンウォールやサッシの取付け後に行う。

タイル工事

(1) 外壁タイル工事

1) 下地モルタル塗り後14日以上の養生期間をおいてから開始する。

2) タイル張り後のシーリング・清掃の期間を考慮して，足場解体前には完了させる。

建具工事

(1) 外部建具工事

　1)　外壁がタイル張りの場合は，タイル下地モルタル塗りに先立って行う。

　2)　外壁が仕上塗材仕上げ（又は吹付け仕上げ）の場合は，外壁躯体工事が終了した部分から行い，建具取付け後，シーリングをして仕上塗材仕上げ（吹付け仕上げ）を行う。

外装工事

(1) カーテンウォール工事

　1)　方立方式のカーテンウォールの場合は，躯体コンクリートの打設がほぼ完了してから始める。それ以外の場合（例えばスパンドレル方式等）は，それ以前に着工可能である。

　2)　タイル取合い箇所は，カーテンウォール取付け後にタイルを張る。

　3)　仕上塗材仕上げ（又は吹付け仕上げ）との取合い箇所は，アルミカーテンウォール取付け後シーリングをして，仕上塗材仕上げを施工する。

　4)　鉄骨造の場合の PC カーテンウォール工事は，床コンクリートを打設した箇所から施工する。しかし，方立方式の場合はその面が一斉に施工できるようになってから開始する。

(2) 外壁 ALC パネル工事

　　鉄骨造の主な作業手順：

　　　鉄骨建方→本締め→デッキプレート敷き→床コンクリート打設

　　　→ ALC パネル取付け→耐火被覆→外部回りシール

内装工事

　1)　内装工事の手順は原則として，天井→壁→床。ただし，壁を天井裏まで張り伸ばす場合等は，壁→天井→床となる。

　2)　内部ボード張りは，天井・壁下地組，内部建具枠，外壁室内側断熱工事（現場発泡）が施工されている必要がある。

　3)　内部ボード張りは，ガラス工事を完了して，外部から雨が吹き込まなくなってから開始する。

　4)　タイルカーペット張り等の床仕上げは，壁・天井仕上げ終了後に施工し，完了検査等の前には完了する。

エレベーター工事

　　仮設使用は，行政検査までに終了する。

平成28年度－問題5

　市街地での事務所ビルの建設工事における下記に示す工程表に関し，次の1．から3．の問いに答えなさい。なお，**解答の旬日は，上旬，中旬，下旬で記述しなさい。**

〔工事概要〕

　　　用　　　途：事務所
　　　構造・規模：鉄骨造　地上5階，地下1階　延べ面積3,200 ㎡
　　　　　　　　　ただし，地下1階は鉄骨鉄筋コンクリート造とする。
　　　基　　　礎：直接基礎（べた基礎）
　　　山　留　め：ソイルセメント壁水平切梁工法とし，応力材の鋼材は引き抜かない。
　　　　　　　　　山留め壁は，地下外周壁の外型枠として兼用する。
　　　揚　　　重：鉄骨建方及びPCカーテンウォールの取付けは，クライミング式ジブクレーンで行う。
　　　外壁仕上げ：屋根は，アスファルト防水のうえ，保護コンクリート直均し仕上げ，外壁のうち2面はスパンドレル方式の50角モザイクタイル打込みPCカーテンウォール，他の2面は工場で仕上げ済みのALCパネルとする。

1．工程表中の鉄骨工事の**A**及び内装工事の**B**に該当する作業名をあげなさい。
2．作業の終了日が工程上**最も不適当な作業名**を工程表の中より選び，適当な工程となるように，その**終了日**を月次と旬日で定めなさい。
3．建具工事における**2～5F外部建具取付け**の作業工程は，未記入となっている。適当な工程となるように，その作業の**開始日**及び**終了日**の期日を月次と旬日で定めなさい。

【解答例】

1.	A に該当する作業名	アンカーボルト設置
	B に該当する作業名	床仕上げ張り
2.	最も不適当な作業名	クライミング式ジブクレーン
	終了日	8 月中旬
3.	2〜5 F 外部建具取付け　開始日	7 月下旬
	終了日	8 月下旬

【解　説】

1．A に該当する作業を考えるにあたり，この作業は工程表の「鉄骨工事」の中にあるので，本工事は鉄骨に関連するものであり，さらに時期的な部分に注目すると，B1F 鉄骨建方の前で耐圧盤コンクリート打設後，地中梁配筋までに行う工事であることから「**アンカーボルト設置**」が適切であると判断できる。

　　B に該当する作業は，内装工事において壁，天井の仕上げに続いて最後まで行われることから「**床仕上げ張り**」が適切である。

2．「**クライミング式ジブクレーン**」作業が不適当である。

　　工事概要の「揚重」の項目において鉄骨建方と PC カーテンウォールの取付けはクライミング式ジブクレーンで行う，と記されているが，工程表上で確認すると PC カーテンウォール工事が終わらないうちにジブクレーンが解体されているので，ジブクレーンの作業終了時期が最も不適当であると判断できる。

　　一方，PC カーテンウォール工事はスパンドレル方式なので，ある程度床コンクリートが打設されてからの取付け開始となるため，工程表上の開始時期(7 月中旬)と期間で問題ない。

　　以上より，クライミング式ジブクレーンは PC カーテンウォール工事が終わる「**8 月中旬**」まで設置しておく必要がある。

　　なお，目地シーリング工事は仮設ゴンドラで行う工程となっている。

3．本建物において外部建具は主にスパンドレル方式の PC カーテンウォールに取り付くと考えられるので，その作業順序は下記の通りとなる。

　　「各階床コンクリート打設」→「PC カーテンウォール及び ALC パネル取付け」→「外部建具取付け」→「ガラス取付け」→「取り合い部シーリング」

　　以上の作業順序を考慮すると，「外部建具取付け」工事は，PC カーテンウォール取付けがある程度進んだ時期に開始し，ガラス取付けが終了するまでに終わらせておかなくてはならないので，「**開始日：7 月下旬／終了日：8 月下旬**」という工事期間が適切である。

　　なお，外部建具取付けにジブクレーンは使用しない。

平成27年度－問題5

　市街地での事務所ビルの建設工事における下記に示す工程表に関し，次の 1. から 3.
の問いに答えなさい。なお，**解答の旬日は，上旬，中旬，下旬**で記述しなさい。
〔工事概要〕
　　　　用　　　途：事務所
　　　　構造・規模：地下1階，地上6階，延べ面積3,000 ㎡
　　　　　　　　　　地下は鉄筋コンクリート造，地上は鉄骨造
　　　　基　　　礎：直接基礎（べた基礎）
　　　　山　留　め：親杭横矢板水平切梁工法とし，親杭は引き抜かない。
　　　　　　　　　　山留め壁は，地下外周壁の外型枠を兼用する。
　　　　鉄 骨 工 事：建方は，建物外周の2方向から行う。
　　　　外壁仕上げ：屋根は，アスファルト防水のうえ，保護コンクリート直均し仕上げ
　　　　　　　　　　外壁2面は，方立式のメタルカーテンウォール
　　　　　　　　　　他の2面は，ALC パネル張りのうえ，複層仕上げ塗材仕上げ

1．表中の土工事の**A**及び鉄骨工事の**B**に該当する作業名をあげなさい。

2．作業の終了日が工程上**最も不適当な作業名**を表の中より選び，適当な工程となるように，
　その**終了日**を月次と旬日で定めなさい。

3．鉄骨工事における**梁上の頭付きスタッド**の溶接の作業工程は，未記入となっている。適
　当な工程となるように，溶接作業の**開始日**及び**終了日**の期日を月次と旬日で定めなさい。

工種 ＼ 月次	1	2	3	4	5	6	7	8	9	10	11	12
	着工▽			地下躯体完了▽			躯体完了▽			受電▽	竣工▽	
仮 設 工 事	準備					ロングスパンエレベーター ALC面外部足場			ゴンドラ足場		清掃	
土 工 事	A 1次根切	切梁架け 2次根切	切梁解体									
地 業 工 事		砂利地業										
鉄筋・型枠 コンクリート 工　事	捨コンクリート 基礎耐圧盤	地中梁・B1F床 B1F立上り・1F床				3F床 5F床 RF床 2F床 4F床 6F床 PH・パラペット 1F柱脚	保護コンクリート					
鉄 骨 工 事		アンカーボルト設置	鉄骨建方(歪み直し共) 本締め	デッキプレート敷き B								
防 水 工 事						伸縮目地入れ 屋根アスファルト防水 外部シーリング						
ALC パネル 工　事						ALCパネル取付け 複層仕上げ塗材仕上げ						
外部金属建具 工　事						外部サッシ取付け(ガラス取付け共)						
カ ー テ ン ウォール工事						カーテンウォール取付け(ガラス取付け共)						
金 属 工 事						壁・天井軽量鉄骨下地組み アルミ笠木取付け						
内部金属建具 工　事						内部建具枠取付け 扉取付け						
内 装 工 事						天井ボード張り 壁ボード張り 床仕上げ張り						
塗 装 工 事						塗装仕上げ						
外 構 工 事						舗装・植栽						
エレベーター 工　事						据付工事 仮設使用						
設 備 工 事			電気・給排水衛生・空調・他									
検 査				中間検査	消防中間検査	ELV仮使用検査	完了検査					

【解答例】

1.	A に該当する作業名	山留め親杭打ち
	B に該当する作業名	耐火被覆
2.	最も不適当な作業名	内部建具枠取付け
	終了日	9月中旬
3.	鉄骨工事における梁上の頭付きスタッドの溶接	開始日	6月上旬
		終了日	7月上旬

【解　説】

1．土工事のAに該当する作業を考えるにあたり，工程表の「土工事」の中の切梁架け，解体　10
と同じ囲いの中にあるので本工事は山留め工事であることを把握する。また，時期的な部分
に注目すると，着工直後で1次根切の前に行う工事であるから「**山留め親杭打ち**」が適当で
あると判断できる。

　　鉄骨工事のBに該当する作業は，鉄骨工事においてデッキプレートの敷設が終わり，床コ
ンクリートが打設開始された後から始まり，外壁ALCパネルが取り付け終わる前までに終　15
了する工事となるので，その間に行う作業としては，鉄骨の「**耐火被覆**」が適当である。

2．「**内部建具枠取付け**」工事が工程上最も不適当な作業である。

　　内部建具枠は，下地となる壁軽量鉄骨下地組みがある程度進み，ボードを張るまでに取付
けが終わらなくてはならない。工程表では，内部建具枠取付けの終了日が10月中旬と，壁ボー　20
ド張りが終了する9月下旬よりも遅くなっており，その順序が最も不適当であると判断できる。

　　適切な作業順序としては，壁・天井の軽量鉄骨下地組みが終了し，内部建具枠を取付け，
その後から壁や天井のボード張りとなる。

　　したがって，内部建具枠取付けは遅くとも「**9月中旬**」までに終わらせておくのが適当で
ある。　25

3．鉄骨工事における「梁上の頭付きスタッドの溶接」の作業順序は，おおよそ下記のとおり
となる。

　　「鉄骨建方」→「本締め」→「デッキプレート敷き」→「梁上の頭付きスタッドの溶接」→「床
コンクリート打設」　30

　　以上の作業順序を考慮すると，「梁上の頭付きスタッドの溶接」は，鉄骨の本締めが終わり，
デッキプレート敷きがある程度進んだ（作業床ができた）状態で開始し，床コンクリート打
設までには該当部分を終わらせておかなくてはならないので，**6月上旬**頃から開始し，**7月
上旬**頃までに終了する工程が適当である。

35

第4節　躯体施工【問題 4 or 5】　※令和 2 年度以前は【問題 3】

過去の出題一覧表

凡例：○…適当な語句の記入又は選択，◎…留意事項の記述

分類	年度（令和, 平成）	R6	R5	R4	R3	R2	R元	H30(臨時)	H30(通常)	H29	H28	H27	備考
地盤調査	平板載荷試験			○				○	○				H22
仮設工事	通路	○											H26
	つり足場					○							
	トラッククレーン，クローラクレーン，タワークレーンの性能比較										○		H24，H20，H18
土工事	根切り工事（床付け）			○							○		H22
	山留め工事		◎						○				
	山留め工事（地盤アンカー工法）						◎						
	ヒービング，ボイリング，クイックサンド，盤ぶくれ	○							○				H26，H16
	ディープウェル工法とウェルポイント工法					○							H24，H18
地業工事	場所打ちコンクリート杭の掘削工法，スライム処理			○				○	○				H26，H22，H18
	アースドリル工法とスライム処理，安定液										○	◎	H24
	既製コンクリート杭の埋込み工法	○			◎	○				◎			
鉄筋工事	鉄筋相互のあきの最小寸法	○				○							
	鉄筋の機械式継手								○				H22
	鉄筋のガス圧接技量資格と径								○				H26，H22
	鉄筋組立ての留意事項						◎						H25
	鉄筋のスペーサー，バーサポート		◎							◎			H23
	鉄筋のガス圧接				○				○	○			H24，H20
コンクリート工事	ひび割れ防止のコンクリート調合計画での留意事項											◎	
	寒中・暑中コンクリートの打設，養生	○		○									H26
	コンクリートの養生				◎								
	コールドジョイント発生防止の処置・対策									◎			H23
	コンクリートポンプによる打込み，圧送	○						○	○				H26
	コンクリート打設時の分離とシュートの関係					○					○		H24
	コンクリートの密実な打込み		◎				◎						H22
	型枠に作用するコンクリートの側圧			○							○		
	型枠に作用する荷重								○				
	型枠支保工で鋼管枠とパイプサポートを支柱として用いる時の措置	○				○							H25，H20，H18
	型枠の加工，組立				○	◎							H26，H21
	床型枠用鋼製デッキプレートの施工		◎									◎	

凡例：○…適当な語句の記入又は選択，◎…留意事項の記述

分　類	年　度 （令和, 平成）	R6	R5	R4	R3	R2	R元	H30 （臨時）	H30 （通常）	H29	H28	H27	備　考
鉄骨工事	建入れ直し						◎						
	トルシア形高力ボルトの締付け				◎						○		H24, H21
	溶融亜鉛めっき高力ボルトの施工					○							
	完全溶込み溶接の施工, 検査	○						○					
	溶接部の欠陥					○							H26
	スタッド溶接後の検査			○						○	○		H24
	スタッド溶接の施工											◎	H18
	吹付けロックウールの施工								◎				

5

10

15

20

25

30

35

令和6年度－問題5

次の 1．から 8．の各記述において，　　　　　に当てはまる**最も適当な語句又は数値の組合せ**を，下の枠内から**1つ**選びなさい。

1．作業場に通ずる場所及び作業場内には，労働者が使用するための安全な通路を設け，かつ，これを常時有効に保持しなければならない。

　　通路で主要なものには，これを保持するため，通路であることを示す表示をしなければならない。

　　通路には，正常の通行を妨げない程度に，　　a　　又は照明の方法を講じなければならない。

　　ただし，常時通行の用に供しない地下室等で通行する労働者に，適当な照明具を所持させるときは，この限りでない。

　　また，　　b　　に設ける通路は用途に応じた幅を有し，通路面から高さ　　c　　m 以内に障害物を置いてはならない。

	a	b	c
①	採　光	屋　内	2.0
②	換　気	屋　外	1.8
③	採　光	屋　内	1.8
④	換　気	屋　外	2.0
⑤	採　光	屋　外	1.8

2．根切り工事において，掘削底面付近の砂質地盤に上向きの浸透流が生じ，この水の浸透力が砂の水中での有効重量より大きくなり，砂粒子が水中で浮遊する状態を　　a　　という。

　　　　a　　が発生し，沸騰したような状態でその付近の地盤が破壊する現象を　　b　　という。

　　また，掘削底面やその直下に難透水層があり，その下にある被圧地下水により掘削底面が持ち上がる現象を　　c　　という。

	a	b	c
①	地盤沈下	パイピング	ヒービング
②	クイックサンド	ボイリング	ヒービング
③	クイックサンド	パイピング	ヒービング
④	地盤沈下	ボイリング	盤ぶくれ
⑤	クイックサンド	ボイリング	盤ぶくれ

3．既製コンクリート杭の埋込み工法において，杭心ずれを低減するためには，掘削ロッド
の振止め装置を用いることや，杭心位置から直角二方向に逃げ心を取り，掘削中や杭の建
込み時にも逃げ心からの距離を随時確認することが大切である。

　　一般的な施工精度の管理値は，杭心ずれ量が $\dfrac{D}{\boxed{a}}$ 以下（Dは杭直径），かつ，

$\boxed{b}$ mm以下，$\boxed{c}$ が $\dfrac{1}{100}$ 以内である。

	a	b	c
①	3	100	鉛直精度
②	4	100	鉛直精度
③	3	150	水平精度
④	4	150	鉛直精度
⑤	4	100	水平精度

4．鉄筋工事において，鉄筋相互のあきは $\boxed{a}$ の最大寸法の1.25倍，$\boxed{b}$ mm及び
隣り合う鉄筋の径（呼び名の数値）の平均の1.5倍のうち最大のもの以上とする。

　　鉄筋の間隔は，鉄筋相互のあきに鉄筋の最大外径を加えたものとする。

　　柱及び梁の主筋のかぶり厚さは，D29以上の異形鉄筋を使用する場合，径（呼び名の
数値）の $\boxed{c}$ 倍以上とする。

	a	b	c
①	細骨材	20	1.25
②	粗骨材	20	1.5
③	粗骨材	25	1.25
④	粗骨材	25	1.5
⑤	細骨材	20	1.5

5．型枠支保工において，鋼管枠を支柱として用いるものにあっては，鋼管枠と鋼管枠との
間に $\boxed{a}$ を設け，支柱の脚部の滑動を防止するための措置として，支柱の脚部の固定
及び $\boxed{b}$ の取付け等を行う。

　　また，パイプサポートを支柱として用いるものにあっては，支柱の高さが $\boxed{c}$ mを
超えるときは，高さ2m以内ごとに水平つなぎを2方向に設けなければならない。

	a	b	c
①	中　桟	布　枠	3.0
②	交差筋かい	根がらみ	3.0
③	交差筋かい	根がらみ	3.5
④	交差筋かい	布　枠	3.5
⑤	中　桟	布　枠	3.5

6．コンクリートポンプ工法による１日のコンクリートの打込み区画及び a は，建物の規模及び施工時間，レディーミクストコンクリートの供給能力を勘案して定める。

　　コンクリートの打込み速度は，スランプ 18 cm 程度の場合，打ち込む部位によっても変わるが，20 ㎥/h から b ㎥/h が目安となる。

　　また，スランプ 10 cm から 15 cm のコンクリートの場合，公称棒径 45 mm の棒形振動機１台当たりの締固め能力は，10 ㎥/h から c ㎥/h 程度である。

	a	b	c
①	打込み量	30	15
②	打込み順序	40	20
③	打込み順序	30	20
④	打込み量	40	15
⑤	打込み量	30	20

7．コンクリート工事において，寒中コンクリートでは，レディーミクストコンクリートの荷卸し時のコンクリート温度は，原則として a ℃ 以上 20 ℃ 未満とし，加熱した材料を用いる場合，セメントを投入する直前のミキサ内の骨材及び水の温度は，40 ℃ 以下とする。

　　打込み後のコンクリートは，初期凍害を受けないよう，必要な保温養生を行う。

　　初期養生の期間は，コンクリートの圧縮強度が b N/㎟ が得られるまでとし，この間は，打ち込んだコンクリートのすべての部分が 0 ℃ を下回らないようにする。

　　また， c 養生中は，コンクリートが乾燥しないように散水等で湿潤養生する。

	a	b	c
①	10	5	断　熱
②	10	5	加　熱
③	5	10	加　熱
④	5	5	加　熱
⑤	5	10	断　熱

8．鉄骨の完全溶込み溶接において，突合せ継手の余盛高さの最小値は a mm とする。

　　裏当て金付きの T 継手の余盛高さの最小値は，突き合わせる材の厚さの $\frac{1}{4}$ とし，材の厚さが 40 mm を超える場合は b mm とする。

　　裏はつり T 継手の余盛高さの最小値は，突き合わせる材の厚さの $\frac{1}{c}$ とし，材の厚さが 40 mm を超える場合は 5 mm とする。

	a	b	c
①	0	8	8
②	0	8	10
③	2	10	8
④	2	8	10
⑤	0	10	8

【解答例】

	解答		解答
1.	③	5.	③
2.	⑤	6.	①
3.	②	7.	②
4.	④	8.	⑤

【解　説】

1．作業場に通ずる場所及び作業場内には，労働者が使用するための安全な通路を設け，かつ，これを常時有効に保持しなければならない。

　通路で主要なものには，これを保持するため，通路であることを示す表示をしなければならない。

　通路には，正常の通行を妨げない程度に，採光又は照明の方法を講じなければならない。
　　　　　　　　　　　　　　　　　　　ⓐ

　ただし，常時通行の用に供しない地下室等で通行する労働者に，適当な照明具を所持させるときは，この限りでない。

　また，屋内に設ける通路は用途に応じた幅を有し，通路面から高さ1.8 m以内に障害物
　　　　ⓑ　　　　　　　　　　　　　　　　　　　　　　　　ⓒ
を置いてはならない。

　労働安全衛生規則「第2編 安全基準」の「第10章 通路，足場等」に，通路について規定されているので，それを遵守し，通行を妨げる障害物の排除，通路表示及び維持管理の徹底を図る必要がある。

2．根切り工事において，掘削底面付近の砂質地盤に上向きの浸透流が生じ，この水の浸透力が砂の水中での有効重量より大きくなり，砂粒子が水中で浮遊する状態をクイックサンドという。
ⓐ

　クイックサンドが発生し，沸騰したような状態でその付近の地盤が破壊する現象をボイ
　　ⓐ　　　　　　　　　　　　　　　　　　　　　　　　　　　　　　　　　ⓑ
リングという。

　また，掘削底面やその直下に難透水層があり，その下にある被圧地下水により掘削底面が持ち上がる現象を盤ぶくれという。
　　　　　　　　　　ⓒ

　　根切り工事では，山留め設置中にボイリング（**図−1**），盤ぶくれ（**図−2**）等の異常な現象が発生するおそれがある。

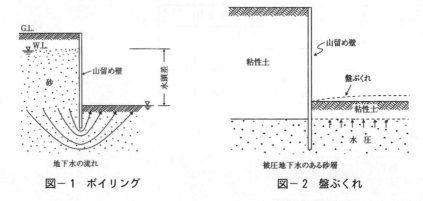

図−1　ボイリング　　　　　　　　　　図−2　盤ぶくれ

　　こうした異常を発生させないための防止対策には，以下のようなものがある。
（ボイリングの発生防止対策）
　　①　止水性の山留め壁の根入れ長を延長し，動水勾配を減らす。
　　②　掘削場内外の地下水位をディープウェルやウェルポイント等によって低下させる。
　　③　止水性の山留め壁を難透水層に根入れする。
　　④　掘削場内を地盤改良し，透水性減少や強度増加を図る。
（盤ぶくれの発生防止対策）
　　①　掘削底面（難透水層）下の地下水位（水圧）をディープウェル等によって低下させる。
　　②　止水性の山留め壁を延長し，下部の難透水層に根入れする。
　　③　山留め壁先端部を薬液注入工法等により地盤改良し，地下水を遮断して土被り圧を増加させる。

---
　3. 既製コンクリート杭の埋込み工法において，杭心ずれを低減するためには，掘削ロッドの振止め装置を用いることや，杭心位置から直角二方向に逃げ心を取り，掘削中や杭の建込み時にも逃げ心からの距離を随時確認することが大切である。
　　一般的な施工精度の管理値は，杭心ずれ量が $\underset{\text{ⓐ}}{\dfrac{D}{4}}$ 以下（D は杭直径），かつ，$\underset{\text{ⓑ}}{\underline{100}}$ ㎜ 以下，$\underset{\text{ⓒ}}{\underline{鉛直精度}}$ が $\dfrac{1}{100}$ 以内である。

　　既製コンクリート杭の埋込み工法の施工については JASS 4（杭および基礎工事）に示されており，上記の管理値に示した数値以上の精度を保つようにするが，施工時の管理目標精度は管理値の半分程度とすることが望ましい。

4．鉄筋工事において，鉄筋相互のあきは**粗骨材**の最大寸法の 1.25 倍，**25** mm 及び隣り合う
　　鉄筋の径（呼び名の数値）の平均の 1.5 倍のうち最大のもの以上とする。
　　　鉄筋の間隔は，鉄筋相互のあきに鉄筋の最大外径を加えたものとする。
　　　柱及び梁の主筋のかぶり厚さは，D29 以上の異形鉄筋を使用する場合，径（呼び名の数値）
　　の **1.5** 倍以上とする。

　　　鉄筋とコンクリートの付着応力の十分な伝達がなされ，コンクリートの分離が起きないよ
うに，鉄筋相互のあきを十分に確保する。また，かぶり厚さが鉄筋径に対して小さすぎると，
コンクリートにひび割れが生じたり，火災時に部材の構造耐力が低下したり，過大な変形や
たわみが生じたりするため，かぶり厚さについても規定値以上確保する必要がある。鉄筋相
互のあき，柱及び梁の主筋のかぶり厚さは，「標仕」で上述のとおり規定されている。

5．型枠支保工において，鋼管枠を支柱として用いるものにあっては，鋼管枠と鋼管枠との
　　間に**交差筋かい**を設け，支柱の脚部の滑動を防止するための措置として，支柱の脚部の固
　　定及び**根がらみ**の取付け等を行う。
　　　また，パイプサポートを支柱として用いるものにあっては，支柱の高さが **3.5** m を超え
　　るときは，高さ 2 m 以内ごとに水平つなぎを 2 方向に設けなければならない。

　　　コンクリート工事の型枠支保工については，労働安全衛生規則第 242 条（型枠支保工につ
いての措置等）に規定があり，設問は第二号，第六号～第八号に関するものである。
「一　（省略）
　二　支柱の脚部の固定，根がらみの取付け等支柱の脚部の滑動を防止するための措置を講
　　ずること。
　三～五の二　（省略）
　六　鋼管（パイプサポートを除く。以下この条において同じ。）を支柱として用いるもの
　　にあっては，当該鋼管の部分について次に定めるところによること。
　　イ　高さ 2 m 以内ごとに水平つなぎを 2 方向に設け，かつ，水平つなぎの変位を防止
　　　すること。
　　ロ　はり又は大引きを上端に載せるときは，当該上端に鋼製の端板を取り付け，これを
　　　はり又は大引きに固定すること。
　七　パイプサポートを支柱として用いるものにあっては，当該パイプサポートの部分につ
　　いて次に定めるところによること。
　　イ　パイプサポートを 3 以上継いで用いないこと。
　　ロ　パイプサポートを継いで用いるときは，4 以上のボルト又は専用の金具を用いて継
　　　ぐこと。
　　ハ　高さが 3.5 m を超えるときは，前号イに定める措置を講ずること。
　八　鋼管枠を支柱として用いるものにあっては，当該鋼管枠の部分について次に定めると
　　ころによること。

　　イ　鋼管枠と鋼管枠との間に交差筋かいを設けること。

　　ロ　最上層及び 5 層以内ごとの箇所において，型枠支保工の側面並びに枠面の方向及び交差筋かいの方向における 5 枠以内ごとの箇所に，水平つなぎを設け，かつ，水平つなぎの変位を防止すること。

　　ハ　最上層及び 5 層以内ごとの箇所において，型枠支保工の枠面の方向における両端及び 5 枠以内ごとの箇所に，交差筋かいの方向に布枠を設けること。

　　ニ　第六号ロに定める措置を講ずること。」

6. コンクリートポンプ工法による 1 日のコンクリートの打込み区画及び**打込み量**は，建物
ⓐ
の規模及び施工時間，レディーミクストコンクリートの供給能力を勘案して定める。

　コンクリートの打込み速度は，スランプ 18 cm 程度の場合，打ち込む部位によっても変わるが，20 ㎥/h から **30** ㎥/h が目安となる。
ⓑ

　また，スランプ 10 cm から 15 cm のコンクリートの場合，公称棒径 45 mm の棒形振動機 1 台当たりの締固め能力は，10 ㎥/h から **15** ㎥/h 程度である。
ⓒ

　コンクリートポンプ工法による打込みは，打ち込む場所へコンクリートが分離しないよう低い位置から静かに入れ，十分締め固めることが大切である。打込み速度は，施工条件により大きく異なるが，スランプ 18 cm 程度の場合の目安は，20〜30 ㎥/h 程度である。また，締固めには通常，JIS A 8610（建設用機械及び装置－コンクリート内部振動機）が用いられている。

7. コンクリート工事において，寒中コンクリートでは，レディーミクストコンクリートの荷卸し時のコンクリート温度は，原則として **10** ℃以上 20 ℃未満とし，加熱した材料を
ⓐ
用いる場合，セメントを投入する直前のミキサ内の骨材及び水の温度は，40 ℃以下とする。

　打込み後のコンクリートは，初期凍害を受けないよう，必要な保温養生を行う。

　初期養生の期間は，コンクリートの圧縮強度が **5** N/㎟ が得られるまでとし，この間は，
ⓑ
打ち込んだコンクリートのすべての部分が 0 ℃を下回らないようにする。

　また，**加熱**養生中は，コンクリートが乾燥しないように散水等で湿潤養生する。
ⓒ

　寒中コンクリートは，コンクリート打込み後の養生期間中に，コンクリートが凍結するおそれのある場合に適用し，初期段階での凍結防止と低温による強度発現の遅れの防止に努める。

　「標仕」では，ワーカビリティーへの影響，打込み中の湯気による作業への支障等を考慮して，コンクリートの荷卸し時の温度は 10 ℃以上 20 ℃未満と規定されている。初期養生の期間についても，コンクリートの圧縮強度が 5 N/㎟に達するまでと定められている。また，加熱養生中は，コンクリートが乾燥しないように散水などで湿潤養生し，加熱終了後のコンクリートの急激な冷却を避けなければならない。

8. 鉄骨の完全溶込み溶接において，突合せ継手の余盛高さの最小値は $\underset{ⓐ}{\underline{0}}$ ㎜ とする。

裏当て金付きの T 継手の余盛高さの最小値は，突き合わせる材の厚さの $\dfrac{1}{4}$ とし，材の厚さが 40 ㎜ を超える場合は $\underset{ⓑ}{\underline{10}}$ ㎜ とする。

裏はつり T 継手の余盛高さの最小値は，突き合わせる材の厚さの $\underset{ⓒ}{\underline{\dfrac{1}{8}}}$ とし，材の厚さが 40 ㎜ を超える場合は 5 ㎜ とする。

鉄骨の完全溶込み溶接の余盛精度については，JASS 6（鉄骨工事）付則 6「鉄骨精度検査基準」に示されており，余盛は滑らかに連続する形状とする。

突合せ継手の余盛は，応力集中しないように小さくし，余盛高さの最小値は 0 ㎜ とする（h：余盛高さの最小値，Δh：余盛高さ）（**図－3**）。

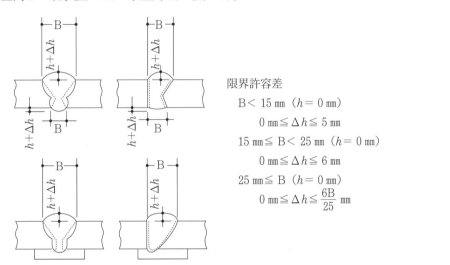

図－3　完全溶込み溶接突合せ継手の余盛り高さ（JASS 6）

溶接部近くの応力集中を緩和するために，裏当て金付き T 継手の余盛高さの最小値は，突き合わせる材の厚さの $\dfrac{1}{4}$ とし，材の厚さが 40 ㎜ を超える場合は 10 ㎜ とする（**図－4 ㋑**）。裏はつり T 継手の余盛高さの最小値は，突き合わせる材の厚さの $\dfrac{1}{8}$ とし，材の厚さが 40 ㎜ を超える場合は 5 ㎜ とする（h：余盛高さの最小値，Δh：余盛高さ）（**図－4 ㋺**）。

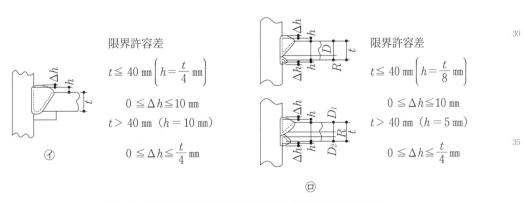

図－4　完全溶込み溶接の T 継手の余盛高さ（JASS 6）

173

令和5年度－問題4

次の 1. から 4. の問いに答えなさい。

ただし，解答はそれぞれ異なる内容の記述とし，材料（仕様，品質，搬入，保管等），作業環境（騒音，振動，気象条件等），養生及び安全に関する記述は除くものとする。

1. 土工事において，山留め壁に鋼製切梁工法の支保工を設置する際の施工上の**留意事項**を2つ，具体的に記述しなさい。

　　ただし，地下水の処理及び設置後の維持管理に関する記述は除くものとする。

2. 鉄筋工事において，バーサポート又はスペーサーを設置する際の施工上の**留意事項**を2つ，具体的に記述しなさい。

3. 鉄筋コンクリート造の型枠工事において，床型枠用鋼製デッキプレート（フラットデッキプレート）を設置する際の施工上の**留意事項**を2つ，具体的に記述しなさい。

4. コンクリート工事において，普通コンクリートを密実に打ち込むための施工上の**留意事項**を2つ，具体的に記述しなさい。

【解答例】

1.	留意事項	(1)	切梁支柱は，切梁の交差部ごとに設置する。
		(2)	腹起しの継手は，火打ち梁と切梁の間や切梁の近くで，曲げ応力の小さい位置に設ける。
2.	留意事項	(1)	スラブには鋼製のバーサポートを使用し，間隔が 0.9 m 程度になるように配置する。
		(2)	鋼製のバーサポート，スペーサーは，型枠に接する部分に防錆処理をする。
3.	留意事項	(1)	納期を要する工場製作品であるので，早めに割付図等を作成し，現場での切込み等の作業を少なくする。
		(2)	フラットデッキプレートは，長さ方向の梁ののみ込み代をとり，横桟木で受ける。横桟木で受けた荷重が縦桟木で支持できる型枠とする。
4.	留意事項	(1)	コンクリートの打込みは，打ち込む位置の近くに落とし込み，1箇所に多量に打ち込み横流ししない。
		(2)	1層の打込み厚さは，公称棒径 45 mm の棒形振動機の長さ（60〜80 cm）以下とし，打ち込んだコンクリートの下層まで振動機の先端が入るようにする。

（その他の解答例）

1.	留意事項	(1)	腹起しと切梁の取合い部は，鋼製スチフナー等で補強する。
		(2)	山留め壁と腹起しとの隙間は，コンクリート等の裏込め材を設置する。
2.	留意事項	(1)	柱・梁・壁の側面はプラスチック製としてもよい。
		(2)	プラスチック製のドーナツ形のスペーサーは縦向きに使用する。
3.	留意事項	(1)	フラットデッキは変形しやすいので，養生方法，揚重方法，吊り治具等に注意する。
		(2)	フラットデッキの梁ののみ込み部分の下部に，コンクリートが十分に充填するように念入りに打設する。
4.	留意事項	(1)	コンクリートの練混ぜから打込み終了までの時間は，外気温が 25 ℃ 以下の場合は 120 分以内，25 ℃ を超える場合は 90 分以内とする。
		(2)	コンクリートの打込み区画は，工程上無理のない区画とする。

【解　説】

1. 鋼製切梁工法の支保工

　　山留め壁の鋼製切梁工法（**図－1**）は，鋼製の腹起し，切梁，切梁支柱等の支保工を使用し，鋼製矢板壁，ソイルセメント壁等に適用でき，広く実施されている工法である。

　　設置に際し，施工図により組立て順序等に注意し，確実に組み立てる。

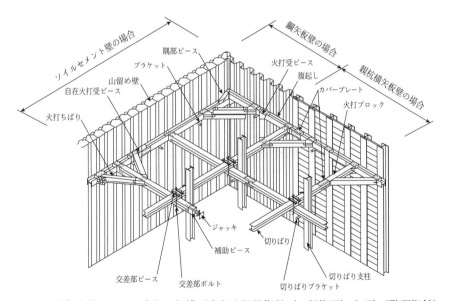

図－1　鋼製支保工による山留め架構（山留め設計指針（一部修正）より）（監理指針）

2．バーサポート，スペーサーの設置

　　鉄筋コンクリートのかぶり厚さの確保には，バーサポート，スペーサーの適切な使用が重要であり，使用部位やかぶり厚さに応じ，材質や形状等を使い分ける。一般に，水平の鉄筋の位置を保持するのがバーサポート，側面の型枠に対して鉄筋のかぶり厚さを確保するのがスペーサーと呼ばれる。

　　バーサポート，スペーサーは，強度，耐久性等から，コンクリート製又は鋼製とし，梁・柱・基礎梁・壁等の側面に限りプラスチック製としてもよい。

　　スラブには，コンクリート打設により配筋が乱されにくいように，鋼製（バーサポート）を使用する。鋼製は耐久性を考慮し，かぶり厚さに相当する部分を防錆処理する。

　　プラスチック製のドーナツ形のスペーサーは，コンクリートの充填性を考慮し，縦向きに使う。

3．床型枠用鋼製デッキプレート（フラットデッキプレート）

　　床型枠用鋼製デッキプレート（フラットデッキプレート）は，合板型枠の代わりに使用する表面が平らな床型枠専用の鋼製デッキプレートである。鉄筋コンクリート床を支保工なしで施工できることから広く普及している。コンクリート施工後，通常は解体しないで，そのまま存置することが多い。設計，施工については，「床型枠用鋼製デッキプレート（フラットデッキ）設計施工指針・同解説」（（一社）公共建築協会）が参考になる。

　　型枠との接合方法は，**図－2**による。

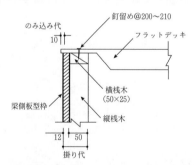

図－2　型枠との接合方法（RC・SRC造，スラブ厚300mm以下）
（床型枠用鋼製デッキプレート（フラットデッキ）設計施工指針・同解説）

4．コンクリートの密実な打込み

　　コンクリートを密実に打ち込むために，コンクリートの打込み区画を工程上無理のない区画とし，コンクリートが分離しないように，「低い場所から落とす」「横流しを避ける」等に留意してコンクリートを打ち込む。打ち込んだコンクリートは，棒形振動機等で十分に締め固める。

各部位に起こりやすい打上りの欠陥は**図−3**のとおり。

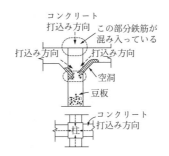

　　㋑　柱回りに起こりやすい欠陥

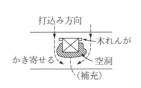

　㋺　窓回りに起こりやすい欠陥

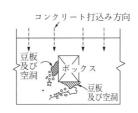

　㋩　障害物回りに起こりやすい欠陥

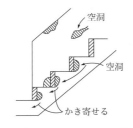

　㊁　階段回りに起こりやすい欠陥

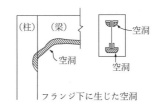

　㋭　鉄骨回りに起こりやすい欠陥

図−3　各部位に起こりやすい打上りの欠陥（監理指針）

令和4年度－問題5

次の 1. から 8. の各記述において，□ に当てはまる**最も適当な語句又は数値の組合せ**を，下の枠内から**1つ選びなさい**。

1. 地盤の平板載荷試験は，地盤の変形及び支持力特性を調べるための試験である。

試験は，直径 a ㎝以上の円形の鋼板にジャッキにより垂直荷重を与え，載荷圧力，載荷時間， b を測定する。

また，試験結果により求められる支持力特性は，載荷板直径の 1.5 ～ c 倍程度の深さの地盤が対象となる。

	a	b	c
①	30	載荷係数	2.0
②	30	沈下量	2.0
③	20	載荷係数	3.0
④	20	沈下量	3.0
⑤	30	沈下量	3.0

2. 根切りにおいて，床付け面を乱さないため，機械式掘削では，通常床付け面上 30 ～ 50 ㎝の土を残して，残りを手掘りとするか，ショベルの刃を a のものに替えて掘削する。

床付け面を乱してしまった場合は，礫や砂質土であれば b で締め固め，粘性土の場合は，良質土に置換するか，セメントや石灰等による地盤改良を行う。

また，杭間地盤の掘り過ぎや掻き乱しは，杭の c 抵抗力に悪影響を与えるので行ってはならない。

	a	b	c
①	平　状	水締め	水　平
②	爪　状	水締め	鉛　直
③	平　状	転　圧	水　平
④	爪　状	転　圧	水　平
⑤	平　状	転　圧	鉛　直

3. 場所打ちコンクリート杭地業のオールケーシング工法において，地表面下 a m 程度までのケーシングチューブの初期の圧入精度によって以後の掘削の鉛直精度が決定される。

掘削は b を用いて行い，一次スライム処理は，孔内水が多い場合には， c を用いて処理し，コンクリート打込み直前までに沈殿物が多い場合には，二次スライム処理を行う。

	a	b	c
①	10	ハンマーグラブ	沈殿バケット
②	5	ハンマーグラブ	沈殿バケット
③	5	ドリリングバケット	底ざらいバケット
④	10	ドリリングバケット	沈殿バケット
⑤	5	ハンマーグラブ	底ざらいバケット

4．鉄筋のガス圧接を手動で行う場合，突き合わせた鉄筋の圧接端面間の隙間は　a　mm
以下で，偏心，曲がりのないことを確認し，還元炎で圧接端面間の隙間が完全に閉じるま
で加圧しながら加熱する。

　　圧接端面間の隙間が完全に閉じた後，鉄筋の軸方向に適切な圧力を加えながら，
　b　により鉄筋の表面と中心部の温度差がなくなるように十分加熱する。

　　このときの加熱範囲は，圧接面を中心に鉄筋径の　c　倍程度とする。

	a	b	c
①	2	酸化炎	3
②	2	酸化炎	2
③	2	中性炎	2
④	5	中性炎	2
⑤	5	酸化炎	3

5．型枠に作用するコンクリートの側圧に影響する要因として，コンクリートの打込み速さ，
比重，打込み高さ及び柱，壁などの部位の影響等があり，打込み速さが速ければコンクリー
トヘッドが　a　なって，最大側圧が大となる。

　　また，せき板材質の透水性又は漏水性が　b　と最大側圧は小となり，打ち込んだコ
ンクリートと型枠表面との摩擦係数が　c　ほど，液体圧に近くなり最大側圧は大となる。

	a	b	c
①	大きく	大きい	大きい
②	小さく	小さい	大きい
③	大きく	小さい	大きい
④	小さく	大きい	小さい
⑤	大きく	大きい	小さい

6．型枠組立てに当たって，締付け時に丸セパレーターのせき板に対する傾きが大きくなる
と丸セパレーターの　a　強度が大幅に低下するので，できるだけ垂直に近くなるよう
に取り付ける。

　　締付け金物は，締付け不足でも締付け過ぎでも不具合が生じるので，適正に使用するこ
とが重要である。締付け金物を締め過ぎると，せき板が　b　に変形する。

締付け金物の締付け過ぎへの対策として，内端太（縦端太）を締付けボルトとできるだけ c 等の方法がある。

	a	b	c
①	破　断	内　側	近接させる
②	圧　縮	外　側	近接させる
③	破　断	外　側	近接させる
④	破　断	内　側	離　す
⑤	圧　縮	外　側	離　す

7．コンクリート工事において，暑中コンクリートでは，レディーミクストコンクリートの荷卸し時のコンクリート温度は，原則として a ℃以下とし，コンクリートの練混ぜから打込み終了までの時間は， b 分以内とする。

打込み後の養生は，特に水分の急激な発散及び日射による温度上昇を防ぐよう，コンクリート表面への散水により常に湿潤に保つ。

湿潤養生の開始時期は，コンクリート上面ではブリーディング水が消失した時点，せき板に接する面では脱型 c とする。

	a	b	c
①	30	90	直　後
②	35	120	直　前
③	35	90	直　後
④	30	90	直　前
⑤	30	120	直　後

8．鉄骨工事におけるスタッド溶接後の仕上がり高さ及び傾きの検査は， a 本又は主要部材1本若しくは1台に溶接した本数のいずれか少ないほうを1ロットとし，1ロットにつき1本行う。

検査する1本をサンプリングする場合，1ロットの中から全体より長いかあるいは短そうなもの，又は傾きの大きそうなものを選択する。

なお，スタッドが傾いている場合の仕上がり高さは，軸の中心でその軸長を測定する。

検査の合否の判定は限界許容差により，スタッド溶接後の仕上がり高さは指定された寸法の± b mm以内，かつ，スタッド溶接後の傾きは c 度以内を適合とし，検査したスタッドが適合の場合は，そのロットを合格とする。

	a	b	c
①	150	2	5
②	150	3	15
③	100	2	15
④	100	2	5
⑤	100	3	5

【解答例】

	解答		解答
1.	②	5.	⑤
2.	③	6.	①
3.	①	7.	③
4.	③	8.	④

【解　説】

1．地盤の平板載荷試験は，地盤の変形及び支持力特性を調べるための試験である。

試験は，直径 <u>30</u> ㎝ 以上の円形の鋼板にジャッキにより垂直荷重を与え，載荷圧力，載荷
　　　　ⓐ
時間，<u>沈下量</u>を測定する。
　　　ⓑ

また，試験結果により求められる支持力特性は，載荷板直径の 1.5 ～ <u>2.0</u> 倍程度の深さの
　　　　　　　　　　　　　　　　　　　　　　　　　　　　　　　　ⓒ
地盤が対象となる。

2．根切りにおいて，床付け面を乱さないため，機械式掘削では，通常床付け面上 30 ～ 50 ㎝
の土を残して，残りを手掘りとするか，ショベルの刃を<u>平状</u>のものに替えて掘削する。
　　　　　　　　　　　　　　　　　　　　　　　　ⓐ

床付け面を乱してしまった場合は，礫や砂質土であれば<u>転圧</u>で締め固め，粘性土の場合は，
　　　　　　　　　　　　　　　　　　　　　　　ⓑ
良質土に置換するか，セメントや石灰等による地盤改良を行う。

また，杭間地盤の掘り過ぎや掻き乱しは，杭の<u>水平</u>抵抗力に悪影響を与えるので行っては
　　　　　　　　　　　　　　　　　　　　　ⓒ
ならない。

なお，水締めは，埋戻し，盛土において，川砂及び透水性のよい山砂等の締固めに用いら
れる。

3．場所打ちコンクリート杭地業のオールケーシング工法（**図－1**）において，地表面下 <u>10</u> m程
　　　　　　　　　　　　　　　　　　　　　　　　　　　　　　　　　　　　　ⓐ
度までのケーシングチューブの初期の圧入精度によって以後の掘削の鉛直精度が決定される。

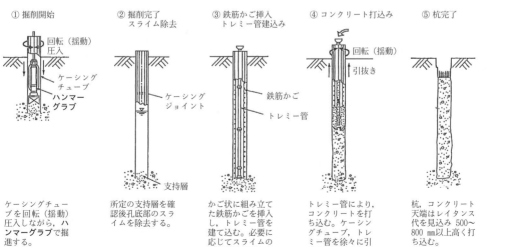

図－1　オールケーシング工法（監理指針）

掘削は**ハンマーグラブ**を用いて行い，一次スライム処理は，孔内水が多い場合には，**沈殿**
ⓑ
バケットを用いて処理し，コンクリート打込み直前までに沈殿物が多い場合には，二次スラ
ⓒ
イム処理を行う。

　なお，アースドリル工法において，掘削はドリリングバケットを用いて行い，一次スライ
ム処理には底ざらいバケットを用いる。

4．鉄筋のガス接圧を手動で行う場合，突き合わせた鉄筋の圧接端面間の隙間は**2** ㎜ 以下で
ⓐ
（**図－2**），偏心，曲がりのないことを確認し，還元炎（**図－3**ⓞ）で圧接端面間の隙間が完
全に閉じるまで加圧しながら加熱する。

　圧接端面間の隙間が完全に閉じた後，鉄筋の軸方向に適切な圧力を加えながら，**中性炎**（**図**
ⓑ
－3ⓘ）により鉄筋の表面と中心部の温度差がなくなるように十分加熱する。

　このときの加熱範囲は，圧接面を中心に鉄筋径の**2**倍程度とする。
ⓒ

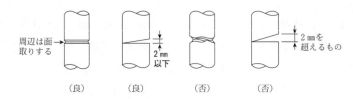

図－2　圧接端面の状態（監理指針）

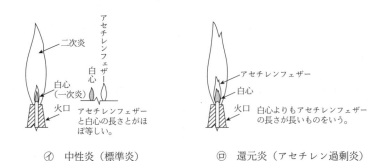

図－3　中性炎（標準炎）と還元炎（アセチレン過剰炎）（監理指針）

5．型枠に作用するコンクリートの側圧に影響する要因として，コンクリートの打込み速さ，
比重，打込み高さ及び柱，壁等の部位の影響等があり，打込み速さが速ければコンクリート
ヘッドが**大きく**なって，最大側圧が大となる。
ⓐ

　また，せき板材質の透水性又は漏水性が**大きい**と最大側圧は小となり，打ち込んだコンク
ⓑ
リートと型枠表面との摩擦係数が**小さい**ほど，液体圧に近くなり最大側圧は大となる。
ⓒ

6．型枠組立てに当たって，締付け時に丸セパレーターのせき板に対する傾きが大きくなると
丸セパレーターの**破断**強度が大幅に低下するので，できるだけ垂直に近くなるように取り付
ⓐ
ける。

　　締付け金物は，締付け不足でも締付け過ぎでも不具合が生じるので，適正に使用すること
が重要である。締付け金物を締め過ぎると，せき板が<u>内側</u>に変形する（**図－4**）。
　　　　　　　　　　　　　　　　　　　　　　　　　　ⓑ
　　締付け金物の締付け過ぎへの対策として，内端太（縦端太）を締付けボルトとできるだけ
<u>近接させる</u>等の方法がある。
ⓒ

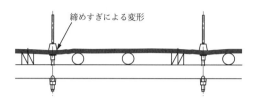

締めすぎによる変形

図－4　締付け金物の締めすぎによる変形（型枠の設計・施工指針）

7．コンクリート工事において，暑中コンクリートでは，レディーミクストコンクリートの荷
　卸し時のコンクリート温度は，原則として<u>35</u>℃以下とし，コンクリートの練混ぜから打込
　　　　　　　　　　　　　　　　　ⓐ
　み終了までの時間は，<u>90</u>分以内とする。
　　　　　　　　　　ⓑ
　　打込み後の養生は，特に水分の急激な発散及び日射による温度上昇を防ぐよう，コンクリー
　ト表面への散水により常に湿潤に保つ。
　　湿潤養生の開始時期は，コンクリート上面ではブリーディング水が消失した時点，せき板
　に接する面では脱型<u>直後</u>とする。
　　　　　　　　　ⓒ

8．鉄骨工事におけるスタッド溶接後の仕上がり高さ及び傾きの検査は，<u>100</u>本又は主要部材
　　　　　　　　　　　　　　　　　　　　　　　　　　　　　　　　ⓐ
　1本若しくは1台に溶接した本数のいずれか少ないほうを1ロットとし，1ロットにつき1
　本行う。
　　検査する1本をサンプリングする場合，1ロットの中から全体より長いかあるいは短そう
　なもの，又は傾きの大きそうなものを選択する。
　　なお，スタッドが傾いている場合の仕上がり高さは，軸の中心でその軸長を測定する。
　　検査の合否の判定は限界許容差により，スタッド溶接後の仕上がり高さは指定された寸法
　の±<u>2</u>㎜以内，かつ，スタッド溶接後の傾きは<u>5</u>度以内を適合とし（**表**），検査したスタッ
　　　ⓑ　　　　　　　　　　　　　　　　　　　　ⓒ
　ドが適合の場合は，そのロットを合格とする。

表　スタッド溶接の管理許容差と限界許容差（JASS 6より抜粋）

名　称	図	管理許容差	限界許容差
スタッド溶接後の仕上がり高さと傾き $\Delta L,\ \theta$	θ $L+\Delta L$	$-1.5\,㎜ \leqq \Delta L \leqq +1.5\,㎜$	$-2\,㎜ \leqq \Delta L \leqq +2\,㎜$
		$\theta \leqq 3°$	$\theta \leqq 5°$

令和3年度－問題4

　次の 1. から 4. の問いに答えなさい。

　ただし，解答はそれぞれ異なる内容の記述とし，材料（仕様，品質，運搬，保管等），作業環境（騒音，振動，気象条件等）及び作業員の安全に関する記述は除くものとする。

1.　杭工事において，既製コンクリート杭の埋込み工法の施工上の**留意事項を2つ**，具体的に記述しなさい。

　　ただし，養生に関する記述は除くものとする。

2.　型枠工事において，柱又は梁型枠の加工，組立ての施工上の**留意事項を2つ**，具体的に記述しなさい。

　　ただし，基礎梁及び型枠支保工に関する記述は除くものとする。

3.　コンクリート工事において，コンクリート打込み後の養生に関する施工上の**留意事項を2つ**，具体的に記述しなさい。

　　なお，コンクリートに使用するセメントは普通ポルトランドセメントとし，計画供用期間の級は標準とする。

4.　鉄骨工事において，トルシア形高力ボルトの締付けに関する施工上の**留意事項を2つ**，具体的に記述しなさい。

　　ただし，締付け器具に関する記述は除くものとする。

【解答例】

1.	事項1	アースオーガーの駆動用電動機の電流値，掘削深さ等から，支持地盤を確認する。
	事項2	プレボーリング工法における掘削径は，杭径より+100 mm 程度とし，できるだけ過大にならないようにする。
2.	事項1	型枠は，継ぎ目から有害な水漏れやセメント等が漏出しないように緊密に組み立てる。
	事項2	柱型枠の下部に根巻きを行う。
3.	事項1	養生マット又は水密シートによる被覆，散水・噴霧，膜養生剤の塗布等により湿潤養生を行う。
	事項2	打込み後5日間以上は，コンクリートの温度を2℃以上に保つよう加熱養生する。
4.	事項1	1群のボルト締付けは，群の中央部から周辺の順序で行う。
	事項2	締付け完了後の検査は，すべてのボルトのピンテールが破断していることを確認する。

（その他の解答例）

1.	事項1	支持層への所定の根入れ深さを確保する。
	事項2	根固め液は所定の強度が得られていることを，強度試験により確認する。
2.	事項1	ごみ等の除去が難しい場合，柱の下部に掃除口を設ける。
	事項2	梁の変形を防ぐため，桟木等で補強する。
3.	事項1	打込み後1日間は，コンクリート面で歩行，作業を行わない。
	事項2	硬化初期コンクリートが有害な振動，外力を受けないようにする。
4.	事項1	一次締め付けは，所定のトルク値でナットを回転させて行う。
	事項2	一次締め付け後，ボルト，ナット，座金及び母材にかけてマーキングを行う。

【解　説】

1．既製コンクリート杭の埋込み工法

　　既製コンクリート杭の埋込み工法には，プレボーリングによる埋込み工法，中掘りによる埋込み工法がある。施工全般に渡るプロセスの管理が重要であり，掘削径，支持地盤，杭の支持地盤中への根入れ，試験杭，根固め液の強度，注入量等を確認する。

2．柱又は梁型枠の加工，組立て

　　型枠は，コンクリート自重，打込み時の振動や衝撃による作業荷重，コンクリートの側圧，水平荷重等に対して安全であり，仕上がり寸法・精度が得られるように剛性を持つようにする。また，型枠の継ぎ目から水やモルタルが漏れ出すと，コンクリートの品質が低下するので緊密に型枠を組み立てる。

3．コンクリート打込み後の養生

　　コンクリート強度は，十分に湿気を与え養生した場合は材齢とともに増進する。特に初期硬化の養生は影響が大きい。コンクリート養生の基本は，常に水分を与え，適温に保つことである。建築基準法施行令第75条（コンクリートの養生）では，コンクリート打込み後，5日間はコンクリート温度が2℃を下らないように養生することが規定されている。

　　湿潤養生は，透水性の小さいせき板の被覆，養生マット又は水密シートによる被覆，散水・噴霧，膜養生剤の塗布等により行う。

　　凝結硬化中のコンクリートに振動・外力を与えると損傷が生ずることがある。また，早期材齢で荷重を加えるとたわみの増大につながることがある。コンクリートが硬化するまで養生が必要である。

4．トルシア形高力ボルトの締付け

　　トルシア形高力ボルトの締付けは，一次締め，マーキング，本締めの順に行う。

　　締付けは，締付けによる板のひずみを周辺に逃すように，中央部から周辺に向かって行う。

　　一次締めは所定のトルク値で行い，ボルト軸からナット・座金・母材にかけて白色のマーカー等でマーキングを行う。本締めはボルトのピンテールが破断するまで行い，ボルトのピンテールの破断，マーキングのずれにより締付け確認を行う。

次の 1．から 8．の各記述において，記述ごとの箇所番号①から③の下線部の語句又は数値のうち**最も不適当な箇所番号**を 1 つあげ，**適当な語句又は数値を記入しなさい。**

1．つり足場における作業床の最大積載荷重は，現場の作業条件等により定めて，これを超えて使用してはならない。

　つり足場のつり材は，ゴンドラのつり足場を除き，定めた作業床の最大積載荷重に対して，使用材料の種類による安全係数を考慮する必要がある。

　安全係数は，つりワイヤロープ及びつり鋼線は 7.5 以上，つり鎖及びつりフックは 5.0
①　　　　　　　　　　　　　　　　　　　　　　　　　　　　②
以上，つり鋼帯及びつり足場の上下支点部は鋼材の場合 2.5 以上とする。
　　　　　　　　　　　　　　　　　　　　　　③

2．地下水処理における排水工法は，地下水の揚水によって水位を必要な位置まで低下させる工法であり，地下水位の低下量は揚水量や地盤の透水性によって決まる。
　　　　　　　　　　　　　　　　　　　　　　　　　　　　　①

　必要揚水量が非常に多い場合，対象とする帯水層が深い場合や帯水層が砂礫層である場
　　　　　　　　　　②
合には，ウェルポイント工法が採用される。
　　　　　③

3．既製コンクリート杭の埋込み工法において，杭心ずれを低減するためには，掘削ロッドの振れ止め装置を用いることや，杭心位置から直角二方向に逃げ心を取り，掘削中や杭の建込み時にも逃げ心からの距離を随時確認することが大切である。

　一般的な施工精度の管理値は，杭心ずれ量が $\frac{D}{4}$ 以下（D は杭直径），かつ，150 mm 以下，
　　　　　　　　　　　　　　　　　　　①　　　　　　　　　　　　②
傾斜 $\frac{1}{100}$ 以内である。
　　③

4．鉄筋工事において，鉄筋相互のあきは粗骨材の最大寸法の 1.25 倍，20 mm 及び隣り合う
　　　　　　　　　　　　　　　　　　　　　　　　　　　　①
鉄筋の径（呼び名の数値）の平均値の 1.5 倍のうち最大のもの以上とする。
　　　　　　　　　　　　　　　②

　鉄筋の間隔は鉄筋相互のあきに鉄筋の最大外径を加えたものとする。

　柱及び梁の主筋のかぶり厚さは D29 以上の異形鉄筋を使用する場合は径（呼び名の数値）の 1.5 倍以上とする。
　　　③

5．型枠工事における型枠支保工で，鋼管枠を支柱として用いるものにあっては，鋼管枠と鋼管枠との間に交差筋かいを設け，支柱の脚部の滑動を防止するための措置として，支柱
　　　　　　　①
の脚部の固定及び布枠の取付けなどを行う。
　　　　　　　②

　また，パイプサポートを支柱として用いるものにあっては，支柱の高さが 3.5 m を超えるときは，高さ 2 m 以内ごとに水平つなぎを 2 方向に設けなければならない。
　　　　　　　　　　　　　③

6．型枠の高さが 4.5 m 以上の柱にコンクリートを打ち込む場合，たて形シュートや打込み用ホースを接続してコンクリートの分離を防止する。

たて形シュートを用いる場合，その投入口と排出口との水平方向の距離は，垂直方向の高さの約 $\frac{1}{2}$ 以下とする。

また，斜めシュートはコンクリートが分離しやすいが，やむを得ず斜めシュートを使用する場合で，シュートの排出口に漏斗管を設けない場合は，その傾斜角度を水平に対して 15 度以上とする。
③

7．溶融亜鉛めっき高力ボルト接合に用いる溶融亜鉛めっき高力ボルトは，建築基準法に基づき認定を受けたもので，セットの種類は1種，ボルトの機械的性質による等級は F8T
①
が用いられる。

溶融亜鉛めっきを施した鋼材の摩擦面の処理は，すべり係数が0.4以上確保できるブラスト処理又はりん酸塩処理とし，H形鋼ウェブ接合部のウェブに処理を施す範囲は，添
②
え板が接する部分の添え板の外周から5mm程度外側とする。
③

8．鉄骨の現場溶接作業において，防風対策は特に配慮しなければならない事項である。

アーク熱によって溶かされた溶融金属は大気中の酸素や窒素が混入しやすく，凝固する
①
まで適切な方法で外気から遮断する必要があり，このとき遮断材料として作用するものが，ガスシールドアーク溶接の場合はシールドガスである。
②

しかし，風の影響によりシールドガスに乱れが生じると，溶融金属の保護が不完全にな
②
り溶融金属内部にアンダーカットが生じてしまう。
③

【解答例】

	最も不適当な箇所番号	適当な語句又は数値
1.	①	10
2.	③	ディープウェル
3.	②	100
4.	①	25
5.	②	根がらみ
6.	③	30
7.	③	内側
8.	③	ブローホール

【解　説】

1．つり足場における作業床の最大積載荷重は，現場の作業条件等により定めて，これを超えて使用してはならない。

つり足場のつり材は，ゴンドラのつり足場を除き，定めた作業床の最大積載荷重に対して，使用材料の種類による安全係数を考慮する必要がある。

労働安全衛生規則第562条（最大積載荷重）により，安全係数は，つりワイヤロープ及びつり鋼線は 10 以上，つり鎖及びつりフックは 5.0 以上，つり鋼帯及びつり足場の上下支点
①　　　　　　　　　　　　　　　　　　②
部は鋼材の場合 2.5 以上とする。
③

2．地下水処理におけるディープウェル工法やウェルポイント工法等の排水工法は，地下水の揚水によって水位を必要な位置まで低下させる工法であり，地下水位の低下量は揚水量や地盤の透水性によって決まる。
①

　　必要揚水量が非常に多い場合，対象とする帯水層が深い場合や帯水層が砂礫層である場合
②
には，ディープウェル工法が採用される。
③

　　ウェルポイント工法は根切り部に沿ってウェルポイントという小さなウェルを多数設置し，真空吸引して排水する工法であり，透水性の高い粗砂層から低いシルト質細砂層程度の地盤に適用される。一段のウェルポイントによる地下水低下の限度は，ヘッダーパイプより4〜6m程度である。

3．既製コンクリート杭の埋込み工法において，杭心ずれを低減するためには，掘削ロッドの振れ止め装置を用いることや，杭心位置から直角二方向に逃げ心を取り，掘削中や杭の建込み時にも逃げ心からの距離を随時確認することが大切である。

　　一般的な施工精度の管理値は，杭心ずれ量が$\frac{D}{4}$以下（Dは杭直径），かつ，100mm以下，
①　　　　　　　　　　　　②
傾斜$\frac{1}{100}$以内である。
③

4．鉄筋工事において，鉄筋相互のあきは粗骨材の最大寸法の1.25倍，25mm及び隣り合う鉄
①
筋の径（呼び名の数値）の平均値の1.5倍のうち最大のもの以上とする。
②

　　鉄筋の間隔は鉄筋相互のあきに鉄筋の最大外径を加えたものとする。

　　柱及び梁の主筋のかぶり厚さはD29以上の異形鉄筋を使用する場合は径（呼び名の数値）の1.5倍以上とする。
③

5．型枠工事における型枠支保工は，労働安全衛生規則第242条（型枠支保工についての措置等）に定められている。

　　鋼管枠を支柱として用いるものにあっては，鋼管枠と鋼管枠との間に交差筋かいを設け，
①
支柱の脚部の滑動を防止するための措置として，支柱の脚部の固定及び根がらみの取付け等
②
を行う。

　　また，パイプサポートを支柱として用いるものにあっては，支柱の高さが3.5mを超えるときは，高さ2m以内ごとに水平つなぎを2方向に設けなければならない。
③

　　布枠は枠組足場の建枠の上に水平にかけ渡すもので，水平の補強材である。

6．型枠の高さが<u>4.5</u> m 以上の柱にコンクリートを打ち込む場合，たて形シュートや打込み用
①
ホースを接続してコンクリートの分離を防止する。

　たて形シュートを用いる場合，その投入口と排出口との水平方向の距離は，垂直方向の高
さの約$\frac{1}{2}$以下とする。
②

　やむを得ず斜めシュートを使用する場合，その傾斜角度は水平に対して<u>30</u>度以上とする。
③

7．溶融亜鉛めっき高力ボルト接合に用いる溶融亜鉛めっき高力ボルトは，建築基準法に基づ
き認定を受けたもので，セットの種類は1種，ボルトの機械的性質による等級は<u>F8T</u>が用
①
いられる。

　溶融亜鉛めっきを施した鋼材の摩擦面の処理は，すべり係数が0.4以上確保できるブラス
ト処理又は<u>りん酸塩処理</u>とし，H形鋼ウェブ接合部のウェブに処理を施す範囲は，添え板
②
が接する部分の添え板の外周から5 mm 程度内側とする。
③

8．鉄骨の現場溶接作業において，防風対策は特に配慮しなければならない事項である。

　アーク熱によって溶かされた溶融金属は大気中の酸素や<u>窒素</u>が混入しやすく，凝固するま
①
で適切な方法で外気から遮断する必要があり，このとき遮断材料として作用するものが，ガ
スシールドアーク溶接の場合は<u>シールドガス</u>である。
②

　しかし，風の影響により<u>シールドガス</u>に乱れが生じると，溶融金属の保護が不完全になり
②
溶融金属内部にブローホールが生じてしまう（表上段）。
③

　アンダーカットは，アーク長や運棒速度が不適当な場合等に生じる欠陥である（表下段）。

表　溶接不完全部（JIS Z 3001 − 4：2013）

番号	用　語	定　義
44002	ブローホール	溶接金属中に生じる球状の空洞。
47002	アンダカット	母材又は既溶接の上に溶接して生じた止端の溝。

令和元年度－問題3

次の1. から4. の問いに答えなさい。

ただし，解答はそれぞれ異なる内容の記述とし，材料の保管，作業環境（騒音，振動，気象条件等）及び作業員の安全に関する記述は除くものとする。

1. 山留め支保工において，地盤アンカーを用いる場合の施工上の**留意事項**を2つ，具体的に記述しなさい。

　　ただし，山留め壁に関する記述は除くものとする。

2. 鉄筋工事において，鉄筋の組立てを行う場合の施工上の**留意事項**を2つ，具体的に記述しなさい。

　　ただし，鉄筋材料，加工及びガス圧接に関する記述は除くものとする。

3. 普通コンクリートを用いる工事において，コンクリートを密実に打ち込むための施工上の**留意事項**を2つ，具体的に記述しなさい。

　　ただし，コンクリートの調合及び養生に関する記述は除くものとする。

4. 鉄骨工事において，建入れ直しを行う場合の施工上の**留意事項**を2つ，具体的に記述しなさい。

　　ただし，アンカーボルト及び仮ボルトに関する記述は除くものとする。

【解答例】

1.	留意事項	(1)	敷地境界からアンカー部分が出る場合，事前に隣地管理者等の関係者の了解を得て施工する。
		(2)	地盤アンカーの引抜き耐力は，全数について設計アンカー力の1.1倍以上であることを確認する。
2.	留意事項	(1)	コンクリートの打込み完了まで，鉄筋が移動しないように結束線で強固に組み立てる。
		(2)	部材や仕上げの有無により異なるかぶり厚を確保できるスペーサーを配置する。
3.	留意事項	(1)	コンクリートの打込みは，打ち込む位置の近くに落とし込み，1箇所に多量に打ち込み横流ししない。
		(2)	1層の打込み厚さは，公称棒径45mmの棒形振動機の長さ（60〜80cm）以下とし，打ち込んだコンクリートの下層まで振動機の先端が入るようにする。
4.	留意事項	(1)	建入れ直しのために加力するときは，加力部分を養生し，部材の損傷を防止する。
		(2)	架構の倒壊防止用ワイヤロープを使用する場合，このワイヤロープを建入れ直しに兼用してもよい。

（その他の解答例）

1.	留意事項	(1)	山留め壁の背面の地盤が柔らかい粘性土地盤の場合，定着長さが長くなるので注意して施工する。
		(2)	地中埋設物には十分注意して施工する。
2.	留意事項	(1)	梁筋の柱への定着は，柱の中心線を越えて行う。
		(2)	鉄筋の継手は，同一箇所に集中させない。
3.	留意事項	(1)	コンクリートの練混ぜから打込み終了までの時間は，外気温度が 25 ℃ 以下の場合は 120 分以内，25 ℃ を超える場合は 90 分以内とする。
		(2)	コンクリートの打込み区画は，工程上無理のない区画とする。
4.	留意事項	(1)	ターンバックル付き筋かいを有する構造物の場合は，その筋かいを用いて建入れ直しを行わないようにする。
		(2)	建入れ直しは，建方の進行に伴いできるだけ小区画に区切って行う。

【解　説】

1．地盤アンカー

　　地盤アンカー工法は，山留め壁の背面の地盤中に設けた地盤アンカーで支える工法である（図－1）。不整形な掘削平面，偏土圧が作用する場合等に有効である。

　　事前に周辺環境を調査し，地盤アンカーが敷地内に収まることを事前に確認し，必要な場合は隣地管理者等の了解を得る。また，地中障害物の状況等を調査し悪影響が生じないように施工する。

　　山留め壁の背面の地盤の土質や地層の構成により施工性が変化するので，掘削方法や施工機器を検討して施工する。地下水が高い場合，掘削口の止水対策や掘削方法を検討して施工する。地盤アンカー施工後，全数について耐力の確認試験を行う。

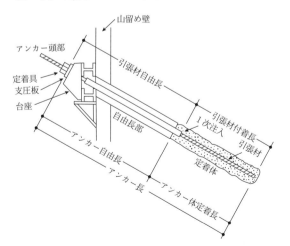

図－1　地盤アンカーの一般的な構成（山留め設計施工指針）

2．鉄筋の組立て

鉄筋の組立ては，鉄筋の切断，曲げ加工の後の工程である。

鉄筋の継手及び定着は，所定の長さ，位置に配置し，コンクリート打ち込み完了まで移動しないように組み立てる。所定のかぶり厚さ及び鉄筋相互のあきを確保する（**表，図－2**）。

表　鉄筋及び溶接金網の最小かぶり厚さ（標仕）

構造部分の種類				最小かぶり厚さ（mm）
土に接しない部分	スラブ，耐力壁以外の壁		仕上げあり	20
			仕上げなし	30
	柱，梁，耐力壁	屋　　内	仕上げあり	30
			仕上げなし	30
		屋　　外	仕上げあり	30
			仕上げなし	40
	擁壁，耐圧スラブ			40
土に接する部分	柱，梁，スラブ，壁			40
	基礎，擁壁，耐圧スラブ			60
煙突等高熱を受ける部分				60

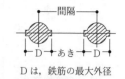

Dは，鉄筋の最大外径

図－2　鉄筋相互のあき及び間隔（標仕）

（注）　1．この表は，普通コンクリートに適用し，軽量コンクリートには適用しない。また，塩害を受けるおそれのある部分等耐久性上不利な箇所には適用しない。
　　　　2．「仕上げあり」とは，モルタル塗り等の仕上げのあるものとし，鉄筋の耐久性上有効でない仕上げ（仕上塗材，塗装等）のものを除く。
　　　　3．スラブ，梁，基礎及び擁壁で，直接土に接する部分のかぶり厚さには，捨コンクリートの厚さを含まない。
　　　　4．杭基礎の場合の基礎下端筋のかぶり厚さは，杭天端からとする。

3．コンクリートの密実な打込み

コンクリートを密実に打ち込むために，コンクリートの打込み区画を工程上無理のない区画とし，コンクリートが分離しないように，「低い場所から落とす」「横流しを避ける」等に留意してコンクリートを打ち込む。打ち込んだコンクリートは，棒形振動機等により十分に締固める。

各部位に起こりやすい打上りの欠陥は**図－3**のとおり。

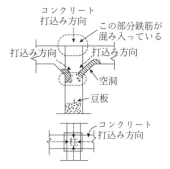

イ　柱回りに起こりやすい欠陥

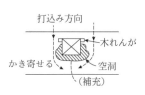

ロ　窓回りに起こりやすい欠陥

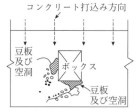

ハ　障害物回りに起こりやすい欠陥

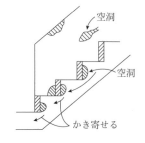

ニ　階段回りに起こりやすい欠陥

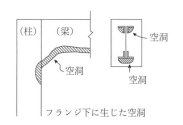

ホ　鉄骨回りに起こりやすい欠陥

図－3　各部位に起こりやすい打上りの欠陥（監理指針）

4. 建入れ直し

　建入れ直しは，鉄骨の建方の精度を確保するために行い，建方の進行に伴いできるだけ小区画に分けて行う。建入れ直しは加力部分を養生し，ワイヤロープ等を使用する。また，治具を用いてワイヤロープを使用しない方法もある。架構の倒壊防止用のワイヤロープを使用してもよい。なお，ターンバックル付き筋かいを有する構造物では，その筋かいを建入れ直しに使用しない。

次の 1．から 8．の各記述において，記述ごとの①から③の下線部の語句又は数値のうち**最も不適当な箇所番号**を 1 つあげ，**適当な語句又は数値**を記入しなさい。

1．地盤の平板載荷試験は，地盤の変形や強さなどの支持力特性を調べるための試験である。

　試験は，直径 20 ㎝ 以上の円形の鋼板に油圧ジャッキにより垂直荷重を与え，載荷圧力，①　　　　　　　　　　　②
載荷時間，沈下量を測定する。

　また，試験結果より求まる支持力特性は，載荷板直径の 1.5 ～ 2.0 倍程度の深さの地盤③
が対象となる。

2．山留め工事における切梁を鉛直方向に対して斜めに取り付けた斜め切梁においては，切
梁軸力の鉛直分力が作用するため，山留め壁側の腹起しの受けブラケットに加え，押えブ①
ラケットを取り付け，反対側は十分な剛性を有する控え杭や躯体で受ける。

　また，腹起しにはスチフナー補強を行い，ウェブの局部せん断やフランジの曲がりを防②
止する。

　控え杭で受ける場合は，プレロードの導入により控え杭に荷重を与え，根切り後の
変位量を低減させる。ただし，軟弱地盤では控え杭の変位量が大きくなるため，躯体で受③　　　　　　　　　　　　　　　　　　　　　　　　③
けるようにする。

3．場所打ちコンクリート杭地業のオールケーシング工法において，地表面下 10 m 程度ま
でのケーシングチューブの初期の圧入精度によって以後の掘削の鉛直精度が決定される。

　掘削はドリリングバケットを用いて行い，1 次スライム処理は，孔内水が多い場合には，①　　　　　　　　　　　　　　　　　　　　　　　　②
沈殿バケットを用いて処理を行う。また，沈殿物が多い場合には，コンクリート打込み直③
前までに 2 次スライム処理を行う。

4．鉄筋の機械式継手において，カップラー等の接合部分の耐力は，継手を設ける主筋等の
降伏点に基づく耐力以上とし，引張力の最も小さな位置に設けられない場合は，当該耐力
の 1.35 倍以上の耐力又は主筋等の引張強さに基づく耐力以上とする。①

　モルタル，グラウト材その他これに類するものを用いて接合部を固定する場合にあって
は，当該材料の強度を 50 N/㎟ 以上とする。②

　ナットを用いた曲げモーメントの導入によって接合部を固定する場合にあっては，所定③
の数値以上の曲げモーメント値とし，導入軸力は 30 N/㎟ を下回ってはならない。③

5．鉄筋のガス圧接を手動で行う場合，突き合わせた鉄筋の圧接端面間のすき間は 5 ㎜ 以①
下で，偏心，曲がりのないことを確認し，還元炎で圧接端面間のすき間が完全に閉じるま
で加圧しながら加熱する。

　圧接端面間のすき間が完全に閉じた後，鉄筋の軸方向に適切な圧力を加えながら，
中性炎により鉄筋の表面と中心部の温度差がなくなるように十分加熱する。②

このときの加熱範囲は，圧接面を中心に鉄筋径の$\underset{③}{2}$倍程度とする。

6．型枠の構造計算に用いる積載荷重は，労働安全衛生規則に，「設計荷重として，型枠支
保工が支えている物の重量に相当する荷重に，型枠 1 ㎡ につき$\underset{①}{100}$kg 以上の荷重を加え
た荷重」と定められている。

　　通常のポンプ工法による場合，打込み時の積載荷重は$\underset{②}{1.5}$kN/㎡ とする。

　　打込みに一輪車を用いる場合，作業員，施工機械，コンクリート運搬車及びそれらの衝
撃を含めて，積載荷重は$\underset{③}{2.5}$kN/㎡ を目安とする。

7．コンクリートポンプを用いてコンクリートを打ち込む際，コンクリートポンプ 1 台当た
りの 1 日の打込み量の上限は$\underset{①}{250}$㎥ を目安とし，輸送管の大きさは圧送距離，圧送高さ，
コンクリートの圧送による品質への影響の程度などを考慮して決める。

　　輸送管の径が大きいほど圧力損失が$\underset{②}{大きく}$なる。

　　コンクリートの圧送に先立ちポンプ及び輸送管の内面の潤滑性の保持のため，水及び
$\underset{③}{モルタル}$を圧送する。

8．鉄骨の完全溶込み溶接において，完全溶込み溶接突合せ継手及び角継手の余盛高さの最
小値は$\underset{①}{0}$㎜ とする。

　　裏当て金付きの T 継手の余盛高さの最小値は，突き合わせる材の厚さの$\dfrac{1}{4}$とし，材の
厚さが 40 ㎜ を超える場合は$\underset{②}{10}$㎜ とする。

　　裏はつり T 継手の余盛高さの最小値は，突き合わせる材の厚さの$\underset{③}{\dfrac{1}{10}}$とし，材の厚さが
40 ㎜ を超える場合は 5 ㎜ とする。

　　余盛は応力集中を避けるため，滑らかに仕上げ，過大であったり，ビード表面に不整が
あってはならない。

【解答例】

	最も不適当な箇所番号	適当な語句又は数値
1.	①	30
2.	②	座屈
3.	①	ハンマーグラブ
4.	③	トルク
5.	①	2
6.	①	150
7.	②	小さく
8.	③	$\dfrac{1}{8}$

【解　説】

1．地盤の平板載荷試験は，地盤の変形や強さ等の支持力特性を調べるための試験である。

　　試験は，直径30cm以上の円形の鋼板に油圧ジャッキにより垂直荷重を与え，載荷圧力，
　　　　　　　　①　　　　　　　　　②
載荷時間，沈下量を測定する。

　　また，試験結果より求まる支持力特性は，載荷板直径の1.5〜2.0倍程度の深さの地盤が
　　　　　　　　　　　　　　　　　　　　　　　　　　　③
対象となる。

2．山留め工事における切梁を鉛直方向に対して斜めに取り付けた斜め切梁においては，切梁
軸力の鉛直分力が作用するため，山留め壁側の腹起しの受けブラケットに加え，押えブラケッ
　　　①
トを取り付け，反対側は十分な剛性を有する控え杭や躯体で受ける（図−1）。

　　また，腹起しにはスチフナー補強を行い，ウェブの局部座屈やフランジの曲がりを防止する。
　　　　　　　　　　　　　　　　　　　　　　　　　②
　　控え杭で受ける場合は，プレロードの導入により控え杭に荷重を与え，根切り後の変位量
　　　　　　　　　　　　　　　　　　　　　　　　　　　　　　　　　　　　　　③
を低減させる。ただし，軟弱地盤では控え杭の変位量が大きくなるため，躯体で受けるよう
　　　　　　　　　　　　　　　　　③
にする。

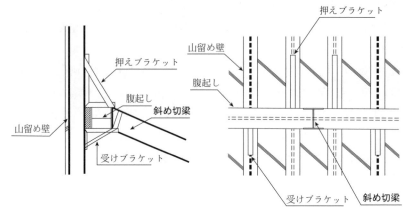

図−1　斜め切梁の取付例

3．場所打ちコンクリート杭地業のオールケーシング工法（図−2）において，地表面下10m程
度までのケーシングチューブの初期の圧入精度によって以後の掘削の鉛直精度が決定される。

　　掘削はハンマーグラブを用いて行い，1次スライム処理は，孔内水が多い場合には，
　　　　　①　　　　　　　　　　　　　　　　　　　　　　　②
沈殿バケットを用いて処理を行う。また，沈殿物が多い場合には，コンクリート打込み直前
　③
までに2次スライム処理を行う。

　　なお，ドリリングバケットは，アースドリル工法（図−3）で孔の掘削に用いるものである。

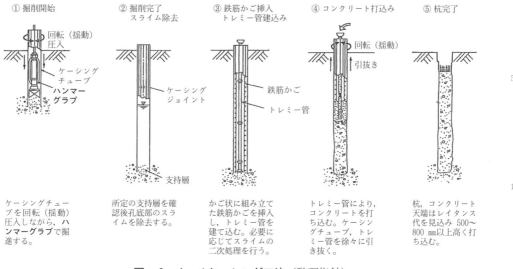

① 掘削開始　　② 掘削完了　　③ 鉄筋かご挿入　　④ コンクリート打込み　　⑤ 杭完了
　　　　　　　スライム除去　　トレミー管建込み

ケーシングチューブを回転（揺動）圧入しながら，ハンマーグラブで掘進する。

所定の支持層を確認後孔底部のスライムを除去する。

かご状に組み立てた鉄筋かごを挿入し，トレミー管を建て込む。必要に応じてスライムの二次処理を行う。

トレミー管により，コンクリートを打ち込む。ケーシングチューブ，トレミー管を徐々に引き抜く。

杭，コンクリート天端はレイタンス代を見込み 500〜800 ㎜以上高く打ち込む。

図－2　オールケーシング工法（監理指針）

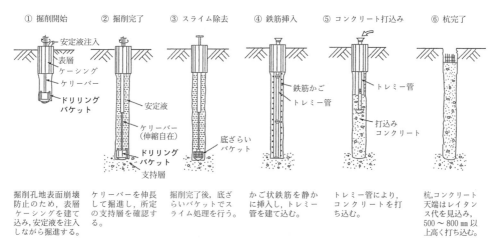

① 掘削開始　　② 掘削完了　　③ スライム除去　　④ 鉄筋挿入　　⑤ コンクリート打込み　　⑥ 杭完了

掘削孔地表面崩壊防止のため，表層ケーシングを建て込み，安定液を注入しながら掘進する。

ケリーバーを伸長して掘進し，所定の支持層を確認する。

掘削完了後，底ざらいバケットでスライム処理を行う。

かご状鉄筋を静かに挿入し，トレミー管を建て込む。

トレミー管により，コンクリートを打ち込む。

杭，コンクリート天端はレイタンス代を見込み，500〜800 ㎜以上高く打ち込む。

図－3　アースドリル工法（監理指針）

4． 鉄筋の機械式継手は，「鉄筋の継手の構造方法を定める件」（平成 12 年 5 月 31 日　建設省告示第 1463 号）に定められている。

　　鉄筋の機械式継手において，カップラー等の接合部分の耐力は，継手を設ける主筋等の降伏点に基づく耐力以上とし，引張力の最も小さな位置に設けられない場合は，当該耐力の <u>1.35</u>①
倍以上の耐力又は主筋等の引張強さに基づく耐力以上とする。

　　モルタル，グラウト材その他これに類するものを用いて接合部を固定する場合にあっては，当該材料の強度を <u>50</u>② N/㎟以上とする。

　　ナットを用いた <u>トルク</u>③ の導入によって接合部を固定する場合にあっては，所定の数値以上の <u>トルク</u>③ 値とし，導入軸力は 30 N/㎟を下回ってはならない。

5．鉄筋のガス圧接を手動で行う場合，突き合わせた鉄筋の圧接端面間のすき間は <u>2</u> mm 以下
① で（**図－4**），偏心，曲がりのないことを確認し，還元炎（**図－5 ロ**）で圧接端面間のすき
間が完全に閉じるまで加圧しながら加熱する。

　　圧接端面間のすき間が完全に閉じた後，鉄筋の軸方向に適切な圧力を加えながら，<u>中性炎</u>
②
（**図－5 イ**）により鉄筋の表面と中心部の温度差がなくなるように十分加熱する。

　　このときの加熱範囲は，圧接面を中心に鉄筋径の <u>2</u> 倍程度とする。
③

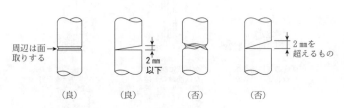

図－4　圧接端面の状態（監理指針）

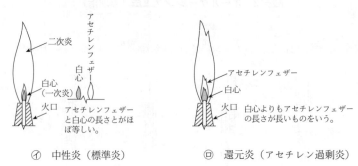

図－5　中性炎（標準炎）と還元炎（アセチレン過剰炎）（監理指針）

6．型枠の構造計算に用いる積載荷重は，労働安全衛生規則第240条（組立図）第3項第一号に，
設計荷重は，型枠支保工が支えている物の重量に相当する荷重に，型枠 1 ㎡ につき <u>150</u> kg
①
以上の荷重を加えた荷重と定められている。

　　通常のポンプ工法による場合，打込み時の積載荷重は <u>1.5</u> kN/㎡ とする。
②

　　打込みに一輪車を用いる場合，作業員，施工機械，コンクリート運搬車及びそれらの衝撃
を含めて，積載荷重は <u>2.5</u> kN/㎡ を目安とする。
③

7．コンクリートポンプを用いてコンクリートを打ち込む際，コンクリートポンプ1台当たり
の1日の打込み量の上限は <u>250</u> ㎥ を目安とし，輸送管の大きさは圧送距離，圧送高さ，コ
①
ンクリートの圧送による品質への影響の程度等を考慮して決める。

　　輸送管の径が大きいほど圧力損失が <u>小さく</u> なる（**図－6**）。
②

　　コンクリートの圧送に先立ちポンプ及び輸送管の内面の潤滑性の保持のため，水及び
<u>モルタル</u> を圧送する。
③

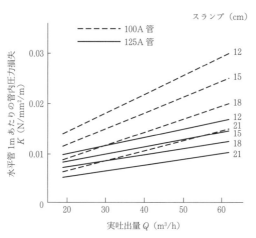

図－6　普通コンクリートの水平管の圧力損失

8．鉄骨の完全溶込み溶接の余盛については，JASS 6（鉄骨工事）による。

　　鉄骨の完全溶込み溶接において，完全溶込み溶接突合せ継手及び角継手の余盛高さの最小値は 0 mm とする。
　　　　　　　①

　　裏当て金付きの T 継手の余盛高さの最小値は，突き合わせる材の厚さの $\frac{1}{4}$ とし，材の厚さが 40 mm を超える場合は 10 mm とする。
　　　　　　　　　　　②

　　裏はつり T 継手の余盛高さの最小値は，突き合わせる材の厚さの $\frac{1}{8}$ とし，材の厚さが 40 mm
　　　　　　　　　　　　　　　　　　　　　　　　　　　③
を超える場合は 5 mm とする。

　　余盛は応力集中を避けるため，滑らかに仕上げ，過大であったり，ビード表面に不整があってはならない。

平成30年度【通常】－問題 3

　　次の 1．から 8．の各記述において，記述ごとの①から③の下線部の語句又は数値のうち**最も不適当な箇所番号**を 1 つあげ，**適当な語句又は数値**を記入しなさい。

1．平板載荷試験は，地盤の変形や強さなどの支持力特性を直接把握するために実施される。
　　試験地盤に礫が混入する場合には，礫の最大直径が載荷板直径の $\frac{1}{3}$ 程度を目安とし，
　　　　　　　　　　　　　　　　　　　　　　　　　　　①
この条件を満たさない場合は大型の載荷板を用いることが望ましい。

　　試験地盤は，半無限の表面を持つと見なせるよう載荷板の中心から載荷板直径の 3 倍以
　　　　　　　　　　　　　　　　　　　　　　　　　　　　　　　　　　　②
上の範囲を水平に整地する。

　　また，計画最大荷重の値は，試験の目的が設計荷重を確認することにある場合は，長期
設計荷重の 3 倍以上に設定する必要がある。
　　　　　③

2．根切り工事において，掘削底面付近の砂質地盤に上向きの浸透流が生じ，この水の浸透力が砂の水中での有効重量より大きくなり，砂粒子が水中で浮遊する状態を
クイックサンドという。
①

クイックサンドが発生し，沸騰したような状態でその付近の地盤が崩壊する現象を
①
ボイリングという。
②

また，掘削底面やその直下に難透水層があり，その下にある被圧地下水により掘削底面
が持ち上がる現象をヒービングという。
③

3．場所打ちコンクリート杭地業のオールケーシング工法における掘削は，表層ケーシング
①
を搖動又は回転圧入し，土砂の崩壊を防ぎながら，ハンマーグラブにより掘削する。
ようどう   ②

常水面以下に細かい砂層が5m以上ある場合は，表層ケーシングの外面を伝って下方に流
③   ①
れる水の浸透流や搖動による振動によって，周囲の砂が締め固められ表層ケーシングが動
ようどう③   ③   ①
かなくなることがあるので注意する。

支持層の確認は，ハンマーグラブでつかみ上げた土砂を土質柱状図及び土質資料と対比
②
して行う。

4．ガス圧接の技量資格種別において，手動ガス圧接については，1種から4種まであり，2種，
①
3種，4種となるに従って，圧接作業可能な鉄筋径の範囲が大きくなる。
②

技量資格種別が1種の圧接作業可能範囲は，異形鉄筋の場合は呼び名D32以下である。
③

5．鉄筋のガス圧接継手の継手部の外観検査において，不合格となった圧接部の処置は次に
よる。

圧接部のふくらみの直径や長さが規定値に満たない場合は，再加熱し，徐冷して所定の
①
ふくらみに修正する。

圧接部の折曲がりの角度が2度以上の場合は，再加熱して修正する。
②

圧接部における鉄筋中心軸の偏心量が規定値を超えた場合は，圧接部を切り取って再圧
③
接する。

6．型枠組立てに当たって，締付け時に丸セパレーターのせき板に対する傾きが大きくなる
と丸セパレーターの破断強度が大幅に低下するので，できるだけ直角に近くなるように取
①
り付ける。

締付け金物は，締付け不足でも締付けすぎても不具合が生じるので，適正に使用するこ
とが重要である。締付け金物を締付けすぎると，せき板が内側に変形する。
②

締付け金物の締付けすぎへの対策として，内端太（縦端太）を締付けボルトとできるだ
け離す等の方法がある。
③

7．コンクリートポンプ工法による1日におけるコンクリートの打込み区画及び打込み量は，
①
建物の規模及び施工時間，レディーミクストコンクリートの供給能力を勘案して定める。

コンクリートの打込み速度は，スランプ18cm程度の場合，打込む部位によっても変わ
るが，20～30㎥/hが目安となる。
②

また，スランプ $10 \sim 15$ ㎝ のコンクリートの場合，公称棒径 45 ㎜ の棒形振動機 1 台当たりの締固め能力は，$10 \sim \underset{③}{30}$ ㎥ $/h$ 程度である。

なお，コンクリートポンプ 1 台当たりの圧送能力は，$20 \sim 50$ ㎥ $/h$ である。

8．鉄骨工事におけるスタッド溶接後の仕上がり高さ及び傾きの検査は，$\underset{①}{100}$ 本又は主要部材 1 本若しくは 1 台に溶接した本数のいずれか少ないほうを 1 ロットとし，1 ロットにつき $\underset{②}{1}$ 本行う。

検査する $\underset{②}{1}$ 本をサンプリングする場合，1 ロットの中から全体より長いかあるいは短そうなもの，又は傾きの大きそうなものを選択する。

なお，スタッドが傾いている場合の仕上がり高さは，軸の中心でその軸長を測定する。

検査の合否の判定は限界許容差により，スタッド溶接後の仕上がり高さは指定された寸法の ± 2 ㎜ 以内，かつ，スタッド溶接後の傾きは $\underset{③}{15}$ 度以内を適合とし，検査したスタッドが適合の場合は，そのロットを合格とする。

【解答例】

	最も不適当な箇所番号	適当な語句又は数値
1.	①	$\dfrac{1}{5}$
2.	③	盤ぶくれ
3.	①	ケーシングチューブ
4.	③	D25
5.	①	加圧
6.	③	近接させる
7.	③	15
8.	③	5

【解　説】

1．平板載荷試験は，地盤の変形や強さ等の支持力特性を直接把握するために実施される。

試験地盤に礫が混入する場合には，礫の最大直径が載荷板直径の $\underset{①}{\dfrac{1}{5}}$ 程度を目安とし，この条件を満たさない場合は大型の載荷板を用いることが望ましい。

試験地盤は，半無限の表面を持つと見なせるよう載荷板の中心から載荷板直径の $\underset{②}{3}$ 倍以上の範囲を水平に整地する。

また，計画最大荷重の値は，試験の目的が設計荷重を確認することにある場合は，長期設計荷重の $\underset{③}{3}$ 倍以上に設定する必要がある。

2．根切り工事において，掘削底面付近の砂質地盤に上向きの浸透流が生じ，この水の浸透力が砂の水中での有効重量より大きくなり，砂粒子が水中で浮遊する状態を $\underset{①}{クイックサンド}$ という。

$\underset{①}{クイックサンド}$ が発生し，沸騰したような状態でその付近の地盤が崩壊する現象を

ボイリングという。
②

また，掘削底面やその直下に難透水層があり，その下にある被圧地下水により掘削底面が持ち上がる現象を**盤ぶくれ**という。
③

ヒービングは，軟弱粘性地盤を掘削するとき，山留め壁背面の土の重量によって掘削底面内部に滑り破壊が生じ，底面が押し上げられてふくれ上がる現象である。

3．場所打ちコンクリート杭地業のオールケーシング工法（**図－1**）における掘削は，<u>**ケーシングチューブ**</u>を揺動又は回転圧入し，土砂の崩壊を防ぎながら，<u>**ハンマーグラブ**</u>により掘削
①　　　　　　　　　　　　　　　　　　　　　　　　　　　　　　②
する。

常水面以下に細かい<u>砂</u>層が5m以上ある場合は，<u>**ケーシングチューブ**</u>の外面を
③　　　　　　　　　　　　　　　　　　　　　①
伝って下方に流れる水の浸透流や揺動による振動によって，周囲の<u>砂</u>が締め固められ
　　　　　　　　　　　ようどう　　　　　　　　　　　　　　　　　　③
<u>**ケーシングチューブ**</u>が動かなくなることがあるので注意する。
①

支持層の確認は<u>ハンマーグラブ</u>でつかみ上げた土砂を土質柱状図及び土質資（試）料と対
②
比して行う。

なお，表層ケーシングはアースドリル工法（**図－2**）で表層部の掘削孔の崩壊防止のために使用する。

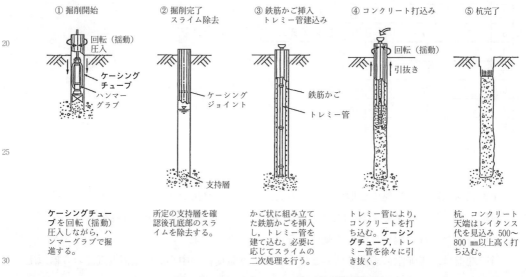

図－1　オールケーシング工法（監理指針）

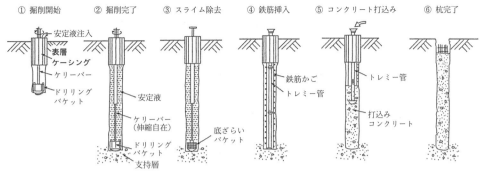

図－2　アースドリル工法（監理指針）

4．圧接作業に従事する技能技術者は，当該工事に使用される鉄筋に相応した技量資格を有することが必要である。

　　ガス圧接の技量資格種別（**表－1，表－2**）において，<u>手動</u>ガス圧接については，1種から4種まであり，2種，3種，4種となるに従って，圧接作業可能な鉄筋径の範囲が<u>大きく</u>なる。
　　　　　　　　　　　　　　　　　　　　　　　　①　　　　　　　　　　　　　　　　　　　　　　　　　　　　　②
　　技量資格種別が1種の圧接作業可能範囲は，異形鉄筋の場合は呼び名 <u>D25</u> 以下である。
　　　　　　　　　　　　　　　　　　　　　　　　　　　　　　　③

表－1　手動ガス圧接技量資格者の圧接作業可能範囲（監理指針）

技量資格種別	圧接作業可能範囲	
	鉄筋の種類	鉄筋径
1　種	SR235，SR295，SD295A，SD295B，SD345，SD390	径 25 mm 以下 呼び名 **D25 以下**
2　種	SR235，SR295，SD295A，SD295B，SD345，SD390	径 32 mm 以下 呼び名 D32 以下
3　種	SR235，SR295，SD295A，SD295B，SD345，SD390，SD490	径 38 mm 以下 呼び名 D38 以下
4　種	SR235，SR295，SD295A，SD295B，SD345，SD390，SD490	径 50 mm 以下 呼び名 D51 以下

表－2　自動ガス圧接技量資格者の圧接作業可能範囲（監理指針）

技量資格種別	圧接作業可能範囲	
	鉄筋の種類	鉄筋径
4　種	SR235，SR295，SD295A，SD295B，SD345，SD390，SD490	径 50 mm 以下 呼び名 D51 以下

5． 鉄筋のガス圧接継手部の外観検査においては，不合格となった圧接部の処置は次による。

圧接部のふくらみの直径や長さが規定値に満たない場合は，再加熱し，<u>加圧</u>して所定のふ
①
くらみに修正する。

圧接部の折曲がりの角度が<u>2</u>度以上の場合は，再加熱して修正する。
②

圧接部における鉄筋中心軸の<u>偏心量</u>が規定値を超えた場合は，圧接部を切り取って再圧接
③
する。

6． 型枠組立てに当たって，締付け時に丸セパレーターのせき板に対する傾きが大きくなると
丸セパレーターの破断強度が大幅に低下するので，できるだけ<u>直角</u>に近くなるように取り付
①
ける。

締付け金物は，締付け不足でも締付けすぎても不具合が生じるので，適正に使用すること
が重要である。締付け金物を締付けすぎると，せき板が<u>内側</u>に変形する（**図－3**）。
②

締付け金物の締付けすぎへの対策として，内端太（縦端太）を締付けボルトとできるだけ
<u>近接させる</u>等の方法がある。
③

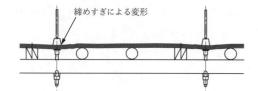

図－3　締付け金物の締めすぎによる変形
（型枠の設計・施工指針）

図－4　締付け金物の締めすぎ対策
（型枠の設計・施工指針）

7． コンクリートポンプ工法による1日におけるコンクリートの打込み区画及び<u>打込み量</u>
①
は，建物の規模及び施工時間，レディーミクストコンクリートの供給能力を勘案して定める。

コンクリートの打込み速度は，スランプ18cm程度の場合，打込む部位によっても変わるが，
20～<u>30</u>㎥/hが目安となる。
②

また，スランプ10～15cmのコンクリートの場合，公称棒径45mmの棒形振動機1台当た
りの締固め能力は，10～<u>15</u>㎥/h程度である。
③

なお，コンクリートポンプ1台当たりの圧送能力は，20～50㎥/hである。

8． 鉄骨工事におけるスタッド溶接後の仕上がり高さ及び傾きの検査は，<u>100</u>本又は主要部材
①
1本若しくは1台に溶接した本数のいずれか少ないほうを1ロットとし，1ロットにつき<u>1</u>
②
本行う。

検査する<u>1本</u>をサンプリングする場合，1ロットの中から全体より長いかあるいは短そう
②
なもの，又は傾きの大きそうなものを選択する。

なお，スタッドが傾いている場合の仕上がり高さは，軸の中心でその軸長を測定する。

検査の合否の判定は限界許容差により，スタッド溶接後の仕上がり高さは指定された寸法
の±2mm以内，かつ，スタッド溶接後の傾きは<u>5</u>度以内を適合とし（**表－3**），検査したスタッ
③

ドが適合の場合は，そのロットを合格とする。

表－3　スタッド溶接の管理許容差と限界許容差（JASS 6 より抜粋）

名　称	図	管理許容差	限界許容差
スタッド溶接後の仕上がり高さと傾き $\Delta L, \theta$		$-1.5\,\mathrm{mm} \leqq \Delta L \leqq +1.5\,\mathrm{mm}$	$-2\,\mathrm{mm} \leqq \Delta L \leqq +2\,\mathrm{mm}$
		$\theta \leqq 3°$	$\theta \leqq 5°$

平成29年度－問題3

　次の 1. から 4. の問いに答えなさい。

　ただし，解答はそれぞれ異なる内容の記述とし，作業環境（気象条件等），材料の品質，材料の調合，材料の保管及び作業員の安全に関する記述は除くものとする。

1. 既製コンクリート杭の埋込み工法における，支持力を確保するための**施工管理上の確認方法**を2つ具体的に記述しなさい。

2. 鉄筋工事における，バーサポート又はスペーサーを設置する際の**施工上の留意事項**を2つ具体的に記述しなさい。

3. コンクリート工事の打込み時における，コールドジョイントの発生を防止するための**施工上の留意事項**を2つ具体的に記述しなさい。

4. 鉄骨工事の耐火被覆における，吹付けロックウール（乾式又は半乾式）工法の**施工上の留意事項**を2つ具体的に記述しなさい。

【解答例】

1.	確認方法	(1)	アースオーガーの駆動用電動機の電流値，掘削深さ等から支持地盤の確認をする。
		(2)	オーガーヘッドの先端に付着した掘削土を採取し，土質標本と照合する。
2.	留意事項	(1)	スラブには鋼製のバーサポートを使用する。
		(2)	鋼製のバーサポート，スペーサーは，型枠に接する部分に防錆処理をする。
3.	留意事項	(1)	コンクリート打重ね時間の限度内に次のコンクリートを打ち込む。
		(2)	1層の打込み厚さは振動機の長さ以内とする。
4.	留意事項	(1)	吹付け施工に先立ち，鉄骨面の浮き錆，油等を除去する。
		(2)	吹付け施工中，ピンを差し込み，吹付け厚さを確認する。

（その他の解答例）

1.	確認方法	(1)	根固め液の強度，使用量の確認をする。
		(2)	試験杭を行い，支持地盤，根入れ状況等を確認する。
2.	留意事項	(1)	柱・梁・壁の側面はプラスチック製としてもよい。
		(2)	プラスチック製のドーナツ形のスペーサーは縦向きに使用する。
3.	留意事項	(1)	連続して打込みができるように，打込み区画，運搬機等の計画をする。
		(2)	練混ぜから打込み終了までの時間の限度内に打込みをする。
4.	留意事項	(1)	吹付け施工後，試料を採取し，かさ比重を確認する。
		(2)	貫通部，取付け金物にも主要鉄骨と同じ耐火被覆をする。

【解　説】

1．既製コンクリート杭の埋込み工法

埋込み工法にはプレボーリング工法，中掘り工法があり，支持層の確認等，施工全般にわたるプロセスの管理が重要であり，支持地盤，杭の支持地盤中への根入れ，試験杭，根固め液の強度，注入量等を確認する。

2．バーサポート，スペーサーの設置

鉄筋コンクリートのかぶり厚さの確保には，バーサポート，スペーサーの適切な使用が重要であり，使用部位やかぶり厚さに応じ，材種や形状等を使い分ける。一般に，水平の鉄筋の位置を保持するのがバーサポート，側面の型枠に対して鉄筋のかぶり厚さを確保するのがスペーサーと呼ばれる。

バーサポート，スペーサーは，強度，耐久性等から，コンクリート製，鋼製とし，梁・柱・基礎梁・壁等の側面に限りプラスチック製としてもよい。

スラブには，コンクリート打設により配筋が乱されにくいように，鋼製（バーサポート）を使用する。鋼製は耐久性を考慮し，かぶり厚さに相当する部分を防錆処理する。

プラスチック製のドーナツ形のスペーサーは，コンクリートの充填性を考慮し，縦向きに使う。

3．コールドジョイントの発生防止

コールドジョイントは，先に打ち込んだコンクリートと後から打ち重ねたコンクリートとの間に一体化しない部分ができるものであり，防水性，耐久性を維持する上で重大な欠陥になる。コールドジョイントの発生を防止するため，1回に打ち込まれるように計画された区画内では，コンクリートが一体になるように連続して打ち込む。

打重ね時間間隔の限度内に先に打ち込まれているコンクリートに再振動を加え，コンクリートを打ち重ねる。打重ね時間間隔の限度は，JASS 5（鉄筋コンクリート工事）では，外気温が 25 ℃ 未満の場合は 150 分，25 ℃ 以上で 120 分を目安としている。

　　公称棒径 45 mm の棒形振動機の長さは 60 〜 80 cm であり，打ち込んだコンクリートの下層まで振動機の先端が入るように，1 層の打込み厚さは振動機の長さ以下とする。

　　コンクリートの施工計画では，コールドジョイントが発生しないように，計画調合，打込み区画，運搬機器の種類と台数，打込み人員配置等について検討する。

　　練混ぜ終了後，経過時間が長くなるとスランプの低下が大きくなり，コールドジョイントの発生のおそれが高くなるので，コンクリートの練混ぜから打込み終了までの時間の限度内に打込みを行う。

4．吹付けロックウール（乾式又は半乾式）工法

　　吹付けロックウール工法は，耐火被覆材料を鉄骨に直接吹き付ける工法で，工場配合による乾式工法と現場配合のセメントスラリーによる半乾式工法がある。

　　作業に先立ち，鉄骨面の浮き錆，油等を充分に除去し，耐火被覆材の接着性を阻害しないようにする。

　　吹付け施工中，ピン又は厚さ測定器等により吹付け厚さを確認する。

　　吹付け施工後，かさ密度測定用切取り機で試料を採取し，かさ密度を確認する。

　　貫通部や取付け金物等は，主要鉄骨と同様に所定の耐火被覆を行う。

平成28年度－問題 3

　　次の 1．から 8．の各記述において，記述ごとの①から③の下線部の語句又は数値のうち最も不適当な箇所番号を 1 つあげ，適当な語句又は数値を記入しなさい。

1．ラフテレーンクレーンと油圧トラッククレーンを比較した場合，狭所進入，狭隘地作業性に優れるのは，ラフテレーンクレーン①である。

　　クローラクレーンのタワー式と直ブーム式を比較した場合，ブーム下のふところが大きく，より建物に接近して作業が可能なのは，直ブーム式②である。

　　また，定置式のタワークレーンの水平式と起伏式を比較した場合，吊上げ荷重が大きく揚程が高くとれるのは，起伏式③である。

2．根切りにおいて，床付け面を乱さないため，機械式掘削では，通常床付け面上 30 〜 50 cm の土を残して，残りを手掘りとするか，ショベルの刃を爪状①のものに替えて掘削する。

　　床付け面を乱してしまった場合は，粘性土であれば礫や砂質土などの良質土に置換②するか，セメントや石灰などによる地盤改良③を行う。

3．アースドリル工法は，アースドリル機のクラウン①の中心を杭心に正確に合わせ，機体を水平に据え付け，掘削孔が鉛直になるまでは慎重に掘削を行い，表層ケーシングを鉛直に立て込む。

一般に掘削孔壁の保護は，地盤表層部はケーシングにより，ケーシング下端以深は，ベントナイトやCMCを主体とする安定液によりできるマッドケーキ（不透水膜）と水頭圧により保護する。
②③

4．鉄筋のガス圧接を行う場合，圧接部の膨らみの直径は，主筋等の径の1.2倍以上とし，①　かつ，その長さを主筋等の径の1.1倍以上とする。②
　また，圧接部の膨らみにおける圧接面のずれは，主筋等の径の$\frac{1}{4}$以下とし，かつ，鉄③　筋中心軸の偏心量は，主筋等の径の$\frac{1}{5}$以下とする。

5．型枠に作用するコンクリートの側圧に影響する要因として，コンクリートの打込み速さ，比重，打込み高さ，柱や壁などの部位等があり，打込み速さが速ければコンクリートヘッドが大きくなって，最大側圧が大となる。①
　また，せき板材質の透水性又は漏水性が大きいと最大側圧は小となり，打ち込んだコン②　クリートと型枠表面との摩擦係数が大きいほど，液体圧に近くなり最大側圧は大となる。③

6．型枠の高さが4.5m以上の柱にコンクリートを打ち込む場合，たて形シュートや打込み①　用ホースを接続してコンクリートの分離を防止する。
　たて形シュートを用いる場合，その投入口と排出口との水平方向の距離は，垂直方向の高さの約$\frac{1}{2}$以下とする。②
　やむを得ず斜めシュートを使用する場合，その傾斜角度は水平に対して15度以上とする。③

7．鉄骨工事におけるスタッド溶接部の15°打撃曲げ検査は，150本又は主要部材1個に溶①　接した本数のいずれか少ない方を1ロットとし，1ロットにつき1本行う。②③
　検査の結果，不合格になった場合は同一ロットからさらに2本のスタッドを検査し，2本とも合格の場合はそのロットを合格とする。

8．トルシア形高力ボルトの締付け完了後の検査は，すべてのボルトについてピンテールが破断されていることを確認し，1次締付け後に付したマークのずれを調べる。①
　ナット回転量に著しいばらつきが認められる群については，そのボルト一群のすべてのボ②　ルトのナット回転量を測定し，平均回転角度を算出し，ナット回転量が平均回転角度±45度③　の範囲のものを合格とする。

【解答例】

	最も不適当な箇所番号	適当な語句又は数値
1.	②	タワー式
2.	①	平状
3.	①	ケリーバー
4.	①	1.4
5.	③	小さい
6.	③	30
7.	①	100
8.	③	30

【解　説】

1．ラフテレーンクレーンと油圧トラッククレーンを比較した場合，狭所進入，狭隘地作業性に優れるのは，ラフテレーンクレーン①である。

　クローラクレーンのタワー式と直ブーム式を比較した場合，ブーム下のふところが大きく，より建物に接近して作業が可能なのは，**タワー式**②である（**図－1**）。

　また，定置式のタワークレーンの水平式と起伏式を比較した場合，吊上げ荷重が大きく揚程が高くとれるのは，起伏式③である。

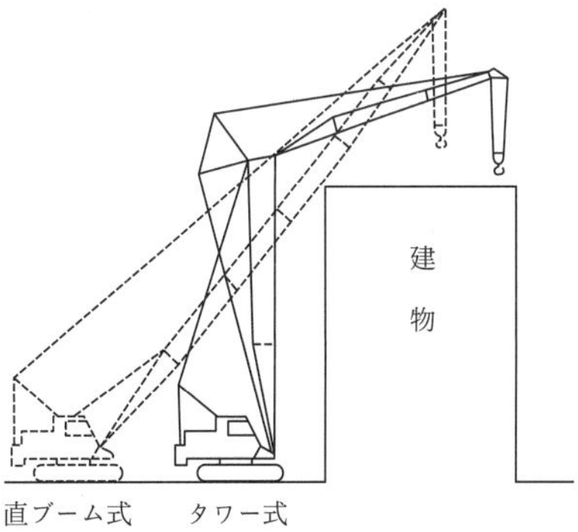

　クローラクレーンのタワー式は，垂直に立てたブームの先にジブを設けているため，直ブーム式より建物に接近することができる。

図－1　クローラクレーン

2．根切りにおいて，床付け面を乱さないため，機械式掘削では，通常床付け面上30〜50㎝の土を残して，残りを手掘りとするか，ショベルの刃を爪状のものから**平状**①のものに替えて掘削する。

　床付け面を乱してしまった場合は，粘性土であれば礫や砂質土等の良質土に置換②するか，セメントや石灰等による地盤改良③を行う。

3．アースドリル工法（**図－2**）は，アースドリル機の**ケリーバー**①の中心を杭心に正確に合わせ，機体を水平に据え付け，掘削孔が鉛直になるまでは慎重に掘削を行い，表層ケーシングを鉛直に立て込む。

　一般に掘削孔壁の保護は，地盤表層部はケーシングにより，ケーシング下端以深は，ベントナイト②やCMCを主体とする安定液によりできるマッドケーキ（不透水膜）と水頭圧③により保護する。

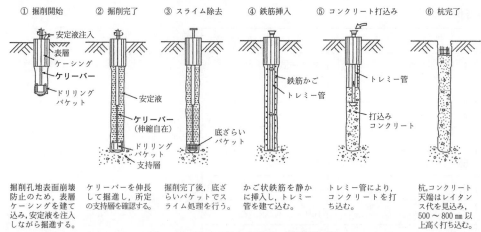

① 掘削開始　　② 掘削完了　　③ スライム除去　　④ 鉄筋挿入　　⑤ コンクリート打込み　　⑥ 杭完了

掘削孔地表面崩壊防止のため，表層ケーシングを建て込み，安定液を注入しながら掘進する。

ケリーバーを伸長して掘進し，所定の支持層を確認する。

掘削完了後，底ざらいバケットでスライム処理を行う。

かご状鉄筋を静かに挿入し，トレミー管を建て込む。

トレミー管により，コンクリートを打ち込む。

杭，コンクリート天端はレイタンス代を見込み，500〜800 mm以上高く打ち込む。

図－2　アースドリル工法（監理指針）

4．鉄筋のガス圧接を行う場合，圧接部の膨らみの直径は，主筋等の径の <u>1.4</u>① 倍以上とし，かつ，その長さを主筋等の径の <u>1.1</u>② 倍以上とする（**図－3**）。

　　また，圧接部の膨らみにおける圧接面のずれは，主筋等の径の $\frac{1}{4}$③ 以下とし（**図－4**），かつ，鉄筋中心軸の偏心量は，主筋等の径の $\frac{1}{5}$ 以下とする（**図－5**）。

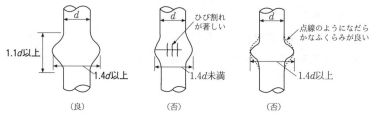

図－3　圧接部のふくらみの形状及び寸法（監理指針）

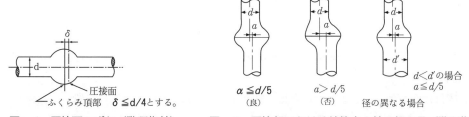

図－4　圧接面のずれ（監理指針）　　　　**図－5　圧接部における鉄筋中心軸の偏心量**（監理指針）

5．型枠に作用するコンクリートの側圧に影響する要因として，コンクリートの打込み速さ，比重，打込み高さ，柱や壁等の部位等があり，打込み速さが速ければコンクリートヘッドが <u>大きく</u>① なって，最大側圧が大となる。

　　また，せき板材質の透水性又は漏水性が <u>大きい</u>② と最大側圧は小となり，打ち込んだコンクリートと型枠表面との摩擦係数が <u>小さい</u>③ ほど，液体圧に近くなり最大側圧は大となる。

6．型枠の高さが <u>4.5</u>① m以上の柱にコンクリートを打ち込む場合，たて形シュートや打込み

用ホースを接続してコンクリートの分離を防止する。

　　たて形シュートを用いる場合，その投入口と排出口との水平方向の距離は，垂直方向の高さの約 $\frac{1}{2}$ 以下とする。
　　　　　　　　　　②

　　やむを得ず斜めシュートを使用する場合，その傾斜角度は水平に対して <u>30</u> 度以上とする。
　　　　　　　　　　　　　　　　　　　　　　　　　　　　　　　　　　　　　　③

7．鉄骨工事におけるスタッド溶接部の15°打撃曲げ検査は，<u>100</u> 本又は主要部材１個に溶接
　　　　　　　　　　　　　　　　　　　　　　　　　　　　①
した本数のいずれか <u>少ない方</u>を１ロットとし，１ロットにつき <u>1</u> 本行う。
　　　　　　　　　　②　　　　　　　　　　　　　　　　　③

　　検査の結果，不合格になった場合は同一ロットからさらに２本のスタッドを検査し，２本とも合格の場合はそのロットを合格とする。

8．トルシア形高力ボルトの締付け完了後の検査は，すべてのボルトについてピンテールが
<u>破断</u>されていることを確認し，１次締付け後に付したマークのずれを調べる。
①

　　<u>ナット回転量</u>に著しいばらつきが認められる群については，そのボルト一群のすべてのボ
　　　　②
ルトのナット回転量を測定し，平均回転角度を算出し，ナット回転量が平均回転角度±<u>30</u>
　　③
度の範囲のものを合格とする。

平成27年度－問題 3

　　次の 1．から 4．の問いに答えなさい。

　　ただし，解答はそれぞれ異なる内容の記述とし，作業環境（気象条件等），材料の保管及び作業員の安全に関する記述は除くものとする。

1．場所打ちコンクリート杭地業（アースドリル工法）において，**スライム処理**及び**安定液**についての施工上の留意事項を，**それぞれ**具体的に記述しなさい。

2．鉄筋コンクリート造の型枠工事において，床型枠用鋼製デッキプレート（フラットデッキプレート）の施工上の留意事項を，**2つ**具体的に記述しなさい。

　　ただし，材料の選定に関する記述は除くものとする。

3．普通コンクリートを用いる工事において，ひび割れを防止するためのコンクリートの調合上の留意事項を，**2つ**具体的に記述しなさい。

4．鉄骨工事において，梁上に頭付きスタッドをアークスタッド溶接する場合の施工上の留意事項を，**2つ**具体的に記述しなさい。

　　ただし，頭付きスタッドに不良品はないものとし，電源，溶接機及び技量資格に関する記述は除くものとする。

【解答例】

1. 留意事項	(1)	スライムの一次処理は，底ざらいバケットを使用し，バケットの昇降により孔壁が崩壊しないように緩やかに行う。
	(2)	安定液の選択と配合は，土質や地下水条件を考慮して決め，適時試験を行い安定液を調整し，安定液の劣化を防ぐ。
2. 留意事項	(1)	納期を要する工場製作品であるので，早めに割付図等を作成し，現場での切込み等の作業を少なくする。
	(2)	フラットデッキプレートは，長さ方向の梁へののみ込み代をとり，横桟木で受ける。横桟木で受けた荷重が縦桟木で支持できる型枠とする。
3. 留意事項	(1)	単位水量は規定するコンクリート品質が得られる範囲内で，できるだけ小さくする。
	(2)	単位セメント量は規定値以上とするが，水和熱及び乾燥収縮によるひび割れを防止する観点からできるだけ小さくする。
4. 留意事項	(1)	溶接は直接溶接とし，下向き姿勢で行う。
	(2)	溶接面の水分，著しい錆，塗料等は，溶接前にグラインダー等で除去する。

（その他の解答例）

1. 留意事項	(1)	スライムの二次処理は，コンクリート打設直前に水中ポンプ方式又はエアーリフト方式等で行う。
	(2)	安定液の配合は，できるだけ低粘性・低比重のものとする。
2. 留意事項	(1)	フラットデッキは変形しやすいので，養生方法，揚重方法，吊り治具等に注意する。
	(2)	フラットデッキの梁へののみ込み部分の下部は，コンクリートが十分に充填するよう念入りに打設する。
3. 留意事項	(1)	細骨材率は規定するコンクリートの品質が得られる範囲内で，できるだけ小さくする。
	(2)	スランプは必要なワーカビリティーが得られる範囲内で，できるだけ小さくする。
4. 留意事項	(1)	午前と午後の作業開始前に，適切な溶接条件を設定するため，溶接試験を行う。
	(2)	デッキプレート等を貫通して溶接する場合は，事前に試験溶接を行い，施工条件を定める。

【解　説】

1．アースドリル工法のスライム処理及び安定液

　　スライムとは，孔内の崩落土，泥水中の土砂等が孔底に沈殿，沈積したもので，コンクリートの品質低下，杭の断面欠損及び支持力の低下の原因になる。スライム処理には，一次処理と二次処理がある。アースドリル工法の一次処理は，掘削完了直後に底ざらいバケットにより行う。安定液中のスライムの沈降速度が遅い場合や量が多い場合は，水中ポンプ等を使用し，掘削下部の安定液を置換する。二次処理は，コンクリート打設直前に水中ポンプ方式又はエアーリフト方式等で行う。

安定液は，孔壁の崩壊防止の機能とともにコンクリート中に混入することがなく，コンクリートと良好に置換される機能を持つ必要がある。安定液には，ベントナイト系安定液とCMC系安定液があり，安定液の配合はできるだけ低粘性・低比重のものがよい。

2．床型枠用鋼製デッキプレート（フラットデッキプレート）

床型枠用鋼製デッキプレート（フラットデッキプレート）は，合板型枠の代わりに使用する表面が平らな床型枠専用の鋼製デッキプレートである。鉄筋コンクリート床を支保工なしで施工できることから広く普及している。コンクリート施工後，通常は解体しないでそのまま存置することが多い。設計，施工については，「床型枠用鋼製デッキプレート（フラットデッキ）設計施工指針・同解説」（（一社）公共建築協会）が参考になる。

型枠との接合方法は，**図**による。

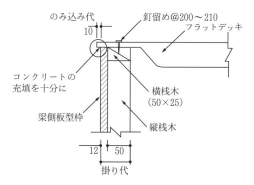

図　型枠との接合方法（RC・SRC造，スラブ厚300mm以下）
（床型枠用鋼製デッキプレート（フラットデッキ）設計施工指針・同解説）

3．ひび割れを防止するためのコンクリートの調合

コンクリートのひび割れを防止するための調合上の留意事項を示す。

単位水量が大きくなると，乾燥収縮等が大きくなり，コンクリートに乾燥収縮ひび割れを生じさせるので，単位水量はできるだけ小さくする。

単位セメント量は，水和熱及び乾燥収縮によるひび割れを防止するため，できるだけ小さくすることが望ましい。しかし，セメント量が過小であるとコンクリートのワーカビリティーが悪くなる。

細骨材率を小さくすると所要スランプを得るための単位水量が減少するが，がさがさのコンクリートとなり，ワーカビリティーが低下する。所要のワーカビリティーが得られる範囲で単位水量が最小になるように最適な細骨材率を定める。

スランプを大きくし，かつ，単位セメント量や細骨材率を大きくすると，ワーカビリティーは良くなるが，単位水量や単位セメント量が過大になると，乾燥収縮が大きくなってひび割れが生じやすくなる。

4．頭付きスタッドのアークスタッド溶接

アークスタッド溶接は，アークシールドと呼ぶセラミックスの保護筒内で母材とスタッドの間にアークを発生させ，その発熱により母材及びスタッドを溶融し，一定時間後，スタッドを母材上に形成された溶融池に圧入して接合する溶接法である。鉄骨工事の合成梁や柱脚のシャーコネクターの溶接に用いられている。

スタッド溶接は，母材に直接溶接し下向き姿勢で行うことを原則とする。横向きとする場合は，余盛りがスタッド全周に回らないことが多いので注意する。デッキプレート等を貫通してスタッド溶接を行う場合は，事前に引張試験，曲げ試験等を行って溶接部の健全性が確保できる施工条件を定める。

第5節　仕上げ施工【問題4 or 5】

過去の出題一覧表

凡例：○…適当な語句の記入又は選択，◎…留意事項の記述

分類	年度（令和,平成）	R6	R5	R4	R3	R2	R元	H30（臨時）	H30（通常）	H29	H28	H27	備　考
防水工事	溶融温度・ルーフィングの張付け						○						H25，H20
	アスファルト防水保護層の平場部の施工			◎					◎		◎		
	屋上アスファルト防水の絶縁用シートの施工							◎					
	改質アスファルトシート防水の施工				○					○			H21
	塩化ビニル樹脂系シート防水の施工		○										
	ゴムアスファルト系塗膜防水の施工											○	
タイル工事	マスク張り，モザイクタイル張り						○						
	密着張りの施工							◎					H24，H18
	改良圧着張りの施工								◎				H25，H22
	タイルの検査									○			
	外壁タイル後張り工法の引張接着強度検査		○									○	
	有機系接着剤によるタイル張り	◎				◎					◎		
	剥落防止用引金物				○								H23
屋根・とい工事	長尺金属板の加工，下葺き				○								H25，H19
	折板葺きのタイトフレームの取付け					○							H23
	金属製折板屋根葺き					◎							H26
	折板葺きけらば包みの施工			○								○	
金属工事	軽量鉄骨壁下地の施工			○		○							H24，H23
	軽量鉄骨天井下地の施工							◎		○			
	金属製手すりの伸縮									○			
	アルミニウム製笠木の取付け	◎							◎				
左官工事	セメントモルタル塗りの表面仕上げ			○		○						○	
	吸水調整材の施工									○			H21
	コンクリート直均し仕上げ							◎					
	セルフレベリング材塗り	◎			○						◎		H25，H19
	外装合成樹脂エマルション系薄付け仕上塗材（外装薄塗材E）の施工			◎					◎				H26
建具工事	ステンレス製建具の板加工									○			
	アルミニウム製建具の施工		○										
	外壁に取り付ける鋼製建具			◎									
	防煙シャッターの構造						○					○	H21
カーテンウォール工事	PCカーテンウォールのファスナー方式				○								

凡例：○…適当な語句の記入又は選択，◎…留意事項の記述

分　類	年　度 （令和,平成）	R6	R5	R4	R3	R2	R元	H30 （臨時）	H30 （通常）	H29	H28	H27	備　考
塗装工事	塗装工事における研磨紙ずり				○								H23
	パテ処理の工法		○				○					○	
	アクリル樹脂系非水分散形塗料（NAD）									○			
内装工事	せっこうボード直張り工法						○						H25
	ロックウール化粧吸音板の施工					◎					◎		H22
	壁紙施工				○								
	フリーアクセスフロア下地へのタイルカーペットの張付け		○							○		○	H23
	フローリング釘留め工法			◎									H26，H20
	ビニル床シート張付け	◎											
	硬質ウレタンフォームの吹付け工法					◎							
改修工事	コンクリートひび割れ部への樹脂注入工法				○								H23

令和6年度－問題4

次の 1. から 4. の問いに答えなさい。

ただし，1. から 4. の解答はすべて異なる内容の記述とし，材料（仕様，品質，搬入等），作業環境（騒音，振動，気象条件等），清掃及び安全に関する記述は除くものとする。

1. タイル工事において，有機系接着剤を用いて外壁タイル張りを行うときの施工上の**留意事項**を2つ，具体的に記述しなさい。

　　ただし，タイルの割付け，材料の保管及び下地に関する記述は除くものとする。

2. 金属工事において，パラペット天端に押出形材の既製品であるアルミニウム製笠木を設けるときの施工上の**留意事項**を2つ，具体的に記述しなさい。

　　ただし，材料の保管及び防水層に関する記述は除くものとする。

　　なお，パラペットは現場打ちコンクリートとする。

3. 左官工事において，内装床の張物下地となるセルフレベリング材塗りを行うときの施工上の**留意事項**を2つ，具体的に記述しなさい。

　　なお，セルフレベリング材は固定プラント式のスラリータイプとし，専用車両で現場まで輸送供給されるものとする。

4. 内装床工事において，ビニル床シートを平場部に張り付けるときの施工上の**留意事項**を2つ，具体的に記述しなさい。

　　ただし，下地に関する記述は除くものとする。

【解答例】

1.	留意事項	(1)	目地割りにより水糸を引き通し，基準となる定規張りを行って，縦横目地の引き通しに注意しながら張り上げる。
		(2)	1枚張りの場合，手でもみ込んだ後，振動工具等を用いて加振して張り付ける。
2.	留意事項	(1)	笠木と笠木の継手部は，温度変化による伸縮への対応のため，5～10mmのクリアランスを設ける。
		(2)	笠木の固定金具は，コンクリート下地モルタル塗りの上に取り付ける場合は，コンクリート部分へのアンカー長さを確保する。
3.	留意事項	(1)	施工後の気泡跡の凹部等は，セルフレベリング材の製造業者の指定する材料を用いて補修する。
		(2)	塗厚が大きくなるとひび割れや浮きが発生しやすいので，標準塗厚10mmを守る。
4.	留意事項	(1)	施工に先立って床シートを割付け寸法に従って裁断し，室温で24時間以上放置して巻き癖を取り除く。
		(2)	床シート張付け後，接着剤が硬化したことを確認し，溝切りカッターなどではぎ目・継目の溝切りを行う。

（その他の解答例）

1.	留意事項	(1)	接着剤を壁に塗布後，壁面に 60°の角度を保ってくし目ごてでくし目を立てる。
		(2)	裏あしがあるタイルは，裏あし方向とくし目の方向が平行にならないようにする。
2.	留意事項	(1)	コーナー部は留め加工し，溶接又は裏板補強を行ったうえで，止水処理を施した部材を用いる。
		(2)	笠木本体と固定金具との取付けは，はめあい方式によるはめあいとし，ボルトねじ締付け金具等で行う。
3.	留意事項	(1)	セルフレベリング材塗付け後の養生期間は一般に 7 日以上，冬期では 14 日以上とする。
		(2)	施工中はできる限り通風をなくし，施工後も硬化するまでははなはだしい通風を避ける。
4.	留意事項	(1)	溝切りの溝は V 字型または U 字型とし，均一な幅でシートの厚さの $\frac{2}{3}$ 程度まで行う。
		(2)	溶接は熱溶接機により，ビニル床シートと溶接棒を同時に溶接し，余盛りができるように加圧しながら行う。

【解　説】

1．有機系接着剤による外壁タイル張り

　　外壁タイル接着剤張りは，下地が乾燥していたほうがよいので，水湿しを行ってはならない。目視で下地表面が乾燥していることを確認する。降雨後の下地が濡れ色をしている場合には接着剤の性能が大幅に低下するため，タイル張りを行わない。また，吸水調整材を塗布すると，吸水調整材と接着剤との接着を悪くする場合もあるので使用してはならない。

2．パラペット天端へのアルミニウム製笠木の取付け

　　パラペット天端へ取り付けるアルミニウム製笠木は，オープン形式のものが一般的である。固定金具，ジョイント金具，笠木から構成され，笠木と笠木のジョイント部は，ジョイント金具とはめあい方式によりはめあい，取り付けられている。アルミニウムの温度変化が大きく，部材の伸縮へ対応するため，ジョイント部はオープンジョイントとし，5 〜 10 mm のクリアランスを設ける。固定金具は通常 1.3 m 程度の間隔に取り付け，笠木が通りよく，天端の水勾配が正しく保持されるように，あらかじめレベルを調整して取り付ける。あと施工アンカーによる固定金具，ジョイント金具の取付けに際しては，風荷重に対して十分な引抜き耐力を有するようなアンカーの径・長さ・取付け間隔を検討する。

3．内装床張物下地のセルフレベリング材塗り

　　セルフレベリング材には，結合材の種類によってせっこう系とセメント系とがある。結合材のほかに高流動化剤や硬化遅延材等が含まれている。セルフレベリング材を浴室や洗面所の水掛り部分に使用すると，浮き等の不具合が生ずることがあるため，水の影響を受けやすい部分への施工は避ける。製造所の定める有効期限を経過したものは使用してはならない。また，調合に当たっては，水量過多は強度低下や材料分離の原因となるので，製造所の規定

する加水量を厳守しなければならない。

4．ビニル床シートの平場部への張付け

　　床シートは，9 m，18 m，20 m などの長さのものが多く，ロール状に巻かれているが，製造時の内部ひずみが残り，開梱時や施工時に収縮する傾向があり，厚く発泡層のある床シートほどその傾向が大きい。また，冬期は床シートが硬くなり巻き癖が残り，施工時の納まりが悪く，不具合が生じやすいので，床シートの施工に先立って室温 20 ℃以上で敷き延ばし，収縮と巻き癖を取るようにする。

　　床シートは張出し墨に沿って接着剤を塗布し張り始める。圧着は，床シートを送り込みながら圧着棒を用いて空気を押し出し，その後 45 kg ローラーをかける。

［令和 5 年度－問題 5］

　　次の 1．から 8．の各記述において，□□□に当てはまる**最も適当な語句又は数値の組合せ**を，下の枠内から**1 つ**選びなさい。

1．塩化ビニル樹脂系シート防水の接着工法において，シート相互の接合部は，原則として水上側のシートが水下側のシートの上になるよう張り重ねる。

　　また，シート相互の接合幅は，幅方向，長手方向とも，最小値 □a□ mm とし，シート相互の接合方法は，□b□ と □c□ を併用して接合する。

	a	b	c
①	40	接着剤	液状シール材
②	100	接着剤	テープ状シール材
③	100	溶着剤又は熱風	テープ状シール材
④	40	溶着剤又は熱風	液状シール材
⑤	100	溶着剤又は熱風	液状シール材

2．セメントモルタルによる外壁タイル後張り工法の引張接着強度検査は，施工後 2 週間以上経過した時点で，油圧式接着力試験機を用いて，引張接着強度と □a□ 状況に基づき合否を判定する。

　　また，下地がモルタル塗りの場合の試験体は，タイルの目地部分を □b□ 面まで切断して周囲と絶縁したものとし，試験体の数は 100 ㎡ 以下ごとに 1 個以上とし，かつ，全面積で □c□ 個以上とする。

	a	b	c
①	破　壊	下地モルタル	2
②	破　壊	コンクリート	2
③	破　壊	コンクリート	3
④	打　音	コンクリート	3
⑤	打　音	下地モルタル	3

3．鋼板製折板葺屋根におけるけらば包みの継手位置は，端部用タイトフレームの位置よりできるだけ　a　ほうがよい。

また，けらば包み相互の継手の重ね幅は，最小値　b　mm とし，当該重ね内部に不定形又は定形シーリング材をはさみ込み，　c　等で留め付ける。

	a	b	c
①	近　い	100	ドリリングタッピンねじ
②	離　す	60	溶接接合
③	近　い	60	ドリリングタッピンねじ
④	近　い	100	溶接接合
⑤	離　す	100	ドリリングタッピンねじ

4．軽量鉄骨壁下地のランナー両端部の固定位置は，端部から　a　mm 内側とする。

ランナーの固定間隔は，ランナーの形状，断面性能及び軽量鉄骨壁の構成等により　b　mm 程度とする。

また，上部ランナーの上端とスタッド天端の隙間は 10 mm 以下とし，スタッドに取り付けるスペーサーの間隔は　c　mm 程度とする。

	a	b	c
①	100	600	900
②	50	900	600
③	50	600	900
④	50	900	900
⑤	100	900	600

5．仕上げ材の下地となるセメントモルタル塗りの表面仕上げには，金ごて仕上げ，木ごて仕上げ，はけ引き仕上げがあり，その上に施工する仕上げ材の種類に応じて使い分ける。

一般塗装下地，壁紙張り下地の仕上げの場合は，　a　仕上げとする。

壁タイル接着剤張り下地の仕上げの場合は，　b　仕上げとする。

セメントモルタル張りタイル下地の仕上げの場合は，　c　仕上げとする。

	a	b	c
①	金ごて	木ごて	はけ引き
②	金ごて	金ごて	はけ引き
③	木ごて	木ごて	はけ引き
④	金ごて	金ごて	木ごて
⑤	木ごて	金ごて	木ごて

6．アルミニウム製建具工事において，枠のアンカー取付け位置は，枠の隅より 150 mm 内外を端とし，中間の間隔を　a　mm 以下とする。

くつずりをステンレス製とする場合は，厚さ　b　mm を標準とし，仕上げはヘアラインとする。

また，一般的に，破損及び発音防止のためのくつずり裏面のモルタル詰めは，取付け　c　に行う。

	a	b	c
①	500	1.5	後
②	600	1.5	前
③	600	1.6	後
④	500	1.6	前
⑤	500	1.5	前

7．せっこうボード面の素地ごしらえのパテ処理の工法には，パテしごき，パテかい，パテ付けの 3 種類がある。

　a　は，面の状況に応じて，面のくぼみ，隙間，目違い等の部分を平滑にするためにパテを塗る。

また，パテかいは，　b　にパテ処理するもので，素地とパテ面との肌違いが仕上げに影響するため，注意しなければならない。

なお，パテ付けは，特に　c　を要求される仕上げの場合に行う。

	a	b	c
①	パテしごき	全　面	美装性
②	パテしごき	全　面	付着性
③	パテかい	局部的	美装性
④	パテかい	全　面	美装性
⑤	パテかい	局部的	付着性

8．タイルカーペットを事務室用フリーアクセスフロア下地に施工する場合，床パネル相互間の段差と隙間を　a　mm 以下に調整した後，床パネルの目地とタイルカーペットの目地を　b　mm 程度ずらして割付けを行う。

また，カーペットの張付けは，粘着剥離形の接着剤を　c　の全面に塗布し，適切なオープンタイムをとり，圧着しながら行う。

	a	b	c
①	1	100	床パネル
②	2	50	床パネル
③	1	100	カーペット裏
④	2	100	カーペット裏
⑤	1	50	カーペット裏

【解答例】

	解答		解答
1.	④	5.	④
2.	③	6.	⑤
3.	③	7.	③
4.	②	8.	①

【解　説】

1．合成高分子系ルーフィングシート防水には，加硫ゴム系と塩化ビニル樹脂系が多用されている。塩化ビニル樹脂系シート防水の接着工法では，シート相互の接合部は，基本的に水上側のシートが水下側のシートの上になるように張り重ねる。そのシート相互の重ね幅は，幅方向，長手方向ともに <u>40</u> mm 以上で，他のシート防水より重ね幅は少ない。シート相互の接合方法は，<u>溶着剤又は熱風</u>融着とし，<u>液状シール材</u>を併用して接合する（表－1）。

ⓐ　ⓑ　ⓒ

表－1　ルーフィングシートの接合幅（監理指針）

種　別	長手方向	幅方向	立上り部[注1]	接合方法
S-F1 SI-F1	100 mm 以上	100 mm 以上	150 mm 以上	粘着剤による接合 （テープ状シール材併用）[注2]
S-F2 **SI-F2**	**40 mm 以上**	**40 mm 以上**	**40 mm 以上**	**溶剤溶着又は熱風融着** **（液状シール材併用）**
S-C1	100 mm 以上	100 mm 以上	100 mm 以上	接着剤による接合 （ポリマーセメントペースト）

（注）1．ルーフフィングシートの平場と立上り部の取合い部
　　　2．ルーフフィングシートの平場と立上り部の取合い部にはテープ状シール材は使用しない。
（編注）S-F1，SI-F1 は「加硫ゴム系」，**S-F2，SI-F2** は「**塩化ビニル樹脂系**」，S-C1 は「エチレン酢酸ビニル樹脂系」。

2．セメントモルタルによる外壁タイル後張り工法の引張接着強度検査は，施工後2週間以上

経過してから，接着力試験機により，引張接着強度と<u>破壊</u>_ⓐ状況に基づき合否の判定を行う。試験体は，タイルの目地部分を<u>コンクリート</u>_ⓑ面まで切断して周囲と絶縁し，試験体の数は，100 ㎡ ごと及びその端数につき 1 個以上，かつ，全体（全面積）で <u>3</u>_ⓒ 個以上とする。

3．鋼板製折板葺屋根におけるけらば包みの継手位置は，端部用タイトフレームにできるだけ<u>近い</u>_ⓐほうが望ましい。けらば包み相互の継手の重ね幅は，<u>60</u>_ⓑ ㎜ 以上をとり，当該重ね部内に不定形又は定形シーリング材をはさみ込み，<u>ドリリングタッピンねじ</u>_ⓒ等で留め付ける（図）。

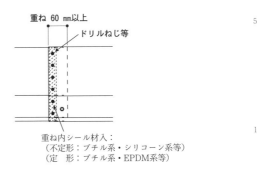

図　けらば包みによるけらばの納まりの例（監理指針）

4．軽量鉄骨壁下地のランナー両端部の固定位置は，端部から <u>50</u>_ⓐ ㎜ 内側とし，ランナーの固定間隔は，ランナーの形状や断面性能及び軽量鉄骨壁の構成等により <u>900</u>_ⓑ ㎜ 程度を限度とする。
　また，上部ランナーの上端とスタッド天端の隙間は 10 ㎜ 以下とし，スタッドに取り付けるスペーサーの間隔は <u>600</u>_ⓒ ㎜ 程度とし，緩みやがたつきがないように固定する。

5．仕上げ材の下地となるセメントモルタル塗りの表面仕上げには，金ごて仕上げ，木ごて仕上げ，はけ引き仕上げがあり，その上に施工する仕上げ材の種類に応じて使い分ける。
　一般塗装下地，壁紙張り下地の仕上げの場合は，<u>金ごて</u>_ⓐ仕上げとし，同様に，防水下地，壁タイル接着剤張り下地の仕上げの場合は，<u>金ごて</u>_ⓑ仕上げとする。セメントモルタル張りタイル下地の仕上げの場合は，<u>木ごて</u>_ⓒ仕上げとする（表－ 2）。
　なお，はけ引き仕上げは，仕上塗材仕上げの下地として，金ごて仕上げ・木ごて仕上げとともに種類により使用される。

表－ 2　仕上げの種類（標仕）

種　類	施　工　箇　所
金ごて	塗装下地，壁紙張り下地，壁タイル接着剤張り下地
木ごて	セメントモルタル張りタイル下地
はけ引き	－

（注）仕上塗材下地の場合は，15.6.4（3）による。

6．アルミニウム製建具工事において，枠のアンカーの取付け位置は，枠両端から 150 ㎜ 内外離れた位置から中間の間隔を <u>500</u>_ⓐ ㎜ 以下とする。
　ステンレス製のくつずりを使用する場合は，厚さを <u>1.5</u>_ⓑ ㎜ とし（表－ 3），仕上げはヘアライン仕上げとする。
　また，モルタル充填の困難なくつずりは，裏面にあらかじめ鉄線等を取り付けておき，破損及び発音防止のために取付け<u>前</u>_ⓒにモルタル詰めを行う。

表－3　鋼製建具に使用する鋼板類の厚さ（標仕）

区　分		使用箇所	厚さ（mm）
窓	枠類	枠，方立，無目，ぜん板，額縁，水切り板	1.6
出入口	枠類	一般部分	1.6
		くつずり	1.5
	戸	かまち，鏡板，表面板	1.6
		力骨	2.3
		中骨	1.6
	その他	額縁，添え枠	1.6
補強板の類			2.3 以上

7．せっこうボード面等，被塗装物の不陸，凹凸，穴等をパテ処理する工法には，パテしごき，パテかい，パテ付けの3種類がある。

　　パテかいは，面の状況に応じてパテ処理するもので，面のくぼみ，すき間，目違い等の部
　　⎣ⓐ
分を平滑にするためにパテを塗るものである。

　　また，パテかいは，**局部的**にパテ処理するもので，素地とパテ面との肌違いが仕上げに影
　　　　　　　　　　　⎣ⓑ
響するため，注意が必要である。

　　なお，パテ付けは，パテで全面を平滑にするもので，特に**美装性**を要求される仕上げの場
　　　　　　　　　　　　　　　　　　　　　　　　　　⎣ⓒ
合に行うもので，パテが厚塗りされるので，耐久性を要求される仕上げの場合には用いない。

8．フリーアクセスフロア下地にタイルカーペットを施工する場合，床パネル相互間の段違い
やすき間を**1**mm以下に調整した後，床パネルの目地とタイルカーペットの目地を**100**mm程
　　　　　⎣ⓐ　　　　　　　　　　　　　　　　　　　　　　　　　　　　　　⎣ⓑ
度ずらして割り付ける。

　　また，タイルカーペット全面接着工法で行う場合は，粘着剥離形の接着剤を**床パネル**の全
　　　　　　　　　　　　　　　　　　　　　　　　　　　　　　　　　⎣ⓒ
面に均一に塗布し，接着剤が乾燥して粘着性が出てきた後，隙間なく圧着しながら張り付ける。

224

次の 1. から 4. の問いに答えなさい。

ただし，解答はそれぞれ異なる内容の記述とし，材料（仕様，品質，運搬，保管等），作業環境（騒音，振動，気象条件等），下地，養生及び作業員の安全に関する記述は除くものとする。

1. 屋根保護防水断熱工法における保護層の平場部の施工上の**留意事項**を 2 つ，具体的に記述しなさい。

　　なお，防水層はアスファルト密着工法とし，保護層の仕上げはコンクリート直均し仕上げとする。

2. 木製床下地にフローリングボード又は複合フローリングを釘留め工法で張るときの施工上の**留意事項**を 2 つ，具体的に記述しなさい。

3. 外壁コンクリート面を外装合成樹脂エマルション系薄付け仕上塗材（外装薄塗材 E）仕上げとするときの施工上の**留意事項**を 2 つ，具体的に記述しなさい。

4. 鉄筋コンクリート造の外壁に鋼製建具を取り付けるときの施工上の**留意事項**を 2 つ，具体的に記述しなさい。

【解答例】

1.	留意事項	(1)	保護コンクリートの伸縮調整目地は，保護コンクリートの上から下まで通す。
		(2)	コンクリート中の溶接金網の重ね幅は 1 節半以上，かつ，150 mm 以上とする。
2.	留意事項	(1)	板の継手は乱とし，根太に向け，雄ざねの付け根から隠し釘留めとする。
		(2)	框及び敷居とフローリングとの取合いは，板の伸縮に備えたすき間を設ける。
3.	留意事項	(1)	主材塗りは，吹付けの場合，見本と同様の模様で均一に仕上がるように，指定の吹付け条件により吹き付ける。
		(2)	下塗りは，だれ，塗残しがないように均一に塗り付ける。
4.	留意事項	(1)	外部に面する戸は，下部を除き三方の見込み部を表面板で包む三方曲げとする。
		(2)	取付け精度は，枠の対角寸法差は 3 mm 以内，その他は 2 mm 以内とする。

（その他の解答例）

1.	留意事項	(1)	保護コンクリートの厚さは，コンクリート直均し仕上げの場合は80mm以上とする。
		(2)	目地の割付けは周辺の立上り面から600mm程度とし，中間部は縦横3m程度とする。
2.	留意事項	(1)	板の割付けは，部屋の中央から行い，両側に向けて張り込む。
		(2)	壁際の幅木との取合いは，必要に応じ，板の伸縮を考慮してすき間を設ける。
3.	留意事項	(1)	塗料の塗付け方向は同じ向きにそろえ，1日の工程終了はきりの良いところまで塗装する。
		(2)	主材塗りは，ローラー塗りの場合，見本と同様の模様で均一に仕上がるように，所定のローラーを用いて塗り付ける。
4.	留意事項	(1)	鋼材の板厚は，大きな力の掛かる部分は2.3mmとし，その他の部分は1.6mmとする。
		(2)	フラッシュ戸の表面板と中骨の固定は，溶接又は構造用テープにより接合する。

【解　説】

1．屋根保護防水断熱工法における保護層の平場部の施工

　　屋根保護防水断熱工法（**図－1**）は，防水層が完成した後，平場には絶縁シートを全面に敷き込み，成形伸縮目地材を設置し，その上に保護コンクリートを施工する。絶縁用シートの敷き込みは，立上り面に30mm程度張り上げるようにする。保護コンクリートの厚さは，コンクリートこて仕上げの場合は80mm以上とする。保護コンクリート中に溶接金網を敷き込み，重ね幅は金網部分を1節半以上，かつ，150mm以上とし，コンクリート打込み時に動かないように鉄線で結束し，コンクリート厚さの中間部にコンクリート製スペーサー等を用いて設置する。乾燥収縮及び温度，水分による伸縮を防ぐために伸縮調整目地を設ける。伸縮調整目地は，保護コンクリートの上から下まで通す。伸縮調整目地は，保護コンクリート面に水がたまらないように配置し，勾配を設ける。目地の割付けは周辺の立上り面から600mm程度とし，中間部は縦横3m程度とする。

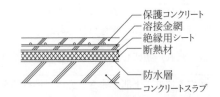

図－1　屋根保護防水断熱工法（監理指針）

2．フローリングボード又は複合フローリングの釘留め工法

　　木製床下地にフローリング材を張る場合は，見栄えとともに，きしみや不具合が起きないように施工することが重要である。したがって，解答には木理や光沢を考慮した板材の継手位置や釘の留付け方法（隠し釘及び脳天釘）（**図－2**），板の伸縮を考慮した施工方法，釘の

種類等を取り上げるとよい。

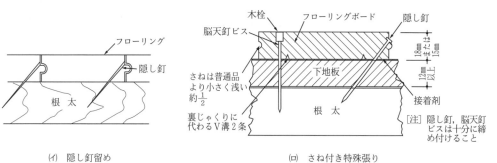

(イ) 隠し釘留め　　　　　　　　　　　　　　(ロ) さね付き特殊張り

図−2　フローリングボードの釘留め工法（JASS 26）

3．外壁コンクリート面への外装合成樹脂エマルション系薄付け仕上塗材（外装薄塗材 E）仕上げ

　　仕上塗材仕上げは，現場では通称で呼ばれることが多く，出題のような種類及び呼び名で呼ばれることがほとんどないため馴染みが少ないが，樹脂リシン，アクリルリシン，陶石リシン等を指している。薄付け塗材仕上げは，材料の練り混ぜ，下塗り，主材塗りには共通点が多く，それぞれの薄付け塗材仕上げの特徴を確認しておくことが重要である。解答では，所要量，塗り回数，間隔時間等を留意点として挙げられるようにする。

4．外部鋼製建具の取付け工法

　　鋼材の板厚は，丁番及びピボットヒンジの取り付くような大きな力の掛かる部分は 2.3 mm とし，その他の部分は 1.6 mm とする。フラッシュ戸の中骨は間隔 300 mm 程度とし，外部に面する戸は下部を除いて三方の見込み部を表面板で包む（三方曲げ）。表面板と中骨の固定は，溶接又は構造用テープにより確実に接合する。取付け精度（**図−3**）では，枠の対角寸法差は 3 mm 以内，枠・戸のねじれ・反り・はらみは 2 mm 以内，枠の倒れ（面外・面内とも）は 2 mm 以内と規定されている。

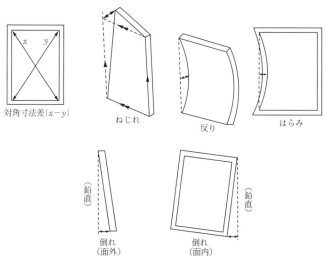

図−3　取付け精度（JASS 16）

　次の 1．から 8．の各記述において，@から@の下線部のうち**最も不適当な語句又は数値の下線部下の記号**とそれに替わる**適当な語句又は数値**との**組合せ**を，下の枠内から**1 つ**選びなさい。

1．改質アスファルトシート防水常温粘着工法・断熱露出仕様の場合，立上り際の風による負圧は平場の一般部より大きくなるため，断熱材の上が絶縁工法となる立上り際の平場部
@
の幅300 ㎜ 程度は，防水層の 1 層目に粘着層付改質アスファルトシートを張り付ける。
ⓑ　　　　　　　　　　ⓒ
　　なお，入隅部では立上りに100 ㎜ 程度立ち上げて，浮きや口あきが生じないように張り
ⓓ　　　　　　　ⓔ
付ける。

　　　① @－正　　② ⓑ－ 500　　③ ⓒ－ 2　　④ ⓓ－出隅　　⑤ ⓔ－ 150

2．セメントモルタルによるタイル張りにおいて，まぐさ，庇先端下部など剥落のおそれが
@
大きい箇所に小口タイル以上の大きさのタイルを張る場合，径が0.6 ㎜ 以上のなまし鉄線
ⓑ　　　　　　　　　　　　　　　　　ⓒ　　　　　　　　ⓓ
を剥落防止用引金物として張付けモルタルに塗り込み，必要に応じて，受木を添えて24
　　　　　　　　　　　　　　　　　　　　　　　　　　　　　　　　　　ⓔ
時間以上支持する。

　　　① @－見付　　② ⓑ－モザイク　　③ ⓒ－ 0.4　　④ ⓓ－ステンレス
　　　⑤ ⓔ－ 72

3．長尺金属板葺の下葺のアスファルトルーフィングは軒先と平行に敷き込み，軒先から順
@
次棟へ向かって張り，隣接するルーフィングとの重ね幅は，流れ方向（上下）は100 ㎜ 以上，
ⓑ
長手方向（左右）は150 ㎜ 以上重ね合わせる。
ⓒ
　　金属板を折曲げ加工する場合，塗装又はめっき及び地肌に亀裂が生じないよう切れ目を入れないで折り曲げる。金属板を小はぜ掛けとする場合は，はぜの折返し寸法と角度に注
ⓓ
意し，小はぜ内に 3 ～ 6 ㎜ 程度の隙間を設けて毛細管現象による雨水の浸入を防ぐよう
ⓔ
にする。

　　　① @－垂直　　② ⓑ－ 200　　③ ⓒ－ 200　　④ ⓓ－入れて　　⑤ ⓔ－風

4．内装の床張物下地をセルフレベリング材塗りとする場合，軟度を一定に練り上げたセル
@
フレベリング材を，レベルに合わせて流し込む。流し込み中はできる限り通風を良くして
ⓑ
作業を行う。
　　施工後の養生期間は，常温で 7 日以上，冬期間は14 日以上とし，施工場所の気温が
ⓒ　　　　　　　　　　ⓓ
5 ℃ 以下の場合は施工しない。
ⓔ

　　　① @－硬　　② ⓑ－避けて　　③ ⓒ－ 3　　④ ⓓ－ 28　　⑤ ⓔ－ 3

5．PC カーテンウォールのファスナー方式には，ロッキング方式，スウェイ方式がある。
@
　　ロッキング方式は PC パネルを回転させることにより，また，スウェイ方式は上部，下
ⓑ

部ファスナーの両方をルーズホールなどで滑らせることにより，PC カーテンウォールを
 　　　　　　　　　　　　　　　　　　ⓒ　　　ⓓ
層間変位に追従させるものである。
ⓔ

> ①　ⓐ－取付　　②　ⓑ－滑らせる　　③　ⓒ－どちらか　　④　ⓓ－回転させる
> ⑤　ⓔ－地震

6．塗装工事における研磨紙ずりは，素地の汚れや錆，下地に付着している塵埃を取り除い
 　　　　　　　　　　　　　　　　　　　　　　　　　　　　　　　　　　ⓐ
て素地や下地を粗面にし，かつ，次工程で適用する塗装材料の付着性を確保するための足
 　　　　　　ⓑ　　　　　　　　　　　　　　　　　　　　ⓒ
掛かりをつくり，仕上りを良くするために行う。
 　　　　　　　　ⓓ
　研磨紙ずりは，下層塗膜が十分乾燥した後に行い，塗膜を過度に研がないようにする。
 　　　　　　　　　　　　　　ⓔ

> ①　ⓐ－油分　　②　ⓑ－平滑　　③　ⓒ－作業　　④　ⓓ－付着　　⑤　ⓔ－硬化

7．居室の壁紙施工において，壁紙及び壁紙施工用でん粉系接着剤のホルムアルデヒド放散
 　　　　　　　　　　　　　　　　　　　　　ⓐ　　　　　　ⓒ
量は，一般に，F ☆☆☆☆としている。また，防火材の認定の表示は防火製品表示ラベル
 　　　　　ⓑ　　　　　　　　　　　　　　　　　　　　　　　　　　　ⓓ
を1区分（1室）ごとに 1 枚以上張り付けて表示する。
 　　　　　　　　　ⓔ

> ①　ⓐ－溶剤　　②　ⓑ－シンナー　　③　ⓒ－☆☆☆　　④　ⓓ－シール
> ⑤　ⓔ－2

8．コンクリート打放し仕上げ外壁のひび割れ部の改修における樹脂注入工法は，外壁のひ
び割れ幅が 0.2 ㎜ 以上 2.0 ㎜ 以下の場合に主に適用され，シール工法やUカットシール
 　　　　　　　　ⓐ　　　　　　　　　　　　　　　　　　　　　　ⓑ
材充填工法に比べ耐久性が期待できる工法である。
 　　　　　ⓒ
　挙動のあるひび割れ部の注入に用いるエポキシ樹脂の種類は，軟質形とし，粘性による
 　　　　　　　　　　　　　　　　　　　　　　　　　　　ⓓ
区分が低粘度形又は中粘度形とする。
 　　ⓔ

> ①　ⓐ－1.0　　②　ⓑ－V　　③　ⓒ－耐水　　④　ⓓ－硬　　⑤　ⓔ－高

【解答例】

	解　　答		解　　答
1.	②	5.	③
2.	④	6.	②
3.	③	7.	⑤
4.	②	8.	①

【解　説】

1．改質アスファルトシート防水常温粘着工法・断熱露出仕様の場合，立上り際の風による負
 　　　　　　　　　　　　　　　　　　　　　　　　　　　　　　　　　　　　　ⓐ
圧は平場の一般部より大きくなるため，断熱材の上が絶縁工法となる立上り際の平場部の幅
500 ㎜ 程度は，防水層の 1 層目に粘着層付改質アスファルトシートを張り付ける。
 ⓑ　　　　　　　　　ⓒ
　なお，入隅部では立上りに100 ㎜ 程度立ち上げて，浮きや口あきが生じないように張り
 　　　　ⓓ　　　　　　　　　ⓔ
付ける。

2．セメントモルタルによるタイル張りにおいて，まぐさ，庇先端下部等，剥落のおそれが大
　きい箇所に小口タイル以上の大きさのタイルを張る場合，径が0.6 mm以上のなましステンレ
　ス線を剥落防止用引金物として張付けモルタルに塗り込み（**図－1**），必要に応じて，受木
　を添えて24時間以上支持する。

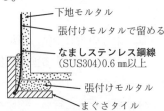

下地モルタル
張付けモルタルで留める
なましステンレス鋼線
(SUS304)0.6 mm以上
張付けモルタル
まぐさタイル

図－1　まぐさタイルの取付け（監理指針）

3．長尺金属板葺の下葺のアスファルトルーフィングは軒先と平行に敷き込み，軒先から順次
　棟へ向かって張り，隣接するルーフィングとの重ね幅は，流れ方向（上下）は100 mm以上，
　長手方向（左右）は200 mm以上重ね合わせる。
　　金属板を折曲げ加工する場合，塗装又はめっき及び地肌に亀裂が生じないよう切れ目を入
　れないで折り曲げる。金属板を小はぜ掛けとする場合は，はぜの折返し寸法と角度に注意し，
　小はぜ内に3〜6 mm程度の隙間を設けて毛細管現象による雨水の浸入を防ぐようにする。

4．内装の床張物下地をセルフレベリング材塗りとする場合，軟度を一定に練り上げたセルフレ
　ベリング材を，レベルに合わせて流し込む。流し込み中はできる限り通風を**避けて**作業を行う。
　　施工後の養生期間は，常温で7日以上，冬期間は14日以上とし，施工場所の気温が
　5℃以下の場合は施工しない。

5．PCカーテンウォールのファスナー方式には，ロッキング方式，スウェイ方式がある（**図－2**）。
　　ロッキング方式はPCパネルを回転させることにより，また，スウェイ方式は上部，下
　部ファスナーの**どちらか**をルーズホール等で滑らせることにより，PCカーテンウォールを
　層間変位に追従させるものである。

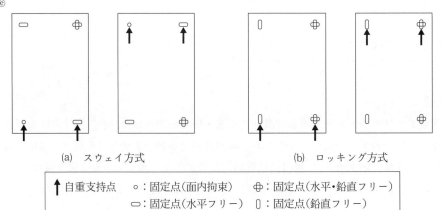

(a)　スウェイ方式　　　　　　　　　　　(b)　ロッキング方式

↑自重支持点　　○：固定点(面内拘束)　　⊕：固定点(水平・鉛直フリー)
　　　　　　　　⊟：固定点(水平フリー)　　▯：固定点(鉛直フリー)

図－2　パネルユニットの面内方向の層間変位追従方式と取付け概念図（JASS 14）

6．塗装工事における研磨紙ずりは，素地の汚れや錆，下地に付着している塵埃を取り除いて
　　　　　　　　　　　　　　　　　　　　　　　　　　　　　　　　　　ⓐ
素地や下地を平滑にし，かつ，次工程で適用する塗装材料の付着性を確保するための足掛か
　　　　　　ⓑ　　　　　　　　　　　　　　　　　　　　　　ⓒ
りをつくり，仕上りを良くするために行う。
　　　　　　ⓓ
　　研磨紙ずりは，下層塗膜が十分乾燥した後に行い，塗膜を過度に研がないようにする。
　　　　　　　　　　　　　　　　ⓔ

7．居室の壁紙施工において，壁紙及び壁紙施工用でん粉系接着剤のホルムアルデヒド放散量
　　　　　　　　　　　　　　　　　　　　　　　　ⓐ　　　　　　　　ⓑ
は，一般に，F☆☆☆☆としている。また，防火材の認定の表示は防火製品表示ラベルを1
　　　　　　　ⓒ　　　　　　　　　　　　　　　　　　　　　　　　　　　ⓓ
区分（1室）ごとに2枚以上張り付けて表示する。
　　　　　　　　ⓔ

8．コンクリート打放し仕上げ外壁のひび割れ部の改修における樹脂注入工法は，外壁のひび
割れ幅が 0.2 ㎜ 以上 1.0 ㎜ 以下の場合に主に適用され，シール工法やUカットシール材充
　　　　　　　　　ⓐ　　　　　　　　　　　　　　　　　　　　　ⓑ
填工法に比べ耐久性が期待できる工法である。
　　　　　ⓒ
　　挙動のあるひび割れ部の注入に用いるエポキシ樹脂の種類は，軟質形とし，粘性による区
　　　　　　　　　　　　　　　　　　　　　　　　　　　　ⓓ
分が低粘度形又は中粘度形とする。
　　ⓔ

令和 2 年度－問題 4

　次の 1．から 4．の問いに答えなさい。

　ただし，解答はそれぞれ異なる内容の記述とし，材料（仕様，品質，保管等），作業環境（騒
音，振動，気象条件等）及び作業員の安全に関する記述は除くものとする。

1．タイル工事において，有機系接着剤を用いて外壁タイル張りを行うときの施工上の**留意
事項**を 2 つ，具体的に記述しなさい。
　　ただし，下地及びタイルの割付けに関する記述は除くものとする。

2．屋根工事において，金属製折板屋根葺を行うときの施工上の**留意事項**を 2 つ，具体的に
記述しなさい。

3．内装工事において，天井仕上げとしてロックウール化粧吸音板を，せっこうボード下地
に張るときの施工上の**留意事項**を 2 つ，具体的に記述しなさい。
　　ただし，下地に関する記述は除くものとする。

4．断熱工事において，吹付け硬質ウレタンフォームの吹付けを行うときの施工上の**留意事
項**を 2 つ，具体的に記述しなさい。
　　ただし，下地に関する記述は除くものとする。

【解答例】

1.	留意事項	(1)	有機系接着剤の1回の塗布面積の限度は，30分以内に張り終える面積とする。
		(2)	1枚張りの場合，手でもみ込んだ後，たたき板，振動工具等を用いて加振して張り付ける。
2.	留意事項	(1)	折板の流れ方向には継手を設けない。
		(2)	折板は各山ごとにタイトフレームに緊結ボルトで固定し，間隔は600 mm程度とする。
3.	留意事項	(1)	化粧吸音板とせっこうボードのジョイントが同位置にならないように割り付ける。
		(2)	取付け方法は接着剤を主とし，小ねじ類やステープル等を併用して留め付ける。
4.	留意事項	(1)	総厚さが30 mm以上の場合には多層吹きとし，各層の厚さは各々30 mm以下とする。
		(2)	吹付け厚さの許容誤差は，0～＋10 mmとし，所定の厚さに満たない箇所は補修吹きとする。

（その他の解答例）

1.	留意事項	(1)	接着剤を壁に塗布後，壁面に60°の角度を保ってくし目ごてでくし目を立てる。
		(2)	裏あしのあるタイルを用い，裏あしに対して接着剤のくし目は直交又は斜め方向に立てる。
2.	留意事項	(1)	タイトフレームと下地材との接合は，隅肉溶接とし，溶接後は錆止め塗料を塗り付ける。
		(2)	けらば包みは1.2 m以下の間隔で下地に取り付ける。
3.	留意事項	(1)	張付けは中央部分より張り始め，順次四周に向かって張り上げ，周囲に端物を持ってくる。
		(2)	せっこうボードへの化粧吸音板の留付け間隔は，縦・横200～300 mm程度とする。
4.	留意事項	(1)	ウレタンフォームの吹付けに当たり，施工面に約5 mm以下の厚さになるように下吹する。
		(2)	所定の厚さに達していない箇所は補修吹きを行い，厚く付き過ぎてしまった箇所はカッターナイフ等により表層を除去する。

【解　説】

1．有機系接着剤による外壁タイル張り

　　外壁タイル接着剤張りは，下地の動きや温度変化によるディファレンシャルムーブメントを緩和してタイルの剥離を防止する工法であり，接着剤張りの特徴を生かすためには型枠精度を上げてモルタル下地の厚みを低減した方がよい。接着剤張りの場合は，下地表面に凹凸があると下地と接着剤との接着性が悪くなるため，モルタルの仕上げは金ごて1回押さえとする。また，接着剤張りは仕上りが下地の影響を受けやすいため，1 mにつき3 mm以下の精度のよい下地が必要である。外壁タイル接着剤張りは，タイルの種別，大きさ，裏あし高

さと裏面反りにより接着剤の使用量を規定している。また 1 回の塗布面積の限度は，30 分以内に張り終える面積とする。接着剤の塗付けは，壁面に対してくし目ごてを 60°の角度を保ってくし目を付ける。タイルの裏あしとくし目の方向は，直交又は斜め方向にくし目を立てる。二丁掛け等のタイル 1 枚張りの場合は，手でもみ込んだ後に，タイル張りに用いるハンマーでたたき押さえるか，振動工具で加振して張り付ける等に留意して施工する。

2．金属製折板屋根葺

タイトフレームは，取付け位置に合わせ通りよく下地に接合するが，風による繰返し荷重に起因する緩みを防ぐため隅肉溶接とする。溶接後はスラグを除去し，溶接部分及びその周辺に有効な防錆処理を行う。重ね形の折板は各山ごとにタイトフレームに固定し，折板の重ね部に使用する緊結ボルトの間隔は 600 mm 程度とする。折板の端部の端空き寸法は，50 mm 以上とする。けらば包みは 1.2 m の間隔で下地に取り付ける。けらば包みの継手の重ねは 60 mm 以上とし，重ね内部にシーリング材をはさみ込む。けらば包みに替え，変形防止材で行う場合は，端部から 3 山ピッチ以上に，間隔 1.2 m 以下に設ける。

3．ロックウール化粧吸音板張り（天井せっこうボード下地）

下張りのせっこうボードの張付けは，目地通りよく，不陸，目違い等のないように行う。留付け間隔は周辺部で 150 mm 程度，中間部で 200 mm 程度とする。上張りのロックウール化粧吸音板のジョイントとせっこうボードのジョイントが同位置にならないように割付け，張付けは中央部分より張り始め，順次四周に向かって張り上げ，周囲に端物を持ってくる。取付方法は接着剤を主とし，小ねじ類やタッカーによるステープル等を併用して縦・横 200 〜 300 mm 程度で留め付ける。5 ℃ 以下の低温時に接着剤を用いると硬化速度が低下し，さらに低温になると凍結等により硬化不良を生じることがあるので作業を中止する。ステープルの打込み方向は，仕上げパターンの方向と平行にする。ステープルの打込み後は，ステープルの浮きがないことを確認する。

4．吹付け硬質ウレタンフォームの吹付け

躯体からのボルト，パイプ等の金物類は，冷・熱橋となり結露しやすいため，金物まわりは入念に施工する。施工面に約 5 mm 以下の厚さになるように下吹きする。総厚さが 30 mm 以上の場合には多層吹きとし，各層の厚さは各々 30 mm 以下とする。ただし，1 日の総吹付け厚さは 80 mm を超えないものとする。吹付け厚さの許容誤差は，0 〜＋ 10 mm とする。所定の厚さに達していない箇所は補修吹きを行い，逆に厚く付き過ぎて表面仕上げ上支障となる箇所は，カッターナイフ等により表層を除去する。確認ピンによる吹付け厚さの確認では，確認ピンの本数は，スラブ又は壁面の場合は 5 m² 程度につき 1 箇所以上，柱又は梁の場合は 1 面につき各 1 箇所以上とし，確認ピンはそのまま存置しておく。

　次の1．から8．の各記述において，記述ごとの①から③の下線部の語句又は数値のうち**最も不適当な箇所番号を1つあげ**，**適当な語句又は数値を記入しなさい**。

1．アスファルト防水密着工法において，出隅及び入隅は平場部のルーフィング類の張付けに先立ち，幅300㎜程度のストレッチルーフィングを増張りする。
　　　　　　　　　　　　　　　　①

　また，コンクリートスラブの打継ぎ部は，絶縁用テープを張り付けた上に，幅300㎜
　　　　　　　　　　　　　　　　　　　　　　　　　　　　　　　　　　　②
程度のストレッチルーフィングを増張りする。

　なお，流し張りに用いるアスファルトは，環境対応低煙低臭型防水工事用アスファルトとし，溶融温度の上限は，300℃とする。
　　　　　　　　　　　③

2．セメントモルタルによる外壁タイル後張り工法において，マスク張りでは，張付けモルタルを塗り付けたタイルは，塗り付けてから60分を限度に張り付ける。
　　　　　　　　　　　　　　　　　　　　　　①

　また，モザイクタイル張りでは，張付けモルタルを2層に分けて塗り付けるものとし，1層目はこて圧をかけて塗り付ける。
②

　なお，外壁タイル張り面の伸縮調整目地の位置は，一般に縦目地を3ｍ内外に割り付け，
　　　　　　　　　　　　　　　　　　　　　　　　　　　　　　　　　③
横目地を各階ごとの打継ぎ目地に合わせる。

3．金属製折板葺きにおいて，タイトフレームの受梁への接合は，下底の両側を隅肉溶接とし，隅肉溶接のサイズを受梁の板厚と同じとする。
　　　　　　　　　　　①

　また，水上部分の折板と壁との取合い部に設ける雨押えは，壁際立上りを150㎜以上
　　　　　　　　　　　　　　　　　　　　　　　　　　　　　　　　②
とする。

　なお，重ね形折板の端部の端あき寸法は，50㎜以上とする。
　　　　　　　　　　　　　　　　　③

4．軽量鉄骨壁下地のランナー両端部の固定位置は，端部から50㎜内側とする。ランナー
　　　　　　　　　　　　　　　　　　　　　　　　　　①
の固定間隔は，ランナーの形状及び断面性能，軽量鉄骨壁の構成等により900㎜程度を
　　　　　　　　　　　　　　　　　　　　　　　　　　　　　　　②
限度とする。

　また，上部ランナーの上端とスタッド天端の間隔は10㎜以下とし，スタッドに取り付けるスペーサーの間隔は1,200㎜程度とする。
　　　　　　　　　　　③

5．仕上げ材の下地となるセメントモルタル塗りの表面仕上げには，金ごて仕上げ，木ごて仕上げ，はけ引き仕上げのほか，くし目引き仕上げがあり，その上に施工する仕上げ材の
　　　　　　　　　　　　　　①
種類に応じて使い分ける。

　一般塗装下地，壁紙張り下地の仕上げとして，金ごて仕上げを用い，セメントモルタル
　　　　　　　　　　　　　　　　　　　　②
によるタイル張付け下地の仕上げとして，はけ引き仕上げを用いる。
　　　　　　　　　　　　　　　③

6．防火区画に用いる防煙シャッターは，表面がフラットでガイドレール内での遮煙性を確保できる<u>インターロッキング</u>形のスラットが用いられる。
　　　①

　　また，<u>まぐさ</u>の遮煙機構は，シャッターが閉鎖したときに漏煙を抑制する構造で，その
　　　②
材料は不燃材料，準不燃材料又は難燃材料とし，座板にアルミニウムを使用する場合には，
<u>鋼板</u>で覆う。
③

7．素地ごしらえのパテ処理の工法には，パテしごき，パテかい，パテ付けの 3 種類がある。
　　このうち，<u>パテしごき</u>は，面の状況に応じて，面のくぼみ，すき間，目違い等の部分を平
　　　　　①
滑にするためにパテを塗る。

　　また，<u>パテかい</u>は，局部的にパテ処理するもので，素地とパテ面との肌違いが仕上げに
　　　　②
影響するため，注意しなければならない。

　　なお，<u>パテ付け</u>は，特に美装性を要求される仕上げの場合に行う。
　　　　③

8．せっこう系直張り用接着材によるせっこうボード直張り工法において，直張り用接着材
は，<u>2</u> 時間以内で使い切れる量を，たれない程度の硬さに水と練り合わせ，ボードの仕上
　　①
がりまでの寸法の <u>2</u> 倍程度の高さにダンゴ状に盛り上げる。
　　　　　　　②

　　また，ボードの張付けにおいては，ボード圧着の際，ボード下端と床面との間を <u>10</u> ㎜
　　　　　　　　　　　　　　　　　　　　　　　　　　　　　　　　　　　　③
程度浮かした状態で圧着し，さらに調整定規でたたきながら，所定の仕上げ面が得られる
ように張り付ける。

【解答例】

	最も不適当な箇所番号	適当な語句又は数値
1.	③	240
2.	①	5
3.	①	タイトフレーム
4.	③	600
5.	③	木ごて
6.	①	オーバーラッピング
7.	①	パテかい
8.	①	1

【解　説】

1．アスファルト防水密着工法において，出隅及び入隅は平場部のルーフィング類の張付けに
先立ち，幅 <u>300</u> ㎜程度のストレッチルーフィングを増張りする（図－1）。
　　　①

　　また，コンクリートスラブの打継ぎ部は，絶縁用テープを張り付けた上に，幅 <u>300</u> ㎜程
　　　　　　　　　　　　　　　　　　　　　　　　　　　　　　　　　　②
度のストレッチルーフィングを増張りする（図－2）。

なお，流し張りに用いるアスファルトは，環境対応低煙低臭型防水工事用アスファルトとし，溶融温度の上限は，<u>240</u>℃とする。
③

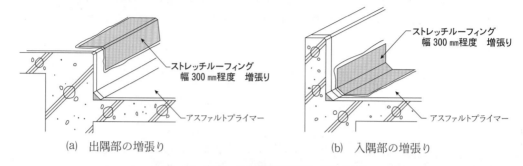

(a)　出隅部の増張り　　　　　　　　　　　　(b)　入隅部の増張り

図－1　出隅・入隅部の増張り（JASS 8）

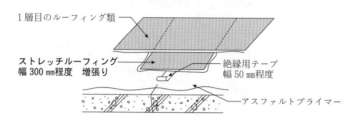

図－2　コンクリート打継ぎ部の絶縁増張り（JASS 8）

2．セメントモルタルによる外壁タイル後張り工法において，マスク張り（**図－3**）では，張付けモルタルを塗り付けたタイルは，塗り付けてから<u>5</u>分を限度に張り付ける。
①

また，モザイクタイル張り（**図－4**）では，張付けモルタルを2層に分けて塗り付けるものとし，<u>1層目はこて圧をかけて塗り付ける</u>。
②

なお，外壁タイル張り面の伸縮調整目地の位置は，一般に縦目地を<u>3</u>m内外に割り付け，
③
横目地を各階ごとの打継ぎ目地に合わせる。

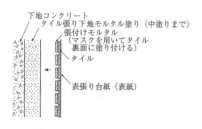

図－3　マスク張り（監理指針）

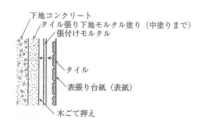

図－4　モザイクタイル張り（監理指針）

3．金属製折板葺きにおいて，タイトフレームの受梁への接合は，下底の両側を隅肉溶接とし，隅肉溶接のサイズを**タイトフレーム**の板厚と同じとする（**図－5**）。
①

また，水上部分の折板と壁との取合い部に設ける雨押えは，壁際立上りを<u>150</u>mm以上とする（**図－6**）。
②

なお，重ね形折板の端部の端あき寸法は，<u>50 mm</u> 以上とする。
③

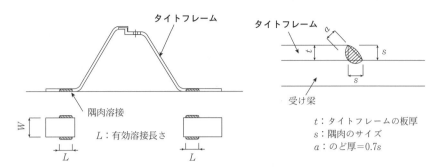

図−5　タイトフレームの溶接接合（JASS 12）

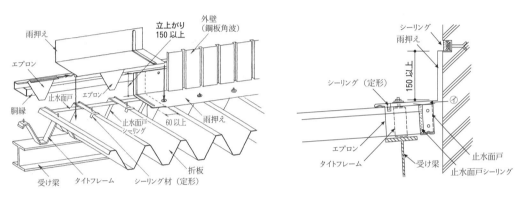

④　鋼板壁の場合　　　　　　　　　　　　　　⑪　鉄筋コンクリート壁の場合

図− 6　水上部分の壁との取合い部の納まり（JASS 12）

4．軽量鉄骨壁下地のランナー両端部の固定位置は，端部から <u>50 mm</u> 内側とする。ランナーの
①
固定間隔は，ランナーの形状及び断面性能，軽量鉄骨壁の構成等により <u>900 mm</u> 程度を限度
②
とする。

　また，上部ランナーの上端とスタッド天端の間隔は 10 mm 以下とし，スタッドに取り付け
るスペーサーの間隔は <u>600</u> mm 程度とする。
③

5．仕上げ材の下地となるセメントモルタル塗りの表面仕上げには，金ごて仕上げ，木ごて仕
上げ，はけ引き仕上げのほか，<u>くし目引き</u>仕上げがあり，その上に施工する仕上げ材の種類
①
に応じて使い分ける。

　一般塗装下地，壁紙張り下地の仕上げとして，<u>金ごて</u>仕上げを用い，セメントモルタルに
②
よるタイル張付け下地の仕上げとして，<u>木ごて</u>仕上げを用いる。
③

6．防火区画に用いる防煙シャッターは，表面がフラットでガイドレール内での遮煙性を確保
できる**オーバーラッピング**形のスラットが用いられる（**図− 8**）。
①
　また，<u>まぐさ</u>の遮煙機構（**図− 9**）は，シャッターが閉鎖したときに漏煙を抑制する構造で，
②

その材料は不燃材料，準不燃材料又は難燃材料とし，座板にアルミニウムを使用する場合には，<u>鋼板</u>で覆う。
③

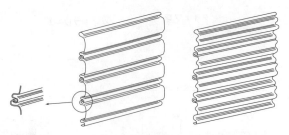

図－7　インターロッキング形スラット（JIS A 4705）

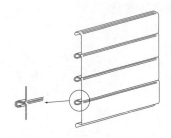

図－8　オーバーラッピング形スラット
（JIS A 4705）

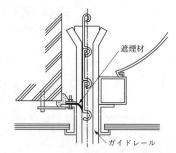

図－9　まぐさ部の遮煙装置の例
（監理指針）

7．素地ごしらえのパテ処理の工法には，パテしごき，パテかい，パテ付けの3種類がある。このうち，<u>**パテかい**</u>は，面の状況に応じて，面のくぼみ，すき間，目違い等の部分を平滑にするためにパテを塗る。
①

また，<u>パテかい</u>は，局部的にパテ処理するもので，素地とパテ面との肌違いが仕上げに影響するため，注意しなければならない。
②

なお，<u>パテ付け</u>は，特に美装性を要求される仕上げの場合に行う。
③

8．せっこう系直張り用接着材によるせっこうボード直張り工法において，直張り用接着材は，<u>1</u>時間以内で使い切れる量を，たれない程度の硬さに水と練り合わせ，ボードの仕上がりまでの寸法の<u>2</u>倍程度の高さにダンゴ状に盛り上げる（**図－10**）。
①　　　　　　　　　　　　　　　　　　　　　　　　　　　　　　②

また，ボードの張付けにおいては，ボード圧着の際，ボード下端と床面との間を<u>10</u>㎜程度浮かした状態で圧着し（**図－11**），さらに調整定規でたたきながら，所定の仕上げ面が得られるように張り付ける。
③

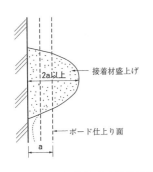

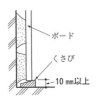

図−10　せっこう系直張り用接着材の
盛上げ高さ（監理指針）

図−11　床取合いの例
（監理指針）

平成30年度【臨時】−問題 4

　次の 1 . から 4 . の問いに答えなさい。

　ただし，解答はそれぞれ異なる内容の記述とし，材料の保管，作業環境（気象条件等）及び作業員の安全に関する記述は除くものとする。

1 ．屋上アスファルト防水（断熱工法）工事において，保護コンクリートを打設する場合に用いる絶縁用シートについて，施工上の**留意事項**を 2 つ，具体的に記述しなさい。

　　ただし，下地に関する記述は除くものとする。

2 ．屋内床仕上げの下地をコンクリート直均し仕上げとする場合の，施工上の**留意事項**を 2つ，具体的に記述しなさい。

　　ただし，コンクリートの調合に関する記述は除くものとする。

3 ．屋内の天井ボード張りに用いる軽量鉄骨天井下地工事について，施工上の**留意事項**を 2つ，具体的に記述しなさい。

　　ただし，インサートの墨出しに関する記述は除くものとする。

4 ．外壁下地モルタル面に二丁掛タイルを密着張りとする場合の，施工上の**留意事項**を 2 つ，具体的に記述しなさい。

　　ただし，下地清掃，張付けモルタルの調合，タイルの割付け及びタイル面洗いに関する記述は除くものとする。

【解答例】

1.　留意事項	(1)	絶縁用シートは，立上り面に 30 ㎜ 程度張り上げる。
	(2)	ポリエチレンフィルムは防水層の完成検査後，100 ㎜ 程度の重ね幅をとって平場に敷き込む。
2.　留意事項	(1)	コンクリート打込み後，所定の高さに荒均しを行い，タンパ等で粗骨材が表面より沈むまでタンピングする。
	(2)	定規均しをむらなく行ったのち，中むら取りを木ごてを用いて行う。
3.　留意事項	(1)	野縁受，吊りボルト及びインサートの間隔は 900 ㎜ 程度とし，周辺部は端から 150 ㎜ 以内とする。
	(2)	野縁と野縁受の留付けクリップは，交互につめの向きを変えて留め付ける。
4.　留意事項	(1)	張付けモルタルは 2 層に分けて塗り付けるものとし，1 層目はこて圧をかけて塗り付ける。
	(2)	張付け順序は，目地割りに基づいて水糸を引き通し，窓，出入口回り，隅，角等の役物を先に行う。

（その他の解答例）

1.　留意事項	(1)	強風時には重ね部分の要所をモルタルで押さえ，フィルムの浮揚を防止する。
	(2)	フラットヤーンクロスは，断熱材に著しい変形を与えない温度の防水工事用アスファルト，粘着テープ等で要所を固定する。
2.　留意事項	(1)	こて仕上げに際しては移動歩み板等を使用し，直接コンクリート面上を歩行してはならない。
	(2)	最終金ごて押えに機械式ごてを用いる場合，押え過ぎに注意する。
3.　留意事項	(1)	野縁は，野縁受から 150 ㎜ 以上はね出してはならない。
	(2)	現場での溶接を行った箇所には，錆止め塗料を塗り付ける。
4.　留意事項	(1)	張付けモルタルの 1 回の塗付け面積の限度は 2 ㎡ 以下とし，かつ，20 分以内に張り終える面積とする。
	(2)	化粧目地は，タイル張り付け後，24 時間以上経過したのち，張付けモルタルの硬化を見計らって目地詰めを行う。

【解　説】

1.　屋上アスファルト防水（断熱工法）工事における絶縁用シート

絶縁用シートは，立上り面に 30 ㎜ 程度張り上げるようにする。ポリエチレンフィルムを用いる場合は，厚さ 0.15 ㎜ 以上とし，防水層の完成検査後，100 ㎜ 程度の重ね幅をとって平場に敷き込み，粘着テープ，ゴムアスファルト系シール材等で固定する。また，強風時には，重ね部分の要所をモルタルで押さえ，フィルムの浮揚を防止する。

２．床コンクリート直均し仕上げ

　床コンクリート直均し仕上げの仕上りの平たんさは，床の幅木まわりは，3 m につき 3 mm 以内とし，仕上り面でのむらは目視により支障がない程度にする。一般部分の仕上りの平たんさは，3 m につき 7 mm 以内とする。中むら取りを木ごてで行ったのち，踏み板を用いて金ごて押えを行い，セメントペーストを十分に表面に浮き出させる。締り具合を見て，金ごてで強く押さえ平滑にする。ビニル系床材や合成樹脂塗り床仕上げ等仕上げ厚が薄い場合は，金ごて仕上げ又は機械式こて仕上げで，下ずり，中ずり及び仕上げずりの 3 工程を標準とする。仕上げ面で，こてむらの著しい箇所は，コンクリート硬化後にグラインダーで平滑に仕上げる。

３．軽量鉄骨天井下地工事

　天井下地は，部屋の中央にむくりをつけて組み立てる。室内張りスパンに対して $\frac{1}{500}$ ～ $\frac{1}{1,000}$ 程度とり，天井下地材の水平を調整する。野縁は一方向に配置するものであり，配置の方向は照明器具等の関係を考慮し，なるべく野縁を切断しないようにする。野縁の間隔は下張りがある場合で 360 mm 程度，下張りがない場合で 300 mm 程度とする。野縁と野縁受の留付けクリップは，交互に向きを変えて留め付ける。野縁は，野縁受から 150 mm 以上はね出してはならない。野縁受及び野縁同士のジョイントは所定の付属金物を用い，それぞれ吊りボルト，野縁受の近くに設け，そのジョイント部の配置は継手位置が千鳥状になるように施工する。天井には点検口，照明器具，ダクト等が設置されるので，器具類の大きさにより野縁を切断する必要が出てくる。これらの箇所は強度の不足を補うとともに，野縁の乱れを防止するために同材で補強する必要がある。また，野縁等の切断には溶断を行わない。下がり壁，間仕切壁を境に天井に段違いがある場合は補強用振れ止めを用いて斜め補強を行う。空調用ダクトがある場合は，必ずダクトと切り離して施工を行う。現場で溶接を行った箇所には錆止め塗料を塗り付ける。

４．外壁下地モルタル面への二丁掛タイルの密着張り

　密着張りは，木づちの代わりにタイル張り用振動機（ヴィブラート）を用いてタイル面に特殊衝撃を加えて，タイルをモルタル中に埋め込むようにして張り付ける工法である。一般に二丁掛け以上で 8 mm 程度であるが，モルタルを一度に厚く塗るのは塗りにくいうえに，だれを生じるので必ず 2 度塗りとする。タイルの張付けは上部より下部へと張り進めるが，まず 1 段置きに水糸に合わせて張り，そのあと間を埋めるようにして張る。上部より続けて張ると，タイルのずれが起きやすく目地通りが悪くなる。タイルの接着力は，ヴィブラートの衝撃を与える時間に影響されるので適正な衝撃時間を与えなければならない。張付けモルタルの 1 回の塗付け面積の限度は 2 ㎡以下とし，かつ，20 分以内に張り終える面積とする。

平成30年度【通常】－問題4

次の1．から4．の問いに答えなさい。

ただし，解答はそれぞれ異なる内容の記述とし，材料の保管，作業環境（気象条件等）及び作業員の安全に関する記述は除くものとする。

1．屋上アスファルト防水工事において，平場部にアスファルトルーフィング類を張り付ける場合の，施工上の**留意事項**を2つ，具体的に記述しなさい。

　　ただし，下地及び増張りに関する記述は除くものとする。

2．外壁コンクリート面を外装合成樹脂エマルション系薄付け仕上塗材（外装薄塗材E）仕上げとする場合の，施工上の**留意事項**を2つ，具体的に記述しなさい。

　　ただし，材料の調合に関する記述は除くものとする。

3．パラペット天端にアルミニウム笠木を設ける場合の，施工上の**留意事項**を2つ，具体的に記述しなさい。

　　ただし，下地清掃及び防水層に関する記述は除くものとする。

　　なお，パラペットは現場打ちコンクリートとする。

4．外壁下地モルタル面に小口タイルを改良圧着張りとする場合の，施工上の**留意事項**を2つ，具体的に記述しなさい。

　　ただし，下地清掃，張付けモルタルの調合，タイルの割付け及びタイル面洗いに関する記述は除くものとする。

【解答例】

1.	留意事項	(1)	ルーフィングの張付けは，積層方法を千鳥工法とし，溶融した防水工事用アスファルトの流し張りにより空隙，気泡，しわが入らないようにする。
		(2)	平場のルーフィングは，立上り部とは別に張り付ける。ただし，立上りの高さが400 mm 未満の場合は，平場のルーフィングをそのまま張り上げることができる。
2.	留意事項	(1)	吹付けの場合は，見本と同様の模様で均一に仕上がるように，指定の吹付け条件により吹き付ける。
		(2)	外壁のコンクリート下地等で漏水のおそれのあるひび割れは，U字形にはつり，シーリング材を充填する。
3.	留意事項	(1)	笠木と笠木の継手部は温度変化による伸縮への対応のため，5～10 mm のクリアランスを設ける。
		(2)	笠木の固定金具は，コンクリート下地モルタル塗りの上に取り付ける場合，コンクリート部分へのアンカー長さを確保する。
4.	留意事項	(1)	タイル裏面の張付けモルタルは，タイルを固定するための専用の治具等を用いて，3～4 mm程度の厚さで，こて圧をかけてタイル裏あし全体に塗り付ける。
		(2)	化粧目地の目地詰めに先立ち，タイル面及び目地部分の清掃を行い，必要に応じて目地部分の水湿しを行う。

（その他の解答例）

1.	留意事項	(1)	ルーフィングの継目は，幅方向，長手方向とも 100 mm 以上重ね合わせる。絶縁工法の場合の砂付きあなあきルーフィングの継目は，通気を妨げないよう突付けとする。
		(2)	部分粘着層付改良アスファルトルーフィングシートは裏面の剥離紙等をはがしながら，しわが入らないように張り付け，ローラー等により転圧する。
2.	留意事項	(1)	コンクリートにひび割れがある場合は，必要に応じてU字形にはつり，仕上げに支障のないモルタル等で充填し，14 日程度放置する。
		(2)	下塗りは，だれ，塗残しのないように均一に塗り付ける。
3.	留意事項	(1)	コーナー部は留め加工し，溶接又は裏板補強を行ったうえで止水処理を施した部材を用いる。
		(2)	笠木本体と固定金具との取付けは，はめあい方式によるはめあいとし，ボルトねじ締付け金具等で行う。
4.	留意事項	(1)	張付け順序は目地割りに基づいて水糸を引き通し，窓，出入口回り，隅，角等の役物を先に行う。
		(2)	張付けモルタルは作り置きしない。また，タイル裏面に張付けモルタルを塗り付けたタイルは，直ちに張り付ける。

【解　説】

1．屋上アスファルト防水工事における平場部へのアスファルトルーフィング類の張付け

　　アスファルト防水は，従来から行われている積層式熱工法によるものであるが，「標仕（平成 25 年版）」から採用されている改質アスファルトルーフィングシート類を併用する工法及び屋根露出絶縁断熱工法は，従来のアスファルト防水の信頼性を維持して少層化が可能で，施工時の CO_2 削減，省資源及び煙・臭気対策や建築物使用時の省エネルギー等の環境対応の促進，並びに工期短縮及び耐久性確保の両立を目的とした工法として，多く採用されている。

　　アスファルトルーフィング類の平場部への張付けは，空隙，気泡，しわ等が生じないように平均に押し均して下層に密着するように行う。アスファルトルーフィング類の継目は，幅方向，長手方向とも原則として 100 mm 以上重ね合わせ，水下側のアスファルト類が下側になるように張り重ねる。上下層の継目は，同一箇所にならないようにすること等は，平場部の張付けの基本的な留意事項である。

2．外壁コンクリート面への外装合成樹脂エマルション系薄付け仕上塗材仕上げ

　　仕上塗材仕上げは，現場では通称で呼ばれることが多く，出題のような種類及び呼び名で呼ばれることがほとんどないため馴染みが少ないが，樹脂リシン，アクリルリシン，陶石リシン等を指している。したがって，下地の平滑さ等に影響されるので，下地処理や下地調整が大切である。薄付け塗材仕上げは，材料の練り混ぜ，下塗り，主材塗りには共通点が多く，それぞれの薄付け塗材仕上げの特徴を確認しておくことが重要である。解答では下地の状態，所要量，塗り回数，間隔時間等を留意点として挙げられるようにする。

3．パラペット天端へのアルミニウム笠木の取付け

　　パラペット天端へのアルミニウム製笠木は，オープン形式のものが一般的である。固定金具，ジョイント金具，アルミニウム製笠木から構成され（**図－1**），笠木と笠木のジョイント部は，ジョイント金具とはめあい方式によりはめあい，取り付けられている（**図－2**）。アルミニウムの温度変化が大きく，部材の伸縮への対応のため，ジョイント部はオープンジョイントとし5～10 mmのクリアランスを設ける。固定金具は通常1.3 m程度の間隔に取り付け，笠木が通りよく，天端の水勾配が正しく保持されるように，あらかじめレベルを調整して取り付ける。あと施工アンカーによる固定金具，ジョイント金具の取付けに際して，特に強い風圧の予想される箇所に使用する場合は，風荷重に対して十分な引抜き耐力を有するようなアンカーの径・長さ・取付け間隔を検討し，施工は注意して行う。以上のような内容を確認の上，留意事項に反映させる。

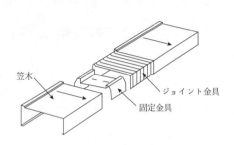

図－1　部材の構成例（監理指針）

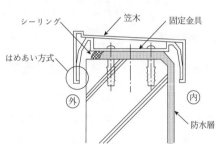

図－2　笠木の取付け状態の例（監理指針）

4．外壁下地モルタル面への小口タイルの改良圧着張り

　　外壁のタイル張りは，時間の経過とともに浮きや剥離の問題が出てくる。セメントモルタルによる陶磁器質タイル張りにはいくつかの壁張り工法が規定されているが，それぞれの工法の要点を守って施工することが剥離等の防止につながる。改良圧着張り（**図－3**）の張付けモルタルは2層に分けて塗り付けるものとし，1層目はこて圧をかけて塗り付ける。1回の塗付け面積の

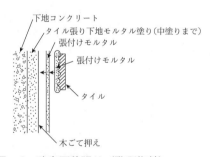

図－3　改良圧着張り（監理指針）

限度は2㎡以下とし，かつ，張付けモルタルの塗付け面積の限度は60分以内に張り終える面積とし，練り混ぜる量は1回の塗付け量及び張付け量とする。張付けに先立ち，下地側に張付けモルタルをむらなく平たんに塗り付ける。張付けはタイル裏面全面に張付けモルタルを平らに塗り付けて張り付け，適切な方法でタイル周辺からモルタルがはみ出すまでたたき締め，通りよく平らに張り付ける。1回のモルタル塗面にタイルを張り終わったとき，モルタルの硬化の程度により，張付けが終わったタイル周辺にはみ出しているモルタルを取り除き，塗り直してからタイルを張り進める。この他，化粧目地等を確認の上，留意事項として記述する。

平成29年度－問題4

次の1.から8.の各記述において，記述ごとの①から③の下線部の語句のうち最も不適当な箇所番号を1つあげ適当な語句を記入しなさい。

1.改質アスファルトシート防水常温粘着工法・断熱露出仕様の場合，立上がり際の風による負圧は平場の一般部より大きくなるため，断熱材の上が絶縁工法となる立上がり際の平場部幅300㎜程度は，防水層の1層目に粘着層付改質アスファルトシートを張り付ける。
①　　　　　　　　　　　　　　　　　　　　　　　　②
　なお，入隅部では立上りに100㎜程度立ち上げて，浮き・口あきが生じないように張り付ける。
③

2.タイルの検査における標準品のタイルは，寸法，厚さ，反り，側反り，ばち，欠陥の有無，吸水率，耐凍害性，圧縮強度，色合いなどの品質検査表を提出し，工事監理者の承認を受ける。
　　　　　①　　　　②　　　　③
　特注品は，荷口見本による検査又は工場における立会い検査のいずれかを実施する。

3.金属板葺きによる屋根工事の下葺きに用いるアスファルトルーフィングは，軒先より葺き進め，隣接するルーフィングの重ね幅は，シートの短辺部は200㎜以上，長辺部は100㎜以上とする。
　　　　　　　　　　　　　　　　　　　　　　　　　　　①
　仮止めを行う場合のステープル釘の打込み間隔は，ルーフィングの重ね屋根の流れ方向で450㎜程度，流れに直角方向では900㎜以内とする。
　　　②　　　　　　　　　　　　　③

4.金属製手すりが長くなる場合には，金属の温度変化による部材の伸縮を考慮して，通常5〜10m間隔程度ごとに伸縮調整部を設ける。伸縮調整部を設ける間隔及び伸縮調整幅は，使用する金属の線膨張係数を考慮して決める。温度差40℃の場合の部材伸縮量は，
　　　　　　　　　　　　　　　　　　　　　　　①
鋼は1m当たり0.2㎜程度，アルミニウム合金は1m当たり1.0㎜程度である。
　　　　　②　　　　　　　　　　　　　　　　　③

5.左官工事における吸水調整材は，モルタル塗りの下地となるコンクリート面等に直接塗布することで，下地とモルタルの界面に厚い膜を形成させて，モルタル中の水分の下地への吸水（ドライアウト）による付着力の低下を防ぐものである。
　　　　　　　　　　　①
　吸水調整材塗布後の下塗りまでの間隔時間は，一般的には1時間以上とするが，長時間放置するとほこり等の付着により接着を阻害することがあるので，1日程度で下塗りをすることが望ましい。
　　　　　　　②　　　　　　　　　　　　　　　　　　　③

6.ステンレス製建具におけるステンレス鋼板の加工には普通曲げと角出し曲げ（角曲げ）がある。角出し曲げ（角曲げ）ができる板厚は一般に2.0㎜以上であり，3種類の加工方法がある。
　　　　　　　　　　　　　　　　　　　①
　切込み後の残り板厚寸法が0.5㎜（a角），0.75㎜（b角）の場合は裏板にて補強する。
　　　　　　　　　　　　　　　　　　②
1.0㎜（c角）の場合は補強不要である。a角は割れが生じやすいので，一般的にはb角，
③

c 角を用いる。

7．アクリル樹脂系非水分散形塗料（NAD）は，有機溶剤を媒体として樹脂を分散させた非水分散形エマルションを用いた塗料で，常温で比較的短時間で硬化し，耐水性や耐アルカリ性に優れた塗膜が得られる。
②

塗装方法は，はけ塗り，ローラーブラシ塗り又は吹付け塗りとし，吹付け塗りの場合は，塗料に適したノズルの径や種類を選定する。

屋内塗装の場合，パテかいは水掛り部分には行わない。
③

8．タイルカーペットを事務室用フリーアクセスフロア下地に施工する場合，床パネル相互間の段差とすき間を1mm以下に調整した後，床パネルの目地とタイルカーペットの目地を
①
100mm程度ずらして割付けを行う。
②

カーペットの張付けは，粘着はく離形の接着剤をカーペット裏の全面に塗布し，適切な
③
オープンタイムをとり，圧着しながら行う。

【解答例】

	最も不適当な箇所番号	適当な語句
1.	①	500 mm
2.	③	曲げ破壊荷重
3.	②	300 mm
4.	②	0.5 mm
5.	①	薄い
6.	①	1.5 mm
7.	①	ワニス
8.	③	下地

【解　説】

1．改質アスファルトシート防水常温粘着工法・断熱露出仕様の場合，立上がり際の風による負圧は平場の一般部より大きくなるため，断熱材の上が絶縁工法となる立上がり際の平場部幅500mm程度は，防水層の1層目に粘着層付改質アスファルトシートを張り付ける。
②

なお，入隅部では立上りに100mm程度立ち上げて，浮き・口あきが生じないように張り付ける。
③

2．タイルの検査における標準品のタイルは，寸法，厚さ，反り，側反り，ばち，欠陥の有無，吸水率，耐凍害性，曲げ破壊荷重，色合い等の品質検査表を提出し，工事監理者の承認を受ける。
①　②　③

特注品は，荷口見本による検査又は工場における立会い検査のいずれかを実施する。

3．金属板葺きによる屋根工事の下葺きに用いるアスファルトルーフィングは，軒先より葺き進め，隣接するルーフィングの重ね幅は，シートの短辺部は <u>200 ㎜</u>以上，長辺部は 100 ㎜以上とする。
　　　①

　　仮止めを行う場合のステープル釘の打込み間隔は，ルーフィングの重ね屋根の流れ方向で <u>300 ㎜</u>程度，流れに直角方向では <u>900 ㎜</u>以内とする。
　　　②　　　　　　　　　　　　　　　　　　　　　　　　　③

4．金属製手すりが長くなる場合には，金属の温度変化による部材の伸縮を考慮して，通常 5 〜 10 m 間隔程度ごとに伸縮調整部を設ける。伸縮調整部を設ける間隔及び伸縮調整幅は，使用する金属の線膨張係数を考慮して決める。温度差 <u>40 ℃</u> の場合の部材伸縮量は，鋼は
　　　　　　　　　　　　　　　　　　　　　　　　　　①
1 m 当たり <u>0.5 ㎜</u>程度，アルミニウム合金は 1 m 当たり <u>1.0 ㎜</u>程度である。
　　　　　　②　　　　　　　　　　　　　　　　　　③

5．左官工事における吸水調整材は，モルタル塗りの下地となるコンクリート面等に直接塗布することで，下地とモルタルの界面に<u>薄い</u>膜を形成させて，モルタル中の水分の下地への吸
　　　　　　　　　　　　　　　　　①
水（ドライアウト）による付着力の低下を防ぐものである。

　　吸水調整材塗布後の下塗りまでの間隔時間は，一般的には<u>1 時間以上</u>とするが，長時間放
　　　　　　　　　　　　　　　　　　　　　　　　　　②
置するとほこり等の付着により接着を阻害することがあるので，<u>1 日程度</u>で下塗りをすることが望ましい。
　　　　　　　　　　　　　　　③

6．ステンレス製建具におけるステンレス鋼板の加工には普通曲げと角出し曲げ（角曲げ）がある。角出し曲げ（角曲げ）ができる板厚は一般に <u>1.5 ㎜</u>以上であり，3 種類の加工方法がある。
　　　　　　　　　　　　　　　　　　　　　　　①
　　切込み後の残り板厚寸法が 0.5 ㎜（ a 角）， <u>0.75 ㎜</u>（ b 角）の場合は裏板にて補強する。
　　　　　　　　　　　　　　　　　　　　　②
<u>1.0 ㎜</u>（ c 角）の場合は補強不要である。a 角は割れが生じやすいので，一般的には b 角，
③
c 角を用いる。

7．アクリル樹脂系非水分散形塗料（NAD）は，有機溶剤を媒体として樹脂を分散させた非水分散形<u>ワニス</u>を用いた塗料で，常温で比較的短時間で硬化し，<u>耐水性</u>や耐アルカリ性に優
　　　　①　　　　　　　　　　　　　　　　　　　　　　　　②
れた塗膜が得られる。

　　塗装方法は，はけ塗り，ローラーブラシ塗り又は吹付け塗りとし，吹付け塗りの場合は，塗料に適したノズルの径や種類を選定する。
　　屋内塗装の場合，パテかいは<u>水掛り</u>部分には行わない。
　　　　　　　　　　　　　　　③

8．タイルカーペットを事務室用フリーアクセスフロア下地に施工する場合，床パネル相互間の段差とすき間を <u>1 ㎜</u>以下に調整した後，床パネルの目地とタイルカーペットの目地を
　　　　　　　　　　　　①
<u>100 ㎜</u>程度ずらして割付けを行う。
②
　　カーペットの張付けは，粘着はく離形の接着剤を<u>下地</u>の全面に塗布し，適切なオープンタ
　　　　　　　　　　　　　　　　　　　　　　　③
イムをとり，圧着しながら行う。

平成28年度－問題4

次の 1. から 4. の問いに答えなさい。

ただし，解答はそれぞれ異なる内容の記述とし，材料の保管，気象条件等による作業の中止及び作業員の安全に関する記述は除くものとする。

1. 屋上アスファルト防水保護層の平場部の工事における施工上の**留意事項**を2つ，具体的に記述しなさい。

   ただし，保護層の仕上げはコンクリート直均し仕上げとする。

2. 内装床の張物下地のセルフレベリング材塗りにおける施工上の**留意事項**を2つ，具体的に記述しなさい。

   ただし，セルフレベリング材は固定プラント式のスラリータイプとし，専用車両で現場まで輸送供給されるものとする。

3. 鉄筋コンクリート造の内壁モルタル下地面への有機系接着剤によるタイル後張り工法における施工上の**留意事項**を2つ，具体的に記述しなさい。

   ただし，ユニットタイル張りに関する記述は除くものとする。

4. 室内天井せっこうボード下地へのロックウール化粧吸音板張り工事における施工上の**留意事項**を2つ，具体的に記述しなさい。

   ただし，下地材の調整，開口部補強及び張付け後の養生に関する記述は除くものとする。

【解答例】

1.	留意事項	(1)	保護コンクリートの厚さは，コンクリートこて仕上げの場合は80mm以上とする。
		(2)	コンクリート中の溶接金網の重ね幅は1節半以上，かつ，150mm以上とする。
2.	留意事項	(1)	塗厚が大きくなるとひび割れや浮きが発生しやすいので，標準塗厚10mmを守る。
		(2)	施工中はできる限り通風をなくし，施工後も硬化するまでははなはだしい通風を避ける。
3.	留意事項	(1)	1回の塗布面積の限度は3㎡以内とし，かつ30分以内に張り終える面積とする。
		(2)	タイル張りに先立ち，下地面の清掃を行い，下地面は十分に乾燥させる。
4.	留意事項	(1)	化粧吸音板をせっこうボード下地に張る場合は，接着剤を主とし，ステープル等を併用する。
		(2)	化粧吸音板とせっこうボードのジョイントが，同じ位置にならないようにする。

（その他の解答例）

1.	留意事項	(1)	平場に絶縁用シートを全面に敷き込み，立上り面に30 mm 程度張り上げるようにする。
		(2)	目地の割付けは周辺の立上り面から600 mm 程度とし，中間部は縦横3 m 程度とする。
2.	留意事項	(1)	施工後の気泡跡の凹部等は，製造業者の指定する材料を用いて補修する。
		(2)	セルフレベリング材塗付け後の養生期間は一般に7日以上，冬期では14日以上とする。
3.	留意事項	(1)	1枚張りは手でもみ込むよう押さえつけ，目地部に接着剤がはみ出すようにする。
		(2)	接着剤の練り混ぜる量は，1回の塗付量とする。
4.	留意事項	(1)	化粧吸音板のせっこうボードへの留付け間隔は，縦・横200〜300 mm 程度で留め付ける。
		(2)	ステープルの打込み後は，ステープルの浮きがないことを確認する。

【解　説】

1．屋上アスファルト防水保護層の平場部の工事

　　防水層が完成した後，平場には絶縁用シートを全面に敷き込み，成形伸縮目地材を設置し，その上に保護コンクリートを施工する。絶縁用シートの敷込みは立上り面に30 mm 程度張り上げるようにする。保護コンクリートの厚さは，コンクリートこて仕上げの場合は80 mm 以上とする。保護コンクリート中に溶接金網を敷き込み，重ね幅は金網部分を1節半以上，かつ，150 mm 以上とし，コンクリート打込み時に動かないように鉄線で結束し，コンクリート厚さの中間部にコンクリート製スペーサー等を用いて設置する。乾燥収縮及び温度，水分による伸縮を防ぐために伸縮調整目地を設ける。伸縮調整目地は保護コンクリートの上から下まで通す。伸縮調整目地の設置は，保護コンクリート面に水がたまらないように配慮し，勾配を設ける。目地の割付けは，周辺の立上り面から600 mm 程度とし，中間部は縦横3 m程度とする。

2．内装床の張物下地のセルフレベリング材塗り

　　下地のコンクリート面の精度が悪いと，塗厚の不均等により不陸となるおそれがあるので確認する。下地の乾燥期間は，コンクリート下地の場合28日以上，モルタル下地の場合夏期は14日以上，冬期は21日以上とする。下地コンクリートの乾燥収縮に起因するひび割れや浮きを防止するため，下地コンクリートの乾燥状態を確認する。水が浸入するおそれのある床に適用すると，浮き等の不具合を生ずることがあるので使用を避ける。コンクリート下地等のレイタンス・脆弱部・油膜類及び接着剤等を除去・清掃する。大きな不陸や凹凸等はあらかじめ下地調整を行う。吸水調整材は所要量の水で均一に希釈し，デッキブラシ等で十分すり込むように塗り付ける。可使時間内に製造所より施工現場に運ぶため，交通事情を考慮した上で搬送時間を検討する。5℃以下での施工は硬化遅延，硬化不良を引き起こすので中止する。塗厚が大きくなると，ひび割れや浮きが発生しやすくなるので標準塗厚10 mm を

守る。施工中はできる限り通風をなくし，施工後も硬化するまでははなはだしい通風を避ける。気泡跡の凹部等は，製造業者の指定する材料を用いて補修する。セルフレベリング材塗付け後の養生期間は，一般に 7 日以上，冬期は 14 日以上とし，表面仕上げ材の施工までの期間は 30 日以内を標準とする。

3．有機系接着剤によるタイル後張り工法

タイル張りに先立ち下地面の清掃を行い，下地面は十分に乾燥させる。一液反応硬化形接着剤を用いる場合は，製造業者の指示する張付け可能時間内にタイルを張り終える。また，二液反応硬化形接着剤を用いるときは，可使時間内にタイルを張り終える。1 回の塗布面積の限度は 3 ㎡ 以内とし，かつ 30 分以内に張り終える面積とする。また，練り混ぜる量は 1 回の塗付量とする。接着剤は金ごて等を用いて平坦に塗布した後，所定のくし目ごてを用いてくし目を立てる。目地割りに基づいて水糸を引き通し，縦横目地引き通しに注意しながら張り上げる。目地直しは，張り付けたタイルが自由に動く間（タイル張付け後 30 分程度）に行う。塗付け場所の気温が 5 ℃ 以下及び 5 ℃ 以下になると予想される場合は中止する。

4．天井せっこうボード下地へのロックウール化粧吸音板張り

下張りのせっこうボードの張付けは，目地通りよく，不陸，目違い等のないように行う。留付け間隔は周辺部で 150 ㎜ 程度，中間部で 200 ㎜ 程度とする。上張りのロックウール化粧吸音板のジョイントとせっこうボードのジョイントが同位置にならないように割付け，張付けは中央部分より張り始め，順次四周に向かって張り上げ，周囲に端物を持ってくる。取付方法は接着剤を主とし，小ねじ類やタッカーによるステープル等を併用して縦・横 200 ～ 300 ㎜ 程度で留め付ける。5 ℃ 以下の低温時に接着剤を用いると硬化速度が低下し，さらに低温になると凍結等により硬化不良を生じることがあるので作業を中止する。ステープルの打込み方向は，仕上げパターンの方向と平行にする。ステープルの打込み後は，ステープルの浮きがないことを確認する。

平成27年度－問題 4

次の 1．から 8．の各記述において，記述ごとの①から③の下線部の語句のうち**最も不適当な箇所番号**を 1 つあげ，**適当な語句**を記入しなさい。

1．ゴムアスファルト系塗膜防水材には，手塗りタイプと吹付けタイプがあり，手塗りタイプにはゴムアスファルトエマルション①だけで乾燥造膜するものと硬化剤を用いて反応硬化させるものがある。また，吹付けタイプには，乾燥造膜や反応硬化によるものの他に，専用吹付機を用いてゴムアスファルトエマルション①と凝固剤を交互②に吹き付けて，凝固・硬化を促進③させ防水層を形成させるものがあり，鉄筋コンクリート造の地下外壁の外防水等に用いられる。

2．鉄筋コンクリート造のセメントモルタルによる外壁タイル後張り工法における引張接着強度検査は，施工後2週間以上経過した時点で引張接着試験機を用いて行い，引張接着強度と破壊状況に基づき合否を判定する。
①
　　下地がモルタル塗りの場合の試験体は，タイルの目地部分を下地モルタル面まで切断して周囲と絶縁したものとし，試験体の数は，100 ㎡ 以下ごとに1個以上，かつ全面積で
②
3 個以上とする。
③

3．鋼板製折板葺き屋根におけるけらば包みの継手位置は，端部用タイトフレームの位置よりできるだけ離す方がよい。また，けらば包み相互の継手の重ね幅は60 ㎜ 以上とし，当
①
該重ね内部に不定形又は定形シーリング材をはさみ込み，ドリリングタッピンねじ等で締め付ける。
③

4．屋内の軽量鉄骨天井下地の吊ボルトは，間隔を900 ㎜ 程度とし，周辺部は端から300 ㎜
①　　　　　　　　　　　　　　　　　　　　　　　　　　②
以内に鉛直に取り付ける。
　　また，下地張りのある場合の野縁の取付け間隔は，360 ㎜ 程度とする。
③

5．セメントモルタル塗りの表面仕上げには，金ごて仕上げ，木ごて仕上げ，はけ引き仕上げの他くし目引き仕上げがあり，その上に施工する仕上げ材の種類に応じて使い分ける。
①
　　金ごて仕上げは，塗装仕上げや壁紙張り仕上げなどの下地面に用い，はけ引き仕上げは，
②　　　　　　　　　　　　　　　　　　　　　　　　　　　　　③
セメントモルタルによるタイル後張り工法の下地面に用いる。

6．防火区画に用いる防煙シャッターは，表面がフラットでガイドレール内での遮煙性を確保できるインターロッキング形のスラットが用いられる。また，まぐさに設ける遮煙機構
①　　　　　　　　　　　　　　　　　　　　　　　　　②
は，シャッターが閉鎖したときに漏煙を抑制する構造とし，その材料は不燃材料，準不燃材料又は難燃材料とする。
　　なお，座板にアルミニウムを使用する場合には，鋼板で覆う。
③

7．パテ処理には，パテしごき，パテかい，パテ付けの3種類がある。パテしごきは，面の
①
状況に応じて，面のくぼみ，すき間，目違い等の部分を平滑にするためにパテを塗るものである。
　　また，パテ付けは，パテかいの後，表面が平滑になり，肌が一定になるようパテを全面
②　　　　　　　　　　　　　　　　　　　　　　　　　　　　　③
に塗り付けるものである。

8．タイルカーペットをフリーアクセスフロア下地に張り付ける場合，床パネルの段違いやすき間を1 ㎜ 以下に調整した後，タイルカーペットを張り付ける。
①
　　タイルカーペットは，割付けを部屋の端部から行い，粘着はく離形の接着剤を床パネル
②　　　　　　　　　　　　　　　　　　　　　　　　　　　　　③
の全面に塗布し，適切なオープンタイムをとり，圧着しながら張り付ける。

251

【解答例】

	最も不適当な箇所番号	適当な語句
1.	②	同時
2.	②	コンクリート
3.	①	近づける
4.	②	150
5.	③	木ごて
6.	①	オーバーラッピング
7.	①	パテかい
8.	②	中央

【解　説】

1．ゴムアスファルト系塗膜防水材には，手塗りタイプと吹付けタイプがあり，手塗りタイプにはゴムアスファルトエマルション①だけで乾燥造膜するものと硬化剤を用いて反応硬化させるものがある。また，吹付けタイプには，乾燥造膜や反応硬化によるものの他に，専用吹付機を用いてゴムアスファルトエマルション①と凝固剤を同時②に吹き付けて，凝固・硬化を促進③させ防水層を形成させるものがあり，鉄筋コンクリート造の地下外壁の外防水等に用いられる。

2．鉄筋コンクリート造のセメントモルタルによる外壁タイル後張り工法における引張接着強度検査は，施工後2週間以上経過した時点で引張接着試験機を用いて行い，引張接着強度と破壊状況①に基づき合否を判定する。
　下地がモルタル塗りの場合の試験体は，タイルの目地部分をコンクリート②面まで切断して周囲と絶縁したものとし，試験体の数は，100㎡以下ごとに1個以上，かつ全面積で3③個以上とする。

3．鋼板製折板葺き屋根におけるけらば包みの継手位置は，端部用タイトフレームの位置よりできるだけ近づける①方がよい。また，けらば包み相互の継手の重ね幅は60㎜②以上とし，当該重ね内部に不定形又は定形シーリング材をはさみ込み，ドリリングタッピンねじ③等で締め付ける。

4．屋内の軽量鉄骨天井下地の吊ボルトは，間隔を900㎜①程度とし，周辺部は端から150㎜②以内に鉛直に取り付ける。
　また，下地張りのある場合の野縁の取付け間隔は，360㎜③程度とする。

5．セメントモルタル塗りの表面仕上げには，金ごて仕上げ，木ごて仕上げ，はけ引き仕上げの他くし目引き仕上げ①があり，その上に施工する仕上げ材の種類に応じて使い分ける。
　金ごて仕上げ②は，塗装仕上げや壁紙張り仕上げ等の下地面に用い，木ごて仕上げ③は，セメ

ントモルタルによるタイル後張り工法の下地面に用いる。

6．防火区画に用いる防煙シャッターは，表面がフラットでガイドレール内での遮煙性を確保できる**オーバーラッピング**形のスラットが用いられる（**図－1**）。また，まぐさに設ける遮
① 　　　　　　　　　　　　　　　　　　　　　　　　　　　　　　　②
煙機構（**図－2**）は，シャッターが閉鎖したときに漏煙を抑制する構造とし，その材料は不
燃材料，準不燃材料又は難燃材料とする。

　　なお，座板にアルミニウムを使用する場合には，鋼板で覆う。
　　　　　　　　　　　　　　　　　　　　　　　　③

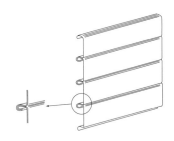

図－1　オーバーラッピング形スラット
（JIS A 4705）

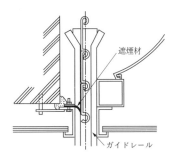

遮煙材

ガイドレール

図－2　まぐさ部の遮煙装置の例
（監理指針）

7．パテ処理には，パテしごき，パテかい，パテ付けの3種類がある。**パテかい**は，面の状況
　　　　　　　　　　　　　　　　　　　　　　　　　　　　　　①
に応じて，面のくぼみ，すき間，目違い等の部分を平滑にするためにパテを塗るものである。
　　また，パテ付けは，パテかいの後，表面が平滑になり，肌が一定になるようパテを全面に
　　　　　　　　　　②　　　　　　　　　　　　　　　　　　　　　　　　　　　　③
塗り付けるものである。

8．タイルカーペットをフリーアクセスフロア下地に張り付ける場合，床パネルの段違いやす
き間を1 mm以下に調整した後，タイルカーペットを張り付ける。
　①
　　タイルカーペットは，割付けを部屋の**中央**部から行い，粘着はく離形の接着剤を床パネル
　　　　　　　　　　　　　　　　　　②　　　　　　　　　　　　　　　　　　　　　③
の全面に塗布し，適切なオープンタイムをとり，圧着しながら張り付ける。

第6節　法　　規【問題6】

過去の出題一覧表

建設業法

年度 (令和，平成) 分　類	R6	R5	R4	R3	R2	R元	H30(臨時)	H30(通常)	H29	H28	H27	備　考
① 建設工事の見積り等（法第20条）								○			○	H20
② 請負契約とみなす場合（法第24条）			○									
③ 下請代金の支払（法第24条の3）		○										
④ 検査及び引渡し（法第24条の4）					○			○				H26，H25，H19
⑤ 特定建設業者の下請代金の支払期日等（法第24条の6）			○					○				H25
⑥ 施工体制台帳及び施工体系図の作成等（法第24条の8）	○									○		H24，H22，H21，H18
⑦ 主任技術者及び監理技術者の職務等（法第26条の4）						○					○	H21，H18

建築基準法施行令

年度 (令和，平成) 分　類	R6	R5	R4	R3	R2	R元	H30(臨時)	H30(通常)	H29	H28	H27	備　考
① 仮囲い（令第136条の2の20）								○			○	
② 根切り工事，山留め工事等を行う場合の危害の防止（令第136条の3）		○			○			○				
③ 落下物に対する防護（令第136条の5）			○			○	○					H26，H25
④ 建て方（令第136条の6）	○			○						○		

労働安全衛生法

年度 (令和，平成) 分　類	R6	R5	R4	R3	R2	R元	H30(臨時)	H30(通常)	H29	H28	H27	備　考
① 事業者等の責務（法第3条）								○				H23
② 総括安全衛生管理者（法第10条）		○		○								
③ 元方事業者の講ずべき措置等（法第29条，法第29条の2）			○	○				○			○	H24
④ 特定元方事業者等の講ずべき措置（法第30条）					○							H26
⑤ 安全衛生教育（法第60条，令第19条）									○			H25
⑥ 健康診断（法第66条）										○		
⑦ 事業者の講ずる措置（法第71条の2）	○											

令和6年度－問題6

次の 1. から 3. の各法文において，□□□ に当てはまる**正しい語句**を，下の該当する枠内から**1つ**選びなさい。

1. 建設業法（施工体制台帳及び施工体系図の作成等）

第24条の8 特定建設業者は，発注者から直接建設工事を請け負った場合において，当該建設工事を施工するために締結した下請契約の請負代金の額（当該下請契約が2以上あるときは，それらの請負代金の額の総額）が政令で定める金額以上になるときは，建設工事の適正な施工を確保するため，国土交通省令で定めるところにより，当該建設工事について，下請負人の商号又は名称，当該下請負人に係る建設工事の内容及び □①□ その他の国土交通省令で定める事項を記載した施工体制台帳を作成し，工事現場ごとに備え置かなければならない。

2 （略）

3 （略）

4 第1項の特定建設業者は，国土交通省令で定めるところにより，当該建設工事における各下請負人の施工の □②□ 関係を表示した施工体系図を作成し，これを当該工事現場の見やすい場所に掲げなければならない。

①	①施工範囲 ②施工方法 ③竣工時期 ④工 期 ⑤納 期
②	①共 有 ②分 担 ③配 分 ④上 下 ⑤前 後

2. 建築基準法施行令（建て方）

第136条の6 建築物の建て方を行なうに当たっては， □③□ を取り付ける等荷重又は外力による倒壊を防止するための措置を講じなければならない。

2 鉄骨造の建築物の建て方の □④□ は，荷重及び外力に対して安全なものとしなければならない。

③	①仮筋かい ②仮設梁 ③火打ち ④支保工 ⑤仮設柱
④	①方 法 ②本 締 ③仮 締 ④仮 組 ⑤手 順

3. 労働安全衛生法（事業者の講ずる措置）

第71条の2 事業者は，事業場における安全衛生の水準の向上を図るため，次の措置を継続的かつ計画的に講ずることにより，快適な □⑤□ 環境を形成するように努めなければならない。

一 作業環境を快適な状態に □⑥□ するための措置

二 労働者の従事する作業について，その方法を改善するための措置

三 作業に従事することによる労働者の疲労を回復するための施設又は設備の設置又は整備

四 前三号に掲げるもののほか，快適な □⑤□ 環境を形成するため必要な措置

| ⑤ | ①事 業 ②現 場 ③労 働 ④衛 生 ⑤職 場 |
| ⑥ | ①維持管理 ②運営管理 ③構 築 ④確 立 ⑤保 守 |

【解 答】

1．建設業法	①	④
	②	②
2．建築基準法施行令	③	①
	④	③
3．労働安全衛生法	⑤	⑤
	⑥	①

【解 説】

1．建設業法

建設業法第24条の8（施工体制台帳及び施工体系図の作成等）第1項に，

「特定建設業者は，発注者から直接建設工事を請け負った場合において，当該建設工事を施工するために締結した下請契約の請負代金の額（当該下請契約が2以上あるときは，それらの請負代金の額の総額）が政令で定める金額以上になるときは，建設工事の適正な施工を確保するため，国土交通省令で定めるところにより，当該建設工事について，下請負人の商号又は名称，当該下請負人に係る建設工事の内容及び ①工期 その他の国土交通省令で定める事項を記載した施工体制台帳を作成し，工事現場ごとに備え置かなければならない。」と定められており，同条第4項に，

「第1項の特定建設業者は，国土交通省令で定めるところにより，当該建設工事における各下請負人の施工の ②分担 関係を表示した施工体系図を作成し，これを当該工事現場の見やすい場所に掲げなければならない。」と定められている。

2．建築基準法施行令

建築基準法施行令第136条の6（建て方）に，

「建築物の建て方を行なうに当たっては， ③仮筋かい を取り付ける等荷重又は外力による倒壊を防止するための措置を講じなければならない。

2 鉄骨造の建築物の建て方の ④仮締 は，荷重及び外力に対して安全なものとしなければならない。」と定められている。

3．労働安全衛生法

労働安全衛生法第71条の2（事業者の講ずる措置）に，

「事業者は，事業場における安全衛生の水準の向上を図るため，次の措置を継続的かつ計画的に講ずることにより，快適な ⑤職場 環境を形成するように努めなければならない。

一 作業環境を快適な状態に ⑥維持管理 するための措置

二 労働者の従事する作業について，その方法を改善するための措置

三　作業に従事することによる労働者の疲労を回復するための施設又は設備の設置又は整備

四　前三号に掲げるもののほか，快適な ⑤ 職場 環境を形成するため必要な措置」と定められている。

令和5年度－問題6

次の 1. から 3. の各法文において，□□□ に当てはまる**正しい語句又は数値**を，下の該当する枠内から **1つ選びなさい。**

1. 建設業法（下請代金の支払）

第24条の3　元請負人は，請負代金の出来形部分に対する支払又は工事完成後における支払を受けたときは，当該支払の対象となった建設工事を施工した下請負人に対して，当該元請負人が支払を受けた金額の出来形に対する割合及び当該下請負人が施工した出来形部分に相応する下請代金を，当該支払を受けた日から ① 以内で，かつ，できる限り短い期間内に支払わなければならない。

2　前項の場合において，元請負人は，同項に規定する下請代金のうち ② に相当する部分については，現金で支払うよう適切な配慮をしなければならない。

3　（略）

| ① | ①10日 | ②20日 | ③1月 | ④3月 | ⑤6月 |

| ② | ①労務費 | ②交通費 | ③材料費 | ④事務費 | ⑤諸経費 |

2. 建築基準法施行令（根切り工事，山留め工事等を行う場合の危害の防止）

第136条の3　建築工事等において根切り工事，山留め工事，ウェル工事，ケーソン工事その他基礎工事を行なう場合においては，あらかじめ，地下に埋設されたガス管，ケーブル，水道管及び下水道管の損壊による危害の発生を防止するための措置を講じなければならない。

2　（略）

3　（略）

4　建築工事等において深さ ③ メートル以上の根切り工事を行なう場合においては，地盤が崩壊するおそれがないとき，及び周辺の状況により危害防止上支障がないときを除き，山留めを設けなければならない。この場合において，山留めの根入れは，周辺の地盤の安定を保持するために相当な深さとしなければならない。

5　（略）

6　建築工事等における根切り及び山留めについては，その工事の施工中必要に応じて点検を行ない，山留めを補強し，排水を適当に行なう等これを安全な状態に維持するための措置を講ずるとともに，矢板等の抜取りに際しては，周辺の地盤の ④ による危害を防止するための措置を講じなければならない。

| ③ | ① 0.5 | ② 1.0 | ③ 1.5 | ④ 2.0 | ⑤ 2.5 |
| ④ | ① 沈　下 | ② ゆるみ | ③ 崩　落 | ④ 陥　没 | ⑤ 倒　壊 |

3．労働安全衛生法（総括安全衛生管理者）

　　第 10 条　事業者は，政令で定める規模の事業場ごとに，厚生労働省令で定めるところ
　　　により，総括安全衛生管理者を選任し，その者に安全管理者，衛生管理者又は第 25
　　　条の 2 第 2 項の規定により技術的事項を管理する者の指揮をさせるとともに，次の業
　　　務を統括管理させなければならない。

　　　一　労働者の　　⑤　　又は健康障害を防止するための措置に関すること。
　　　二　労働者の安全又は衛生のための教育の実施に関すること。
　　　三　健康診断の実施その他健康の保持増進のための措置に関すること。
　　　四　労働災害の原因の調査及び　　⑥　　防止対策に関すること。
　　　五　前各号に掲げるもののほか，労働災害を防止するため必要な業務で，厚生労働省
　　　　　令で定めるもの

　　2　（略）

　　3　（略）

| ⑤ | ① 危　害 | ② 損　傷 | ③ 危　機 | ④ 損　害 | ⑤ 危　険 |
| ⑥ | ① 発　生 | ② 拡　大 | ③ 頻　発 | ④ 再　発 | ⑤ 被　害 |

【解　答】

1．建設業法	①	③
	②	①
2．建築基準法施行令	③	③
	④	①
3．労働安全衛生法	⑤	⑤
	⑥	④

【解　説】

1．建設業法

建設業法第 24 条の 3（下請代金の支払）第 1 項及び第 2 項に，

「元請負人は，請負代金の出来形部分に対する支払又は工事完成後における支払を受けたときは，当該支払の対象となった建設工事を施工した下請負人に対して，当該元請負人が支払を受けた金額の出来形に対する割合及び当該下請負人が施工した出来形部分に相応する下請代金を，当該支払を受けた日から ①1月 以内で，かつ，できる限り短い期間内に支払わなければならない。

2　前項の場合において，元請負人は，同項に規定する下請代金のうち ②労務費 に相当する部分については，現金で支払うよう適切な配慮をしなければならない。」と定められている。

2．建築基準法施行令

建築基準法施行令 136 条の 3（根切り工事，山留め工事等を行う場合の危害の防止）第 4 項に，

「建築工事等において深さ ③1.5 m 以上の根切り工事を行なう場合においては，地盤が崩壊するおそれがないとき，及び周辺の状況により危害防止上支障がないときを除き，山留めを設けなければならない。この場合において，山留めの根入れは，周辺の地盤の安定を保持するために相当な深さとしなければならない。」と定められており，同条第 6 項に，

「建築工事等における根切り及び山留めについては，その工事の施工中必要に応じて点検を行ない，山留めを補強し，排水を適当に行なう等これを安全な状態に維持するための措置を講ずるとともに，矢板等の抜取りに際しては，周辺の地盤の ④沈下 による危害を防止するための措置を講じなければならない。」と定められている。

3．労働安全衛生法

労働安全衛生法第 10 条（総括安全衛生管理者）第 1 項に，

「事業者は，政令で定める規模の事業場ごとに，厚生労働省令で定めるところにより，総括安全衛生管理者を選任し，その者に安全管理者，衛生管理者又は第 25 条の 2 第 2 項の規定により技術的事項を管理する者の指揮をさせるとともに，次の業務を統括管理させなければならない。

一　労働者の ⑤危険 又は健康障害を防止するための措置に関すること。

二　労働者の安全又は衛生のための教育の実施に関すること。

三　健康診断の実施その他健康の保持増進のための措置に関すること。

四　労働災害の原因の調査及び ⑥再発 防止対策に関すること。

五　前各号に掲げるもののほか，労働災害を防止するため必要な業務で，厚生労働省令で定めるもの」と定められている。

━━━ 令和4年度－問題6 ━━━

　次の 1. から 3. の各法文において，｜　　　｜に当てはまる**正しい語句又は数値**を，下の該当する枠内から **1つ**選びなさい。

1．建設業法（特定建設業者の下請代金の支払期日等）

　　第24条の6　特定建設業者が ① となった下請契約（下請契約における請負人が特定建設業者又は資本金額が政令で定める金額以上の法人であるものを除く。以下この条において同じ。）における下請代金の支払期日は，第24条の4第2項の申出の日（同項ただし書の場合にあっては，その一定の日。以下この条において同じ。）から起算して ② 日を経過する日以前において，かつ，できる限り短い期間内において定められなければならない。

　　2（略）

　　3（略）

　　4（略）

①	① 注文者	② 発注者	③ 依頼者	④ 事業者	⑤ 受注者

②	① 20	② 30	③ 40	④ 50	⑤ 60

2．建築基準法施行令（落下物に対する防護）

　　第136条の5（略）

　　2　建築工事等を行なう場合において，建築のための工事をする部分が工事現場の境界線から水平距離が ③ m以内で，かつ，地盤面から高さが ④ m以上にあるとき，その他はつり，除却，外壁の修繕等に伴う落下物によって工事現場の周辺に危害を生ずるおそれがあるときは，国土交通大臣の定める基準に従って，工事現場の周囲その他危害防止上必要な部分を鉄網又は帆布でおおう等落下物による危害を防止するための措置を講じなければならない。

③	① 3	② 4	③ 5	④ 6	⑤ 7

④	① 3	② 4	③ 5	④ 6	⑤ 7

3．労働安全衛生法（元方事業者の講ずべき措置等）

　　第29条の2　建設業に属する事業の元方事業者は，土砂等が崩壊するおそれのある場所，機械等が転倒するおそれのある場所その他の厚生労働省令で定める場所において関係請負人の労働者が当該事業の仕事の作業を行うときは，当該関係請負人が講ずべき当該場所に係る ⑤ を防止するための措置が適正に講ぜられるように，⑥ 上の指導その他の必要な措置を講じなければならない。

⑤	① 破損	② 損壊	③ 危険	④ 労働災害	⑤ 事故

⑥	① 教育	② 技術	③ 施工	④ 作業	⑤ 安全

【解　答】

1．建設業法	①	①
	②	④
2．建築基準法施行令	③	③
	④	⑤
3．労働安全衛生法	⑤	③
	⑥	②

【解　説】

1．建設業法

建設業法第24条の6（特定建設業者の下請代金の支払期日等）第1項に，

「特定建設業者が ① **注文者** となった下請契約（下請契約における請負人が特定建設業者又は資本金額が政令で定める金額以上の法人であるものを除く。以下この条において同じ。）における下請代金の支払期日は，第24条の4第2項の申出の日（同項ただし書の場合にあっては，その一定の日。以下この条において同じ。）から起算して ② 50 日を経過する日以前において，かつ，できる限り短い期間内において定められなければならない。」と定められている。

2．建築基準法施行令

建築基準法施行令第136条の5（落下物に対する防護）第2項に，

「建築工事等を行なう場合において，建築のための工事をする部分が工事現場の境界線から水平距離が ③ 5 m以内で，かつ，地盤面から高さが ④ 7 m以上にあるとき，その他はつり，除却，外壁の修繕等に伴う落下物によって工事現場の周辺に危害を生ずるおそれがあるときは，国土交通大臣の定める基準に従って，工事現場の周囲その他危害防止上必要な部分を鉄網又は帆布でおおう等落下物による危害を防止するための措置を講じなければならない。」と定められている。

3．労働安全衛生法

労働安全衛生法第29条の2（元方事業者の講ずべき措置等）に，

「建設業に属する事業の元方事業者は，土砂等が崩壊するおそれのある場所，機械等が転倒するおそれのある場所その他の厚生労働省令で定める場所において関係請負人の労働者が当該事業の仕事の作業を行うときは，当該関係請負人が講ずべき当該場所に係る ⑤ **危険** を防止するための措置が適正に講ぜられるように， ⑥ **技術** 上の指導その他の必要な措置を講じなければならない。」と定められている。

次の 1. から 3. の各法文において，□□□ に当てはまる正しい語句を，下の該当する枠内から1つ選びなさい。

1. 建設業法（請負契約とみなす場合）

第24条　委託その他いかなる │　①　│ をもってするかを問わず，│　②　│ を得て建設工事の完成を目的として締結する契約は，建設工事の請負契約とみなして，この法律の規定を適用する。

①	① 業務	② 許可	③ 立場	④ 名義	⑤ 資格

②	① 報酬	② 利益	③ 許可	④ 承認	⑤ 信用

2. 建築基準法施行令（建て方）

第136条の6　建築物の建て方を行なうに当たっては，仮筋かいを取り付ける等荷重又は外力による │　③　│ を防止するための措置を講じなければならない。

2　鉄骨造の建築物の建て方の │　④　│ は，荷重及び外力に対して安全なものとしなければならない。

③	① 事故	② 災害	③ 変形	④ 傾倒	⑤ 倒壊

④	① ワイヤロープ　② 仮筋かい　③ 仮締　④ 本締　⑤ 手順

3. 労働安全衛生法（元方事業者の講ずべき措置等）

第29条　元方事業者は，関係請負人及び関係請負人の労働者が，当該仕事に関し，この法律又はこれに基づく命令の規定に違反しないよう必要な │　⑤　│ を行なわなければならない。

2　元方事業者は，関係請負人又は関係請負人の労働者が，当該仕事に関し，この法律又はこれに基づく命令の規定に違反していると認めるときは，│　⑥　│ のため必要な指示を行なわなければならない。

3　（略）

⑤	① 説明	② 教育	③ 指導	④ 注意喚起	⑤ 契約

⑥	① 衛生	② 是正	③ 改善	④ 安全	⑤ 健康

【解　答】

1．建設業法	①	④
	②	①
2．建築基準法施行令	③	⑤
	④	③
3．労働安全衛生法	⑤	③
	⑥	②

【解　説】

1．建設業法

　　建設業法第 24 条（請負契約とみなす場合）に，

「委託その他いかなる ①名義 をもってするかを問わず， ②報酬 を得て建設工事の完成を目的として締結する契約は，建設工事の請負契約とみなして，この法律の規定を適用する。」と定められている。

2．建築基準法施行令

　　建築基準法施行令第 136 条の 6（建て方）に，

「建築物の建て方を行なうに当たっては，仮筋かいを取り付ける等荷重又は外力による ③倒壊 を防止するための措置を講じなければならない。

　2　鉄骨造の建築物の建て方の ④仮締 は，荷重及び外力に対して安全なものとしなければならない。」と定められている。

3．労働安全衛生法

　　労働安全衛生法第 29 条（元方事業者の講ずべき措置等）に，

「元方事業者は，関係請負人及び関係請負人の労働者が，当該仕事に関し，この法律又はこれに基づく命令の規定に違反しないよう必要な ⑤指導 を行なわなければならない。

　2．元方事業者は，関係請負人又は関係請負人の労働者が，当該仕事に関し，この法律又はこれに基づく命令の規定に違反していると認めるときは， ⑥是正 のため必要な指示を行なわなければならない。

　3．（省略)」と定められている。

令和2年度－問題6

次の 1. から 3. の問いに答えなさい。

1.「建設業法」に基づく建設工事の完成を確認するための検査及び引渡しに関する次の文章において， [　　　] に当てはまる語句又は数値を記入しなさい。

　　元請負人は，下請負人からその請け負った建設工事が完成した旨の通知を受けたときは，当該通知を受けた日から [　①　] 日以内で，かつ，できる限り短い期間内に，その完成を確認するための検査を完了しなければならない。

　　元請負人は，前項の検査によって建設工事の完成を確認した後，下請負人が申し出たときは，直ちに，当該建設工事の目的物の引渡しを受けなければならない。ただし，下請契約において定められた工事完成の時期から [　①　] 日を経過した日以前の一定の日に引渡しを受ける旨の [　②　] がされている場合には，この限りでない。

2.「建築基準法施行令」に基づく山留め工事等を行う場合の危害の防止に関する次の文章において， [　　　] に当てはまる語句を記入しなさい。

　　建築工事等における根切り及び山留めについては，その工事の施工中必要に応じて [　③　] を行ない，山留めを補強し，排水を適当に行なう等これを安全な状態に維持するための措置を講ずるとともに，矢板等の抜取りに際しては，周辺の地盤の [　④　] による危害を防止するための措置を講じなければならない。

3.「労働安全衛生法」に基づく総括安全衛生管理者に関する次の文章において， [　　　] に当てはまる語句を記入しなさい。

　　事業者は，政令で定める規模の事業場ごとに，厚生労働省令で定めるところにより，総括安全衛生管理者を選任し，その者に安全管理者，衛生管理者又は第二十五条の二第二項の規定により技術的事項を管理する者の指揮をさせるとともに，次の業務を統括管理させなければならない。
　　　一　労働者の [　⑤　] 又は健康障害を防止するための措置に関すること。
　　　二　労働者の安全又は衛生のための [　⑥　] の実施に関すること。
　　　三　健康診断の実施その他健康の保持増進のための措置に関すること。
　　　四　労働災害の原因の調査及び再発防止対策に関すること。
　　　五　前各号に掲げるもののほか，労働災害を防止するため必要な業務で，厚生労働省令で定めるもの

【解　答】

1．建設業法	①	20
	②	特約
2．建築基準法施行令	③	点検
	④	沈下
3．労働安全衛生法	⑤	危険
	⑥	教育

【解　説】

1．建設業法

建設業法第 24 条の 4（検査及び引渡し）第 1 項に，

「元請負人は，下請負人からその請け負った建設工事が完成した旨の通知を受けたときは，当該通知を受けた日から ① 20 日以内で，かつ，できる限り短い期間内に，その完成を確認するための検査を完了しなければならない。」と定められている。また，同条第 2 項に，

「元請負人は，前項の検査によって建設工事の完成を確認した後，下請負人が申し出たときは，直ちに，当該建設工事の目的物の引渡しを受けなければならない。ただし，下請契約において定められた工事完成の時期から ① 20 日を経過した日以前の一定の日に引渡しを受ける旨の ② 特約 がされている場合には，この限りでない。」と定められている。

2．建築基準法施行令

建築基準法施行令第 136 条の 3（根切り工事，山留め工事等を行う場合の危害の防止）第 6 項に，

「建築工事等における根切り及び山留めについては，その工事の施工中必要に応じて ③ 点検 を行ない，山留めを補強し，排水を適当に行なう等これを安全な状態に維持するための措置を講ずるとともに，矢板等の抜取りに際しては，周辺の地盤の ④ 沈下 による危害を防止するための措置を講じなければならない。」と定められている。

3．労働安全衛生法

労働安全衛生法第 10 条（総括安全衛生管理者）第 1 項に，

「事業者は，政令で定める規模の事業場ごとに，厚生労働省令で定めるところにより，総括安全衛生管理者を選任し，その者に安全管理者，衛生管理者又は第 25 条の 2 第 2 項の規定により技術的事項を管理する者の指揮をさせるとともに，次の業務を統括管理させなければならない。

一　労働者の ⑤ 危険 又は健康障害を防止するための措置に関すること。

二　労働者の安全又は衛生のための ⑥ 教育 の実施に関すること。

三　健康診断の実施その他健康の保持増進のための措置に関すること。

四　労働災害の原因の調査及び再発防止対策に関すること。

五　前各号に掲げるもののほか，労働災害を防止するため必要な業務で，厚生労働省令で定めるもの」と定められている。

令和元年度－問題6

次の 1. から 3. の問いに答えなさい。

1. 「建設業法」に基づく主任技術者及び監理技術者の職務等に関する次の文章において，□□に当てはまる語句を記入しなさい。

主任技術者及び監理技術者は，工事現場における建設工事を適正に実施するため，当該建設工事の ① の作成，工程管理，品質管理その他の技術上の管理及び当該建設工事の施工に従事する者の技術上の ② の職務を誠実に行わなければならない。

2. 「建築基準法施行令」に基づく落下物に対する防護に関する次の文章において，□□に当てはまる語句又は数値を記入しなさい。

建築工事等を行なう場合において，建築のための工事をする部分が工事現場の境界線から水平距離が ③ m 以内で，かつ，地盤面から高さが 7 m 以上にあるとき，その他はつり，除却，外壁の修繕等に伴う落下物によって工事現場の周辺に危害を生ずるおそれがあるときは，国土交通大臣の定める基準に従って，工事現場の周囲その他危害防止上必要な部分を ④ 又は帆布でおおう等落下物による危害を防止するための措置を講じなければならない。

3. 「労働安全衛生法」に基づく特定元方事業者等の講ずべき措置に関する次の文章において，□□に当てはまる語句を記入しなさい。

特定元方事業者は，その労働者及び関係請負人の労働者の作業が同一の場所において行われることによって生ずる ⑤ を防止するため，⑥ の設置及び運営を行うこと，作業間の連絡及び調整を行うこと，作業場所を巡視すること，関係請負人が行う労働者の安全又は衛生のための教育に関する指導及び援助を行うこと等に関する必要な措置を講じなければならない。

【解 答】

1．建設業法	①	施工計画
	②	指導監督
2．建築基準法施行令	③	5
	④	鉄網
3．労働安全衛生法	⑤	労働災害
	⑥	協議組織

【解 説】

1．建設業法

建設業法第 26 条の 4（主任技術者及び監理技術者の職務等）第 1 項に，

「主任技術者及び監理技術者は，工事現場における建設工事を適正に実施するため，当該建設工事の ① 施工計画 の作成，工程管理，品質管理その他の技術上の管理及び当該建設工事の施工に従事する者の技術上の ② 指導監督 の職務を誠実に行わなければならない。」と定められている。

2．建築基準法施行令

建築基準法施行令第 136 条の 5（落下物に対する防護）第 2 項に，

「建築工事等を行なう場合において，建築のための工事をする部分が工事現場の境界線から水平距離が ③ 5 m 以内で，かつ，地盤面から高さが 7 m 以上にあるとき，その他はつり，除却，外壁の修繕等に伴う落下物によって工事現場の周辺に危害を生ずるおそれがあるときは，国土交通大臣の定める基準に従って，工事現場の周囲その他危害防止上必要な部分を ④ 鉄網 又は帆布でおおう等落下物による危害を防止するための措置を講じなければならない。」と定められている。

3．労働安全衛生法

労働安全衛生法第 30 条（特定元方事業者等の講ずべき措置）第 1 項に，

「特定元方事業者は，その労働者及び関係請負人の労働者の作業が同一の場所において行われることによって生ずる ⑤ 労働災害 を防止するため，次の事項に関する必要な措置を講じなければならない。

一 ⑥ 協議組織 の設置及び運営を行うこと。

二 作業間の連絡及び調整を行うこと。

三 作業場所を巡視すること。

四 関係請負人が行う労働者の安全又は衛生のための教育に対する指導及び援助を行うこと。

五，六（省略）」と定められている。

次の 1．から 3．の問いに答えなさい。

1．「建設業法」に基づく特定建設業者の下請代金の支払期日等に関する次の文章において，

　　　　　　に当てはまる語句又は数値を記入しなさい。

　　特定建設業者が　①　となった下請契約（下請契約における請負人が特定建設業者又
は資本金額が 4,000 万円以上の法人であるものを除く。）における下請代金の支払期日は，
下請負人からその請け負った建設工事の完成した旨の通知を受け，検査によって建設工事
の完成を確認した後，下請負人が当該建設工事の引渡しを申し出た日（下請契約において
定められた工事完成の時期から 20 日を経過した日以前の一定の日に引渡しを受ける旨の
特約がされている場合にあっては，その一定の日。）から起算して　②　日を経過する
日以前において，かつ，できる限り短い期間内において定められなければならない。

2．「建築基準法施行令」に基づく落下物に対する防護に関する次の文章において，　　　　　
　に当てはまる語句又は数値を記入しなさい。

　　建築工事等において工事現場の境界線からの水平距離が 5m 以内で，かつ，地盤面から
の高さが　③　m 以上の場所からくず，ごみその他飛散するおそれのある物を投下する
場合においては，　④　を用いる等当該くず，ごみ等が工事現場の周辺に飛散すること
を防止するための措置を講じなければならない。

3．「労働安全衛生法」に基づく元方事業者の講ずべき措置等に関する次の文章において，
　　　　　　に当てはまる語句を記述しなさい。

　　元方事業者は，関係請負人又は関係請負人の　⑤　が，当該仕事に関し，この法律又
はこれに基づく　⑥　の規定に違反していると認めるときは，是正のため必要な指示を
行わなければならない。

【解 答】

1. 建設業法	①	注文者
	②	50
2. 建築基準法施行令	③	3
	④	ダストシュート
3. 労働安全衛生法	⑤	労働者
	⑥	命令

【解 説】

1. 建設業法

建設業法（以下「法」という）第24条の4（検査及び引渡し）に，下請負人からの下請工事の完成通知を受けた場合の元請負人による速やかな検査の実施義務（第1項）及び完成検査後の元請負人による速やかな目的物の引受義務（第2項）が定められている。

また，法第24条の6（特定建設業者の下請代金の支払期日等）第1項に，特定建設業者による下請代金の支払期日について定められており，設問文は，これら2つの条文の内容を組み合わせたものである。

そのうち，空欄を含む設問文を構成する基本的な内容は，法第24条の6第1項において，次のように定められている。

「特定建設業者が ① 注文者 となった下請契約（下請契約における請負人が特定建設業者又は資本金額が政令で定める金額(注1)以上の法人であるものを除く。以下この条において同じ。）における下請代金の支払期日は，第24条の4第2項の申出の日（同項ただし書の場合にあっては，その一定の日。以下この条において同じ。）から起算して ② 50 日を経過する日以前において，かつ，できる限り短い期間内において定められなければならない。」

(注1) 同法施行令第7条の2(法第24条の6第1項の金額)において,資本金額は4,000万円と定められている。

2. 建築基準法施行令

建築基準法施行令第136条の5（落下物に対する防護）第1項に，

「建築工事等において工事現場の境界線からの水平距離が5m以内で，かつ，地盤面からの高さが ③ 3 m以上の場所からくず，ごみその他飛散するおそれのある物を投下する場合においては， ④ ダストシュート を用いる等当該くず，ごみ等が工事現場の周辺に飛散することを防止するための措置を講じなければならない。」と定められている。

3. 労働安全衛生法

労働安全衛生法第29条（元方事業者の講ずべき措置等）第1項に，

「元方事業者は，関係請負人及び関係請負人の ⑤ 労働者 が，当該仕事に関し，この法律又はこれに基づく ⑥ 命令 の規定に違反しないよう必要な指導を行なわなければならない。」と定められている。

平成30年度【通常】－問題6

次の 1. から 3. の問いに答えなさい。

1.「建設業法」に基づく建設工事の見積り等に関する次の文章において，[　　　]に当てはまる語句を記入しなさい。

　　建設業者は，建設工事の[　①　]を締結するに際して，工事内容に応じ，工事の種別ごとに材料費，労務費その他の[　②　]の内訳を明らかにして，建設工事の見積りを行うよう努めなければならない。

2.「建築基準法施行令」に基づく仮囲いに関する次の文章において，[　　　]に当てはまる語句又は数値を記入しなさい。

　　木造の建築物で高さが 13m 若しくは軒の高さが 9m を超えるもの又は木造以外の建築物で[　③　]以上の階数を有するものについて，建築，修繕，模様替又は除却のための工事を行う場合においては，工事期間中工事現場の周囲にその地盤面（その地盤面が工事現場の周辺の地盤面より[　④　]場合においては，工事現場の周辺の地盤面）からの高さが 1.8m 以上の板塀その他これに類する仮囲いを設けなければならない。ただし，これらと同等以上の効力を有する他の囲いがある場合又は工事現場の周辺若しくは工事の状況により危害防止上支障がない場合においては，この限りでない。

3.「労働安全衛生法」に基づく事業者等の責務に関する次の文章において，[　　　]に当てはまる語句を記述しなさい。

　　建設工事の注文者等仕事を他人に請け負わせる者は，施工方法，[　⑤　]等について，安全で衛生的な作業の遂行をそこなうおそれのある[　⑥　]を附さないように配慮しなければならない。

【解　答】

1．建設業法	①	請負契約
	②	経費
2．建築基準法施行令	③	2
	④	低い
3．労働安全衛生法	⑤	工期
	⑥	条件

【解　説】

1．建設業法

建設業法第 20 条（建設工事の見積り等）第 1 項に，

「建設業者は，建設工事の ① 請負契約 を締結するに際して，工事内容に応じ，工事の種別ごとの材料費，労務費その他の ② 経費 の内訳並びに工事の工程ごとの作業及びその準備に必要な日数を明らかにして，建設工事の見積りを行うよう努めなければならない。」と定められている。

2．建築基準法施行令

建築基準法施行令第 136 条の 2 の 20（仮囲い）に，

「木造の建築物で高さが 13 m 若しくは軒の高さが 9 m を超えるもの又は木造以外の建築物で ③ 2 以上の階数を有するものについて，建築，修繕，模様替又は除却のための工事（以下この章において「建築工事等」という。）を行う場合においては，工事期間中工事現場の周囲にその地盤面（その地盤面が工事現場の周辺の地盤面より ④ 低い 場合においては，工事現場の周辺の地盤面）からの高さが 1.8 m 以上の板塀その他これに類する仮囲いを設けなければならない。ただし，これらと同等以上の効力を有する他の囲いがある場合又は工事現場の周辺若しくは工事の状況により危害防止上支障がない場合においては，この限りでない。」と定められている。

3．労働安全衛生法

労働安全衛生法第 3 条（事業者等の責務）第 3 項に，

「建設工事の注文者等仕事を他人に請け負わせる者は，施工方法，⑤ 工期 等について，安全で衛生的な作業の遂行をそこなうおそれのある ⑥ 条件 を附さないように配慮しなければならない。」と定められている。

次の 1．から 3．の問いに答えなさい。

1．「建設業法」に基づく元請負人の義務に関する次の文章において，□□□□□に当てはまる語句を記入しなさい。

　　特定建設業者は，国土交通省令で定めるところにより，当該建設工事における各下請負人の施工の ① 関係を表示した ② を作成し，これを当該工事現場の見やすい場所に掲げなければならない。

2．「建築基準法施行令」に基づく工事現場の危害の防止に関する次の文章において，□□□□□に当てはまる語句を記入しなさい。

　　建築工事等における根切り及び山留めについては，その工事の施工中必要に応じて点検を行ない，山留めを補強し，③ を適当に行なう等これを安全な状態に維持するための措置を講ずるとともに，矢板等の抜取りに際しては，周辺の地盤の ④ による危害を防止するための措置を講じなければならない。

3．「労働安全衛生法」に基づく労働者の就業に当たっての措置に関する次の文章において，□□□□□に当てはまる語句を記入しなさい。

　　事業者は，その事業場が建設業に該当するときは，新たに職務につくこととなった職長その他の作業中の労働者を直接 ⑤ 又は監督する者（作業主任者を除く。）に対し，次の事項について，厚生労働省令で定めるところにより，安全又は衛生のための教育を行なわなければならない。

一　作業方法の決定及び労働者の配置に関すること
二　労働者に対する ⑤ 又は監督の方法に関すること
三　前二号に掲げるもののほか，⑥ を防止するため必要な事項で，厚生労働省令で定めるもの

【解　答】

1．建設業法	①	分担
	②	施工体系図
2．建築基準法施行令	③	排水
	④	沈下
3．労働安全衛生法	⑤	指導
	⑥	労働災害

【解　説】

1．建設業法

　　建設業法第24条の8（施工体制台帳及び施工体系図の作成等）第1項に，

「特定建設業者は，発注者から直接建設工事を請け負った場合において，当該建設工事を施工するために締結した下請契約の請負代金の額（当該下請契約が2以上あるときは，それらの請負代金の額の総額）が政令で定める金額以上になるときは，建設工事の適正な施工を確保するため，国土交通省令で定めるところにより，当該建設工事について，下請負人の商号又は名称，当該下請負人に係る建設工事の内容及び工期その他の国土交通省令で定める事項を記載した施工体制台帳を作成し，工事現場ごとに備え置かなければならない。」と定められている。また，同条第4項に，

「第1項の特定建設業者は，国土交通省令で定めるところにより，当該建設工事における各下請負人の施工の ① 分担 関係を表示した ② 施工体系図 を作成し，これを当該工事現場の見やすい場所に掲げなければならない。」と定められている。

2．建築基準法施行令

　　建築基準法施行令第136条の3（根切り工事，山留め工事等を行う場合の危害の防止）第6項に，

「建築工事等における根切り及び山留めについては，その工事の施工中必要に応じて点検を行ない，山留めを補強し， ③ 排水 を適当に行なう等これを安全な状態に維持するための措置を講ずるとともに，矢板等の抜取りに際しては，周辺の地盤の ④ 沈下 による危害を防止するための措置を講じなければならない。」と定められている。

3．労働安全衛生法

　　労働安全衛生法第60条（安全衛生教育）に，

「事業者は，その事業場の業種が政令で定めるもの[注1]に該当するときは，新たに職務につくこととなった職長その他の作業中の労働者を直接 ⑤ 指導 又は監督する者（作業主任者を除く。）に対し，次の事項について，厚生労働省令で定めるところにより，安全又は衛生のための教育を行なわなければならない。

　一　作業方法の決定及び労働者の配置に関すること。

　二　労働者に対する ⑤ 指導 又は監督の方法に関すること。

　三　前二号に掲げるもののほか， ⑥ 労働災害 を防止するため必要な事項で，厚生労働省令で定めるもの」と定められている。

　（注1）同法施行令第19条（職長等の教育を行うべき業種）において，事業場の業種として「建設業」が定められている。

平成28年度－問題6

次の 1 . から 3 . の問いに答えなさい。

1 .「建設業法」に基づく主任技術者及び監理技術者に関する次の文章において，□□□□ にあてはまる語句を記述しなさい。

　　主任技術者及び監理技術者は，工事現場における建設工事を適正に実施するため，当該建設工事の □①□ の作成，□②□ ，品質管理その他の技術上の管理及び当該建設工事の施工に従事する者の技術上の指導監督の職務を誠実に行わなければならない。

2 .「建築基準法施行令」に基づく建て方に関する次の文章において，□□□□□□にあてはまる語句を記述しなさい。

　　建築物の建て方を行なうに当たっては，□③□ を取り付ける等荷重又は外力による □④□ を防止するための措置を講じなければならない。

3 .「労働安全衛生法」に基づく健康診断に関する次の文章において，□□□□□□にあてはまる語句を記述しなさい。

　　事業者は，□⑤□ な業務で，政令で定めるものに従事する労働者に対し，厚生労働省令で定めるところにより，□⑥□ による特別の項目についての健康診断を行なわなければならない。

【解　答】

1．建設業法	①	施工計画
	②	工程管理
2．建築基準法施行令	③	仮筋かい
	④	倒壊
3．労働安全衛生法	⑤	有害
	⑥	医師

【解　説】

1．建設業法

建設業法第 26 条の 4（主任技術者及び監理技術者の職務等）第 1 項に，

「主任技術者及び監理技術者は，工事現場における建設工事を適正に実施するため，当該建設工事の ① 施工計画 の作成， ② 工程管理 ，品質管理その他の技術上の管理及び当該建設工事の施工に従事する者の技術上の指導監督の職務を誠実に行わなければならない。」と定められている。

2．建築基準法施行令

建築基準法施行令第 136 条の 6（建て方）第 1 項に，

「建築物の建て方を行なうに当たっては， ③ 仮筋かい を取り付ける等荷重又は外力による ④ 倒壊 を防止するための措置を講じなければならない。」と定められている。

3．労働安全衛生法

労働安全衛生法第 66 条（健康診断）第 2 項に，

「事業者は， ⑤ 有害 な業務で，政令で定めるものに従事する労働者に対し，厚生労働省令で定めるところにより， ⑥ 医師 による特別の項目についての健康診断を行なわなければならない。有害な業務で，政令で定めるものに従事させたことのある労働者で，現に使用しているものについても，同様とする。」と定められている。

平成27年度－問題6

次の 1. から 3. の問いに答えなさい。

1. 「建設業法」に基づく建設工事の請負契約に関する次の文章において，　　　　にあてはまる語句を記述しなさい。

　　建設業者は，建設工事の請負契約を締結するに際して，工事内容に応じ，工事の種別ごとに材料費，労務費その他の ① の内訳を明らかにして，建設工事の見積りを行うよう努めなければならない。

　　建設業者は，建設工事の ② から請求があったときは，請負契約が成立するまでの間に，建設工事の見積書を提示しなければならない。

2. 「建築基準法施行令」に基づく工事現場の危害の防止に関する次の文章において，　　　　にあてはまる語句又は数値を記述しなさい。

　　木造の建築物で高さが 13 m 若しくは ③ が 9 m を超えるもの又は木造以外の建築物で 2 以上の階数を有するものについて，建築，修繕，模様替又は除却のための工事を行う場合においては，工事期間中工事現場の周囲にその地盤面（その地盤面が工事現場の周辺の地盤面より低い場合においては，工事現場の周辺の地盤面）からの高さが ④ m 以上の板塀その他これに類する仮囲いを設けなければならない。

　　ただし，これらと同等以上の効力を有する他の囲いがある場合又は工事現場の周辺若しくは工事の状況により危害防止上支障がない場合においては，この限りでない。

3. 「労働安全衛生法」に基づく元方事業者の講ずべき措置等に関する次の文章において，　　　　にあてはまる語句を記述しなさい。

　　建設業に属する事業の元方事業者は，土砂等が崩壊するおそれのある場所，機械等が転倒するおそれのある場所その他の厚生労働省令で定める場所において ⑤ の労働者が当該事業の仕事の作業を行うときは，当該 ⑤ が講ずべき当該場所に係る危険を防止するための措置が適正に講ぜられるように，技術上の ⑥ その他の必要な措置を講じなければならない。

【解　答】

1．建設業法	①	経費
	②	注文者
2．建築基準法施行令	③	軒の高さ
	④	1.8
3．労働安全衛生法	⑤	関係請負人
	⑥	指導

【解　説】

1．建設業法

　建設業法第20条（建設工事の見積り等）第1項に，

「建設業者は，建設工事の請負契約を締結するに際して，工事内容に応じ，工事の種別ごとの材料費，労務費その他の ① 経費 の内訳並びに工事の工程ごとの作業及びその準備に必要な日数を明らかにして，建設工事の見積りを行うよう努めなければならない。」と定められている。また，同条第2項に，

「建設業者は，建設工事の ② 注文者 から請求があったときは，請負契約が成立するまでの間に，建設工事の見積書を交付しなければならない。」と定められている。

2．建築基準法施行令

　建築基準法施行令第136条の2の20（仮囲い）に，

「木造の建築物で高さが13m若しくは ③ 軒の高さ が9mを超えるもの又は木造以外の建築物で2以上の階数を有するものについて，建築，修繕，模様替又は除却のための工事（以下この章において「建築工事等」という。）を行う場合においては，工事期間中工事現場の周囲にその地盤面（その地盤面が工事現場の周辺の地盤面より低い場合においては，工事現場の周辺の地盤面）からの高さが ④ 1.8 m以上の板塀その他これに類する仮囲いを設けなければならない。ただし，これらと同等以上の効力を有する他の囲いがある場合又は工事現場の周辺若しくは工事の状況により危害防止上支障がない場合においては，この限りでない。」と定められている。

3．労働安全衛生法

　労働安全衛生法第29条の2（元方事業者の講ずべき措置等）に，

「建設業に属する事業の元方事業者は，土砂等が崩壊するおそれのある場所，機械等が転倒するおそれのある場所その他の厚生労働省令で定める場所において ⑤ 関係請負人 の労働者が当該事業の仕事の作業を行うときは，当該 ⑤ 関係請負人 が講ずべき当該場所に係る危険を防止するための措置が適正に講ぜられるように，技術上の ⑥ 指導 その他の必要な措置を講じなければならない。」と定められている。

第2章　建築施工

※「第2章　建築施工」は，過去10年間の第二次検定（実地試験）で出題された項目を中心に，『建築施工管理技術テキスト　改訂第13版　技術・施工編』（（一財）地域開発研究所）から再編集して掲載しております。

第1節　地盤調査

1. 地盤の性状

5　1.1　地層と地質分類

　一般に時代が古いほど地耐力が大きくなるが，**建築物の支持地盤**となるのは**洪積層又は第3紀層**である。また，簡易な建築物又は**摩擦杭**による場合は**沖積層に支持**させる例も多い。

表1.1　地層と地質時代

地質時代	古生代	中生代	第3紀	第　　4　　紀	
				洪積世	沖積世（現在）
地　　　層	古生層	中生層	第3紀層	洪積層	沖　積　層

10

　また，地層の構成を模式的に表せば**図1.1**のようになる。

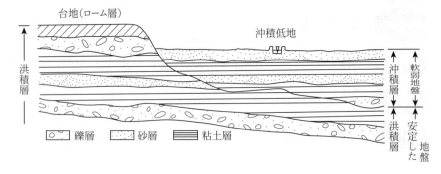

図1.1　地層の模式的構成 [1]

15

20

1.2　土の特性

25　(1)　砂質土の特性

　砂の土粒子は個々の粒子が互いに接触し，かみあった状態になっていて，砂質土が変形するということは，土粒子の接触状況，位置関係が変わるということであり，土粒子の破壊はほとんどないと考えられている。また，土粒子の接触状態，かみ合い状態は**内部摩擦角又はせん断抵抗角**（φ）と呼ばれる値で表され，内部摩擦角の大きいものは密であり，小さいものは緩い砂質土である。

30

　地盤内では土粒子の間げきは地下水で満たされていることが多い。この水により，土粒子には浮力が働き，土粒子間に働く応力を変える。水の影響をマイナスした応力を有効応力という。また，水は土粒子間を比較的容易に移動しうるので透水性が大きい。しかし，細粒分が混じると透水性は急激に低下する。

35　透水性が大きいために砂質土に圧縮力が加わったときには水の影響はほとんどなく，砂質土は直ちに圧縮する。この性質は粘性土と大きく異なる。

　また，砂質土の注意としては，1964年の新潟地震で大被害をもたらした，振動によって地盤が液体のようにふるまう液状化現象がある。**液状化**は，一般に**地表面から20m程度以浅の飽和**

している沖積層において，

①　飽和地盤の細粒土（0.074 mm 以下の粒径をもつ土粒子）含有率が低いほど

②　飽和地盤の N 値が小さいほど

③　**地下水位面が地表面に近いほど**

④　地震入力が大きいほど

起こりやすいため，液状化の判定にはこれらのことについて調査することが重要である。

(2)　粘性土の特性

　粘性土とは一般にシルト以下の細粒分を主体にした土をいい，大部分の土粒子は肉眼では識別できない。

　土粒子が小さくなると，粒子の表面に作用する電気化学的な力と吸着した水の相互作用により，地層を構成する粒子が蜂巣状等の特殊な構造を作るため，単純な粒子としての性質はあらわれない。そのために粘性土には粘着力，塑性，大きな圧縮性等の特性が生じる。

　一般の粘性土は飽和状態から含水比が低くなると液体状から塑性を有する土となる。その境界の含水比を**液性限界**という。さらに含水比を減じてもろく硬い土（塑性の限界）となる含水比を**塑性限界**という。また，塑性限界と液性限界との差を**塑性指数**といい，塑性指数と液性限界は**粘性土の特性を表す**のに有効である。

　粘性土はこね返し等により特有の構造を破壊するとそれ以前と全く異なった性質をあらわすようになり，粘着力，体積等が大きく変化する。この現象の著しい土を**鋭敏な土**という。

　また，透水性が低く含水率の高い粘性土に圧縮力を加えても水が力の一部を負担し，急速には圧縮せず，徐々に水が抜けるにしたがって土粒子の負担が増し，土の圧縮が進む。当初載荷したときの圧縮を**即時沈下（一次圧密）**といい，水が抜けるにしたがって徐々に進んでいく圧縮を**圧密沈下（二次圧密）**という。圧密沈下は長期にわたる例が多い。

　しかし，粘性土は粒子の大きさ，形状，組成等により，その性質に大きな相異があり，簡単に一般的性質を規定することは難しい。とくに有機質分を多く含む土は大きな圧縮をする。

1.3　土質一般

　地盤を構成する土粒子の大きさによって，**表 1.2** のように**礫，砂，シルト，粘土**が地盤工学会基準で分類されている。

表 1.2　土粒子の粒径区分と呼び名（JGS 0051-2009）

0.005	0.075	0.25	0.85	2	4.75	19	75	300 粒径 (mm)
粘土	シルト	細砂	中砂	粗砂	細礫	中礫	粗礫	粗石(コブル)	巨石(ボルダー)

（砂・礫・石の行）

| 細粒分 | | 粗　粒　分 | | | | | | 石　分 | |

(1)　粒度組成

　粒度組成は，主に砂質土の固有の性質を表す場合に用いられる。土粒子の大きさが分布する状態を重量百分率によって表示し，粒度の組成を明らかにするもので，ふるい分析と沈降分析の方法がある。0.075 mm 未満は沈降分析で行う。

　土の粒度試験結果は，**図 1.2** に示すように，粒径を横軸（対数目盛），粒度の重量百分率を縦軸にとって，各粒度の通過重量百分率の和を細粒土の方からプロットする。これを**粒径加積曲線**という。ただし，粒径区分は，**表 1.2** により，粒径加積曲線における通過重量百分率が 10 %，30 %，60 % に対する粒径（mm）を D_{10}，D_{30}，D_{60} で表す。

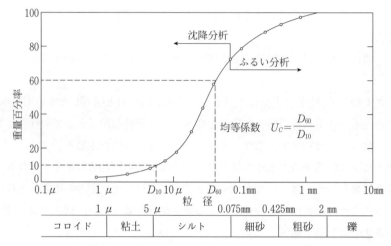

図 1.2　粒径加積曲線と粒径による土の分類 [1]

粒度分布の状態を表す指標として次のものがある。

① **有効径**（D_{10}）

　砂質土の場合，D_{10} は**透水性の指標**となる。

　ヘーゼンの実験によると，ゆるい状態のかなり粒度一様な砂で，透水係数 k は，

　　$k = 100 \sim 150\ (D_{10})^2 \quad (k：\mathrm{cm}/\mathrm{sec},\ D_{10}：\mathrm{cm})$

となることが近似的に認められている。

② **均等係数**（U_c）

　均等係数　$U_\mathrm{c} = D_{60}/D_{10}$

　U_c の値が 1 に近いほどその土は均等な粒径から構成されていることを示している。埋戻し土には腐食土や粘性土の含有量が少なく，透水性の良い砂質土を用いるのがよい。また，均等係数が大きいものを選ぶ。

③ **曲率係数**（U_c'）

　曲率係数　$U_\mathrm{c}' = (D_{30})^2/(D_{60} \times D_{10})$

　曲線の曲がり具合を示す係数であり，統一土質分類では，U_c の条件に加えて $1 \leqq U_\mathrm{c}' \leqq 3$ を満足すれば，粒土分布がよいとしている。

(2)　三角座標による分類法

　簡易な土の分類法として**砂とシルトと粘土の混合**割合により，**図 1.3** の三角座標を用いる分類法がしばしば利用されている。

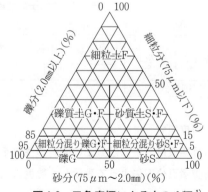

図 1.3　三角座標による土の分類 [1]

(3)　透水係数

　地下水は土粒子と土粒子の間を流れており，**水の通りやすさの指標を透水係数**といい，透水係数が大きければ水をよく通す。

2. 地盤調査

　地盤調査は基礎形式の選定や土工事の施工方法の決定のために必要な資料の収集を行うもので，このほか，建築物の維持管理，環境保全，地盤災害の評価と対策を目的として地盤調査を行うことも多い。地盤調査は，目的に応じて試験の種類や調査範囲を決定しなければならない。

　調査の進め方としては予備調査と本調査に分けて行うのが一般的である。

　地盤構成が複雑な軟弱地盤の場合は，不同沈下が起こりやすいので，広い範囲で調査する必要がある。

表 1.3　地盤調査の種類[2]

	調 査 目 的 と 調 査 範 囲	調 査 方 法
予備調査	基礎形式を想定し，本調査の計画を立てるために行い，資料を収集し，敷地内の地盤構成の概要を把握する。	・既存資料の収集 ｝事前調査 ・地形の調査 ・現地調査 （必要に応じ，ボーリング，標準貫入試験，サウンディング等を行う）
本調査	基礎及び土工事の設計並びに施工に必要な全ての資料を求めるために行い，敷地内の地盤構成，支持層深さ，支持力，沈下性状，地下水位，基礎の施工に影響する範囲内の地盤の性質を把握する。	(i)　地盤調査　　　　(ii)　土質試験 　・物理探査・検層　　・物理試験 　・ボーリング　　　　・変形・強度試験 　・サンプリング　　　・圧密試験 　・サウンディング　　・安定化試験 　・地下水調査　　(iii)　その他の試験 　・載荷試験　　　　　・地盤改良関連の試験 　　　　　　　　　　　・建設発生土関連の試験

2.1　地盤調査の種類と調査事項

表 1.4　地盤調査の種類と調査事項 [2)]

調査法	機器又は調査法の種類		適用土質	調査事項又は用途
物理探査・検層	地表探査法	電気探査	土と岩のあらゆる地層	地下水の帯水層, 基盤の深さ・風化状況の推定
		表面波探査	土と岩のあらゆる地層	地盤のS波速度の分布
	孔内探査法	常時微動測定	土と岩のあらゆる地層	地盤の卓越周期と増幅特性
		弾性波速度検層	土と岩のあらゆる地層	地盤の弾性波（P波及びS波）の速度分布
		電気検層	土と岩のあらゆる地層	地盤の比抵抗分布
		密度検層	土と岩のあらゆる地層	地盤の密度分布
		地下水検層	土と岩のあらゆる地層	地下水の流動速度, 帯水層の位置
ボーリング	ロータリーボーリング		土と岩のあらゆる地層	地盤構成, サンプリング, 標準貫入試験等に用いる
	オーガーボーリング		孔壁崩壊のない粘性土, 砂質土	浅い深さの地盤構成
	試掘		土と岩のあらゆる地層	原位置での土の採取, 原位置試験に用いる
	コアボーリング		岩盤	岩盤コアの連続サンプリング
サンプリング	固定ピストン式シンウォールサンプラー		軟弱な粘性土	軟弱な粘性土の乱れの少ない試料採取
	ロータリー式二重管サンプラー		硬質粘性土	乱れの少ない試料採取
	ロータリー式三重管サンプラー		硬質粘性土, 砂質土	乱れの少ない試料採取
	ロータリー式スリーブ内蔵二重管サンプラー		硬質粘性土, 砂質土, 岩盤, 改良土	乱した試料採取
	ブロックサンプリング		全ての土	土塊としての乱れの少ない試料採取
	原位置凍結サンプリング		砂, 砂礫	乱れの少ない試料採取
サウンディング	標準貫入試験		玉石を除くあらゆる土	N値, 土の状態(せん断抵抗角, 粘着力, 相対密度等)
	機械式コーン貫入試験		玉石を除くあらゆる土	粘性土のせん断強度の測定
	スクリューウエイト貫入試験		玉石, 礫を除くあらゆる土	標準貫入試験の補助
	ポータブルコーン貫入試験		軟弱な粘土, 高有機質土	軟弱な粘性土のせん断強度
	ベーン試験		軟弱な粘土, 高有機質土	軟弱な粘性土のせん断強度
	オートマチックラムサウンディング		玉石, 礫を除くあらゆる土	標準貫入試験の補助
	電気式静的コーン貫入試験		玉石, 礫を除くあらゆる土	土層の判別, 軟弱な粘性土のせん断強度の測定
地下水調査	地下水位観測		土と岩のあらゆる地層	地下水位
	流速流向測定		土と岩のあらゆる地層	地下水の流速, 流向
	間隙水圧測定		土と岩のあらゆる地層	間隙水圧
	室内透水試験	透水試験	全ての土	透水係数
	現場透水試験	透水試験	土と岩のあらゆる地層	透水係数
		揚水試験	砂, 砂礫	透水係数, 貯留係数, 湧水量, 影響範囲, 動水勾配
載荷試験	地盤の平板載荷試験		全ての土	地耐力, 変形係数, 地盤係数
	孔内載荷試験		全ての土	地耐力, 変形係数, 地盤係数
	杭の鉛直載荷試験		全ての土	支持力の確認(信頼性が高い)
	杭の水平載荷試験		全ての土	杭の水平耐力
	杭の引抜試験		全ての土	杭の引抜き抵抗力

（注）このほかに, 地表面付近にある地下埋設物の探査手法とし, 電磁波探査法（地下レーダー法）, 電磁誘導法, 磁気探査法, 赤外線を用いる方法等の技術がある。

2.2　地盤調査の方法

(1)　物理探査・検層

1)　常時微動測定

　　地盤の常時微動とは，地盤中に伝播された人工的又は自然現象による種々の振動のうち，特定の振動源からの直接的影響を受けていない状態での微振動をいう。常時微動測定は，この微振動を測定して，地盤の**振動特性**（地盤の卓越周期，地震時の地盤の変形係数，降伏圧力）等を調べるための試験である。

2)　弾性波速度検層（PS 検層）

　　弾性波速度検層は，地盤工学会基準 JGS 1122-2012（地盤の弾性波速度検層方法）に基準化されている。この方法は，ボーリング孔を利用して，P 波又は S 波を発生させ，**地盤内を伝達する弾性波の速度分布を測定**し，その速度値から，地盤の硬軟の判定及びポアソン比，剛性率，ヤング率等を求めて，構造物の耐震設計資料を得ようとする試験である。

3)　電気検層

　　電気検層は，ボーリング孔内に電極を入れ上下に移動させ，地層の電気抵抗（比抵抗）や自然に発生している電位を測定して，**地層の厚さや連続性，帯水層の検出**，ボーリングコアが少ない区間の地層推定等に用いられる。

(2)　ボーリング

　　ボーリングとは，地盤中に孔をあけることや，孔を使う各種の試験，試料採取等のために削孔等をすることをいう。同時に標準貫入試験や乱さない土の試料の採取＜サンプリング＞を行うことが多い。

　　ボーリングの方法による分類を**表 1.5** に示す。

表 1.5　ボーリングの方法 [2)]

分類名称	掘削方法	用途
ロータリー式ボーリング	動力によりロッド先端に取り付けたドリルビットを回転させ，地盤を破砕しながら掘進する。掘削泥水により孔壁の安定を図る。掘りくずは泥水の循環により排除する。コアチューブバレルを用いてコア採取も可能である。	詳細調査やロックコアの掘削に最適である。地下水観測には適さない。
オーガー式ボーリング	ソイルオーガーを回転させながら地中に圧入して掘進し，周期的にオーガーを引き上げて掘削土を取り出す。ただし，連続オーガーの場合は連続的に掘進する。	浅い深さの概略調査や詳細調査に適している。ハンドオーガーとマシンオーガーがある。
試掘	人力による掘削又はバックホウやクラムシェル，その他ケーソンドリリング工法により掘削する。	原位置での土の採取と原位置試験に適している。
コアボーリング	通常のボーリングやサンプリング方法では乱さない又は乱れの少ない試料の採取が困難な硬い土や岩のサンプリングに適する。ダイヤモンド又はメタルビットを用いる。	乱されない又は乱れの少ないロックコアの採取に最適である。

　　現在行われているボーリングの方法の大部分は，孔底下の地層を乱すおそれの少ないロータリーボーリングで，コアチューブ（先端に複合金を溶接したクラウンを取り付けたせん孔用部品）により掘削する方法によっている（**図 1.4**）。

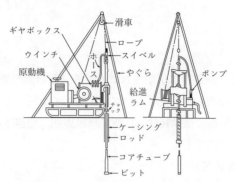

図 1.4　ロータリーボーリング装置[2]

(3)　サウンディング

1)　サウンディングの定義

サウンディングとはロッドに付けた抵抗体を地中に挿入し，貫入，回転，引抜き等の抵抗から地層の性状を探査することである。

2)　標準貫入試験

試験は，**質量 63.5 $\pm$ 0.5 kg** のハンマーを **760 $\pm$ 10 mm** の高さから自由落下させて，ロッド頭部に取り付けたアンビルを打撃し，ロッドの先端に取り付けた外径 51 $\pm$ 1.0 mm，長さ 810 $\pm$ 1.0 mm の SPT **サンプラーを 300 mm** 打込むのに要する打撃回数を測定する。1回の貫入量が 100 mm を超えた打撃は，その貫入量を記録する。地盤の硬軟，締まり具合又は土層の構成を判定するための **N 値**(0 ～ 50)を求めるために行う。また，土質の判定や室内試験を行うための試料を採取することができるが，試験と同時に**乱さない試料**の採取はできない。

調査結果から通常，**表 1.6** に示すような事項に利用される。

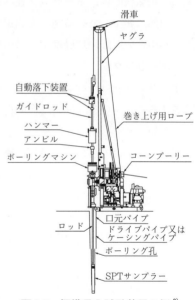

図 1.5　標準貫入試験装置の例[3]

表1.6　標準貫入試験による調査結果から判明する事項[3]

区　分		判定・推定事項
ボーリング柱状図や地質断面図から判定できる事項		・構成土層，深さ方向の強度変化 ・支持層の位置（地表からの深さと分布状況） ・軟弱層の有無（圧密沈下計算の対象となる土層の厚さ） ・排水条件　　・液状化対象層の有無
N 値から直接推定される事項	砂地盤	・**相対密度，せん断抵抗角**　・沈下に対する許容支持力 ・支持力係数，弾性係数　　・**液状化強度**
	粘土地盤	・**コンシステンシー，一軸圧縮強さ**（粘着力） ・破壊に対する極限及び許容支持力

3)　機械式コーン貫入試験

　貫入先端（コーン等）を付けてロッドを静的に貫入させ，地盤のコーン貫入抵抗を深さ方向に連続的に求める試験である。**主に軟弱な粘性土や砂質土地盤**に対して適用される。

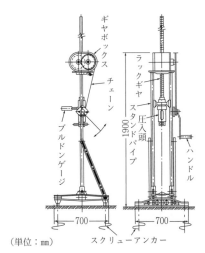

（単位：mm）

図1.6　機械式コーン貫入試験装置の例[3]

4)　スクリューウエイト貫入試験
　　（スウェーデン式サウンディング試験）

　荷重による貫入と回転による貫入を併用して土の貫入抵抗を求め，土の軟弱又は締まり具合を判別し，軟弱層の厚さや分布を把握するのに用いる。近年省力化が図られ自動的にロッドを回転貫入させたり，引き抜く機械が開発されて，**地表から10m以内**の軟弱層を対象に戸建住宅等，**小規模構造物**の支持力特性を把握する地盤調査方法として広く普及している。

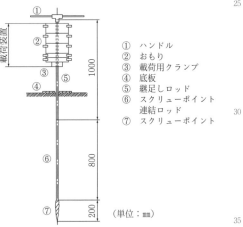

① ハンドル
② おもり
③ 載荷用クランプ
④ 底板
⑤ 継足しロッド
⑥ スクリューポイント連結ロッド
⑦ スクリューポイント

（単位：mm）

図1.7　スクリューウエイト貫入試験装置の例[3]

5) ベーン式試験

　　十字形の羽根（ベーン）をつけたロッドを地中に押し込んで回転させ，羽根によって形成される円筒形のせん断面に沿うせん断抵抗（粘着力）を回転抵抗から求める試験である。

　　一般に**軟弱な粘性土地盤**で，N 値 2 以下の粘土，シルト，分解の進んだ有機質地盤が有効。試験可能深さは概ね 15m 程度である。

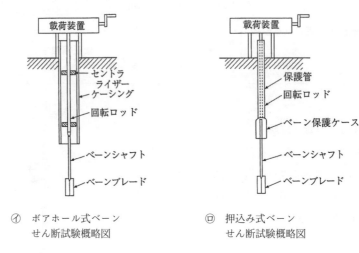

図1.8　ベーン式試験機の例[3]

(4)　地下水調査

1) **透水試験**

　　土の透水性を求める試験方法には，**室内法**と**現場法**があるが，地下水調査における**透水試験**はできるかぎり現場法による方がよい。

　　現在最も多く用いられている簡易法の単一のボーリング孔を利用する透水試験であるが，多量の湧水が予測される場合には，場所打ち杭の掘削機によって削孔した井戸を用いる揚水法を行うのがよい。

　　ボーリング孔を利用する透水試験では，測定用パイプを挿入するときに，試験対象区間に周囲からの地下水の浸入を防ぐための遮水を行い，測定用パイプの先端から必要な試験区間を削孔し，清水で洗浄する。試験方法には**非定常法**と**定常法**がある。

① 非定常法

　　測定用パイプの中の水をくみ上げて，一時的に水位を低下させるか，又は注水して一時的に水位を上昇させ，水位の経時変化を測定する。

② 定常法

　　測定用パイプ内から揚水又は測定用パイプ内に注水する。測定用パイプ内の水位を経時的に測定し，水位が一定となったときの揚水流量又は注水流量を測定する。

2) **揚水試験**

　　揚水井と複数の観測井を用いて行う**原位置透水試験**である。帯水層の透水係数や貯留係数を求める試験で，地下水位以深の地盤の掘削工事における地下水圧低減，湧水の防止等を目

的とした排水工法の設計に用いられる。

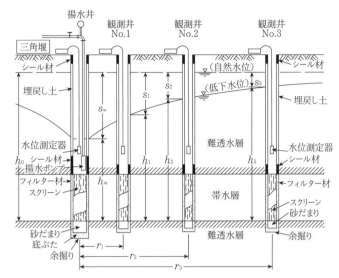

図 1.9　揚水井と観測井の構造及び揚水試験の概念図[3]

(5)　地盤の平板載荷試験

　基礎を支持させようとする地盤に設置した剛な載荷板を介して荷重を与え，この荷重の大きさ
と載荷板の沈下量との関係から**極限支持力や地盤反力係数**を求めるための試験である。

①　載荷板の中心から**載荷板直径の 3 倍以上の範囲を水平に整地**する。

②　**載荷板**は，**直径 30 cm 以上の円形とし，厚さ 25 mm 以上の鋼板**又は同等以上の剛性のある
　　板とする。

③　設置は試験孔のほぼ中央とし，反力装置の中心の鉛直下を水平器等を用い平らに仕上げ設
　　置する。また，地盤となじみの悪いときは薄く砂をまくか，せっこうをまいて行う。なお，
　　試験地盤が**常水面以下の場合は，試験地盤以下に水位を下げない**ように注意し排水する。

④　載荷方法は，荷重制御により**段階式載荷又は段階式繰返し載荷**とする。

⑤　載荷面から**載荷幅の 1.5 ～ 2 倍の深さ**までの支持力を調べることができる。

⑥　**変位計**は，載荷板端部に等間隔で **4 個以上**垂直に設置する。

⑦　試験地盤に礫が混入する場合は，許容される**礫の最大径は載荷板の** $\frac{1}{5}$ **程度**が望ましい。

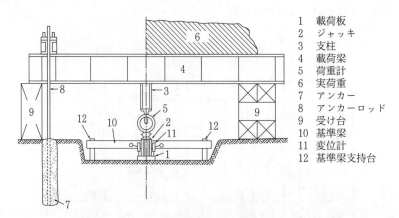

1	載荷板
2	ジャッキ
3	支柱
4	載荷梁
5	荷重計
6	実荷重
7	アンカー
8	アンカーロッド
9	受け台
10	基準梁
11	変位計
12	基準梁支持台

図 1.10　平板載荷試験の装置例 [3]

(6)　孔内載荷試験

　ボーリング孔内において，ゴムチューブ又は載荷板を備えた孔内ジャッキを膨張させて孔壁面を加圧し，そのときの圧力と孔壁面の変位量を測定することにより，**地盤の強さ**，変形特性（地盤の変形係数や降伏圧力）を求める試験である。ボーリング孔壁面が滑らかで自立する（崩壊しない）地盤が対象で，砂礫地盤や軟弱粘土層地盤等，孔壁が乱れやすい地盤においては，試験が実施できても結果の評価が困難である。

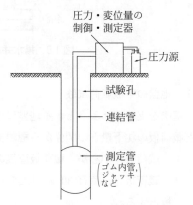

図 1.11　孔内載荷試験機基本構成図 [3]

(7)　杭の水平載荷試験

　杭の水平載荷試験は，**杭頭に水平力を加え，杭の水平抵抗力**等を確認するために行う。

第2節　**仮設工事**

1. 一般事項

　仮設については，特殊な場合を除き，施工者に任されていて，自己の責任で進めることができる。施工計画書に記載する一般的な工事の総合仮設に関する事項を示すと，おおむね次のようになる。

① 　工事目的物の位置と敷地との関係（配置と高低）

② 　仮囲いの位置及び構造

③ 　材料運搬経路と主な作業動線

④ 　仮設物等の配置（監督職員事務所，請負者事務所，休憩所，危険物貯蔵所，材料置場，下小屋，廃棄物分別置場等）

⑤ 　排水経路，工事用電力並びに水道の引込み位置及び供給能力

⑥ 　足場並びに仮設通路の位置及び構造

⑦ 　揚重機（リフト，クレーン，エレベーター，ゴンドラ等）の種類及び配置

⑧ 　作業構台の位置及び構造

⑨ 　墜落防止及び落下物防止並びに感電防止の施設

⑩ 　近隣の安全に対する処置（近隣使用道路の配置計画図等）

2. 足場その他

2.1　足場その他

(1)　足　場

　足場の組立て，解体は，高所の不安定な場所で不安定な姿勢で行われることが多く，建設業等において高所からの墜落・転落による労働災害が多発していることから，労働者が足場の作業場に乗る前に，手すりを先行して設置できる枠組足場の**手すり先行工法**や高さ 85 ㎝ 以上の手すり，**中桟**及び**幅木**等の設置が義務づけられている。したがって，組立，解体作業を行う場合は，事前に作業計画を立案し**作業主任者**を定め，関係者が十分打合せを行って労働安全衛生規則等の関係法規にしたがって安全に実施しなければならない。

　通路，足場等の危険の防止については，『建築施工管理技術テキスト　改訂第 13 版　法規編』第 3 章の労働・安全衛生関係も参照されたい。

　足場の種類は，用途別及び構造別に分類すると**表 2.1** のようになる。

表 2.1　足場の用途別・構造別分類[2]

構造別　用途別	支　柱　足　場			つり足場	機械足場	その他
	本足場	一側足場	棚足場			
外壁工事用	・**枠組足場** ・くさび緊結式足場 ・単管足場 ・**手すり先行足場**[注]	・ブラケット一側足場 ・くさび緊結式一側足場	・**単管足場**		・高所作業車（機械式伸縮足場） ・ゴンドラ ・移動昇降式足場	・張出し足場（張出しステージ上） ・**移動式足場**（ローリングタワー）
内装工事用			・**枠組足場** ・くさび緊結式足場 ・**単管足場**		・高所作業車（機械式伸縮足場）	・**移動式足場**（ローリングタワー） ・移動式室内足場 ・可搬式作業台（可搬式足場）
躯体工事用	・**枠組足場** ・くさび緊結式足場 ・単管足場 ・**手すり先行足場**[注]	・ブラケット一側足場 ・くさび緊結式一側足場		・**つり枠足場** ・**つり棚足場**	・高所作業車（機械式伸縮足場）	

（注）手すり先行足場は，枠組足場等に分類できるが，「手すり先行足場」として記載した。

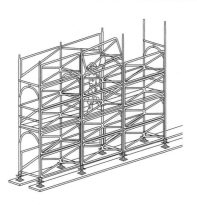

イ　手すり先行専用足場

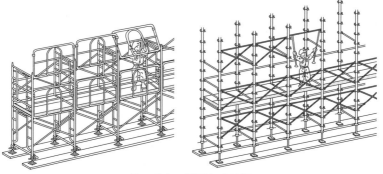

ロ　手すり据置方式足場

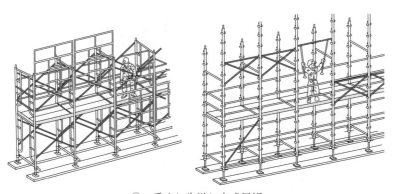

ハ　手すり先送り方式足場

図 2.1　各足場の例（その 1）[2]

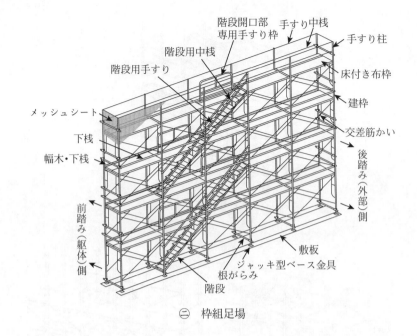

階段開口部専用手すり枠
手すり中桟
手すり柱
階段用中桟
床付き布枠
階段用手すり
建枠
メッシュシート
交差筋かい
下桟
後踏み（外部）側
幅木・下桟
前踏み（躯体）側
敷板
ジャッキ型ベース金具
根がらみ
階段

㋥ 枠組足場

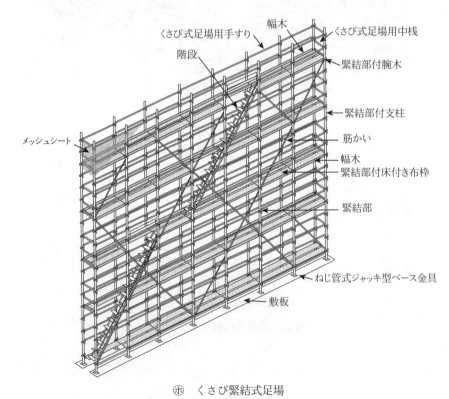

幅木
くさび式足場用手すり
くさび式足場用中桟
階段
緊結部付腕木
緊結部付支柱
筋かい
メッシュシート
幅木
緊結部付床付き布枠
緊結部
ねじ管式ジャッキ型ベース金具
敷板

㋭ くさび緊結式足場

図2.1 各足場の例（その2）[2]

294

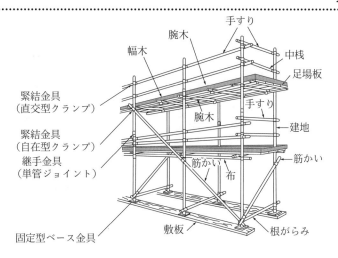

(ヘ)　単管足場

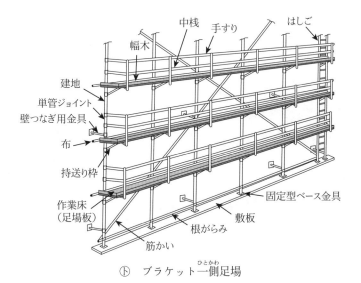

(ト)　ブラケット一側足場

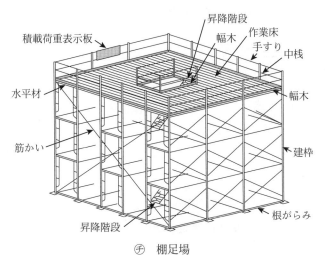

(チ)　棚足場

図 2.1　各足場の例（その 3）[2]

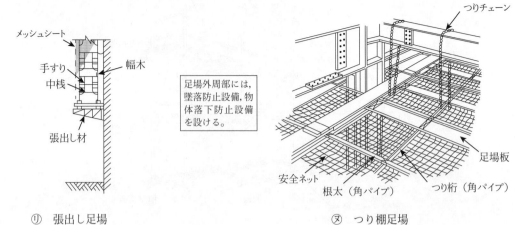

5

10

⑪　張出し足場　　　　　　　　　　　　　　　⑫　つり棚足場

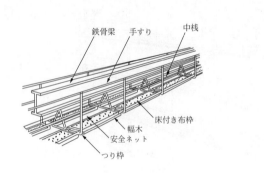

15

20

⑬　つり枠足場

25

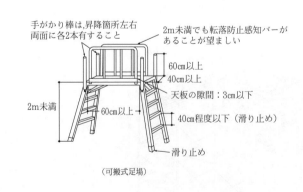

30

35

㋐　移動式室内足場（可搬式作業台（可搬式足場））　　㋑　機械式伸縮足場（高所作業車）

図 2.1　各足場の例（その 4）[2]

1)　**移動式足場**

　　移動式足場は，作業床，これを支持するわく組構造部及び脚輪並びにはしご等の昇降設備及び手すり等の防護設備より構成される設備で，通称ローリングタワーと呼ばれている。

　　移動式足場の使用等に関する留意事項については，厚生労働省から「移動式足場の安全基準に関する技術上の指針」（昭和 50 年　技術上の指針公示第 6 号）が示されている。

① 　建わくの接続部は，使用中，容易に離脱しないように確実に結合する。

② 　最大積載荷重は，次の式により計算を行って得た値以下となるように定め，かつ，その旨を移動式足場の見やすい箇所に表示する。

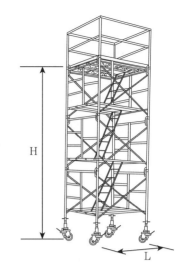

図 2.2　移動式足場の例[3]

$$A \geqq 2 \quad の場合 \quad W = 250$$

$$A < 2 \quad の場合 \quad W = 50 + 100A$$

$$A：作業床の床面積（m^2），\ W：積載荷重（kg）$$

③ 　脚輪の下端から作業床までの高さと，移動式足場の外かくを形成する脚輪の主軸間隔とは，次の式による。ただし，移動式足場に壁つなぎ又は控えを設けた場合は，この限りでない。

$$H \leqq 7.7L - 5$$

$$H：脚輪の下端から作業床までの高さ (m)，\ L：脚輪の主軸間隔 (m)$$

④ 　作業床には，床付き布わく等を隙間のないように敷く。

⑤ 　一段で使用する場合でも，作業床の周囲には床面より 90 cm 以上の高さに手すりを設け，その中間に中桟及び高さ 10 cm 以上の幅木を取り付ける。

⑥ 　作業床は，常に水平を保つように注意し，**移動時以外は脚輪にブレーキ**をかけておく。

⑦ 　作業者を乗せたままで，移動してはならない。

2)　**脚立足場**（足場の組立て等工事の作業指針（建設業労働災害防止協会）より）

　　幅 24 cm，厚さ 2.8 cm，長さ 4m の合板足場板を使用する場合は，次による。

① 　脚立と脚立の間隔は，**1.8m 以下**とする。

② 　足場板は，3 以上の脚立の踏桟に架け渡す場合を除き，足場板を踏桟に固定する。

③ 　足場板の長手方向の重ねは，踏桟等の上で行うものとし，重ねた部分の長さは 20 cm 以上とする。

④ 　足場板の踏桟からの突出し長さは，10 cm 以上 20 cm 以下とする。

⑤ 　足場板の設置高さは，2m 未満とする。

⑥ 　足場板と脚立の踏桟等とは，ゴムバンド等で横方向にずれないように固定する。

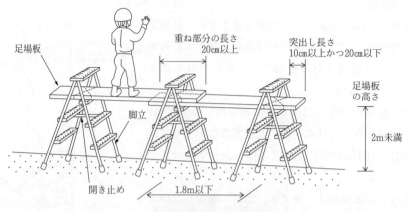

図 2.3　脚立足場の使用の例

3)　足場の安全基準

　　労働安全衛生規則により，足場の脚部には，滑動及び沈下を防止するため**敷板**や**根がらみ**，足場の倒壊防止のために足場と建設物等を強固に連絡する**壁つなぎ**等を設ける。

　　概要は**表 2.2** のとおりである。

表 2.2　足場の安全基準（その 1）[2]

要点＼種類	枠 組 足 場	く さ び 緊 結 式 足 場	単 管 足 場	ブラケット 一側足場（単管）
高　　さ	**原則 45m 以下**（枠幅 120 cm，90 cm の場合）	原則 45 m 以下（31 m を超える場合，建地の最上部から測って 31 m を超える部分の建地は鋼管を 2 本組とする。ただし，建地の下端に作用する設計荷重（足場の重量に相当する荷重に，作業床の最大積載荷重を加えた荷重をいう。）が当該建地の最大使用荷重（当該建地の破壊に至る荷重の 2 分の 1 以下の荷重をいう。）を超えないときは，この限りでない。）	原則 31 m 以下（31 m を超える場合，建地の最上部から測って 31 m を超える部分の建地は鋼管を 2 本組とする。ただし，建地の下端に作用する設計荷重（足場の重量に，作業床の最大積載荷重を加えた荷重をいう。）が当該建地の最大使用荷重（当該建地の破壊に至る荷重の 2 分の 1 以下の荷重をいう。）を超えないときは，この限りでない。）	原則 15m 以下（建地 2 本組等補強をすれば，それ以上の高さで使用できる）
建枠・建地の間隔	・枠の高さ　：2m 以下 ・枠の間隔　：1.85m 以下	・桁方向　　：1.85m 以下 ・梁間方向　：1.5m 以下	・桁方向　　：1.85m 以下 ・梁間方向　：1.5m 以下	1.8m 以下
地 上 第 1 の 布 の 高 さ	――	2.0m 以下（布の上下方向の間隔：2m 以下）	**2.0m 以下**（布の上下方向の間隔：1.6m 程度）	2.0m 以下（布の上下方向の間隔：1.8m 以下）
建枠・建脚部の滑動 ・沈下防止措置	**ジャッキ型ベース金具，敷板，敷角**	ねじ管式ジャッキ型ベース金具，敷板，敷角	**固定型ベース金具，敷板，敷角**	同左
継　　手　　部	継手金具で接続	支柱及び布材等に取り付けられている緊結部により緊結	継手金具で接続	同左
接 続 部，交 さ 部	・交さ筋かい（手すり先行工法の場合は交さ筋かい，手すり枠） ・ピン，アームロックで連結する	支柱及び布材等に取り付けられている緊結部により緊結	緊結金具で接続	同左

表 2.2　足場の安全基準（その 2）[2]

要点＼種類	枠 組 足 場	く さ び 緊 結 式足 場	単 管 足 場	ブ ラ ケ ッ ト一 側 足 場（単 管）
補　　強	筋かいを入れる	同左	同左	同左
壁 つ な ぎ 控 え	・垂直方向 　：9m 以下 ・水平方向 　：8m 以下	・垂直方向 　：5m 以下 ・水平方向 　：5.5m 以下	・垂直方向 　：5m 以下 ・水平方向 　：5.5m 以下	・垂直方向 　：3.6m 以下 ・水平方向 　：3.6m 以下
建枠・建地間の最 大 積 載 荷 重（注）1	・枠幅 120 cm 　：500 kg 以下 ・枠幅 90 cm 　：370 kg 以下	前踏みと後踏みの間隔（梁間方向の幅） ・90 cm 以上：400 kg 以下（同一スパン上 2 層までで，連続スパンにわたって積載しない。） ・60 cm 以上〜90cm 未満：200 kg 以下（同一スパン上 2 層までで，連続スパンにわたって積載しない。）	1スパン当たり 400kg 以下（1 スパン内の同時積載層数 2 層までで，連続スパンにわたって積載しない。）	1スパン当たり150kg 以下（建地 1 本当たり 100 kg 以下）
水 平 材	最上層及び 5 層以内ごと	――	――	――
作 業 床（注）2	床付き布枠 ・幅：40 cm 以上 ・床材間の隙間：3 cm 以下 ・床材と建地（支柱）との隙間は，12 cm 未満	床付き布枠又は緊結部付床付き布枠 ・幅：40 cm 以上 ・床材間の隙間：3 cm 以下 ・床材と建地（支柱）との隙間は，12 cm 未満	足場板等 ・幅：40 cm 以上 ・床材間の隙間：3 cm 以下 ・床材と建地（支柱）との隙間は，12 cm 未満	同左
墜 落 防 止 設 備（注）3（注）4	構面： ・交さ筋かい，高さ 15 cm 以上 40 cm 以下の下桟 ・手すり先行工法の場合，手すり枠，片構面（一般に躯体側）には交さ筋かいと高さ 15 cm 以上 40 cm 以下の下桟 妻面： ・高さ85cm以上の手すり，高さ 35 cm 以上 50 cm 以下の中桟	高さ 85 cm 以上の手すり，高さ 35 cm 以上 50 cm 以下の中桟	同左	同左
物体落下防止設備（注）5	・高さ 10 cm 以上の幅木，メッシュシート若しくは防網 ・防護棚（朝顔）	同左	同左	同左

（注）1.　積載荷重は足場の幅，間隔，作業床の強度によって異なる。また，積載層数，スパンに連続・分散等積載の仕方によっても異なる。

　　　2.　作業床は，隙間のないように設ける。また，作業床の支持点及び重ね部分は，動かないように固定する。

　　　　　なお，次の場合は，床材と建地（支柱）との隙間が 12 cm 以上の箇所に防網を張るか床付幅木を設ける等して墜落防止措置をする。

　　　　　・梁間方向における建地（支柱）と床材の両端の隙間の和が 24 cm 未満の場合

　　　　　・梁間方向における建地（支柱）と床材の両端の隙間の和を 24 cm 未満とすることが作業の性質上困難な場合

　　　3.　手すりの高さは，建設業労働災害防止協会「建築業労働災害防止規程」及び(一社)仮設工業会「墜落防止設備等に関する技術基準」では 90 cm 以上としている。

　　　　　なお，墜落防止措置は，要点の「作業床」の項と，床材と建地（支柱）との隙間 12 cm 以下とすることに関係するので，この項と（注）2 の内容に適合させることが必要である。

　　　4.　高さ 15 cm 以上の下桟に替え，高さ 15 cm 以上の幅木等の使用，高さ 35 cm 以上 50 cm 以下の中桟に替え，同じ高さを有する防音パネル等の使用でもよい。詳細は，労働安全衛生規則とその通達によること。

　　　5.　落下物の危険があるときは，高さ 10 cm 以上の幅木，メッシュシート若しくは防網等を組み合わせて使用することになるが，これらの使用が困難な場合あるいは臨時にこれらを取り外す場合には立入禁止区域を設けること。詳細は，労働安全衛生規則とその通達によること。防護棚（朝顔）の設置の必要性等は，「建設業労働災害防止規程」，「建設工事公衆災害防止対策要項（建築工事等編）」によること。

　　　　　防護棚の設置では，足場の倒壊防止のため，足場を補強すること。

第 2 章　建築施工

第 2 節　仮設工事

(2)　仮囲い

①　仮囲いは，工事現場周辺の道路・隣地との隔離，出入口以外からの入退場の防止，盗難の防止，通行人の安全，隣接物の保護等のために必要である。仮囲いは，工事現場の周囲に工事期間中を通し，建築基準法施行令，建設工事公衆災害防止対策要綱（建築工事等編）等にしたがって設ける。

②　木造の建築物で高さが 13m もしくは軒の高さが 9m を超えるもの，又は木造以外で 2 階以上の建築物の工事を行う場合は，**高さ 1.8m 以上の仮囲い**を設ける。ただし，上記と同等以上の効力を有するほかの囲いがある場合，又は工事現場の周辺もしくは工事の状況により危害防止上支障がない場合は，仮囲いを設けなくてもよい（建基令第 136 条の 2 の 20）。

③　仮囲いは，風，振動等に対して倒壊したり，仮囲いの一部が外れ飛散したりしない**堅固な構造**とする。

④　仮囲いに出入口を設ける場合において，**施錠できる構造**とし，出入口は必要のない限り**閉鎖**しておく。また，出入口の開閉による車両等の出入りには，交通誘導員を配置する等して，一般車両，歩行者等の通行に支障のないようにする。

⑤　道路を借用して仮囲いを設置する場合は，道路管理者と所轄警察署長の許可を得る。

⑥　仮囲いの下端のあきは，幅木を取り付けたり，土台コンクリートを打つ等して塞ぐ。

(3)　仮設通路

1)　階段

①　**高さ又は深さが 1.5m を超える箇所**で作業を行うときは作業者が安全に昇降するための階段等を設ける（安衛則第 526 条）。階段は，作業者が昇降するために，足場内や工事の進捗にしたがい建築物内外の仮設通路面等に設ける。

②　階段は踏外し，転倒等を防止するために，勾配，踏面，け上げ等に留意し適切かつ堅固に設ける。また，踏面は踏板面に**滑り止め**又は滑り止め効果のあるものを設ける。

③　踊り場は階段と一体となって機能する仮設通路であり，安衛則第 552 条を準用し，**高さが 8m 以上の階段**には，7m 以内ごとに踊り場を設ける。枠組足場では建枠 1 層又は 2 層ごとに設けることが多い。

④　階段部分の縁や床面開口部及び踊り場で墜落の危険のある箇所には，高さ 85 ㎝ 以上の**丈夫な手すり**及び高さ 35 ㎝ 以上 50 ㎝ 以下の**中桟**を設けなければならない（安衛則第 552 条）。一般には，安全性を高めるため高さ 90 ㎝ 以上の丈夫な手すり及び内法が 45 ㎝ を超えない間隔で中桟を設ける（建設業労働災害防止協会「建設業労働災害防止規程」,(一社) 仮設工業会「墜落防止設備等に関する技術基準」）。

⑤　足場に使用されている階段は，専用踏板と足場用鋼管とで構成する階段と足場専用の階段枠の 2 種類がある。

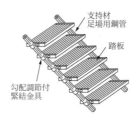

図 2.4　専用踏板と足場用鋼管とで構成する階段の例 [2]

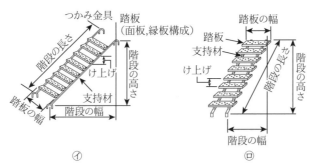

図 2.5　足場専用の階段枠の例（仮設機材認定基準とその解説より）[2]

⑥　枠組足場に使用する階段は，鋼管足場用の部材及び附属金具の規格（厚生労働省告示），JIS A 8951（鋼管足場）の標準建枠高（階段の高さ）やスパン（階段の幅）寸法に合った専用規格階段を用いるとよい。階段は建枠横架材に架け渡し，上下連結部分は強風時の吹上げ力，衝撃，振動等で脱落，滑り，変形等が生じないように取り付ける。

　　なお，足場専用の階段枠は，(一社)仮設工業会の認定基準があり，その強度及び性能を定め，保証している。

2)　登り桟橋

①　登り桟橋は足場の昇降又は材料運搬等に用いるために設置された仮設の斜路で，足場板を斜めに架け渡し，適切な間隔に滑り止めのための横さんを打ち付け，手すり，中桟等を設けた構造である。

②　登り桟橋は，安衛則第 552 条（架設通路）の規定により，図 2.6 のような構造となる。

③　登り桟橋の幅は 900 mm 以上確保することが望ましい。また，登り桟橋上が，雪，氷等により滑りが予想され，やむを得ずこの状態で登り桟橋を使用する場合には，あらかじめ滑りを防止する処置を施す必要がある。

5

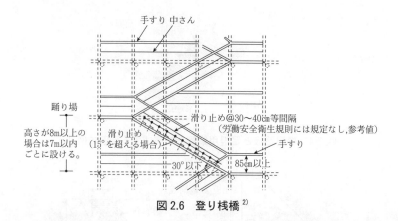

手すり　中さん

踊り場

高さが8m以上の
場合は7m以内
ごとに設ける。

滑り止め
（15°を超える場合）

滑り止め@30〜40㎝等間隔
（労働安全衛生規則には規定なし，参考値）

手すり

30°以下

85㎝以上

10

図 2.6　登り桟橋[2]

3)　歩行者用仮設通路

工事の状況によって工事現場内に公衆を通行させざるを得ない場合には，安全に通行でき，かつ誤って作業場内に立ち入らないように歩行者用仮設通路を設けなければならない。

15

① 作業場との境界にさく等を設け，必要な標識等を掲げ，夜間には照明等を設ける。

② **通路の幅**は，公衆の通行に支障のない場合 0.75m，一般には **1.5m 以上**とする。**有効高さ**は，**2.1m 以上**を確保する。

③ 工事用の油類，粉塵等の落下措置，落下物が予測される範囲に防護棚等を設ける。

4)　その他の仮設通路

20

① その他の仮設通路としては，様々なものが使用されてきているが，代表的なものとして，次のようなものがある（**図 2.7**）。これらを用いる場合は，施工条件等に応じ，また，取扱い説明等に沿った適正な配置，使い方をしていくことが必要である。

25

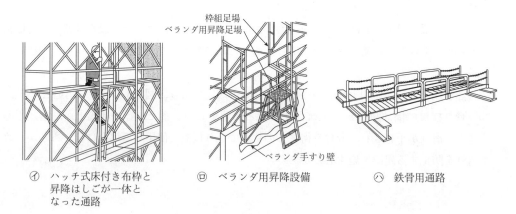

枠組足場
ベランダ用昇降足場

ベランダ手すり壁

30

㋑ ハッチ式床付き布枠と
昇降はしごが一体と
なった通路

㋺ ベランダ用昇降設備

㋩ 鉄骨用通路

図 2.7　その他の仮設通路[2]

35

② 工事の状況によって工事現場内に公衆を通行させざるを得ない場合には，建設工事公衆災害防止対策要綱（建築工事等編）に基づき，公衆が安全に通行でき，かつ，誤って作業場内に立入ることのないような歩行者用仮設通路を設けなければならない。

⑷　落下物に対する防護

1)　工事用シート等

　　工事現場からの飛来・落下物により，工事現場周辺の通行人や隣家への危害を防止するために，足場の外側面に工事用シート，パネル等を取り付ける。また，安衛則では，足場等からの飛来・落下物による労働災害を防止するため，その危険のおそれのあるときは，幅木，**防網**（メッシュシート等）を取り付けることが定められている。

①　工事用シートは，帆布製のものと網地製のもの（メッシュシート）の2種類があり，JIS A 8952（建築工事用シート）の1類（シートだけで落下物の危害防止に使用できる）に適合するもの又はこれと同等以上の性能を有するものを使用する。シートは，通常，風荷重を緩和するメッシュシートが多く使用されている。

　　なお，これについては，(一社)仮設工業会の認定基準がある。

②　シートの取付けは，原則として，足場に水平材を**垂直方向5.5m**以下ごとに設け，シートに設けられたすべてのは̇と̇め̇を用い，隙間やたるみがないように緊結材を使用して足場に緊結する(シートに設けられたは̇と̇め̇の間隔は，JIS A 8952では45cm以下としている。(一社)仮設工業会の認定基準では35cm以下としている)(**図2.8**)。緊結材は，引張強度が0.98kN以上のものを使用する。

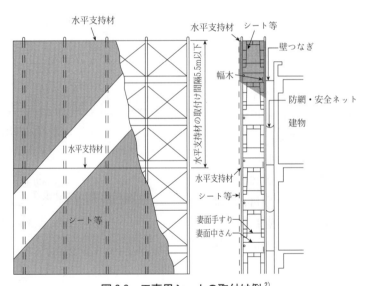

図2.8　工事用シートの取付け例[2]

③　その他にパネル，ネットフレーム等がある。

　　パネルは，パネル材とフレーム等で構成されたもので，工事騒音の外部への伝搬を防止・軽減する役目も果たす防音パネルが一般的に用いられる。

　　ネットフレームは，金属網部（エキスパンドメタル）とフレームを溶接した構造であり，1類工事用シートに比べ落下物防護性能が劣っているので留意することが必要である。いずれも主に枠組足場に取り付けられる。

④　**建築工事用垂直ネット**は，建築工事現場の鉄骨工事で飛来，落下物による災害を防ぐために，鉄骨（つり足場）等の外側面に垂直に取り付けられる。このネットは，合成繊維製の織網生地の織製ネット及び網製ネットで仕立てた網目の寸法が 13 〜 18 ㎜ のものを使用する。

⑤　**ダストシュート**は，工事現場の境界線から **5m 以内**で，かつ，地上 **3m 以上**の高さからくず，ごみ等を投下する場合に用いる。また，工事現場部分が境界線より **5m 以内**で，かつ，地上 **7m 以上**の高さである場合には，落下物による被害を防止するため，鉄網，工事用シート等により覆わなければならない（図 2.9）。

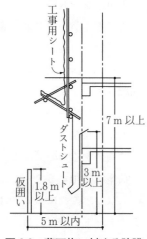

図 2.9　落下物に対する防護

2)　防護棚（朝顔）

工事を行う部分から，**ふ角 75 度**を超える範囲又は**水平距離 5m 以内**の範囲に隣家，一般の交通等に供せられている場所がある場合には，落下物による危害を防止するため，原則として，防護棚（朝顔）を設ける。

①　防護棚のはね出しは，水平面に対し **20 〜 30°の角度**で，足場から水平距離で **2m 以上**とする。

②　防護棚は，1 段目を地上 **10m 以下**，2 段目以上は下段より **10m 以下**ごとに設ける。通常，1 段目は，地上 5m 以下に設けるのが望ましい。

③　一般には防護棚は厚み 1.6 ㎜ の鋼板が用いられている。

(5)　作業構台

作業構台には，地下工事等の材料の集積，建設機械の設置等のための乗入れ構台と，建築資材等の一部を仮置きして，建築物の内部に取り込むこと等のための荷受け構台（荷上げ構台）がある。

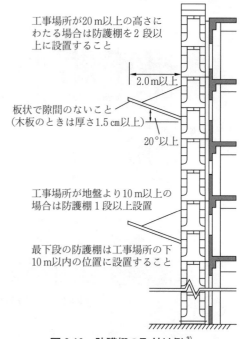

工事場所が 20 m 以上の高さにわたる場合は防護棚を 2 段以上に設置すること

2.0 m 以上

板状で隙間のないこと（木板のときは厚さ 1.5 cm 以上）

20°以上

工事場所が地盤より 10 m 以上の場合は防護棚 1 段以上設置

最下段の防護棚は工事場所の下 10 m 以内の位置に設置すること

図 2.10　防護棚の取付け例[3]

作業構台上は，常に整理整頓を行うとともに，作業構台自体の状態の保守管理を行い，点検結果を記録及び保管することが必要である。

1)　乗入れ構台

乗入れ構台は，根切り，地下構造物，鉄骨建方，山留め架構の組立,解体等の工事を行う際に，

自走式クレーン車・トラック類・生コン車・コンクリートポンプ車等の走行と作業，各資材の仮置き等に使用する。

　乗入れ構台の構造は，各種施工機械・車両の重量及びその走行や作業時の衝撃荷重，仮置き資材の荷重，構台の自重，地震・風・雪等の荷重に十分耐え得るものとする。

　乗入れ構台の計画上の要点は次のとおりである。

① 乗入れ構台の規模と配置

　規模は，敷地及びその周辺の状況，掘削面積，掘削部分の地盤性状，山留め工法，各工事で採用する工法等の条件により決定する。配置は，施工機械・車両の配置や動線，施工機械の能力，作業位置等により決定する。市街地工事では，最近，駐車スペースの確保が難しいことから，乗入れ構台の面積は増加傾向が見られる。

② 乗入れ構台の幅員

　使用する施工機械，車両・アウトリガーの幅，配置及び動線等により決定する。通常計画される**幅員は 4 〜 10m** である。構台に曲がりがある場合は，車両の回転半径を検討し，コーナー部分の所要寸法を考慮して幅員を決定する。

③ 乗入れ構台の高さ，勾配等

(a) 高さは，地下躯体（主として 1 階の梁・床）の作業性を考慮して決める。

(b) 躯体コンクリート打込み時に，乗入れ構台の大引下の床の均し作業ができるように，**大引下端を床上端より 20 〜 30 cm 程度上**に設定する。

(c) 乗込みスロープの勾配が急になると，施工機械・車両の出入りに支障となるおそれがあるので，**通常は $\frac{1}{10}$ 〜 $\frac{1}{6}$ 程度**とする。

(d) 敷地境界から乗入れ構台までの距離が短い場合は，乗入れ構台のスロープが敷地境界から外に出ないよう留意することが必要である。

④ 一般的な乗入れ構台の架構形式と各部材の名称を**図 2.11** に示す。

第 2 章　建築施工

第 2 節　仮設工事

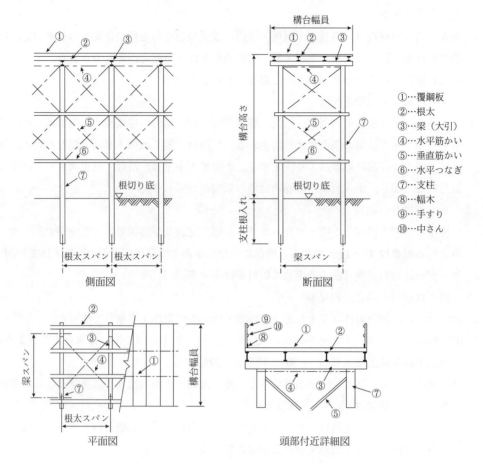

図 2.11　乗入れ構台の架構形状と各部材の名称[2]

2)　**荷受け構台（荷上げ構台）**

①　荷受け構台は，クレーンやリフト，エレベーター類からの材料の取込みに使用される作業構台で，材料置場と兼用することもある。

②　荷受け構台は，関係法令にしたがって設ける（安衛則第 575 条の 2 〜 8）。

③　使用する材料は，木材にあっては割れ，腐れ，著しい断面欠損，曲がり等，鋼材にあっては著しい断面欠損，曲がり等，構造耐力上の欠点のないものを用いる。

④　荷受け構台は，資機材の搬出入に適した位置に設け，揚重機の能力，揚重材料の形状・寸法・数量に応じた形状，規模のものとし，積載荷重等に対して十分に安全な構造のものとする。

⑤　設置位置は，材料の取込み及び水平運搬に便利な位置を選び，**2 〜 3 階に 1 箇所**の割りで設置し，他の階にはそこから運ぶようにしている例が多い。また，工事の進捗に伴って転用が必要な場合があるので，移動方法を考慮して設置位置を決めることも必要である。

建築物本体の鉄骨を利用して，荷受け構台を建物外部にはね出して設置した計画例を**図2.12** に示す。

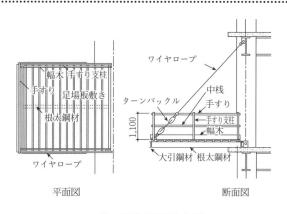
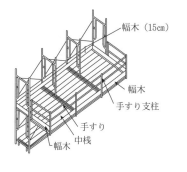

　　　ｲ　鉄骨を利用した例　　　　　　　　　　ロ　枠組足場を利用した例

図 2.12　荷受け構台の例 [2]

3. 仮設物

　本工事の建物，埋設設備等の工事に支障がなく，工事管理，資材・機械の搬出入，構内作業等とその施工時期を考慮し効果的で無駄な移動等のない位置を選び，必要な規模と構造の仮設建物等を定める。主な注意事項を挙げると次のようになる。

①　**現場事務所**は，資材の動き，**人の動き等が見やすい**位置で他工事の現場事務所と近い方が相互に連絡がとりやすい。また，なるべく準備加工場所，機材置き場が見やすい場所を選定する。

②　**準備加工場所**は施工場所との関連を考え，**近隣への騒音**の影響を考慮する。

③　**資材・機材置場**は搬入用トラック等の**出入の容易な**位置で，作業場との位置関係，動線の確保が大切である。

3.1　監督職員事務所，受注者事務所等

①　仮設建物は，床荷重，風荷重等で倒壊しない構造とし，建築基準法，消防法等にしたがって設置する。

②　監理事務所，工事事務所の構造・仕上げの標準例を**表 2.3**に示す。

表 2.3　事務所の構造・仕上げの標準 [3]

外壁・床及び屋根		構造及び仕上げは風雨などに十分耐えうるもの
内部 仕上げ	床	床板張り又はモルタル塗下地の上に床用シート類又は床用タイル類張り
	内壁	合板・鉄板又は建築用ボード張り
	天井	合板・建築用ボード又は吸音類張り

③　受注者事務所及びその他の仮設建物である休憩所，詰所，守衛所，便所，洗面所，シャワー室等の設置に際しては，敷地条件等を考慮し，構造上，安全上，防火上及び衛生上支障のないように計画する。便所及び洗面所の設置については，工事に影響がなく安全で利用しやすい場所に配置する。また，受動喫煙を防止するための喫煙場所の確保とその場所の火気管理，清潔な食事スペースの確保，熱中症予防としての休憩所への冷房・冷水機等の配備等，職場

生活支援施設や疲労回復支援施設の充実を図る。

　なお，作業員宿舎を設置する場合は，構内から分離するものとし，建設業附属寄宿舎規程を遵守する。

3.2　危険物貯蔵所

　危険物には，塗料，油類，ボンベ類，火薬等があり，危険物貯蔵所は，次の事項に注意して設ける。

① 　仮設建物，隣地の建築物，材料置場等から**離れた場所**に設ける。

② 　不燃材料を用いて囲い，周囲に空地を設ける。

③ 　各出入口には**錠をかけ**，「**火気厳禁**」の表示を行い，**消火器**を置く。

④ 　ボンベ類置場は，通気をよくするため1面は開口とし，他の3面は上部に開口部を設ける。また，他の建

図2.13　ボンベ類貯蔵所の例 [3]

物と十分な離隔距離をとった直射日光を遮る構造とし，危険物や火気厳禁の表示及び消火器の配置を行う。

3.3　材料置場，下小屋

　必要に応じて材料置場，下小屋を設ける。また，廃棄物の再資源化に努めるため，**分別作業が可能なスペース**と分別容器が設置可能な廃棄物分別置場（ヤード）を設ける。

　なお，材料置場は，良好な材料保管ができるような構造とする。

① 　砂，砂利，セメント，鉄筋，鉄骨等の材料置場は，**泥土等で汚れないように**留意する。砂，砂利の場合，床を**周囲地盤より高くしたり**，水勾配を付ける等の処理を行う。鉄筋や鉄骨の場合，**受材を置き**，泥土が付かないようにする。セメント・石灰等の吸湿性の高いものは，空気中の水分の吸収によって風化作用が生じ，品質が低下するので，できるだけ空気に触れさせないようにし，**屋根の付いた置場**に保管する。

② 　下小屋とは，型枠や鉄筋の加工場やその他配管のねじ切り等の加工場をいう。最近は，現場加工よりも工場加工が多くなっているが，現場加工が全くなくなるわけではなく，多少の設備は必要である。

③ 　廃棄物分別置場（ヤード）は，廃棄物の**搬出が容易な場所**に設置する。なお，現場に持ち込まれる梱包材等の減量化に努めることも必要である。

3.4　工事用電気設備，工事用給排水設備

⑴　工事用電気設備

　工事用電気設備は，工事を進めるための動力，照明，通信等に必要とする電力を供給する設備であり，着工から竣工までのほぼ全工程にわたって使用され，仮設工事の中でも重要な位置を占めるものである。

　なお，工事用電気設備工事では，電気工事士法による**電気工事士**の資格等，労働安全衛生規則

の電気取扱い業務特別教育が必要になる。

1) 工事用電力設備の計画から撤去の注意点

① 電気設備の設備及び電力の使用にあたっては,電力会社への電力使用の申込みのほかに,契約電力によっては,経済産業大臣（又は所轄の経済産業局長）及び所轄の消防署長へ届け出なければならない（電気使用制限等規則）。

② 工事用電力設備の保安責任者が,法令に基づいた有資格者であることを確認する。

③ 竣工が近づき,本設の電気設備が受電され,工事用電気設備を撤去する際は,受注者等からの申出を受け,本設への切替えについて協議し,工事用電気設備の撤去の時期や**本設への切替え**の方法等を決定する。

2) 電気設備計画上の注意点

① **電気設備容量**（kW）は,動力電気で負荷設備容量（**山積みの** kW）の 60 %,電灯電気で 80 % 程度である。

② 躯体工事では,大容量の動力が必要であるが,仕上工事では電気負荷が増えるので,動力設備の一部を電灯に振り替える。

③ **契約電力**（kW）は,電力需要の場合 50kW 以上では低圧電力から高圧電力となる。

④ 電動工具や照明器具の**使用電力量**（kWh）を求める場合の**負荷率**は,0.70 ～ 1.00 である。

⑤ 現場内に配線ケーブルを埋設する場合,重量物が通過する**道路下では 1.2m 以上**,その他では 0.6m 以上に埋設し,埋設表示をする。

⑥ 常時就業させる場所の**作業面の照度**は,**表 2.4** に示す作業区分に応じた照度を維持しなければならない。

表 2.4　作業の区分と照度 [3]

作業の区分	照度基準
精密な作業	300 ルクス以上
普通の作業	**150 ルクス以上**
粗な作業	70 ルクス以上

(2) 工事用給排水設備

工事用給排水設備には,工事関係者が飲料あるいは洗顔・水洗等に使用する生活水や,基礎杭の施工や型枠の清掃等工事に使用する工事用水を供給する給水設備と生活水から生じる雑排水,地下水や雨水を処理する排水設備とがあり,工事を進めるための重要な設備である。

① 給水設備は,施工計画や工事工程表から,生活用水や工事用水の使用時期,使用場所,使用水量を把握し,水源,要求される水質,水圧,水量等を考慮して,引込み設備,貯水設備,ポンプ設備,配管設備等を計画する。

排水設備は,各工事の施工方法,工事に従事する人員等を確認して,汚水,雑排水,地下水・雨水,特殊排水等排水の種類ごとに排水時期,排水場所,排水量等を把握し,公共下水道の利用の可否等を考慮して,適切な排水方法を選定する。

② 給水装置を新設,改造又は増設する場合は,水道事業者（地方公共団体の水道局）に届け出る（水道法）。

　　　また，公共下水道に排水するために必要な排水設備を新設，改造又は増設する場合は，公
　　共下水道管理者（地方公共団体の下水道局）に届け出る（下水道法）。
③　工事工程表に基づき，従事する作業員の稼働人員と 1 人あたり 1 日分の標準生活水量から，
　必要生活水量を求め，**工事用水量**を加算して**給水量**を求める。表 2.5 に生活用水及び工事用
　水の参考値を示す。

表 2.5　生活用水及び工事用水使用量[3]

多量に水を使用する杭・山留め工事用水は，掘削速度・貯水槽（貯水能力）・機械台数などによって異なるがおおよその目安としては下記のとおり。

	掘削に使用する水量
• リバースサーキュレーション工法	$30 \ \mathrm{m^3}$ / 時
• アースドリル工法	$10 \ \mathrm{m^3}$ / 時
• 地下連続壁工法	$10 \ \mathrm{m^3}$ / 時
• ウェルポイント工法	$25 \ \mathrm{m^3}$ / 時
コンクリート，モルタルについては混練量によって決まる。	
• コンクリート	$100 \sim 200 \ l/\mathrm{m^3}$
• モルタル	$200 \sim 800 \ l/\mathrm{m^3}$

事務所，宿舎関係の飲料水・雑用水の 1 日 1 人当りの使用量

	飲料水	雑用水	計
事務所	30	$10 \sim 20$	**40 〜 50** l/ **人日**
詰　所	$40 \sim 50$	$110 \sim 150$	$50 \sim 200 \ l$ / 人日
特別に多量の水を使用しない場合			$250 \ \ell$ / 人日

4. 揚重運搬機械

4.1　一般事項

　建物の高層化に伴い，建築工事において揚重機が果たす役割は大きく，**揚重計画**の良，不良が
工期・経済性・安全性を左右する大きな要素となっている。
　揚重機の設置にあたっては，工法の特色，施工計画全体のねらいに合致した機械を採用する。
特に構造物の納まりや強度を確認し，機械の搬入組立て及び解体搬出方法まで考慮して計画を立
てる必要がある。
　主な注意事項を挙げると次のようになる。
①　建物等が**鉄骨造**ならば**鉄骨組立作業**を主体として計画する。**細長い建物**ならば**移動式**の方
　がよく，高さが高いものは，非移動式の方が有利である。
②　鉄骨以外の重量物に対しては重量物の種類，重量，大きさ，数量，揚重機の使用期間等を
　考える。
③　建物等の平面的広さ，長さ，高さとの関係を考える。
④　建物等の周囲の空地，搬入路，建物等への取込口，他の作業への支障のより少ない箇所を
　考える。
⑤　必要に応じて乗入れ構台の構築，道路の補強，建物等の補強等を検討する。
⑥　建築工事以外の工事の揚重についても配慮する。

4.2　分　類

揚重運搬機械は**図** 2.14 に示す。

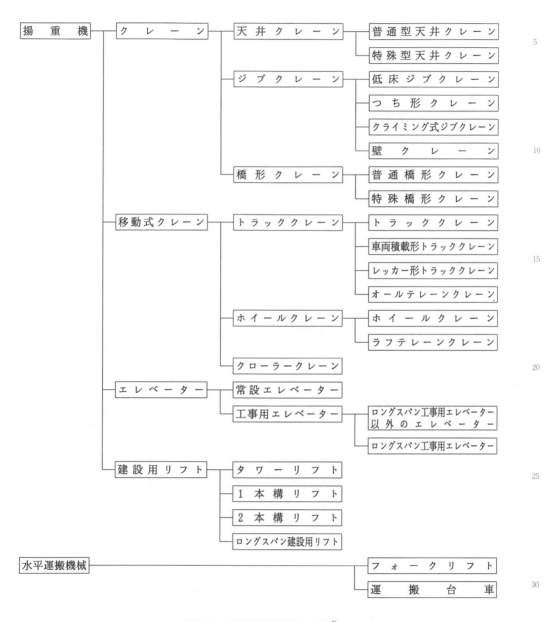

図 2.14　**揚重運搬機械の分類**[2]

4.3　機種の特徴及び姿図

揚重機種の特徴及び姿図を**表** 2.6 に示す。

表 2.6　揚重機種の特徴及び姿図 [2)]

ジブクレーン（傾斜ジブ式タワークレーン）	ジブクレーン（クライミング式つち形ジブクレーン）
大質量の揚重に適し，市街地の狭い場所で，ジブの起伏動作によって作業半径を自由に取れるメリットがある。	ジブが水平で，吊り荷をトロリーにて水平移動を行うことができ，クレーンの安定及び効率も良い。
移動式クレーン（クローラークレーン）	移動式クレーン（トラッククレーン）
移動式クレーンの中では，機動性，走行性は劣るが安定性に優れ，不整地・軟弱地盤での走行性は良い。	作業現場まで迅速に移動し，容易に機体を設置してクレーン作業ができ，機動性に優れている。
建設用リフト	工事用エレベーター（ロングスパン工事用エレベーター）
荷物だけを運搬し，人員の昇降は禁止されている。機種は多く，昇降方法はワイヤ式やラックピニオン式がある。	昇降速度 10m/min 以下で，数名の人員と長尺物の材料の運搬ができ，設置が簡単である。積載荷重 1t 前後の機種が多い。

第3節　土工事

1. 根切り及び埋戻し

1.1　根切り

(1)　根切りの留意点

根切りに先立ち処理する必要のある事項は次のとおりである。

① 地盤調査の結果による地層及び地下水の状況把握

② 近接した建築物等への影響の確認及び処置

③ 地中埋設物で根切りにかかるもの及び周辺にあるものの移設養生等の処置

④ 山留めの安全の確認（建築基準法施行令では，根切り深さ 1.5m 以上の場合には，原則として山留めを設けるとしている）

⑤ 機械掘削を行う場合の転倒，転落の防止

⑥ 構台を架設した場合の荷重，振動に対する安全性の確認

(2)　根切りの概要

1)　根切りの種類には，次のようなものがある。

```
        ┌─ 総堀り　── 地下室等がある場合には建物全面を掘る
根切り ─┼─ 布堀り　── 連続基礎等の場合に帯状に掘る
        └─ つぼ掘り ── 独立基礎等の場合，角形又は丸形に掘る
```

2)　根切り深さは，砂利地業等の突固めによるくい込み量〈突代，突べり〉（土質等により 0 ～ 30 ㎜ 位まで）を見込んだ深さとする。

3)　根切り範囲を定めるには，山留め，コンクリート型枠の組立て，取外し等の作業がある場合に作業が十分できるよう，山留めと型枠組立材料との間に作業者が入れる間隔を見込んでおく。その間隔は，通常，**図 3.1** のように，布掘りでは基礎幅から 300 ～ 600 ㎜，総掘りで外型枠が必要な場合は 1m 程度とする。ただし，除去の必要のないラス型枠材料等による場合や，連続地中壁やソイルセメント壁による山留め壁を直接外型枠として使用する場合等ではこの限りではない。

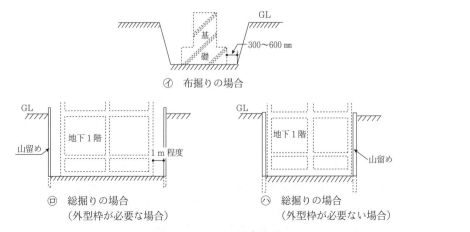

⑦　布掘りの場合

㋺　総掘りの場合
（外型枠が必要な場合）

㋩　総掘りの場合
（外型枠が必要ない場合）

図 3.1　根切り範囲 [2]

4)　根切り工事では，掘削と山留め支保工の架設がバランスよく，かつ，タイミングよく行われることが非常に大切である（**図3.2**）。

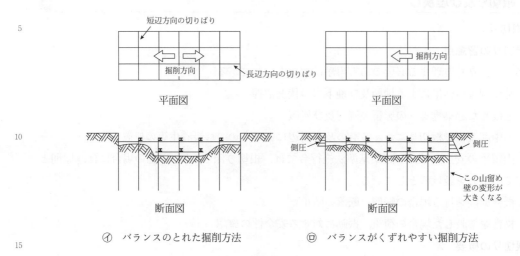

図3.2　掘削方法[2]

5)　特に砂分の多い粘性土は，地下水の有無により法面の安定が大きく左右されるので，法面の施工中，施工後を問わず湧水には十分な注意が必要である。

6)　土は，その中に含まれる水分の量（含水量）によって性質が大きく変わる。一般に，**法面**は水分が蒸発して計画時点より安定性が高くなるのが普通だが，降雨による影響をそのまま受けると，土の含水量が多くなりせん断強度の低下を起こす。また，ひび割れ箇所に水がしみ込むとすべりが起こりやすくなり，崩壊にもつながる。

7)　不透水性の法面保護を行うと，これがかえって害となり，法面付近の土の含水量を多くし，法面がすべったり，法面保護材を水圧で破損させたりしやすいので**水抜き**が必要である。

8)　法面の安定性を管理する場合には，法面を観察することによりチェックするのが現実的方法である。

①　法肩部分の地表面に発生するひび割れを観察する。

②　法面に設けた標柱をトランシットで測定する。

③　地中に傾斜計を埋設し土の移動を測定する。

(3)　根切り底の施工

1)　バケットを用いた機械掘削では，通常**床付け**面より，300 ～ 500 mm の位置より手掘りとするか，バケットに平板状の特殊なアタッチメント（鋼板等）を取り付けたもので，根切り底が乱されるおそれのないものとして，機械を後退させながら施工する。

2)　床付け地盤面を荒らしてしまったときは，荒らした深さにもよるが，砂質地盤の場合にはローラー等による**転圧**や**締固め**によって自然地盤と同程度の強度にすることは可能である。しかし，地盤がシルトや粘土等の**粘性土**の場合には，自然地盤以上の強度をもつ状態に戻すことは非常に困難なので，**砂質土**と置換えて締め固める。

3)　根切りを完了したら床付け面のレベルチェックや床付け地盤の状態を検査する。

レベルチェックは，つぼ掘りは周囲 4 点と中央 1 点，布掘りは 2 〜 3 m ごとに 1 点，総掘りは 4 m ごとに 1 点程度とすることが望ましい。

4)　床付け地盤の地耐力の現場的判定方法は，土質試験や原位置試験(平板載荷試験等)がある。

(4)　掘削の深さと法面の勾配

1)　法面の勾配は，土の安息角や粘着力により決まるが，特に粘着力は土の含水量によっても変化する。法面の勾配は，規模が大きくなれば安定計算によって安全を確かめて決定する。

すべり面の形状は，経験的に円形に近いことから，円形すべり面を仮定して安定を検討するのが一般的である。

2)　手掘りとする場合は，労働安全衛生規則に表 3.1 のように規定されている。

表 3.1　手掘りによる掘削作業での掘削面の勾配の基準

根拠	地山の種類	掘削面の高さ	掘削面の勾配
第 356 条	岩盤又は堅い粘土からなる地山	5 m 未満	90° 以下
		5 m 以上	75° 以下
	その他の地山 (第 357 条の地山を除く)	2 m 未満	90° 以下
		2 m 以上 5 m 未満	75° 以下
		5 m 以上	60° 以下
第 357 条	砂からなる地山	5 m 未満又は 35° 以下	
	発破等により崩壊しやすい状態の地山	2 m 未満又は 45° 以下	

(5)　土工事用機械

土工事作業と主な機械との関係は表 3.2 に示すとおりである。

なお，根切り用の機械は図 3.3 に示すとおりである。

表 3.2　土工事作業と主な使用機械[2]

工事	作業		使用機械	備考
整地	すき取り,盛土,敷均し		・ブルドーザー	・運土距離が 60 〜 100m 位の場合に有効
	締固め	一般用	・平滑胴ローラー〈ロードローラー〉（マカダムローラー / タンデムローラー）・タイヤローラー・振動式ローラー（大型）・タンピングローラー	・線圧力：29.4 〜 78.4kN/m・線圧力：29.4 〜 68.6kN/m・接地圧：0.196 〜 0.588MPa・線圧力：9.8 〜 29.4kN/m・接地圧：0.98 〜 2.94MPa
		狭い場所用	・振動コンパクター（小型）・ランマー・タンパー・振動ローラー（小型）	・自重：40 〜 400kg・自重：50 〜 120kg・線圧力：4.9 〜 9.8kN/m
根切り	根切り掘削		・ローディングショベル	・0.5 〜 1.5 ㎥ 容量 / 回・運土も可能
			・パワーショベル	・0.3 〜 1.2 ㎥ 容量 / 回・機体位置より上方（5m 位）の掘削に適する
			・ドラッグライン	・0.4 〜 1.5 ㎥ 容量 / 回・機体位置より低位（10m 位）の掘削に適する
			・クラムシェル	・最大掘削深さ：40m 位・軟弱地盤に適する
			・バックホウ	・最大掘削深さ：6m 位・硬い地盤に適する
	補助		・ブルドーザー	・キャタピラ幅の広い湿地用もある
	排水		・水中ポンプ・自吸式ポンプ	
運搬			・ダンプトラック・ベルトコンベヤー	・積載能力：2 〜 11t（公道仕様車）・傾斜角度：15 〜 25°

（注）一般的機種の数値を示す。

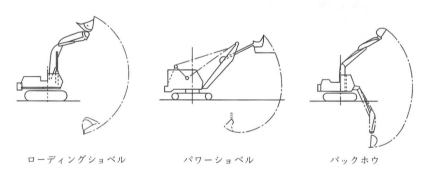

ローディングショベル　　　　パワーショベル　　　　　バックホウ

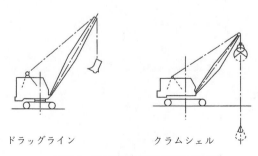

ドラッグライン　　　　　　クラムシェル

図 3.3　根切り用掘削機械の種類[2]

1.2　排水

(1)　地下水処理工法の概要

　地下水処理工法には，大別して排水工法，遮水工法，リチャージ工法がある。工法の選定にあたっては，必要とする揚水量・排水を行う地下水の深度等の目的に対する適合性・施工性・工期・コストのほか，揚水による地下水位低下に伴う井戸枯れや地盤沈下等の周辺への影響を考慮しなくてはならない。多くの場合，遮水工法は山留め工法に直接かかわるため地下水処理工法と山留め工法は同時に検討すべきである。

　また，周辺の井戸枯れや地盤沈下防止等を目的にリチャージ工法を採用することもある。

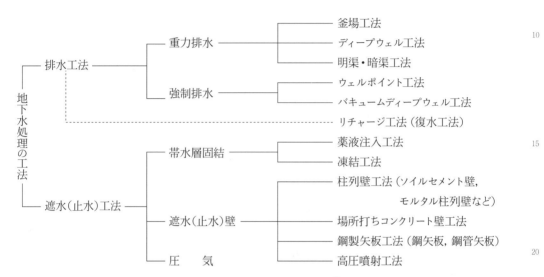

図 3.4　地下水処理工法の種類[2]

(2)　排水工法

　排水工法は，地下水の揚水によって水位を掘削工事に必要な位置まで低下させる工法で，地下水位の低下量は揚水量や地盤の透水性等によって決まり，通常，透水係数が 10^{-4} cm/s 程度より大きい地盤（帯水層）に適用される。

(3)　釜場工法

1)　**釜場工法**は，根切り部へ浸透・流水してきた水を，釜場と称する集水場所に集め，ポンプにより排水する工法である（**図 3.5**）。

2)　主として雨水を処理する場合は，根切り底に排水溝を設ける等して雨水を集水桝に集めてポンプで排出する。この場合，集水桝は**図 3.6** のように基礎に影響を与えない場所に設ける。

3)　べた基礎のように上部構造の応力を地盤に伝えるために設けた基礎スラブ下の地盤は，地下水で乱してはならない。床付け地盤面に地下水が流入する場合には適当な排水処置をとり，地下水により基礎スラブ下の床付け地盤の支持力が低下しないようにしなければならない。

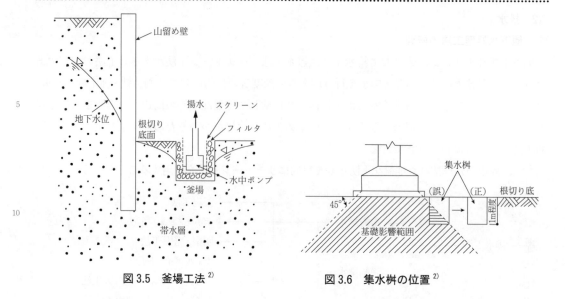

図3.5　釜場工法 [2]　　　　　　図3.6　集水桝の位置 [2]

(4)　明渠・暗渠工法

明渠工法は排水溝より集水し，**暗渠工法**は地中に設置した暗渠より集水し，排水する。

(5)　ディープウェル工法

ディープウェル工法は，根切り部内あるいは外部に径 500 〜 1,000 mm で帯水層中に削孔し，径 300 〜 600 mm のスクリーン付き井戸管を設置してウェルとし，水中ポンプあるいは水中モーターポンプで帯水層の地下水を排水する工法である（**図3.7**）。砂層や砂礫層等，透水性のよい地盤の水位を低下させるのに用いられる。

特徴として，ウェル1本あたりの揚水量が多く，また，深い帯水層の地下水位を大きく低下させることが可能である。ウェルポイント工法に比べて設置費用が多額である。また，揚水によって，周辺地下水位も大きく低下させることが多く，周辺の井戸枯れや地盤沈下等を生じるおそれがあるので，採用にあたってはこの点を考慮しなくてはならない。

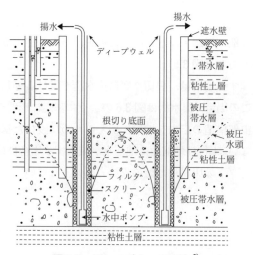

図3.7　ディープウェル工法 [2]

(6)　ウェルポイント工法

1)　**概要**

　　ウェルポイント工法は，**図3.8**のように**ウェルポイント**という吸水管を地中に設置（約1m間隔）し，真空ポンプにより強制的に地下水を集めて排水する工法をいう。透水性の高い粗砂層から低いシルト質細砂層程度の地盤に適用される。

　　また，一段のウェルポイントによる地下水位低下の限度は，ヘッダーパイプより4～6m程度といわれている。しかし，多段配列方式によれば，さらに地下水位の低下が可能になる。

2)　**工法の特徴**

①　地下水位をあらかじめ低下させ，地下水のない状態で作業ができる。また，地盤の支持力が増し，重量機械の使用が容易になる。

②　掘削斜面からの湧水，掘削底面からのボイリング等の防止対策に有効である。

③　常水面以下の側圧を低減できる。

3)　**注意事項**

①　地下水位低下により，周囲地盤が多少とも沈下するため，その影響を調査・検討する。

②　地下水をくみ上げるため，周囲の井戸水等が枯れたり減ったりするので事前に調査する必要がある。

③　ポンプが故障した場合，地下水位の上昇により，山留めの崩壊等の大事故になるおそれがあり，予備ポンプの設置が必要である。

④　排水により，根切り底・法面・掘削面に異常が起こらないように排水処理を確実に行う。

⑤　ウェルポイントの排水を停止する場合は，地下水位の上昇により，建物，地中埋設物等の浮上りによる破壊，損傷等を起こさないように，排水停止時期について十分に検討する。

⑥　気密保持が重要であり，パイプの接続箇所で漏気が発生しないようにする。

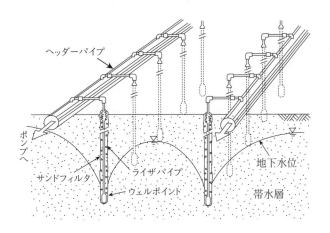

図3.8　ウェルポイント工法

第2章　建築施工

第3節　土工事

(7) 遮水工法

遮水工法は，根切り部周囲に遮水性の高い壁体等を構築し，根切り部への地下水の流入を遮断する工法で，大別すると地盤固結工法，**遮水壁**工法及び圧気工法がある。

盤ぶくれ防止のために被圧帯水層を遮断したり，山留め背面地盤に砂質土層があってこれを遮水する必要のある場合や，地下水位の低下によって周辺の井戸枯れや地盤沈下あるいは地下水塩水化等が問題になり排水工法が適用できない場合等に遮水工法が採用される。

さらに，下水道，水路等の放流場所がない場合や放流場所の可能放流（排水）量が小さく排水工法が採用できない場合，下水道料金や排水工法の設備設置費のために遮水工法を採用した方が低コストで済む場合等にも採用される。

遮水工法としてよく用いられるのは，遮水壁工法と地盤固結工法である。

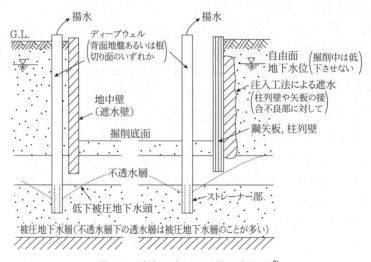

図 3.9　遮水工法による地下水処理[2]

(8) リチャージ工法

リチャージ工法は，復水工法ともいい，ディープウェル等と同様の構造のリチャージウェル（復水井）を設置して，そこに排水（揚水）した水を入れ，同一のあるいは別の帯水層にリチャージする工法である。この工法は，周囲の井戸枯れや地盤沈下等を生じるおそれがある場合の対策として有効な工法である。山留め壁の根入れより浅い帯水層にリチャージする場合，山留め壁への側圧（水圧）が増加するので検討が必要となる。

1.3　埋戻し及び盛土

埋戻し及び**盛土**の材料及び工法の種別は**表 3.3** のとおりである。

表 3.3　埋戻し及び盛土の種別 [1)]

種　別	材　　　料	工　　　法
A　種	山砂の類	水締め，機器による締固め
B　種	根切り土の中の良質土	機器による締固め
C　種	他現場の建設発生土の中の良質土	機器による締固め
D　種	再生コンクリート砂	水締め，機器による締固め

(1)　埋戻し

1)　埋戻しの土には腐食土や粘性土の含有量が少なく，透水性の良い砂質土を用いるのがよい。また，**均等係数**が大きいものを選ぶ。山砂，川砂，海砂を比較すると，一般的に埋戻し土には均等係数が大きい山砂が最も適している。

2)　土はその中に含まれる水の割合によって締固め効果が異なる。透水性のよい完全な砂であれば**水締め**効果により締まった状態になるが，埋戻し土の中にシルトや粘土があると，土の中に含まれる水の割合が多くても少なくても密実な状態に締固めるのは困難であり，後日の地盤沈下に結びつく。

3)　埋戻しに粘性土を用いる場合，その土がいちばん密実な状態に締固められるときの含水比を**最適含水比**といい，この値は締固め試験によって求められる。

4)　重要な箇所での埋戻しには最適含水比の状態にある土を約 30 cm ごとに水平に埋戻し，十分に突固めを行うことが後日の沈下防止に役立つ。

5)　埋戻しに砂を用いる場合には，多量の水を加えて水締めを行うだけでもよいが，排水をしながら水締めをするとより効果的である。

6)　埋戻しには，土質による沈み代を見込んで**余盛り**を行う。余盛りの適切な標準値はないが，通常の埋戻し（地下 2 階で幅 1m 程度）において，砂を用い十分な水締めを行う場合 50 〜 100 mm，粘性土を用い十分な締固めを行う場合 100 〜 150 mm 程度が目安と考えられる。参考として，土質による一般的な土量の変化率を**表 3.4** に示すが，重要な埋戻し箇所では試験により決めるのがよい。

表 3.4　土量の変化率 [6]

名称		L	C
岩又は石	堅岩	1.65 〜 2.00	1.30 〜 1.50
	中硬岩	1.50 〜 1.70	1.20 〜 1.40
	軟岩	1.30 〜 1.70	1.00 〜 1.30
	岩塊・玉石	1.10 〜 1.20	0.95 〜 1.05
礫まじり土	礫	1.10 〜 1.20	0.85 〜 1.05
	礫質土	1.10 〜 1.30	0.85 〜 1.00
	固結した礫質土	1.25 〜 1.40	1.10 〜 1.30
砂	砂	1.10 〜 1.20	0.85 〜 0.95
	岩塊・玉石まじり砂	1.15 〜 1.20	0.90 〜 1.00
普通土	砂質土	1.20 〜 1.30	0.85 〜 0.95
	岩塊・玉石まじり砂質土	1.40 〜 1.45	0.90 〜 1.00
粘性土等	粘性土	1.20 〜 1.45	0.85 〜 0.95
	礫まじり粘性土	1.30 〜 1.40	0.90 〜 1.00
	岩塊・玉石まじり粘性土	1.40 〜 1.45	0.90 〜 1.00

（注）　$L = \dfrac{\text{ほぐした土量（㎥）}}{\text{地山の土量（㎥）}}$, $C = \dfrac{\text{締め固めた土量（㎥）}}{\text{地山の土量（㎥）}}$

7)　山留め壁と地下壁との間や鋼矢板引抜き跡等のように，幅が狭い場所での埋戻しでは，山砂で充塡する等の方法により細心の注意を払う必要がある。

とくに矢板引抜き箇所の地盤が軟弱であると，矢板を引き抜くと同時に土がよってきて周囲地盤の沈下となる。

8)　寒冷期の施工時に，凍結土を使用しない。

(2)　**盛土**

1)　大規模な**盛土**の場合も，埋戻しと同様の材料や締固め，**転圧**方法を採用する。最適含水比に近い状態のものを約 30 ㎝ ずつ盛土し，締め固める。

2)　盛土の厚さが 15 ㎝ 未満の場合には，盛土部分が地山と分離して乾燥，収縮，ひび割れを生じやすいため，地山のなじみ起こしをして盛土と地山の一体化を図る。

1.4　建設発生土の処理

建設発生土の運搬は，「土砂等を運搬する大型自動車による交通事故の防止等に関する特別措置法」に基づき，地方運輸局長から表示番号の指定を受けたトラックとする必要がある。また，「廃棄物の処理及び清掃に関する法律」並びに各地方公共団体による規制・指導に基づき建設発生土処理計画を作成し，これにしたがって適切に処理する。

2. 山留め

2.1　山留めの設置

　山留めは，地下構造物，埋設物等の施工中，掘削の側面を保護して周囲地盤の崩壊や土砂の流出を防止するためのもので，敷地に余裕のある場合，あるいは掘削が簡易な場合は，掘削部周辺に安定した斜面を残し，山留め壁等を設けない工法（**図 3.10**）とするのが一般的である。建築現場の周囲の状況，掘削の規模，地盤の状態等により，前記工法ができない場合は，山留め壁又は支保工による山留めを設置する。

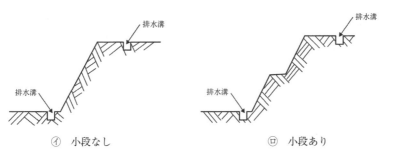

図 3.10　法付けオープンカット工法（素掘り，空掘り）[2]

(1)　山留めの概要

　山留めの設計に必要な調査としては，土質調査のほかに，次に挙げるような埋設物・構築物・施設等の状況を把握する必要がある。

　①　周辺道路に埋設されたガス管・水道管・下水管・ケーブル等の径・位置・深さ

　②　山留め壁の打込みに際して損傷のおそれのある架線の種類・位置・高さ

　③　近隣の建物・工作物の構造，規模，基礎構造と支持地盤

　④　振動・騒音等の影響を受けやすい施設の有無

(2)　山留めの種類

　山留め工法の種類と特徴については**表 3.5** のとおりである。

表 3.5　山留め工法の種類と特徴（その1）（山留め設計指針（一部修正）より）[2]

工法の種類と概念図	工法の概要と特徴	適用性と留意事項
地山自立掘削工法 根切り底	・山留め壁を設けないで、所定の深さまで根切りする工法	・根切り深さは、土の自立できる深さまでで 1.5m を上限とする ・根切りや雨水による土の表面の乱れなどに注意する
法付けオープンカット工法 法肩　法面養生　犬走り　排水溝 土のう 法面勾配 法尻　根切り底　排水溝	・周辺に安全な勾配の法面を設け、その安全を保ちながら根切りする工法 ・山留め支保工が不要となるため、地下躯体施工の作業性が良い ・法面を形成するので、掘削土量・埋戻し土量が多くなる	・敷地に法面を形成するためのスペースが必要 ・比較的大きな根切り平面で浅い根切り工事に適する ・法先の洗掘現象に注意 ・法面の安定、養生に対する検討が必要
山留め壁オープンカット工法 （自立掘削工法） 山留め壁 根切り底　根入れ部分	・根切り部周囲に山留め壁を設け、根入れ部の受働抵抗と山留め壁の剛性に期待して根切りを進める工法 ・山留め支保工が不要となるため、根切りなどの作業性が良い ・山留め壁が変形しやすい	・地盤条件が良好な場合でも根切り深さは浅い場合に限られる ・山留め壁の根入れ長を十分に確保する必要がある ・山留め壁根入れ部分の地盤を緩めないことが肝要
山留め壁オープンカット工法 （切梁工法） 腹起し　切りばり 腹起し　切りばり ブラケット 山留め壁　切りばり支柱	・山留め壁に作用する側圧を、切りばり・腹起しなどの山留め支保工で支持し、掘削を進める工法 ・施工実績が多く、信頼性が高い ・切りばりの種類としては鋼製切りばりと鉄筋コンクリート製切りばりがある	・地盤条件や掘削深さにあまり制限されず、ほとんどの場合採用が可能 ・掘削平面が不整形な場合、大スパンの場合、敷地に大きな高低差がある場合は採用が難しい ・鋼製切りばりの場合、部材の継手が多くなり、緩みが生ずるためジャッキを用いてなじませる ・切りばり支柱があるため本体建物などに開口補修が必要となる

表 3.5　山留め工法の種類と特徴（その 2）[2]

工法の種類と概念図	工法の概要と特徴	適用性と留意事項
山留め壁オープンカット工法 （仮設地盤アンカー工法） 	・山留め壁背面の安定した地盤にアンカー定着体を築造して山留め壁を支え，掘削を進める工法 ・掘削場内には切りばりがないため作業性が良い ・切りばり支柱が不要	・掘削平面が不整形な場合，大平面の場合，敷地の高低差が大きい場合に有効 ・敷地にアンカー全長が収まるだけの十分な余裕が必要 ・隣地所有者あるいは道路管理者の了解が得られれば隣地への打設も可能 ・アンカー定着地盤が深い場合にはアンカー全長が長くなり不経済
アイランド工法 	・山留め壁が自立できるだけの法面を根切り場内周囲に残し，中央部を先行して根切りし，地下躯体を構築した後，外周法面の根切り，残りの地下躯体を築造する工法 ・中央部においては切りばりが不要のため地下工事の作業性が良い ・地下工事全般にわたり，2段階の施工となる	・根切り部分が広くて浅い場合に適用可 ・地下躯体の施工が2段階となるため，躯体の打継ぎが生じる
トレンチカット工法 	・山留め壁を根切り場周囲に2重に設け，その間を溝掘りし，外周部の地下躯体を構築した後，この躯体で支えながら内部の根切り，地下躯体の築造を行う工法 ・内部においては根切りなどの作業性が良い ・地下工事の全般にわたり，2段階の施工となり，工期がかかる	・根切り部分が広くて浅い場合に適用可 ・地下躯体の施工が2段階となるため，躯体の打継ぎが生じる
逆打ち工法 	・建物の1階の床及び梁を先行施工し，これらを支保工として下部の根切りを進め，順次地下階の躯体の施工と根切りを繰り返し，地下工事を進めていく工法 ・地下躯体構築のため，根切り前に場所打ち杭及び逆打ち支柱を，先行施工しておく ・切りばり工法に比べ，剛性が非常に高く，軟弱地盤に対して山留め壁の変形を少なくすることができる ・1階の床を作業床として利用できるので，乗入れ構台などの仮設工事費の節約が可能 ・地下躯体工事と並行して上部躯体の構築が可能で全体工期の短縮を図ることができる ・地下工事による騒音が低減できる	・軟弱地盤での工事や大深度大規模工事で切りばり工法では変形が大きくなる場合に有効 ・柱や壁などに後打ちコンクリートの打継ぎ処理が必要 ・地下階の作業性は悪くなる ・躯体強度発現のため養生期間を十分確保する必要がある ・本体となる床・梁などの荷重支持のための逆打ち支柱が必要 ・本体躯体を支保工として用いるため，仮設時の補強が必要な場合には，設計図書に反映しておく

(3)　山留め壁

1)　山留め壁の種類

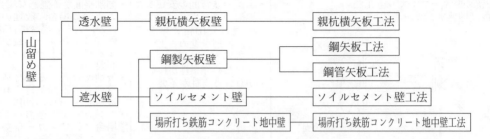

図 3.11　建築工事で多用される山留め壁の種類（山留め設計指針（一部修正）より）[2]

2)　山留め壁の種類の選定基準の目安は**表 3.6** のとおりであるが，選定にあたっては，与条件に対する総合的な検討が必要である。山留め壁の種類と特徴は**表 3.7** に示す。

表 3.6　与条件に対する山留め壁選定基準の目安[2]

山留め壁の種類 \ 与条件	工事規模					施工条件		地盤条件			周辺環境		
	根切り深さ		平面規模・形状			工期	工費	軟弱地盤	砂礫地盤	地下水位が高い	周辺沈下	騒音振動	排泥処理
	浅い	深い	狭い	広い	不整形								
親杭横矢板壁	◎	△	○	○	○	◎	◎	△	◎	△	△	○	◎
鋼矢板壁	◎	○	○	○	○	◎	○	○	○	○	○	○	○
鋼管矢板壁	△	◎	○	○	△	○	△	◎	○	○	◎	○	◎
ソイルセメント壁	○	◎	○	○	△	○	○	○	○	◎	◎	○	△
場所打ち鉄筋コンクリート地中壁	△	◎	△	○	△	△	△	◎	○	◎	◎	○	△

［注］◎：有利　○：普通　△：不利

表 3.7　山留め壁の種類と特徴（山留め設計指針（一部修正）より）[2]

壁の種類と概念図		概要と特徴	適用性と留意事項
透水壁	親杭横矢板壁	・H形鋼等の親杭を一定の間隔で地中に打ち込み，掘削に伴って親杭間に木材もしくはコンクリート製の横矢板を挿入して築造する山留め壁 ・根入れ部分については連続性がなく，受働抵抗面積が小さい ・遮水性がないので地下水位の高い地盤では地下水処理を併用する必要がある	・小規模～中規模工事 ・地下水位の低い良質地盤には有効 ・山留め壁としては最も安価 ・軟弱地盤への適用はほとんど実績なし ・地下水位の高い細砂層やシルト層のように根切りしてから横矢板を入れるまでの間に崩れてしまうような地盤での適用は不可
止水壁	鋼矢板壁	・U形等の断面形状の鋼矢板を継手部を嚙み合わせながら連続して地中に打ち込んで築造する山留め壁 ・遮水性を有する ・掘削底面以下の根入れ部分についても連続性が保たれる	・小規模～大規模工事 ・掘削深さの目安としては 15m 程度まで ・地下水位の高い地盤や軟弱地盤にも適用可 ・遮水性のある山留め壁としては最も安価（リース材を用い，使用後に引き抜く場合） ・継手部分に遊びがあるため，断面性能の低下を考慮する必要がある
	鋼管矢板壁	・継手を有する鋼管矢板を互いに嚙み合わせて連続して築造する山留め壁 ・鋼矢板に比べ，壁体の剛性が比較的大きく，鋼管内への中詰コンクリートを施すことによりさらに剛性を大きくすることが可能 ・鋼矢板よりも遮水性に優れる	・大規模工事 ・15m を超える大深度掘削への適応性が高い ・適応地盤の範囲が広いが，玉石，転石地盤には適応不可 ・工費は比較的高い
	ソイルセメント壁	・単軸あるいは多軸の掘削攪拌機などを用いて原位置土とセメント系懸濁液を混合攪拌した後に応力材を挿入し，壁体を連続して築造する山留め壁 ・一般的には 60 ～ 80%の廃泥が発生する ・必要に応じて，ソイルセメント部分のみを長く伸ばすことが可能 ・条件を満たせば，本設構造物の一部として利用可能	・中規模～大規模工事 ・地下水位の高い砂層地盤，砂礫地盤，軟弱地盤と適用範囲は広い ・地盤種別により，ソイルセメントの材料品質に差が生じるのでその品質管理が重要 ・柱列タイプでは接合部の遮水性に注意が必要
	場所打ち鉄筋コンクリート地中壁	・安定液を用いて壁面の安定を保ちながら壁状の溝を専用の掘削機により掘削し，その溝に鉄筋籠を挿入後，コンクリートを打設し，壁体を連続して築造する山留め壁 ・壁の剛性が大きく，遮水性が高い ・条件を満たせば，本設構造物の一部として利用可能	・大規模工事 ・大深度掘削への適応性が高い ・地下水位の高い砂層地盤・砂礫地盤，軟弱地盤と適応地盤の範囲が広い ・エレメント接合部の遮水性に注意が必要 ・工費は比較的高い ・安定液の品質管理と処理が必要

第 2 章　建築施工

第 3 節　土工事

(4)　山留め支保工

1)　一般事項

　　山留め支保工は，山留め壁に作用する側圧を支えるとともに，壁変形をできるだけ小さくして背面の地盤に悪影響を与えないためのものである。

　　山留め支保工の種類と特徴を，**図 3.12**，**表 3.8** に示す。

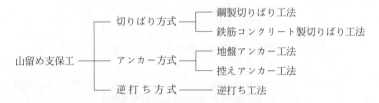

図 3.12　山留め支保工の種類と分類[2]

表 3.8　山留め支保工の種類と特徴（山留め設計指針（一部修正）より）[2]

支保工の形式と種類	特　徴	留意事項
切りばり方式　鋼製切りばり工法	・支保工の形式としては実績が多く，信頼性も高い ・通常はH型鋼のボルト穴が加工されたリース材が使用される ・転用が可能で，比較的安価 ・プレロード導入が可能	・部材の継手が多く，鉄筋コンクリート製に比べ切りばりの変形が大きい ・複雑な平面形状では切りばりの平面配置など，50mを超える大スパンではジャッキを複数にするなどを，十分に検討する ・温度応力が大きい
鉄筋コンクリート製切りばり工法	・切りばり，腹起しの断面性能が自由に選択でき平面形状にも拘束されない ・平面的剛性が大きく大きな軸力を支えられ，安全性が高い ・複雑な平面形状や大スパンでも適用可 ・切りばり間隔を広く取ることができる	・ゆるみ，遊びによる変形がなく，鋼製に比べ，切りばりの変形は小さい ・強度発現までの養生日数が必要 ・解体撤去に手間暇がかかる ・転用がきかない ・補強は困難
アンカー方式　地盤アンカー工法	・地盤との定着体部，アンカー自由長部及び山留め壁と結合するアンカー頭部で構成される ・あらかじめプレストレスを導入する必要がある ・必要に応じて除去式アンカーを用いることができる ・どのような平面規模・形状に対しても適用可	・山留め壁に鉛直力が作用する ・全数について設計耐力の確認が必要 ・工期の短縮が図れる ・軟弱地盤への定着は不可 ・地下水の流れが速い場合（3m/min）には不適 ・被圧水が高い場合には施工に注意
控えアンカー工法	・控えアンカーとしては杭又はコンクリート製の梁やブロックなどが用いられる ・自立高さが高い場合や山留め壁頭部の変形を抑制したい場合に有効	・頭部にはH形鋼などによる腹起しが必要 ・山留め壁外周部に控えアンカーを設けるだけの敷地の余裕が必要

逆打ち工法
　※**表 3.5**　逆打ち工法の欄を参照

2)　鋼製切梁工法

　鋼製切梁工法は，山留め壁に作用する側圧を鋼製**腹起し**，**切梁**水平部材で支える工法であり，市街地での根切り工事に適している。使用材料としては，I 形鋼，H 形鋼等の一般構造用鋼材が使用され，特に広幅フランジの H 形鋼が多く使用されている。

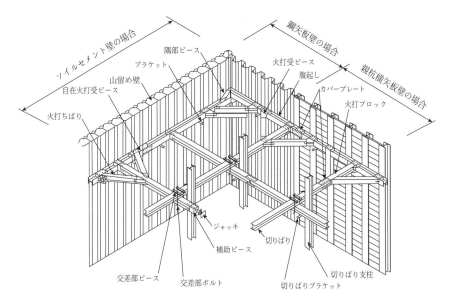

図 3.13　鋼製支保工による山留め架構（山留め設計指針（一部修正）より）[2]

　特徴として，以下のこと等が挙げられる。

① 　曲げに対する断面性能が良く，比較的大スパンのものができる。

② 　材質に信頼性があり，ねばりがある。

③ 　比較的工費も安価である。

　継手及び継手位置に対する注意事項は次のとおりである。

① 　腹起し・切梁の取合い部では局部座屈が生じやすいので，両側をコンクリートその他で補強する。この場合，腹起しの下側にはスチフナーを入れるのが良い。

② 　腹起しの継手は，火打ち梁と切梁の間や切梁の近くで，曲げ応力の小さい位置に設ける。

③ 　腹起し材のねじれによる不利な応力の発生や，継手口部分のボルト接合のあそびによる過大な変形を生じないように注意する。

④ 　ジャッキング用のジャッキは，曲げを受けないところに挿入する。

　切梁プレロード工法は，切梁架設時に切梁に設置した油圧ジャッキによって，切梁に作用する荷重を山留め壁にあらかじめ導入することにより，**山留め壁の変形や応力を小さく抑える効果**がある。しかし，**設計切梁軸力の 50 ～ 80 ％ 程度**の大きな荷重となる場合には，正しい方法で行わないと，架構全体のバランスを悪くしたり，切梁の蛇行を大きくする等の弊害を起こすおそれもあるので，十分検討して実施する。

　実施にあたっての主な注意事項は次のとおりである。

① 　腹起し裏込め材の強度が，切梁プレロード設計荷重に対して十分な強度であることを

確認する。

② 切梁交差部金物は緩めた状態で施工し，切梁が蛇行しないようにずれ止めを設ける。

③ 上下方向に直交して切梁を架設した場合には，下段切梁からプレロードの導入を行うが，切梁に取り付けるずれ止めは，一度に両方向のずれ止めを取り付けると切梁の動きが拘束され，プレロード方向と直交する切梁にプレロード荷重が伝達されて切梁が蛇行する等の悪影響を起こすので，下段切梁と上段切梁と二度に分けて取り付ける必要がある。

④ 大きな荷重で切梁プレロードを実施する場合には，同一方向の切梁はなるべく同時に加圧する。

⑤ 加圧は段階的に行い，各加圧ステップごとに切梁・腹起し・山留め壁各部の挙動を観察し，各部の安全を確認する。なお，切梁プレロード完了後は，切梁・腹起し・火打ち各部の接合部のボルトが緩むので，再点検を行い増締めする。

3）　地盤アンカー工法

地盤アンカー工法は，切梁工法では安全性に問題があるような不整形な掘削平面の場合，敷地の高低差が大きくて偏土圧が作用する場合，掘削面積が大きい場合，山留め変形を極力少なく抑えたい場合等に有効である。

地盤アンカー工法は，一般に切梁で支えている土圧や水圧を山留め壁背面の地盤中に設けた地盤アンカーで支える工法である。アンカーとなる PC 鋼材を背面土にどのように定着させるかによって，工法が異なってくる。

アンカー傾角は，水平面に対して 45 度以下を原則とする。

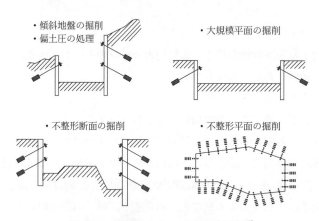

図 3.14　地盤アンカー工法の使用例 [5]

2.2　山留めの管理

(1)　山留め設置期間中の異状

1)　異状の発見及び観測

① 周辺地盤の沈下及びひび割れ

② 山留め壁の変形（山留め壁頭部の移動量をトランシット，下げ振り等により測定する）

③ 山留め支保工の変形

④ 切梁に作用する側圧測定

⑤　山留め壁からの漏水

⑥　山留め壁背面土の状態（親杭横矢板工法の場合）

　　a）横矢板をたたいて背面土の状態を点検

　　b）横矢板の配列の乱れ

2)　**特殊な異状現象**

①　**ヒービング**

　　軟弱粘性土地盤を掘削するとき，山留め壁背面の土の重量によって掘削底面内部に滑り破壊が生じ，底面が押上げられてふくれ上がる現象である。このような現象を**ヒービング**という（**図3.15**）。

　　ヒービングの発生防止には，次のような方法がある。

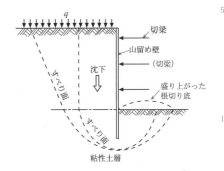

図3.15　ヒービングの説明図[2]

　　a）剛性の高い山留め壁をヒービング発生のおそれのない良質地盤まで根入れする。

　　b）掘削底以深の軟弱地盤を，ヒービング発生のおそれのないせん断強度の地盤に改良する。

　　c）掘削場外に余裕がある場合には，周囲の地盤をすき取り，ヒービングの原因となる土圧を軽減する。

　　d）既設構造物が山留め壁に近接する場合には，アンダーピニングを行い，ヒービングの原因となる構造物の荷重を良質地盤に伝達させる。

　　e）大きな平面を一度に掘削しないで，これをいくつかのブロックに分割して施工する。

②　**ボイリング，クイックサンド，パイピング**

　　上向きの水流のため砂地盤の支持力がなくなる現象，つまり砂地盤が水と砂の混合した液体性状のものになり，砂全体が沸騰状に根切り内に吹上げる現象を**ボイリング**という（**図3.16**）。このような砂の状態を**クイックサンド**という。また，矢板の下部内側にクイックサンドが起きると矢板の上部外側からも土砂が運ばれてパイプ状の水みちができる。このような現象を**パイピング**という。

　　ボイリング，パイピングの発生防止には，次のような方法がある。

　　a）止水性の山留め壁の根入れ長を延長し，動水勾配を減らす。

　　b）掘削場内外の地下水位をディープウェルやウェルポイント等によって低下させる。

　　c）止水性の山留め壁を難透水層に根入れする。

　　d）掘削場内を地盤改良し，透水性減少や強度増加を図る。

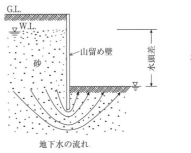

図3.16　ボイリングの説明図[2]

③　盤ぶくれ

　　掘削底面下方に被圧地下水を有する帯水層がある場合，被圧帯水層からの揚圧力によって，掘削底面の不透水性土層が持ち上げられる現象である。このような現象を**盤ぶくれ**という（**図 3.17**）。

　　盤ぶくれの発生防止には，次のような方法がある。

　a）掘削底面（難透水層）下の地下水位（水圧）をディープウェル等によって低下させる。

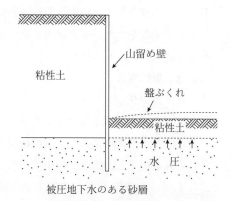

図 3.17　被圧地下水による盤ぶくれの説明図[2]

　b）止水性の山留め壁を延長し，下部の難透水層に根入れする。

　c）山留め壁先端部を薬液注入工法等により地盤改良し，地下水を遮断して土被り圧を増加させる。

第4節　地業工事

1. 杭の試験及び地盤の載荷試験

1.1　試験杭

　試験杭とは，本杭を施工する場合の管理値・管理基準値を定めるための杭を想定している。打込み工法の試験杭は，杭の長さの決定や支持層の確認等のため本杭と別に計画する。試験後の杭体の強度に十分余裕があると予想される場合には，試験杭を本杭とすることができる。

　セメントミルク工法，特定埋込杭工法，鋼杭工法及び場所打ち杭については，一般的には最初の1本目の本杭を試験杭とする。試験杭の位置は，地盤や土質試験の結果から，全基礎杭を代表すると思われる位置に指定される。

　試験杭の施工結果を基に，試験杭以外の本杭の施工における各種管理基準値等を定める。このため，試験杭の施工設備は原則として，本杭の施工に用いるものを使用する。

1.2　杭の載荷試験の種類

　杭の載荷試験には鉛直及び水平載荷試験があり，鉛直載荷試験には反力装置を用いて静的な荷重（押込み力）を杭頭に載荷する鉛直載荷試験と，それ以外の特殊な載荷方法による鉛直載荷試験がある。特殊な鉛直載荷試験は，通常の鉛直載荷試験が適当でない場合，あるいは困難な場合に行う。

(1)　鉛直載荷試験

1)　押込み試験方法

　　押込み試験方法は，杭頭部に軸方向押込み荷重を加える試験である。この試験方法は，実際の杭と同じ荷重条件で行うため鉛直支持力特性の評価の信頼性が高いが，反力装置に載荷梁等を使用した反力抵抗体が必要なため，ある程度の費用と工期を要する。載荷に用いる試験装置は，加力装置，反力装置及び計測装置で構成される。

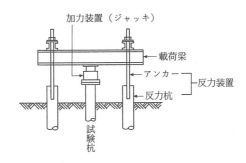

図 4.1　反力杭を使用した場合の押込み試験

2)　先端載荷試験方法

　　先端載荷試験方法は，杭体の先端付近に取り付けたジャッキによって静的な荷重を加える試験である。この試験方法では，押込み試験方法のような杭頭部の反力装置は用いずに，

ジャッキの上下に生ずる抵抗力を互いに反力として載荷する。ジャッキの上方に生じる抵抗力は，杭の周面抵抗力に杭の自重が加わったものとなる。ジャッキの下方に生じる抵抗力は，杭の先端抵抗力が主となる。

3)　引抜き試験方法

引抜き試験方法は，杭頭に静的な引抜き荷重を加える試験である。試験装置は，押込み試験と同様に，加力装置，反力装置及び計測装置で構成される。

4)　鉛直交番載荷試験方法

鉛直交番載荷試験方法は，杭に押込み及び引抜きの軸方向交番荷重を加える試験である。

5)　急速載荷試験方法

急速載荷試験方法は，杭頭に動的な荷重を加える載荷試験の一つである。加力方法は，燃焼ガス圧又は軟クッション重錘によって行われる。荷重の性質として油圧ジャッキ等により静的な荷重を加える押込み試験とハンマー等で衝撃荷重を加える衝撃載荷試験の中間的な位置付けにある。

6)　衝撃載荷試験方法

衝撃載荷試験方法は，杭頭に動的な荷重を加える載荷試験の一つである。一般に杭頭部にひずみ計及び加速度計を取り付け，ハンマー等による杭打撃時に発生するひずみ波形及び加速度波形を測定し，波動理論に基づいた解析により杭の鉛直支持力を評価する試験方法である。

(2)　水平載荷試験

杭の水平載荷試験は，静的載荷による杭の水平特性に関する資料を得ること，また，既に定められた杭の水平地盤反力係数等の設計値の妥当性を確認することを目的とする。

1.3　地盤の載荷試験

地盤の載荷試験は，「標仕」では平板載荷試験としている。

平板載荷試験を行う試験地盤は，荒らしたり，水で埋まらないようにして，載荷板を設置するときに試験が自然状態で行えるようにする。試験方法については，**第 1 節　2.2(5)地盤の平板載荷試験**による。

2. 既製コンクリート杭地業

2.1　杭の施工法の分類

既製コンクリート杭の施工にあたっては，地盤状況，現場状況，設計支持力等を考慮して，杭を予定深度まで正しく，かつ，安全に設置できる工法及び施工機械を選定する。

杭の施工法の分類を**図 4.2** に示す。近年ではプレボーリング拡大根固め工法が大きな割合（出荷重量の約 80 %）を占めている。

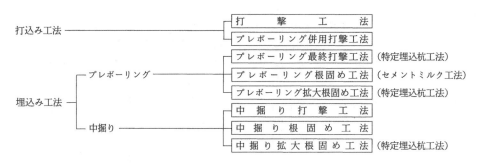

打込み工法 ── 打 撃 工 法
　　　　　　　 プレボーリング併用打撃工法

埋込み工法 ── プレボーリング ── プレボーリング最終打撃工法（特定埋込杭工法）
　　　　　　　　　　　　　　　 プレボーリング根固め工法（セメントミルク工法）
　　　　　　　　　　　　　　　 プレボーリング拡大根固め工法（特定埋込杭工法）
　　　　　　　 中掘り ── 中 掘 り 打 撃 工 法
　　　　　　　　　　　　 中 掘 り 根 固 め 工 法
　　　　　　　　　　　　 中 掘 り 拡 大 根 固 め 工 法（特定埋込杭工法）

(注)（　）内は「標仕」の名称を示す

図4.2　杭の施工法の分類[2]

(1)　プレボーリングによる埋込み工法

　プレボーリングによる埋込み工法は，アースオーガーで掘削した孔に杭を設置する工法であり，**セメントミルク工法と称する一般工法**，最終的に打撃をする方法及び**先端を拡大根固めした特定埋込杭工法**がある。

　杭の設置方法は，自重による設置を基本とし，圧入，軽打，回転等を併用する場合もある。掘削には地盤や工法によって水や安定液が使用されることがある。

　セメントミルク工法は，アースオーガーによってあらかじめ掘削された縦孔に既製杭を建て込むものである。掘削中は孔壁の崩壊を防止するために安定液をオーガー先端から噴出し，所定の深度に達したのち，根固め液に切り換え，所定量を注入完了後，杭周固定液を注入しながらアースオーガーを引き上げる。その後，杭を掘削孔内に建て込む工法である。

　この施工法は，国土交通省住宅局建築指導課監修「埋込み杭施工指針・同解説」に準じて施工する。

　なお，このセメントミルク工法で，通常用いられている杭径は 300 ～ 600mm，最大の施工深度は 30m程度である。

　また，特定埋込杭工法の中のプレボーリング工法については，種類が多いのでそれぞれの適用範囲を確認し，各工法に定められた条件にしたがって施工する。

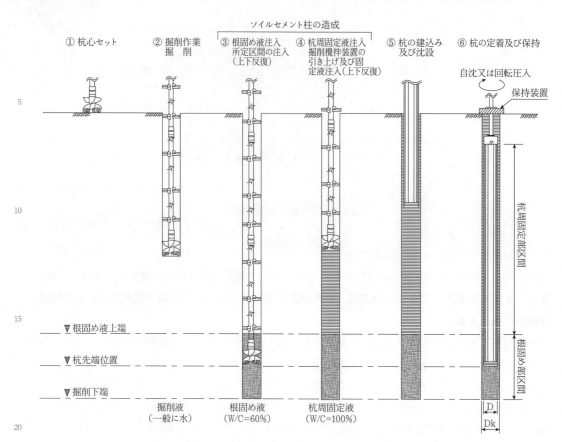

図4.3　プレボーリングによる埋込み工法の施工手順の例 [2]

(2)　中掘りによる埋込み工法

　　杭中空部にオーガー等を挿入し，杭先端地盤を掘削しながら，杭中空部から排土し，杭を設置する工法であり，比較的杭径の大きなもの（一般的にはϕ 500 mm以上の杭）の施工に適している。

　　杭の設置や排土を促進するため，圧縮空気又は水をオーガーヘッド先端から噴出させ，施工機械の自重を利用した圧入又はドロップハンマーによる軽打等を併用している場合が多い。

　　掘削機には，アースオーガーが使用される。また，杭に作用する周面摩擦抵抗を低減させ，杭の沈設を容易にするために，先端にはフリクションカッターを取り付けるのが一般的である。

　　支持力発現方法としては，所定の深度に達したのち，杭に打撃を加える方法と杭先端部を根固めする方法がある。

　　杭に打撃を加える方法は，国土交通省住宅局建築指導課監修「中掘り打撃工法設計・施工指針」に準じて施工する。この工法の先端支持力算定式は打込み工法と同じ取扱いである。

　　根固めする方法には，杭先端部を根固めする方法（**図4.4 ④**）と拡大根固めする方法とがある。拡大根固めする方法には，オーガーの先端に装備された拡大ヘッドによる方法（**図4.4 ⑩**），オーガーヘッド又はロッドから高圧又は低圧で根固め液を噴射する方法（**図4.4 ⑧**）と，これらを併用し築造する方法があり，**特定埋込杭工法**となっている。これらの施工にあたっては，各工法に定められた条件にしたがって行うものとする。

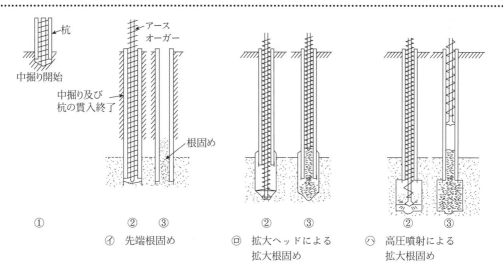

① 中掘り開始

中掘り及び
杭の貫入終了

根固め

① 　② 　③ 　　　　　② 　③ 　　　　　② 　③

㋑　先端根固め　　　㋺　拡大ヘッドによる　　　㋩　高圧噴射による
　　　　　　　　　　　　　拡大根固め　　　　　　　拡大根固め

図 4.4　中掘りによる埋込み工法の根固めの例 [2]

2.2　支持力の算定

杭の許容支持力は，地盤の許容支持力と杭体の許容耐力のうちいずれか小さいものとする。

地盤の許容応力度及び**基礎杭の許容支持力**を定める方法等については，「地盤の許容応力度及び基礎ぐいの許容支持力を求めるための地盤調査の方法並びにその結果に基づき地盤の許容応力度及び基礎ぐいの許容支持力を定める方法等を定める件」（平成 13 年国土交通省告示第 1113 号）に定められている。この内，一般的には次のものがある。

1)　載荷試験による極限支持力（Ru）により，地盤の長期許容支持力（Ra）を定めるもの

$$Ra = \frac{1}{3} Ru \ (\text{kN})$$

2)　基礎杭先端付近の地盤の**標準貫入試験の平均 N 値（$\overline{N}$）**から基礎杭の先端の地盤の許容応力度（q_p）を定めたもの

①　セメントミルク工法による埋込杭……………$q_p = \dfrac{200}{3} \overline{N} \ (\text{kN/㎡})$

②　打込杭……………………………………………$q_p = \dfrac{300}{3} \overline{N} \ (\text{kN/㎡})$（参考）

3)　基礎杭の許容支持力を求めるための方法として，杭打ち試験が挙げられている。

4)　特定埋込杭工法の場合は，各工法に定められた算定式とする。

$$q_p = \frac{\alpha}{3} \overline{N} \ (\text{kN/㎡})$$

5)　場所打ちコンクリート杭工法　　　　　　$q_p = \dfrac{150}{3} \overline{N} \ (\text{kN/㎡})$

2.3　杭の種類

一般に用いられている**既製コンクリート杭**の種類を**図 4.5** に示す。

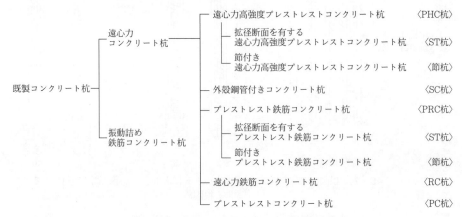

図 4.5　主な既製コンクリート杭の種類 [2]

1)　既製コンクリート杭の材料の許容応力度については，「地盤の許容応力度及び基礎ぐいの許容支持力を求めるための地盤調査の方法並びにその結果に基づき地盤の許容応力度及び基礎ぐいの許容支持力を定める方法等を定める件」（平成 13 年国土交通省告示第 1113 号）に材料の許容応力度が定められている。

2)　**遠心力高強度プレストレストコンクリート杭（PHC 杭）**は，コンクリート設計基準強度が 80N/㎟ 以上である。杭体の曲げ強度は，A 種がいちばん小さく，B 種，C 種の順に大きくなる。

　ストレート杭のほか，端部が拡大された杭（ST 杭）や全長にわたり等間隔で突起部が付いた杭（節杭）がある。

3)　**外殻鋼管付きコンクリート杭（SC 杭）**は，大きな水平力が作用する場合に使用するために開発された杭で，鋼管に膨張性コンクリートを遠心力で張り付かせて一体化させた複合構造であり，一般に，PHC 杭の上杭として使用される。

4)　**プレストレスト鉄筋コンクリート杭（PRC 杭）**は，水平力に抵抗するために開発された PHC 杭と RC 杭の合成されたものであり，軸鉄筋として，PC 鋼材のほかに鉄筋コンクリート用異形棒鋼を配置している。

2.4　杭先端部の形状

杭先端部の形状は，**図 4.6** が標準で，土質及び工法に応じて適切なものを選定する。

一般に，打込み工法やセメントミルク工法では，平たん又は凹形の閉塞形が多く用いられ，中掘り工法や特定埋込杭工法では開放形が用いられている。最近では，大径杭や長尺杭のセメントミルク工法では，開放形が用いられている。

これらの先端部に，さらに，地層や工法に適した先端金具等を取り付けて施工することが多い。

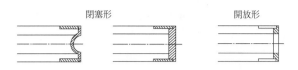

閉塞形　　　　　　　　開放形

図4.6　杭先端部の形状 [2]

2.5　セメントミルク工法

この工法の概要は，2.1 (1)プレボーリングによる埋込み工法に示したとおりである。この工法は確立された一般的な工法であるが，杭の耐力や精度等は施工する者の経験と技術によるところが大きいため，施工実績等を提出させ，専門工事業者が工事に相応した技量を有していることを確認しなければならない。

また，信頼のおける杭を施工するために，施工管理技術者として，技術士，建築士，土木施工管理技士，建築施工管理技士等，又は (一社) コンクリートパイル建設技術協会の「既製杭施工管理技士」の資格を有する者等を置くことが望ましい。

(1)　試験杭

1)　埋込み工法における**試験杭の目的**は，施工機械や各種の安定液等の適否，土質状態・地下水位及び被圧水等の有無，施工時間，支持地盤の位置及び種類の確認であるが，さらに，掘削試験における掘削深さ，高止まり量やセメントミルク量等の管理基準を定めることでもある。

2)　一般的な**試験方法**は，原則として，設計図書等で特記された位置に行い，特記がされてない場合は，地盤構成が明らかなボーリング調査実施地点に近接した杭を数本施工し，掘削機の**電流計**の値や掘削能率等の施工データ及びオーガースクリューに付着している土砂と土質調査資料又は設計図書との照合で，地盤構成と支持層出現深度を確認することが望ましい。電流計の自動計測の例を**図4.7**に示す。

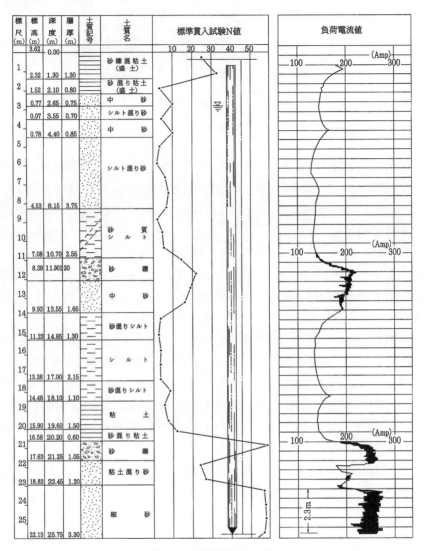

図 4.7　自動計測記録の例

　　3)　支持層の確認は，電流計指示値や掘進速度で把握するとともに，ときどきオーガーを静か
　　　に引き上げ，羽根に付いている土を観察する。

　(2)　セメントミルク工法による施工

　　1)　掘削機

　　　①　アースオーガーは連続スパイラル型の中空軸のものを用いるが，性能や寸法等が各メー
　　　　カーにより異なるので，十分検討して適切なものを選ぶ。スクリュー長さは所定掘削深さ
　　　　＋3m 程度とする。

　　　②　オーガーヘッド（オーガービット）は，施工精度，施工能率等に与える影響が大きいの
　　　　で掘削地盤に応じて適切な形状のものを使い分ける（図 4.8）。ヘッド径（ビット径）は，「標
　　　　仕」では杭径 ＋100 ㎜ 程度とされている。

　　　　④　標準型オーガーヘッド（A型）　　　　　　　　　　⑩　オーガーヘッド（B型）
　　　　　（砂質シルト，砂質土，粘土，礫，軟岩用）　　　　　（玉石混じり硬質地盤用）

図 4.8　オーガーヘッド [2]

　③　**支持地盤の確認**には，アースオーガーの駆動電動機の電流値の変化が目安となる。このため，「標仕」では，電流値を自動記録できるものとしている。

2)　掘削

　①　掘削は，地盤に適した速度で掘り進めることが重要である。

　②　オーガーの**引上げ速度**は，根固め液の注入量に合わせて行う。引上げ速度が速いと孔内に負圧を生じ，孔壁崩壊の原因となる。

　③　掘削中，オーガーに逆回転を加えるとオーガーに付着した土砂が落下するので，**逆回転を行ってはならない**。引上げ時にも正回転とする。

　④　掘削深度が支持地盤に近づいたら掘削速度を一定に保ち，アースオーガーの駆動用電動機の電流値・支持層出現深度を確認する。

　⑤　支持層の掘削深さや杭の支持地盤への**根入れ深さ**は，設計支持力とも関連するため特記によるが，一般的には，支持層の掘削深さを 1.5m 程度とし，杭を支持層中に 1.0m 以上根入れする。また，**高止まりは 0.5m 以下**とする（**図 4.9**）。

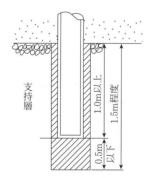

図 4.9　掘削深さと支持層との関係 [2]

3)　掘削液（安定液），根固め液及び杭周固定液の管理

　①　**掘削液（安定液）**

　　掘削液の機能は，孔壁の崩壊を防ぐよう安定を保ち，各種の液の逸水を防ぎ，湧水やボイリングを抑えることである。ベントナイトは粉末度 200 メッシュ以上，膨潤度 3g/g 以上のものを使用するとよい。

　②　**根固め液**

　　根固め液の水セメント比は，「標仕」では 70 ％（質量百分率）以下としている。また，圧縮強度は，3 個の供試体の平均値で 20N/㎟ 以上としている。

　　根固め液は，**必ず先端位置から注入しはじめ，安定液を押し上げるようにする。**

　③　**杭周固定液**

　　杭周固定液は，杭長が長く，かつ，周辺地盤が軟弱で，強度の高い根固め液を杭頭まで

充填する必要がない場合に使用するほか，杭の水平抵抗と摩擦力を確保するために使用するものであり，硬化後の圧縮強度のみでなく，既製杭との付着強度が周辺地盤より高いことが必要である。「標仕」では，圧縮強度 0.5N/㎟ 以上としている。

4)　杭の建込み

①　掘削孔壁が時間とともに崩壊することがあるので，速やかに杭を建て込む。

②　杭の建込み直前に，必要に応じて下げ振り等によって検尺を行い，高止まりしないかどうかを確認しておく。杭を挿入する際，杭の先端で孔壁を削ると高止まりの原因となるので鉛直に建て込む。

③　杭が所定の支持地盤に達したのち，杭先端を根固め液中に貫入させるため 2 t 程度の**ドロップハンマーで軽打する**（落下高さは 0.5m 程度とする）。軽打できない場合は，杭打ちやぐらの重量を反力として圧入する。杭頭を設計高さにそろえるために，杭を中吊りにしたり，圧入量を調整してはならない。

④　**建込み後**，杭心に合わせ，適当な保持治具を用いて**養生する**。

5)　杭の施工精度

「標仕」及び JASS 4 共に，打込み完了後の杭の水平方向の位置ずれの精度は，「特記による」とされており，ずれが所定の値を超えた場合は設計担当者と打ち合せる。

施工精度の目安値としては，**JASS 4 では，水平方向のずれは，$\dfrac{D}{4}$（D は杭径）かつ 100 ㎜以下，鉛直精度は $\dfrac{1}{100}$ 以内が望ましい**とされている。

2.6　特定埋込み杭工法

「標仕」では，特定埋込み杭工法は，建築基準法に基づく埋込み杭工法としており，施工は工法で定められた条件に基づいて行わなければならない。

⑴　**プレボーリング工法による施工**

プレボーリング工法による**掘削径は，工法により異なるが，杭径よりも＋(30〜100)㎜ 程度が多く，できるだけ過大とならないことが望ましい**。

⑵　**中掘り工法による施工**

①　中掘り工法に使用するスパイラルオーガー径は，杭の内径−(30〜60)㎜ が一般的である。

②　**掘削中は過度に先掘り及び拡大掘りをしてはならない**。

③　最終打撃によって支持力を得ようとする工法の場合，**中掘り設置後の打込み長さは一般には杭径の 3〜5 倍程度を目安としている**。

2.7　現場継手

杭の継手の工法は，アーク溶接による**溶接継手**と接続金具による**無溶接継手**（機械式継手）がある。

⑴　**溶接継手**

1)　溶接技能者

現場溶接は，技能者の技量が品質上重要であるので，溶接技能者は相応する資格を持った者でなければならないと規定されている。

手溶接を行う場合は，JIS Z 3801（手溶接技術検定における試験方法及び判定基準）による A − 2H 程度又は日本溶接協会規格 WES 8106 による FP − A − 2P の技量を有する者。

半自動溶接を行う場合は，JIS Z 3841（半自動溶接技術検定における試験方法及び判定基準）による SS − 2H もしくは SA − 2H 程度又は日本溶接協会規格 WES 8106 による FP − SS − 2P 若しくは FP − SA − 2P の技量を有する者。

2)　溶接作業

①　溶接施工は，JIS A 7201（遠心力コンクリート杭の施工標準）及び WES 7601 によることになっている。

②　**溶接部の開先の目違い量は 2 mm 以下，許容できるルート間隔の最大値は 4 mm 以下**とする。

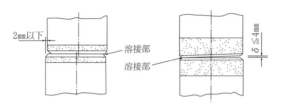

図 4.10　杭の継手部許容値（JIS A 7201：2021）

③　盛上げの不足があってはならないが，余盛りは 3 mm 以下とし，不要な余盛りは行わない。

⑵　**無溶接継手**

「標仕」では，「無溶接継手は，継手部に接続金具を用いた方式とし，工法等は特記による。」としている。数種類が建築基準法に基づく指定性能評価機関において性能を評価されており，近年，その使用は増えている。

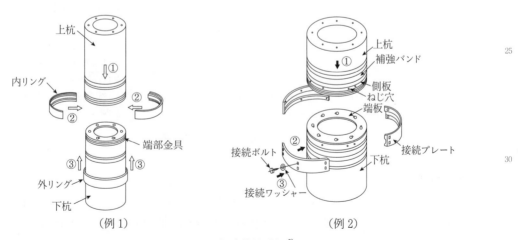

図 4.11　無溶接継手例[2]

2.8　杭頭の処理

1)　最近の既製コンクリート杭は，特定埋込工法による施工が多く，この工法は掘削深度を管理して杭の打設を行うために，杭頭の高さも揃えて施工されるので，切断することが少ない。

したがって，杭頭を切断する必要がある場合には，設計者が特記することにしている。

2)　杭頭を切断する方法には，油圧ポンプによる外圧方式と回転モーターによるダイヤモンドカッター方式等がある。

3)　杭の頭部を切断した場合は，切断面から 350 mm 程度まではプレストレスが減少しているので，設計図書により補強を行う。

3. 鋼杭地業

(1)　鋼杭の特徴

鋼杭には鋼管杭と H 形鋼杭があり，**鋼杭の特徴**としては，次のような事項があげられる。

① 　工場製作品であるため，安定した材料品質が得られる。

② 　曲げに強く，水平力を受ける杭に適する。

③ 　応力に応じて材質や肉厚を変えた合理的な設計ができる。

④ 　支持地盤の不陸に対応しやすい。

⑤ 　コンクリート杭と比較して質量が軽く，取扱いが簡単である。

⑥ 　腐食に対する対策が必要である。

⑦ 　大口径で薄肉の鋼管は，局部座屈を生じることがある。

⑧ 　先端開放形の打込杭では，支持地盤への根入れが十分でないと支持力が低下する場合がある。

(2)　施工法の分類

杭の施工法の分類を**図4.12**に示す。

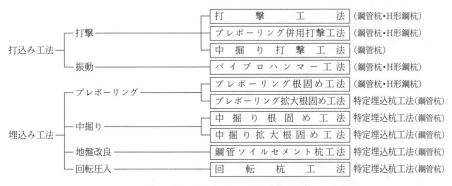

図 4.12　鋼杭の施工方法の分類[2]

(3)　鋼杭の材料

1)　鋼杭としては，JIS A 5525（鋼管ぐい）と JIS A 5526（H 形鋼ぐい）が規定されている。

2)　鋼杭においては，許容応力度を求めるに際し，腐食や局部座屈等を考慮しなければならない。

3)　杭の**防食方法**を以下に示す。

① 　杭自体に**腐食代（ふしょくしろ）**を見込む方法

② 　塗装による方法

③ 　コンクリートを巻き立てる方法

④ 　電気防食による方法

(4)　特定埋込杭工法

　建築基準法に基づく特定埋込杭工法は，施工にあたっては，工法で定められた条件にしたがって行うものとする。

(5)　継手

　1)　鋼管杭の継手は現場溶接，H形鋼杭の継手は高力ボルト継手が一般的である。最近では無溶接継手が用いられることも増えてきた。

　2)　「標仕」では，鋼管杭の溶接とする場合は，原則として半自動又は自動アーク溶接とすることが定められている。

　3)　溶接技能者は，溶接方法に応じて定められた技量を有する者でなければならない。

4. 場所打ちコンクリート杭地業

　主な工法として，アースドリル工法，リバース工法，オールケーシング工法及び場所打ち鋼管コンクリート杭工法並びにこれらと組み合わせた拡底杭工法がある。他に，人力掘削による深礎工法がある。

4.1　施工管理技術者の配置

　場所打ちコンクリート杭工法は，建設工事の大型化，高層化に伴い，大口径で長尺の杭を，低騒音・低振動で築造できるという大きな特徴をもっている。しかし，その反面，次の問題点が指摘されている。

　①　杭先端及び周辺地盤の緩み

　②　孔壁崩壊の懸念（安定液及び水頭圧の管理）

　③　コンクリートの打込み管理ミスによる品質の低下

　④　スライム沈積による支持力の低下

　これらの問題点を解決し，信頼のおける場所打ちコンクリート杭を築造するには，豊富な経験と知識を必要とするため，「標仕」では施工に際し**施工管理技術者**を置くように定めている。

4.2　材料その他

(1)　鉄筋

　1)　鉄筋は，鉄筋コンクリート用棒鋼（JIS G 3112）を用い，種類の記号（材質）は特記による。

　2)　鉄筋かごの補強は特記によるが，特記がなければ 4.3(9)　図4.20 に示す補強リングを設ける。

　3)　組み立てた鉄筋の節ごとの継手は，原則として重ね継手とし，鉄線で結束する。

(2)　コンクリート

　「標仕」では，場所打ち杭のコンクリートの種別と，水セメント比の最大値，所要スランプ，粗骨材の最大寸法，単位セメント量の最小値を定めている。

　また，JASS 5 では，水中又は安定液中に打ち込む場所打ちコンクリート杭の鉄筋コンクリート工事に適用するため**「水中コンクリート」**の規定を設けている。

　1)　「標仕」では，セメントの種類は特記によるが，特記がなければ高炉セメントB種として

いる。

2)　「標仕」では，コンクリートの種類は孔内の水の条件により，**表**4.1 により，適用は特記による，としている。

表 4.1　コンクリートの種別[1]

種　別	水セメント比の最大値（％）	粗骨材の最大寸法（mm）	単位セメント量の最小値（kg／㎥）	備　考
A　種	60	25	310	無水掘りの場合
B　種	55	(20)	340	上記以外の場合

（注）（　）内は，砕石及び高炉スラグ砕石使用の場合

3)　場所打ち杭のコンクリートは，水や泥土等による品質の劣化等を考慮して，単位セメント量の最小値を A 種で 310 kg/㎥，B 種で 340 kg/㎥ と，通常のコンクリート工事のコンクリートの単位セメント量の最小値 270 kg/㎥ に比べ，より大きな値としている。

　　水セメント比の最大値についても，A 種で 60 ％以下，B 種で 55 ％以下と通常のコンクリート工事におけるコンクリートの 65 ％以下に比べ，より小さな値としている（数値は「標仕」の場合。JASS 5 では水中で打ち込む場合の単位セメント量は 330 kg/㎥ 以上，水セメント比は 60 ％以下）。

　　所要スランプについては，「標仕」では特記がなければ 18 ㎝，JASS 5 では調合管理強度が 33N/㎟ 未満は 21 ㎝ 以下としている。コンクリートが高強度化すると粘性が大きくなり，充填性に留意する必要がある。調合管理強度が 30N/㎟ 以上の場合，材料分離を起こさない範囲でスランプは 21 ㎝ とすることが望ましい。

4)　**コンクリートは土中に打ち込まれるため，外気温による影響が少ないので，寒冷地以外では温度補正を考慮する必要はない。**

4.3　アースドリル工法，リバース工法，オールケーシング工法

(1)　工法の特性

表 4.2　場所打ちコンクリート杭工法の特性 [2)]

区　　分		アースドリル	リバース	オールケーシング（回転式）
杭　　径 (m)		0.8 ～ 3.0	0.8 ～ 3.0	1.0, 1.1, 1.2, 1.3, 1.5, 1.6, 1.8, 2.0, 2.3, 2.5, 2.8, 3.0
掘　削　方　式		回転バケット	回転ビット	ハンマーグラブ
孔　壁　保　持		安定液，安定液圧	自然泥水，水頭圧	ケーシングチューブ
掘　削　能　力		70m 程度（機種と孔径により異なる）	70m 程度（機種と孔径により異なる）100m まで実績あり	50m 程度（機種と孔径により異なる）
土質条件	粘土，シルト	適	適	適
	砂	適	適	適
	砂利，礫	杭径 1.1m 以下の場合 70 ㎜ 以下 杭径 1.2m 以上の場合 120 ㎜ 以下	ドリルパイプ内径（200 ㎜）の 70 ～ 80 % 以下	適　　　　［可］
	玉石	否	否	適（30 ～ 50 cm）［可］
	土丹	可	可	適　　　　［困難］
	軟岩	否	困難	可　　　　［困難］
作業条件	騒音公害	適	適	可
	水上作業	不　適	可	可
	斜め杭	否	否	否
長　　所		・低騒音，低振動 ・機械装置が簡単 ・仮設が簡単 ・施工速度が速い ・敷地境界から杭心までの施工に必要な距離が比較的小さい	・低騒音，低振動 ・通常自然泥水で孔壁保護ができる ・岩の掘削が特殊ビットで可能 ・水上施工が可能	・ケーシングを使用するので孔壁の崩壊がない ・確実な杭断面形状の確保がしやすい ・残土処理が比較的容易
短　　所		・礫（約 10 cm 以上）層の掘削が困難 ・安定液の管理が不適切な場合には孔壁崩壊を起こすことがある ・安定液の管理が不適切な場合は支持力及びコンクリート強度の低下を生じることがある ・廃泥土の処理がやや大変である	・ドリルパイプ径より大きい玉石（約 15 cm 以上）層の掘削が困難 ・水頭圧及び比重の泥水管理が不十分であると孔壁崩壊を起こすことがある ・仮設が大がかりとなる ・廃泥水の処理量が多い	・地下水位以下の細砂層が厚い場合，ケーシングチューブの引抜きが困難となる ・杭径に制約がある ・水がない状態での掘削時の酸欠，有毒ガスの発生に注意する ・ボイリングやヒービングが発生しやすい ・鉄筋かごが共上がりすることがある ・ケーシング引抜きの反力が必要で据付け地盤の補強が必要 ・敷地境界から杭心までの施工に必要な距離が比較的大きい

（注）　1．アースドリルにおける杭径と掘削能力は，掘削機が大型化していることより，70m 程度まで施工可能な掘削機もある。
　　　　2．リバースにおける土質条件で，軟岩は困難としているが，特殊ビットを使用した場合は掘削可能。
　　　　3．オールケーシングにおける杭径は，ケーシングチューブの圧入が回転式の場合である。
　　　　4．オールケーシングにおける土質条件の ［ ］ 内は，揺動式の場合。

(2)　工法の概要

1)　アースドリル工法

この工法は，**図4.13**の機械を用い，**図4.14**のような工程により杭を築造する。

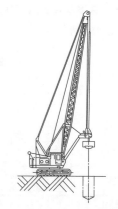

図 4.13　アースドリル掘削機 [2]

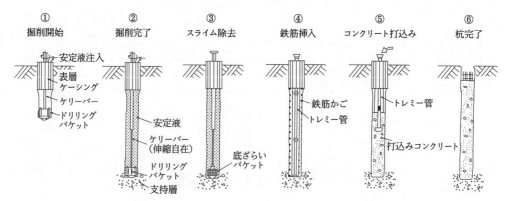

① 掘削開始	② 掘削完了	③ スライム除去	④ 鉄筋挿入	⑤ コンクリート打込み	⑥ 杭完了
掘削孔地表面崩壊防止のため，表層ケーシングを建て込み，安定液を注入しながら掘進する。	ケリーバーを伸長して掘進し，所定の支持層を確認する。	掘削完了後，底ざらいバケットでスライム処理を行う。	かご状鉄筋を静かに挿入し，トレミー管を建て込む。	トレミー管により，コンクリートを打ち込む。	杭，コンクリート天端はレイタンス代を見込み500〜800mm以上高く打ち込む。

図 4.14　アースドリル工法 [2]

2)　リバース工法

この工法は，**図4.15**の機械を用い，**図4.16**のような工程により杭を築造する。

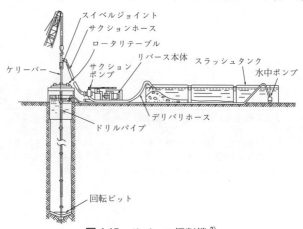

図 4.15　リバース掘削機 [2]

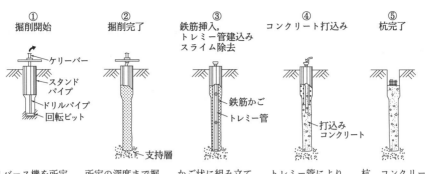

① 掘削開始	② 掘削完了	③ 鉄筋挿入, トレミー管建込み スライム除去	④ コンクリート打込み	⑤ 杭完了
リバース機を所定位置に据付け,スタンドパイプを建て込み,満水しビットで掘削する。	所定の深度まで掘削し,支持層を確認する。	かご状に組み立てた鉄筋かごを挿入し,トレミー管を建て込み,必要に応じてスライムの二次処理を行う。	トレミー管により,コンクリートを打ち込む。コンクリート打込み後,スタンドパイプを引き抜く。	杭,コンクリート天端はレイタンス代を見込み800mm以上高く打込む。

図4.16　リバース工法[2]

3)　オールケーシング工法

この工法は,**図4.17**の機械を用い,**図4.18**のような工程により杭を築造する。

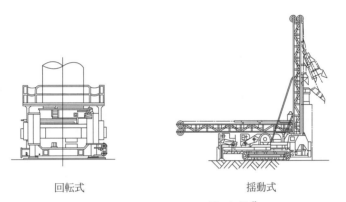

回転式　　　　　　　　　揺動式

図4.17　オールケーシング掘削機[2]

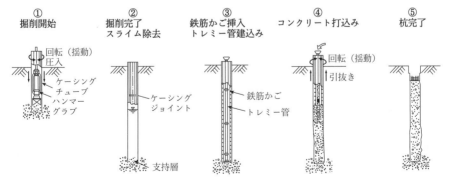

① 掘削開始	② 掘削完了 スライム除去	③ 鉄筋かご挿入 トレミー管建込み	④ コンクリート打込み	⑤ 杭完了
ケーシングチューブを回転(揺動)圧入しながら,ハンマーグラブで掘進する。	所定の支持層を確認後孔底部のスライムを除去する。	かご状に組み立てた鉄筋かごを挿入し,トレミー管を建て込む。必要に応じてスライムの二次処理を行う。	トレミー管により,コンクリートを打ち込む。ケーシングチューブ,トレミー管を徐々に引き抜く。	杭,コンクリート天端はレイタンス代を見込み500〜800mm以上高く打ち込む。

図4.18　オールケーシング工法[2]

(3)　試験杭

1)　本杭を施工するにあたり，施工機械や各種安定液の適否，土質状態，地下水位及び被圧水等の有無，施工時間，支持地盤の確認等の種々の調査を行い，以後の本杭の参考とするために**試験杭**の施工を行う。

2)　試験杭は，本杭の最初の1本目の杭を試験杭とする場合には，管理者に報告し，打ち合わせ，その後の処置について検討する。

3)　試験杭の調査項目を**表**4.3に示す。この結果に基づいて施工の管理基準値を定める。

表 4.3　試験杭の施工時における調査項目[2]

調　査　項　目		内　　　　　容
掘削に関するもの	施工性の検討	①　掘削所要時間 ②　掘削土砂量 ③　掘削機，クレーン，泥水プラント，泥水処理装置等の諸機械の組合せの適否
	杭の施工状況の検討	①　施工精度（掘削径と孔壁崩壊の程度，ずれ，傾斜） ②　地下水位の確認（必要水頭圧の確保），被圧水・逸水の有無，ボイリング防止のための孔内給水時期の確認（オールケーシング工法の場合） ③　支持層の確認（土質柱状図と施工深度及び排出土砂との対比） ④　孔底スライムの沈積状況（時間―沈積量） ⑤　周辺地盤の変状 ⑥　スライム処理方法及び処理時間
コンクリート打込みに関するもの	鉄筋かごの建込み	①　鉄筋かごの加工精度 ②　鉄筋かご建込み時間，建込み方法
	コンクリート打込み	①　コンクリートの調合，輸送・打込み計画 ②　杭1本当たりの使用量 ③　打込み速度，打込み時間 ④　コンクリート打込み高とトレミー管引抜長さのチェック ⑤　杭頭の劣化コンクリート処理方法，余盛り高さの検討

4)　支持力の算定

場所打ちコンクリート杭の杭先端地盤の許容支持力（q_p）は下式による。

$$q_p = \frac{150}{3}\overline{N}\ (\mathrm{kN/m^2})$$

(4)　**アースドリル工法**

1)　掘削機の据付け

①　掘削機の据付けは，その作業地盤の耐力に応じて，道板，鋼板，砂利等を敷き，作業中に機械が傾斜することを防ぐ。

②　ケリーバーの中心を杭心に正確に合わせ，機体を水平に据え付ける。

2)　掘削

①　最初のうち掘削孔が鉛直になるまでは慎重に掘削を行い，表層ケーシングを鉛直に建て込む。

②　土質に応じバケットの回転速度を調節しながら掘削を進める。掘削された土砂を常に観察し，崩壊しやすい地盤になったら安定液を用いる。

③　掘削深さが所定の深度に達し，排出される土により予定の支持地盤に達したことが確認されたらスライム処理をして検測を行う。

なお，検測とは，検測テープにより掘削深度を測定することであり，**孔底の 4 箇所以上で行う。**

④　支持層の確認は，バケット内の土砂を，土質柱状図及び土質資料と対比して行う。また，その際にケリーバーの振れや回転抵抗等も参考にする。

⑤　掘削孔の形状・寸法・傾斜の確認は超音波孔壁測定器により行う。なお，この確認の測定頻度は特記による。

3)　安定液

表層ケーシング以深の孔壁の保護は，安定液により行う。安定液は掘削中の孔内に注入して地下水位より高い水位を確保することにより，孔壁を保持する。その配合計画及び管理は，施工計画書に基づいて実施する。ただし地下水が無く，孔壁が自立する地盤では安定液を使用しない。

安定液は，孔壁の崩壊を防止する機能とともにコンクリートの打込み時に，安定液がコンクリート中に混入されることなく，コンクリートと良好に置換される機能を合わせ持たねばならない。一般にベントナイトを主体としたものと CMC（Carboxy Methyl Cellulose）を主体としたものがあり，これらに分散剤や変質防止剤等を加えたものを使用する。

安定液の配合は，必要な造壁性があるうえで，コンクリートとの置換を考慮して，できるだけ低粘性・低比重のものとするのがよい。安定液の**管理項目**としては，比重・ファンネル粘性・砂分・ろ過水量・pH 等がある。

(5)　リバース工法

1)　掘削機の据付け

①　サクションポンプユニットとロータリーテーブルを切り離して作業できる（本体と 10m 程度切り離した位置で施工できる）ため，杭施工場所に特別な養生を必要としない。

②　スタンドパイプの建込みを行う。スタンドパイプは，表層地盤の崩壊防止及び自然地下水に対し 2.0m 以上の水頭差を保持し，静水圧により孔壁の崩壊を防止するために用いるもので，建込みは油圧ジャッキ又はバイブロハンマーにより行う。

2)　掘削

①　この工法は，水頭圧を 20kPa（kN/㎡）以上に保つことにより孔壁の崩壊を防ぐ工法であるので，**掘削に際しては地下水位を確認し水頭差を 2.0m 以上保つ**ように十分注意する。

②　掘削順序は，掘削ビットを埋設するだけの孔をハンマーグラブで掘削して孔内に水を満たし，所定の水圧を保ちながらロータリーテーブルでビットを回転させ掘削をする。掘削土砂は揚水とともに沈殿槽に排出され，ここで掘削土砂を沈殿させ除去する。掘削土砂を除去し比重が小さくなった泥水は，再び掘削孔内に還流する。

③　本工法は掘削土をそのままで地上に排出しないため，支持層の確認はデリバリホースの末端から掘削土砂を採取し，土質柱状図及び土質資料と対比して行う。

④　三翼ビットを使用して掘削した孔底は，中心部は深く，外周ほど浅くなっている。このため検測は外周部に近い位置で 4 点以上行う。

⑤　超音波孔壁測定器による掘削孔の確認は，(4) 2) ⑤による。

　　3)　孔内水

　　　①　リバース工法では，周辺の施工機械や作業による振動等の影響を受けない地盤に至るまでスタンドパイプを建込み，掘削中に地盤の粘性土を含んだ泥水が孔壁にマッドケーキを形成することと，孔内水頭を地下水位より 2m 以上高く保つことにより，スタンドパイプ先端以深の孔壁を保護し安定させる。

　　　②　泥水の比重は，掘削能率を高めるためには低く，孔壁保護面からは高いほうがよいという二面性を持つ。この両者を考慮して，その適正比重を 1.02 〜 1.08 とする。

⑹　**オールケーシング工法**

　1)　掘削機の据付け

　　　①　掘削機据付け地盤の補強については，⑷ 1) ①による。

　　　②　ファーストチューブの建込みは，水平精度と鉛直精度に直接影響を及ぼすので，杭芯のセットには治具を用い，2 方向からトランシット又は下げ振りでチェックして鉛直に建て込む。

　2)　掘削

　　　①　掘削は，ケーシングチューブを先に揺動又は回転圧入し，土砂の崩壊を防ぎながらハンマーグラブにより掘削をする。掘削が鉛直にできるかどうかは，最初のケーシングチューブ 1 〜 2 本の建込み状況によって決まる。

　　　②　被圧地下水等による**ボイリング**を起こしやすい砂又は砂礫層の場合及び軟弱粘性土層での**ヒービング**を起こしやすい地盤の場合は，孔内に水を張り防止する。

　　　③　周辺地盤の緩みや崩壊を防止するため，原則として掘削底よりケーシングチューブ刃先が常に先行するよう管理する。ただし，**掘削終了時は，ケーシングチューブ刃先を掘削底より先行させない**ように注意する。

　　　④　掘削深さが所定の深さに達し，排出される土から予定の支持地盤に達したことが確認されたら，スライムを処理し，外周部に近い位置 4 点以上で検測を行う。

　　　⑤　支持層の確認は，ハンマーグラブでつかみ上げた土砂を土質柱状図及び土質資料と対比して行う。

　3)　孔内水

　　　オールケーシング工法では，掘削孔全長にわたりケーシングチューブを用いて孔壁を保護するため，孔壁崩壊の懸念はほとんどない。しかし，2) ②の場合や孔内水位が地下水位より低い場合は，掘削底周辺部の緩みの発生が想定されるので，孔内へ注水し水圧のバランスを図る。

⑺　**スライム処理**

　1)　**スライム**とは，孔内の崩落土，泥水中の土砂等が孔底に沈殿，沈積したものである。この上にコンクリートを打ち込むと，荷重がかかったときに杭が沈下するので，スライムの処理は重要である。

　　　このほか，スライムはコンクリートの強度を含めた品質低下，杭の断面欠損及び支持力低下の原因となる。

　2)　スライムの処理には，一次処理と二次処理がある。一次処理は掘削完了直後に行うスライ

ム処理で，二次処理はコンクリート打込み直前に行うスライム処理である。各スライム処理方法の例を，**図** 4.19 に示す。

スライムの一次処理

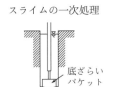

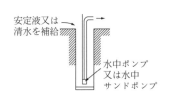

(イ)　底ざらいバケット方式
20〜30分程度スライムを沈殿させたのち，底ざらいバケット等で静かにスライムを除去する。

(ロ)　安定液置換方式
掘削完了直後に水中ポンプを掘削孔底までおろし，良液と掘削孔内の安定液の置換を行い掘削孔内のスライムを除去する。

(ハ)　スライムバケット方式
スライムバケットを孔底に降ろし沈降するスライムを受けて除去する。

スライムの二次処理

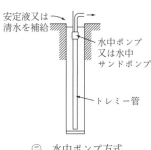

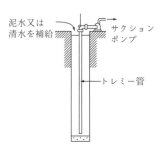

(ニ)　水中ポンプ方式
水中ポンプでスライムを吸い上げる。

(ホ)　サクションポンプ方式
トレミー管をサクションポンプに連結し，スライムを吸い上げて排水する。

図 4.19　**スライム処理方法の例** [2]

3)　アースドリル工法のスライム処理は，一次処理として底ざらいバケット方式又は安定液置換方式により行う。バケットは杭径より 10 cm 小さいものを用い，バケットの昇降によって孔壁が崩壊することのないよう緩やかに行う。

　鉄筋かご建込みの際の孔壁の欠損によるスライムや建込み期間中に生じたスライムは，二次処理としてコンクリート打込み直前に水中ポンプ方式又はエアーリフト方式等により除去する。

4)　リバース工法のスライム処理は，一次処理として掘削完了後ビットを孔底より若干引き上げて緩やかに空回しするとともに，孔内水を循環させて比重を下げ，鉄筋かごやトレミー管建込み期間中のスライム沈積量を少なくする。

　二次処理は，コンクリート打込み直前にトレミー管とサクションポンプ等により孔底に沈積したスライムを除去する。

5)　オールケーシング工法のスライム処理は，ドライ掘削や孔内水位の低い場合は，掘りくずや沈殿物の量が少ないので，掘削完了後にハンマーグラブで静かに孔底処理（孔底のさらい）を行う。

また，孔内水位が高く沈殿物の多い場合には，ハンマーグラブで孔底処理をしたのち，さらに，スライムバケットによる処理を行う。

なお，コンクリート打込み直前までに沈殿物が多い場合には，二次処理として，水中ポンプ方式等によりスライムを除去する。

(8)　排液及び排土処理

1)　掘削時には相当の量の排液が出るが，排液は沈殿槽あるいは直接真空ポンプ車に集め場外へ搬出して指定場所へ投棄するか，排液槽に収集し凝集剤を添加して，上澄と回収泥土とに分け，回収泥土をさらに脱水処理等をして含水比を小さくしてから指定場所に搬出する。

2)　掘削された排土は，含水比が大きい（50～200％）ので敷地内に集積して，天日乾燥させ，その含水比を小さくする。さらに，セメントを添加して固形化する場合と，石灰と混合し，その化学反応の熱を利用して水分を除去し固形化する場合がある。

3)　これらの排液及び排土処理にあたっては，「廃棄物の処理及び清掃に関する法律」の適用を受ける場合があるので，法律にしたがった処理が必要になる。

(9)　鉄筋の加工及び組立

1)　鉄筋は，かご形に組み立てる（**図4.20**）。

主筋と帯筋を溶接している例が見られるが，点付け溶接は注意しても主筋が断面欠損をするおそれがあるので，主筋への点付け溶接は行わない。また，帯筋の重ねは特記によるが，10d以上の片面溶接（両面の場合は5d）とすることが望ましい。**補強リング**は，鉄筋かごを所定の寸法と形状を保持するために平鋼等を用い，2～3mの間隔で配置する。主筋と補強リングを溶接により結合する場合は，断面欠損しないように注意する。また，補強リングは**鉄筋かご**の径により主筋の内，外周のいずれに取り付けてもよい。

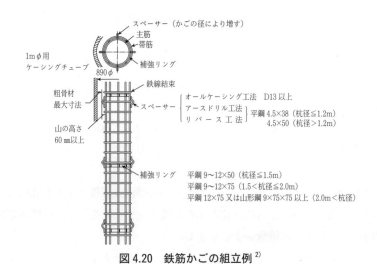

図4.20　鉄筋かごの組立例[2]

2)　鉄筋かごの継手は，重ね継手の長さを確保し，鉄線（通常＃10以上）でずり落ちないように主筋1本あたり3箇所以上結束する。安易に溶接を用いるとアンダーカットや急冷により材質に悪影響を与えるので注意する。

3）　鉄筋かごには，かぶり厚さを確保するためにスペーサーを深さ方向に3〜5m間隔を目安として，最低で1断面4箇所以上取り付ける。スペーサーはケーシングチューブを用いる場合はD13以上の鉄筋を用いる。ケーシングチューブを用いない場合に鉄筋を用いると，孔壁を損傷するので，杭径1.2m以下の場合は鋼板4.5×38（mm），1.2mを超える場合は鋼板4.5×50（mm）程度のものとする。

4）　オールケーシング工法におけるケーシングチューブの引抜き時には，ケーシングチューブと鉄筋かごの接触により，鉄筋かごが浮き上がる場合（共上がり）があるので注意する。

⑽　コンクリート打込みその他

1）　コンクリートの打込み

①　コンクリートの打込みは，**トレミー管**を用いる。また，コンクリートの打込み開始時には**プランジャー**をトレミー管に設置してコンクリートと泥水等が混り合うのを防ぎ，下部から泥水等を押し上げるように行う。また，トレミー管及びケーシングチューブは，これを引き抜きながらコンクリートの打込みを行う。このとき**トレミー管及びケーシングチューブの先端は，コンクリートの中に常に2m以上入っているようにする**。また，トレミー管のコンクリート中への挿入長さが長くなると，トレミー管先端からのコンクリート押出し抵抗が大きくなり，コンクリートの流出が悪くなるので，最長でも9m程度にとどめておいた方がよい。

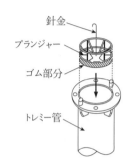

針金
プランジャー
ゴム部分
トレミー管

図4.21　プランジャー[3]

②　ケーシングチューブを急速に引き抜くと，コンクリートに泥水を巻き込むことになるので十分に注意しなければならない。

③　コンクリート打込み時に，その浮力等で鉄筋かごの浮上がりが生じる場合があるので注意する。

④　打ち込んだコンクリートの最上部分は，直上の安定液や泥水等と接触するため，セメント分の流出や土粒子の混入等により劣化する。このため余分に打ち上げて**余盛り**をつくる。余盛りの高さは，「標仕」では，泥水が多くコンクリートの劣化が著しいと考えられる**表4.1**のB種の場合は800 mm以上，掘削孔底にほとんど水がたまっていないような状態を想定したA種の場合（無水掘り）を500 mm以上としている。

なお，コンクリート打込み後，ブリーディングに伴ってコンクリート表面にレイタンスと呼ばれる脆弱な物質の層が形成されるが，このような骨材を含まないモルタル状の固化物は余盛りには含まれない。

2）　杭頭の処理

①　余盛り部分は，根切り後，所定の位置まではつり処理する。

②　処理の時期は，コンクリート打込み後14日程度経過したのちとしている。

4.4　場所打ち鋼管コンクリート杭工法及び拡底杭工法

これらの工法の施工は，建築基準法に基づき認定された施工仕様により行い，それ以外につい

ては，アースドリル工法，リバース工法，オールケーシング工法に準じて施工する。

　場所打ち鋼管コンクリート杭工法は，上記の 3 工法により掘削した孔に鋼管を建て込み，杭頭部を鋼管コンクリート構造にする工法である。鋼管の設置方法は，鋼管を鉄筋かごと接続し，一体で孔内に建て込む方法が一般的である。また，この工法は拡底杭工法と組み合わされることが多い。

第5節　鉄筋工事

1. 鉄筋の種類

1)　鉄筋は，鉄筋コンクリート用棒鋼（JIS G 3112）とし，その種類及び機械的性質は，**表 5.1** のとおりで，記号の意味は次のとおりである。

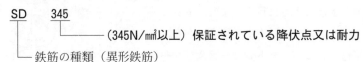

SD　345

（345N/mm²以上）保証されている降伏点又は耐力

鉄筋の種類（異形鉄筋）

2)　異形鉄筋の圧延マークが JIS で定められており，その例を**図 5.1** に示す。

SD295　①圧延マークなし
SD345　②突起の数 1 個（・）
SD390　③突起の数 2 個（・・）

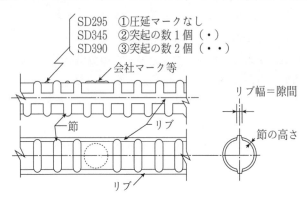

会社マーク等

リブ幅＝隙間

節

リブ

節の高さ

リブ

図 5.1　異形鉄筋の圧延マークの例 [2]

3)　鉄筋の種類及び機械的性質

表 5.1　鉄筋コンクリート用棒鋼の機械的性質及び径又は呼び名 [3]

区　　分	種類の記号	降伏点又は 0.2%耐力N/mm²	引張強さ N/mm²	径 [注] 又は呼び名
丸　　鋼	SR 235	235 以上	380 ～ 520	9φ, 13φ, 16φ, 19φ, 22φ, 25φ, 28φ, 32φ
	SR 295	295 以上	440 ～ 600	
異形棒鋼	SD 295 A	295 以上	440 ～ 600	D6, D10, D13, D16, D19, D22, D25, D29, D32, D35, D38, D41, D51
	SD 295 B	295 ～ 390	440 以上	
	SD 345	345 ～ 440	490 以上	
	SD 390	390 ～ 510	560 以上	
	SD 490	490 ～ 625	620 以上	

（注）丸鋼の径は，JIS G 3191（熱間圧延棒鋼及びバーインコイルの形状，寸法，質量及びその許容差）による径のうち鉄筋コンクリート用に用いられるもの。

4)　鉄筋の呼び名等

異形鉄筋の**公称直径**及び**公称断面積**は，その異形鉄筋と同じ重量の丸鋼に換算したときの直径及び断面積であり，**異形鉄筋の呼び名**は公称直径の寸法を丸めた値である。

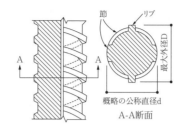

図5.2　異形鉄筋の公称直径と最大外径

2. 鉄筋の加工及び組立

(1)　鉄筋の加工

1)　**鉄筋は，常温で加工して組み立てる。**

熱間圧延鉄筋でも，白熱化して空気中で冷却すると鉄筋の性質が変わるので，曲げ加工の場合でも，原則として，常温で加工することとしている。

2)　有害な曲がり又は損傷等のある鉄筋は，使用しない。

3)　コイル状の鉄筋は，直線器にかける等により，直線状態にしてから使用する。

4)　**鉄筋には，点付け溶接を行わない。**また，**アークストライク**を起こしてはならない。

冷えている鉄筋に点付け溶接を行うと，急熱，急冷されるので，熱影響部が著しく硬化し，鉄筋がもろくなり，この部分を少し曲げただけでひび割れが発生する場合があるので，点付け溶接は行ってはならない。同様に，アークストライクを行うと，断面欠損が生じたり，局部的な，急熱，急冷による悪影響があるので禁止している。

5)　鉄筋の切断は，シャーカッターや電動カッターによって行われているが，ガス圧接，機械式継手又は溶接継手では切断面の平滑さや直角度が要求されるため，電動カッターや鉄筋冷間直角切断機を使用することが望ましい。

6)　鉄筋の加工寸法の許容差は特記によるが特記のない場合は**表5.2**による。

表5.2　加工寸法の許容差[3]　　　　　　（単位：㎜）

項　目			符　号	許　容　差
各加工寸法[(1)]	主　筋	D 25 以下	a, b	± 15
		D 29 以上 D 41 以下	a, b	± 20
	あばら筋・帯筋・スパイラル筋		a, b	± 5
加 工 後 の 全 長			l	± 20

(注)(1)　各加工寸法及び加工後の全長の測り方の例を下図に示す。

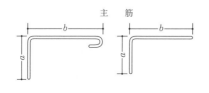

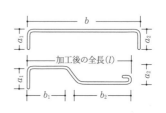

(2)　異形鉄筋の末端部にフックが必要な部分

　下記①〜③に使用する異形鉄筋の重ね継手の末端部には，建築基準法施行令第 73 条（鉄筋の継手及び定着）により，**フック**をつける。

　①　柱主筋の重ね継手が，四隅にありその隅が出隅となっている場合

　②　梁主筋の重ね継手が，梁の出隅にある場合（基礎梁を除く）

　③　煙突の鉄筋

（注）　柱及び梁の出隅（床や壁の付いていない部分）は，火災時に 2 方向から加熱され，角が剥落しやすく，フックがないと鉄筋の付着効果が期待できなくなるのでフックが必要である。丸柱は出隅がないので，法的には不要とされている。

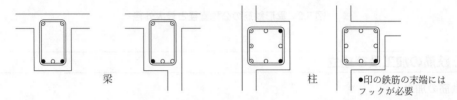

梁　　　　　　　　　　　　　　　　柱　　●印の鉄筋の末端には
　　　　　　　　　　　　　　　　　　　　フックが必要

図 5.3　異形鉄筋でも建築基準法によって重ね継手の末端にフックを必要とする出隅部の鉄筋[4]

　このほか，「標仕」では，④〜⑦についてもフックをつけることとしている。

　④　柱の四隅にある主筋で，重ね継手の場合及び最上階の柱頭にある場合

　⑤　梁主筋の重ね継手が，下端の両隅にある場合

　⑥　杭基礎のベース筋

　⑦　帯筋，あばら筋及び幅止め筋

（注）　「標仕」では，柱の四隅及び梁の下端の隅にある場合，出隅となっていなくてもフックをつけることとしている。帯筋については建築基準法施行令第 77 条（柱の構造）に規定がある。

(3)　鉄筋の折曲げ形状及び寸法

鉄筋の折曲げ形状及び寸法は，**表5.3** による。

表5.3　鉄筋の折曲げ形状及び寸法 [1]

折曲げ角度	折曲げ図	鉄筋の種類	折曲げ内法直径（D）		
			SD 295, SD 345		SD 390
		呼び名	D 16 以下	D 19 ～ D 38	D 19 ～ D 38
180°					
135°			3d 以上	4d 以上	5d 以上
90°					
135°及び90°（幅止め筋）					

（注）1.　片持ちスラブ先端，壁筋の自由端側の先端で90°フック又は135°フックを用いる場合には，余長は 4d 以上とする。
　　　2.　90°末端の折曲げの内法直径は特記による。

(4)　高強度せん断補強筋の加工

加工は指定性能評価機関の審査を受けて技術評価を取得した設計施工指針にしたがって行い，指針で対象とする以外の作業場や現場では，高強度せん断補強筋の加工を行ってはならない。

(5)　鉄筋の組立

鉄筋の組立は，鉄筋継手部分及び交差部の要所を**径 0.8 mm 以上の鉄線で結束**し，適切な位置に**スペーサー**，吊金物等を使用して行う。

なお，スペーサーは，転倒及び作業荷重に耐えられるものとする。また，鋼製のスペーサーは，型枠に接する部分に防錆処理を行ったものとする。

3. 継手及び定着

(1)　鉄筋の継手

1)　**鉄筋の継手**は重ね継手，ガス圧接継手，機械式継手又は溶接継手とし，適用は特記による。

2)　鉄筋の継手位置は，特記によるが，応力の小さい位置に設けることを原則とする。

3)　D35 以上の異形鉄筋は原則として重ね継手としてはならない（JASS 5）。

(2)　重ね継手

鉄筋の**重ね継手**は以下による。

1)　径が異なる鉄筋の重ね継手の長さは，細い鉄筋の径による。

2)　柱，梁の主筋及び耐力壁の鉄筋の重ね継手の長さは，特記による。耐力壁の鉄筋の重ね継手の場合，特記がなければ，40d（軽量コンクリートの場合は 50d）と**表 5.4** の重ね継手の長さのうち大きい値とする。

3)　2) 以外の鉄筋の重ね継手の長さは，**表 5.4** による。

　　重ね継手の長さは，付着の関係で鉄筋の強度が大きいほど長くなり，コンクリートの強度が小さくなるほど長くなることに注意する。

表 5.4　鉄筋の重ね継手の長さ [1]

鉄筋の種類	コンクリートの設計基準強度（Fc）（N/mm²）	L_1（フックなし）	L_{1h}（フックあり）
SD295	18	45d	35d
	21	40d	30d
	24，27	35d	25d
	30，33，36	35d	25d
SD345	18	50d	35d
	21	45d	30d
	24，27	40d	30d
	30，33，36	35d	25d
SD390	21	50d	35d
	24，27	45d	35d
	30，33，36	40d	30d

（注）1. L_1，L_{1h}：重ね継手の長さ及びフックありの重ね継手の長さ。
　　　2. L_{1h} は，**図 5.4** に示すようにフック部分 l を含まない。
　　　3. 軽量コンクリートの場合は，表の値に 5d を加えたものとする。

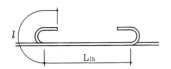

図 5.4　フックありの場合の重ね継手の長さ [1]

(3)　隣り合う継手の位置

　隣り合う継手の位置は，**表 5.5** による。ただし，壁の場合及びスラブ筋で D16 以下の場合は除く。なお，先組み工法等で，柱，梁の主筋を同一箇所に設ける場合は，特記による。

表 5.5　隣り合う継手の位置[1]

重ね継手	フックありの場合	L_{1h}　$a=0.5L_{1h}$　　　L_{1h}　a　L_{1h}　$a\geqq0.5L_{1h}$
	フックなしの場合	L_1　$a=0.5L_1$　　　L_1　a　L_1　$a\geqq0.5L_1$
圧接継手・溶接継手	—	圧接継手・溶接継手　a　$a\geqq400\text{mm}$
機械式継手	—	カップラー　b　a　$a\geqq400\text{mm},$ かつ$,a\geqq(b+40)\text{mm}$

⑷　鉄筋の定着

鉄筋の定着は以下による。

1)　鉄筋の定着の長さは，特記による。特記がなければ**表 5.6** による。

　　定着の長さは，付着の関係で鉄筋の強度が大きいほど長くなり，コンクリートの強度が小さくなるほど長くなることに注意する。

　　なお，L_3 は常に圧縮となっている小梁又はスラブの両端の下端筋についてのみ適用される。したがって，表下の（注）にあるように，耐圧スラブ及びこれを受ける小梁には適用されないことに注意する。

　　軽量コンクリートの定着については，1）以外の場合は表の値に 5d を加える。

表 5.6　鉄筋の定着の長さ [1]

鉄筋の種類	コンクリートの設計基準強度 (Fc) (N/㎟)	直線定着の長さ				フックありの定着の長さ			
		L₁	L₂	L₃		L₁ₕ	L₂ₕ	L₃ₕ	
				小梁	スラブ			小梁	スラブ
SD295	18	45d	40d	20d（片持小梁の場合は25d）	10d かつ 150 mm 以上（片持スラブの場合は 25d）	35d	30d	10d	—
	21	40d	35d			30d	25d		
	24，27	35d	30d			25d	20d		
	30，33，36	35d	30d			25d	20d		
SD345	18	50d	40d			35d	30d		
	21	45d	35d			30d	25d		
	24，27	40d	35d			30d	25d		
	30，33，36	35d	30d			25d	20d		
SD390	21	50d	40d			35d	30d		
	24，27	45d	40d			35d	30d		
	30，33，36	40d	35d			30d	25d		

（注）　1.　L_1，L_{1h}：2. から 4. まで以外の直線定着の長さ及びフックありの定着の長さ
　　　　2.　L_2，L_{2h}：割裂破壊のおそれのない箇所への直線定着の長さ及びフックありの定着の長さ
　　　　3.　L_3　：小梁及びスラブの下端筋の直線定着の長さ。ただし，基礎耐圧スラブ及びこれを受ける小梁は除く。
　　　　4.　L_{3h}：小梁の下端筋のフックありの定着の長さ
　　　　5.　フックありの定着の場合は，図 5.5 に示すようにフック部分 l を含まない。また，中間部での折曲げは行わない。
　　　　6.　軽量コンクリートの場合は，表の値に 5d を加えたものとする。

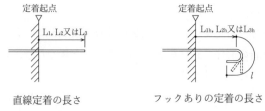

定着起点　　　　　　　　　　定着起点

L_1，L_2 又は L_3　　　　L_{1h}，L_{2h} 又は L_{3h}

l

直線定着の長さ　　　　　　フックありの定着の長さ

図 5.5　直線定着の長さ及びフックありの定着の長さ [1]

2)　仕口内に縦に折り曲げて定着する鉄筋の定着長さ L が，表 5.6 のフックあり定着の長さを確保できない場合は，特記によるが，特記がなければ図 5.6 のように投影定着長さ（梁の主筋については L_a，その他は L_b）の確保等，定着の方法を定めている。

　　　L_a（梁主筋の柱内折曲げ定着の投影長さ）は，鉄筋の種類とコンクリートの設計基準強度の組み合わせにより，その投影定着長さが決められているが，原則として**柱せいの $\frac{3}{4}$ 倍以上をのみ込ませる**ことが規定されている。

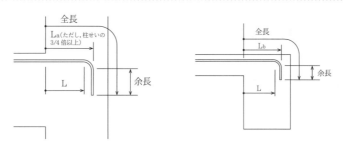

(注) **3.(4) 1)** の長さを全長で確保する。

梁主筋の
柱内折曲げ定着の投影定着長さ

小梁及びスラブの上端筋の
梁内折曲げ定着の投影定着長さ

図5.6　折曲げ定着の方法[1]

3)　溶接金網の継手及び定着

溶接金網の継手及び定着については，**図5.7** による。鉄筋を使用して定着する場合の L_1 は鉄筋の継手長さ，L_2，L_3 は鉄筋の定着長さである。

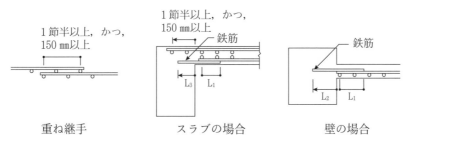

重ね継手　　　　　　　スラブの場合　　　　　　壁の場合

図5.7　溶接金網の継手及び定着[1]

4)　スパイラル筋の継手及び定着

スパイラル筋の継手及び定着については，**図5.8** による。

スパイラル筋は，末端部は1.5巻以上の添巻き及び**重ね継手部は50dの重ね長さ**に注意する。

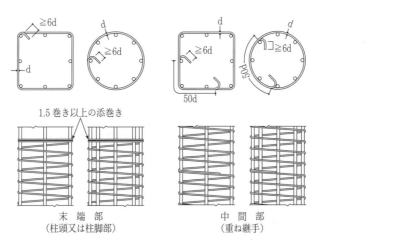

末端部
(柱頭又は柱脚部)

中間部
(重ね継手)

図5.8　スパイラル筋の継手及び定着[1]

第2章　建築施工

第5節　鉄筋工事

4. 鉄筋のかぶり厚さ及び間隔

(1)　鉄筋のかぶり厚さ

　　1)　鉄筋及び溶接金網の**最小かぶり厚さ**は，**表 5.7** による。

　　2)　上記にかかわらず，柱及び梁の主筋に D29 以上を使用する場合は，付着割裂破壊を考慮し，主筋のかぶり厚さを径の 1.5 倍以上確保するよう最小かぶり厚さを定める。

表 5.7　鉄筋及び溶接金網の最小かぶり厚さ [1]

構 造 部 分 の 種 類				最小かぶり厚さ (mm)
土に接しない部分	スラブ，耐力壁以外の壁	仕上げあり		20
		仕上げなし		30
	柱，梁，耐力壁	屋　内	仕上げあり	30
			仕上げなし	30
		屋　外	仕上げあり	30
			仕上げなし	40
	擁壁，耐圧スラブ			40
土に接する部分	柱，梁，スラブ，壁			40
	基礎，擁壁，耐圧スラブ			60
煙突等高熱を受ける部分				60

（注）　1.　この表は，普通コンクリートに適用し，軽量コンクリートには適用しない。また，塩害を受けるおそれのある部分等耐久性上不利な箇所には適用しない。
　　　　2.　「仕上げあり」とは，モルタル塗り等の仕上げのあるものとし，鉄筋の耐久性上有効でない仕上げ（仕上塗材，塗装等）のものを除く。
　　　　3.　スラブ，梁，基礎及び擁壁で，直接土に接する部分のかぶり厚さには，捨コンクリートの厚さを含まない。
　　　　4.　杭基礎の場合の基礎下端筋のかぶり厚さは，杭天端からとする。

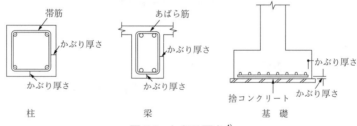

図 5.9　かぶり厚さ [4]

　　3)　柱，梁の鉄筋の**かぶり厚さ**は，**図 5.9** のように主筋の外回りを包んでいる帯筋，あばら筋の外側から測定する。

　　　　打継ぎ目地部分のかぶり厚さは，目地底よりかぶりを確保する。

　　　　表 5.7 の（注）にあるように，**かぶり厚さには捨コンクリートの厚さを含まない**こと，**杭基礎の場合のかぶり厚さ**は杭天端からとすることに注意する。

　　　　また，表中に「仕上げあり」として鉄筋のかぶりを減じることができる仕上げは，塗装等鉄筋の耐久性上有効でない仕上げのものを除いている。

図 5.10　打継ぎ目地部分のかぶり厚さ [2]

4)　「標仕」の最小かぶり厚さは，建築基準法施行令第 79 条（鉄筋のかぶり厚さ）に規定されるかぶり厚さを基本とし，仕上げなし（柱・梁・耐力壁では屋外で仕上げなし）の場合は 10 ㎜ 加算した数値としている。

　　かぶり厚さが小さいと，火災時に部材の構造耐力が低下したり，過大なたわみや変形を生じたりするほか，地震時に鉄筋コンクリートに対する付着性能が低下し，**付着割裂破壊**等の脆性破壊を生じたりする。また，コンクリートの中性化がかぶり厚さ以上に進行すると，鉄筋が腐食されやすくなる。

　　最小かぶり厚さは，柱及び梁にあっては 3 時間耐火，壁及び床にあっては 2 時間耐火の**耐火上必要なかぶり厚さ**であるのと，耐用年数中にコンクリートの**中性化**が鉄筋に達しないことの両方を考慮して決められている。

5)　最小かぶり厚さを確保するために，柱，梁等の鉄筋の**加工に用いるかぶり厚さは，最小かぶり厚さに 10 ㎜ を加えた値を標準とする**（JASS 5 では，計画供用期間の区分に応じて構造部材，非構造部材の最小かぶり厚さが規定されており，施工で用いられるかぶり厚さである JASS 5 の「設計かぶり厚さ」は「標仕」の「最小かぶり厚さ」＋ 10 ㎜ としている。**表 5.7** の数値は，JASS 5 の計画供用期間が「標準・長期」の最小かぶり厚さに相当する）。

6)　鉄筋組立て後のかぶり厚さは，最小かぶり厚さ以上とする。

7)　かぶり厚さが必要以上に大きいと構造上重大な欠陥となる場合があるので，鉄筋の位置について精度を確保することが重要である。特に，スラブ筋，片持ちスラブの上端筋や断面の小さい部材等でかぶり厚さを規定以上取ることは，重大な欠陥の原因や鉄筋相互のあきが確保できない等のおそれがある。

(2)　鉄筋相互のあき

　　鉄筋相互のあきは，**図 5.11** により，①〜③の値のうち最大のもの以上とする。

　　①　粗骨材の最大寸法の 1.25 倍

　　②　25 ㎜

　　③　隣り合う鉄筋の平均径の 1.5 倍（径は鉄筋の呼び名に用いた数値）

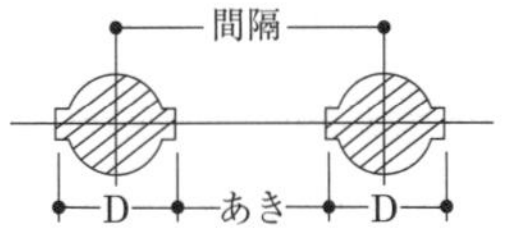

Dは，鉄筋の最大外径

図 5.11　鉄筋相互のあき及び間隔[1]

また，鉄筋の間隔は，鉄筋相互のあきに鉄筋の最大外径（D）を加えたものとする。

(3)　鉄筋鉄骨コンクリート造の場合の主筋と並行する鉄骨とのあき

　　鉄筋鉄骨コンクリート造の場合，主筋と並行する鉄骨とのあきは，上記(2)鉄筋相互のあきと同様とする。

5. 施工中の鉄筋の保護

1)　鉄筋の組立後，スラブ，梁等には，歩み板を置き渡し，直接鉄筋の上を歩かないようにする。

2)　コンクリートの打込みによる鉄筋の乱れは，なるべく少なくする。特に，かぶり厚さ，上端部の位置及び間隔の保持に努める。

3)　硬化したばかりのコンクリート中の鉄筋に振動を与えると，付着力が低下するので注意する。

4)　スペーサーの個数の標準は JASS 5 に規定（**表 5.8**）がある。

表 5.8 スペーサーの個数の標準（鉄筋コンクリート造配筋指針・同解説より抜粋）

部 位	スラブ	梁	柱	壁・地下外壁
個 数	上端筋，下端筋それぞれ 1.3 個／㎡ 程度	間隔は 1.5m 程度 端部は 1.5m 以内	上段は梁下より 0.5m 程度 中段は柱脚と上段の中間 柱幅方向は 1.0m まで 2 個 1.0m 以上 3 個	上段は梁下より 0.5m 程度 中段は上段より 1.5m 間隔 程度 横間隔は 1.5m 程度 端部は 1.5m 以内

6. 各部配筋

各部配筋は，設計者が示すべきものとして，「標仕」では「特記による」としている。各部配筋について，図を用いながら 6.1 ～ 6.7 に示す。

6.1 基礎及び基礎梁の配筋

(1) 基礎梁の主筋

基礎梁の主筋は，原則として，柱をまたいで引き通すものとし，引き通すことができない場合は，柱内に定着する。やむを得ず，梁内に定着する場合は図 5.12 による。

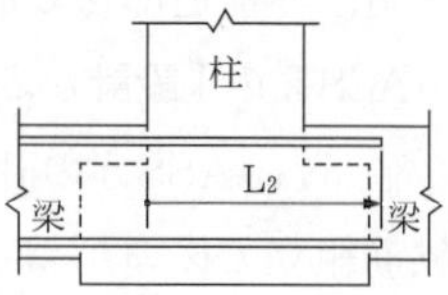

基礎梁の端部鉄筋をどこまで伸ばすか（カットオフ長さ）は，$\frac{l_0}{4} + 15d$ が標準として示されている。

図 5.12 梁筋の基礎梁内への定着

(2) 基礎梁の主筋の継手位置

基礎梁の鉄筋の継手は，一般に常時荷重に対する応力の小さい部分又は，梁の圧縮側となる部分に設ける。したがって，

① 独立基礎でスラブが付かない基礎梁（図 5.13）

② 連続基礎，べた基礎及び耐圧スラブの付く基礎梁（図 5.14）

で，継手を設ける位置が異なっていることに注意しなければならない。

それぞれの場合の継手（の中心）を設ける範囲及び常時荷重に対する曲げモーメント図を下記に示す。

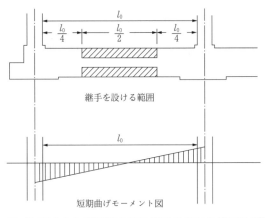

継手を設ける範囲

短期曲げモーメント図

図 5.13　独立基礎でスラブが付かない基礎梁主筋の継手を設ける範囲及び短期曲げモーメント図

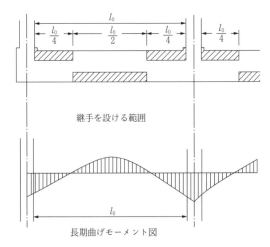

継手を設ける範囲

長期曲げモーメント図

図 5.14　連続基礎，べた基礎及び耐圧スラブの付く基礎梁主筋の継手を設ける範囲及び
　　　　　長期曲げモーメント図

⑶　基礎梁のあばら筋

　梁せいが 1.5m 以上であばら筋を重ね継手とする場合は，180°フック付きとするか，溶接または機械式継手とする。

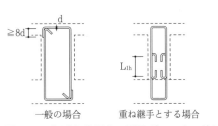

一般の場合　　　重ね継手とする場合

図 5.15　あばら筋組立の形及びフックの位置

6.2　柱の配筋

(1)　柱の主筋

柱脚と柱頭の主筋の本数が異なる場合のオフセット位置は，$\dfrac{h_0}{2} + 15d$ を標準としている。

(2)　柱主筋の継手位置

柱主筋の継手は，曲げ応力の小さい中央部分に設ける。

「標仕」では，施工性を考慮して，継手の中心の最下部は下階梁上端面より 500 以上，かつ，1,500 以下，最上部は下階梁上端面から $\dfrac{3}{4}h_0$ 以下の範囲に設ける。

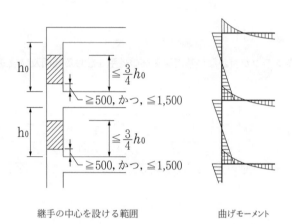

継手の中心を設ける範囲　　　　曲げモーメント

図 5.16　柱主筋の継手の中心を設ける範囲及び曲げモーメント図

隣り合う継手の位置は，**表 5.5** による。

(3)　柱の帯筋

柱の帯筋は，下記のものが標準として示されているが，どれを使うかは特記によることとしている。

①　H 形（通常のもの。フックは 135°とする）

②　W－I 形（溶接は鉄筋の組立て前に行うことに注意）

帯筋の溶接を行う場合には，細径（3.2 〜 4 φ）の溶接棒を用いるのがよく，また，鉄筋の成分で C，Mn 等の化学成分が異常に高いものは鉄筋の溶接を控えた方がよい。

③　SP 形（**スパイラルフープ**。柱頭柱脚の端部には 1.5 巻以上の添巻を行う）

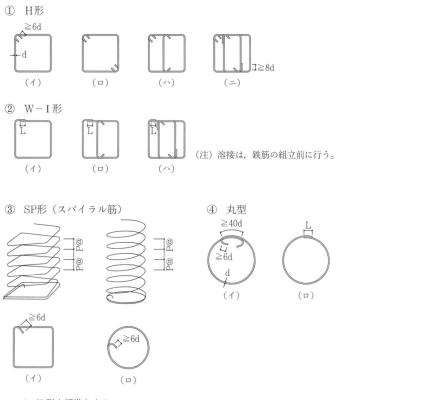

① H形

② W−I形

(注) 溶接は，鉄筋の組立前に行う。

③ SP形（スパイラル筋）

④ 丸型

1. H形を標準とする。
2. フック及び継手の位置は，交互とする。
3. 溶接する場合の溶接長さ L は，両面重ねアーク溶接の場合は 5d 以上，片面重ねアーク溶接の場合は 10d 以上とする。
4. SP 形において，柱頭及び柱筋の端部は 1.5 巻以上の添巻きを行う。
5. H形の 135°曲げのフックが困難な場合は，W−I 形とする。

図 5.17　帯筋組立の形

6.3　梁の配筋

(1)　梁の主筋

梁の主筋は，原則として，柱をまたいで引き通すものとし，**引き通すことができない場合**は，柱内に定着することができる。この場合，**上端筋は曲げ降ろし，下端筋は曲げ上げる**。

やむを得ず，梁内に定着する場合は，**図 5.18** による。

(2)　梁の主筋の継手位置

梁主筋の継手位置は，常時荷重に対する応力の小さい部分に設ける。

梁の主筋の継手の中心は，上端筋は中央部 $\dfrac{l_0}{2}$ の範囲内，下端筋は，柱面から梁せい（D）の分だけ離れたところから $\dfrac{l_0}{4}$ の範囲内に設ける。下端筋の継手を梁端より D だけ離れたところに設けるのは，大地震時には，梁の下端筋も降伏する可能性があるためで，このことに注意しなければならない。

片持ち梁の上端筋には，継手を設けてはいけない。

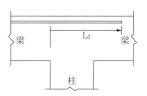

図 5.18　梁主筋の梁内定着

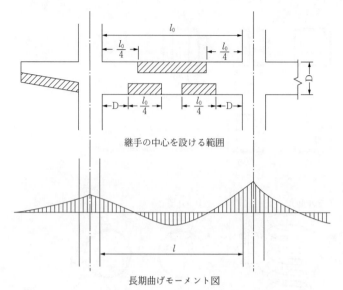

継手の中心を設ける範囲

（注）梁の端部よりD（梁せい）の
　　　範囲には継手を設けない。
　　　片持ち梁の上端筋の継手
　　　は設けない。

長期曲げモーメント図

図 5.19　梁主筋の継手の中心を設ける範囲及び長期曲げモーメント図

⑶　**梁のあばら筋**

　あばら筋組立ての形及びフックの位置は，**図 5.20** による。

　90°フックは，スラブが付いている箇所のみ許されていることに注意する。

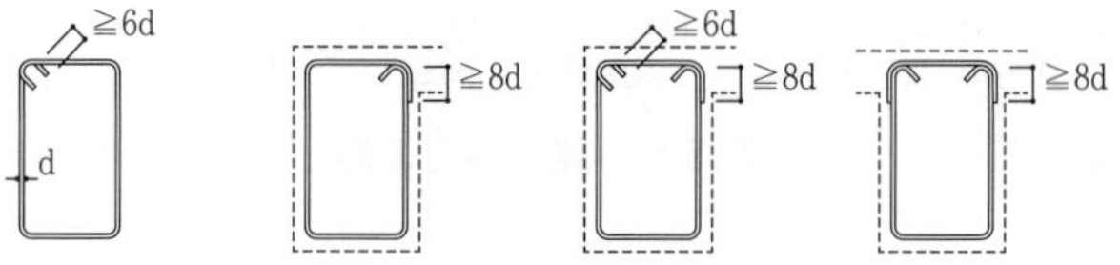

（イ）　　　　（ロ）　　　　（ハ）　　　　（ニ）

（注）1.（イ）形を標準とする。ただし，L 形梁の場合は，（ロ）又は（ハ），T 形梁
　　　　の場合は，（ロ）〜（ニ）とすることができる。
　　　2. フックの位置は，（イ）の場合は交互とし，（ロ）の場合は，L 形ではスラブ
　　　　の付く側，T 形では交互とする。
　　　　　なお，（ハ）の場合は床版の付く側を 90°折曲げとする。

図 5.20　あばら筋組立の形

370

(4) 腹筋及び幅止め筋

腹筋及び幅止め筋は，**図5.21**による。**腹筋の継手長さは，短くてよい。**

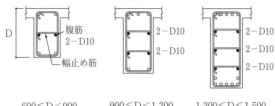

$600 \leqq D < 900$　　$900 \leqq D < 1,200$　　$1,200 \leqq D \leqq 1,500$

1. 腹筋に継手を設ける場合の継手長さは，150 mm程度とする。
2. 幅止め筋及び受け用幅止め筋は，D10-1,000@程度とする。

図5.21　腹筋及び幅止め筋

6.4　小　梁

(1) 小梁の主筋の継手位置

小梁主筋の継手位置は，常時荷重に対する応力の小さい部分に設ける。

小梁の主筋の継手の中心については，下端筋の継手は，**外端では柱面から $\dfrac{l_0}{6}$ の範囲内に設け，**小梁が連続する**連続端**（内端）では**柱面から $\dfrac{l_0}{4}$** の範囲内に設ける。下端筋は，外端と連続端とで継手を設ける範囲が異なっていることに注意しなくてはならない。

小梁の上端筋は中央部の下端筋の継手を設ける範囲以外の範囲に設ける。

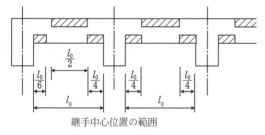

継手中心位置の範囲

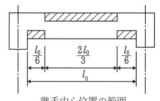

継手中心位置の範囲

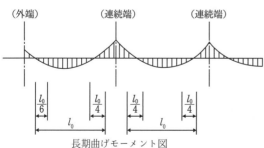

長期曲げモーメント図

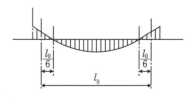

長期曲げモーメント図

**図5.22　連続小梁主筋の継手の中心を
　　　　設ける範囲と曲げモーメント図**

**図5.23　単独小梁主筋の継手の中心を
　　　　設ける範囲と曲げモーメント図**

6.5　壁の配筋

(1)　一般事項

　土圧等を受ける壁及び耐震壁として特記されたものは，他の壁の配筋と重ね継手の長さや定着の長さが異なることがあるので設計図書で確認する。

(2)　配筋方法

5

1)　一般的には，土圧等を受ける壁及び耐震壁として特記されたものは重ね継手の長さが L_1，定着の長さが L_2 となっている。また，継手の位置が特記により一般の壁と異なることがある。

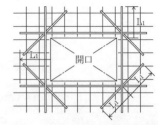

図5.24　壁開口部補強筋の定着長さ

10

2)　原則として，**壁筋の継手は，柱及び梁内に設けてはいけない。**

　上階と壁の位置が重なる場合は，壁の鉄筋は上階まで伸ばすようにし，壁の差し筋はなるべくやめる。

3)　**ダブル配筋の場合の開口補強筋は，壁筋の内側に配筋する。**

15

4)　壁開口部補強筋の定着長さ（L_1）は，**図5.24** による。

6.6　床スラブ

(1)　配筋方法

1)　床スラブの端部の上端筋が下がると，床スラ

20

ブの耐力が低下する。

　片持スラブは，コンクリート打込み時に上端筋の位置が下がり構造耐力上の障害が起きやすいので，上端の鉄筋の位置保持には，連続バーサポート等を用いるのがよい。

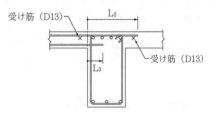

図5.25　スラブ筋の定着長さ及び受け筋

25

2)　スラブ筋の定着長さ及び受け筋の方法を**図5.25** に示す。

3)　スラブの開口部の補強配筋は，**図5.26** による。

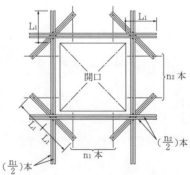

30

35

(注) 1. スラブ開口によって切られる鉄筋と同量の鉄筋で周囲を補強し，隅角部に斜め方向に 2-D13($l = 2L_1$) シングルを上下筋の内側に配筋する。
　　　2. スラブ開口の最大径が両方向の鉄筋間隔以下で，鉄筋を緩やかに曲げることにより，開口部を避けて配筋できる場合は，補強を省略することができる。

図5.26　スラブ開口部の補強配筋

4)　屋根スラブの出隅及び入隅部の補強配筋は，**図** 5.27 による。補強筋は，スラブの上端筋の下側に配置する。

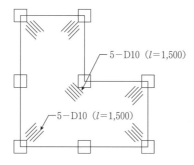

5−D10 $(l=1,500)$

5−D10 $(l=1,500)$

補強筋を上端筋の下側に配置する。

図 5.27　屋根スラブの出隅及び入隅部の補強配筋

5)　段差のあるスラブの配筋方法は，**図** 5.28 による。

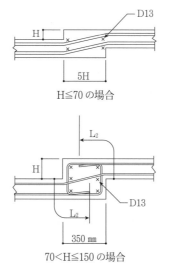

D13

H

5H

H≦70 の場合

L_2

H

L_2

350 mm

D13

70<H≦150 の場合

（注）150 mm以下の段差のあるスラブの場合に限る。

図 5.28　段差のあるスラブの補強配筋

6.7　梁貫通孔の配筋（**図** 5.29）

1)　孔の径は梁せいの $\frac{1}{3}$ 以下とし，孔が円形でない場合はこれの外接円とする。

2)　孔の上下方向の位置は梁せい中心付近とし，梁中央部下端は梁下端より $\frac{1}{3}$ D（Dは梁せい）の範囲に設けてはならない。

3)　孔は柱面から原則として 1.5D 以上離す（ただし，基礎梁，壁付帯梁は除く）。

4)　孔が並列する場合の中心間隔は，孔の径の平均値の 3 倍以上とする。

5)　縦筋及び上下縦筋はあばら筋の形に配筋する。補強筋は主筋の内側に配筋し，鉄筋の定着長さは L_1 とする（**図** 5.30）。

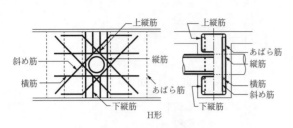

図 5.29　梁貫通孔補強筋の名称等

貫通孔が円形の場合

図 5.30　補強筋の定着長さ

7. ガス圧接

7.1　一般事項

　鉄筋のガス圧接は，接合しようとする鉄筋の端面を平滑に加工して突き合わせ，その突合せ部を**酸素・アセチレン炎**を用いて加熱し，鉄筋軸方向に圧力を加えて接合する方法である。

7.2　適用範囲

1)　高強度鉄筋である SD490 のガス圧接を行う場合は，特記等によりその仕様（使用する装置器具類，施工方法，施工前試験の実施等について）を規定する必要がある。

2)　「標仕」では，原則として，鉄筋の種類が異なる場合（ただし，SD390 と SD345 の圧接は可），形状が著しく異なる場合及び径の差が 5 mm（JASS 5 では 7 mm）を超える場合は，圧接をしないこととしている。

7.3　技能資格者

　圧接作業を行う技能資格者は JIS Z 3881（鉄筋のガス圧接技術検定における試験方法及び判定基準）による技量を有する者で，工事に相応した技量を有する者とする。これについては，(公社) 日本鉄筋継手協会が手動ガス圧接技量資格者及び自動ガス圧接技量資格者の技量を認証し，技量資格証明書を発行している。

表 5.9　手動ガス圧接技量資格者の圧接作業可能範囲[2]

技量資格種別	圧接作業可能範囲	
	鉄筋の種類	鉄筋径
1　種	SR235，SR295，SD295A，SD295B，SD345，SD390	径 25 mm 以下 呼び名 D25 以下
2　種	SR235，SR295，SD295A，SD295B，SD345，SD390	径 32 mm 以下 呼び名 D32 以下
3　種	SR235，SR295，SD295A，SD295B，SD345，SD390，SD490	径 38 mm 以下 呼び名 D38 以下
4　種	SR235，SR295，SD295A，SD295B，SD345，SD390，SD490	径 50 mm 以下 呼び名 D51 以下

7.4　装置・器具類

1)　圧接作業に使用する装置・器具類は，**加熱器，圧接器**（支持器），**加圧器**で構成される。

2)　装置・器具類は，鉄筋径に応じたもので，整備されたものでなければならない。

7.5　鉄筋の加工

1)　ガス圧接では，1 箇所あたり 1d ～ 1.5d（d：鉄筋径）の**アップセット**（縮み量）が必要である。あらかじめ，この縮み代を見込んで鉄筋の加工を行う。

2)　圧接とする鉄筋は，その端面が直角で平滑となるように，適切な器具（**鉄筋冷間直角切断機等**）を用いて切断する。

7.6　圧接端面

圧接部の品質の良否は圧接端面の状態に左右されるので圧接端面の処理は圧接作業において極めて重要である。圧接前の端面の状態は下記による。

1)　鉄筋の端面及び端面から 100 mm の範囲には油脂，塗料，セメントペースト等の付着がないこと。

2)　圧接端面は平滑に仕上げられており，その周辺は軽く面取りがされていること。

3)　**圧接端面の処理は，原則として，圧接作業当日に行う。**

4)　圧接面の状態と不良圧接面の例を**図 5.31** に示す。**圧接端面間の隙間は，鉄筋径にかかわらず 2 mm 以下としなければならない。**

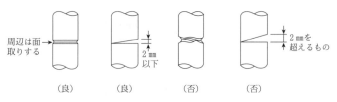

図 5.31　圧接端面の状態 [2]

7.7　天候による処置

1)　寒冷期にはアセチレン容器や圧力調整器の保温に注意し，高温時にはアセチレン容器を直射日光等から保護する。

2)　降雨，降雪又は強風のときは圧接作業を中止する。ただし，風除け，覆い等の設備をした場合には，作業を行ってもよい。

7.8　圧接作業

1)　鉄筋に圧接器を取り付けたときの鉄筋の圧接端面間の隙間は 2 mm 以下とし，かつ，偏心及び曲がりのないものとする。

2)　圧接する鉄筋の軸方向に適切な加圧を行い，圧接端面相互が密着するまで**還元炎**（アセチレン過剰炎）で加熱する。

3)　圧接端面相互が密着したことを確認したのち，鉄筋の軸方向に適切な圧力を加えながら，中性炎（標準炎）により圧接面を中心に**鉄筋径の2倍程度の範囲を揺動加熱（幅焼き）する**。

4)　圧接器の取外しは，鉄筋加熱部分の火色消失後とする。

5)　加熱中にバーナー不調等のため加熱を中断した場合，そのまま再圧接すると圧接面が酸化して不良圧接となるおそれがあるので，圧接部を切り取り再圧接する。ただし，**圧接端面相互が密着したのちに火炎に異常があった場合**は，火炎を再調節して作業を行ってもよい。

7.9　圧接完了後の試験

圧接完了後は，次により，試験を行う。

(1)　外観試験

圧接部のふくらみの形状及び寸法，圧接面のずれ，圧接面における鉄筋中心軸の偏心等，有害と認められる欠陥の有無について**外観試験**を行う。外観試験は目視によって行い，必要に応じて専用の外観試験用測定治具を使用する。外観試験は，全圧接部に対して行う。

1)　**圧接部のふくらみの径は鉄筋径の1.4d以上**，ふくらみの長さ L は鉄筋径の1.1d以上とし，ふくらみの形状はなだらかであること（**図5.32**）。

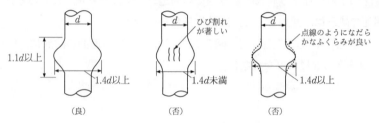

図5.32　圧接部のふくらみの形状及び寸法 [2]

2)　圧接部のふくらみにおける圧接面のずれ（δ）は，鉄筋径の $\dfrac{1}{4}$ 以下（$\delta \leq \dfrac{d}{4}$）とする（**図5.33**）。

図5.33　圧接面のずれ [2]

3)　圧接面における鉄筋中心軸の偏心量は，鉄筋径の $\dfrac{1}{5}$ 以下（$a \leq \dfrac{d}{5}$）とする（**図5.34**）。

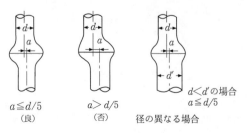

図5.34　圧接部における鉄筋中心軸の偏心量 [2]

4)　鉄筋同士の角度が 2°を超える圧接部の折れ曲がりがあってはならない。

5)　圧接部の片ふくらみは，**図** 5.35 による。

(2)　抜取試験

　抜取試験は，超音波探傷試験又は引張試験とし，その適用は特記とする。「標仕」では，特記がなければ超音波探傷試験によるとしている。

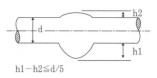

$h1-h2 \leqq d/5$

図 5.35　圧接部の片ふくらみ [2]

1)　超音波探傷試験

①　1 **ロット**は，1 組の作業班が 1 日に行った圧接箇所とする。

②　試験の箇所数は，1 ロットに対し 30 箇所とし，無作為に抜き取る。

③　試験方法及び判定基準は，JIS Z 3062（鉄筋コンクリート用異形棒鋼ガス圧接部の超音波探傷試験方法及び判定基準）による。

④　ロットの合否判定は，ロットのすべての試験箇所が合格と判定された場合に当該ロットを合格とする。

⑤　試験従事者は，当該ガス圧接工事に関連がなく，超音波探傷試験の原理及び鉄筋ガス圧接部に関する知識を有する者でなければならない。

2)　引張試験

①　**試験ロットの大きさ**は，1 組の作業班が 1 日に行った圧接箇所とする。

②　試験片の採取数は，1 ロットに対して 3 本とする。

③　試験片を採取した箇所は，同種の鉄筋を圧接して継ぎ足す。ただし，D25 以下の場合は，監督職員の承諾を受けて，重ね継手とすることができる。

④　試験片の形状，寸法及び試験方法は，JIS Z 3120（鉄筋コンクリート用棒鋼ガス圧接継手の試験方法及び判定基準）による。

⑤　ロットの合否の判定は，すべての試験片の引張強さが母材の規格値以上である場合，かつ，圧接面での破断がない場合を合格とする。

7.10　不合格となった圧接部の修正

1)　外観試験で不合格となった場合の処理

①　圧接部のふくらみの直径やふくらみの長さが規定値に満たない場合は，再加熱し，圧力を加えて所定のふくらみとする。

②　圧接部のずれや偏心量が規定値を超えた場合は，圧接部を切り取り，再圧接する。

③　圧接部の強度に影響を及ぼす折れ曲がりを生じた場合は，再加熱して修正する。

④　圧接部のふくらみが著しいつば形の場合や著しいたれ，へこみ，焼き割れを生じた場合は，圧接部を切り取り，再圧接する。

⑤　再加熱又は再圧接した箇所は，外観試験及び超音波探傷試験を行う。

⑥　圧接部の片ふくらみが著しい場合は，圧接部を切り取り，再圧接する。

2)　超音波探傷試験又は引張試験で不合格となったロットの処置

①　直ちに作業を中止し，欠陥発生の原因を調査して，必要な改善措置を定め，監督員の承諾を受けなければならない。

② 不合格ロットは，残り全数に対して超音波探傷試験を行う。

③ 超音波探傷試験の結果，不合格となった圧接箇所は，圧接箇所を切り取って再圧接する。

8. 機械式継手及び溶接継手

現在，日本で使用されている鉄筋継手を工法別に分類すると**図5.36**に示すとおりとなる。

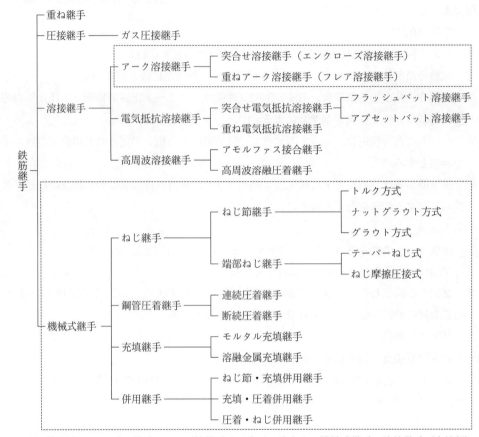

(注)「標仕」では，重ね継手，ガス圧接継手及び告示に適合する機械式継手・溶接継手（点線部）を標準的な鉄筋継手工法としている。

図5.36　鉄筋継手の分類

(1)　機械式継手

機械式継手は，「鉄筋の継手の構造方法を定める件」（平成12年建設省告示第1463号）に適合するものとし，その種類等は特記による。

告示では，機械式継手の構造方法として，カップラー等の接合部分における滑りやカップラーの強度，モルタルやグラウト材等の強度，ナットを用いて固定する場合の導入トルク，圧着によって固定する場合の密着状態を規定している。

以下に，現在までに建築工事に適用実績のある機械式継手を例示する。

1)　**ねじ節継手**は，異形鉄筋の節形状がねじ状になるように圧延された鉄筋を雌ねじ加工されたカップラーを用いて接合する工法である。カップラーと鉄筋との間の緩みを解消する方法として，ロックナットを締め付けるトルク方式（**図5.37**①），カップラーと鉄筋の間の空隙

にモルタル又は樹脂を注入するグラウト方式（**図**5.37 ㋺），両者を併用した方式がある。

㋑　トルク方式　　　　　　　　　㋺　グラウト方式

図5.37　ねじ節継手の例[2]

2)　ねじ節継手以外の主な機械式継手は**図**5.38 〜 40 に示す。

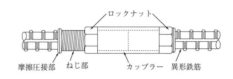

図5.38　端部ねじ継手の例[2]

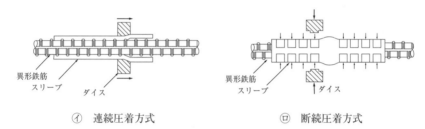

㋑　連続圧着方式　　　　　　　　㋺　断続圧着方式

図5.39　鋼管圧着継手の例[2]

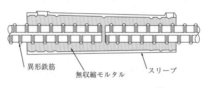

図5.40　充填継手の例[2]

3)　隣り合う鉄筋の継手位置は**表**5.5 により，カップラーの中心間で 400 mm 以上，かつ，カップラー端部の間のあきが 40 mm 以上となるようずらして配置する。ただし，先組み工法等で継手を相互にずらさない場合は特記による位置とする。

4)　接合しようとする鉄筋は，その端面が直角なものを用いる。鉄筋端部が少しでも曲がっているとカップラーに鉄筋が入らなかったり，カップラー内部で鉄筋が詰まったりすることがある。この規定は，機械式継手で最も重要な挿入長さを確実に確保するため，新たに追加された。

5)　市販されている継手は，（一財）日本建築センターの評定を受けており，工法や品質の確認方法は評定を受けた施工要領書に準拠しなければならない。

6)　機械式継手の検査においては，**カップラー**に対する鉄筋の挿入長さの確認が重要である。

このため，施工作業ではマーキングによる挿入長さの確認を行うこととしている。

7)　継手部の試験は機械式継手に関する知識，試験に対する十分な知識を有する技能資格者が行う。

(2)　溶接継手

溶接継手は，告示「鉄筋の継手の構造方法を定める件」（平成 12 年建設省告示第 1463 号）に適合したものでなければならない。告示では突合せ溶接継手の構造方法及び径が 25 mm 以下の鉄筋については重ねアーク溶接継手とすることができると規定している。

1)　隣り合う鉄筋の継手位置は，継手の中心間で 400 mm 以上ずらして配置する。

2)　突合せ溶接接合しようとする鉄筋は，その端面が直角なものを用いる。鉄筋の突合せ溶接では溶接の初層部に欠陥が生じやすい。また，溶接作業を良好にし，品質を安定させるためには，適切なルート間隔で溶接するのがよい。本規定はこれらのため新たに規定された。

3)　工事に採用できる突合せ溶接継手（エンクローズ溶接継手）は，(一財)日本建築センターの評定又は(公社)日本鉄筋継手協会の認定を受けたものがほとんどである。これらの溶接継手の工法や品質の確認方法は評定又は認定に準拠して行わなければならない。

4)　**エンクローズ溶接継手**は突き合わせた鉄筋の開先部を裏当て金で囲み，CO_2 ガスシールドにより溶接部の酸化を防止しながら，開先底部よりアークをスタートさせて開先内を溶融金属で充填して接合するもので，溶接後の継手の伸縮は小さいという特徴がある。例を**図 5.41**に示す。

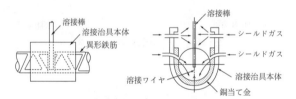

図 5.41　エンクローズ溶接の例[2]

5)　エンクローズ溶接継手の検査には外観検査と超音波探傷試験が行われる。これらは評定又は認定を受けたその工法の施工要領書に定める方法によって行う。

6)　「標仕」では D16 以下の細径鉄筋の溶接は，**重ねアーク溶接**（フレアグルーブ溶接）とし，全強継手とするための溶接有効長さは，片面溶接で鉄筋径の 10 倍以上，両面溶接で鉄筋径の 5 倍以上とする（**図 5.42**）。

⑦　当て金なし　　　　　　　　　　　　　　　　　　⑩　当て金付き

図 5.42　フレア溶接継手の例[2]

7)　溶接部の試験は，溶接継手に関する知識，試験に関する十分な知識を有する技能資格者が行う。

第6節　コンクリート工事

1. コンクリートの種類及び品質

1.1　コンクリートの規格による分類

JIS A 5308（レディーミクストコンクリート）の規格による種類は**表 6.1**のとおりである。

表 6.1　レディーミクストコンクリートの種類（JIS A 5308：2019）

コンクリートの種類	粗骨材の最大寸法 mm	スランプ又はスランプフロー(注) cm	呼び強度													
			18	21	24	27	30	33	36	40	42	45	50	55	60	曲げ4.5
普通コンクリート	20, 25	8, 10, 12, 15, 18	○	○	○	○	○	○	○	○	○	−	−	−	−	−
		21	−	○	○	○	○	○	○	○	○	−	−	−	−	−
		45	−	−	−	○	○	○	○	○	○	−	−	−	−	−
		50	−	−	−	−	○	○	○	○	○	−	−	−	−	−
		55	−	−	−	−	−	○	○	○	○	−	−	−	−	−
		60	−	−	−	−	−	−	○	○	○	−	−	−	−	−
	40	5, 8, 10, 12, 15	○	○	○	○	○	−	−	−	−	−	−	−	−	−
軽量コンクリート	15	8, 12, 15, 18, 21	○	○	○	○	○	○	○	−	−	−	−	−	−	−
舗装コンクリート	20, 25, 40	2.5, 6.5	−	−	−	−	−	−	−	−	−	−	−	−	−	○
高強度コンクリート	20, 25	12, 15, 18, 21	−	−	−	−	−	−	−	−	−	−	○	−	−	−
		45, 50, 55, 60	−	−	−	−	−	−	−	−	−	−	○	○	○	−

（注）荷卸し地点の値であり，45 cm，50 cm，55 cm 及び 60 cm はスランプフローの値である。
　　　ただし，高強度コンクリートは，表 6.1 の○印と○印の間の整数，及び 45 を超え 50 未満の整数を呼び強度とすることができる。

1.2　建築基準法による分類

1)　JIS A 5308 への適合を認証されたコンクリートで，建築基準法第 37 条（建築材料の品質）の規定により，建築物の基礎，主要構造部等に使われるものには，**表 6.1** の種類がある。

2)　国土交通大臣が定める技術基準に適合するものとして，国土交通大臣の認定を個別に受けたコンクリートがあり，高強度コンクリート等，特別な目的のため開発されたものが該当する。

3)　JIS A 5308 に適合していることが認証されていないコンクリート（いわゆる山間部，離島，現場練り等 JIS マーク表示認証工場以外で製造されるコンクリート）は，JIS A 5308 の規格に適合していれば，建築基準法第 37 条の建築材料として使用できる。

1.3　骨材による種類

気乾単位容積質量が 2.1 を超え 2.5 t／㎥ 以下の普通コンクリートと，より気乾単位容積質量の小さい軽量コンクリートに分けられる。

1.4　製品の呼び方

レディーミクストコンクリートの呼び方は JIS A 5308 に規定されており，コンクリートの種類による記号，**呼び強度**，スランプ，粗骨材の最大寸法及びセメントの種類による記号による。

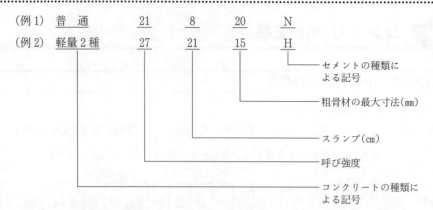

（例1）　普通　　　21　　8　　20　　N

（例2）　軽量2種　27　　21　　15　　H

　　　　　　　　　　　　　　　　　　　セメントの種類に
　　　　　　　　　　　　　　　　　　　よる記号

　　　　　　　　　　　　　　　　　　　粗骨材の最大寸法（mm）

　　　　　　　　　　　　　　　　　　　スランプ（cm）

　　　　　　　　　　　　　　　　　　　呼び強度

　　　　　　　　　　　　　　　　　　　コンクリートの種類に
　　　　　　　　　　　　　　　　　　　よる記号

図6.1　レディーミクストコンクリートの呼び方の例

1.5　構造体コンクリートの仕上り

位置及び断面寸法の許容差は，**表 6.2** を標準として，仕上げの種類，納まり等を考慮して定める。

表6.2　部材の位置及び断面寸法の許容差の標準値[1]

項　　　目		許容差（mm）
位　　置	設計図書に示された位置に対する各部材の位置	± 20
断面寸法	柱，梁，壁の断面寸法及びスラブの厚さ	0 ＋ 20
	基礎及び基礎梁の断面寸法	0 ＋ 50

2. 普通コンクリートの調合

2.1　調合管理強度及び調合強度

1) **調合管理強度**（F_m）は，設計基準強度（Fc）に，**表 6.3** の**構造体強度補正値**（**S**）を加えた値，かつ，必要な品質を満たすものとする。

　　JASS 5 では，調合管理強度は，**品質基準強度**に S を加えた値としている。なお，品質基準強度は，設計基準強度もしくは，**耐久設計基準強度**のうち大きい値としている。また，耐久設計基準強度は，**計画供用期間**の級により，短期 18 N/㎟，標準 24 N/㎟，長期 30 N/㎟，超長期 36 N/㎟ としている。

表6.3　構造体強度補正値（**S**）[1]

セメントの種類	コンクリートの打込みから材齢28日までの 期間の予想平均気温 θ の範囲（℃）	
普通ポルトランドセメント 高炉セメントA種 シリカセメントA種 フライアッシュセメントA種	$0 \leqq \theta < 8$	$8 \leqq \theta$
早強ポルトランドセメント	$0 \leqq \theta < 5$	$5 \leqq \theta$
中庸熱ポルトランドセメント	$0 \leqq \theta < 11$	$11 \leqq \theta$
低熱ポルトランドセメント	$0 \leqq \theta < 14$	$14 \leqq \theta$
高炉セメントB種	$0 \leqq \theta < 13$	$13 \leqq \theta$
フライアッシュセメントB種	$0 \leqq \theta < 9$	$9 \leqq \theta$
普通エコセメント	$0 \leqq \theta < 6$	$6 \leqq \theta$
構造体強度補正値（S）（N/㎟）	6	3

2)　調合強度（F）は，調合管理強度に強度のばらつきを表す標準偏差に，コンクリートの許容不良率に応じた正規偏差を乗じた値を加えたものとする。JASS 5 では，正規偏差として，許容不良率 4 ％ に相当する 1.73 を用いている。また，JASS 5 により，標準偏差は，レディーミクストコンクリート工場の実績をもとに定める。実績がない場合は，2.5N/㎟ 又は 0.1F_m の大きいほうの値とする。

2.2　調合条件

コンクリートの耐久性を確保するために，調合の条件は次による。

1)　AE 剤，AE 減水剤又は高性能 AE 減水剤を用いるコンクリートの荷卸し地点における空気量は，**4.5 ％** とする。

　　AE 剤，AE 減水剤又は高性能 AE 減水剤を用いて，コンクリート中に微細な空気泡を連行すると，連行空気量にほぼ比例して所定のスランプを得るのに必要な単位水量を低減でき，ワーカビリティーが改善されるとともに，凍結融解作用に対する抵抗性が増大する。しかし，空気量の増加は，硬化後の圧縮強度の低下，乾燥収縮率の増加をもたらす。また，空気量が 3 ％ 未満では凍結融解作用に対する抵抗性の改善に対する効果が少ない。このため普通コンクリートの空気量の確認時期・地点を荷卸し地点とし，その時のコンクリートの空気量を 4.5 ％ としている。

2)　**水セメント比の最大値**は，普通，早強及び中庸熱ポルトランドセメント並びに混合セメント A 種の場合は **65 ％** とし，低熱ポルトランドセメント及び混合セメント B 種の場合は 60 ％ とする。

　　鉄筋コンクリートの一般的な劣化は，コンクリート表面からの水・炭酸ガス・塩分その他の侵入性物質によりもたらされるが，これらの劣化要因からコンクリートを健全に守るためには，一般に水セメント比を小さくすればよい。このため強度上必要な水セメント比とは別にコンクリートのワーカビリティー・均一性・耐久性を確保するために水セメント比の最大値を定めている。

3)　**単位水量の最大値**は，**185 kg /㎥** とし，コンクリートの品質が得られる範囲内で，できるだけ小さくする。単位水量が大きくなると，乾燥収縮，ブリージング等が大きくなる。

4)　**単位セメント量**は，**270 kg /㎥** 以上で，水セメント比及び単位水量から算出される値以上とする。

　　単位セメント量は水和熱及び乾燥収縮によるひび割れを防止する観点からできるだけ少なくすることが望ましい。しかし，単位セメント量が過小であるとコンクリートのワーカビリティーが悪くなり，型枠内へのコンクリートの充填性の低下，豆板や巣，打継ぎ部における不具合の発生，水密性，耐久性の低下等を招きやすい。このためコンクリートの強度を確保するための条件とは別に単位セメント量の最小値を定めている。

5)　**コンクリートに含まれる塩化物量**は，塩化物イオン（Cl⁻）量で **0.30 kg /㎥ 以下**とする。

6)　細骨材率は，コンクリートの品質が得られる範囲内で，適切に定める必要がある。

　　一般的に，コンクリートの単位水量を可能な限り小さくし，強度や耐久性を最大にするには，所要のワーカビリティーが得られる範囲内で細骨材率を最小にすることが重要となる。

　　ただし，細骨材率を小さくし過ぎると一般的に所要のスランプを得るための単位水量は減るが，がさがさのコンクリートとなり，また，スランプの大きいコンクリートでは，粗骨材とモルタルとが分離しやすくなり，ワーカビリティーが低下する。一方，細骨材率を大きくすると所要のスランプを得るための単位水量を多く必要とし，流動性の悪いコンクリートとなる。

2.3　計画調合の決定

　　コンクリート製造工場では，使用する材料で調合設計を標準化している。計画調合は試し練りによりコンクリートの性能を確認することが原則であるが，JIS 規格への適合を認証されたコンクリートは，試し練りを省略することができる。

3. 発注，製造及び運搬

3.1　レディーミクストコンクリート工場の選定

　　1)　工事開始前に，「標仕」で規定されている所定の品質が得られるように工事現場周辺のレディーミクストコンクリート工場を調査する。

　　2)　工場は，定められた時間の限度内にコンクリートの打込みが終了できる場所にあること。

3.2　コンクリートの発注

　　コンクリートの発注にあたっては，**表 6.1** に示す「レディーミクストコンクリートの種類」からコンクリートの種類，粗骨材の最大寸法，スランプ及び呼び強度の組合せを指定するほか，**表 6.4** に示す a) から d) の事項とともに，必要に応じて e) から q) の事項を生産者と協議のうえ，指定する。ただし，a) から h) については，JIS A 5308 で規定している範囲とする。

表 6.4　指定及び協議事項（JIS A 5308：2019）

a) セメントの種類
b) 骨材の種類
c) 粗骨材の最大寸法
d) アルカリシリカ反応抑制対策の方法
e) 骨材のアルカリシリカ反応性による区分
f) 呼び強度が 36 を超える場合は，水の区分
g) 混和材料の種類及び使用量
h) 品質の項で定める塩化物含有量の上限値と異なる場合は，その上限値
i) 呼び強度を保証する材齢
j) 品質の項で定める空気量と異なる場合は，その値
k) 軽量コンクリートの場合は，軽量コンクリートの単位容積質量
l) コンクリートの最高温度又は最低温度
m) 水セメント比の目標値[注1] の上限 ［(注)1　配合設計で計画した水セメント比の目標値］
n) 単位水量の目標値[注2] の上限 ［(注)2　配合設計で計画した単位水量の目標値］
o) 単位セメント量の目標値[注3] の下限又は目標値[注3] の上限 ［(注)3　配合設計で計画した単位セメント量の目標値］
p) 流動化コンクリートの場合は，流動化する前のレディーミクストコンクリートからのスランプの増大量［購入者が d) でコンクリート中のアルカリ総量を規制する抑制対策の方法を指定する場合,購入者は,流動化剤によって混入されるアルカリ量（kg／㎥）を生産者に通知する。］
q) その他必要な事項

　　呼び強度は，呼び強度の強度値が調合管理強度（設計基準強度（Fc）＋構造体強度補正（S）以上で，かつ，コンクリートの種類に応じた単位セメント量の最小又は最大値，水セメント比の

上限値を満足するよう指定する。

3.3　コンクリートの運搬

1)　5.2 を満足すること。

2)　荷卸し直前にドラムを高速回転して，コンクリートが均質になるようにする。

4. 普通コンクリートの品質管理

4.1　一般事項

納入されたコンクリートが発注した条件に適合していることを，各運搬車の納入書により確認する。

4.2　コンクリートのスランプの許容差

表 6.5 の値の範囲内とする。

表 6.5　スランプの許容差 [1]

スランプ（cm）	スランプの許容差（cm）
8 以上 18 以下	± 2.5
21	± 1.5 [注]

（注）呼び強度 27 以上で，高性能 AE 減水剤を使用する場合は，± 2 とする。

4.3　コンクリートの空気量の許容差

± 1.5 ％ の範囲内とする。

4.4　塩化物量

打ち込まれるコンクリート中の塩化物イオン量（Cl⁻）は 0.30 kg / ㎥ 以下とする。

5. コンクリートの工事現場内運搬，打込み，締固め

5.1　工事現場内運搬（コンクリートポンプによる圧送の場合）

1)　運送管の保持には，支持台に道板を置いたもの，支持台，脚立，吊金具等を使用し，運送管の振動により，型枠，配筋及び既に打ち込んだコンクリートに有害な影響を与えないようにする。

2)　輸送管の大きさは，圧送距離，圧送高さ，コンクリートの圧送による品質への影響の程度，コンクリート圧送の難易度，気温，単位時間あたりの圧送量，粗骨材の最大寸法等を考慮して決める。ただし，粗骨材の最大寸法と輸送管の呼び寸法は表 6.6 による。

表 6.6　粗骨材の最大寸法に対する輸送管の呼び寸法 [1]

粗骨材の最大寸法（mm）	輸送管の呼び寸法
20	100A 以上
25	
40	125A 以上

3) コンクリートの圧送に先立ち，富調合のモルタルを圧送して，コンクリートの品質の変化を防止する。「標仕」では，圧送後のモルタルは型枠内に打ち込まないことを原則としている。

5.2　コンクリートの練混ぜから打込み終了までの時間の限度

コンクリートの練混ぜから打込み終了までの時間は，外気温が 25 ℃ 以下の場合は 120 分，25 ℃ を超える場合は 90 分とする。

JASS 5 では，25 ℃ 未満のときは 120 分，25 ℃ 以上のときは 90 分を限度としている。

なお，JIS A 5308 では，練混ぜを開始してから 1.5 時間以内に荷卸地点に到着するように運搬することを原則としている。

5.3　打継ぎ

打継ぎは，構造部材の耐力への影響の最も少ない位置に定める。

1) 梁・スラブの**鉛直打継ぎ**は，スパンの中央又は端から $\frac{1}{4}$ 付近に設ける。

2) 柱及び壁の**水平打継ぎ**は，JASS 5 ではスラブ・梁の下端又は，スラブ・梁・基礎梁の上端に設ける。「標仕」ではスラブ・梁・基礎の上端としている。

3) 打継ぎ面はレイタンス及びぜい弱なコンクリートを取り除き，健全なコンクリートを露出させる。

5.4　打込み・締固め

1) コンクリートの品質に悪影響を及ぼすおそれのある降雨・降雪が予想される場合及び打込み中のコンクリート温度が 2 ℃ を下回るおそれのある場合は，適切な養生を行う。なお，適切な養生を行うことができない場合は，打込みを行わない。

2) 打込みに先立ち，打込み場所を清掃して雑物を取り除き，散水してせき板及び打継ぎ面を湿潤にする。

3) コンクリートは，その占める位置にできるだけ近づけて打ち込む。また，柱で区切られた壁においては，柱を通過しコンクリートの横流しをしない。

4) 片持スラブ等の跳ね出し部は，これを支持する構造部分と同一の打込み区画とする。

5) コンクリートの自由落下高さ及び水平流動距離は，コンクリートが分離しない範囲とする。

6) 同一区画の打込み継続中における打重ね時間は，**コールドジョイント**を発生させないために，先に打ち込まれたコンクリートの再振動可能時間内（外気温 25 ℃ 以下の場合 **120 分**，外気温が 25 ℃ を超える場合 **90 分**を目安）とする。

   JASS 5 では，25 ℃ 未満の場合 150 分，25 ℃ 以上の場合は 120 分を目安にしている。

7) 締固めに用いるコンクリート**棒形振動機**は，打込み各層ごとに用い，その下層に振動機の先端が入るように，ほぼ垂直に挿入する。打込み高さと速度に応じて，挿入間隔は 60 cm 以下とし，加振はコンクリートの上面にペーストが浮くまでとする。加振時間は，1 箇所 5 〜 15 秒の範囲とするのが一般的である。

6. 養　生

1)　養生の基本はコンクリートが必要な性能を発現するまでの所定の期間，乾燥を防止し湿潤に保つこと，適切な温度に保つこと及び有害な応力や変形を加えないようにすることが原則である。養生期間中の温度が過度に高いと，長期材齢の強度増進が小さくなる。

2)　打込み直後にコンクリート表面が急速に乾燥した場合に生ずる障害としては，凝結速度が早まり，天端均しや仕上げ作業に支障をきたすこと，初期ひび割れが生じやすくなること，また，硬化後表面強度が不十分なため表面が粉化したり，仕上げ材の接着強度が低下したりすること等が挙げられる。

3)　表面の乾燥が促進されるのは，外気温やコンクリート温度が高いとき，相対湿度が低いとき，コンクリート面に当たる風速が大きいとき等であり，特に暑中における施工での初期乾燥が問題となる。

4)　寒冷期においてはコンクリートを寒気から保護し，打込み後は **5 日間以上**（早強ポルトランドセメントの場合は，3 日間以上）は，コンクリート温度を **2 ℃ 以上**に保つ。

5)　打込み後のコンクリートは，透水性の小さいせき板による被覆，養生マット又は水密シートによる被覆，散水，噴霧，膜養生剤の塗布等により**湿潤養生**を行う。その期間は**表 6.7** による。JASS 5 においては，湿潤養生の期間について，コンクリート部分の厚さが 18 ㎝ 以上の部材において，早強・普通・中庸熱ポルトランドセメントを用いる場合，計画供用期間の級が短期及び標準の場合は，コンクリートの圧縮強度が **10N/㎟ 以上**，長期及び超長期の場合は 15N/㎟ 以上に達したことが確認されれば，以降**湿潤養生を打ち切ることができる**としている。

表 6.7　湿潤養生の期間

セメントの種類	「標仕」，JASS 5 の 短期及び標準	JASS 5 の 長期及び超長期
普通ポルトランドセメント 高炉セメント A 種 シリカセメント A 種 フライアッシュセメント A 種	5 日以上	7 日以上
早強ポルトランドセメント	3 日以上	5 日以上
中庸熱ポルトランドセメント 低熱ポルトランドセメント 高炉セメント B 種 フライアッシュセメント B 種	7 日以上	10 日以上

（注）シリカセメント A 種は，「標仕」に限ったものである。

6)　コンクリートの打込み後，少なくとも **1 日間**はその上の歩行又は作業をしない。やむを得ず歩行したり，作業を行う必要がある場合は，コンクリートに影響を与えないような保護を行う。

7. 型　枠

7.1　一般事項

1)　型枠は，作業荷重，コンクリートの自重及び側圧，打込み時の振動及び衝撃，水平荷重等の外力に耐え，所要の構造体コンクリートの仕上り品質が得られるように設計する。

2)　型枠は，設計で要求する表面仕上りの性能を満たすように，有害な水漏れがなく，容易に取外しができ，取外しの際コンクリートに損傷を与えないものとする。

7.2　材　料

1)　せき板には，一般に次のものが使用されている。

①　合板：「合板の日本農林規格」の「**コンクリート型枠用合板の規格**」による表面加工品又はB−C品（品質のよい順にA〜Dの4ランクあり，表面がB，裏面がC）。

②　金属製型枠パネル：鋼製，アルミニウム合金製がある。

③　床型枠用鋼製デッキプレート（フラットデッキ）：鉄骨造における鉄筋コンクリート造床の型枠工事の省力化を目的に開発されたが，今では熱帯木材の消費削減目的を含めて，鉄筋コンクリート造，鉄骨鉄筋コンクリート造でも使われている。

④　**透水型枠**：せき板に吸水布を張ったり，孔をあけ，コンクリートを打ち込んだ直後より
コンクリート中の余剰水を排出する。コンクリートの表層部をち密にする効果がある。

⑤　打込み型枠：せき板が打ち込まれたコンクリートと一体化して取り外す必要がなく，そのまま仕上げになる。

2)　せき板に用いる木材は，製材，乾燥及び集積等の際には，直射日光にさらさないようにシート等で保護し，コンクリート表面の硬化不良を防止する。

7.3　型枠材料の許容応力度

1)　支保工については，安衛則第241条（許容応力の値）で，鋼材の許容曲げ応力及び許容圧縮応力の値は，鋼材の降伏強さの値又は引張強さの値の$\frac{3}{4}$の値のうちいずれか小さい値の$\frac{2}{3}$の値以下としている。

2)　支保工以外のものについては，法令又は(一社)日本建築学会規準等における長期許容応力度と短期許容応力度の平均値とする。

7.4　コンクリート打込み時の荷重

1)　**スラブ型枠設計用荷重（T.L）**は，実情に応じて定めるのが原則であるが，「型枠の設計・施工指針」((一社)日本建築学会) による通常のポンプ工法の場合の例を以下に示す。

　　　T.L = D.L + L.L

　　　　　D.L（固定荷重）：普通コンクリートの場合は 23.5 (kN/㎡) × d (m) に，**型枠の重量 0.4 (kN/㎡) を加える**（d：スラブ厚）。

　　　　　L.L（作業荷重＋衝撃荷重）：安衛則により，1.5 kN/㎡ 以上とする。

2)　**型枠設計用側圧**は，**表 6.8** による。

表 6.8　型枠設計用コンクリートの側圧 [3)]

（単位：kN/㎡）

打込み速さ (m/h)	10 以下の場合		10 を超え 20 以下の場合		20 を超える場合
H(m) 部位	1.5 以下	1.5 を超え 4.0 以下	2.0 以下	2.0 を超え 4.0 以下	4.0 以下
柱	$W_0 H$	$1.5W_0 + 0.6W_0 \times (H-1.5)$	$W_0 H$	$2.0W_0 + 0.8W_0 \times (H-2.0)$	$W_0 H$
壁		$1.5W_0 + 0.2W_0 \times (H-1.5)$		$2.0W_0 + 0.4W_0 \times (H-2.0)$	

（注）　H：フレッシュコンクリートのヘッド（m）（側圧を求める位置から上のコンクリートの打込み高さ）
　　　　W_0：フレッシュコンクリートの単位容積質量（t/㎡）に重力加速度を乗じたもの（kN/㎡）

3)　**曲げを受ける型枠部材の計算**は次による。

① 　**合板せき板**は，**単純梁**として扱う。

② 　合板以外のせき板，根太，大引等は，単純梁と両端固定梁の平均とする。

③ 　各部材の**たわみ**は，**2 mm 程度を許容値**とすることが，望ましい。

4)　型枠に作用する水平力は，安衛則第 240 条（組立図）に次のとおり規定されている。

① 　鋼管枠を支柱として用いるものであるときは，当該型枠支保工の上端に，設計荷重の $\frac{2.5}{100}$ に相当する水平方向の荷重が作用しても安全な構造のものとすること。

② 　鋼管枠以外のものを支柱として用いるものであるときは，当該型枠支保工の上端に，設計荷重の $\frac{5}{100}$ に相当する水平方向の荷重が作用しても安全な構造のものとすること。

5)　地震による荷重は通常考慮する必要はないが，風圧による荷重は，地域，季節，施工時の高さ等の関係から，強風にさらされる場合は考慮しなければならない。

7.5　型枠の加工・組立

1)　配筋，型枠の組立又はこれらに伴う資材の運搬，集積等は，これらの荷重を受けるコンクリートが有害な影響を受けない材齢に達してから開始する。

2)　支柱は垂直に立てる。なお，上下階の支柱は，原則として平面上の同一位置とする。また，地盤に支柱を立てる場合は，地盤を十分締め固めるとともに，剛性のある板を敷く等，支柱が沈下しないよう措置する。

3)　型枠は足場，遣方等の仮設物と連結させない。

4)　この他，型枠支保工の組立は安衛則第 242 条（型枠支保工についての措置等）の規定にしたがって行う必要がある。

労働安全衛生規則

$$\left(\begin{array}{l}\text{昭和 47 年 9 月 30 日 労働省令第 32 号}\\\text{最終改正　令和 5 年 1 月 18 日}\end{array}\right)$$

（型枠支保工についての措置等）

第 242 条　事業者は，型枠支保工については，次に定めるところによらなければならない。

一　敷角の使用，コンクリートの打設，くいの打込み等支柱の沈下を防止するための措置を講ずること。

二　支柱の脚部の固定，根がらみの取付け等支柱の脚部の滑動を防止するための措置を講ずること。

三　支柱の継手は，突合せ継手又は差込み継手とすること。

四　鋼材と鋼材との接続部及び交差部は，ボルト，クランプ等の金具を用いて緊結すること。

五　型枠が曲面のものであるときは，控えの取付け等当該型枠の浮き上がりを防止するための措置を講ずること。

五の二　H型鋼又はI型鋼（以下この号において「H型鋼等」という。）を大引き，敷角等の水平材として用いる場合であって，当該H型鋼等と支柱，ジャッキ等とが接続する箇所に集中荷重が作用することにより，当該H型鋼等の断面が変形するおそれがあるときは，当該接続する箇所に補強材を取り付けること。

六　鋼管(パイプサポートを除く。以下この条において同じ。)を支柱として用いるものにあっては，当該鋼管の部分について次に定めるところによること。

　イ　高さ2m以内ごとに水平つなぎを2方向に設け，かつ，水平つなぎの変位を防止すること。

　ロ　はり又は大引きを上端に載せるときは，当該上端に鋼製の端板を取り付け，これをはり又は大引きに固定すること。

七　パイプサポートを支柱として用いるものにあっては，当該パイプサポートの部分について次に定めるところによること。

　イ　パイプサポートを3以上継いで用いないこと。

　ロ　パイプサポートを継いで用いるときは，4以上のボルト又は専用の金具を用いて継ぐこと。

　ハ　高さが3.5mを超えるときは，前号イに定める措置を講ずること。

八　鋼管枠を支柱として用いるものにあっては，当該鋼管枠の部分について次に定めるところによること。

　イ　鋼管枠と鋼管枠との間に交差筋かいを設けること。

　ロ　最上層及び5層以内ごとの箇所において，型枠支保工の側面並びに枠面の方向及び交差筋かいの方向における**5枠以内ごとの箇所に，水平つなぎを設け**，かつ，水平つなぎの変位を防止すること。

　ハ　最上層及び5層以内ごとの箇所において，型枠支保工の枠面の方向における両端及び5枠以内ごとの箇所に，交差筋かいの方向に布枠を設けること。

　ニ　第六号ロに定める措置を講ずること。

九　組立て鋼柱を支柱として用いるものにあっては，当該組立て鋼柱の部分について次に定めるところによること。

　イ　第六号ロに定める措置を講ずること。

　ロ　高さが4mを超えるときは，高さ4m以内ごとに水平つなぎを2方向に設け，かつ，水平つなぎの変位を防止すること。

九の二　H型鋼を支柱として用いるものにあっては，当該H型鋼の部分について第六号ロに定める措置を講ずること。

十　木材を支柱として用いるものにあっては，当該木材の部分について次に定めるところによること。

　　イ　第六号イに定める措置を講ずること。

　　ロ　木材を継いで用いるときは，2 個以上の添え物を用いて継ぐこと。

　　ハ　はり又は大引きを上端に載せるときは，添え物を用いて，当該上端をはり又は大引きに固定すること。

十一　はりで構成するものにあっては，次に定めるところによること。

　　イ　はりの両端を支持物に固定することにより，はりの滑動及び脱落を防止すること。

　　ロ　はりとはりとの間につなぎを設けることにより，はりの横倒れを防止すること。

7.6　型枠の存置期間

1)　建基令第 76 条（型わく及び支柱の除去）により，構造耐力上主要な部分に係る型枠及び支柱は，コンクリートの自重及び工事の施工中の荷重によって著しい変形又はひび割れその他の損傷を受けない強度になるまでは，取り外してはならず，具体的には「建築基準法施行令第 76 条第 2 項の規定に基づく現場打コンクリートの型わく及び支柱の取りはずしに関する基準」（平成 28 年国土交通省告示第 503 号）で次ページのとおり規定されている。

2)　「標仕」の型枠存置期間の規定は，告示に合わせているが，JASS 5 は，計画供用期間の級及び型枠存置期間中の平均気温による区分が告示とは異なっている。

現場打コンクリートの型わく及び支柱の取りはずしに関する基準

$$\left(\begin{array}{l} 昭和 46 年 1 月 29 日建設省告示第 110 号 \\ 最終改正　平成 28 年 3 月 17 日国土交通省告示第 503 号 \end{array} \right)$$

建築基準法施行令（昭和 25 年政令第 338 号）第 76 条第 2 項の規定に基づき，現場打コンクリートの型わく及び支柱の取りはずしに関する基準を次のように定める。

第1　せき板及び支柱の存置期間は，建築物の部分，セメントの種類及び荷重の状態並びに気温又は養生温度に応じて，次の各号に定めるところによらなければならない。ただし，特別な調査又は研究の結果に基づき，せき板及び支柱の存置期間を定めることができる場合は，当該存置期間によることができる。

一　せき板は，別表（ろ）欄に掲げる存置日数以上経過するまで又は次のイ若しくはロに掲げる方法により求めたコンクリートの強度が同表（は）欄に掲げるコンクリートの圧縮強度以上になるまで取り外さないこと。

イ，ロ　（略）

～中略～

二　支柱は，別表（ろ）欄に掲げる存置日数以上経過するまで取り外さないこと。ただし，次のイ又はロに掲げる方法により求めたコンクリートの強度が，同表（は）欄に掲げるコンクリートの圧縮強度以上又は 1㎟ につき 12N（軽量骨材を使用する場合においては，9N）以上であり，かつ，施工中の荷重及び外力によって著しい変形又は亀裂が生じないことが構造計算により確かめられた場合においては，この限りでない。

イ，ロ　（略）

第2　支柱の盛りかえは，次の各号に定めるところによらなければならない。

一　大ばりの支柱の盛りかえは行なわないこと。

二　直上階に著しく大きい積載荷重がある場合においては，支柱（大ばりの支柱を除く。以下同じ。）の盛りかえは，行なわないこと。

三　支柱の盛りかえは，養生中のコンクリートに有害な影響をもたらすおそれのある振動又は衝撃を与えないように行なうこと。

四　支柱の盛りかえは，逐次行なうものとし，同時に多数の支柱について行なわないこと。

五　盛りかえ後の支柱の頂部には，十分な厚さ及び大きさを有する受板，角材その他これらに類するものを配置すること。

別表

せき板又は支柱の区分	建築物の部分	（い）セメントの種類	（ろ）存置日数 存置期間中の平均気温			（は）コンクリートの圧縮強度
			摂氏15度以上	摂氏15度未満摂氏5度以上	摂氏5度未満	
せき板	基礎,はり側,柱及び壁	早強ポルトランドセメント	2	3	5	5N/㎟
		普通ポルトランドセメント, 高炉セメントA種, フライアッシュセメントA種及びシリカセメントA種	3	5	8	
		高炉セメントB種, フライアッシュセメントB種及びシリカセメントB種	5	7	10	
		中庸熱ポルトランドセメント, 低熱ポルトランドセメント, 高炉セメントC種, フライアッシュセメントC種及びシリカセメントC種	6	8	12	
	版下及びはり下	早強ポルトランドセメント	4	6	10	コンクリートの設計基準強度の50％
		普通ポルトランドセメント, 高炉セメントA種, フライアッシュセメントA種及びシリカセメントA種	6	10	16	
		中庸熱ポルトランドセメント, 高炉セメントB種, 高炉セメントC種, フライアッシュセメントB種, フライアッシュセメントC種, シリカセメントB種及びシリカセメントC種	8	12	18	
		低熱ポルトランドセメント	10	15	21	
支柱	版下	早強ポルトランドセメント	8	12	15	コンクリートの設計基準強度の85％
		普通ポルトランドセメント, 高炉セメントA種, フライアッシュセメントA種及びシリカセメントA種	17	25	28	
		中庸熱ポルトランドセメント, 低熱ポルトランドセメント, 高炉セメントB種, 高炉セメントC種, フライアッシュセメントB種, フライアッシュセメントC種, シリカセメントB種及びシリカセメントC種	28			
	はり下	普通ポルトランドセメント, 早強ポルトランドセメント, 中庸熱ポルトランドセメント, 低熱ポルトランドセメント, 高炉セメント, フライアッシュセメント及びシリカセメント	28			コンクリートの設計基準強度の100％

8. 検査・試験

8.1　一般事項

　打ち込まれるコンクリートの品質の良否は構造物の安全性や耐久性に直接関係するので，その品質管理については工事期間中，常に確認していなければならない。

　このため，使用する材料の品質確認のため，受入れ検査が行われるが，複数のコンクリート製造工場から納入される場合には，検査は工場ごとに行われなければならない。

また，JIS A 5308 は，荷卸し地点の品質について規定しているため，検査試料の採取も荷卸し地点で行うことを原則とする。

JASS 5 も「標仕」も圧縮強度については，150 ㎥ に 1 回試験し，3 回の試験結果により合否判定をすることにしている。したがって，1 回に 300 ㎥ を超えるコンクリートを打設しなければ試験が 3 回にならないことになるので，試験方法については別に定めておくことが必要になる。

8.2　受入れ時の試験

JASS 5 では，レディーミクストコンクリートの受入れ時の検査・確認として**表 6.9** のとおり定めている。

表 6.9　レディーミクストコンクリートの受入れ時の検査・確認[3]

項　　目		判 定 基 準	試験・検査方法	時 期・回 数
コンクリートの種類 呼び強度 指定スランプ 粗骨材の最大寸法 セメントの種類 混和材の種類および 使用料		発注時の指定事項に適合すること	配合計画書，納入書，またはコンクリートの製造管理記録による確認	受入れ時，運搬車ごと
単位水量		単位水量 185 kg／㎥ 以下であること，発注時の指定事項に適合すること	配合計画書，納入書，またはコンクリートの製造管理記録による確認	受入れ時，運搬車ごと
アルカリシリカ反応抑制対策	アルカリ量[(1)]	JIS A 5308 附属書 B.3 による	材料の試験成績書，および配合計画書，またはコンクリートの製造管理記録による	受入れ時，運搬車ごと
	混和材の質量分率[(2)]	JIS A 5308 附属書 B.4 による	材料の試験成績書，および配合計画書，またはコンクリートの製造管理記録による	受入れ時，運搬車ごと
運搬時間 納入容積		発注時の指定事項に適合すること	納入書による確認	受入れ時，運搬車ごと
ワーカビリティーおよびフレッシュコンクリートの状態		ワーカビリティーが良いこと品質が安定していること	目　視	受入れ時，運搬車ごと 打込み時随時
コンクリートの温度		発注時の指定事項に適合すること	JIS A 1156	圧縮強度試験用供試体採取時，および打込み中に品質変化が認められた場合
スランプ			JIS A 1101	
空気量			JIS A 1116 JIS A 1118 JIS A 1128	
圧縮強度		JIS A 5308 の品質基準による。JIS A 5308 の品質基準によらない場合は特記による。	JIS A 1108 供試体の養生方法は標準養生[(3)]とし，材齢は 28 日とする。	1 回の試験は，打込み工区ごと，打込み日ごと，かつ，150 ㎥ 以下にほぼ均等に分割した単位ごとに 3 個の供試体を用いて行う。3 回の試験で 1 検査ロットを構成する。上記によらない場合は特記による。
塩化物量[(4)]			JIS A 1144 JASS 5T-502	海砂など塩化物を含むおそれのある骨材を用いる場合，ならびに打込み当初および 1 日の計画打込み量が 150 ㎥ を超える場合は 150 ㎥ 以下にほぼ均等に分割した単位ごとに 1 回以上，その他の骨材を用いる場合は 1 日に 1 回以上とする。

[注]　(1)　アルカリ量の検査は，JIS A 5308　附属書 A のアルカリシリカ反応性による区分 B の骨材を用い，アルカリシリカ反応抑制対策として，コンクリート 1 ㎥ 中に含まれるアルカリ量（酸化ナトリウム換算）の総量を 3.0 kg 以下とする対策を採用する場合に行う。
　　　(2)　混和材の質量分率の検査は，JIS A 5308　附属書 A のアルカリシリカ反応性による区分 B の骨材を用い，アルカリシリカ反応抑制対策として，アルカリシリカ反応性効果のある混合セメントなどを使用する抑制対策を採用する場合に行う。
　　　(3)　供試体成形後，翌日までは常温で，日光および風が直接当たらない箇所で，乾燥しないように養生して保存する。
　　　(4)　納入されるコンクリートが JIS マーク表示製品の場合は，当該工場の品質管理における試験結果によって判定することもできる。

8.3　構造体のコンクリート強度の推定試験

　実際に出来上がった**構造体のコンクリート強度**が，設計基準強度を満足しているか確認するために行うものである。

1)　コンクリートの強度に関して，建築基準法に規定があり，試験結果はこの規定を満足する必要がある。

2)　型枠取外し時期の決定のための強度試験

　　型枠及び支柱の取外しに関する基準が，告示に定められており，せき板及び支柱の取外しについては，存置期間中の平均気温により定まる最小存置期間によるか，コンクリートの圧縮強度が一定以上になるまで取り外してはならないと定められている。

　　このため，せき板，支柱の取外し時期をコンクリート強度で決める場合は，圧縮強度試験を行う。試験の方法等は 8.2 と同様である。

9. 寒中コンクリート

9.1　一般事項

　寒中コンクリートは，コンクリート打込み後の養生期間中に，コンクリートが凍結するおそれのある場合に適用する。

　JASS 5 では，初期凍害防止の対策を講じなければならない期間を，打込み日を含む旬の日平均気温が 4 ℃ 以下の期間とし，低温による強度発現の遅れに対する調合上の対策及び養生条件の検討が必要な期間を，材齢 91 日までの積算温度が 840 °D・D を下回る期間としている。日本では北海道，東北地方及び関東から九州までの内陸部で該当している。

9.2　材料・調合

1)　骨材は，氷雪の混入及び凍結していないものを使用する。

2)　調合は，所定の設計基準強度が所定の材齢で得られ，かつ，初期凍害の防止に必要な圧縮強度 5 N/㎟ が初期養生期間内に得られるように，養生計画に応じて定める。

3)　材料を加熱する場合は，セメントは加熱しない。また，骨材は直接火で熱しない。

4)　加熱した材料を練り混ぜる場合は，セメント投入前のミキサー内の骨材及び水の温度は 40 ℃ 以下とする。

9.3　打込み

1)　コンクリートの練上がり温度は，運搬時間，施工条件，気象条件等を考慮して，コンクリートの荷卸し時の温度が **10 ℃ 以上，20 ℃ 未満**となるよう定める。

2)　凍結した地盤上にコンクリートを打ち込んだり，型枠の支柱を立てたりしない。また，地盤が凍結するおそれのある場合は，支柱の足元を保温する。

9.4　養　生

1)　初期養生を行う期間は，コンクリートの圧縮強度が 5 N/㎟ に達するまでとする。

2)　初期養生の方法は，打ち込んだコンクリートのどの部分についても，その温度が 2 ℃ 以

下（JASS 5 では，凍結しないこととしている）にならない方法とする。

3)　**加熱養生中**は，コンクリートが乾燥しないように散水等で**湿潤養生**する。

4)　初期養生以後の養生は，コンクリートのどの部分についてもその温度が **0 ℃ 以下**にならない方法で行う。

5)　加熱養生を行った場合は，加熱終了後のコンクリートの急激な冷却を避ける。

10. 暑中コンクリート

10.1　一般事項

気温が高くなると運搬中のスランプの低下，凝結の促進，水分の急激な蒸発等種々の問題が発生しやすくなる。このため，日平均気温の平年値が **25 ℃** を超える期間に打ち込むコンクリートについて特別な扱いをする。

なお，日本では，北海道，東北地方の一部を除いて，6 月から 9 月まで多くの地域で日平均気温の平年値が 25 ℃ を超えている。

10.2　材料，調合

1)　高温のセメント，長時間炎熱にさらされた骨材はそのまま使用しない。

2)　水は低温のものを使用する。

3)　構造体強度補正値は，一般に 6 N/mm² とする。

10.3　打込み

1)　荷卸し時のコンクリートの温度は，原則として，**35 ℃ 以下**とする。

2)　輸送管は直射日光にさらされないように，濡れたシート等で覆い，コンクリートの温度の上昇を防ぐ。

3)　コンクリートの練混ぜから打込み終了までの時間は，**90 分以内**とする。

10.4　養　生

6. **養　生**　による養生を行う他，次による。

1)　特に水分の急激な発散及び日射による温度上昇を防ぐよう，散水によりコンクリート表面を常に湿潤に保つ。

2)　湿潤養生の開始時期は，コンクリート上面ではブリーディング水が消失した時点，せき板に接する面では脱型直後とする。

3)　湿潤養生終了後は，コンクリートが急激に乾燥しないような措置を講ずる。

第7節　鉄骨工事

1. 高力ボルト接合

1.1　高力ボルト

(1)　接合法の種類

建築鉄骨で使用される高力ボルト接合には，摩擦接合及び引張接合がある。

摩擦接合は高力ボルトで継手部分を締め付け，部材間に生ずる摩擦力によって応力を伝達する接合法である。

引張接合は，高力ボルトを締め付けて得られる材間圧縮力を利用して，高力ボルトの軸方向力の応力を伝達する接合方法であり，摩擦接合と同様，ボルトの締付け力の存在に依存するものである。

摩擦接合と引張接合を形態から識別するには，**図 7.1** の模式図で示すように高力ボルトの軸方向と伝達すべき応力が直交するものを摩擦接合型といい，ボルト軸方向力と応力が平行（同じ方向）となる形式を引張接合型という。

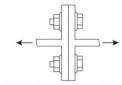

　㋑　摩擦接合（継手への荷重がボルト軸に直角）　　㋺　引張接合（継手への荷重がボルト軸方向）

図 7.1　摩擦接合，引張接合模式図[2]

(2)　トルシア形高力ボルト

1)　特　徴

　トルシア形高力ボルトは，締付けにより**図 7.2** のように，ボルトのチップ部並びにナット等の特殊部分が破断することによりボルトの締付けが確認できる。

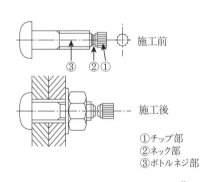

施工前

③　②①

施工後

①チップ部
②ネック部
③ボトルネジ部

図 7.2　トルシア形高力ボルト[2]

2)　トルシア形ボルトの種類

　トルシア形高力ボルトは，建築基準法に基づき大臣認定を受けたものが用いられる。（一社）日本鋼構造協会規格である JSS Ⅱ 09（構造用トルシア形高力ボルト・六角ナット・平座金のセット）に準拠して製造したもので，国土交通大臣認定品がある。

　トルシア形高力ボルトは，一般的には，セットの種類は 2 種（S10T）が使用されている。

(3)　JIS 形高力ボルト

JIS 形高力ボルトは，JIS B 1186（摩擦接合用高力六角ボルト・六角ナット・平座金のセット）の規格品であり，ボルト，ナット及び平座金のセットによりセットの種類が決められている。

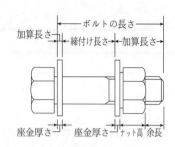

図7.3　JIS形高力ボルトのセット [2]

(4)　溶融亜鉛めっき高力ボルト

　溶融亜鉛めっき高力ボルトは，表面に腐食防止のための溶融亜鉛めっき処理を施した高力ボルトであり，建築基準法に基づき大臣認定を受けたものが用いられる。

(5)　ボルトの長さ

　ボルトの長さは，首下長さで表し，締付け長さに**表7.1**に示す長さを加えたものを標準とする。

表7.1　締付け長さに加える長さ [1]

ねじの呼び	締付け長さに加える長さ	
	トルシア形高力ボルトの場合（mm）	JIS形高力ボルト又は 溶融亜鉛めっき高力ボルトの場合（mm）
M12	－	25
M16	25	30
M20	30	35
M22	35	40
M24	40	45

(6)　高力ボルト孔

　高力ボルトの**ボルト孔の径**は，建基令第68条（高力ボルト，ボルト及びリベット）第2項により規定されていて，高力ボルト孔の径は，ボルトの呼び径＋2mm以内とする。ただし，ボルトの呼び径が27mm以上であり，かつ，構造耐力上支障がない場合は，ボルトの呼び径＋3mmまでとすることができる。

　ボルトの呼び径に対するボルト孔の径を，**表7.2**に示す。

　なお，溶融亜鉛めっき高力ボルトのボルト孔の径は，高力ボルトと同じである。

表7.2　ボルトの孔径 [2]

（単位：mm）

ボルトの種類 / ねじの呼び	M12	M16	M20	M22	M24
高力ボルト（F10T，S10T）	14	18	22	24	26
溶融亜鉛めっき高力ボルト（F8T）	✕	18	22	24	26
普通ボルト（注）	12.5	16.5	20.5	22.5	24.5

　（注）母屋，胴縁類の取付用ボルトの場合，ボルトの孔径は特記による。特記がなければねじの呼び径＋1.0mmとする。

(7)　施工の要点

1)　高力ボルト接合部加工・施工の要点を**表 7.3** に示す。

表 7.3　高力ボルト接合部加工・施工の要点[2]

事　項	内　容	目　的
高力ボルトのセット	品質・首下長さの選定 取扱い方法	高力ボルトセットの品質の確保 締付け軸力の確保
接合部の組立	ボルト孔・表面処理 肌すき・仮締め	接合面の密着の確保 すべり係数の確保
高力ボルトの締付け	締付け方法・手順	標準ボルト張力の確保
締付け後検査	ナットの回転量の適否	標準ボルト張力確保の確認
特殊高力ボルト	トルシア形高力ボルトの取扱い	標準ボルト張力の確保

2)　摩擦接合部の性能確保

　　高力ボルト摩擦接合部の性能を確保するためには，摩擦面の処理とボルト締付け力の管理が重要である。軸力を管理する方法は通常下記の 2 種類である。

①　トルクコントロール法

　　トルクコントロール法は，一定のトルク（ねじりモーメント）を与えて締め付ける方法で，JIS 形高力ボルト及びトルシア形高力ボルトに適用される。

②　ナット回転法

　　ナット回転法は，ナットを一定の回転量（特殊な場合を除き 120°）回転させることにより締め付ける方法で，JIS 形高力ボルトに適用される。

1.2　摩擦面の性能及び処理

(1)　摩擦面の性能

　すべり係数値は，**摩擦面**の状態によって大きな差がある。**表 7.4** にその例を示す。

表 7.4　各面のすべり係数値（μ）の値[2]

塗　　装　　面	$0.05 \sim 0.25$
め　っ　き　面	$0.10 \sim 0.35$
黒　皮　　面	$0.20 \sim 0.40$
磨　　き　　面	$0.25 \sim 0.30$
酸 化 炎 吹 付 け 面	$0.25 \sim 0.60$
錆面（浮き錆除去）	$0.45 \sim 0.70$

(2)　摩擦面の処理

1)　摩擦面は，すべり係数値が 0.45 以上確保できるよう，ミルスケールをディスクグラインダー掛け等により，原則として，添え板（スプライスプレート）全面の範囲について除去したのち，一様に錆を発生させたものとする。

2)　接合部の力を伝達する部分には，すべり係数の小さいものをはさんではならないので，フィラープレートは鋼板とし，両面とも摩擦面として，主材と同様に処理する。

3)　摩擦面の処理において，**ショットブラスト**又はグリットブラストにより摩擦面の表面粗度を 50 μmRz（μm：マイクロメートル，Rz：十点平均粗さ）以上確保できれば，**錆**の発生は

必要ない。なお，**サンドブラスト**では，十分な表面粗度が得られないので注意する。

4) ディスクグラインダー掛けを行う場合には，ボルト孔周辺がへこまないよう注意する。

5) ボルト頭部及び座金の接する部分は，摩擦面そのものではないが，共回り，軸回りを防止し，導入軸力を確保するため，鋼材のまくれ，ひずみ等は取り除かなければならない。

1.3　ボルトセットの取扱い

高力ボルトは，普通ボルトと異なり，ねじの損傷，あるいはねじ，ナット，座金等の錆，油類の付着又は砂粒，金属粒のくい込み等により，締付け時のトルクと導入されるボルト軸力との関係が変わってしまい，正しい軸力を与えることができなくなる。

一般的な注意事項を挙げると次のようになる。

1) 高力ボルトは，包装の完全なものを未開封状態のまま工事現場へ搬入する。

2) 高力ボルトは，雨水，塵挨等が付着せず，温度変化の少ない乾燥した場所に保管する。また，種類，径，長さ，ロット番号ごとに整理し，積み上げる箱の段数は3～5段とする。

3) ボルトセットは，包装のまま施工場所まで運搬し，施工直前に包装を解く。さしあたり必要な量だけあけるようにして，使い残さないようにする。包装を解いて使用しなかったボルトセットは，再び包装して保管する。

4) 試験及び締付け機器の調整に用いたボルトは，試験及び機器の調整に再使用しない。また，本接合にも使用しない。

1.4　締付け施工法の確認

高力ボルトの締付け作業開始時に，工事で採用する締付け施工法に関する確認作業を行う。

1.5　組　立

1) 摩擦面と肌すき

肌すきとは，接合面と添え板（スプライスプレート）との間に，部材の材厚の差によって生じている隙間をいう。

1 mm を超える肌すきは，**フィラープレート**を用いて補う。フィラープレートの厚さは，1.6 mm 以上にするのが普通である。

2) **勾配座金**

ボルト頭部又はナットと接合部材の面が，$\frac{1}{20}$ 以上傾斜している場合は，**勾配座金**を使用する。

勾配座金は，**図 7.4** に示すように，通し座金にするのがよい。

3) 組立て用工具

ドリフトピンは仮組み用の工具で，部材を組み立てるとき，ボルト孔に通して部材を正確に保持させて仮留めするのに用いる。また，ぽろしんは部材を組み立てる前のボルト孔合わせに使用する工具である（**図 7.5**）。

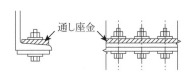

図 7.4　勾配座金[2]

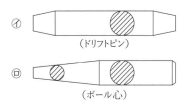

図 7.5　組立用工具[2]

4)　ボルト孔の食違いの修正

　　部材の孔合わせを行う際，通常，接合部組立て時に積層した板間に生じた 2 mm 以下のボルト孔の食違いは，リーマー掛けして修正してよい。

　　リーマーは，組立ての際にボルト孔の食違いがある場合，機械的に切削して整孔する作業に用いる工具である。

　　組立て後，ボルト孔心が一致せずボルトが挿入できないものは，添え板等を取り替える。

1.6　締付け

1)　締付けの順序は以下による。

①　本接合に先立ち，仮ボルトで締付けを行い，板の密着を図る。

②　締付けに先立ち，ボルトの長さ，材質，ねじの呼び等が施工箇所に適したものであることを確認する。

③　ボルトを取り付け，**一次締め**，**マーキング**及び**本締め**の順で行う。ボルトの取付けは，ナットの裏表，座金の裏表を適正に取り付ける（**図 7.6，7.7**）。

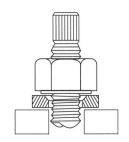

ナットは表示記号のある側が表　　座金は内側面取りのある側が表

図 7.6　トルシア形高力ボルトのナット・座金の表裏[3]

 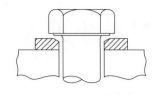

ナットは表示記号のある側が表　　　　　座金は内側面取りのある側が表

図 7.7　高力六角ボルトのナット・座金の表裏 [3]

④　1 群のボルトの締付けは，**群の中央部より周辺に向かう順序**で行う（**図 7.8**）。

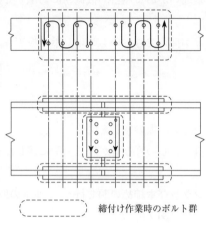 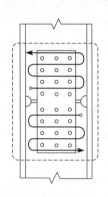

┈┈┈┈　締付け作業時のボルト群

○━━━━▶　締付け順序

ボルト群ごとに継手の中央部より板端部に向かって締め付ける。

図 7.8　ボルト締付け順序 [3]

⑤　一次締めは，**表 7.5** によるトルク値でナットを回転させて行う。

表 7.5　一次締付けトルク [1]

ねじの呼び	一次締付けトルク（N・m）
M12	50 程度
M16	100 程度
M20，M22	150 程度
M24	200 程度

⑥　一次締めを終わったボルトのマーキングは，ボルト，ナット，座金及び母材（添え板）にかけて行う。

2)　本締めは，標準ボルト張力が得られるよう，次により締め付ける。

①　トルシア形高力ボルトは専用のレンチを用いて**ピンテール**が破断するまで締め付ける。

締付け位置によって，トルシア形高力ボルト専用締付け機が使用できない場合には，JIS 形高力ボルトと交換し，ナット回転法又はトルクコントロール法によって締め付ける。

②　JIS 形高力ボルトはトルクコントロール法又はナット回転法で締め付ける。

　　なお，ナット回転法の場合のナット回転量は 120°（M12 は 60°）とし，ボルトの長さがねじの呼びの 5 倍を超える場合の回転量は，特記による。

3)　作業場所の温度が 0 ℃以下になり着水のおそれがある場合には，原則として，締付け作業を行わない。

1.7　締付けの確認

⑴　トルシア形高力ボルト

①　締付け完了後に，一次締めの際につけたマーキングのずれ，ピンテールの破断等により全数本締めの完了したこと，**共回り**及び**軸回り**の有無，ナット回転量並びにナット面から出たボルトの余長を確認する。

ピンテールが破断し
ナットだけがずれる

　㋑　マークのつけ方　　　　　㋺　本締め正常終了

図 7.9　トルシア形高力ボルトのマーキング例

②　ナット回転量に著しいばらつきの認められる群については，そのボルト群のすべてのボルトのナット回転量を測定し，平均回転角度を算出し，平均回転角度± 30°範囲のものを合格とする。

③　ボルトの余長は，ねじ山の出が 1 ～ 6 山のものを合格とする。

⑵　JIS 形高力ボルト

1)　トルクコントロール法による場合

①　締付け完了後に，一次締めの際につけたマーキングのずれにより，全数本締めの完了したこと，共回りの有無，ナット回転量及びナット面から出たボルトの余長を確認する。

②　ナット回転量に著しいばらつきの認められる締付け群については，すべてのボルトについてトルクレンチを用いナットを追締めすることにより，締付けトルク値の適否を確認する。この結果，作業前に調整した平均トルク値の± 10 ％以内にあるものを合格とする。

③　ボルトの余長は，⑴③による。

④　締付け不足の認められた場合は，所定のトルクまで追締めする。

2)　ナット回転法による場合

①　締付け完了後に，一次締めの際につけたマーキングのずれにより，全数本締めの完了したこと，共回りの有無，ナット回転量及びナット面から出たボルトの余長を確認する。

②　ナット回転量が 120°± 30°（M12 は 60°，許容差− 0°～＋ 30°）の範囲にあるものを合格とする。

③　回転量が不足しているボルトは，所定の回転量まで追締めする。

なお，回転量が許容範囲を超えたものは，取り替える。

④　ボルトの余長は，(1)③による。

(3)　締付け完了後の確認等

1)　締付け完了後のボルトの形状及び余長が確保されていることを確認する。

2)　不合格となった場合，ナットとボルト，座金等が共回り又は軸回りを生じた場合，ナット回転量に異常が認められた場合又はナット面から突き出た余長が過大又は過小の場合には，当該ボルトセットを新しいものに取り替える。

3)　一度使用したボルトセットは，再度，本締めに使用しない。

1.8　締付け及び確認用機器

1)　締付け及び確認用機器は，ボルトに適したものとし，よく点検整備されたものとする。

2)　トルクコントロール式電動レンチ等のトルク制御機能をもった機器は，毎日１回作業開始前にトルクの誤差が所要トルクの±７％程度になるまで調整を行い，その結果を記録する。

2. 溶接接合

2.1　溶接の方法

溶接方法には**図 7.10** のような種類があるが，建築鉄骨工事では，□枠及び□枠で囲んだ溶接方法が使われる。「標仕」6 節では，□枠で囲んだ**被覆アーク溶接**（手溶接），**ガスシールドアーク溶接**，セルフシールドアーク溶接（半自動溶接），サブマージアーク溶接（自動溶接）について規定している。

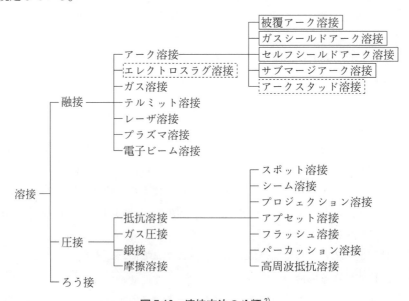

図 7.10　溶接方法の分類 [2]

2.2　技能資格者

1)　JIS における**溶接技能者**の技術検定基準には，手溶接の場合は JIS Z 3801（手溶接技術検定における試験方法及び判定基準），半自動溶接の場合は JIS Z 3841（半自動溶接技術検定

における試験方法及び判定基準）が定められている。

　　鉄骨工事の本溶接に従事できる溶接技術者は，アーク手溶接及び半自動溶接に対して，溶接する板厚や作業姿勢に応じたものとする。「標仕」では自動溶接のオペレーターは，手溶接又は半自動溶接の技量を有し，更に技量を証明する工事経歴を有していることとしている。

2）　組立溶接は本溶接に匹敵する重要なもので，特に本溶接の一部となる組立溶接（例えば，隅肉溶接，裏はつりなしの開先内の組立溶接），裏当て金の溶接等については，本溶接時に組立溶接を再溶融させる必要があるため，注意深く行う必要がある。このため裏当て金，エンドタブ等の仮付け溶接に従事できる溶接技術者は，JIS Z 3801 又は JIS Z 3841 のいずれかの「基本級」（下向き溶接，すなわち F 級）の資格を有している必要がある。

2.3　材料準備

(1)　開先の加工

1）　**開先の形状**は，溶接の品質に大きく影響するので，原則として特記に指定されたものを変えてはならないが，製作工場には慣用している形状があるので，多少形状を変えるだけで慣用形にあわせることができるならば変えることを認めてもよい。

2）　開先精度が悪くてルート間隔が広くなった場合に，溶接量が増えると収縮量が多くなるため，ひずみが増したりして欠陥を生じやすい。

3）　**開先の加工**は，自動ガス切断又は機械加工とする。ただし，精度の不良なもの及び著しい凹凸のあるものは修正する。

(2)　溶接材料

　　溶接材料の取扱いでは，吸湿の防止が特に重要である。

　　吸湿した溶接材料や錆を発生したワイヤを使用すると，アークが不安定となり，スパッタが増大してビード外観を損なう原因となる。また，ブローホールやピット等を発生しやすく健全な溶接を期待できない。さらに，水分中の水素が原因になり，ひび割れ等の欠陥を生じやすい。

　　溶接棒の乾燥温度は被覆材の種類に応じて定められているが，特に低水素系溶接棒は，乾燥温度について注意が必要である。溶接棒はヒーターや赤外線等で防湿設備をそなえた専用の保管室に保管し，また，作業時には携帯用乾燥器を用い，作業量に見合った出庫量を決めることが望ましい。

2.4　部材の組立

1）　部材の組立は，通常小形の材片を組み立ててブロックとし，次にブロックとブロックを組み立てて大きな部材をつくり上げる。

2）　スカラップ加工

①　JIS Z 3001（溶接用語）によれば，**スカラップ**とは，「溶接線の交差を避けるために，一方の母材に設ける扇形の切欠き。」としている。溶接線の交差を避けることにより，割れ等の溶接欠損や材質劣化を防ぐ目的でとられている。

②　ノンスカラップ工法とは，スカラップを設けないで特別に加工した裏当て金を取り付けて溶接を行う方法である。

　　3）　組立溶接

　　　①　**組立溶接**で本溶接の一部となるものは最小限とし，欠陥を生じたものはすべて削り取る。

　　　②　開先内には，原則として，組立溶接を行わない。

　　　③　組立溶接の位置は，継手の端部，隅角部，本溶接の始点及び終点等の強度上及び工作上支障のある箇所を避ける。また，冷間成形角形鋼管の角部等，大きな冷間塑性加工を受けた箇所への組立溶接は避ける。

　　　④　引張強さ 490 N/㎟ 以上の高張力鋼及び厚さ 25 ㎜ 以上の鋼材の組立溶接をアーク手溶接とする場合は，**低水素系溶接棒**を使用する。

　　　⑤　組立溶接は，組立溶接が割れないように，必要で十分な長さと 4 ㎜ 以上の脚長を持つビードを適当な間隔で配置する。手溶接又は半自動溶接を行う箇所の組立溶接の最小ビード長さは，組み立てられる部材の板厚が 6 ㎜ 以下の場合は 30 ㎜，6 ㎜ を超える場合は 40 ㎜ とする。

2.5　溶接部の清掃

溶接部は，溶接に先立ち，水分，油，スラグ，塗料，錆等の溶接に支障となるものを除去する。ただし，溶接に支障のないミルスケール及び塗料は，除去しなくてもよい。

2.6　溶接施工

⑴　共通事項

　　1）　溶接姿勢は，作業架台，ポジショナー等を利用して部材の位置を調整し，できるだけ下向きとする。

　　2）　**予熱**とは，溶接開始に先立ち，溶接部及びその周辺を加熱することである。予熱は，溶接部の硬化及び割れの防止に効果があり，予熱温度は 50 ～ 100 ℃ 程度とする場合が多い。

　　　　予熱による溶接後の冷却速度の緩和等により，溶接欠陥の中でも重大な低温割れの防止に効果がある。予熱にあたっては，材質，材厚，気温等を考慮のうえ，必要に応じて，適切な溶接条件となるように行う。

　　3）　**エンドタブ**とは**図 7.11** に示すもので，溶接の始端と終端の欠陥を防ぐために付ける。エンドタブの材質は，一般に母材と同質，同厚，同開先のものを用いる。エンドタブの長さは始終端の欠陥がエンドタブ内に完全に納まるように決める。長さの目安は以下のとおり。

　　　　　　被覆アーク溶接　　　　　：35 ㎜ 以上
　　　　　　ガスシールドアーク溶接：35 ㎜ 以上
　　　　　　サブマージアーク溶接　：70 ㎜ 以上
　　　　　主な留意事項は次のとおりである。

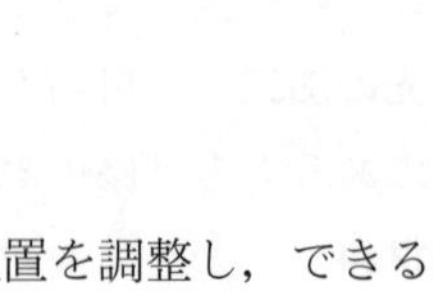

　　　①　エンドタブの切断の要否は特記による。

　　　②　切断する場合は，**図 7.12** に示すように

図 7.11　エンドタブ

梁フランジの端から 1 ～ 5 ㎜ 残して部材断面を欠損しないように直線上に切断し，グラインダーで仕上げる。JASS 6 では切断要領を特記することにしている。

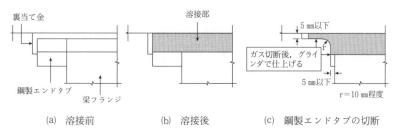

(a)　溶接前　　　　　(b)　溶接後　　　　(c)　鋼製エンドタブの切断

図 7.12　鋼製エンドタブの切断[4]

③　柱梁接合部にエンドタブを取り付ける場合には，**図 7.13** に示すように，裏当て金に取り付けることとし，直接，接合部の母材に組立溶接をしない。ただし，組立溶接を再溶融させる場合は，開先内に組立溶接を行ってもよい。

　これはエンドタブの組立溶接がショートビードとなり，熱影響部の破壊じん性を低下させることになり，この部分がフランジ全体のぜい性破壊の起点となるおそれがあるためである。

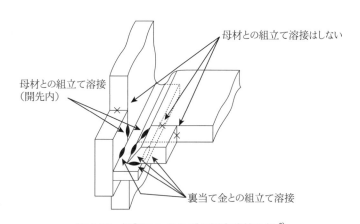

図 7.13　鋼製エンドタブの組立溶接の例[3]

4)　溶接部の清掃

　溶接に支障となるスラグ及び溶接完了後のスラグは入念に除去する。溶接パスごとに徹底して行うことが必要である。

　著しいスパッタ及び塗装下地となる部分のスパッタは，除去する。

(2)　完全溶込み溶接

完全溶込み溶接は，全断面が確実に溶接されていないと，効力が著しく低下することがあるので次の場合以外認めない。

1)　裏当て金がある場合

　裏当て金がある場合は，初層の溶接において継手部と裏当て金がともに十分溶け込むようにする。

2)　裏はつりをする場合

①　裏はつりは，アークエアーガウジングによる例が多く，ガスガウジングあるいはチッピ

ング（はつり）によることもある。

②　部材の両面から溶接する場合，裏面側の初層溶接をする前に，表面側の溶接の初層の欠陥部分を完全に除去するとともに，裏はつり部を裏溶接の前に十分に清掃する。

③　サブマージアーク溶接による場合は，溶接施工試験等によって十分な溶込みが得られると判断・確認できる場合は裏はつりを省略できる。

3)　突合せ継手及び T 継手の余盛り高さ

応力集中を避けるため過度の余盛りをせず，母材から滑らかに連続する形状とする。余盛り高さは JASS 6 の付則 6「鉄骨精度検査基準」による（**図 7.14**）。

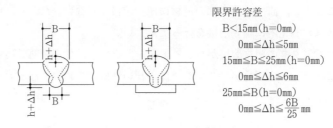

限界許容差
B<15mm（h＝0mm）
0mm≦Δh≦5mm
15mm≦B≦25mm（h＝0mm）
0mm≦Δh≦6mm
25mm≦B（h＝0mm）
$0\text{mm} \leqq \Delta h \leqq \dfrac{6B}{25}$ mm

図 7.14　完全溶込み溶接突合せ継手の余盛り高さ [3]

(3)　部分溶込み溶接

1)　部分溶込み溶接は，溶込み溶接の一種ではあるが，**図 7.15** のように全断面溶接をしないものである。

図 7.15　部分溶込み溶接 [2]

2)　部分溶込み溶接は主としてせん断力に耐えるものとされており，大きな引張応力，曲げ応力，繰返し応力を受ける箇所に使用してはならないとされている。一般に箱形断面材のかど溶接，圧縮力のみを受ける柱の継目等で，通常の隅肉溶接では不足するが，隅肉のような形で接合したい場合等によく用いられる。

(4)　隅肉溶接

1)　設計図書で示される**溶接長さ**は，**有効長さに隅肉サイズの 2 倍**を加えたものであり，その長さを確保するように施工する。

2)　**隅肉溶接**は，著しい凸型ビードを避け，**余盛り**等の許容差は，JASS 6 の付則 6「鉄骨精度検査基準」による（**表 7.9** 参照）。

3) 隅肉溶接の端部は，**図7.16**のように，滑らかに回し溶接を行う。

回し長さは，隅肉サイズの2倍以上，かつ，15mm

以上とする。

回し溶接

図7.16 回し溶接[2]

2.7 気温等による処置

1) 気 温

① **作業場所の気温**（鋼材表面温度，以下同じ）**が－5℃未満の場合**は，溶接を行わない。

② **作業場所の気温が－5℃から5℃の場合は，溶接線から100mm程度の範囲を適切な方法で加熱**して，溶接を行う。

2) 降雨，降雪，風等の影響への配慮

母材が濡れている場合，溶接に影響を及ぼすような風が吹いている場合は，溶接を行わない。風が吹いているときは，防風装置のない場所では作業を行わないようにする。風の影響については，一般に，被覆アーク溶接で10m/sまで，ガスシールドアーク半自動溶接で2m/sまでが限度とされている。

2.8 関連工事による溶接

関連する工事のため，金物等を鉄骨部材に溶接する場合は，**2.4 部材の組立**3)⑤に示す最小ビード長さを守る。

2.9 溶接部の確認

1) 溶接完了後，次により溶接部の表面欠陥及び精度の確認を行う。

① ビード表面の整否，ピット，アンダーカット，クレーター等の状態

② 隅肉溶接の脚長等，溶接金属の寸法

2) 表面欠陥及び精度の合否判定は，JASS 6 の付則6「鉄骨精度検査基準」（**表7.9**参照）に定める限界許容差による。

2.10 溶接部の試験

1) 溶接表面割れの検査方法

割れの疑いのある表面欠陥には，JIS Z 2343-1 に規定されている浸透深傷試験（PT）又は，JIS Z 2320-1 に規定されている磁粉探傷試験（MT）による非破壊試験を行う。

2) 完全溶込み溶接部の内部欠陥の検査方法

内部欠陥の検査方法は，一般に，超音波探傷試験（UT）が用いられ，合否の判定は，「鋼構造建築溶接部の超音波探傷検査規準・同解説」（（一社）日本建築学会）による。

3) 各種の試験方法

① **浸透探傷試験（PT）**

一般に行われている方法は，カラーチェック（染色浸透探傷法）といわれる簡単な方法で，溶接部に浸透性のよい赤色の液を吹き付けて割れ等に浸透させた後，一度ふき取り，さら

第2章 建築施工

第7節 鉄骨工事

に白色になる現像液を吹き付け，これににじみ出た赤色により欠陥を発見する方法である。

② **磁粉探傷試験（MT）**

　　強磁性体に磁場を与えると，材料の不連続部（欠陥部分）で磁束が表面空間に漏えいし磁極が生じる。ここに磁粉を散布すると磁束による模様が現れ，微細な欠陥を検出することができる。

③ **超音波探傷試験（UT）**

　(a)　溶接部分に探触子を当て，探触子から発信される超音波の反射波の状態をブラウン管上に描かせ，エコーの高さ，位置等により溶接部の欠陥を発見する方法である。

　(b)　超音波探傷法には，垂直探傷法と斜角探傷法（屈折角45°又は70°）があり，一般には探触子1個又は2個（タンデム法という）の斜角探傷法が用いられている。

④ **放射線透過試験（RT）**

　　一般に行われている方法は，X線又はγ線による透過写真をつくり，写真に現れた欠陥を，JIS Z 3104（鋼溶接継手の放射線透過試験方法）附属書4に定められた等級により判定する方法である。

⑤ **マクロ試験**

　　溶接部の溶込み状態を調べるための試験方法である。溶接部を切断し，断面を平滑に研磨して，5〜15％硝酸アルコール等で処理し，溶接部の樹枝状組織を観察する。

2.11　不完全溶接の補修その他

1)　不合格溶接の補修

　　溶接の検査により見付けられた不合格溶接は補修処置をとるが，補正方法を次に示す。なお，補修溶接においては，鋼材の種類に応じて必ず適正な予熱を施し，パス間温度を管理して補修溶接を行う。

①　著しく外観の不良な場合は修正する。

②　溶接部に融合不良，溶込み不良，**スラグ**の巻込み，ピット，ブローホール等の有害な欠陥のある場合は削り取り，再溶接を行う。

③　アンダーカット，クレーターの充足不足，のど厚不足，溶接の長さ不足等は補足する。補足に際しては，鋼材温度の急冷却を防止する措置を行う。

④　余盛りの過大等は，母材に損傷を与えないように削り取る。

⑤　溶接部に割れがある場合は，原則として，溶接金属を全長にわたり削り取り，再溶接を行う。なお，適切な試験により，割れの限界を明らかにした場合でも，割れの端から50 mm以上を削り取り，再溶接を行う。

⑥　超音波探傷試験の結果が不合格の部分は，削り取って再溶接を行う。

⑦　不合格溶接の補修用溶接棒の径は，手溶接の揚合は4 mm以下とする。

2)　溶接部の欠陥の原因と対策

　　溶接部の欠陥の原因及び対策は，**表7.6**に示すとおりである。

表 7.6　溶接部の欠陥の原因及び対策（その 1）[2]

項　目	原　　因	対　　策	処　置
融合不良 （不　溶　着） （溶込不良）	①　継手設計の欠陥。 ②　開先作成の不良。 ③　開先作成が狭過ぎる。 ④　ルート面が大きい。 ⑤　溶接速度が速い。 ⑥　電流が小さい。 ⑦　溶接棒（溶接ワイヤを含む。以下，同様）の選択不良。	①　ルート間隔，ルート面の寸法，開先角度を調べる。 ②　ルート面を小さくするか，ルート間隔を大きくする。 ③　開先角度を大きくするか，角度に応じた溶接棒を使用する。 ④　溶接速度を減じ，スラグが先行しないようにする。 ⑤　スラグの包装性を害しない範囲で電流を増す。 ⑥　電流を大きくする。 ⑦　棒径が適切で，溶込みの大きい溶接棒を選ぶ。	削り取り再溶接する。
スラグの巻込み	①　多層盛りの場合，前層のスラグ除去が不完全。 ②　運棒操作が不適当で，ビードの形状，重ね方が悪い。 ③　電流が小さい。 ④　溶接棒の選択不良。 ⑤　スラグの流動性が良過ぎて，冷却しやすい。	①　前層のスラグを十分に除去清掃する。 ②　運棒操作を適正に行う。 ③　電流を大きくする。 ④　条件に適した溶接棒を選ぶ。 ⑤　溶接部を予熱する。	著しいものは削り取り再溶接する。
ブローホール，ビット	①　風が強い，ノズルにスパッタが多量に付着しているなどの理由により，シールドガスの流れが乱された。 ②　アーク中の水素又は一酸化炭素が多過ぎる。 ③　溶接部の清掃が不十分（錆，塗料，湿り等）。 ④　溶接棒が湿っている。 ⑤　溶接棒が急冷された。 ⑥　アーク長さ，電流が大き過ぎる。 ⑦　溶接速度が速い。 ⑧　溶接棒の選択不良。	①　風を遮る。ノズルについたスパッタを除去する。 ②　低水素系の溶接棒を選ぶなど適した溶接棒を選ぶ。 ③　溶接部の清掃を完全にし，乾燥させる。 ④　溶接棒の乾燥を十分に行う。 ⑤　運棒操作，予熱，後熱等により冷却の速さを遅らせる。 ⑥　アーク長さ，電流を適正にする。 ⑦　適正な溶接速度にする。特に始終点を注意する。 ⑧　適正な溶接棒にする。	著しいものは削り取り再溶接する。
アンダーカット	①　溶接棒の保持角度，運棒速度が不適当。 ②　電流が大き過ぎる。 ③　アークが長過ぎる。 ④　溶接棒が不適当。	①　運棒操作を適正に行う。 ②　電流を小さくする。 ③　アークを短くする（棒径の$\frac{1}{2}$くらい）。 ④　条件に適した溶接棒を選ぶ。	著しいものは溶接金属を補足する。
クレーターの過大なへこみ		クレーターはできるだけ盛り上がるように溶接棒を操作する。	同上
溶接金属の大きさ不足又は過大		①　溶接金属の大きさは，板厚に応じたものとし適正な棒径の選定と溶接速度が必要である。 ②　溶接姿勢を正しく保ち，適正な運棒操作を行う。	著しいものは溶接金属の削除又は補足する。
溶接部の外観不良 （幅,高さ,ビード形 状の不ぞろい等）	①　電流が不適当。 ②　運棒操作及び角度保持の不良。 ③　溶接部の過熱。 ④　溶接棒の不適当。 ⑤　母材が汚れている。	①　適正な電流に保つ。 ②　適正な溶接速度及び角度で一様な運棒操作をする。 ③　溶接部の過熱を避ける。 ④　乾燥した溶接棒を使用する。 ⑤　溶接部の錆や汚れを除去する。	著しいものは溶接部の削除又は補足による修正をする。

表 7.6　溶接部の欠陥の原因及び対策（その 2）[2]

項　目	原　因	対　策	処　置
割　れ	①　母材に過剰の炭素合金元素が加わっている。 ②　母材に硫黄含有量が多い。 ③　母材のラミネーション等。 ④　母材の性能として不適当な厚板。 ⑤　母材の硬化性が大きい。 ⑥　継手の拘束が大き過ぎる。 ⑦　継手角度が狭過ぎて小さい狭いビードになる。 ⑧　溶接底部の引張りにより角度変化を起こした。 ⑨　溶接金属に気泡等の欠陥がある。 ⑩　溶接棒が湿っているなどアーク雰囲気中の水素が多過ぎる。 ⑪　溶接棒の選定不良。 ⑫　裏はつりの不良。	①　強度，板厚等に応じ溶接に適した母材を選定する。 ②　予熱を行い，後退法，ブロック法等を用いて溶接する。 ③　入熱量を大きくし予熱，後熱を行う。 ④　気泡のない溶着金属をつくる。 ⑤　低水素系等条件に適した溶接棒を用いる。 ⑥　溶接棒を乾燥し湿気を除く。 ⑦　適正なビード断面にする。 ⑧　溶接速度，電流値を下げ溶込みを減らし，溶込みの少ない溶接棒を用いる。 ⑨　表裏平均に溶接を行うか，運棒操作により冷却速度を遅くする。	原則として溶接金属を全長にわたり削り取り再溶接する。適切な試験等で割れの限界が明らかになった場合でも，欠陥部の端から 50 mm 以上削り取り再溶接する。なお，溶接により母材に割れが入った場合は，取り替える。

（注）原因と対策の番号は対応しないものもある。

3)　溶接部の欠陥

表 7.7　溶接部の欠陥（JIS Z 3001 − 4　溶接用語より抜粋）

4.4　空洞		
番　号	用　語	定　義
44002	ブローホール	溶接金属中に生じる球状の空洞。
44008	ピット	溶接部の表面まで達し，開口した気孔。
4.5　介在物		
番　号	用　語	定　義
45002	スラグ巻込み	溶接金属に巻き込まれたスラグ。 （注記）その形成状況によって線状，孤立状，群れ状などがある。
4.6　融合不良・溶込不良		
番　号	用　語	定　義
46001	融合不良	溶接境界面が互いに十分に溶け合っていないこと。
46002	溶込不良	設計溶込みに比べ実溶込みが不足していること。
4.7　形状不良		
番　号	用　語	定　義
47002	アンダカット	母材又は既溶接の上に溶接して生じた止端の溝。
47006	オーバラップ	溶接金属が止端で母材に融合しないで重なった部分。
4.8　その他の不完全部		
番　号	用　語	定　義
48001	アークストライク	母材の上に瞬間的にアークを飛ばし，直ちにアークを切ったときに生じる不完全部。
48002	スパッタ	アーク溶接，ガス溶接，ろう接などにおいて，溶接中に飛散し，付着した金属粒。
48014	銀点	溶接金属の破面に現れる銀白色をした魚の眼状の不完全部。

3. スタッド溶接

3.1　スタッドの仕上り精度

① 仕上り高さは，指定された寸法の±2mm以内，傾きは5°以内とする（**表7.9**参照）。

② 母材及びスタッド材軸部に発生したアンダーカットは，0.5mm以内とする。

3.2　スタッドの溶接施工

1) スタッド溶接は，特記のない場合，アークスタッド溶接の直接溶接とし，下向き姿勢で行う。また，スタッド溶接用電源は，**専用電源**を原則とする。

2) 施工に先立ち溶接条件を適切に設定する。溶接条件の設定は，スタッドの径が異なるごとに午前と午後それぞれ作業開始前2本以上の試験スタッド溶接を行い，30°曲げ試験を行って定める。

3) スタッド溶接は，原則として下向きで行うべきであるが，やむを得ず横向きとする場合は，余盛りがスタッド全周に回らないことが多いので注意する。

4) デッキプレート等を貫通して行うスタッド溶接は，工事に使用されるものと同一の材料及び条件で試験溶接を行い，適正な溶接ができることを確認する必要がある。また，施工にあたっては，デッキプレートと溶接母材との間の清掃に特に注意して，水分やごみ等の介在物がないことを確認することが必要である。

3.3　スタッド溶接後の試験

1) 外観試験

① 母材・材軸部のアンダーカットの有無を，全数について確認する。

② 仕上り高さ及び傾きの試験は，抜取りとし，スタッドの種類及びスタッド溶接される部材が異なるごとに，かつ，100本ごと及びその端数について試験ロットを構成し，1ロットにつき1本以上抜き取り，測定器具を用いて計測する。

③ 仕上り高さは，指定された寸法の±2mm以内，傾きは5°以内とする（**表7.9**参照）。

④ 試験したスタッドが合格の場合，そのロットを合格とする。

⑤ 試験したスタッドが不合格の場合は，同一ロットからさらに2本のスタッドを試験し，2本とも合格した場合は，そのロットを合格とする。それ以外の場合は，ロット全数について試験する。

2) **打撃曲げ試験**

① 打撃曲げ試験の抜取り方法は，**1) 外観試験**②による。

② **打撃により角度15°まで曲げた**のち，溶接部に割れその他の欠陥が生じない場合は，そのロットを合格とする。

③ 試験したスタッドが不合格の場合は，**1) 外観試験**⑤による。

3.4　不合格スタッド溶接の補修

1) 母材又はスタッド材軸部に深さ0.5mmを超えるアンダーカットの発生したもの等は，50〜

100 mm の隣接部に打増しを行う。

2)　隣接部に打増しできない場合や欠損が母材に及んでいる場合は,不合格スタッドを除去し,母材表面を補修溶接してグラインダーで仕上げたのち打直す。

3.5　気温等による処置

風が強い日や降雨,降雪がある日,気温が 0 ℃ 以下の場合は原則として,溶接作業を行わない。

4. 錆止め塗装

錆止め塗装は,原則として,塗装部の検査以外を終了したのちに塗装する。

工場塗装を行わない部分の主なものは,次のとおりである。

①　コンクリートに密着する部分及び埋め込まれる部分

②　高力ボルト摩擦接合部の摩擦面

③　工事現場溶接を行う部分の両側それぞれ 100 mm 程度の範囲及び超音波探傷試験に支障を及ぼす範囲

④　密閉される閉鎖型断面の内面

⑤　ピン,ローラー等密着する部分及び回転又は摺動面で削り仕上げした部分

⑥　組立によって肌合せとなる部分

⑦　耐火被覆材の接着する面

5. 耐火被覆

5.1　耐火材吹付け

1)　吹付け工法に用いられる材料には,吹付けロックウール,吹付けモルタル,水酸化アルミニウム混入湿式吹付けモルタル,耐火塗料等がある。

2)　吹付けロックウール

現在の鉄骨造建築物に対する耐火被覆材料として最も普及しているのは,吹付けロックウールである。この工法には,現場配合のセメントスラリーによる半乾式工法と,工場配合による乾式工法がある。

5.2　耐火板張り

1)　繊維混入けい酸カルシウム板等の成形板耐火被覆材を釘,かすがい及び接着材（水ガラス系）で張り付ける工法であり,塗装による化粧仕上げも可能である。

2)　接着材のみに頼ると施工後の時間経過に伴い耐火被覆成形板のはく落を生じるおそれがあるので,釘やかすがい等の金物で機械的に十分緊結することが重要である。

3)　耐火被覆成形板は一般に吸水性が大きいため,建築物の外周部に当たる鉄骨架構の耐火被覆に使用する場合には,施工時に雨水が掛からないような養生をする必要がある。

5.3　耐火材巻付け

高耐熱ロックウール,セラミックファイバーブランケット又はそれらを複合したものを鉄骨に

巻き付け，ワッシャー付き鋼製の固定ピンを鉄骨に現場でスポット溶接して留め付ける工法であり，化粧仕上げも可能である。

5.4　ラス張りモルタル塗り

鋼材を下地として鉄網を巻き，モルタル又はパーライトモルタルを所定の厚さに塗り付けた工法が，「耐火構造の構造方法を定める件」（平成 12 年建設省告示第 1399 号)で一般指定されている。

6. 工事現場施工

6.1　建方精度

建方等の工事現場施工の精度は，JASS 6 の付則 6「鉄骨精度検査基準」付表 5 工事現場による（7. 鉄骨工事の精度　参照）。

6.2　アンカーボルト等の設置

1)　建築用のアンカーボルトは，建方用アンカーボルトと構造用アンカーボルトに分類される。

①　建方用アンカーボルト　——建物を建てる際に，柱を建てる時の位置決めと一時的な柱の転倒防止に利用されるもので，躯体工事完了後は構造耐力を負担しないアンカーボルトをいう。

②　構造用アンカーボルト　——建物の構造耐力を負担するアンカーボルトで，躯体工事完了後も，引張力，せん断力及びこれらの組合せ力を負担するアンカーボルトをいい，**台直し**を行ってはならない。

アンカーボルト固定後の位置補正は容易ではない。一方これに取り合う鉄骨は比較的精度が高い。そのためアンカーボルトの設置は慎重に行う必要がある。

アンカーボルトの形状の一例を**図 7.17** に示す。

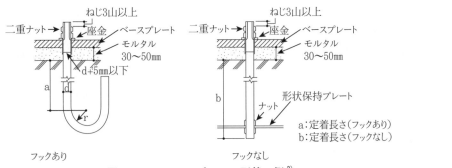

フックあり　　　　　　　　　フックなし
図 7.17　アンカーボルトの形状の例 [2]

2)　設置の留意事項

①　ベースプレートに設ける**アンカーボルトのボルト孔の径**は，ボルト径に 5 mm を加えた値以下とする。

②　露出形式柱脚の場合，アンカーボルトは**二重ナット**及び座金を用い，その先端は**ねじがナットの外に 3 山以上**出るようにする。

3）　養　生

アンカーボルトは，露出部は埋め込まれてから建方までの間に，錆の発生，ねじ山の損傷，コンクリートの付着等が生じないように布，ビニルテープ等で**養生**しておく。

4）　柱底均しモルタル

ベースプレートが小さい場合は，**全面モルタル塗り**を行い仕上げるが，ベースプレートが大きい場合は，モルタルとの密着性に問題が出ることがあるため，**あと詰め中心塗り工法**が普通である。

モルタルの天端高さの管理許容差は，±3 mm とする（**表 7.9** 参照）。

モルタルは充塡が構造上重要でベースプレートが大きい場合は，充塡が困難なので，流動性の良い**無収縮モルタル**を用いるのがよい。

柱底均しモルタルの一般的な工法を**図 7.18** に示す。

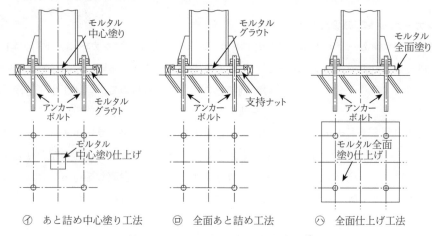

図 7.18　ベースプレートの支持方法[2]

5）　ナットの締付け

①　ナットの締付けは，建入直し完了後，アンカーボルトの張力が均一になるようレンチ等で緩みのないように行う。

②　ナットは，コンクリートに埋め込まれる場合を除き二重ナットを用いて戻り止めを行う。

③　アンカーボルトの締付け力及び締付け方法はナット回転法で行い，ナットの密着を確認したのち 30°回転させる。

6.3　搬入及び建方準備

(1)　建方計画

1）　**建方**は，建方計画書に基づいて作業をすすめる。特に，建方時の強風等に対する補強の要否等について，十分検討を行い，本接合が完了するまで安全を確保する計画とする。

2）　鉄骨鉄筋コンクリート造では，コンクリートが打設されるまでは，十分な耐力を発揮できないものがある。特にこのようなものは補強に注意する。

3）　鉄骨に重量物を載せたり，土圧をかけたり，通常の構造計算で考えていない大きな荷重を

　負担させる場合には，計算により安全を確認する必要がある。

4)　小屋組のようなものは，つなぎ材等を取り付け組み立ててしまえば強いが，単独の場合は
　　曲がりやすいので，吊上げ等にも補強が必要な場合が多い。

(2)　建方方法

　鉄骨建方にあたっては，建方の能率，建入れ精度の向上及び鉄骨骨組の施工中の安全を確保するために，十分な調査検討のもとに事前の準備計画が必要である。

　与えられた立地条件・工程・コストから，十分な安全管理体制を前提として，建方順序を揚重機種と組み合わせて決定する。建方の方法については，柱・梁の接合形式，立地条件，建方用機械の種類によって異なるが，通常は**表 7.8**，**図 7.19** のように分類できる。

表 7.8　鉄骨建方方法の分類[5]

建物形状	規　模	建方方法	建方用機械
高層建物	4 節以上	積上げ方式	定置式クレーン
中層建物	3 節程度	積上げ方式	定置式クレーン・移動式クレーン
		建逃げ方式	移動式クレーン
低層建物	1 節	輪切り建て方式	移動式クレーン
大空間建物		仮支柱支持方式	定置式クレーン・移動式クレーン
		横引き方式 吊上げ方式 押上げ方式	油圧ジャッキ等の駆動装置・移動式クレーン・定置式クレーン

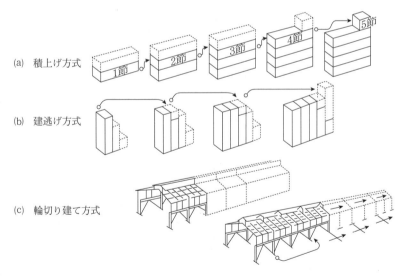

(a)　積上げ方式

(b)　建逃げ方式

(c)　輪切り建て方式

図 7.19　建方方法の例（その 1）[5]

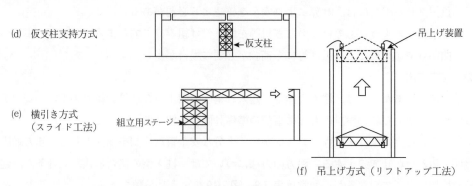

(d) 仮支柱支持方式

(e) 横引き方式
（スライド工法）

(f) 吊上げ方式（リフトアップ工法）

図 7.19　建方方法の例（その 2）[5]

6.4　建　方

⑴　**仮ボルトの締付け**

1)　**仮ボルト**は建方作業における部材の組立に使用し，本締め又は溶接までの間，予想される外力に対して架構の変形及び倒壊を防ぐためのものである。

仮ボルトは，本接合のボルトと同軸径の普通ボルト等で損傷のないものを用い，**締付け本数は，1 群のボルト**数の $\frac{1}{3}$ **以上**，かつ，**2 本以上**とする。

2)　柱梁接合部の混用接合部又は併用継手では，仮ボルトは普通ボルト等を用い，締付け本数は 1 群のボルト数の $\frac{1}{2}$ 以上，かつ，2 本以上とする。

3)　仮ボルトのボルト 1 群を**図 7.20** に示す。**図 7.8** に示す高力ボルトの 1 群とは異なる。1)及び 2) を適用しないときは，風荷重，地震荷重及び積雪に対して接合部の安全性の検討を行い，適切な措置を施す。

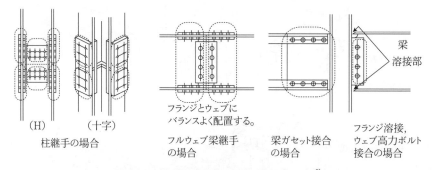

（H）　　（十字）

柱継手の場合

フランジとウェブにバランスよく配置する。

フルウェブ梁継手の場合

梁ガセット接合の場合

梁溶接部

フランジ溶接，ウェブ高力ボルト接合の場合

図 7.20　仮ボルトにおける 1 群の考え方[2]

4)　柱及び梁を現場溶接接合とする場合，**エレクションピース**等に使用する仮ボルトは高力ボルトを使用して全数締め付ける。

5)　仮ボルトは，本締めに使用しない。

⑵　**建入れ直し**

本接合に先立ち，ひずみを修正し，**建入れ直し**を行う。

1)　ワイヤロープの取付け用ピースは，あらかじめ鉄骨本体に強固に取り付ける。

2)　ターンバックル付き筋かいを有する構造物においては，その筋かいを用いて**建入れ直し**を行ってはいけない。

3)　架構の**倒壊防止用ワイヤロープ**を使用する場合，このワイヤロープを建入れ直しに兼用してもよい。

4)　建入れ直しは，建方の進行とともに，できるだけ小区画に区切って建入れ直しと建入れ検査を行うことが望ましい。

5)　計測寸法が正規より小さいスパンは，ボルト接合部のクリアランスに矢（くさび）を打ち込む。

6)　筋かい補強作業は必ず建方当日に行う。

6.5　工事現場接合

ウェブを高力ボルト接合，フランジを工事現場溶接接合とする等の**混用接合**は，原則として，高力ボルトを先に締め付け，その後溶接を行う。

6.6　工事現場施工検査

建方精度の測定にあたっては，温度の影響を考慮する。骨組全体，鋼製巻尺，器具等の温度による変動が少なくなるような時刻に測定する。例えば，早朝の一定時間に行う等の考慮を払う。

また，長期間にわたって鉄骨工事が続く場合は，気候も変わるので測定器の温度補正を行う。

7. 鉄骨工事の精度

JASS 6 の付則 6「鉄骨精度検査基準」では，一般の構造物の主要な鉄骨の製作並びに施工に際しての寸法精度の許容差を定めている。限界許容差は，これを超える誤差は原則として許されない最終的な個々の製品の合否判定のための基準値である。一方，管理許容差は，95 % 以上の製品が満足するような製作又は施工上の目安として定めた目標値であり，寸法精度の受入検査では，検査ロットの合否判定のための個々の製品の合否判定値として用いられる。**表 7.9** に許容差の例を示す。

表 7.9　鉄骨精度検査基準の許容差の例（その 1）[3]

名　　称	図	管理許容差	限界許容差
付表 3　溶接			
隅肉溶接のサイズ ΔS		$0 \leqq \Delta S \leqq 0.5\,S$ かつ $\Delta S \leqq 5\,\text{mm}$	$0 \leqq \Delta S \leqq 0.8\,S$ かつ $\Delta S \leqq 8\,\text{mm}$
隅肉溶接の余盛の高さ Δa		$0 \leqq \Delta a \leqq 0.4\,S$ かつ $\Delta a \leqq 4\,\text{mm}$	$0 \leqq \Delta a \leqq 0.6\,S$ かつ $\Delta a \leqq 6\,\text{mm}$
スタッド溶接後の仕上がり高さと傾き $\Delta L,\ \theta$		$-1.5\,\text{mm} \leqq \Delta L \leqq +1.5\,\text{mm}$	$-2\,\text{mm} \leqq \Delta L \leqq +2\,\text{mm}$
		$\theta \leqq 3°$	$\theta \leqq 5°$
付表 4　製品			
梁の長さ ΔL		$-3\,\text{mm} \leqq \Delta L \leqq +3\,\text{mm}$	$-5\,\text{mm} \leqq \Delta L \leqq +5\,\text{mm}$
柱の長さ ΔH	高力ボルト接合 溶接接合	$H < 10\text{m}$ $-3\,\text{mm} \leqq \Delta H \leqq +3\,\text{mm}$ $H \geqq 10\text{m}$ $-4\,\text{mm} \leqq \Delta H \leqq +4\,\text{mm}$	$H < 10\text{m}$ $-5\,\text{mm} \leqq \Delta H \leqq +5\,\text{mm}$ $H \geqq 10\text{m}$ $-6\,\text{mm} \leqq \Delta H \leqq +6\,\text{mm}$
階高 Δh	柱頭　柱脚 $h_4+\Delta h_4\ h_3+\Delta h_3\ h_2+\Delta h_2\ h_1+\Delta h_1$ 高力ボルト接合 $h_4+\Delta h_4\ h_3+\Delta h_3\ h_2+\Delta h_2\ h_1+\Delta h_1$ 溶接接合	$-3\,\text{mm} \leqq \Delta h \leqq +3\,\text{mm}$	$-5\,\text{mm} \leqq \Delta h \leqq +5\,\text{mm}$

表 7.9　鉄骨精度検査基準の許容差の例（その 2）[3]

名　　称	図	管 理 許 容 差	限 界 許 容 差
付表 5　工事現場			
アンカーボルトの位置のずれ Δa		構造用アンカーボルト 建方用アンカーボルト $-3\,\mathrm{mm} \leqq \Delta a \leqq +3\,\mathrm{mm}$	構造用アンカーボルト 建方用アンカーボルト $-5\,\mathrm{mm} \leqq \Delta a \leqq +5\,\mathrm{mm}$
柱据え付け面の高さ ΔH		$-3\,\mathrm{mm} \leqq \Delta H \leqq +3\,\mathrm{mm}$	$-5\,\mathrm{mm} \leqq \Delta H \leqq +5\,\mathrm{mm}$
梁の水平度 e		$e \leqq \dfrac{L}{1,000} + 3\,\mathrm{mm}$ かつ $e \leqq 10\,\mathrm{mm}$	$e \leqq \dfrac{L}{700} + 5\,\mathrm{mm}$ かつ $e \leqq 15\,\mathrm{mm}$
柱 の 倒 れ e		$e \leqq \dfrac{H}{1,000}$ かつ $e \leqq 10\,\mathrm{mm}$	$e \leqq \dfrac{H}{700}$ かつ $e \leqq 15\,\mathrm{mm}$

第8節　ALCパネル・押出成形セメント板工事

1. ALCパネル

1.1　一般事項

ALCパネルを屋根（非歩行用），床，外壁及び間仕切壁に用いる工事に適用する。

1.2　材　料

ALCとは，高温高圧蒸気養生された軽量気泡コンクリート（Autoclaved Lightweight aerated Concrete）の略である。

1) ALCパネルは，多孔質のため軽量であり，耐火性に優れている反面，吸水率が大きい（30～40%）等の性質があるので，外壁等に用いる場合は，仕上材の選定，結露・凍害対策等について注意する必要がある。

2) 耐火性能については，国土交通大臣が定めた構造方法（平成12年建設省告示1399号）において，外壁・間仕切壁については，厚さ75mm以上で1時間，屋根については30分の耐火性能を有する構造として定められている。床については，国土交通大臣の認定により，厚さ100mm以上で1時間，厚さ120mm以上で2時間の耐火性能が認められている。

3) ALCの種類は，パネル**短辺小口に表示**されており，屋根，床及び外壁については，**表裏の方向**があるので正しい方向に建て込む。

1.3　取付け構法

(1)　「標仕」における取付け構法

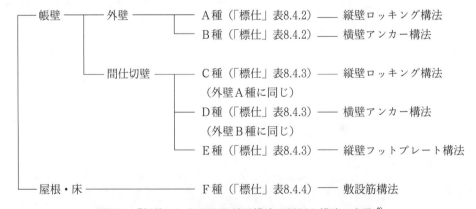

図8.1　「標仕」における取付け構法の種別と構法の名称 [2)]

表 8.1　取付け構法の概要

取付け構法	概　要	取付け例
縦壁ロッキング構法	外壁用及び間仕切壁用パネルの取付け構法の一種で，パネルがロッキングする縦壁の取付け構法。	図 8.2
横壁アンカー構法	外壁用及び間仕切壁用パネルの取付け構法の一種で，パネル相互が水平方向にずれて躯体の層間変形に対し追従する横壁の取付け構法。	図 8.3
縦壁フットプレート構法	間仕切壁用パネルの取付け構法の一種で，RF プレートなどを用いパネル下部を固定し，パネルがロッキングする縦壁の取付け構法。	図 8.4
敷設筋構法	屋根用又は床用パネルの取付け構法の一種で，パネル間の長辺目地部に取付け金物を用いて目地鉄筋を敷設し，この溝部にモルタルを充填する取付け構法。なお，木造建築物に用いる敷設筋構法を木造用敷設筋構法という。	図 8.5

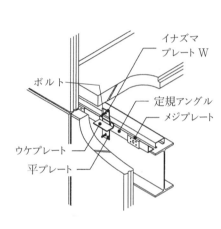

図 8.2　縦壁ロッキング構法の例[5]

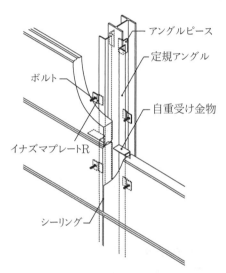

図 8.3　横壁アンカー構法の取付け例[5]

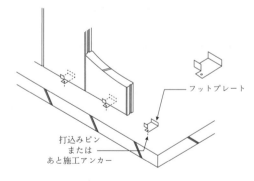

図 8.4　縦壁フットプレート構法の取付け方法の例[5]
（パネル下部の取付け例）

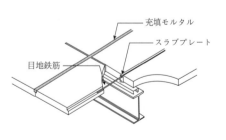

図 8.5　敷設筋構法の例[5]

(2)　外壁パネル構法

1)　出隅及び入隅のパネル接合部並びにパネルと他部材との取合い部の目地は**伸縮目地**とし，目地幅は特記による。特記がなければ **10 〜 20 ㎜** とする。

2)　パネル短辺小口相互の接合部の目地は伸縮目地とし，目地幅は特記による。特記がなければ **10 〜 20 ㎜** とする。

3)　外壁パネル横使いの場合，**受金物**はパネル積み上げ段数 **5 段以下**ごとに設ける。

(3)　間仕切壁パネル構法

縦壁フットプレート構法の**パネル上端**は，次のいずれかによる。

1)　梁，スラブ等の下面にパネル厚さに応じた**溝形鋼を通しに取り付ける（図 8.6 ㋑）。この場合パネルの建入れに先立ち，**耐火目地材を厚さ 20 ㎜** 程度充填する。

2)　上記の工法で，溝形鋼の代わりに，**一方は通しの山形鋼**を，他方は**同材のピースで取り付ける**（図 8.6 ㋺）。

　間仕切チャンネル

　L−40×40×3

間仕切 L 形金物

㋑　間仕切チャンネルを用いる場合　　㋺　間仕切L形金物を用いる場合

図 8.6　パネル上部の取付け例 [5)]

(4)　屋根及び床パネル構法

1)　パネルは表裏を正しく置き，有効な掛り代を確保して長辺は突き合わせ，**短辺小口相互の**接合部には **20 ㎜** 程度の目地を設け，支持梁上になじみよく敷き並べる。

2)　取付け金物は溶接等により受材に固定し，目地用鉄筋を取付け金物の孔に通し，パネルの長辺溝部に金物から 500 ㎜ 以上挿入する。

3)　**目地用モルタル**を，パネルの長辺溝部及び短辺に設けた目地部分に充填する。

1.4　溝掘り，孔あけ及び開口部の措置

1)　外壁，屋根及び床パネルは，原則として，溝掘り又は孔あけを行わない。**溝掘り又は孔あけ**等が必要な例と加工の限界の例を**表 8.2** に示す。

表 8.2　溝掘り又は孔あけ等が必要な例と加工の限界の例 [2]

溝掘り又は孔あけ等が 必　要　な　例	外壁及び間仕切壁 パネルの加工範囲	屋根及び床パネルの 加　工　範　囲
・防水層端部の押え等のための 　パネルの溝掘り	パネル 1 枚当たり 1 本かつ幅 30 mm 以下，深さ 10 mm 以下 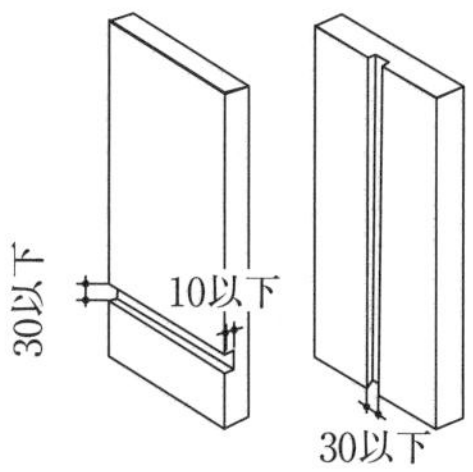 30以下　10以下 30以下	不　可
・パネルを設備配管等が貫通す 　る場合の孔あけ（パネル取付 　け用のボルト孔等は含まない）	パネル幅の $\frac{1}{6}$ 以下 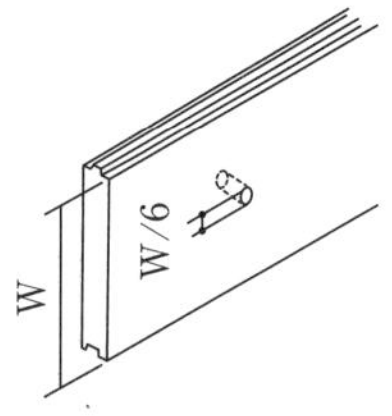 W　W/6	直径 50 mm 以下 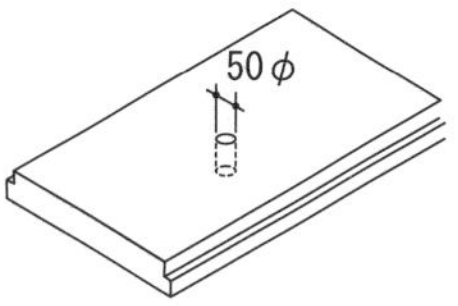 50 φ
・柱及び梁回りでのパネル端 　部の欠き込み	下地鋼材等でパネルを有効に支持する（通常，欠き込み寸法 と支持方法は施工図に記入する）。	

（注）　1.　パネルの加工は主筋を切断しない範囲に限る。
　　　　2.　孔の大きさには，地震時等の変形，施工の逃げ等のために適切なクリアランスを考慮する。

2)　間仕切壁パネルの短辺方向には，原則として，溝掘りを行わない。

3)　溝掘り，孔あけ及び開口を設けた部分は，補修用モルタル又は耐火目地材を充填して補修
する。また，鉄筋を切断した箇所には，**錆止め塗料**を塗り付ける。

2. 押出成形セメント板（ECP）

2.1　材　料

⑴　押出成形セメント板

1)　押出成形セメント板は，セメント，けい酸質原料，繊維質原料及び混和剤を混練し中空を
有するパネル状に押出成形したものをオートクレーブ養生して製作したものである。

2)　種類として，表面が平滑なフラットパネル，意匠的な凹凸を有するデザインパネル，タイ
ル張付け用あり溝形状をもつタイルベースパネルがある（**図 8.7**）。

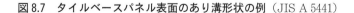

図 8.7　タイルベースパネル表面のあり溝形状の例（JIS A 5441）

3)　押出成形セメント板の寸法は，外壁の場合は厚さ 60 mm，長さ 3,500 〜 4,500 mm が一般的
に多く用いられる。なお，パネル厚さ 60 mm で非耐力壁耐火 1 時間，パネル厚さ 50 mm で非
耐力壁耐火 30 分の認定をパネル製造者が取得している。

4)　間仕切壁に用いる場合は，厚さ 60 mm，長さ 5,000 mm 以下で階高に合わせて設計される。

5)　パネルには表裏があり，パネル短辺，又は長辺の**小口面に表裏が記載**されているので，確認して使用する。

(2)　金　物

1)　取付け金物は，原則として Z クリップを用いてパネルの四隅に取り付ける。パネル内の Z クリップ取付位置は，長さ方向では端部から 80 mm 以上とする。また，幅方向では，原則として端部から 2 穴目とするが，パネル幅が 400 mm 未満の場合は端部から 1 穴目でもよい。金物はパネル製造所が指定するものを用いる。

　　　取付け金物の表面処理は，電気亜鉛めっき処理を原則とする。ただし，常に湿度が高い環境や雨水が掛かる屋外に暴露した所に用いる場合は，溶融亜鉛めっき処理等を行う。

2)　取付け金物（**Z クリップ**）は下地鋼材に **30 mm 以上の掛り代**を確保し，取付けボルトが Z クリップの**ルーズホール中心**に位置するように取り付ける（**図 8.8**）。

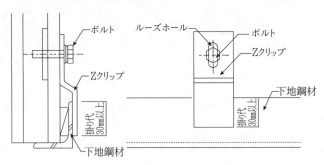

図 8.8　Z クリップ掛り代 [2]

2.2　外壁パネル工法

1)　取付け方法は，パネルの縦使いと横使いの 2 方法がある。

　　　外壁パネルの取付け工法は**表 8.3** による。

表 8.3　外壁パネル工法 [2]

	A 種　縦張り工法（ロッキング方式）	B 種　横張り工法（スライド方式）
工法	パネル四隅の取付け金物で支持部材に取り付け，躯体の層間変位に対しロッキングにより追随させる工法	パネル四隅の取付け金物で支持部材に取り付け，躯体の層間変位に対しスライドすることにより追随させる工法
荷重受け	各段ごとに荷重受け部材が必要	パネル 2～3 段ごとに荷重受けが必要

2)　パネル幅の最小限度は，原則として 300 mm とする。

3)　**パネル相互の目地幅**は，特記による。特記がなければ，**長辺の目地幅は 8 mm 以上，短辺の目地幅は 15 mm 以上**とする。

4)　出隅及び入隅のパネル接合目地は伸縮調整目地とし，目地幅は特記による。特記がなければ，目地幅は 15 mm として，シーリング材を充塡する。

2.3　間仕切壁パネル工法

パネルの取付け工法は，外壁パネル工法と同様に，横張り工法と縦張り工法がある。横張り工法は外壁パネル工法の横張り工法と同様である。

縦張り工法は風圧力等の外力が加わらない部位に用いる場合にはパネルの上下端 2 箇所で固定する。固定方法は，上下端のパネル取付け下地として，溝形鋼あるいは山形鋼を用い，専用の取付け金物によりパネルを固定する。

一般的な間仕切壁の取付け例のディテールの例を**図 8.9** に示す。

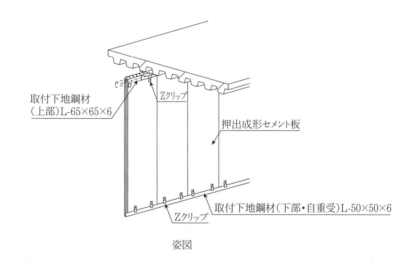

姿図

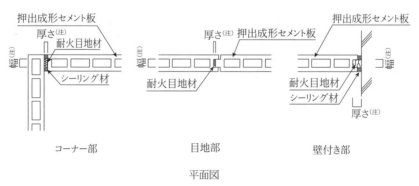

コーナー部　　　　　目地部　　　　　壁付き部

平面図

（注）　耐火目地材の幅は 30 mm 以上とし，厚さは隙間寸法の 1.2 倍程度とする。

図 8.9　間仕切り壁の取付け例 [2]

2.4　溝掘り及び開口部の処理

1)　出入口，窓等の開口を設ける場合は，開口位置をパネル割付に合せる。

開口部にかかる風荷重は，原則として補強材によって直接躯体に伝えなければならない。

2)　設備開口を設ける場合は，パネルに孔あけ及び欠き込みを行わない。やむを得ず孔あけ及び欠き込みを行う場合は，欠損部分を考慮した強度計算を行い安全が確認された大きさを限度とする。ただし，計算結果にかかわらず，孔あけ及び欠き込みの限度は**表 8.4** の数値以下とする。

表 8.4　パネルの孔あけ及び欠き込みの限度[2]

		孔あけ及び欠き込みの大きさ	切断後のパネルの残り部分の幅
パネルに孔あけを設ける場合	短 辺	パネル幅の $\frac{1}{2}$ 以下，かつ，300 mm 以下	150 mm 以上
	長 辺	500 mm 以下	300 mm 以上
パネルに欠き込みを設ける場合	短 辺	パネル幅の $\frac{1}{2}$ 以下，かつ，300 mm 以下	300 mm 以上
	長 辺	500 mm 以下	300 mm 以上

■は留付金物の位置を示す

その他の注意事項

留付部から半径 100 mm 以内は，孔あけ及び欠き込みを行わない。	支持スパンを 3 等分した中央部には，孔あけ・欠き込みを行わない。	幅方向の持ち出しは行わない。	左右の留付部の高さを合わせる。

第9節　防水工事

1. 一般事項

1.1　施工一般

　防水工事には，不透水性皮膜を形成することにより防水するメンブレン防水工事，ステンレスシート又はチタンシートを用いるステンレスシート防水工事等があるが，この節では，メンブレン防水のアスファルト防水，改質アスファルトシート防水，合成高分子系ルーフィングシート防水，塗膜防水及び地下構造物を対象としたケイ酸質系塗布防水を規定している。

　さらに，目地防水として，不定形弾性シーリング材を用いたシーリングの規定がある。

⑴　材料の保管

　防水材料の保管については『建築施工管理技術テキスト　改訂第 13 版　技術・施工編』の第 4 章第 1 節施工計画 5. を参照。

⑵　施工時の気象条件

　防水層の施工の良否は，施工時の気象条件に大きく左右されるので，十分注意する必要がある。下記の場合は施工を中止する。

　　①　気温が著しく低い場合

　　②　降雨・降雪等のおそれがある場合

　　③　降雨・降雪等のあとで，下地が十分乾燥していない場合

　　④　強風及び高湿の場合

⑶　施工時の降雨・降雪に対する処置

　防水施工中，降雨雪のおそれが生じた場合には一時中止し，既に施工した防水層について必要な養生を行う。

⑷　防水層の下地（ケイ酸質系塗布防水を除く）

　1）　下地の状態

　　　防水層施工前の状態で注意する事項を次に示す。

　　①　下地コンクリート面は，平たんで凹凸がないようにする。また，鉄筋，番線等の突起物，粗骨材，モルタルのこぼれ等は防水層を損傷する原因となるので完全に除去する。

　　　　特に，立上りあご下部分は，突起物や凹凸ができやすいので注意する。

　　　　仕上げの程度は，平場のコンクリート下地の場合はコンクリート直均し仕上げとし，便所，浴室等の防水層の下地は，施工精度や配管，便器の取合い等を考慮してモルタル塗りを行う。また，凹凸がある場合はサンダー等で平たんにする。

　　②　下地は十分に乾燥していること。乾燥が不十分な下地に施工すると，露出防水では平場コンクリート内部の含有水分が気化・膨張して**ふくれ**が生じやすいので注意する。

　　③　乾燥状態は，次のような方法によって判断する。

　　　⒜　高周波水分計による下地水分の測定

　　　⒝　下地をビニルシートやルーフィング等で覆い，一昼夜後の結露の状態の確認

　　　⒞　コンクリート打込み後の経過日数

　　　⒟　目視による乾燥状態の確認

　2)　下地の形状

　　①　設計図による所定の勾配を確実に付ける。

　　　　厚みを有する保護層のある場合は，その下地の勾配は $\frac{1}{100} \sim \frac{1}{50}$ とし，防水層の仕上げを仕上塗料等あるいはなしとする場合には，その下地の勾配は $\frac{1}{50} \sim \frac{1}{20}$ とする。

　　②　入隅，出隅は，**図 9.1** のように面取りをするが，これは防水層のなじみをよくするためである。

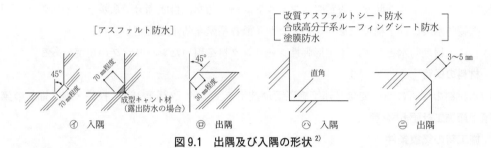

図 9.1　出隅及び入隅の形状 [2]

　3)　ドレン・貫通配管回り

　　①　ルーフドレンをコンクリートと**同時打込み**とするのは，確実に固定し防水層に悪影響を与えないようにするためである。したがって，後から位置の修正等のないように正しい位置，高さに設ける。

　　　　ルーフドレンや排水落し口等は，スラブ面より低くし，周囲の水はけを良くする。なお，必要に応じてスラブコンクリート下面の打増しをする。

　　②　配管類の防水層の貫通は，可能な限り避ける。やむを得ない場合はスリーブを使用し，これを完全に固定する。貫通部の周囲のスラブ面は，特に平たんにし，配管類を含め下地の汚れ除去等清掃を十分に行う。

2. アスファルト防水

2.1　防水層の種類，種別及び工程

⑴　密着工法と絶縁工法

　1)　密着工法

　　　下地面に防水層を全面にわたって密着張りとする工法で，従来から屋上防水や室内防水に多く用いられており，最も信頼性の高い工法の一つである。

　2)　絶縁工法〈点張り，部分接着張り〉

　　①　通常，屋上防水に用いられる工法で，一般部分は防水層を下地面に全面密着でなく部分接着とし，周辺部及び立上り部を密着張りとする。この工法で施工することにより，下地の亀裂等によって生ずる防水層の破断を防ぐことができる。

　　　　また，屋根露出防水絶縁工法では，日射によって気化・膨張した水分が絶縁層の間を自由に拡散・移行することができる。しかし，脱気装置を設けることにより，ふくれを低減して外気に拡散させる方法を取ることが標準とされている。

　　②　絶縁工法には次のような種類があるが，簡易な方法で確実に部分接着ができる従来の**砂**

付あなあきルーフィングと，部分粘着層付き改質アスファルトルーフィングシートによる
工法を指定している。

(a)　防水層の最下層にあなあきルーフィングを用いる方法（図9.2）

(b)　溝付き，突起付き又は部分粘着層付きルーフィングを用いる方法

(c)　ルーフィングやアスファルトパネルを点張り，線張り，袋張り等によって下地に部分
密着させる方法

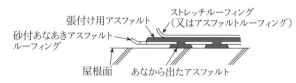

図9.2　絶縁工法（砂付あなあきルーフィングの場合）[2]

3)　保護防水

保護防水とは，防水層の上にコンクリート，コンクリートブロック等の保護層を設ける防
水のことをいう。これらの保護層を設ける目的は，一つには，直射日光の遮断や外力による
損傷の防止等によってアスファルト防水層の耐久性向上を図ることであり，もう一つの目的
は，屋上を歩行可能な仕上りにして何らかの用途に供するためである。

4)　保護断熱防水

保護断熱防水は，外断熱防水であり，防水層の上
に断熱材を置く方法（図9.3）と，防水層の下に置
く方法とがある。

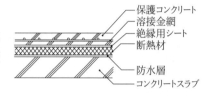

図9.3　屋根保護防水断熱工法[2]

5)　露出防水

露出防水は，砂付ストレッチルーフィングを用い
るものであるが，一般の歩行には適していない。

2.2　施　工

(1)　アスファルトプライマー塗り

アスファルトプライマーは，毛ばけ・ローラーばけ又はゴムばけ塗りとし均一に塗り付ける。
この時に防水下地以外の面を汚さないように注意する。

なお，吹付け方法は揮発性溶剤により薄め過ぎたり，吹出口がつまって一様に塗付けできない
おそれがあるほか，飛散により周囲を汚染しやすいので用いない。

ALCパネル下地のアスファルトプライマーは，はけ塗り2回とし，2回目の塗布は，1回目に
塗布したプライマーが乾燥したのを確認した後行う。

アスファルトプライマーは，塗布後8時間以内に乾燥するが，気象条件や下地乾燥条件等によ
り遅れる場合があるので，アスファルトプライマーを塗布し，翌日に次の工程の施工を行うのが
一般的である。

(2)　アスファルトの溶融

1)　アスファルトの溶融がまの設置については，下記の事項に注意する。

①　溶融がまは，できるだけ施工場所の近くに設け周辺の整理に留意する。

②　アスファルトの引火に備え，消火器，消火砂，鉄板のふた等を溶融がまの風上側に準備しておく。

③　コンクリートスラブの上に設置する場合は床から250 mm以上離すか，又は熱による悪影響のない構造形態の溶融がまを使用する。

④　やむを得ず完成した防水層の上に設置する場合は，防水層に有害な影響を与えないよう保護コンクリートを打つか，コンクリート平板等を敷く等して養生を行う。

2)　アスファルト溶融等の取扱いについては，下記の事項に注意する。

①　アスファルトの溶融は，大きな塊のまま溶融がまに投入すると，局部加熱が生じやすくなるため，小塊にして溶融がまに投入する。

②　低煙・低臭タイプアスファルトの**溶融温度の上限**は，溶融粘度が低いことと煙の発生を抑制するために**240 ℃以下**とされている。

また，同一アスファルトの溶融を**3時間以上は続けない**。

③　溶融アスファルトは，施工に適した温度（粘度）を保つように管理する。**溶融アスファルトの温度の下限**は，一般の3種アスファルトで**230 ℃**程度，低煙・低臭タイプのアスファルトでは**210 ℃**程度とされている。

④　溶融がまは，温度管理，煙，臭いの低減，効率アップ等の面から年々改良が加えられている。

⑶　**アスファルトルーフィング類の張付け**

1)　増張り

一般平場のルーフィングの張付けに先立ち，ストレッチルーフィングを用いて次の増張りを行う。増張りのストレッチルーフィングどうしは突付けとし，突付け部分が開いた場合は，水みちとならないように，アスファルトを塗り付ける。

①　出入隅角は増張りをする（**図9.4**）。

②　屋根保護防水工法で立上り部の保護が乾式工法の場合及び屋根露出防水工法の場合は，立上り部の出隅・入隅の増張りは行わない。

③　屋根保護防水工法で立上り部の保護が現場打ちコンクリート及びれんがの場合の出隅・入隅及び立上りの出隅・入隅には，**幅300 mm以上のストレッチルーフィング**を**図9.5**のように増張りする。

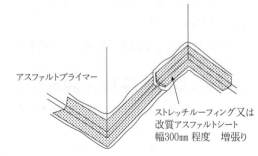

アスファルトプライマー

ストレッチルーフィング又は改質アスファルトシート
幅300mm 程度　増張り

図9.4　出隅・入隅及び出入隅角の増張りの例 [3]

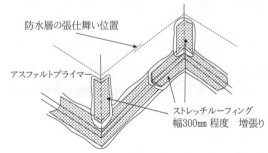

防水層の張仕舞い位置

アスファルトプライマー

ストレッチルーフィング
幅300mm 程度　増張り

図9.5　出隅・入隅及び出入隅角の増張りの例
（立上りの出隅・入隅に増張りを行う場合） [3]

④ 露出防水絶縁工法及び露出防水絶縁断熱工法の立上り部際の 500 mm 程度は防水工事用アスファルトを用いて，立上り部の 1 層目のルーフィングを図 9.6 のように密着張りとする。

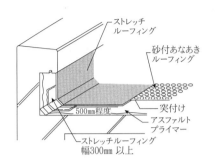

⑦　砂付あなあきルーフィングの場合

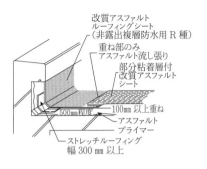

⑨　部分粘着層付改質アスファルト
　　ルーフィングシートの後張りの場合

図 9.6　露出防水絶縁工法における立上り部際の納まり例 [2]

⑤ コンクリート打継ぎ及びひび割れ部は，幅 50 mm 程度の絶縁用テープを張った上に，幅 300 mm 以上のストレッチルーフィングで図 9.7 のように増張りする。

ALC パネルや PCa パネルの継目の挙動は，防水層の破断等の原因となることが多いので，上記と同様に図 9.8 のように処理を行う。

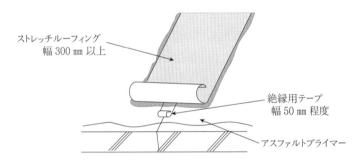

図 9.7　コンクリート打継ぎ部及びひび割れ部の処理例 [2]

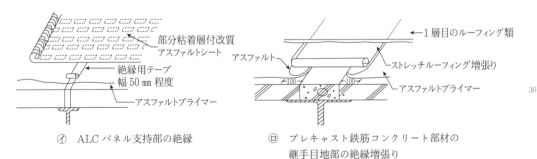

⑦　ALC パネル支持部の絶縁

⑨　プレキャスト鉄筋コンクリート部材の
　　継手目地部の絶縁増張り

図 9.8　ALC パネル等の継手等の処理 [3]

2）　平場の張付け

① 部分粘着層付改質アスファルトルーフィングシートと砂付あなあきルーフィング以外の平場のルーフィング類の張付けは，溶融した防水工事用アスファルトの流し張りにより空

隙，気泡，しわが入らないように張り付け，積層方法は千鳥張り工法とする。なお重ね部からはみ出たアスファルトは，その都度はけを用いて塗り均しておく。

アスファルトルーフィング類の重ね幅は，**幅方向，長手方向とも**原則として **100 ㎜ 以上**重ね合わせる。

②　アスファルトルーフィング類の**重ね部が各層で同じ箇所にならないよう**，図 9.9 のように張り重ねる。

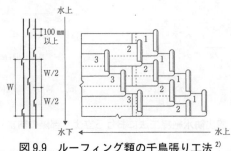

図 9.9　ルーフィング類の千鳥張り工法 [2]

③　絶縁工法の立上り際の 500 ㎜ 程度は，立上り部の一層目は密着張りとし，平場の砂付あなあきルーフィングとは突付けとする（図 9.6 ⑦）。

3)　立上り部の張付け

①　各屋根及び屋内保護防水工法における防水層の立上り部（あごのないパラペットの天端部を含む）の納まりは，最上層が所定の位置にくるようにし，**下層になるほど 30 ㎜ 程度ずつ短く**して，端部が厚くならないようにし，次に幅 100 ㎜ 程度の網状アスファルトルーフィングを増張りし，溶融アスファルトで目つぶし塗りをして押さえたのち，端部にシール材を塗り付ける。

②　各屋根露出防水工法における防水層の立上り部の納まりは，所定の位置に各層の端部をそろえ，**押え金物で固定した上に，シール材**を充塡する。

押え金物は，ステンレスビスを用いて両端を押さえ，間隔 450 ㎜ 以下に留め付ける。

4)　ルーフドレン及び貫通パイプ回りの張付け

①　ルーフドレン回りは，最下層に 300 ㎜ 以上のストレッチルーフィングを用いて，ドレンのつばに 100 ㎜ 程度，残りをスラブ面に張り掛けて増張りし，平場のルーフィング類を張り重ねる。

②　配管回りは，最下層に網状アスファルトルーフィングを増張りし，配管の根元の平場にストレッチルーフィングを 150 ㎜ 程度張り掛けて増張りする。

③　網状ルーフィングは，アスファルトで十分に目つぶし塗りを行う。

④　ルーフドレン・貫通パイプ回りは，立上り部分以上に漏水を起こしやすい部分であるから，入念な施工が必要である。パイプ類の防水層貫通は，配管径路を変えるか納まりを変える等して極力避ける。

5)　**ふくれ**その他の補修

空隙，気泡，しわ等が生じた場合は，各層ごとに補修する。ただし，**ふくれ**の補修箇所は防水層の欠陥部分となりやすいので，保護層のある場所で**ふくれ**に進行性がなく小面積のも

のは，補修をしない方がよい場合がある。

　　補修方法は，**ふくれ箇所をカッター等の用具で十文字又はＨ型に切開して**，空気を追い出すようにしてアスファルトを流して張り付け，さらに切開した寸法より大きめのルーフィングを増張りする。

6)　脱気装置

①　屋根露出防水絶縁工法において，下地水分の気化・膨張による防水層のふくれを低減するのに，砂付あなあきルーフィング及び部分粘着層付改質アスファルトルーフィングシートの非接着部分での拡散によるだけでは対処できない場合が多い。

　　このような場合には，水分を積極的に外気に拡散させる脱気装置を併用する手段が有効である。

　　脱気装置には，平場に取り付けるものと，立上り部に取り付けるものとがあるが，種類及び設置数量は，特記がなければ，ルーフィング類製造所の指定するものとしている。

　　なお，設置数量の目安としては，通常，防水層平場 25 ～ 100 ㎡ に 1 個程度（表 9.1）であるが，装置によって排出能力が異なるので，正確な分担面積はルーフィング類の製造業者の資料を参考にするとよい。

②　脱気装置は，通常，保護防水絶縁工法には設けない。その理由は，絶縁工法とする目的が，下地のひび割れや継目の動きによる防水層の破断を防ぐことにあって，露出防水の場合のように，防水層のふくれの低減を目的とするものではないからである。

　　この保護防水絶縁工法に用いる脱気装置は，立上り部に設ける型式のものが適している。平場設置型のものでは，保護コンクリートの動きによって脱気装置を損壊したり，防水層に損傷を与えるおそれがある。

表 9.1　脱気装置の種類 [3]

形　　状	型	材　　質	取付間隔	備　　考
	平 場 部脱 気 型	ステンレス鋼鋳鉄	防水層平場 25～100 ㎡ に 1 個程度	防水面積の大きい場合など，必要に応じて立上り部脱気型装置を併用することもできる。
	立上り部脱 気 型	合成ゴム塩ビステンレス鋼銅	防水層立上り部長さ 10 m 間隔に 1 個程度	防水面積の大きい場合など，必要に応じて平場部脱気型装置を併用することもできる。

⑷　保護層等の施工

1)　成形緩衝材の取付け

　　保護コンクリートの動きによる防水層の損傷を防ぐため，断熱層の有無にかかわらず入隅には成形緩衝材を用いる。

2)　断熱材の張付け

①　断熱材の張付けは，防水層の最終工程で塗り付けされたアスファルトが，断熱材に支障のない温度になったときに隙間のないように張り付ける。断熱材は，ずれない程度に固定されていればよいので，ポリスチレンフォームが溶融しないように十分注意して張り付ける。

②　張付け後の断熱材に隙間，へこみ，欠損等が生じた場合は，防水層に傷を付けないように注意しながら断熱材を挿入する等して補修する。

③　ルーフドレン回り，入隅部分の断熱材の納まりは図 9.10 による。

④　入隅部分の断熱材は，図 9.10 ⓡのように緩衝材に接して張り付ける。

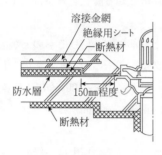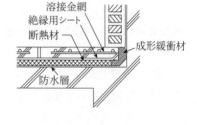

　　　　　　ⓘ　ルーフドレン回り　　　　　　　　　ⓡ　入隅部分

図 9.10　断熱材の納まりの例 [2]

3)　**絶縁用シート**の敷込み

絶縁用シートは，立上り面に 30 mm 程度張り上げるようにする。

①　ポリエチレンフィルムの敷込み

ポリエチレンフィルムは，防水層の完成検査後，**100 mm 程度の重ね幅**をとって平場に敷き込み，粘着テープ，ゴムアスファルト系シール材等で固定する。また，強風時には，重ね部分の要所をモルタルで押さえ，フィルムの浮揚を防止する。

②　**フラットヤーンクロス**の敷込み

フラットヤーンクロスは，断熱材に著しい変形を与えない温度の防水工事用アスファルト，粘着テープ，ゴムアスファルト系シール材等で要所を固定する。重ね幅は 100 mm 程度とする。

(5)　**平場の保護コンクリート**

①　**保護コンクリート**中に溶接金網を敷き込む。溶接金網の重ねは 1 節半以上，かつ，150 mm 以上とする。

なお，厚さはコンクリートこて仕上げの場合は 80 mm 以上とし，床タイル張り等の仕上げを行う場合は 60 mm 以上とし，所定の勾配に仕上げる。

②　室内防水押えコンクリートは，屋根の場合に準拠して行う。一般に室内の場合は面積が小さく，コンクリートの動きも小さいことから，絶縁層及び伸縮調整目地は設けないのが普通である。

ただし，面積が大きい場合（1 辺の長さが 10m 程度以上）や，吸水による伸び等が考えられる場合には伸縮調整目地を適宜設ける。

また，押えコンクリートに配管を埋め込む場合等は，配管に先立ち防水層の上に厚さ15 mm の保護モルタルを施す。

(6)　立上り部の保護

れんがやコンクリート押えといった湿式工法に対して，防水層立上り部前面にボード類を設置する乾式工法がある（図9.11）。

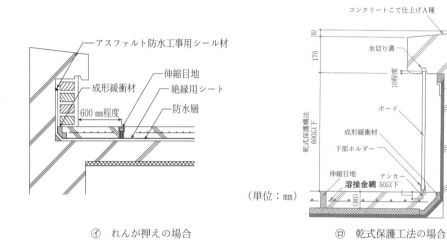

図9.11　立上り部の保護の例[2]

(7)　伸縮目地

伸縮目地は，絶縁層の上に施された保護コンクリートが，乾燥収縮及び温度，水分による伸縮でひび割れが発生したり，移動によってパラペットを押し出したりすることを防ぐために設けるものである。したがって，**保護コンクリートの上から下まで通して**，かつ，周辺の立上り部等まで達するように目地が切られていないと，この目的が十分達成できないことになってしまう。目地の割付けは，周辺の立上り面から 600 mm 程度とし，中間部は縦横間隔 3,000 mm 程度とする（図9.12）。

伸縮目地は，図9.13 のように**成形伸縮目地材を用いて構成する**。

成形伸縮目地材はキャップと成形伸縮目地材本体により構成され，**キャップ幅は 20 mm 以上**とし，**防水層上面の絶縁用シート面から保護コンクリート表面に達する**ように設置する。

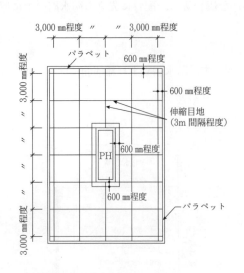

図 9.12　伸縮目地割りの例 [2]

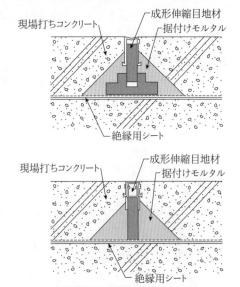

図 9.13　伸縮目地の施工例 [3]

3. 改質アスファルトシート防水

3.1　一般事項

「標仕」では，コンクリート下地，ALC パネル下地又は PCa コンクリート部材下地に，改質アスファルトシートをトーチ工法又は常温粘着工法により施工する露出防水に適用する。

3.2　施　工

(1)　プライマー塗り

プライマーは，改質アスファルトシートの施工に先立って下地に塗布する材料で，下地と改質アスファルトシートとの接着効果を向上させることを目的としたものである。一般的には，アスファルトや改質アスファルトを有機溶剤に溶解させた溶剤系と水に分散させたエマルション系がある。

① プライマー塗りは，下地の乾燥を確認したのちに，清掃を行い，塗布する。

② 規定量（0.2 kg / ㎡）を，はけ又はローラーばけ等で均一に塗布する。

③ ALC 下地の場合は，はけ塗り 2 回（0.4 kg / ㎡）とする。

④ プライマーは，シートの張付けまでに十分乾燥させる。

(2)　目地処理

1)　ALC パネルの短辺部の目地部

① 屋根露出防水密着工法において，トーチ工法の場合は幅 300 ㎜ 程度の増張り用シートを用いて接合部両側に 100 ㎜ 程度ずつ張り掛け，絶縁増張りを行う。

② 屋根露出防水絶縁工法及び屋根露出絶縁断熱工法においては，トーチ工法及び常温粘着工法のいずれの場合も増張り用シートによる増張りは行わず，ALC パネル短辺接合部に幅 50 ㎜ 程度の絶縁テープを張り付ける処理だけでよい。

2)　PCコンクリート部材の接合部の目地部

①　屋根露出防水密着工法において，トーチ工法の場合は部材の両側に100㎜程度ずつ張り掛けることのできる幅の増張り用シートを用いて絶縁増張りを行う。

②　ALCパネルの短辺部の目地部②と同様の処理とする。

(3)　トーチ工法の施工

1)　平場の張付け

①　改質アスファルトシートの張付けは，改質アスファルトシートの裏面及び下地をトーチバーナーであぶり改質アスファルトを十分溶融させ，ていねいに張り付ける。

②　改質アスファルトシート相互の接合にあたっては，シート端部から溶融した改質アスファルトが，はみ出すように十分溶融施工する。

③　改質アスファルトシート相互の接合は，原則として，水上側が水下側の上に重なるように張り重ね，重ね幅は**長手・幅とも100㎜以上**とする（**図9.14**）。

④　改質アスファルトシートの**3枚重ね部**は，水みちになりやすいので，中間の改質アスファルトシート**端部を斜めにカット**（**図9.15**）するか，焼いた金ごてを用いて角部を滑らかにする等の処理を行う。

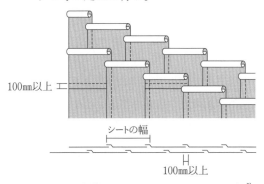

図9.14　改質アスファルトシートの張り方[2]

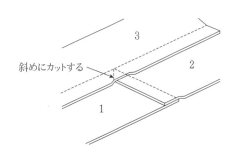

図9.15　改質アスファルトシートの 3枚重ね部の納まり例[2]

⑤　露出防水用改質アスファルトシートの砂面に改質アスファルトシートを重ね合わせる場合，重ね部の砂面をあぶり，砂を沈めるか，又は砂をかき取って改質アスファルトを表面に出した上に張り重ねる（**図9.16**）。

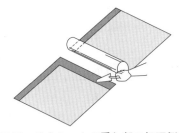

図9.16　露出防水用改質アスファルトシートの重ね部の処理例（表面の砂をかき取る例）[2]

2)　立上り部の張付け

①　立上り部の出入隅部には，改質アスファルトシート張付けに先立ち，幅200㎜程度の

増張り用シートを張り付ける。

②　立上り部の張付けは，平場と同様にする。

③　立上り部への改質アスファルトシートの末端部は，所定の位置にそろえて，押え金物を用いて留め付け，アスファルト防水工事用シール材を充塡する（**図 9.17**）。

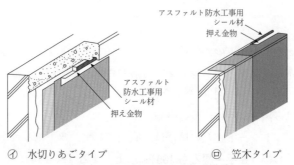

⑦　水切りあごタイプ　　　　　　　　　　　⑩　笠木タイプ

図 9.17　防水層端部の納まり例[2]

3)　ルーフドレン回りの張付け

　　ルーフドレン回りは，改質アスファルトシートをトーチバーナーを用いてルーフドレンのつばに 100 mm 程度張り掛かるように，増張り用シートの上に張り重ねる。防水層端部にはアスファルト防水工事用シール材を塗り付ける。絶縁工法の場合は，ルーフドレンのつばから 400 mm 程度は密着させる。

⑷　常温粘着工法の施工

1)　改質アスファルトシートの張付けは，シートの裏面のはく離紙等をはがしながら空気を巻き込まないように，平均に押し広げ，転圧ローラー等を併用して張り付ける。

2)　改質アスファルトシート相互の張付けは，改質アスファルトシート製造所の仕様により，改質アスファルトシート相互の接合には，転圧ローラーによる転圧だけでなく，トーチバーナーやアスファルト防水工事用シール材等が併用されることが多い。

3)　改質アスファルトシート相互の接合は，原則として，水上側が水下側の上に重なるように張り重ね，重ね幅は長手・幅方向とも 100 mm 以上とする。

　　また，絶縁工法の場合の部分粘着層付改質アスファルトシート相互の重ね幅は，長手・幅方向とも 100 mm 以上とする。

4)　立上り部への粘着層付改質アスファルトシートの末端部は，所定の位置にそろえて，口あきのないよう転圧し，押え金物を用いて留め付け，アスファルト防水工事用シール材を充塡する。

4. 合成高分子系ルーフィングシート防水

4.1　一般事項

　　合成高分子系ルーフィングシート防水は，一般にシート防水と総称され，通常，厚さ 1.0 ～ 2.0 mm のルーフィングシートを下地に張り付けて構成される。「標仕」では，歩行を前提としない露出防水及び屋内保護密着工法を想定して規定されている。

　　このルーフィングシートは，合成ゴム又は合成樹脂を主原料としており，耐候性に優れている。塩化ビニル樹脂系では保護材不要で軽歩行ができる工法も一般化している。

耐候性が優れていること以外に，施工時に火を使わない，施工が簡単，工期が短い等の長所があるが，ルーフィングシートは一般に薄いため，施工時に傷つきやすいので注意を要する。

4.2　防水層の種別及び工程

⑴　防水層の種別

1)　加硫ゴム系接着工法

① 　加硫ゴム系ルーフィングシートを**接着剤を用いて下地へ全面接着**し，塗装仕上げを施す工法。

② 　一般的なルーフィングシート厚さは 1.0 ～ 2.0 ㎜ であるが，特記がない場合は，1.2 ㎜ を標準厚さとする。

③ 　ルーフィングシートは，伸びが大きい弾性体のため下地の動きによく追従し，繰返し疲労にも大きな抵抗力を有する。

④ 　ルーフィングシート相互の接合は，接着剤及びテープ状シール材を用いて行う。2.0 ㎜ 程度の厚塗り塗装仕上げを施した場合は，軽歩行に供することも可能である。

2)　**塩化ビニル樹脂系接着工法**及び**塩化ビニル樹脂系断熱接着工法**

① 　塩化ビニル樹脂系ルーフィングシートを接着剤を用いて**下地へ全面接着**する工法。ルーフィングシート自体が着色されており，仕上塗装は不要である。

② 　一般的なルーフィングシート厚さは 1.2 ～ 2.5 ㎜ であるが，歩行する場合も想定されるので，2.0 ㎜ を標準厚さとするのが望ましい。

③ 　ルーフィングシート相互の接合には熱風又は溶着剤を用い，ルーフィングシートの接合面を溶かして接合する。耐摩耗性及び接合性能が良好なため，保護層なしで軽歩行に供することが可能である。

3)　**塩化ビニル樹脂系機械的固定工法**及び**塩化ビニル樹脂系断熱機械的固定工法**

① 　塩化ビニル樹脂系ルーフィングシートを，固定金具を用いて下地へ機械的に固定する工法。

② 　ルーフィングシート自体が着色されており，仕上塗装は不要である。

　　この機械的固定工法に使用するルーフィングシートは，一般に非歩行屋根に使われるので，均質シート及び繊維等で補強された複合シート（標準厚さ 1.5 ㎜）が使用されている。

③ 　ルーフィングシート相互の接合には熱風又は溶着剤を用い，ルーフィングシート接合面を溶かして接合する。機械的に固定するため下地の乾燥状態の影響を受けにくい。

4)　**エチレン酢酸ビニル樹脂系シート密着工法**

　　エチレン酢酸ビニル樹脂系シートは下地に水系プライマーを塗布した後，ポリマーセメントペーストを塗布しながらシートを張り付けるため，下地の乾燥状態に影響されることなく施工できる。

4.3　施　工

⑴　ルーフィングシートの張付け

1)　張付けは，原則として水上側のシートが水下側のシートの上になるように行い，下地に全面接着とし，接着剤の適切な施工可能時間内に，できるだけ**ルーフィングシートに引張りを**

与えないよう，また，しわのできないよう注意して行う。

2)　接合部は，不具合を生じやすいので特に注意して施工する。加硫ゴム系のルーフィングシートの3枚重ね部は，あらかじめ内部の段差部分に必ず不定形シール材を充填し，均しておく。塩化ビニル樹脂系の3枚重ね部は，熱風融着し，よく押さえる。ルーフィングシートの端部を液状シール材を用いてシールする。

3)　ルーフィングの接合部の施工

①　加硫ゴム系では接着剤をルーフィングシート両面に塗布し，かつ，**テープ状シーリング材を併用**して張り付け，ローラー等で押さえて十分に密着させる。

②　塩化ビニル樹脂系では**重ね部を溶剤溶着又は熱風融着して端部を液状シール材でシール**する。**図 9.18** に種別ごとのルーフィングの接合部を示す。

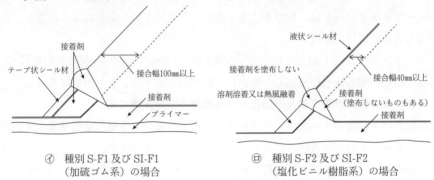

　　イ　種別 S-F1 及び SI-F1　　　　　　　ロ　種別 S-F2 及び SI-F2
　　　　（加硫ゴム系）の場合　　　　　　　　　（塩化ビニル樹脂系）の場合

図 9.18　ルーフィングシートの接合部の例 2)

4)　ルーフィングシートの接合幅は，**表 9.2** による。

表 9.2　ルーフィングシートの接合幅 2)

種　別	長手方向	幅方向	立上り部 (注)1	接　合　方　法
加硫ゴム系 (S-F1) (SI-F1)	100 mm 以上	100 mm 以上	150 mm 以上	**接着剤による接合** （テープ状シール材併用） (注)2
塩化ビニル樹脂系 (S-F2) (SI-F2)	40 mm 以上	40 mm 以上	40 mm 以上	**溶剤溶着又は熱風融着** （液状シール材併用）
エチレン酢酸ビニル樹脂系 （S-C1）	100 mm 以上	100 mm 以上	100 mm 以上	接着剤による接合 （ポリマーセメントペースト）

（注）1.　ルーフィングシートの平場と立上り部の取合い部。
　　　　2.　ルーフィングシートの平場と立上り部の取合い部にはテープ状シール材は使用しない。

(2)　立上り部の防水層末端部

　防水層の末端部は，加硫ゴム系及び塩化ビニル樹脂系の場合は，**図 9.19** に示すように端部にテープ状シール材を張り付けたのちにルーフィングシートを張り付け，**押え金物**を用いて留め付けて，さらに，**不定形シール材**で処理する。

　エチレン酢酸ビニル樹脂系の場合は，**図 9.20** に示すように防水層の末端部に転圧によりはみ出た接着剤（ポリマーセメントペースト）を覆い被せる。押え金物による留付けは行わない。

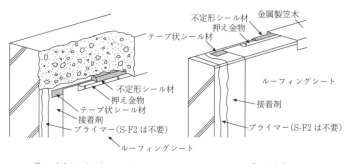

　　　　　　㋑　水切りあごタイプ　　　　　　　㋺　笠木タイプ

図 9.19　防水層末端部の納まりの例（加硫ゴム系及び塩化ビニル樹脂系の場合）[2]

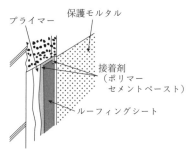

図 9.20　防水層末端部の納まりの例（エチレン酢酸ビニル樹脂系の場合）[2]

(3)　出入隅角の増張り及び処理

　加硫ゴム系全面接着工法の場合は，ルーフィングシートの張付けに**先立ち 200 mm 角**程度の**増張り**用シート（非加硫ゴム系シート）を張り付ける（**図 9.21**）。

　塩化ビニル樹脂系接着工法の場合は，ルーフィングシートを**施工後**に，成形役物を張り付ける（**図 9.22**）。

　エチレン酢酸ビニル樹脂系の場合は，ルーフィングシートの施工に先立ち，成形役物又は 200 mm 角程度の増張り用シートを張り付ける（**図 9.23**）。

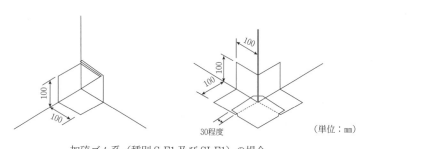

加硫ゴム系（種別 S-F1 及び SI-F1）の場合

図 9.21　出入隅角の増張りの例[2]

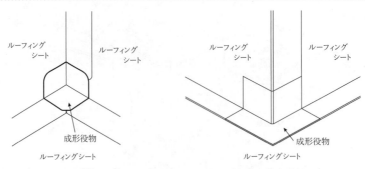

塩化ビニル樹脂系（種別 S-F2 及び SI-F2）の場合

図 9.22　出入隅角の処理の例[2]

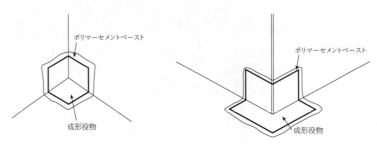

エチレン酢酸ビニル樹脂系（種別 S-C1）の場合

図 9.23　出入隅角の処理の例[2]

5. 塗膜防水

5.1　一般事項

　塗膜防水は，屋根用塗膜防水材を塗り重ねて連続的な膜を構成する，いわゆるメンブレン防水の一種である。

5.2　防水層の種別及び工程

　塗膜防水材は，JASS 8 ではウレタンゴム系，アクリルゴム系，ゴムアスファルト系，FRP 系を標準仕様としている。「標仕」ではこのうちウレタンゴム系，ゴムアスファルト系を適用対象としている。

(1)　密着工法

　下地の含水率が高いと，水蒸気によりふくれが生じることがあるので，下地の乾燥状態には注意を要する。パラペット天端部等のように，水平面であっても雨水の長期滞留の可能性がない部位については，立上り仕様を適用する。

(2)　絶縁工法

　下地に，通気緩衝シートを張り付けた上に，塗膜を構成するもので，下地亀裂等による動きを緩衝シートで吸収する。

　水蒸気を大気中に排出するために，25 ～ 100 ㎡（JASS 8 では 50 ㎡ ～ 100 ㎡）に 1 箇所程度を目安にふくれ防止の機能を持つ**脱気装置**を設ける。

5.3　施工

⑴　**プライマー塗り**

1)　プライマー塗りに先立ち,下地の乾燥を入念に行い,下地が十分乾燥したのちにプライマー塗りを行う。

2)　プライマーは,種類に応じてローラーばけ,毛ばけ又は吹付け機を用いて塗布する。2日以上にわたって防水材を施工する大面積の現場では,1日の防水材施工範囲のみプライマー塗布を行う。

3)　プライマー塗りは,防水下地以外の箇所を汚さないように行う。プライマーの乾燥時間は,気象条件や下地乾燥条件等により遅れる場合があるので,十分に乾燥したことを確認したのちに次の工程に移る。

⑵　**通気緩衝シート張付け**

通気緩衝シートは,接着剤を塗布し,塗布した接着剤のオープンタイムを確認して接着可能時間内に,隙間や重なり部をつくらないようにシート相互を突き付けて張り付け,ローラー転圧をして接着させる。

通気緩衝シートの**継ぎ目は突付け**とし,突付け部分は 50 mm 以上の幅の接着剤付きポリエステル不織布あるいは織布のテープを張り付ける。

⑶　**防水材塗り**

1)　2成分形防水材は,製造所の指定する配合により,**可使時間**に見合った量を,かくはん棒を用いて十分練り混ぜる。

2)　防水材塗継ぎの重ね幅は **100 mm 以上**とし,補強布の重ね幅を **50 mm 以上**とする。

3)　施工の順序は,一般に立上り部,平たん部の順とする。

4)　塗重ねと塗継ぎは下層が造膜したあととする。

5)　補強布を張り付けるときは,防水材を塗りながら張り付けるが,曲がらないように注意する。

6)　立上り部,ドレン回り及びパイプ回りでは,通気緩衝シートの上に 100 mm 程度張り掛けて防水材を塗布する。

7)　ウレタンゴム系塗膜工法では,防水材の総使用量は,硬化物密度 1.0Mg/m³（1,000 kg/m³）の材量の場合,平場では,3.0 kg/m²,立上り部では 2.0 kg/m² とする。

⑷　**ウレタンゴム系塗膜防水層の仕上塗料塗り**

1)　仕上塗料は,かくはん機を用いて十分練り混ぜる。2成分形は,練混ぜ不十分による硬化不良を生じないよう,また,1成分形は顔料及び骨材等が十分分散するよう注意しながら練り混ぜる。

2)　仕上塗料塗りは,ローラーばけ,毛ばけ又は吹付け機を用いて行う。

6. ケイ酸質系塗布防水

6.1　一般事項

⑴　**防水層の種別及び工程**

既調合粉体（ポルトランドセメント＋粒度調節ケイ砂＋ケイ酸質微粉末）と水を練り混ぜた材料あるいは既調合粉体とポリマーディスパージョンと水又は再乳化形粉末樹脂が混合された既調

合粉体に水を練り混ぜた材料を，下地処理を行ったコンクリート面に対して2回塗布する工法である。

6.2　施工

(1)　防水材塗り

1)　防水材の練混ぜ

①　練混ぜは，防水材製造所の規定する作業可能時間等を考慮し，必要量を正確に計量器具を用いて計量したのち，容器に適量ずつ入れ練り混ぜる。

②　練混ぜは，ペール缶等の丸い容器を用い，電動かくはん機又は手練りにより，空気を巻き込んだり，まま粉を生じたりしないように均質になるまで行う。

なお，取扱いには保護具（ゴム手袋等）を着用する。

③　練混ぜは気温5～40℃の範囲において行う。

(2)　防水材の塗布

1)　防水材は，はけ，こて，吹付け，ローラーばけ（刷毛）等防水材製造所の指定する工具によりコンクリート面に標準使用量を均一に塗布する。

2)　1層目の防水材が指触乾燥しない状態で2層目が施工された場合，コンクリート躯体より1層目が引きはがされ，健全な防水層が形成されないので，必ず1層目の塗布面に手で触れて防水層の硬化状態を確認する。

7. シーリング

7.1　一般事項

(1)　シーリングの選定

1)　硬化後のシーリング材表面に塗料等で仕上げを行う場合，シーリング材と塗料の組合せによっては，表面が軟化し塵埃の付着による汚れが発生することがあるので，適合性に関する事前確認を行うことが必要である。

2)　ワーキングジョイントに硬質な塗装を施すと，塗装が割れてはがれたり，割れた部分に変形が集中してシーリング材が損傷することがある。ワーキングジョイントに硬質な塗装を施す際には，事前検討を行うか塗装を避ける必要がある。

3)　ALCパネルの目地は，ワーキングジョイントであるためアクリル系シーリング材の使用は避けたほうが望ましいが，やむを得ず使用する場合は，50％引張応力が経年変化で0.3～0.4 N/㎟程度に上昇することを考慮して事前の検討を行う。

表9.3に構法・部位・構成材とシーリング材の組合せを示す。

表 9.3　シーリング材の種類と使用部位（目安）3)

目的の区分	主な構法・部位・構成材				シリコーン系(6) 2成分形 低モジュラス	シリコーン系(6) 1成分形 高・中・低モジュラス	変成シリコーン系(8) 2成分形	変成シリコーン系(8) 1成分形	ポリサルファイド系 2成分形	ポリサルファイド系 1成分形	アクリルウレタン系 2成分形	ポリウレタン系 2成分形	ポリウレタン系 1成分形
ワーキングジョイント	カーテンウォール	メタルカーテンウォール	方立方式	ガラス回り目地	○	○							○
				方立無目ジョイント	○	○							○
			パネル方式	ガラス回りの目地	○(7)	○(7)							
				部材間目地			○	○				○	○
		プレキャストコンクリートカーテンウォール(1)	石材先付け	部材間目地			○	○(9)	○(9)				
			タイル先付け	窓枠回り目地			○	○(9)	○(9)				
			塗装・吹付け	ガラス回り目地	○(7)	○(7)						○	○
	各種外装パネル	ALC厚形パネル（縦壁ロッキング構法、横壁アンカー構法）(2)		ALC厚形パネル間目地			○					○	
				窓枠回りの目地		○	○		○			○	
		ALC薄形パネル(2)		クリアランスを設けた目地	○(7)	○(7)	○		○			○	
		塗装アルミニウムパネル（強制乾燥・焼付塗装）(2)		パネル間目地・窓枠回りの目地			○		○			○	
		塗装鋼板、ほうろう鋼板、押出成形セメント板 GRCパネル		パネル間目地			○		○			○	
				窓枠間目地			○		○			○	
		窯業系サイディング(3)		パネル間目地			○		○			○	
				窓枠回りの目地			○		○			○	
	金属建具	ガラス回り		ガラス回り目地	○	○(7)	○		○		○		
				水切・皿板目地			○		○			○	
		建具回り		建具間目地			○		○			○	
		工場シール		シーリング材受け(5)	○(7)		○		○			○	
	笠木	金属笠木		笠木間目地			○		○			○	
		工場笠木		笠木間目地			○		○			○	
ノンワーキングジョイント		現場打ち鉄筋コンクリート笠木、壁式プレキャスト鉄筋コンクリート		打継ぎ目地・ひび割れ誘発目地・壁			○		○			○	
	コンクリート壁	湿式石張り		石目地			○		○			○	
				窓枠回り目地			○		○			○	
		タイル張り		タイル目地			○		○			○	
				タイル下地目地			○		○			○	
				窓枠回り目地			○		○			○	
	外装パネル	ALC薄形パネル(2)		パネル間目地			○		○			○	

［注］この表は一般的な目安であり、実際の適用にはシーリング材製造所に問合せを行い、十分に確認することが必要である。
表中で○印を付していないものでも事前に検討すれば適用可能なものもあるため、事前確認することが必要である。「外壁接合部の水密設計および施工に関する技術指針・同解説」を参照されたい。
(1) 石材によっては汚れが生ずる可能性があるため、事前確認することが必要である。
(2) 50%引張応力が、常温時でも0.2N/mm²以下、経年時でも0.3N/mm²以下となる材料を目安とする。
(3) 窯業系サイディングを下地とした専用塗装については専用材料を使用する。
(4) シーリング材への表面塗装については事前確認（JASS 8 の 2.3.2 a (5)「塗料・仕上塗材」を参照）することが必要である。
(5) 後打ちシーリング材との打継ぎ接着性の確認ができている材料を使用する。
(6) SSG 構法に適用される構造シーラントは、対象外とする。
(7) 外装材表面の付着汚染が生ずる可能性がある。
(8) シーリング材の厚さが薄いと硬化が阻害される場合があるので、薄層部が生じないよう注意する。
(9) ガラス回り目地を目的に使用する。

塗装あり(4) / 塗装なし

7.2　目地寸法

(1)　**目地寸法**

1)　目地幅は，シーリング材に過大な応力やひずみが生じない範囲とし，凹凸，広狭等がないものとする。

2)　コンクリート打継目地及びひび割れ誘発目地は，**幅 20 mm 以上，深さ 10 mm 以上**とする。
ガラス回りの目地は一般に，**幅・深さとも 5 mm 以上**とする。
上記以外の目地は，**幅・深さとも 10 mm 以上**とする。

3)　目地深さは，主としてシーリング材の充填・硬化が適正に行われて，十分な接着性が確保できるように設定する。また，乾燥硬化形 1 成分形シーリング材は，硬化に伴う収縮があるので，やや深めにする必要がある。

4)　金属笠木等の部材接合部のように温度変化等により比較的大きな挙動が発生するワーキングジョイントとなる目地の寸法は，ムーブメントを算定し使用予定のシーリング材の設計伸縮率・設計せん断変形率を超えないように求める。

(2)　**目地底の状態**

1)　**ワーキングジョイント**の場合

ワーキングジョイントの場合，3 面接着にすると**ムーブメント**によりシーリング材に局部的な応力が生じ破断しやすい（**図 9.24**）。

シーリング材と被着体との接着は**図 9.25** のように**部材相互の 2 面で接着**し，目地底へは接着させないよう配慮する必要がある（3 面接着の防止）。

目地底が所定の目地深さより深すぎる場合は**バックアップ材**を使用し，目地底が目地深さと同程度の場合はボンドブレーカーを使用して 3 面接着を防止する。

ボンドブレーカーは，目地が深くない場合に **3 面接着を回避する目的**で目地底に設ける紙，布，プラスチックフィルム等の粘着テープで，**シーリング材と接着しないもの**を選ぶ。

図 9.24　2 面接着と 3 面接着によるシーリング材の伸び状態の違い[3]

図 9.25　バックアップ材，ボンドブレーカーによる 3 面接着の防止[3]

2)　ノンワーキングジョイントの場合

ノンワーキングジョイントの場合は，目地底に水が浸入した場合に水みちとなる 2 面接着

よりも，シーリング材が目地底に接着している 3 面接着の方が有効である（**図 9.26**）。

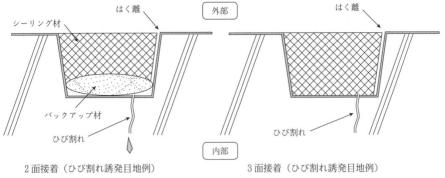

図 9.26　水みちに対する 2 面接着と 3 面接着の違い[3]

7.3　施工

(1)　施工環境

1)　シーリング材の施工性，硬化速度等は温度や湿度に影響される。施工環境は一般には気温 15 〜 20 ℃ で無風状態が望ましく，被着体の温度が極端に**低いあるいは高くなるおそれがある場合は施工を見合わせる。**

　　やむを得ず作業を行う場合は，仮囲い，シート覆い等による保温又は遮熱を行う等の必要な措置を講じる。

2)　降雨，多湿等で結露のおそれのある場合は施工を中止することにしている。すなわち，湿度が極端に高い場合はプライマー中の溶媒の気化により被着体が冷却して結露し，接着性が阻害されるおそれがあるので，作業をしない方がよい。

3)　降雨時又は降雨が予想される場合は，施工を中止し，さらにシーリング材施工済みの目地部の雨掛りを防ぐ養生を行うことが望ましい。

(2)　下地処理

1)　被着面に付着した塵埃，油分，粘着剤，モルタル，塗料等の付着物及び金属部の錆をサンダー，サンドペーパー及び清掃用洗浄剤等を用いて完全に除去する。

2)　目地下地に水分がある場合は，十分に乾燥させる。

(3)　施工手順

1)　バックアップ材及びボンドブレーカーの取付け

　①　所定の目地深さになるように，バックアップ材はねじれ，浮上り及び段差等が生じないように必要に応じて治具を用いて装填する（**図 9.27**）。

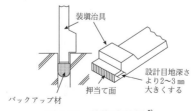

図 9.27　装塡治具例[2]

②　ボンドブレーカーは浮き等が生じないように目地底に確実に張り付ける。

③　バックアップ材及びボンドブレーカー装填後，降雨があった場合は，バックアップ材及びボンドブレーカーを取り外し，目地が乾燥したのち，再装填する。

④　動きの小さいコンクリート壁の建具周囲，打継ぎ目地，誘発目地並びに単窓及び 1 スパン内の連続窓回り等で，所要の目地深さが確保できる位置に目地底がある場合は，3 面接着の目地構造とすることができる。

⑤　バックアップ材の装填状況及びボンドブレーカーの張付け状況を確認する。

(a)　バックアップ材は，シーリング材の 3 面接着の回避，充塡深さの調整あるいは目地底の形成を目的として用いる。

(b)　バックアップ材は，シーリング材と接着せず，弾力性をもつ材料で適用箇所に適した形状のものを使用する。材質はポリエチレンフォーム，合成ゴム成形材で，シーリング材に移行して変質させるような物質を含まない材料を選定する。

(c)　バックアップ材はシーリング材と被着体の接着面積が確保でき，2 面接着が確保できるように充塡する。裏面粘着剤が付いているものは目地幅より 1 mm 程度小さいもの，**粘着剤の付いていないものは，目地幅より 2 mm 程度大きいもの**を使用する。

2)　**マスキングテープ張り**

①　マスキングテープは，シーリング材の接着面にかからない位置に通りよく張り付ける。

②　塗装面にテープ張りするときは，塗装が十分硬化していることを確認し，除去に際して塗膜を引きはがさないように注意する。

③　テープ張りのまま長時間経つと除去し難く，粘着性が残存しやすくなるため，施工範囲を決めて張り付ける。特に気温の高い時期は注意する。

④　粘着剤が残存した場合は，速やかに清掃用洗剤等で除去する。

3)　シーリング材充塡

①　**プライマー塗布**

(a)　2 成分形プライマーを用いる場合は，**可使時間内**に使い切る量を正しく計量して入念に混合する。

(b)　プライマーは，塗りむら，塗り残しあるいは目地からはみ出しのないように均一に塗布する。

なお，バックアップ材又はボンドブレーカーに付着しないように行う。

(c)　プライマー塗布後，塵埃等の付着が認められたり，**シーリング材充塡までの時間が長すぎた場合は再清掃し，再塗布**を行う。

②　シーリング材の練混ぜ

(a)　2 成分形のシーリング材の基剤及び硬化剤の配合割合は，製造所の指定するものとする。

(b)　2 成分形シーリング材は，機械練混ぜを原則とし，空気を巻き込まないようにして十分かくはんする。

(c)　2 成分形シーリング材の練混ぜは，可使時間に使用できる量で，かつ，1 缶単位で行う。

③　シーリング材の充塡及び仕上げ

(a)　シーリング材の充塡は，吹付け等の仕上げ前に行うのが原則であるが，仕上げが施された後に充塡することもある。その場合，目地周辺を養生し，はみ出さないように行う。

(b)　シーリング材の充塡は，目地幅に適し，底まで届くノズルを装着したガンを用い，目地底部から加圧しながら入念に行う。

(c)　**シーリング材の充塡は，交差部あるいは角部から図 9.28 の要領で行う。**隙間，打残し，気泡がないように目地の隅々まで充塡する。

(d)　シーリング材の充塡は，プライマー塗布後，製造業者の指定する時間内に行う。

(e)　**シーリング材の打継ぎは，目地の交差部及び角部を避けて図 9.29 のように行う。**

(f)　充塡したシーリング材は，内部まで力が十分に伝わるように，**へら押え**して下地と密着させた後，平滑に仕上げる。

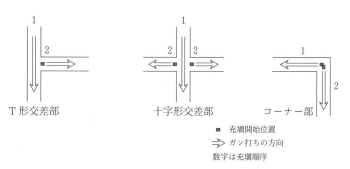

T 形交差部　　　　　十字形交差部　　　　コーナー部

■　充塡開始位置
⇒　ガン打ちの方向
数字は充塡順序

図 9.28　シーリング材充塡の順序 [2]

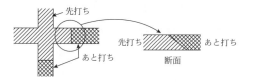

先打ち　　あと打ち　　先打ち　　あと打ち　　断面

図 9.29　シーリング材の打継ぎ（一般の打継ぎ） [2]

4)　清掃及び養生

①　マスキングテープ除去及び清掃

(a)　**マスキングテープの除去は，シーリング材表面仕上げ直後に行う。**

(b)　目地周辺の外装材に付着したシーリング材は，布等でふき取る。また外装材を浸さない清掃用洗浄剤を利用してもよい。ただし，**シリコーン系は硬化してから除去**する。

②　養　生

(a)　シーリング材が指先に付着しなくなるまでは触れないようにし，硬化するまでは塵埃等が付着しないように養生する。外装仕上げは，シーリング材表面が硬化してから行う。

(b)　エマルション系シーリング材の場合は，硬化するまでの間に降雨が予想されるときは養生を行う。

(c)　あと工程でシーリング材が損傷されるおそれがあるときは，適当な養生を行う。その際，密封してシーリング材の硬化を妨げないように注意する。

7.4　シーリング材の試験

シーリング材の試験には，簡易接着性試験，引張接着性試験，異種シーリング材の打継ぎ接着性試験，異種シーリング材の打継ぎ簡易接着性試験がある。

(1)　簡易接着性試験

① **図9.30** により，セロハンテープを張り，プライマーを塗布する。

② 角形バックアップ材を取り付け，セロハンテープ面とプライマー塗布面にシーリング材をシールし，シーリング材が弾性を発現するまで硬化させる。

③ 硬化後，**図9.30** のように，シーリング材を180°回転させ，手で引っ張る。

④ シーリング材が凝集破壊した場合に，接着性を合格とする。

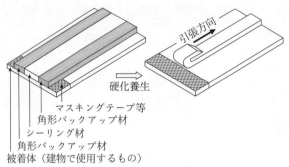

引張方向

硬化養生

マスキングテープ等
角形バックアップ材
シーリング材
角形バックアップ材
被着体（建物で使用するもの）

図9.30　簡易接着性試験[1]

7.5　異種シーリング材の打継ぎ

異種シーリング材と取合いの適否は，**表9.4** に示すとおりであるが，相互間の接着性試験を行うことが望ましい。**打継ぎは先打ち材が十分硬化してから，後打ちを施工する。**

表9.4　異種シーリング材の打継ぎの目安[3]

先打ち ＼ 後打ち	シリコーン系 SR-2 SR-1 (LM)	シリコーン系 SR-1 (HM)(MM)	変成シリコーン系	ポリサルファイド系	アクリルウレタン系	ポリウレタン系
シリコーン系　SR-2, SR-1(LM)	○	○	×	×	×	×
シリコーン系　SR-1(HM),(MM)	※	○	×	×	×	×
変成シリコーン系	※	※	※	※	※	※
ポリサルファイド系	○	※	○	○	○	○
アクリルウレタン系	○	※	○	○	○	○
ポリウレタン系	○	※	○	○	○	○

〔凡例〕○：打ち継ぐことができる。
　　　　×：打ち継ぐことができない。
　　　　※：シーリング材製造所に確認が必要である。

〔注〕打継ぎ表は以下の条件を前提としている。
　① 先打ちシーリング材は十分に硬化していること。
　② 打継ぎ面は溶剤洗浄を行うこと，またはカットして新しい面を出すこと。
　③ 後打ちシーリング材のプライマーを打継ぎ面に塗布すること。

第10節　タイル工事

1. 一般事項

1.1　基本的事項

(1)　伸縮調整目地及びひび割れ誘発目地

躯体及び下地にひび割れが生ずると，タイル面にもひび割れが生じ，タイルの接着性能にも悪影響を及ぼすことがあるため，これを防止するためにも躯体にひび割れ誘発目地を設ける必要がある。

①　標準的な**ひび割れ誘発目地（伸縮調整目地とも）の位置**を図 10.1 に示す。

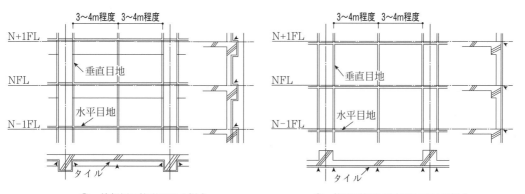

⑦　外部側に柱形がある場合　　　　　　　⑩　柱の両側及び中間に設ける場合

▲：ひび割れ誘発目地（伸縮調整目地とも）の位置

図 10.1　標準的なひび割れ誘発目地（伸縮調整目地とも）の位置 [2]

②　ひび割れ誘発目地及び伸縮調整目地の詳細を**図 10.2** に示す。

③　下地材料が異なる場合には，挙動が異なるため伸縮調整目地を設け，ひび割れの発生を防ぐ。

④　タイル面の伸縮調整目地は躯体及び下地のひび割れ誘発目地と**必ず一致**させる。

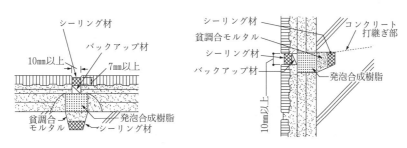

⑦　垂直目地　　　　　　　　　⑩　水平目地
- バックアップ材：高密度の発泡ポリエチレンの成形品
- 発泡合成樹脂：押出し発泡ポリスチレンの成形品

図 10.2　セラミックタイル張りのひび割れ誘発目地及び伸縮調整目地の例 [2]

(2)　**化粧目地**

化粧目地は，次による。

①　タイル張付け後，**24 時間以上経過**したのち，張付けモルタルの硬化を見計らって，目地詰めを行う。

②　目地の深さは，タイル厚さの $\frac{1}{2}$ **以下**とする。

③　**目地詰めに先立ち**，タイル面及び目地部分の清掃を行い，必要に応じて，目地部分の**水湿しを行う。**

④　目地詰め後，モルタルの硬化を見計らい，目地ごて等で仕上げる。

目地詰め後，タイル面の清掃を行う。

(3)　**あと張り工法施工前の確認**

①　モルタルの硬化不良・はく離・ひび割れ，浮き等がないこと。

②　汚れ・レイタンス等，接着上有害な付着物がないこと。

③　所要の下地の精度が確保されていること。

(4)　**試験・検査**

1)　**打診検査**（JASS 19 では打音検査）

①　屋外のタイル張り及び屋内の吹抜け部分等のタイル張りは，モルタル及び接着剤の硬化後，全面にわたり打診を行う。

②　検査方法としては，打診用テストハンマーを用いて行う。

③　①による検査の結果，浮きやひび割れ等が発見された場合は，適正な方法で処理する。

2)　**接着力試験**

①　試験時期

試験の時期は，施工後 **2 週間以上**経過してから実施するのが一般的である。なお，試験を行うまでは足場をはずせないので，他工事との工程の調整に注意する必要がある。

②　試験方法

試験体は，タイルの周辺をカッターで**コンクリート面まで切断**したものである。

これはタイルのはく離がタイルだけでなく下地のモルタルからはく離することもあるので，この部分まで試験するためである。

なお，アタッチメントの大きさは，タイルの大きさを標準とする。アタッチメントに合わせてタイルを切断すると誤差が大きくなるおそれがあるので注意が必要である。

ただし，二丁掛け等小口タイル以上の大きさのタイルは力のかかり方が局部に集中し，正しい結果が得られないことがあるので，小口程度の大きさに切断する。

③　試験体の個数は，100 ㎡ ごと及びその端数につき 1 個以上，かつ全体で 3 個以上とする。

④　試験結果の判定

タイルの接着力試験結果の判定は**表 10.1** の場合を合格とする。

表 10.1　引張接着強度及び破壊状況 [1]

適　用	引張接着強度及び破壊状況
セメントモルタルによるタイル張り	0.4N/㎟ 以上，かつ，コンクリート下地の接着界面における破壊率が 50 % 以下
有機系接着剤によるタイル張り	次の①又は②の場合 ①　タイルの凝集破壊率及び接着剤の凝集破壊率の合計が 50 % 以上 ②　接着剤とタイルの界面破壊率及び下地調整塗材と接着剤との界面破壊率の合計（未接着部分を含む）が 50 % 以下で，⑦又は⑦の場合 ⑦　下地調整塗材の凝集破壊率，コンクリートの凝集破壊率及び下地調整塗材とコンクリートとの界面破壊率の合計が 25 % 以下 ⑦　下地調整塗材とコンクリートとの界面破壊率が 50 % 以下，かつ，引張接着強度が 0.4N/㎟ 以上

2. セメントモルタルによるタイル張り

2.1　材　料

(1)　モルタル

1)　保水剤

①　張付けモルタルには，夏季に限らず，四季を通じて保水剤を使用するのがよい。

②　保水剤はモルタルの乾燥を防ぎ，作業性を向上させる利点を持っている。しかし，混入量を誤ると，モルタルの流動性が増し，だれを起こして作業が困難になるおそれがあるので，規定された量を守る。

2)　セメント混和用ポリマーディスパージョン

セメント混和用ポリマーディスパージョンは，接着性能の向上，張付けモルタルの耐久性の向上，ドライアウトの防止等の目的で使用される。接着性を改善するためには，混入量はセメントに対するポリマーディスパージョン中の全固形分の質量比で，5 % 程度とする必要がある。ただし，温度又は風の影響で可使時間が短くなることがあるため，試験施工等によって作業性を確認するとよい。

3)　モルタルの調合

①　張付けモルタルに使用する細骨材の大きさは表 10.2 を標準とする。

表 10.2　細骨材の大きさ [1]

使用箇所	細骨材の最大粒径（㎜）
一　般　の　場　合	2.5
ユニットタイルの場合	1.2
目　地　モ　ル　タ　ル	0.6

② モルタルの調合は**表 10.3** による。

表 10.3　モルタルの調合（容積比）[1]

材料 施工部位・工法			セメント	白 セメント	細骨材	混和剤	備　　考
張付けモルタル	壁	密　着　張　り	1	——	1〜2	適量	粒度調整されたもの
		改良圧着張り	1	——	1〜2	適量	
		ユニットタイル　屋外	1	——	0.5〜1	適量	粒度調整されたもの 目地の色に応じてセメントの種類を定める。
		ユニットタイル　屋内		1	0.5〜1	適量	
	床	ユニットタイル	1	——	0.5〜1	適量	粒度調整されたもの
		その他のタイル	1	——	1〜2	適量	粒度調整されたもの
目地モルタル	3 mm を超えるもの		1		0.5〜2	適量	目地の色に応じてセメントの種類を定める。
	3 mm 以下のもの	屋外	1		0.5〜2	適量	
		屋内	1		0.5	適量	

（注）1. セメント混和用ポリマーディスパージョンの使用量は，セメント質量の 5 ％（全固形分換算）程度とする。
　　　2. 張付けモルタルには，必要に応じて，保水剤を使用する。ただし，保水剤は，所定の使用量を超えないよう注意する。

4）　モルタルの練混ぜ方法

① **1 回の練混ぜ量**はモルタルの硬化が始まる前に完了するように，**60 分以内に張り終わる量**としている。モルタルの練混ぜを均一に行うために，**機械練り**とする。

② 粉末状保水剤の場合は，セメントと保水剤を空練り後，砂を加えて空練りし，次に水を加えて十分に練り混ぜる。

③ 液状保水剤の場合は，あらかじめ所定の濃度に希釈した溶液を，空練りしたモルタルに混入し，次に水を加えて十分に練り混ぜる。

(2)　**施工時の環境条件**

1）　外壁タイル張りにおいて，外壁面が濡れるような降雨及び降雪の場合，クレーン等が運行できない強風時等，タイル工事に支障がある時並びにこれらが予想される場合は，施工を行わない。

2）　塗付け場所の気温が **3 ℃（5 ℃）以下及び施工後 3 ℃（5 ℃）以下**になると予想される場合は，**施工を行わない**（（　）は「標仕」）。

2.2　施　工

(1)　**タイルの割付け**

1）　一般的割付け方法には次の 2 方法があるが，タイルの割付けの場合には①によることがほとんどであり，2）以下の事項を考慮して割付けを行っている。

① 規定された寸法の材料を用い，基準線（面の中心あるいは端部柱形，梁形，建具回りの伸縮調整目地等）を定め，その間に割付ける方法 —— タイル，ボード類，ブロック等。

② 概略の材料寸法を定めておき，基準線の間に割付け目地を規定の寸法として正確な材料の製作寸法を定める方法 —— 石材，プレキャストコンクリート製品等。

2）　屋外の壁の場合（接着剤張り以外）

①　建具寸法，位置等のわずかな変更により，タイルの割付けが整然と行える場合は建具の方を調整するとよい。

②　躯体寸法等下地のわずかな変更により，タイルの割付けが整然と行える場合は，躯体等の下地を調整するとよい。

しかし，この場合でも躯体の断面不足を生じないようにする。

③　目地寸法は，小口，二丁掛けで **6 ～ 11 ㎜ 程度**である。6 ㎜ 以下では，目地押えが困難になりやすい。大形床タイルのような大きなものでは，6 ～ 10 ㎜ 程度にしている。

④　タイル面に取り付ける金物，設備機器等の位置をタイル割りに合わせる。

⑤　躯体寸法，建具寸法等を定めるときは，タイル割り図を作成しておきこれに合わせる。やむを得ない場合でも，タイル割りに無理のないことを確かめておく。

3)　屋内の壁で内装タイル（陶器質施ゆうタイル）の場合

①　建具，躯体との関係等は，外装の場合と同様である。

②　タイルは，すべて規格化されたものを用いるため，端部には切り物が入りやすいが，半分以下の寸法のものは用いないようにする。また，切り物はなるべく目立たない部分に用いる。

③　壁が天井面までタイル張りで，天井目地の場合は，目地底を基準線として割り付け，床はのみ込みにすることが多い。

④　目地寸法は **2 ～ 2.5 ㎜** が多いが，1.5 ㎜ でもできる。

(2)　下地及びタイルごしらえ

1)　下地の確認

①　タイル張付けの下地モルタル面にひび割れ，浮き，不陸等があってはならない。タイル張り下地は，タイルが所定の精度に仕上がるように，3 ｍにつき 10 ㎜ 以下の面精度を標準とする。

タイル張付けに先立ち下地の検査を行い，不良箇所はあらかじめ補修しなければならない。

2)　吸水調整

①　張付けモルタルのドライアウトによる硬化不良や接着不良を防ぐため，下地モルタルが乾燥している場合には，タイル張り前に十分水湿しを行うか又は吸水調整材を塗布する。ただし，改良積上げ張りの場合，吸水調整材の塗布は行わない。

②　夏期等で乾燥が著しい場合には，前日に散水しておくようにする。

③　吸水性のタイルは，必要に応じて適度の水湿しを行う。

3)　タイルごしらえ

①　割付け上，切り物のタイルを用いる場合は，所定の形状，寸法にタイルカッター等を用いて切断加工する。

②　**小口タイル以上の大きさのタイル**をまぐさ及びひさし先端下部に用いる場合は，形を L 形とし，さらに湿式成形法のタイルの場合は**引金物（なましステンレス鋼線 SUS 304 径 0.6 ㎜ 以上**，働き長さ 200 ㎜ 程度）用の穴をあけたものとする。

乾式成形法によるタイルの場合は，引金物をエポキシ樹脂により接着したものとする。

(3)　床タイル張り

　　タイル仕上がり面を基準として，**墨もしくは水糸を引き通す**。張付け面積が大きい場合は，目地割りにより**2 m程度に基準となるタイル張り**を行い，これを定規にして張り付ける。

　　1)　張付け面積の小さい場合（トイレ，浴室等）

　　　①　張付け面積の小さい場合は，容積比でセメント 1，細骨材 3〜4 に**少量の水を加えた敷モルタル**を用いてたたき締め，その硬化具合を見計らい，張付けモルタルを用いてタイルを張り付ける。

　　　②　張付けモルタルはセメントペーストではなく，**表 10.3** の調合によるモルタルを使用する。
　　　　一般床タイル又はユニットタイルは，下地に張付けモルタルを塗り付けて，木づち，たたき板等で目地部分に張付けモルタルが盛り上がるまでたたき押さえて張り付ける。壁タイル張りと同様，モルタルの塗置き時間が長くならないように注意する。大形床タイル張りでは，タイル裏面への付着状況に注意を払う。事前に試験施工を行って，タイル裏面への充填性を確認したうえで，工法選定を行うとよい。

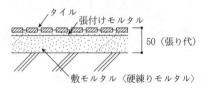

図 10.3　小面積の場合の床タイル張り [2]

　　2)　張付け面積の大きい場合（エントランスホール，ピロティ等）

　　　　車や重量物が乗り入れる場合が多いので，下地モルタルを施工し，その硬化具合を見計らい，張付けモルタルを用いてタイルを張り付ける。下地モルタルは木ごてで仕上げ，張り代は下地モルタル，張付けモルタルとタイルを合わせて，30 mm 程度とする。

　　3)　水を使用する箇所の床には，必ず水勾配を付けて水たまりができないようにする。勾配は $\frac{1}{100} \sim \frac{1}{150}$ にするのがよく，$\frac{1}{200}$ が限度である。

(4)　壁タイル張りの工法

　　壁タイル張り工法の種類，工法とタイルの組合せ等を**表 10.4** に示す。

表 10.4　セメントモルタルによるタイル張り工法と張付けモルタルの塗厚 [1]

タイルの種類	タイルの大きさ	工　　法	張付けモルタル	
			塗厚(総厚)(mm)	備　　考
内外装タイル	小口平 二丁掛 100 角	密　着　張　り	5〜8	1枚ずつ張り付ける。
		改　良　圧　着　張　り	下地側　4〜6 タイル側 1〜3	
ユニットタイル（内装タイル以外）	50 二丁以下	マ　ス　ク　張　り	3〜4	ユニットごとに張り付ける。
		モザイクタイル張り	3〜5	

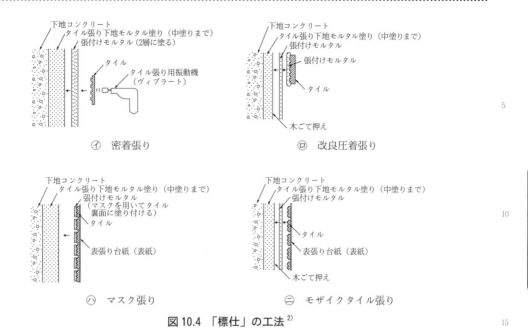

図 10.4 「標仕」の工法 [2]

1) 密着張り（ヴィブラート工法）

① 従来の圧着張りは，下地モルタル（中塗りまで仕上げる）面にモルタルを塗り，これにタイルを押し付けて張り，木づちの類でたたき締めてタイルとモルタルをなじませていたが，本工法は，木づちの代わりに**タイル張り用振動機（ヴィブラート）**を用いてタイル面に特殊衝撃を加えて，タイルをモルタル中に埋め込むようにして張り付ける工法である。密着張り（ヴィブラート工法）には，一発目地押さえと呼ばれる目地から盛り上がった張付けモルタルを目地ごてで押さえて仕上げる工法も含まれている。「標仕」では，一発目地押さえは深目地になりやすいために，一発目地押さえをやめ，目地詰めを行った後に目地ごてで仕上げるように規定され，タイルの剝落防止を重視して，タイルの適正な目地深さの確保が確実に得られる工程とされた。

② 張付けモルタルの塗厚は，**5〜8 mm** と定められているが，塗厚はタイルの大きさ，厚さ及び目地幅で決定するのがよい。

　一般に**小口平で 5 mm，二丁掛け以上で 8 mm 程度**であるが，モルタルを一度に厚く塗るのは塗りにくいうえに，だれを生じるので必ず**2 度塗り**とする。

　なお，くし目ごてを用いると密着性が落ちるので用いてはならない。

③ モルタルに混入する砂の最大粒径は，2.5 mm 程度と定められているが，塗厚が 5 mm 程度，目地幅が 8 mm 以下の場合は，塗付け作業及び目地部のモルタルの盛上り及び仕上りを考え，粒径 1.2 mm のものを用いるのがよい。

④ タイル張付けは，**上部より下部へ**と張り進めるが，まず**1 段置き**に水糸に合わせて張り，そのあと間を埋めるようにして張る。上部より続けて張ると，タイルのずれが起きやすく目地通りが悪くなる。

⑤ 本工法のタイルの接着力は，衝撃を与える時間に影響されるので適正な衝撃時間を与え

なければならない（小口タイルで3〜5秒，衝撃位置は両端と中間の3箇所）。

⑥　張付けモルタルの1回の塗付け面積の限度は **2 ㎡ 以下** とし，かつ，**20分以内** に張り終える面積とする。

2)　**改良圧着張り**

①　張付けモルタルは2層に分けて塗り付けるものとし，1層目はこて圧をかけて塗り付ける。

②　張付けモルタルの1回の塗付け面積の限度は **2 ㎡ 以下** とし，かつ，張付けモルタルの1回の塗付け面積の限度は，**60分以内** に張り終える面積とする。

③　張付けは，タイル裏面全面に張付けモルタルを平らに塗り付けて張り付け，適切な方法でタイル周辺からモルタルがはみ出すまでたたき締め，通りよく平らになるようにする。

④　1回のモルタル塗面にタイルを張り終わったとき，モルタルの硬化の程度により，張付けが終わったタイル周辺にはみ出しているモルタルを取り除き，塗り直してからタイルを張り進める。

3)　**マスク張り**（25 mm 角を超え小口未満のタイル）

①　タイルに見合ったユニットタイル用マスクを用い，**張付けモルタルをユニット裏面全面にこてで圧着して塗り付け**，縦横及び目地幅の通りをそろえて張り付ける。適切な方法で目地部分に張付けモルタルがはみ出すまでたたき締める。

　　なお，**モルタルの塗置き時間は，5分以内** とする。

②　表張り紙は，張付け後，時期を見計らって水湿しをしてはがし，著しい配列の乱れがある場合はタイルの配列を直す。

4)　**モザイクタイル張り**（小口未満のタイル）

①　張付けモルタルは2層に分けて塗り付けるものとし，1層目はこて圧をかけて塗り付ける。なお，張付けモルタルの1回の塗付け面積の限度は，**3 ㎡ 以下** とし，**20分以内** に張り終える面積とする。

②　張付けモルタルを塗り付けたのち，タイルを張り付け，縦横及び目地幅の通りをそろえ，適切な方法で目地部分に張付けモルタルが盛り上がるまでたたき締める。

　　なお，タイル張継ぎ部分の張付けモルタルは，除去し塗り直す。

③　表張り紙は，張付け後，時期を見計らって水湿しをしてはがし，著しい配列の乱れがある場合はタイルの配列を直す。

3. 接着剤による陶磁器質タイル張り

3.1　材　料

(1)　**張付け用材料**

1)　内装壁タイル接着剤張りに使用する有機質接着剤は，JIS A 5548（セラミックタイル張り内装用有機系接着剤）により，接着剤のホルムアルデヒド放散量は特記による。特記がなければ，F ☆☆☆☆ とする。

2)　屋外に使用する有機系接着剤は，JIS A 5557（外装タイル張り用有機系接着剤）により，**一液反応硬化形** の変成シリコーン樹脂系又はウレタン樹脂系とする。

3.2　施　工

(1)　内装壁タイル接着剤張り

1)　**接着剤の 1 回の塗布面積の限度**は，3 ㎡ 以内とし，かつ，**30 分以内**に張り終える面積とする。また，練り混ぜる量は 1 回の塗布量とする。

2)　接着剤は金ごて等を用いて平たんに**塗布**したのち，所定のくし目ごてを用いてくし目を立てる。

3)　目地直しは，張り付けたタイルが自由に動く間（通常，タイル張付け後 30 分程度）に行う。

(2)　**外装壁タイル接着剤張り**

1)　接着剤の 1 回の**塗布面積の限度**は，**30 分以内**に張り終える面積とする。

2)　接着剤は金ごて等を用いて平たんに塗布したのち，所定のくし目ごてを用いて**壁面に 60°の角度**を保ってくし目を立てる。裏あしのあるタイルを用い，くし目を立てて接着剤を塗り付けて張り付ける場合は，裏あしに対して直交又は斜め方向にくし目を立てる。接着剤を平たんに塗り付ける場合は，一度くし目を立てたのちに**金ごてを用いて平たん**に均す。ただし，目地幅が 3 ㎜ 以下の空目地の場合はくし目状態のままとする。

第11節　屋根工事

1. 長尺金属板葺

5　**1.1　一般事項**

折板葺を除く長尺金属板による横葺，瓦棒葺，立平葺，一文字葺等の屋根葺形式を対象としている。

1.2　工　法

10　(1)　**心木なし瓦棒葺**

1)　心木なし瓦棒葺の一般的な工法を**図 11.1** に示す。

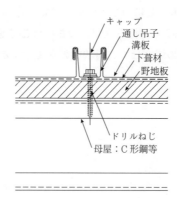

図 11.1　心木なし瓦棒葺 [2]

①　屋根葺材の厚さは構造計算等の結果を踏まえて特記されるが，めっき鋼及び塗装鋼板では，耐久性を考慮して最低寸法を 0.4 mm とする。

25　②　野地面上に軒先と平行に敷き込み，軒先から上へ向って張る。**上下（流れ方向）は 100 mm 以上，左右（長手方向）は 200 mm 以上**重ね合わせる。横方向の継目位置は重ねない。

③　留付けは，留付け用釘又は**ステープル**により，**重ね合せ部は間隔 300 mm 程度**，その他は要所を留め付ける。

④　改質アスファルトルーフィング下葺材（粘着層付タイプ）の場合は，ステープルを用い

30　ず，裏面のはく離紙をはがしながら下地に張り付ける。

⑤　両面粘着防水テープを使用する場合又は改質アスファルトルーフィング下葺材（粘着層付タイプ）を使用する場合は，しわ又はたるみが生じないように張り上げる。

⑥　金属板の折曲げは，塗装又はめっき及び地肌に，亀裂が生じないように行う。

(2)　**はぎ合わせの種類**

35　1)　**巻きはぜ（二重はぜ，ダブルはぜ）**

巻きはぜはダクト等で用いられることが多く，屋根では銅板葺での屋根本体の板と板とのはぎ合わせ，防水上特殊な部位に用いられる。

また，**図 11.2** に示す 2 種類がある。

2)　小はぜ（一重はぜ，シングルはぜ，はぜ）

　　小はぜ（**図11.3**）は主として屋根本体の板と板及び軒先，けらば部分のはぎ合わせに使用
される。

| ㋑　立巻きはぜ | ㋺　平巻きはぜ | ㋑ | ㋺ |

図11.2　巻きはぜ[2] 　　　　　**図11.3　小はぜ**[2]

3)　**小はぜの掛かり，折返し等の標準寸法**

　　小はぜは，**図11.4**のように加工し3〜6mm程度の隙間をつくり，防水上の毛細管現象を防ぐ。
ただし，隙間のない方が風による吹上げに強いので，隙間が大きくならないように注意する。

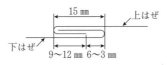

図11.4　小はぜの折返し幅の例[2]

(3)　通し吊子及び通し付子

　　葺板，軒先包み板類の留付け用吊子及び付子は，原則として，**通し**とする。

　　なお，吊子には部分吊子と通し吊子がある（**図11.5**）。

　㋑　部分吊子　（単位：mm） 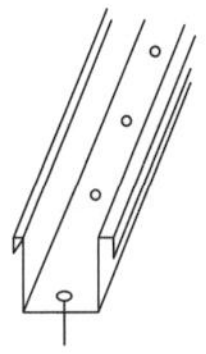　　　　㋺　通し吊子

図11.5　吊子

(4)　主要部の納まり

　　以下に，心木なし瓦棒葺（通し吊子）の納まり例を**図11.6 〜図11.9** に示す。

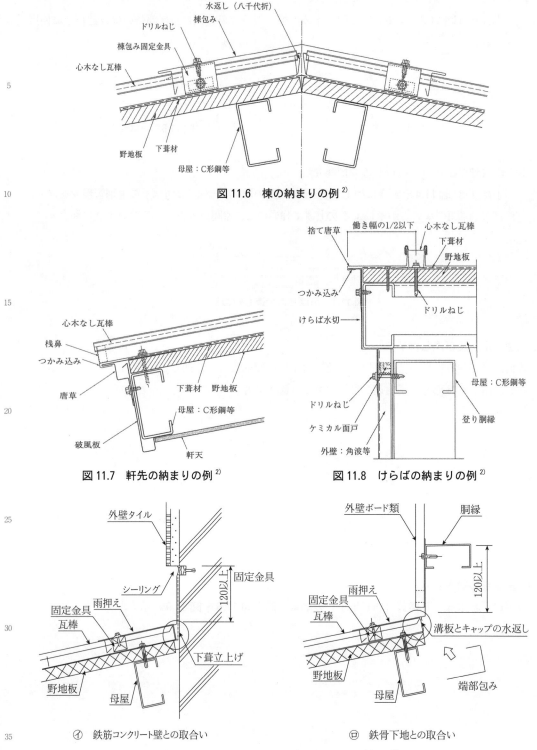

図 11.6　棟の納まりの例[2]

図 11.7　軒先の納まりの例[2]

図 11.8　けらばの納まりの例[2]

㋑　鉄筋コンクリート壁との取合い

㋺　鉄骨下地との取合い

図 11.9　水上部分の壁との取合い部の納まり[3]

水上部分の壁との取合い部は，壁際で **120 mm 程度**立ち上げてむだ折りを付ける。

2. 折板葺

2.1　工　法

⑴　折板葺の種類

JIS A 6514（金属製折板屋根構成材）の抜粋を**図 11.10** に示す。

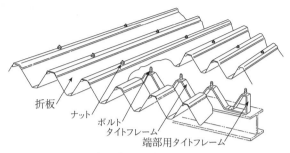

イ　重ね形折板屋根の例

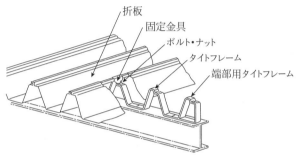

ロ　はぜ締め形折板屋根の例

ハ　かん（嵌）合形折板屋根の例

図 11.10　折板屋根の各部の名称（JIS A 6514）

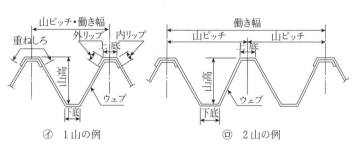

イ　1 山の例　　　　ロ　2 山の例

図 11.11　重ね形の例（JIS A 6514）

(2)　タイトフレームの取付け

　タイトフレームは，取付け位置の芯に合わせ通りよく下地に溶接接合する。台風時の折板屋根の被害には，タイトフレームの接合不備に起因するものが多いので，接合は入念に行わなければならない。

　隅肉溶接に際しては，必要な溶接の隅肉サイズ，有効溶接長さ等の確認を行うとともにショートビードやアンダーカット等の溶接不良が発生することがあるので，溶接状態についても注意を払う。

　溶接後は，スラグを除去し溶接部分及びその周辺に有効な防錆処理を行う。

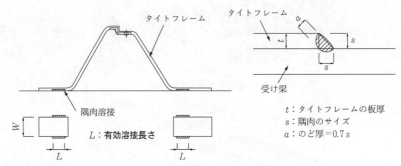

t：タイトフレームの板厚
s：隅肉のサイズ
a：のど厚＝$0.7s$

図 11.12　タイトフレームの溶接接合 [3]

(3)　折板の取付け

1)　重ね形の折板

　①　折板をタイトフレームに固定ボルト留めするとき，折板のボルト穴はボルト径より 0.5 mm 以上大きくしてはならない。

　②　折板は**各山ごとにタイトフレームに固定**し，折板の重ね部に使用する**緊結ボルトの間隔は 600 mm** 程度とする。

　③　折板の端部の端空き寸法は 50 mm 以上とする。

2)　各部の納まり

　①　折板のけらば納めは，けらば包みによる方法を原則とする。けらば包みは 1.2 m 以下の間隔で下地に取り付ける。けらば包みの**継手の重ねは 60 mm 以上**とし，重ね内部に**シーリング材を挟み込む**。

　　なお，けらば包みを用いた場合は，変形防止材を用いないのが一般的である。

　②　軒先は，先端部分下底に**約 15°の尾垂れ**を付ける。

　③　**水上の先端**には，雨水を留めるための**止水面戸**を用いる。

　④　壁取合い部の雨押えは **150 mm 以上**立ち上げる。

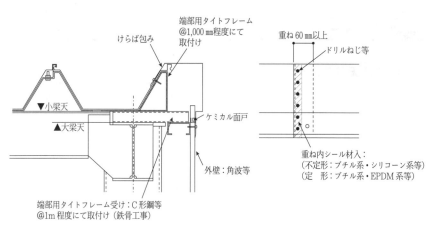

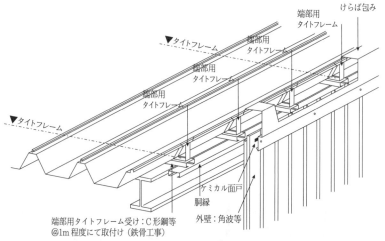

図 11.13　けらば包みによるけらばの納まりの例[2]

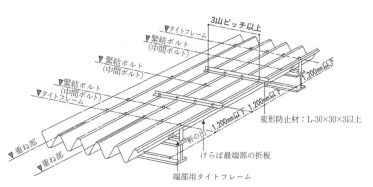

図 11.14　変形防止材によるけらばの納まりの例[2]

第12節　金属工事

1. 軽量鉄骨天井下地

建築物の不燃化，省資源，省力化等の理由で，天井下地は，木構造の場合を除いてほとんど軽量鉄骨が使用されている。

1.1　材　料

鋼製下地材については，JIS A 6517（建築用鋼製下地材（壁・天井））で材料等について定められている。

(1)　部材の名称

下地材各部の名称等について，**図 12.1** に示す。

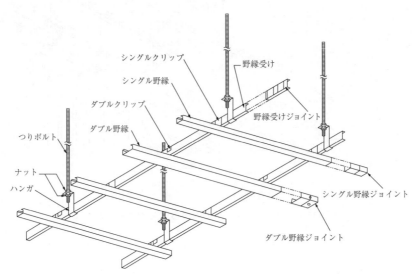

図 12.1　天井下地材の構成部材及び付属金物の名称[2)]

(2)　下地材の種類

野縁等の種類は**表 12.1** により，特記がなければ，屋内は 19 形，屋外は 25 形とする。

表 12.1　野縁等の種類[1)]

部材 ＼ 種類	19 形（mm）	25 形（mm）
シ ン グ ル 野 縁	25 × 19 × 0.5	25 × 25 × 0.5
ダ ブ ル 野 縁	50 × 19 × 0.5	50 × 25 × 0.5
野 縁 受 け	38 × 12 × 1.2	38 × 12 × 1.6
ハ ン ガ	厚さ 2.0 以上	
ク リ ッ プ	板厚 0.6 以上	板厚 0.8 以上
吊 り ボ ル ト	転造ねじ，ねじ外径 9.0（有効径 8.1 以上）	
ナ ッ ト	高さ 8.0	

（注）野縁はスリット付きを除く。

⑶　野縁受けの留付け

野縁を野縁受けに留め付けるには，鋼板又は鋼条製のクリップ（25形の場合は0.8 mm 以上，19形の場合は0.6 mm 以上）を用い，野縁受けを吊るには，高さを調節できる野縁受け**ハンガ**を用いる。**野縁受け**の間隔は，**900 mm 程度**とする。

⑷　**インサート及び吊りボルト**

インサートは鋼製とする。また，吊りボルトは転造ねじ，外径9.0 mm（有効径8.1 mm 以上）としており，防錆処理としては電気亜鉛めっき及び電気カドミウムめっき上のクロメート皮膜の1級又はこれと同等以上としている。

吊りボルト及びインサートの間隔は**900 mm 程度**とし，周辺部は端から150 mm 以内とする。

1.2　工　法

⑴　**天井下地**

1)　屋内及び屋外の軽量鉄骨天井下地に適用するが，「特定天井及び特定天井の構造耐力上安全な構造方法を定める件」（平成25年8月5日　国土交通省告示第771号）に定める特定天井，天井面構成部材等の単位面積当たりの質量が20 kg / ㎡ を超える天井，水平でない天井及びシステム天井によるものを除く。

2)　天井下地の組み方

天井下地の組み方の一例を**図12.2**に示す。天井下地は，部屋の中央を若干高くすることによって感覚的に平面に見えるので，**むくり**をつけて組み立てる。鋼製天井下地材の天井むくりは，室内張りのスパンに対して$\frac{1}{500}$〜$\frac{1}{1,000}$程度をとり，天井下地材の水平を調整する。一般的には，4 m間隔で基準レベルより5 mm 程度，中央部を吊り上げる。

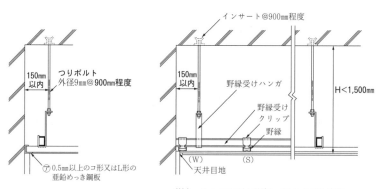

（注）　S：シングル野縁　　W：ダブル野縁

図 12.2　天井下地の組み方[2]

3)　野縁の配置

一方向に配置するものであり，格子組みとすることはまずない。配置の方向は，照明器具等の関係を考慮し，なるべく野縁を切断しないようにする。

4)　アンカーの施工

コンクリート打込みのインサートを使用しないで，あと施工アンカー等を用いると，コンクリートに打ち込まれているパイプ等を損傷することがあるため注意する。

5) 野縁の間隔

　　屋内の場合には，**図12.3** のようになる。また，**屋外の場合**は風荷重等に対しても安全であるよう25形の野縁を用い，間隔を**300 mm** 程度とする。なお，クリップは野縁受け材の溝内に十分折り曲げる。

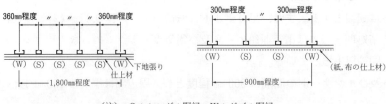

(注)　S：シングル野縁　W：ダブル野縁

　　④　下地張りのある場合　　　　　　　⑩　下地張りのない場合

図 12.3　屋内の野縁の間隔 [2)]

6) 野縁と野縁受けの留付け**クリップ**は，**交互に向きを変えて留め付ける**（**図12.4**）。

　　なお，クリップが野縁受けの溝にくる場合は，溝内に十分折り曲げる。

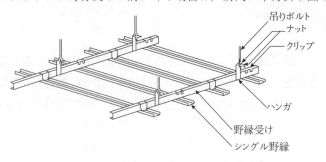

図 12.4　クリップの留付け [2)]

7) 野縁は，野縁受けから **150 mm 以上**はね出してはならない。

8) 野縁受け及び野縁同士のジョイントは，所定の付属金物を用い，それぞれ吊りボルト，野縁受けの近くに設け，そのジョイント部の配置は，**図12.5** に示す**千鳥状**になるように施工することが望ましい。

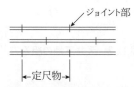

図 12.5　野縁受け，野縁同士のジョイント [2)]

9) 野縁端部の金物

　　下地張りがなく野縁が壁等に突き付く場合の野縁端部の⊐形又はL形の金物は，天井目地の目地底にするとともに，野縁の通りをよくするためのものである。

　　下地張りがなく野縁が壁に平行する場合の端部には，ダブル野縁を用いる。

10）照明器具，ダクトのための補強

　天井には，点検口，照明器具，ダクト等が設置されるので，器具類の大きさにより，野縁を切断する必要が出てくる。これらの箇所は，強度の不足を補うとともに，野縁の乱れを防止するために**同材で補強する**必要がある。また，野縁等の切断には溶断は行わない。

　開口部の補強は**図 12.6** のように行う。

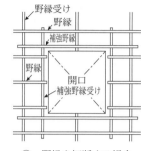

　　⑦　野縁を切断しない場合　　　　　㋺　野縁を切断する場合

図 12.6　開口部の補強[2]

11）振れ止めの補強

　下がり壁，間仕切壁を境に天井に段違いがある場合は補強用振れ止めを**図 12.7** の⑦，㋺のように斜め補強を行う。また，天井のふところが**1.5 m 以上**の場合は，補強用部材又は〔－ 19 × 10 × 1.2（㎜）以上を用いて，吊りボルトの水平補強，斜め補強を行うこととし，3 m 以下で特記がない場合の補強方法は以下とする。

①　水平補強は縦横方向に間隔 **1.8 m** 程度に配置する。なお，水平補強は吊りボルトに適切な方法で接合する。

②　斜め補強は，相対する斜め材を 1 組とし，縦横方向に間隔 3.6 m 程度に配置する。

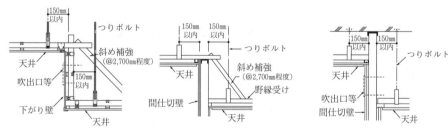

　⑦　下がり壁による段違いの場合　　㋺　間仕切壁による段違いの場合　　㋩　間仕切壁による段違いの場合
　　　　　　　　　　　　　　　　　　　　　　　　　　　　　　　　　　　　　　（スラブに壁下地固定の場合）

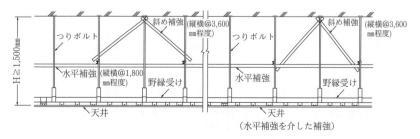

　　　　　　　　㊁　天井のふところが大きい場合

図 12.7　屋内の天井の補強[2]

　また，特定天井（脱落によって重大な危害を生ずるおそれがある「6 m 超の高さにあり，面積 200 ㎡ 超，質量 2 kg／㎡ 超の吊り天井で日常利用される場所に設置されるもの」）は，告示に定められた構造方法による脱落防止対策を要する。

12）空調用ダクトとの絶縁

　廊下等天井裏に通るダクト幅が広くて野縁を吊れない場合に，ダクトフランジにアングル等を溶接して吊っている例があるが，ダクトの振動による悪影響があるので，野縁受けの部材断面を大きくする等の処置をとり，必ず**ダクトと切り離して**施工を行う。

13）現場で溶接を行った箇所には**錆止め塗料を塗り付ける**。なお，高速カッター等による切断面には，亜鉛の**犠牲防食作用**が期待できるため，錆止め塗料塗りは行わなくてもよい。

2. 軽量鉄骨壁下地

2.1　材　料

壁下地材及び壁下地材付属金物は，JIS A 6517（建築用鋼製下地材（壁・天井））の規格を満たすものとする。

(1)　部材の名称

壁下地材の構成部材及び付属金物の名称を**図 12.8** に示す。

図 12.8　壁下地材の構成部材及び付属金物の名称 [2]

(2)　下地材の種類

壁下地材の構成部材及び付属金物の名称を**表 12.2** に示す。

表 12.2　スタッド，ランナ等の種類 [1]

部材等 種類	スタッド （mm）	ランナ （mm）	振れ止め （mm）	出入口及び これに準ずる 開口部の補強材(mm)	補強材 取付け 用金物(mm)	スタッドの 高さによる区分
50 形	50×45×0.8	52×40×0.8	19×10×1.2	—	—	高さ2.7m以下
65 形	65×45×0.8	67×40×0.8		[ー60×30×10×2.3	L−30×30×3	**高さ4.0m以下**
90 形	90×45×0.8	92×40×0.8	25×10×1.2	[ー75×45×15×2.3	L−50×50×4	**高さ4.0mを超え 4.5m以下**
100 形	100×45×0.8	102×40×0.8		2[ー75×45×15×2.3		高さ4.5mを超え 5.0m以下

（注）　1．ダクト類の開口部の補強材は，それぞれ使用した種類のスタッド又はランナとする。
　　　　2．スタッドの高さに高低がある場合は，高い方を適用する。
　　　　3．50 形は，ボード片面張りの場合に適用する。
　　　　4．スタッドの高さが 5.0 m を超える場合は，特記による。

2.2　工　法

(1)　壁下地

1)　壁下地の例を，**図 12.9** に示す。間仕切の心及び逃げ墨を出してスタッドの割付けを行う。ランナは継手を突付け継ぎとし，端部から 50 mm 内側を押さえ，間隔 900 mm 程度に彫込みアンカーの類で固定する。ただし，受材が鋼材等の場合はタッピンねじの類又は溶接とする。

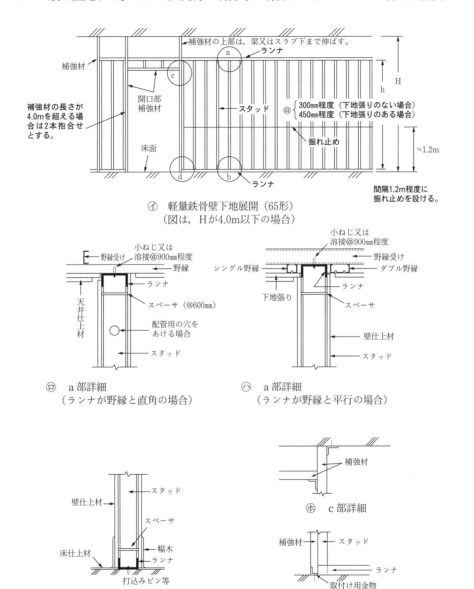

図 12.9　軽量鉄骨壁下地 [2)]

2)　スタッドは，スタッドの天端と上部ランナの天端との**隙間が10 mm以下**となるように間仕切壁の高さに合わせて切断する。

3)　**スタッドの上下**はランナに差し込み，**半回転させて**取り付ける。

4)　**振れ止め**は床面ランナ下端より間隔約**1.2 m**ごとに設ける。ただし，上部ランナ上端から400 mm以内に振れ止めが位置する場合は，その振れ止めを省略することができる。振れ止めは，フランジ側を**上向き**にしてスタッドに引き通し，振れ止めに浮きが生じないようスペーサで固定する。

5)　**スペーサ**は，各スタッドの端部を押さえ，間隔**600 mm**程度に留め付ける。

6)　垂直方向補強材は，建具が留め付けられるため，戸の開閉による振動や衝撃荷重に耐えられるように，上は梁又はスラブ下に達するものとし，上下ともあと施工アンカー等で固定した取付け用金物に溶接又はボルトの類で取り付ける。**65形で補強材の長さが4.0 mを超える場合は**，同材の補強材を**2本抱き合せ**，上下端部及び間隔600 mm程度に溶接したものを用いる。

7)　**スタッドがコンクリート壁等に添え付く場合は**，振れ止め上部（間隔約**1.2 m**程度）に打込みピン等で固定する。スタッドの建込み間隔の**精度は±5 mm以下**，また，スタッドの垂直の精度は**約±2 mm**とする。

3. アルミニウム製笠木

3.1　笠木の構成部材の概要及び取付け状態

製作所により細部で違いがあるが，構成部材の概要，取付けについて以下に示す（**図12.10 〜 11**）。

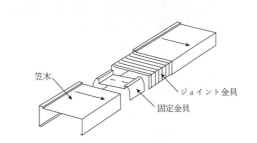

図12.10　部材の構成例 [2]

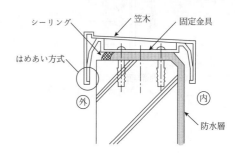

図12.11　笠木の取付け状態の例 [2]

3.2　笠木の取付け

1)　笠木本体は固定金具に対し，はめあい方式により固定される断面形状のものである。直線部材及びコーナー部材（入隅，出隅）が用意されている。

2)　笠木と笠木との継手部（ジョイント部）は，ジョイント金具とはめあい方式によりはめあい，取付けを行うものとする。ジョイント部は**オープンジョイント**を原則とし，温度変化による部材の伸縮への対応のため，5 〜 10 mmのクリアランス（目地）を設ける（定尺が4 m程度の場合）。

3)　笠木をはめ込むための固定金具は，パラペット天端にあと施工アンカー等で堅固に取り付ける。

　　固定金具は，通常1.3 m程度の間隔で取り付けられるが，建築基準法に基づき定まる風圧

力及び積雪荷重に対応した固定金具の間隔，固定方法等は特記による。

4)　笠木と笠木の各ジョイント部に取り付けられるジョイント金具は，笠木のジョイントでの雨水に対して排水機構の溝形断面形状を持つものとする。

3.3　施工上の注意

1)　固定金具は笠木が通りよく，かつ，天端の水勾配が正しく保持されるように，あらかじめレベルを調整して取り付ける。

2)　あと施工アンカーによる固定金具，ジョイント金具の取付けに際して，特に強い風圧の予想される箇所に使用する場合は，風荷重に対して十分な引抜き耐力を有するようアンカーの径・長さ・取付け間隔を検討し，施工に注意する。

3)　笠木部材の割付け

　　施工図により，割付け，各部の納まり（端部，壁付き，他との取合い）及び取付け手順を事前に検討する。

　　取付けは，**コーナー部分笠木（通常 ℓ ＝ 500 mm 程度）を先に取り付け**，直線部材については，パラペット全体の形状を勘案し，定尺を中心に割り付ける。調整部分を中心部にもってくる方法，両端に割り振る方法，片端にもってくる方法がある。コーナー，その他の役物の笠木は，パラペットの形状によりあらかじめ用意するが，直角コーナー以外は特注となる場合が多い。

4. 手すり及びタラップ

4.1　手すり

⑴　手すりとの取合い

1)　手すりに用いる金属材料は，多くの場合，鋼，ステンレスあるいはアルミニウム合金である。

2)　手すりと手すり支柱又は手すり子との取合いは，鋼製以外は通常小ねじ留めにする。安全のため小ねじは，手すりの中に入れて留めるものが多い（**図 12.12**）。ステンレスは溶接する場合もあるが，溶接部の取合いの仕上げには注意する必要がある。

　　一般的な取合いの例を**図 12.12** に示す。

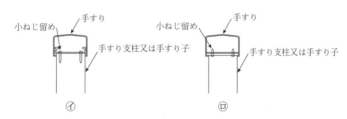

図 12.12　手すりと手すり子の取合い

⑵　伸縮調整継手

　　手すりが長くなる場合には，金属の温度変化による部材の伸縮を考慮して，伸縮調整部を設けるのがよい（通常 5 ～ 10 m間隔程度）。

部材伸縮の目安（温度差 40 ℃ の場合）は，鋼は 1 m あたり 0.5 ㎜ 程度，アルミニウム合金は 1 m 当たり 1.0 ㎜ 程度である。

伸縮調整部の例を**図 12.13** に示す。

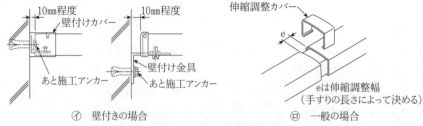

図 12.13　伸縮調整部

(3)　構造体への取付け

手すり支柱は**コンクリートあるいはモルタルの中に入る**部分であっても，**錆止めの処置**を行うことが望ましい。

なお，モルタル充塡に際して，こて押え等が不十分になりがちなため，充塡を確実に行う。

4.2　タラップ

1)　タラップは，通常鋼製あるいはステンレス製である。

2)　タラップを屋外に取り付ける場合は，関係者以外に使用できないようにし，特に子供の使用による不測の事故を防止する対策が必要である。一般的には，最下段の高さを床から 2.0 m程度とするのがよい。

3)　**取付けは，コンクリートに打込みとする。**

第13節　左官工事

1. 一般事項

1.1　見　本

　色合，模様等の確認は，事前に設計担当者と打合せを行ったうえで，見本帳又は見本板を提出させて行う。

1.2　養　生

　1)　モルタルがアルミサッシに付着した場合等は，セメントのアルカリによってアルミが腐食するおそれがあるので，適切な養生を行う。

　2)　夏期における施工や風の強い場合等，モルタル塗付け後に急激な乾燥が起こると，硬化に必要な水分が失われてセメントが十分に水和せず，強度が発現しないので，適切な措置を講ずる。

　3)　気温が低い場合には，モルタルの硬化時間が長くなり，強度の発現も遅れるため，作業終了後，夜間の気温低下により凍害を受けるおそれがある。

1.3　ひび割れ防止

(1)　下地及び左官材

　1)　コンクリートの打継ぎ部，開口部回り，せっこうラスボード類の継目等，ひび割れのおそれのある箇所には，モルタル塗りの場合は，メタルラス張り等を行う。また，プラスター塗りの場合は，しゅろ毛，パーム，ガラス繊維ネット等を伏せ込む。

　2)　下地が異なる取合いとなる部分及び躯体のひび割れ誘発目地部分には，原則として，目地や見切り縁等を設ける。

2. モルタル塗り

2.1　材　料

(1)　セメント

　セメントは，JIS R 5210（ポルトランドセメント），JIS R 5211（高炉セメント），JIS R 5212（シリカセメント）及び JIS R 5213（フライアッシュセメント）の A 種とし，床モルタルこて仕上げ及び寒冷期における外部モルタル塗りを除き，混合セメントの B 種を使用することができる。

(2)　細骨材

　左官に用いる**砂の粒度**は，コンクリートの場合と同様に，重要な役割をもっており，作業性，仕上り，硬化後のひび割れ等に**大きく影響する**。

　原則として，川砂を用いることが望ましいが，山砂を用いる場合は泥分・有機物の含有量に注意し，粒度は**表 13.1** に示すようなものであることが望ましい。

表 13.1　砂の標準粒度[2]

ふるいの呼び寸法 (mm) 粒度の種別	ふるいを通るものの質量百分率（%）					
	5	2.5	1.2	0.6	0.3	0.15
A　種	100	80 ～ 100	50 ～ 90	25 ～ 65	10 ～ 35	2 ～ 10
B　種	—	100	70 ～ 100	35 ～ 80	15 ～ 45	2 ～ 10

（注）粒度の種別による砂の用途は次による。
　　　A種：床モルタル用，セメントモルタル塗り用（**下塗り**，むら直し，中塗り），ラス付け用
　　　B種：セメントモルタル塗り用（上塗り），せっこうプラスター塗り用（下塗り，むら直し，中塗り）

(3)　水

水は，原則として，水道水を使用する。

(4)　混和材料

1)　「標仕」に記載されている混和材は，**表 13.2** の上塗りに入れる混和材で内壁用の材料である。その混入量は，一般的にセメントに対する容積比で左官用消石灰及びドロマイトプラスターの場合 10 % 程度以下までとされている。ドロマイトプラスターは上塗り用を用いる。

2)　混和材料を使用する主な目的は次のとおりであるが，効果を上げるには調合等の管理が重要である。

　　①　作業性の改善

　　②　性質の改良（ひび割れ，はく離等の防止）

　　③　保水性の向上

　　④　仕上り面の改善

　　⑤　使用水量の減少

　　⑥　凍害の防止

3)　寒冷時に施工する場合は，気象と養生条件を考慮し，混和材を使用する必要がある。

　　①　使用水量を減少させるためには AE 剤，AE 減水剤等を使用する。

　　②　凍害の防止には，塩化物を含まない凍結防止剤等の使用を検討する。

　　　　安易に凍結防止剤を使用すると，モルタルの収縮が大きくなり，ひび割れや浮きの発生につながるので十分に注意する必要がある。

(5)　保水剤

保水剤は混和材の一種で，モルタルの初期乾燥収縮によるひび割れの防止，接着力の安定化，作業性の向上を目的として使用されるもので，**メチルセルロース**（MC）等のセルロース誘導体，ポリビニルアルコール（PVA）等があるが，メチルセルロースが一般的に使用されている。

2.2　調合及び塗厚

(1)　調　合

1)　モルタルの調合及び塗厚は，**表 13.2** による。

表 13.2　調合（容積比）及び塗厚の標準 [1]

下　地	施工箇所		下塗り ラス付け (注3) (注4)		むら直し 中塗り		上塗り			塗厚 (mm)
			セメント	砂	セメント	砂	セメント	砂	混和材	
コンクリート，コンクリートブロック，れんが	床	仕上げ	――	――	――	――	1	2.5	――	30
		張物下地	――	――	――	――	1	4	――	
	内　壁		1	2.5	1	3	1	3	適量	20
			(注1)							
	外壁その他 （天井の類を除く）		1	2.5	1	3	1	3	――	25 以下
ラスシート，メタルラス	内　壁		1	3	1	3	1	3	適量	15
			(注1)							
	外　壁		1	2.5	1	3	1	3.5	――	20
	軒　裏									12 (注2)
コンクリート，コンクリートブロック	建具枠回り充填，ガラスブロックの金属枠回り充填		セメント 1：砂 3 外部に面する部分は，防水剤及び必要に応じて凍結防止剤入りとする。ただし，塩化物を主成分とする防水剤又は凍結防止剤は用いない。なお，モルタルに用いる砂の塩分含有量は，NaCl 換算で，**0.04 %（質量比）** 以下とする。							

(注)　1.　内壁下塗り用軽量モルタルを使用する場合は，細骨材を砂に代えてセメント混和用軽量発泡骨材とし，塗厚を 5 mm 以内とすることができる。
　　　2.　耐防火上の指定がある場合は，20 mm 以上とする。
　　　3.　ラス付けの場合は，必要に応じて，すさを混入することができる。
　　　4.　ラス付けは，ラスの厚さより 1 mm 程度厚くする。
　　　5.　ビニル床シート，ビニル床タイル等の場合は，床モルタルの塗厚には，張物材の厚さを含む。ただし，セラミックタイル張りの場合は，15.3.5 (4)（ア）による。

2)　ポリマーセメントペーストの混和材の使用量は，**セメント質量の 5 %**（全固形分換算）程度とする。

3)　混和材料の使用量は，モルタルの強度等に著しい悪影響を与えない程度とする。

4)　**モルタルの練混ぜ**は，原則として，**機械練り**とする。

5)　1 回の練混ぜ量は **60 分**以内に使い切れる量とする。

(2)　塗　厚

1)　塗厚が厚くなると，こて押えが効かなくなり，壁でははく落，ひび割れ等の発生の危険性が大きくなるので，通常床を除き 1 回の塗厚は，原則として **7 mm** 以下としている。

2)　仕上げ厚又は全塗厚は，あまり厚くするとはく離するおそれがあるので，床を除き **25 mm 以下**としている。

2.3　下地処理

1)　コンクリート，コンクリートブロック等の壁，床等で，ひずみ，不陸等の著しい箇所は，目荒し，水洗い等のうえモルタル又は下地調整塗材で補修し 14 日以上放置する。ただし，気象条件等により，モルタルの付着が確保できる場合には放置期間を短縮する。

2) コンクリート，コンクリートブロック壁面は，デッキブラシ等で水洗いを行い，モルタル等の接着を妨げるものを除く。ただし，屋内の場合で工程等により水洗いが困難な場合は，デッキブラシ等で清掃する工法によることができる。

3) コンクリート壁面に高圧水洗処理で目荒しを行う場合は，水圧及び目荒し時間を適切に設定し，モルタルの接着に適した粗面に仕上げる。

4) 高圧水洗処理に先立ち試験施工を行い，目荒しの状態について監督職員の承諾を受ける。

5) コンクリート床面は，コンクリート硬化後，なるべく早い時期に塗付けを行う。なお，コンクリート打込み後，長時間放置したものは水洗いを行う。

6) 壁面の場合で，仕上げ厚又は全塗厚が **25 mm を超える**場合は，補修塗り部分等に対して，ステンレス製**アンカーピン**を縦横 200 mm 程度の間隔に打ち込み，**ステンレスラス等を張る**。

2.4　工　法（壁塗り）

(1)　下塗り

1) 下地処理後，**下地の乾燥具合を見計らい，吸水調整材**を吸水調整材製造所の仕様により**全面に塗る**。ただし，下塗りに内装下塗り用軽量モルタル又はポリマーセメントモルタルを塗り付ける場合以外にあっては，下地処理後，**吸水調整材塗り**に代えてポリマーセメントペーストを 1～2 mm 塗ることができる。この場合，必要に応じて保水剤を使用する。

2) 塗付けは，**吸水調整材塗り**を行った場合は乾燥後，ポリマーセメントペースト塗りを行った場合はポリマーセメントペーストが乾燥しないうちに，**塗残しのないよう全面に行う**。

3) **下塗り面**は，内壁下塗り用軽量モルタルの場合を除き，**金ぐし類で荒らし目をつける**。

4) 下塗り後，モルタル表面のドライアウトを防止するために，水湿しを行う。

5) **下塗り及びラス付けは，14 日以上放置**してひび割れ等を十分発生させてから，次の塗付けにかかる。ただし，気象条件等により，モルタルの付着が確保できる場合には，放置期間を短縮することができる。

(2)　むら直し

1) むらが著しい場合に行う。むら直しが部分的な場合は，下塗りに引き続いて行い，(1) 3) から 5) までによる。

2) むら直し部分が比較的大きい場合は，(1) 5) ののち，塗り付ける。塗付け後，荒らし目をつけ，7 日以上放置する。ただし，気象条件等によりモルタルの付着が確保できる場合には，放置期間を短縮することができる。

(3)　中塗り

出隅，入隅，ちり回り等は，定規塗りを行い，定規通しよく平らに塗り付ける。

(4)　上塗り

中塗りの状態を見計らい，面，角，ちり回り等に注意し，こてむらなく平らになるよう，次により仕上げる。

1) 金ごて仕上げの場合は，金ごてで押さえて仕上げる。

2) 木ごて仕上げの場合は，水引き具合を見計らい，木ごてでむらを取り平たんに仕上げる。

3) はけ引き仕上げの場合は，木ごてで均したのち，少量の水を含ませたはけを引き，はけ目

の通りよく仕上げる。

3. 床コンクリート直均し仕上げ

3.1　床面の仕上り

1)　壁の幅木回りは，3 mにつき 3 mm 以内とする。

2)　仕上り面でのむらは目視により支障がない程度にする。

3)　一般部分は，**3 mにつき 7 mm 以内**とする。

3.2　工　法

1)　中むら取りを木ごてで行う。

2)　踏板を用いて金ごて押えを行い，セメントペーストを十分に表面に浮き出させる。

3)　締り具合を見て，金ごてで強く押さえ平滑にする。

4)　粗面仕上げとする場合は，3)の工程ののち，デッキブラシ等で目通りよく粗面に仕上げる。

5)　屋内の床仕上げの種類で，ビニル系床材や合成樹脂塗り床仕上げ等仕上げ厚が薄い場合には，金ごて仕上げ又は機械式こて仕上げで，下ずり，中ずり及び仕上げずりの 3 工程を標準とする。

6)　セルフレベリング材塗りの場合は，2)までの金ごて押え 1 回を行う。

7)　仕上げ面で，こてむらの著しい箇所は，コンクリート硬化後グラインダーで平滑に仕上げる。

4. セルフレベリング材塗り

4.1　材　料

1)　セルフレベリング材には，結合材の種類によってせっこう系とセメント系とがあり，結合材のほかに高流動化剤，硬化遅延剤等が混合されている。

2)　セルフレベリング材を浴室等の水掛りがある床や地下室等で水が浸入するおそれのある床に適用すると，浮き等の不具合を生じることもあるので，水の影響を受けやすい部分への施工は避けたほうがよい。

3)　セメント系セルフレベリング材は，現場で施工時に水を加えて練混ぜを行い施工するものと，製造所で練り混ぜられたものをミキサー車等で施工現場に搬送し施工するものがある。後者を使用する場合，可使時間内に製造所より施工現場に搬送し施工を行わなければならないため，交通事情を考慮した上で，あらかじめ搬送時間を検討する。

4)　セルフレベリング材は，製造所の定める有効期間（3 箇月から 6 箇月と定められているものが多い）を経過したものを使用してはならない。

5)　セルフレベリング材の貯蔵及び保管は，雨露や直射日光をさけ湿気の少ない場所がよい。

4.2　調合及び塗厚

1)　水量過多は強度低下や材料分離の原因となるので，製造所の規定する加水量を厳守する。

2)　塗厚が大きくなると，ひび割れや浮きが発生しやすくなるので，**標準塗厚を 10 mm** としている。

4.3　下地処理

1)　セルフレベリング材は，それ自体で平滑な床下地面を得られるものであるが，下地となるコンクリート面の精度が悪いと塗り厚さの不均等により不陸となるおそれがある。

2)　セルフレベリング材を施工する場合には，下地コンクリートの乾燥収縮に起因するひび割れや浮きを防止するため，下地コンクリートの乾燥状態を確認する。製造所の仕様では，**下地コンクリートの乾燥期間**は，**打込み後 1 箇月以上**とされている。

3)　**吸水調整材**は，製造所の仕様により所定量の水で均一に希釈し，**デッキブラシ等で十分すり込むように塗り付ける**。最終の吸水調整材塗りを行ったのち，セルフレベリング材塗り前までに吸水調整材を十分乾燥させておく。

4.4　工　法

1)　材料の練混ぜ不足は，流動性低下の原因となるので，製造所の指定する方法で十分に練り混ぜる。

2)　セルフレベリング材が硬化する前に風が当たると，表層部分だけが動いて硬化後にしわが発生する場合がある。したがって，流し込み作業中はできる限り通風をなくし，施工後もセルフレベリング材が硬化するまでは，**はなはだしい通風を避ける**。

3)　5 ℃以下での施工は，硬化遅延，硬化不良を引き起こすおそれがある。また，夜間の気温低下により凍害を受けるおそれがある。

4)　養生はセルフレベリング材中の余剰水分を乾燥させ，所定の強度を発現させるのに必要で，標準的な塗厚であれば 7 日以上が目安となるが，低温の場合は 14 日以上を必要とする。

　　なお，標準塗厚での施工条件においては，乾燥が促進される高温期は養生期間を短縮することができる。

5. 仕上塗材仕上げ

5.1　材　料

表 13.3　仕上塗材の種類及び呼び名 （JIS A 6909 : 2021）（その1）

種類	名称	呼び名	用途	層構成	塗り厚	特徴（参考）主たる仕上げの形状	通称（例）
薄付け仕上塗材 b)	外装けい酸質系薄付け仕上塗材	外装薄塗材 Si	主として外装用	下塗材及び主材、又は主材だけ	3mm 程度以下	砂壁状	シリカリシン
	可とう形外装けい酸質系薄付け仕上塗材	可とう形外装薄塗材 Si				ゆず肌状	
	外装合成樹脂エマルション系薄付け仕上塗材	外装薄塗材 E				砂壁状	樹脂リシン、アクリルリシン、陶石リシン
	可とう形外装合成樹脂系薄付け仕上塗材	可とう形外装薄塗材 E				砂壁状、ゆず肌状	弾性リシン
	防水形外装合成樹脂系薄付け仕上塗材	防水形外装薄塗材 E				ゆず肌状、さざ波状、凹凸状	単層弾性
	外装合成樹脂溶液系薄付け仕上塗材	外装薄塗材 S				砂壁状	溶液リシン
	内装セメント系薄付け仕上塗材	内装薄塗材 C	内装用	下塗材及び主材、又は主材だけ	3 mm 程度以下	砂壁状	セメントリシン
	内装消石灰・ドロマイトプラスター系薄付け仕上塗材	内装薄塗材 L				平たん状、ゆず肌状、さざ波状	けい藻土塗材
	内装けい酸質系薄付け仕上塗材	内装薄塗材 Si				砂壁状、ゆず肌状	シリカリシン
	内装合成樹脂エマルション系薄付け仕上塗材	内装薄塗材 E				砂壁状、ゆず肌状、さざ波状	じゅらく、けい藻土塗材
	内装水溶性樹脂系薄付け仕上塗材 a)	内装薄塗材 W				梨子地状、繊維壁状	繊維壁、京壁、けい藻土塗材、じゅらく
厚付け仕上塗材 b)	外装セメント系厚付け仕上塗材	外装厚塗材 C	外装用	下塗材及び主材	4mm〜10mm 程度	スタッコ状	セメントスタッコ
	外装けい酸質系厚付け仕上塗材	外装厚塗材 Si				スタッコ状	シリカスタッコ
	外装合成樹脂系厚付け仕上塗材	外装厚塗材 E				スタッコ状、か（搔）き落とし状、平たん状	樹脂スタッコ、アクリルスタッコ
	内装セメント系厚付け仕上塗材	内装厚塗材 C	内装用	下塗材及び主材、又は主材だけ	4mm〜10mm 程度	スタッコ状	セメントスタッコ、けい藻土塗材
	内装消石灰・ドロマイトプラスター系厚付け仕上塗材	内装厚塗材 L					
	内装せっこう系厚付け仕上塗材	内装厚塗材 G					せっこうプラスター、けい藻土塗材
	内装けい酸質系厚付け仕上塗材	内装厚塗材 Si					シリカスタッコ
	内装合成樹脂エマルション系厚付け仕上塗材	内装厚塗材 E					樹脂スタッコ、アクリルスタッコ、けい藻土塗材
軽量骨材仕上塗材	吹付用軽量骨材仕上塗材	吹付用軽量塗材	主として天井用	下塗材及び主材	3mm〜5mm 程度	砂壁状	パーライト吹付、ひる石吹付
	こて塗用軽量骨材仕上塗材	こて塗用軽量塗材				平たん状	―

第 2 章　建築施工

第 13 節　左官工事

483

表 13.3　仕上塗材の種類及び呼び名 （JIS A 6909：2021）（その 2）

種　類	呼び名	用途及び	層構成	塗り厚	特徴（参考）	
					主たる仕上げの形状	通称（例）
複層仕上塗材 [c]						
ポリマーセメント系複層仕上塗材	複層塗材 CE	内装用 外装用	下塗材, 主材及び 上塗材	3 mm〜5 mm 程度	凹凸状, ゆず肌状, 月面状, 平たん状	セメント系吹付タイル
可とう形ポリマーセメント系複層仕上塗材	可とう形複層塗材 CE					セメント系吹付タイル（可とう形, 微弾性, 柔軟形）
防水形ポリマーセメント系複層仕上塗材 [d]	防水形複層塗材 CE					—
けい酸質系複層仕上塗材	複層塗材 Si					シリカタイル
合成樹脂エマルション系複層仕上塗材	複層塗材 E					アクリルタイル
防水形合成樹脂エマルション系複層仕上塗材 [d]	防水形複層塗材 E					ダンセイタイル（複層弾性）
反応硬化形合成樹脂複層仕上塗材	複層塗材 RE					水系エポキシタイル
防水形反応硬化形合成樹脂系複層エマルション系複層仕上塗材 [d]	防水形複層塗材 RE					—
可とう形改修用仕上塗材 [e]						
可とう形合成樹脂エマルション系改修用仕上塗材	可とう形改修塗材 E	外装用	主材及び 上塗材	0.5 mm〜 1 mm 程度	凹凸状, ゆず肌状, 平たん状	—
可とう形反応硬化形合成樹脂エマルション系改修用仕上塗材	可とう形改修塗材 RE					—
可とう形ポリマーセメント系改修用仕上塗材	可とう形改修塗材 CE					—

注記 1.　セメント系とは、結合材としてセメント又はこれにセメント混和用ポリマーディスパージョンを混合した仕上塗材をいう。
注記 2.　けい酸質系とは、結合材としてけい酸質結合材、又はこれに酸質…を混合した仕上塗材をいう。
注記 3.　合成樹脂溶液系とは、結合材として合成樹脂エマルションを使用した仕上塗材をいう。
注記 4.　合成樹脂溶液系とは、結合材としての合成樹脂の溶液を使用した仕上塗材をいう。
注記 5.　水溶性樹脂系とは、結合材として水溶性樹脂を使用した仕上塗材をいう。
注記 6.　ポリマーセメント系とは、結合材としてセメント、及びこれにセメント混和用ポリマーディスパージョン又は再乳化形粉末樹脂を混合した仕上塗材をいう。
注記 7.　反応硬化形合成樹脂エマルション系とは、結合材として水分の蒸発過程で造膜後反応硬化させる合成樹脂エマルションを使用した仕上塗材をいう。

注記 8.　内装消石灰・ドロマイトプラスター系とは、結合材として消石灰、ドロマイトプラスター、又は消石灰及びドロマイトプラスター、若しくは再乳化形粉末樹脂を混合した仕上塗材をいう。

注記 9.　内装水溶性樹脂系の薄付け仕上塗材は、耐アルカリ性又はかび抵抗性などの特性を付加したものがある。

注 [a]　内装薄付け仕上塗材及び内装厚付け仕上塗材で吸放湿性の特性を付加したものについては、調湿形と表示する。
　[b]　複層仕上塗材及び可とう形改修用仕上塗材の種類を区分する候補については、耐候形 1 種、耐候形 2 種又は耐候形 3 種とする。
　[c]　せっこう系は、結合材としてせっこうを混合した仕上塗材をいう。
　[d]　防水形複層塗材で耐疲労性の特性を付加したものについては、耐疲労形と表示する。

5.2　施工一般

1)　仕上塗材の模様，色，つや等は，製造所により相異があるので工程ごとの所要量又は塗厚が分かる見本塗板をなるべく早く提出させる。

2)　試し塗りをする場合は，見本塗板より大型の板に行うか又は施工予定の下地に行い，見本塗板と照合し，仕上り状態を決定する。

3)　放置時間は，用いる塗材の乾燥硬化機構によって決まる。塗材の種類や気象条件を踏まえ，次の工程に移る放置時間及び最終工程後の放置時間を適切に定める。

4)　気温が5℃以下になるような場合は，原則として施工を中止する。やむを得ず施工を行う場合は採暖，換気等の養生を行う。

5)　強風時（一般に風速5m/s以上）又は施工後放置時間以内に降雨・降雪や結露のおそれがある場合は，適切な措置が講じられていない限り，施工を行わないようにする。

6)　仕上塗材には溶液系の下塗材（シーラー），上塗材及びその薄め液（シンナー）があり，それらの材料は，トルエン，キシレン，ケトン類等の可燃性溶液が多用されるので，関係法令に従い保管に注意する。

　　また，これらの溶剤は皮膚のかぶれ，中毒等健康を害するおそれがあるので，作業は関係法令に従い，十分注意する。

7)　所要量等の確認は工程ごとに行うが，仕上り状態の目視判断を基本とする。しかし，防水形の仕上塗材及び軽量骨材仕上塗材については，塗厚によって塗膜の性能が左右されるため，塗厚の代替特性値として単位面積当たりの使用量も併せて確認する。

8)　シーリング面に仕上塗材仕上げを行う場合は，シーリング材が硬化したのちに行うものとし，塗重ね適合性を確認し，必要な処置を行う。

9)　**内装**仕上げに用いる塗材の**ホルムアルデヒド放散量**は特記による。特記がなければ，F☆☆☆☆とする。

5.3　下地処理

1)　コンクリート，モルタル，プラスター下地等で，ひび割れがある場合は，必要に応じてU字形にはつり，仕上げに支障のないモルタル等で充塡し，14日程度放置する。

2)　外壁のコンクリート下地等で漏水のおそれのあるひび割れは，U字形にはつり，シーリング材を充塡する。なお，シーリング材は仕上げに支障のないものとする。

5.4　下地調整

各下地面は，下地調整前に清掃を行う。

1)　コンクリートの下地調整

①　目違いは，サンダー掛け等により取り除く。

②　建築下地調整材を全面に塗り付けて，平滑にする。下地調整材にはセメント系下地調整材，合成樹脂エマルション系下地調整材，セメント系下地調整厚塗材があるので，下地の不陸，仕上塗材の種類により使い分ける（**表13.4**）。

表 13.4 種類及び呼び名と適応 (JIS A 6916：2021 解説表 1)

種　類		呼び名	塗厚 (mm)	参　考			
				主な適用下地	主な適用仕上材	施工方法	
セメント系 下地調整塗材[a]	1 種	下地調整塗材C-1	0.5〜1 程度	ALC パネル コンクリート	**内装薄塗材E** 外装薄塗材E **複層塗材E** 塗料	**吹付け** **こて塗り** はけ塗り	
	2 種	下地調整塗材C-2	1〜3 程度	ALC パネル コンクリート	全ての仕上塗材 セラミックタイル (接着剤張り)	こて塗り	
合成樹脂エマルション 系下地調整塗材[b]		下地調整塗材E	0.5〜1 程度	ALC パネル コンクリート	内装薄塗材E 外装薄塗材E **複層塗材E** 塗料	吹付け **ローラー 塗り**	
セメント系下地 調整厚塗材[a]	1 種	下地調整塗材CM-1	3〜10 程度	ALC パネル コンクリート	内装薄塗材E 外装薄塗材E 複層塗材E 塗料	こて塗り 吹付け	
	2 種	下地調整塗材CM-2	3〜10 程度	ALC パネル コンクリート	**全ての仕上塗材 塗料** セラミックタイル	**こて塗り 吹付け**	

注[a] 結合材としてセメント及びセメント混和用ポリマーディスパージョン又は再乳化形粉末樹脂を混合したものを使用したもの。
　[b] 結合材として合成樹脂エマルションを使用したもの。

2) モルタル，プラスター及び PC パネル面の下地調整において，仕上塗材の下塗材が合成樹脂エマルションシーラーと同様な目的で使用される場合は，合成樹脂エマルションシーラーを省略し下塗材を塗り付けることとなる。

3) 塗り面は下地調整後十分乾燥させ，仕上塗材が塗られるまで付着を妨げるごみ，汚れ等のないように留意する。

5.5 工　法

仕上塗材仕上げには，薄塗材（下塗材＋主材），厚塗材（下塗材＋主材＋上塗材），複層塗材（下塗材＋主材＋上塗材）がある。

(1) 下塗材塗り

下塗材は，主として下地に対する主材の吸込み調整及び付着性を高める目的で使用される。なお，仕上塗材製造所の仕様では，下地の種類や状態によって下塗材の吸込みが異なるので，所要量は一般に 0.1〜0.3 kg／㎡ の範囲で記載されていることが多い。適用にあたっては，当該現場での所要量を確認しておく。

(2) 主材塗り

主材は，主として仕上り面に立体的な模様を形成する目的で使用される。施工は吹付け，ローラー塗り又はこて塗りによるが，事前に提出された見本帳又は見本塗板と同様の模様で，塗残しや足場むらがないように塗り付ける。

なお，吹付けの厚付け仕上塗材及び複層仕上塗材並びに防水形の仕上塗材は，主材層の連続性を確保するために，基層塗りと模様塗りを区分しているので特に注意が必要である。

(3)　上塗材塗り

　1)　厚付け仕上塗材

　　①　JIS A 6909（建築用仕上塗材）では，原則として，単層としているが，セメントスタッコは，上塗材を 0.3 kg /㎡ 以上の所要量で 2 回塗りとし，その他の外装厚塗材については，特記により，上塗材の適用ができる。

　　②　上塗材を用いる場合は，複層仕上塗材と同様に水系のアクリル系上塗材が使われることが多い。この場合，セメント系の主材である厚塗材 C は，施工時の気温が低い場合にセメントに起因するエフロレッセンス等で色むらや白化等が生じやすい。その対策として，十分に温度管理を行うか，弱溶剤系か溶剤系の上塗材を使用する方法がある。

　2)　複層仕上塗材

　　①　上塗材は，紫外線，風，雨（酸性雨），雪等の外力から主材層を保護し，同時に色，光沢等によりデザイン性を高めるためのものであり，0.25 kg /㎡ 以上の所要量で 2 回塗りを標準とする。

　　②　メタリック仕上げの場合は，0.4 kg /㎡ 以上の所要量で 3 回塗り以上とする。メタリックの主な顔料であるアルミ粉等の金属粉がアルカリや酸の劣化を抑制するためと，金属粉の比重差による色むらを防止するため，上塗り工程を 3 回以上とし，第 1 回目はクリヤー又はメタリックと同系色のエナメルを塗り付け，最上層はクリヤーを塗り付ける。

　　③　上塗材の種類は，特記がなければ，水系アクリルのつや有を用いる。

5.6　所要量等の確認

　仕上塗材仕上げの所要量等の確認は，一般的には見本帳や見本塗板と比較して色合，模様，つや等が同じように仕上がっており，かつ，塗り面にむら，はじき等がない状態であればよい。

第14節　建具工事

1. 一般事項

5　1.1　建具の構造，名称等

(1)　建具の寸法，部材名称等

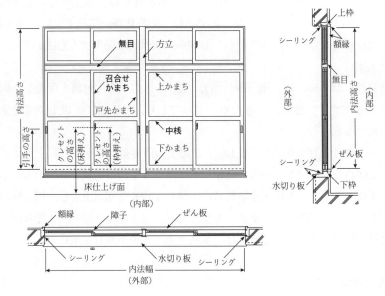

図 14.1　開口部窓に関する名称 [2]

(2)　戸の構造

表 14.1　戸の構造 [2]

戸　の　種　類	構　　造	参　　　考
か　ま　ち　戸	かまちにガラス又は厚板をはめ込んだ戸	ガラス付き　がらり付き
片面フラッシュ戸	片面を平らな板又はプレスした板を張った戸	ガラス付き　がらり付き
両面フラッシュ戸	両面を平らな板又はプレスした板を張った戸	ガラス付き　がらり付き

488

⑶　建具の性能

　JIS A 4702（ドアセット）には，ドアセットの性能項目，JIS A 4706（サッシ）には，サッシセットの性能項目が規定されている。

⚹⚹⚹⚹　JIS A 4702：2021　⚹⚹⚹

1.　適用範囲

　この規格は，主として建築物の外壁面及び屋内隔壁の出入口として用いる手動開閉操作を行うスイング及びスライディングのドアセット（以下，ドアセットという。）について規定する。ただし，ベランダなどの屋外との出入りに使用するドアで屋外側から施解錠できないドア，及び回転ドアは除く。

4.　等　　級

　等級は，耐風圧性，気密性，水密性，遮音性，断熱性，日射熱取得性及び面内変形追随性の性能に応じて区分し，表1による。

5.　性　　能

　性能は，表1の性能項目からドアセットの用途に応じて，必要な項目を選択して適用する。ただし，ねじり強さ，鉛直荷重強さ，開閉力，開閉繰返し及び耐衝撃性は必須の性能項目とする。また，耐風圧性，気密性，水密性，遮音性，断熱性，日射熱取得性及び面内変形追随性については，ドアセットの用途に応じて必要な等級を適用する。

表 1　性能

性能項目	試験条件又は 等級との対応値		判　定　基　準	適用箇条
ねじり強さ [a]	載荷荷重 200N		開閉に異常がなく，使用上支障が生じては ならない。	9.2
鉛直荷重強さ [a]	載荷荷重 500N		残留変位が3mm以下で，開閉に異常がなく， 使用上支障が生じてはならない。	9.3
開閉力	載荷荷重 50N		戸が円滑に開かなければならない。また， 戸が円滑に閉じなければならない。	9.4
開閉繰り返し	開閉回数 10万回		開閉に異常がなく，使用上支障が生じては ならない。	9.5
耐衝撃性 [a), b]	砂袋落下高さ 170mm		1回の衝撃で有害な変形がなく，開閉に異 常がなく，使用上支障が生じてはならな い。ただし，ガラスの破損は判定に含まない。	9.6
耐風圧性	等　級	最高圧力	a)　加圧中，戸の外れ及び破壊が生じては 　　ならない。 b)　スライディングは，召合せかまち [c]， 　　突合せかまち [d]，召合せ中骨 [e] の変位 　　が各々の部材に平行する方向の内のり 　　寸法の $\frac{1}{70}$ 以下でなければならない。 c)　スイングは，枠，無目 [f]・方立 [g] など， 　　戸の周辺に接する部材において，相対 　　変位 [h] が，15mm以下でなければなら 　　ない。 d)　スイングの両開きなどの召合せかまち 　　は，変位 [h] がその部材に平行する方 　　向の内のり寸法の $\frac{1}{70}$ 以下でなければ 　　ならない。 e)　無目又は方立がある場合は，そのたわ 　　み率が $\frac{1}{100}$ 以下でなければならない。 f)　構成するガラスの1枚の厚さが6.8mm 　　以上の場合は，各々の部材のたわみ率 　　が，表2の規定に適合しなければなら 　　ない。 g)　除圧後，開閉に異常がなく，使用上支 　　障が生じてはならない。	9.7
	S－1	800Pa		
	S－2	1200Pa		
	S－3	1600Pa		
	S－4	2000Pa		
	S－5	2400Pa		
	S－6	2800Pa		
	S－7	3600Pa		
気密性	等　級	気密等級線	通気量が図1に規定する気密等級線以下で なければならない。	9.8
	A－1	A－1等級線		
	A－2	A－2等級線		
	A－3	A－3等級線		
	A－4	A－4等級線		
水密性	等　級	圧力差の中央値	加圧中に JIS A 1517 に規定する次の状況 が発生してはならない。 a)　枠外への流れ出し b)　枠外へのしぶき c)　枠外への吹き出し d)　枠外へのあふれ出し	9.9
	W－1	100Pa		
	W－2	150Pa		
	W－3	250Pa		
	W－4	350Pa		
	W－5	500Pa		

表 1　性能（続き）

性能項目	試験条件又は等級との対応値		判　定　基　準	適用箇条
遮音性	等　級	遮音等級線	125Hz 〜 4000Hz の 16 点における音響透過損失が，図 2 に規定する遮音等級線に対して，次の a）又は b）のいずれかを満たさなければならない。	9.10
	T − 1	T − 1 等級線		
	T − 2	T − 2 等級線		
	T − 3	T − 3 等級線		
	T − 4	T − 4 等級線		

a）　125Hz 〜 4000Hz の 16 点における音響透過損失が，全て該当する遮音等級線以上でなければならない。ただし，各周波数帯域で該当する遮音等級線に満たない場合でも，満たない値の合計が 3dB 以下の場合は，その遮音等級とする。

b）　全周波数帯域において，次の式によって音響透過損失を換算し，その換算値（6 点）が該当する遮音等級線以上でなければならない。

$$TL_{\text{oct}} = -10\log_{10}\left[\frac{1}{3}\left[10^{\frac{TL_{i-1}}{10}} + 10^{\frac{TL_i}{10}} + 10^{\frac{TL_{i+1}}{10}}\right]\right]$$

ここで，TL_{oct}：オクターブ帯域の音響透過損失換算値（dB）
TL_i：$\frac{1}{3}$ オクターブ帯域の 125Hz，250Hz，500Hz，1000Hz，2000Hz 及び 4000Hz の各音響透過損失（dB）

ただし，オクターブ帯域の 125Hz は $\frac{1}{3}$ オクターブ帯域の 125Hz 及び 160Hz，オクターブ帯域の 4000Hz は $\frac{1}{3}$ オクターブ帯域の 3150Hz 及び 4000Hz の，各々二つの音響透過損失（単位：dB）から次の式によって換算する。

$$TL_{\text{oct125}} = -10\log_{10}\left[\frac{1}{2}\left[10^{\frac{TL_{125}}{10}} + 10^{\frac{TL_{160}}{10}}\right]\right]$$

$$TL_{\text{oct4000}} = -10\log_{10}\left[\frac{1}{2}\left[10^{\frac{TL_{3150}}{10}} + 10^{\frac{TL_{4000}}{10}}\right]\right]$$

なお，換算値は整数に丸めることとし，換算値の各周波数帯域で該当する遮音等級線に満たない値の合計が 3dB 以下の場合は，その遮音等級とする。

性能項目	試験条件又は等級との対応値		判　定　基　準	適用箇条
断熱性	等　級	熱貫流率 [i]	熱貫流率 [i] が等級との対応値以下でなければならない。	9.11
	H − 1	4.7W/（㎡・K）		
	H − 2	4.1W/（㎡・K）		
	H − 3	3.5W/（㎡・K）		
	H − 4	2.9W/（㎡・K）		
	H − 5	2.3W/（㎡・K）		
	H − 6	1.9W/（㎡・K）		
	H − 7	1.5W/（㎡・K）		
	H − 8	1.1W/（㎡・K）		
日射熱取得性	等　級	日射熱取得率	日射熱取得率が等級との対応値以下でなければならない。	9.12
	N − 1	1.00		
	N − 2	0.50		
	N − 3	0.35		
面内変形追随性 [a]	等　級	面内変形角	等級に対応する面内変形角において，戸が 90° 以上開かなければならない。また，加力中に戸が開いてはならない。	9.13
	D − 1	1/300rad		
	D − 2	1/150rad		
	D − 3	1/120rad		

注　a）スライディングには適用しない。
　　b）戸の面積の 50 % 以上をガラスが占めるものには，適用しない。
　　c）"召合せかまち"とは，引違い，片引き，両開きなどにおいて，閉鎖時に戸が重なり合う部分に用いられる戸の部材をいう。
　　d）"突合せかまち"とは，4 枚建て引違い，引分けなどで閉鎖時に戸と戸が相接する部分に用いられる戸の部材をいう。
　　e）"召合せ中骨"とは，片引きなどで，閉鎖時に戸と重なり合う部分に用いられる FIX 部の部材をいう。
　　f）"無目"とは，窓又は戸を縦方向につなげる場合に仕切る横部材をいう。
　　g）"方立"とは，窓又は戸を横方向につなげる場合に仕切る縦部材をいう。
　　h）相対変位及び変位は，閉じ側への加圧で測定する。
　　i）"熱貫流率"は，試験による場合，JIS A 4710 に規定する標準化熱貫流率とする。

JIS A 4706（サッシ）の抜枠を次に示す。

┄┄┄┄ JIS A 4706：2021 ┄┄┄┄┄┄┄┄┄┄┄┄┄┄┄┄┄┄┄┄┄┄┄┄┄┄┄┄┄┄┄┄┄┄┄┄┄

1.　適用範囲

　この規格は，主として建築物の外壁の窓として使用するスイング及びスライディングのサッシ
（以下，サッシという。）について規定する。ただし，天窓は除く。

4.　等　　級

　等級は，耐風圧性，気密性，水密性，遮音性，断熱性及び日射熱取得性の性能に応じて区分し，
表 1 による。

5.　性　　能

　性能は，**表 1** の性能項目からサッシの用途に応じて，必要な項目を選択して適用する。ただし，
開閉力，開閉繰返し，耐風圧性，気密性，水密性及び戸先かまち強さは必須の性能項目とする。
また，耐風圧性，気密性，水密性，遮音性，断熱性及び日射熱取得性については，サッシの用途
に応じて必要な等級を適用する。

表 1　性能

性能項目	試験条件又は 等級との対応値	判　定　基　準
開閉繰返し	開閉回数 1 万回又は 3 万回	開閉に異常がなく，使用上支障が生じてはならない。開閉回数は 1 万回とする。ただし，掃き出し窓においては 3 万回とする。
戸先かまち強さ	載荷荷重 50N	戸先かまちの面内方向のたわみが 1 mm 以下で，かつ，面外方向のたわみが 3 mm 以下でなければならない。

（**表 1　性能**の性能項目の中で，開閉力，耐風圧性，気密性，水密性，遮音性，断熱性，日射熱取得性は，JIS
A 4702 と規定が同じであるため省略，**JIS A 4702 表 1　性能**参照）

┄┄┄┄┄┄┄┄┄┄┄┄┄┄┄┄┄┄┄┄┄┄┄┄┄┄┄┄┄┄┄┄┄┄┄┄ JIS A 4706：2021 ┄┄┄┄

2. アルミニウム製建具

2.1　材料，形状及び仕上げ

⑴　材　　料

　1）　アルミニウム押出成形材

　　　JIS H 4100（アルミニウム及びアルミニウム合金の押出形材）による。

　2）　アルミニウム板

　　　JIS H 4000（アルミニウム及びアルミニウム合金の板及び条）により，板の厚さは，枠，
かまち等に用いる場合，**1.5 mm 以上**とする。

　3）　その他の材料

　　①　**補強材**，力骨，アンカー等は，**鋼製又はアルミニウム合金製**とする。鋼製のものは，**亜
鉛めっき**を行う等の接触腐食の防止処置を行う必要がある。

　　②　アルミニウムに接する小ねじ等の材質は，ステンレスとする。

　　③　**気密材及び擦れ合う部分**，振れ止め，戸当りの類は，耐久性を有する**合成樹脂等**の使用
箇所に適したものとする。

　　④　枠見込み 70 mm の建具に用いる引違い及び片引きの障子は，ガラスのはめ込みにグレイ

ジングチャンネルが使用できる構造とする。

(2)　表面処理

①　アルミニウム及びアルミニウム合金の表面処理は，**表 14.2** により，種別及び皮膜又は複合皮膜の種類は，特記による。特記がなければ，皮膜又は複合皮膜の種類は，**表 14.2** による。

表 14.2　表面処理の種別 [1)]

| 種　別 | 表面処理 | JIS規格 | | 皮膜又は複合皮膜の種類 |
		規格番号	規格名称	
AB－1種	無着色陽極酸化皮膜	JIS H 8601	アルミニウム及びアルミニウム合金の陽極酸化皮膜	AA15
AB－2種	着色陽極酸化皮膜			
AC－1種	無着色陽極酸化皮膜			AA6
AC－2種	着色陽極酸化皮膜			
BA－1種	無着色陽極酸化塗装複合皮膜	JIS H 8602	アルミニウム及びアルミニウム合金の陽極酸化塗装複合皮膜	A2（過酷な環境の屋外）
BA－2種	着色陽極酸化塗装複合皮膜			
BB－1種	無着色陽極酸化塗装複合皮膜			B（一般的な環境の屋外）
BB－2種	着色陽極酸化塗装複合皮膜			
BC－1種	無着色陽極酸化塗装複合皮膜			C（屋内）
BC－2種	着色陽極酸化塗装複合皮膜			
C種	化成皮膜の上に塗装 [(注)]	JIS H 4001	アルミニウム及びアルミニウム合金の焼付け塗装板及び条	－

（注）常温乾燥形の塗装の場合は，特記による。

②　表面処理の工程は，ほとんど素材の段階で行われる。見え掛り加工小口等は必要に応じて塗装で補修することもある。

(3)　絶縁処理

①　ここでいう絶縁処理とは，アルミニウム材と周囲に充塡するモルタルとの絶縁及びアルミニウム材と鋼材等との接触腐食を避けるための絶縁をいう。

②　絶縁用の塗料は，一般の建具では，建具の表面に塗装されるものと同一材とする。

2.2　工　法

(1)　加工及び組立

1)　建具の隅の納まりは種々あるが，一般に素材を仕口の形に合わせて加工し突き付け，小ねじ留めとしている。そのため，接合は強固であるが，動きやすく，現場で取り付けるまでは全体の形も不安定なので，取扱いは十分に注意する。

　　突付け部は，漏水防止のための**シーリング材**又は**シート状の止水材**を使用する。

　　小ねじの位置は，できるだけ雨掛りを避けるが，やむを得ない場合でも，**水がたまりやすい部分は避ける**ことが重要である。

2)　枠，くつずり，水切り板等のアンカーは建具に適したものとし，両端から逃げた位置から間隔 500 mm 以下に取り付ける。

3)　寸法許容差及び相対する辺寸法の差は，**表 14.3** に定められている。

表 14.3　寸法許容差及び相対する辺寸法の差[2]

(単位：mm)

対象部位	サッシの寸法		寸法許容差[a]	相対する辺寸法の差
幅 (W) 及び高さ (H)		2,000 未満	± 1.5	－
	2,000 以上	3,500 未満	± 2.0	－
	3,500 以上		± 2.5	－
枠見込 (D)		120 未満	± 1.0	－
	120 以上	150 未満	± 1.5	－
	150 以上	200 未満	± 2.0	－
	200 以上		± 2.5	－
幅 (W) 及び高さ (H) の相対する辺寸法の差		2,000 未満	－	2 以下
	2,000 以上	3,500 未満	－	3 以下
	3,500 以上		－	4 以下

（注）[a] 受渡当事者間の協議によって，寸法許容差の配分を変更することができる。

(2) 取付け

1) 取付け基準

取付けには，基準墨を出し，**図 14.2** のように建具にも基準墨に合う位置にマークをして位置を調整する。マークのない場合は，一般に枠面で測定する。連窓等陸墨が出せない場合は，レベルを用いたり，ピアノ線を張り基準とする。

取付けの精度は，**許容差を±2 mm** 程度とする。

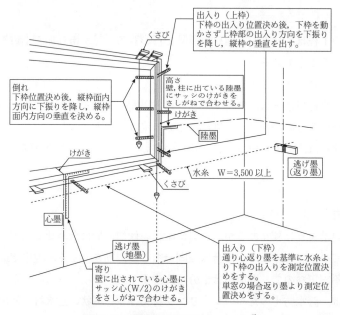

出入り（上枠）
下枠の出入り位置決め後，下枠を動かさず上枠部の出入り方向を下振りを降し，縦枠の垂直を出す。

くさび

倒れ
下枠位置決め後，縦枠面内方向に下振りを降し，縦枠面内方向の垂直を決める。

高さ
壁，柱に出ている陸墨にサッシのけがきをさしがねで合わせる。

けがき

陸墨

けがき

水糸　W＝3,500 以上

くさび

逃げ墨（返り墨）

心墨

逃げ墨（地墨）

寄り
壁に出されている心墨にサッシ心（W/2）のけがきをさしがねで合わせる。

出入り（下枠）
通り心返り墨を基準に水糸より下枠の出入りを測定位置決めをする。
単窓の場合返り墨より測定位置決めをする。

図 14.2　建具取付け用墨とマーク[2]

2) 鉄筋コンクリート造への取付け

① **建具の取付けは，くさびかい等により仮留め**し，位置及び形状を正確に決め，躯体付けアンカーに溶接して本取付けを行う。仮留めのままでは動きやすいので，できるだけ早い時期に固定する。

　　溶接スパッタ等が枠材に付着すると，アルミニウムの表面仕上げに悪影響を及ぼすため養生を行う。

②　外部回りの**仮止め用くさび**は，必ず取り除かなければならない。

③　出入口，点検口等のくつずり，下枠等で取付け前にあらかじめ**モルタルを充填**しておく必要のある箇所は，**図14.3**のように行う。

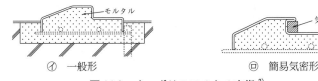

　　　　ⓘ　一般形　　　　　　　　　　　　ⓢ　簡易気密形

図14.3　くつずりのモルタル充填[2]

④　外部建具の周囲に充填するモルタルに使用する**防水剤**は，**塩化カルシウム系等金属の腐食を促進するものでないこと**。市販の防水剤には，この種のものが比較的多いので注意する。
　　なお，充填モルタルの砂の塩分含有量を「標仕」で**NaCl換算0.04 %（質量比）以下**と規定しており，**海砂等は除塩**する。

⑤　サッシ回りのモルタルの確実な充填のためには，開口部の左右には45 mm程度，下部には75 mm程度の隙間を設け，水切り板とサッシ下枠部を**2度に分けて**モルタル詰めを行う。

⑥　シーリング材の施工は，プライマー及びバックアップ材を使用するが，挙動の少ない鉄筋コンクリート造のサッシ回りでは，バックアップ材を省略し，3面接着としてもよい。

3)　鉄骨造の場合の取付け

①　鉄骨下地と建具枠の四周の間にくさび，平板等をはさみ込んで建具の動きを固定し，溶接又は小ねじ留め等を行う。

②　シーリング材の施工は，プライマー及びバックアップ材を用い，2面接着とする。

(3)　養生及び清掃

1)　取付けの場合に養生材の除去は最小限に留める。また，作業の状況に応じて適切な保護材を用い，汚損や損傷等が生じないようにする。

2)　モルタル・塗装等が建具の表面に直接付着した場合は，表面を傷つけないように**除去し清掃**する。

3. 鋼製建具

3.1　材　料

(1)　鋼板類

1)　鋼板は，JIS G 3302（溶融亜鉛めっき鋼板及び鋼帯）に基づき，めっきの付着量はZ12又はF12（両面3点法平均付着量で120g/㎡）を満足するものとする。

2)　出入口の枠類で，丁番及びピボットヒンジの取付くような大きな力の掛かる部分は，板厚が**2.3 mm**の枠材が必要であるが，他の部分は耐久上は**1.6 mm**でよい。

3.2　工　法

(1)　枠組の組み方

　枠組の組み方の一例を**図 14.4**，**図 14.5** に示す。

　屋内での枠の加工，組立が必要な場合は，溶接にかえて小ねじ留め（**裏板厚さ 2.3 mm 以上**）によることができる。これは，屋外及び屋内で水掛りとなる場合は，溶接とした方がよい。

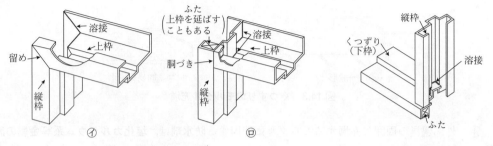

図 14.4　枠類の組み方[2]　　　　　　　**図 14.5　くつずりの組み方**[2]

(2)　戸の組み方

　フラッシュ戸では，中骨は間隔 **300 mm** 程度に配置する。外部に面する戸は，下部を除き三方の見込み部を表面板で包む（**三方曲げ**）。内部に面する戸は，上下部を除き二方の見込み部を表面板で包む（**二方曲げ**）。表面板と中骨の固定は，溶接又は**構造用接合テープ**により確実に接合する。

(3)　通常の鋼製ドアにおける取付け精度

　　1)　枠の対角寸法差：3 mm 以内

　　2)　枠・戸のねじれ・反り・はらみ：2 mm 以内

　　3)　枠の倒れ（面外・面内とも）：2 mm 以内

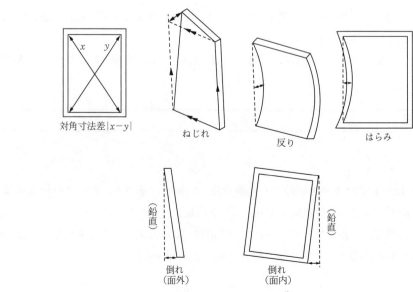

図 14.6　取付け精度[3]

(4)　養生及び清掃

1)　取付け中及び取付け後，汚染・損傷のおそれのある部分については，保護材を用いて養生する。

2)　部品等にモルタル等が付着した場合には，表面をいためないように注意して除去•清掃する。

4. 鋼製軽量建具

4.1　一般事項

　ここでいう鋼製軽量建具は，一般に屋内に用いる既製で標準的な建具では幅 950×高さ 2,400 mm 程度であり，扉見込みは 35 mm 以上である。

4.2　材　料

(1)　鋼板類

1)　鋼板は，JIS G 3302（溶融亜鉛めっき鋼板及び鋼帯）又は JIS G 3313（電気亜鉛めっき鋼板及び鋼帯）に基づき，めっきの付着量は，Z06，F06（屋内の使用箇所では両面 3 点法平均付着量で 60g/㎡）又は E24 を満足するものとする。

2)　出入口の枠類は軽量扉の性能を生かし，1.6 mm であるが，**丁番及びピボットヒンジ，ドアクローザー**等大きな力が掛かる取付け部分には，**2.3 mm の補強板**が必要である。

(2)　その他の材料

1)　扉の心材はペーパーコア，水酸化アルミ無機シートコア又は発泡材で，接着剤はエポキシ樹脂系，合成ゴム系，酢酸ビニル樹脂系及びウレタン樹脂系がある。

　水酸化アルミ無機シートコアは，紙状無機材料でつくられたコアを水酸化アルミニウム液に浸したのち，乾燥させ燃えにくくした製品である。

　なお，接着剤を用いる面は，接着性が悪くなるので，錆止め塗料塗りは行わない。

2)　押縁留付け用の小ねじの材質は，ステンレスとする。

5. ステンレス製建具

5.1　材　料

　ステンレス鋼板は，JIS G 4305（冷間圧延ステンレス鋼板及び鋼帯）により，特記がなければ，SUS 304，SUS 430 J1L 又は SUS 443 J1 又は SUS 430 とする。

　なお SUS 430 は屋外には適用しない。

5.2　形状及び仕上げ

1)　表面仕上げは，一般に HL 仕上げとする。

2)　ステンレスに接触する鋼材は，ステンレスの腐食の原因となることがあるので，裏板，補強板等の重要な強度は，錆止め塗装を行う必要がある（中骨，力骨は塗装しない）。

5.3　工　法

　曲げ方で普通曲げというのは，特に処置しない普通の曲げ方である。**角出し曲げ**とは，**図 14.7**

に示す方法で曲げるので，角が鋭くなり意匠的にはよいが，強度を著しく弱めるので，裏板を用いて補強するため高価である。その他，一部にはロール成形により曲げる方法も行われている。

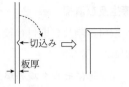

図 14.7　角出し曲げの方法 [2]

5 　なお，角出し曲げ加工ができる板厚は，**1.5 mm 以上**である。角出し曲げで，切込み後の板厚が 0.75 mm 以下の場合は，裏板を用いて補強する。

6. 重量シャッター

6.1　一般事項

10 1)　種類は管理用シャッター，外壁用防火シャッター，屋内用防火シャッター及び防煙シャッターである。

2)　**防煙シャッター**とは，防火シャッターのうち遮煙性能をもつものである。

3)　**防火シャッター**は，**スラット等**の鋼板の厚さを **1.5 mm 以上**としなければならない。

4)　防煙シャッターは，煙感知器と連動させるようにする。また，シャッターケースを設け，
15 まぐさ部及びガイドレール部には遮煙装置を設ける。

5)　吹抜け部の防火区画には，遮煙性能が要求されるため，煙又は煙感知器により自動閉鎖できる機能をもった**防煙シャッター**を用いる。

6.2　形式及び機構

20 　上部電動式の手動時の操作は，鎖による巻上げ（クラッチ付き）又はハンドルによる巻上げがある。クラッチ付きとは，鎖をプーリーから外さずに電動作動させても，鎖が巻き込まれない装置である。

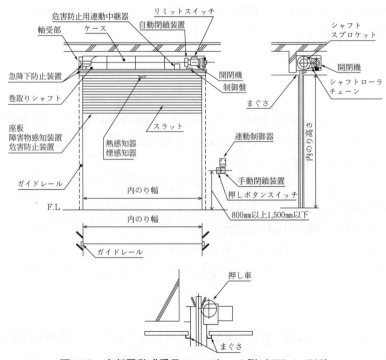

図 14.8　上部電動式重量シャッターの例（JIS A 4705）

1)　**リミットスイッチ**，保護スイッチ

　　リミットスイッチとは，シャッターが全開した場合又は全閉した場合に作動し，シャッターを停止させるスイッチである。

　　保護スイッチとは，リミットスイッチが故障した場合に作動し，シャッターを停止させるスイッチである。

　　なお，まぐさに取り付ける場合や二重リミットスイッチにする場合がある。

2)　安全装置

　　スラットの不測の事故による急激な落下を防止する装置には，二重チェーン，急降下制御装置，急降下停止装置等がある。なお，二重チェーンとは複列チェーン方式のことをいう。

3)　障害物感知装置

　　人がシャッターに挟まれた場合，重大な障害を受けないようにする装置である。シャッターの降下時に，シャッターのほぼ開閉ライン内に障害となるものがあると，これを感知してシャッターを停止又は一旦停止後，直ちに反転上昇させる装置である。

4)　危害防止装置

　　煙もしくは熱感知器連動機構又は手動閉鎖装置により閉鎖する屋内用防火シャッターもしくは防煙シャッター（通行の用に供する部分以外の部分に設けるもので，閉鎖作動時に危害発生のおそれのないものを除く）には，**障害物感知装置（自動閉鎖型）**[注] 等，法に適合した危害防止装置を設けることとする。

（注）シャッター最下部の座板に感知器を設置し，シャッターが煙感知器，熱感知器又は手動閉鎖装置の作動により降下している場合には，感知板が人に接触すると同時に停止し，接触を解除すると再び降下を開始し，完全に閉鎖する。

6.3　スラットの形状

1)　**インターロッキング形**のスラットは，**図14.9** のとおりである。

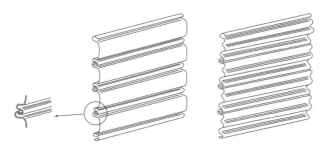

図14.9　インターロッキング形スラット（JIS A 4705）

2)　オーバーラッピング形（防煙シャッター）のスラットは，**図 14.10** のとおりである。

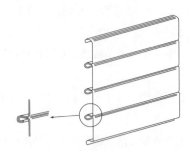

図 14.10　オーバーラッピング形スラット（JIS A 4705）

6.4　はずれ止め機構

耐風圧性を高めるスラットのはずれ止め機構の例を**図 14.11** に示す。

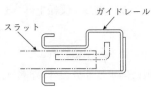

図 14.11　はずれ止め機構の例

6.5　加工及び組立

加工及び組立は**表 14.4** を標準とする。

表 14.4　重量シャッターの加工及び組立 [1]

名　　称	工　　法
ス ラ ッ ト	差込み後，端金物を付けるか，又は，端部を折り曲げて，ずれ止めとする。
ガ イ ド レ ー ル	埋込み形では，⊔形に折り曲げる。露出形の形状は，納まりにより，必要に応じて，補強を行う。 アンカーは，建具に適したもので，両端を押さえ，埋込み形で間隔 600 ㎜以下，露出形で間隔 500 ㎜ 以下とする。なお，補強裏板を用いる場合は，端部を溶接等で躯体等に堅固に取り付ける。
シャッターケース	溶接又は小ねじ締めで組み立てる。形状及び大きさに応じた力骨，金物等を堅固に取り付ける。

7. ガラス

7.1　一般事項

主に建具に取り付けるガラス工事を対象とし，ガラスをはめ込む場合は一般にシーリング材，グレイジングガスケット，構造ガスケットを使用した板ガラスを固定し，板ガラス耐風圧性，建具としての気密性，水密性及び耐震性等を確保する。

(1)　ガラスの留め材

1)　シーリング材

JIS A 5758（建築用シーリング材）に規定されるタイプ G が用いられるが，各種性能を確保するためには，シーリング材の充填幅（目地幅）に一定の制限がある。

2)　グレイジングガスケット

　　JIS A 5756（建築用ガスケット）附属書 JA に規定されるグレイジングガスケットには，グレイジングチャンネル，グレイジングビードの2種類がある。

3)　**構造ガスケット**

　①　構造ガスケットは，建築構成材の開口部に取り付けて板ガラス等と支持枠を直接支持し，風圧力に抵抗する耐力を保持するとともに，水密性及び気密性を確保するためのガスケットである。ロックストリップガスケット又はジッパーガスケットともいう。

　②　構造ガスケットの品質及び各部の寸法は，JIS A 5760（建築用構造ガスケット）に適合するものを使用する。

　③　取付け形態別に数種類が製品化されているが，主にメタルカーテンウォールに使用する H 型及び C 型と，主に PC カーテンウォールに使用する Y 型が一般的である。製品の寸法は，使用するガラスの厚さや支持枠の寸法等によって異なる。

(2)　**セッティングブロック**

　セッティングブロックは，硬さ 90 ± 5°のエチレンプロピレンゴム，クロロプレンゴムあるいは塩化ビニル樹脂を主な原料とする小片で，ガラスの端部（エッジ）に建具が接触するのを防ぎ，かつ，所定の間隔を保持するためのものである。一般にガラスの横幅寸法のおよそ $\frac{1}{4}$ のところに2箇所設置する（図 14.12）。

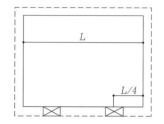

図 14.12　セッティングブロックの位置 [4]

7.2　ガラス溝の寸法，形状等

　板ガラスをはめ込む溝の大きさ（面クリアランス a，エッジクリアランス b，掛り代 c ）は，ガラス留め材，ガラス厚に応じ適切に確保する。

(1)　**面クリアランス（a）**

　面クリアランスは，主に風圧力の作用による不均一な発生応力の防止や，窓枠との接触による**熱割れ防止**及び水密性向上のため緩衝材挿入や弾性シーリング材充塡スペース確保のために必要である。

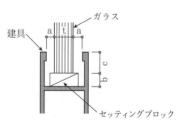

図 14.13　ガラス溝の寸法

(2)　**エッジクリアランス（b）**

　エッジクリアランスは主に地震時の建物躯体の面内変形によって窓枠が変形したときに，**板ガラスと窓枠の接触を防止する**ために必要である。

(3)　**掛り代（c）**

　主に風圧力による板のガラスの窓枠からの**外れ防止**やガラス切断面の反射を見えなくするために必要である。

(4)　**水抜き孔**

　外部に面する複層ガラス，合わせガラス及び網（線）入板ガラスの小口部分は，次の理由により，長期に水と接触することを避けなければならない。

① 複層ガラスでは，2枚のガラスの間に使用されている封着材の接着性能が水分の影響を受け，低下するおそれがある。

② 合わせガラスでは，2枚のガラスの間に使用されている特殊樹脂フィルムが水分の影響を受け，白濁したり，はく離したりするおそれがある。

③ 網（線）入板ガラスでは，ガラスの小口に突出する線材が水分の影響で発錆するおそれがある。

したがって，この条件に適合する建具では，万一ガラス回りのガラス留め材に不具合が生じ，建具のガラス溝内に雨水が浸入した場合，速やかに雨水を排出するため，建具の下枠に水抜き孔を設けることとしている。

水抜き孔の直径を6mm以上とするのは，雨水が流れ出る最小値である。また，水抜き孔から雨水が浸入しないようにすることが重要である。

水抜き孔を2箇所とするのは，建具の下枠が完全な水平とは限らないことを想定したものであり，また，セッティングブロックや枠内の突起物が雨水の排出をせき止めることが想定される場合は，セッティングブロック又は突起物の中間に1箇所追加する。

7.3　工　法

(1)　板ガラスの切断，小口処理

板ガラスの切断は，ガラス切りとよばれる工具によってガラス表面に傷をつけ，その傷に沿って折り割る作業である。**クリアカット（クリーンカット）** とは，折り割った状態のきれいな切断面（小口）をいい，JISに記述される許容限度を超える切口欠点がない状態を指す。しかし，10mmを超える厚板ガラスで，幅の広さが異なる状態で折り割ると，切断面が斜めになることがある。

大きな傾斜は，エッジクリアランスの確保に支障があり，また，切断面の大きな欠け等も熱割れ等の要因となるので，修正しなければならない。修正は粗ずり（F120〜200程度の湿式研磨）で行うのが一般的である。

(2)　ガラスのはめ込み

1)　シーリング材を用いる場合

セッティングブロックをガラス溝内の所定の位置に配置したのち，面クリアランス，エッジクリアランス及び掛り代が適切になるように，面内・面外両方向ともガラスを建具の中央に置く。次いで，シーリング材の充填深さが適切になるようにバックアップ材を挿入したのち，シーリング材を充填する。

バックアップ材は，シーリング施工の場合，ガラスはめ込み溝の側面とガラス面との間の面クリアランス部に連続して挿入し，ガラスを固定するとともにシール打設時のシール受けの役目をする副資材で，通常ポリエチレンフォーム，発泡ゴム，中空ソリッドゴム等が使用される。

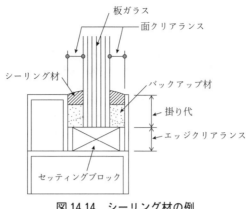

図 14.14　シーリング材の例

2)　グレイジングガスケットを用いる場合

　①　グレイジングチャンネルを用いる場合（図 14.15 ㋑）

　　かまちが分割できる可動部分（障子）に限られる。

　　グレイジングチャンネルをガラスに巻き付ける際，継目が上辺中央で，隙間が生じないようにする。

　　グレイジングチャンネルを巻き付けたガラスを分割したかまちにはめ込み，最後にかまちを組み直して完了となる。セッティングブロックは使用しない。

　②　グレイジングビードを用いる場合（図 14.15 ㋺）

　　セッティングブロックをガラス溝内の所定の位置に配置したのち，面クリアランス，エッジクリアランス及び掛り代が適切になるように，面内・面外両方向ともガラスを建具の中央に置く。次いで，グレイジングビードを両面から，ガラスと枠との間に押し込み完了となる。継目は上辺中央で隙間が生じないようにする。

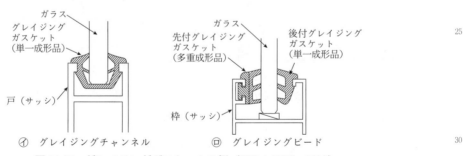

　㋑　グレイジングチャンネル　　　　㋺　グレイジングビード

図 14.15　グレイジングガスケットの例（JIS A 5756：2013）

3)　構造ガスケットを用いる場合

　　構造ガスケットの枠への取付けは，四隅を先に決め，次に各辺の中央部を決め，たるみが出ないように均一に納める。

　　構造ガスケットへの板ガラスの取付けは，耐風圧性を確保するため，掛り代を左右均等に納める。

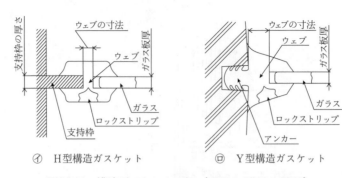

（イ）　H型構造ガスケット　　　　　　　　（ロ）　Y型構造ガスケット

図 14.16　構造ガスケットの例（JIS A 5760：2013）

第15節　カーテンウォール工事

1. 一般事項

　カーテンウォールとは建物の外周を構成する非耐力壁である。工場で製作されるプレハブ製品のため品質が確保されるほか，主体工事と並行して製作できるため，工程の短縮ができる。

1.1　カーテンウォールの分類

　取付け形態による分類を**図 15.1** に，材料による分類と取付け形態による分類の組合せを**表 15.1** に示す。

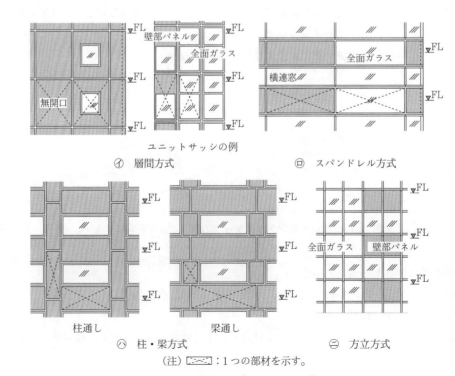

（イ）　層間方式　　　　　　　　　　（ロ）　スパンドレル方式

（ハ）　柱・梁方式　　　　　　　　　　（ニ）　方立方式

（注）▭▭▭：1つの部材を示す。

図 15.1　取付け形態による分類[2]

表 15.1　材料による分類と取付け形態による分類との組合せ[2]

取付け形態による分類 ＼ 材料による分類	メタルカーテンウォール	プレキャストコンクリート カーテンウォール
層間方式	・組立ユニット （ユニットサッシを含む） ・メタル板状部材	プレキャストコンクリート （PC）版
スパンドレル方式	・組立ユニット （ユニットサッシを含む）	
柱・梁方式		
方立方式	・棒状形材	

2. メタルカーテンウォール

主要構成部材にステンレス，アルミニウム合金，金属系材料を用いたカーテンウォールである。

アルミニウム合金押出形材による方立方式のほかに，アルミニウム合金押出形材や鋼材等の枠組みに表面材を工場で一体に取り付けた組立ユニット，アルミニウム合金押出形材を工場で一体に組み立てたユニットサッシ，アルミニウム合金を鋳造した部材等があり，軽量でシャープなデザインが実現できる特徴がある。

3. プレキャストカーテンウォール

主要構成部材に普通コンクリート，軽量コンクリート，発泡コンクリート等のプレキャストコンクリート部材を用いたカーテンウォールである。

形状の自由度が高いことと，石やタイル等の仕上げ材を先付け（打込み）できる特徴がある。

4. カーテンウォールの製作

1）　メタルカーテンウォールでは，異種金属の接触により腐食のおそれのある箇所には，接触腐食防止の対策を施す。

溶接によって，仕上げ面が変色やゆがみを起こさないようにする。また，溶接部には，適切な防錆処理を施す。

2）　コンクリートカーテンウォールでは，PC 版の脱型は，脱型強度の確認後，有害なひび割れや欠け等が生じないように注意して行う。脱型時のコンクリート強度は 12N/㎟ 以上とし，PC 版の形状，大きさ等により適宜強度を増す。一般には 12 〜 15N/㎟ 程度である。

5. カーテンウォールの取付け

カーテンウォール部材等の取付けは，所定の取付け順序及び方法によって行う。取付けに際しては，安全を十分に確保するとともに，部材に損傷を与えないように注意する。

また，仮留め時には，部材の脱落に十分に注意する。

⑴　墨出し

カーテンウォール部材取付け用の墨は建物の基準墨から引き出す。

(2)　躯体付け金物の取付け

1)　躯体付け金物は，施工図書にしたがって躯体に取り付ける。

2)　躯体付け金物の取付け位置の寸法許容差は特記による。

3)　特記のない場合，躯体付け金物の取付け位置の寸法許容差は下記のとおりとする。

　　　鉛直方向：± 10 mm，水平方向：± 25 mm

(3)　主要部材の取付け

1)　カーテンウォール部材の取付けは，施工計画書に示した順序・方法に従って行う。

2)　カーテンウォール部材の取付けは，部材に損傷を与えないように行う。

3)　カーテンウォール部材は，**パネル材**では 3 箇所以上，**形材**では 2 箇所以上仮止めし，脱落しないように固定する。

6. カーテンウォールの層間変位追従性能

カーテンウォールは，大地震時にも脱落・損傷しない安全性を有していなければならない。そのため，地震時の建物のゆれに対してファスナーが追従できるよう，パネルユニットの取付金物部分の滑り・回転等で層間変位を吸収する。その概念図を**図 15.2** に示す。

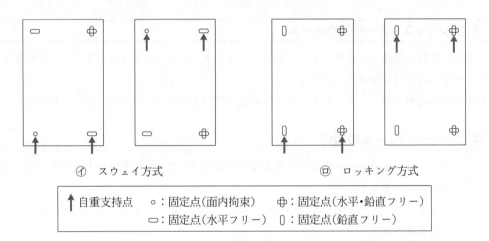

⑦　スウェイ方式　　　　　　　　⑩　ロッキング方式

↑ 自重支持点　　○：固定点(面内拘束)　　⊕：固定点(水平・鉛直フリー)
　　　　　　　　⊖：固定点(水平フリー)　　◑：固定点(鉛直フリー)

図 15.2　パネルユニットの面内方向の層間変位追従方式と取付け概念図 [3]

表 15.2　パネルユニットの層間変位追従方式 [3]

スウェイ方式	上部あるいは下部ファスナーのどちらかをルーズホール等でスライドさせる事により，層間変位に追従させる方式である。
ロッキング方式	パネルを回転（ロッキング）させることにより層間変位に追従させる方式である。
固定方式	スパンドレルパネルのように層間変位に対する追従性を必要としない場合に用い，パネルの熱伸縮を拘束しないよう取り付ける。

第16節　塗装工事

1. 一般事項

1.1　基本事項

1)　関係法令の遵守

　　現場で使用する塗料関係の危険物の指定及び貯蔵等については，消防法及び関連法令を遵守しなければならない。

2)　塗装作業中の安全管理

　　有機溶剤を使用して作業する場合の労働者の健康障害を防止するための措置については，労働安全衛生法，有機溶剤中毒予防規則等で，作業主任者の選任や取扱い上の注意事項等の掲示等が定められている。

3)　化学物質等安全データシート（SDS）

　　塗料は，複数の化学物質から構成されており，製造業者は SDS（Safety Data Sheet：安全データシート）の交付を労働安全衛生法等で義務付けられている。

　　施工にあたっては，下記の事項を十分に確認し，安全・衛生対策を講じて作業を進めなければならない。

①　SDS の掲示

②　安全衛生教育の実施

③　労働災害防止の処置

④　SDS の「廃棄上の注意」に基づく処理

⑤　第三者等への環境管理の実施

⑥　安全衛生委員会において，物性の周知と取扱い方法の調査

1.2　施工一般

(1)　塗装準備

1)　塗料の取り扱い

　　塗料は，原則として，調合された塗料をそのまま使用する。

2)　こしわけ

　　塗料は貯蔵中に分離，沈殿等の現象が生じている場合があり，使用直前によく混合し，均一な状態とする

3)　研　磨

　　研磨紙ずりは，下層塗膜及びパテが硬化乾燥したのち，各層ごとに研磨紙で素地の長手方向に，下層の塗膜を研ぎすぎないように注意して研ぐ。

4)　パテ塗付け工法

①　穴埋め：深い穴，大きな隙間等に穴埋め用パテ等をへら又はこてで押し込み埋める。

②　**パテかい**：面の状態に応じて，面のくぼみ，隙間，目違い等の部分に，パテをへら又はこてで薄く付ける。

③　パテしごき：穴埋め及びパテかいを行ったのち，研磨紙ずりを行い，パテを全面にへら付けし，表面に過剰のパテを残さないよう，素地が現れるまで十分しごき取る。

④　パテ付け：パテかいや研磨をした後，表面が平らになり，肌が一定になるように全面に塗り付ける。

(2)　塗装工法

1)　塗料の塗装工法

①　**はけ塗り**：塗料の種類によっては，はけ目が残りやすいものもあり，はけ目を正しく一様に塗る。

②　**吹付け塗り**：吹付け塗りには，均一な塗料を霧化させるため低粘度に薄めるので形成する塗膜が薄く，周囲への飛散が多くなる**エアスプレー**方式と，ポンプにより塗料に高圧を加えるためシンナーで希釈をほとんどしない塗料によって厚膜塗料ができ，**飛散のロスが少ないエアレススプレー方式**がある。

③　**ローラーブラシ塗り**：ローラーブラシを用いる。隅，ちり回り等は，小ばけ又は専用のローラーを用い，全面が均一になるように塗る。

(3)　見　本

施工に先立ち，色彩計画によって決定された色，光沢，模様等の仕上げの状態について，見本塗板を作成させる。

この場合，各工程が確認できるような工程塗りの見本とすることが望ましい。

(4)　施工管理

1)　塗装場所の気温が **5 ℃** 以下，湿度が **85 %** 以上，結露等で塗料の乾燥に不適当な場合は，原則として塗装を行わない。やむを得ず塗装を行う場合は，採暖，換気等を行う。

図 16.1 に一般的な塗装作業と養生に適する温湿度条件を示す。

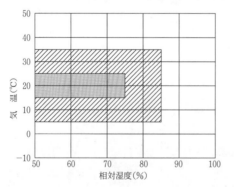

凡例：
- 塗装・乾燥に最適な条件
- 塗装・乾燥が可能な条件
- 塗装・乾燥を避ける条件

図 16.1　塗装作業と養生に適する温湿度条件 [2]

2)　外部の塗装は，降雨のおそれのある場合及び強風時には，原則として行わない。

3)　塗装面，その周辺，床等に汚損を与えないように注意し，必要に応じて，あらかじめ塗装箇所周辺に適切な養生を行う。

4)　塗装を行う場合は，換気に注意して，溶剤による中毒を起こさないようにする。

5)　火気に注意し，爆発，火災等の事故を起こさないようにする。また，塗料をふき取った布，

塗料の付着した布片等で，自然発火を起こすおそれのあるものは，作業終了後速やかに処置する。

(5)　塗装面の確認等

1)　工事現場塗装の場合は，使用量から単位面積あたりの塗付け量を推定する。

2)　工場塗装の場合は，電磁膜厚計その他適切な測定器具により，膜厚の確認を行う。

(6)　塗料及び塗膜の欠陥

表 16.1　塗料及び塗膜の欠陥に対する原因とその対策（その 1）[2]

欠陥の種類		原　　因	対　　策
塗料状態における欠陥	粘度の上昇及び固化	1．高い貯蔵温度で，顔料と展色剤あるいは展色剤相互が反応する。 2．貯蔵期間が長い場合 3．開放容器に保存すると，溶剤や水の蒸発及び酸化によって粘度が上昇する。 4．異種塗料の混合，異種溶剤の使用	1．できるだけ冷暗所に保管し，50℃以上の温度に上昇しないようにする。 2．使用の際，古い材料から順に使用し，貯蔵期間が長くならないようにする。 3．必ず密閉した容器に保存する。 4．塗料製造所の仕様を守る。
	顔料の沈殿	1．顔料の分散性不良 2．貯蔵期間が長い場合 3．シンナーによる過剰希釈	1．使用の際，底部まで十分にかくはんする。 2．使用の際，古い材料から順に使用し，貯蔵期間が長くならないようにする。ときどき缶を振とうするか，上下を逆にする。 3．塗料製造所の仕様を守る。
	皮ばり	1．貯蔵期間が長く，空気との接触面が大きいと皮ばりする。 2．開缶したまま保管すると，皮ばりする。	1．大きな缶に少量の塗料を入れて保管しない。 2．一度開缶したものはよく密閉して保管し，使用の際十分振とうする。
	色の分離	紺及び黒の濃彩色，緑色等は顔料が分離しやすい。	1．使用の都度十分に混合する。 2．塗装の際，所定のシンナーを用いて，塗料製造所の仕様を守る。
	色違い	製造ロットによって色が異なる。	塗継ぎ箇所の決定に考慮する。
	はけ目	塗料の流動性が不足している場合（調合ペイント等）	1．十分均一になるように，むらきりし塗り広げる。 2．希釈を適切にする。
塗装作業中の塗料の欠陥	流れ（だれ）	1．過度の厚塗り 2．過度の希釈 3．素地に全く吸込のないとき	1．厚塗りしない。 2．作業性が悪い場合も希釈し過ぎない。 3．希釈を控え，はけやローラーの運行を多くし，均一に均す。
	しわ	1．油性塗料を厚塗りすると上乾きし，表面が収縮する。 2．乾燥時に温度を上げて乾燥を促進すると上乾きし，しわを生ずる。 3．下塗りの乾燥が不十分なまま上塗りするとしわを生ずる。	1．厚塗りを避ける。特にボルトの頭，アングルの隅等で塗料がたまるのを防ぐ。 2．乾燥時に急激な温度上昇を避ける。 3．下塗り塗料の乾燥を十分に行ってから上塗りする。
	ガン肌	1．塗料の粘度が高いとき，シンナーの蒸発が速いかあるいは温度が高く乾燥速度が速いとき，下塗りの吸込みが著しいとき，塗膜の流動性がなくなってガン肌となる。 2．吹付け圧力が低いとき	1．蒸発の遅いシンナーを使用したり，塗料粘度を下げて吹付け塗りする。 2．左記のような塗膜の流動性が少なくなる条件を避ける。 3．吹付け圧力を調整する。
	糸ひき	吹付け塗装時，溶剤の蒸発が速過ぎたり，塗料粘度が高いと，スプレーガン口から被塗物に届く間に乾燥し，糸状になる。	蒸発の遅いシンナーを使用したり，塗料粘度を下げて吹付け塗りする。

表 16.1　塗料及び塗膜の欠陥に対する原因とその対策（その 2）[2]

欠陥の種類		原　因	対　策
塗装作業中の塗料の欠陥	白　化 （ブラッシング） （かぶり）	1．塗膜から急激に溶剤が蒸発すると，湿度が高いときは塗り面が冷えて水が凝縮し，白化現象を起こす。 （ラッカー，エッチングプライマー） 2．塗装後に気温が下がり，空気中の水分が塗膜面で凝縮して白化する。	1．リターダーシンナーを用いる。 2．湿度が高いときの塗装を避ける。 3．湿度が高く昼夜の気温の差が大きい屋外で作業する場合には，夕刻までに指触乾燥する施工計画とする。
	は じ き	1．素地に水又は油，ごみ等が付着していると，塗料が均一に塗れない。 2．スプレーエアー中に油又は水が入っている。 3．はけやローラーに油又は水が付着している。 4．下塗りが平滑で硬すぎる。	1．素地ごしらえを入念にする。 2．エアストレーナーを交換又は取付ける。 3．はけやローラーを清浄にする。 4．塗料を変えるか，研磨をする。 5．はけやローラーで入念に塗装すると，はじきの発生率が少なくなる。
塗装作業後の塗膜の欠陥	リフティング	上塗り塗料の溶剤が下塗りを侵して塗膜が縮れたり，はく離したりする。	1．塗装間隔を調整する。 2．塗料系を変える。 3．油性の上に溶剤系を塗らない。 4．2液形塗料は規定どおり配合する。
	に じ み （ブリード）	1．下塗りとして有機溶剤に溶けやすいタールやレーキ顔料を用いる。 2．上塗りシンナーの溶解が大きい。 3．塗装間隔が不十分である。	1．下塗りを侵さない緩衝塗材を採用する。 2．シンナーを変更する。 3．適切な塗装間隔をとる。
	色 分 か れ	1．混合不十分 2．溶剤の過剰添加 3．顔料粒子の分散性の違いにより，2色を混ぜると色分かれを起こすことがある。	1．十分に混合する。 2．厚塗りしたり，だれを生ずると色分かれが生じるので注意する。 3．はけ目が多いと色分かれが目立ちやすいので注意する。
	つやの不良	1．素地の吸込みが著しい。 2．下塗りプライマー等の面が粗過ぎる場合，上塗りのつやが低くなる。 3．シンナーが不適当であったり，希釈し過ぎた場合 4．薄塗りし過ぎた場合 5．白化を生じた場合	1．吸込止め用の下塗りを塗装する。 2．上塗りを塗り重ねる。 3．適切なシンナーを使用し，塗料製造所の仕様を守る。 4．適度の厚さに塗るか，塗り重ねる。 5．「白化」の項参照
	乾 燥 不 良	1．温度が低く，湿度が高い。 2．通風が悪く，シンナーや水の蒸発が遅い。 3．素地に水分や油等が付着している。	1．極端な低温時の塗装は避ける。 2．通風，換気を良くする。 3．素地ごしらえを入念にする。
	ひ び 割 れ	塗膜面の収縮膨張に応じて，ひび割れを生ずる。	1．表面乾燥を起こすような厚塗りを避ける。 2．下塗りが十分乾燥していないうちに上塗りをしない。
経時後の塗膜の欠陥	は が れ	1．被塗面の調整が不備で，油や汚れが付いている。 2．上塗りと下塗りの適合性が適切でない。 3．亜鉛めっき鋼面の硬化塗膜は，はく離しやすい。 4．素地の錆落としが不十分な場合，膜の下に錆を生じてはく離しやすい。	1．入念な素地ごしらえをする。 2．塗装系及び塗料の設計に注意する。 3．化成処理又は変性エポキシ樹脂プライマーの下塗りを用いる。 4．素地ごしらえの錆落としを入念にする。
	変色及び 退　　色	環境要因（紫外線，熱，薬品等）による顔料の劣化が生ずる。	使用環境に応じ，塗料や色を選択する。

表 16.1　塗料及び塗膜の欠陥に対する原因とその対策（その 3）[2]

欠陥の種類		原　　　因	対　　　策
経時後の塗膜の欠陥	ふ　く　れ	1．水分が塗膜に浸透し，塗膜下の水溶性物質を溶かす。 2．塗膜下に錆が発生し，これが次第に増大して塗膜を押し上げる。 3．乾燥不十分な木材やコンクリート面に塗料を塗る。	素地の養生を十分に行い，素地ごしらえや，前処理に注意する。
	白　亜　化 （チョーキング）	熱，紫外線，風雨等で樹脂が劣化し，塗膜の表面から粉化していく。	耐候性の良い塗料を選択する。
	ひ　び　割　れ （チェッキング クラッキング）	時間の経過により塗膜の柔軟性が失われ，塗膜面の収縮膨張に応じて，ひび割れを生ずる。	1．使用環境に応じ，塗料を選択する。 2．下塗りと上塗りの適合性が良いものを使用する。

2. 素地ごしらえ

2.1　木部の素地ごしらえ

(1)　作業の流れ

汚れ，付着物の除去　→　やに処理　→　研磨紙ずり

必要に応じて節止め，あな埋め，研磨紙ずりを追加することもある。

(2)　木部の素地ごしらえに使用する材料

  1)　**木部下塗り用調合ペイント**

    日本建築学会材料規格 JASS 18 M-304 の品質に適合するものとし，木質系素地ごしらえの節止めに適用する。

  2)　**セラックニス**

    日本建築学会材料規格 JASS 18 M-308 の品質に適合するものとする。セラックニスは，節部分のやにやしみ止めに用いられる。「標仕」では，合成樹脂調合ペイント及びつや有合成樹脂エマルションペイント以外の塗料塗りの節止めに適用され，その種類は上塗り塗料製造所の指定するものとされている。

  3)　**合成樹脂エマルションパテ**

    合成樹脂エマルション，顔料，充塡材を配合して作られた高粘度のもので，JIS K 5669 に規定されている。耐水形と一般形があり，それぞれに厚付け用と薄付け用がある。

    通常耐水形を使用することとしているが，耐水性は他のパテに比較して劣るので，より耐候性や耐水性を要求される外部には適用しない。

2.2　鉄鋼面の素地ごしらえ

(1)　作業の流れ

汚れ，付着物の除去　→　油類除去　→　錆落とし

　　　　必要に応じて化成皮膜処理を追加することもある。

(2)　油類除去

　　1)　動植物油は，80 〜 100 ℃ に加熱した**弱アルカリ液**で分解洗浄して除去する。

　　2)　鉱物油は，アルカリでは分解できないので**溶剤洗浄**をする。

　　3)　錆落とし

　　　　①　黒皮（ミルスケール）は，酸洗後，直ちに水酸化ナトリウムや炭酸ナトリウムの希（1 〜 2 ％）アルカリ溶液につけて中和し，湯洗いする。

　　　　②　**ショットブラスト，グリッドブラスト，サンドブラスト**等の方法により除去する。

　　　　③　赤錆は，ディスクサンダー，ワイヤブラシ，スクレーパー，研磨紙等で取り除く。

　　　　④　素地ごしらえが終わったら，**直ちに錆止め塗装**を行う。

(3)　化成皮膜処理

　　主として製作工場にて行われる。鉄にりん酸塩溶液を作用させると化学的に結合して安定なりん酸塩鉄の皮膜を形成するが，空気中の水分等により塗装に有害な酸化被膜を生じやすいため，処理した後は直ちに錆止め塗料を塗り付けなければならない。

2.3　亜鉛めっき鋼面の素地ごしらえ

(1)　作業の流れ

(2)　素地ごしらえ

　　亜鉛めっき鋼面に施された塗膜は，はく離することが多いので，素地ごしらえに十分な注意が必要である。

　　製作工場で行われる**化成皮膜処理**による素地ごしらえは，一般に工場塗装に適用される。表面処理亜鉛めっき鋼板の素地ごしらえはこれによる。

(3)　化成皮膜処理

　　亜鉛にりん酸塩溶液又は六価クロムを含まないクロメートフリー溶液を作用させると，化学的に結合して安定したりん酸亜鉛又はクロメートフリー亜鉛の皮膜を形成する。このような処理をりん酸塩処理又はクロメートフリー処理といい，この皮膜が亜鉛めっき鋼面の発錆を抑え亜鉛めっきと塗料との反応を抑制して，塗膜の付着性を向上させる。六価クロムは有害化学物質であるため，使用しないことになっている。

2.4　モルタル面及びプラスター面の素地ごしらえ

(1)　作業の流れ

　　必要に応じて，パテしごき，研磨紙ずりを追加することもある。

(2)　下地材の乾燥

1)　下地材の乾燥期間

アルカリが塗膜に作用するのは水分があるためであり，水に溶けた状態で塗膜に作用する。乾燥して塗装可能となる時期には素地表面も弱アルカリ性となる。モルタルでは，その期間を夏期で 2 週間程度としている。

塗装対象素地ごとの材齢による乾燥期間の目安は，**表 16.2** に示す日数以上とする。

表 16.2　材齢による乾燥の目安 [2]

素　　地	夏　期	春・秋期	冬　期
コンクリート	21 日	21 〜 28 日	28 日
セメントモルタル，せっこうプラスター	14 日	14 〜 21 日	21 日

2)　下地材の含水率と pH（水素イオン濃度指数）

塗装可能な素地の含水率と pH（水素イオン濃度指数）は，塗料製造所が推奨する値とする。

一般に含水率の測定には高周波静電容量式水分計，pH（水素イオン濃度指数）の測定には pH 試験紙，pH メーター等が用いられている。

(3)　**汚れ，付着物の除去**

プラスター等の壁面は，汚れや付着物及びぜい弱層等を除く目的以外には，原則として，研磨紙を掛けない方がよい。研磨紙を掛けると，塗料の吸込みが促進され，仕上り状態に悪影響を与える。また，粉末が付着していると，塗料の接着を妨げる。汚れ，付着物の除去は，ブラシ類，研磨紙，ウエス等で素地を傷つけないように行う。

(4)　**吸込止め**

合成樹脂エマルションシーラーを使用する。

(5)　**穴埋め，パテかい**

①　モルタル素地のひび割れや穴埋めは，外部及び水掛り部分には建築用下地調整塗材を用い，屋内には合成樹脂エマルションパテ（耐水形）を用いる。

②　**合成樹脂エマルションパテ**は，耐水形でも，外部及び結露しやすい箇所に使用すると，はく離の原因となるため使用を避ける。

(6)　**研磨紙ずり**

①　補修箇所が十分乾燥した後，表面を研磨紙ずりして平らにする。

なお，プラスター等は P120 〜 220 の粒度の細かいものを使用する。

②　研磨紙ずり後，素地面を布でふいて，付着した粉末等を取り除く。

(7)　**パテしごき**

パテを全面にへら付けし，表面に過剰のパテを残さないよう十分しごき取る。

2.5　コンクリート面及び ALC パネル面及び押出成形セメント板面の素地ごしらえ

(1)　作業の流れ

必要に応じてパテしごき，研磨紙ずりを追加することもある。

(2)　注意事項

1)　下地調整塗りは，建築用下地調整塗材を全面に塗り付ける。下地調整塗材 C − 1 は 0.5 〜 1 mm 程度，下地調整塗材 C − 2 は 1 〜 3 mm 程度，下地調整塗材 CM − 2 は 3 〜 10 mm 程度，下地調整塗材 E は 0.5 〜 1 mm 程度の範囲で下地の不陸に応じて使い分ける。

2)　屋内でコンクリート面等に素地ごしらえをして合成樹脂エマルションペイント，合成樹脂エマルション模様塗料等を直接塗装する場合は，建築用下地調整塗材を全面に平滑に塗り付けたあと，全面にパテしごきを行う必要がある。

3)　ALC パネル面のように極めて吸い込みやすい材には，下地調整塗り前に**合成樹脂エマルションシーラー**により，吸込止めを全面に塗り付け**吸水を防止する**。

2.6　せっこうボード面及びその他ボード面の素地ごしらえ

(1)　作業の流れ

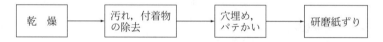

必要に応じて，パテしごき，研磨紙ずりを追加することもある。

(2)　注意事項

1)　大壁面や大空間では素地面とパテ等の肌違いによる光沢むらが目立ちやすいので，吸込止めの処理後にパテしごき及び研磨紙ずりを行うことが望ましい。

2)　汚れや付着物を除去したのち，吸込止めとして JASS 18 M-201「反応形合成樹脂シーラー及び弱溶剤系反応形合成樹脂シーラー」を全面に塗り付けてから，穴埋めやパテかいを行う。表面補強効果がある JASS 18 M-201「反応形合成樹脂シーラー及び弱溶剤系反応形合成樹脂シーラー」は，上塗り塗料製造所が指定するものとする。

3. アクリル樹脂系非水分散形塗料塗り（NAD）

コンクリート，モルタル等で構成される建築物内部の平滑な着色仕上げを対象とする。

(1)　塗　装

1)　塗装方法は，はけ塗り，ローラーブラシ塗り，吹付け塗りとする。

2)　下塗り，中塗り，上塗りとも同一材を使用し塗付け量はそれぞれ 0.10 kg / ㎡ とする。

3)　塗装工程の標準工程間隔時間（気温 20 ℃ のとき）は 3 時間以上である。

4. つや有合成樹脂エマルションペイント塗り（EP−G）

建築物の内外壁，天井等のコンクリート，モルタル，プラスター，せっこうボード及びその他のボード面等並びに屋内の木部，鉄鋼面及び亜鉛めっき鋼面のつや有り仕上げを対象とする。

(1)　特　性

つや有合成樹脂エマルションペイントは水系塗料であり，合成樹脂調合ペイントやフタル酸樹脂エナメルと比較して，揮発性有機化合物（VOC）の発生が少なく，ホルムアルデヒドの発散等級はF☆☆☆☆である。

5. 合成樹脂エマルションペイント塗り（EP）

建築物の内外壁面や天井等のコンクリート，モルタル，プラスター，せっこうボード，その他ボード面に対する平滑ではん用的な着色塗装仕上げを対象とする。

(1)　塗　装

1)　塗装方法は，**はけ塗り，ローラーブラシ塗り，吹付け塗り**のいずれかとする。

2)　塗料の塗付け方向は同じ方向に揃え，1日の工程終了はきりのよい所まで塗装する。途中で終えると塗り残したり，色むら等の仕上がり外観に異常を生ずることがある。

3)　**希釈に使用する水**は，水道水が標準で，地下水や工業用水，河川水等を使用する場合は，事前に各材料との適合性を確認する必要がある。

4)　合成樹脂エマルションペイントは，水性塗料であるが，塗料の飛散，粉塵の吸入，皮膚や目への付着等安全衛生には注意する。

5)　気温−5℃以下では凍結するため，低温保管を避ける。また気温5℃以下では施工を避ける。

6)　各工程の放置時間は十分にとることとする。放置時間が短いと研磨紙ずりのとき，目詰りしたり研磨目が出たりして仕上がり外観を損ねる場合がある。

7)　各塗装工程の**標準工程間隔時間（気温20℃のとき）は3時間以上**である。

6. 合成樹脂エマルション模様塗料塗り（EP−T）

建築物の内壁面や天井等のコンクリート，モルタル，プラスター，せっこうボード，その他ボード面等に対するスチップル等の模様仕上げを目的とした着色塗装仕上げを対象とする。

(1)　塗　装

1)　下塗りは，はけ塗り，ローラーブラシ塗り，吹付け塗りとする。

2)　各材料の希釈割合は，塗料製造所の指定とする。

合成樹脂エマルション模様塗料は希釈割合や吹付け塗装ガンの種類，ノズル口径，吹付け圧力，ローラーブラシの種類等によって，表面模様の仕上りや外観が変化するので十分注意する。

第17節　内装工事

1. ビニル床シート，ビニル床タイル及びゴム床タイル張り

1.1　施　工

(1)　下　地

　　1)　木質下地の場合

　　　①　下地合板は，たわみ，振動のない構造とする。

　　　②　下地合板は，不陸，目違いのないように張り付ける。

　　　③　くぎ頭は，合板面より沈め気味に打ち込む。

　　2)　コンクリート及びモルタル塗り，セルフレベリング材塗り下地の場合

　　　①　床下地を施工した後，窓の開閉，開口部等の養生に注意し，水や湿気が浸入しないようにする。

　　　②　下地は平滑で表面強度が十分ある状態とする。

(2)　下地の乾燥

　　施工に先立ち，下地の乾燥を確認する。モルタル塗り下地は施工後 14 日以上，コンクリート下地は施工後 28 日以上放置し，乾燥したものとする。また，セルフレベリング材塗りの養生期間は 7 日以上，低温の場合は 14 日以上とし，表面仕上げ材の施工までの期間は 30 日以内を標準とする。下地乾燥の判断の一例として，高周波水分計を用いて確認する方法がある。

(3)　張付け

　　1)　張付けに先立ち，下地面の清掃を十分に行う。接着剤は製造所の指定する**くし目ごて**を用いて塗布する。異なるくし目ごてを用いると張付け後シート類の表面にくし目が目立つ場合がある。

　　2)　張付け後に湿気及び水の影響を受けやすい箇所には**エポキシ樹脂系接着剤**又はウレタン樹脂系接着剤を使用する。

　　3)　シート類は，長手方向に縮み，幅の方向に伸びる性質があるので長めに切断して**仮敷き**し，**24 時間以上放置**して**巻きぐせをとり**なじむようにする。

　　4)　シート類の張付け後は，表面に出た余分の接着剤をふき取り，**ローラー等**で接着面に気泡が残らないように圧着する。

　　5)　ビニルを表層とした床シートは，防湿・防塵等の目的で，はぎ目及び継手を熱溶接する場合が多い。この場合の工法を下記に示す。

　　　①　床シートは張付け後，接着剤が**完全に硬化**してから，はぎ目及び継手を電動溝切り機又は**溝切り**カッターで溝切りを行う。

　　　②　溝は，深さを床シート**厚さの** $\frac{2}{3}$ 程度とし，**V 字形**又は U 字形に均一な幅とする（**図 17.1 ④**）。

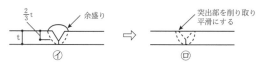

図 17.1　ビニル床シートの熱溶接 [2)]

　③　**熱溶接機**を用いて，溶接部を材料温度 160 〜 200 ℃ の温度で，床シートと溶接棒を同時に溶融（JASS 26 では，床シートの溝部分と溶接棒を 180 〜 200 ℃ の熱風で加熱溶融）し，溶接棒を余盛りが断面両端にできる程度に加圧しながら溶接する。

　④　溶接完了後，溶接部が完全に**冷却したのち**，余盛りを削り取り**平滑**にする（**図 17.1** ㋺）。

6）　**床タイル類**の張付け

　①　張付け時の室温が **5 ℃ 以下**又は接着剤の硬化前に 5 ℃ 以下になるおそれのある場合は，**施工を中止**する。やむを得ず施工する場合は，採暖等の養生を行う。

　②　冬季の施工では張付け時の圧着を特に十分行う必要がある。

　③　ラテックス形接着剤やエマルション形接着剤は，床材の伸縮を完全に防止できないので，目地部のせり上がりや目地部に隙間が発生する場合がある。したがって，施工環境によっては，接着剤の種類を変える必要がある。

　④　ゴム床タイルでゴム系溶剤型接着剤を用いる場合は，接着剤を下地及びタイル裏面に塗布し，**指触乾燥後**，張り付ける。

7）　幅　木

　①　立上げ幅木

　　　ビニル床シートを床面から壁に向って立上げて張り付け，幅木と床を一体に仕上げる工法である。

　②　一般の幅木

　　　一般のビニル幅木の張付けは，隅角部の入隅は切り合せる。出隅ではあらかじめ当たりをとって曲げ加工機による加工をするか，裏側に適度の切込を入れてから加熱して曲げ加工を行ってから張り付ける。

8）　表面仕上げ及び養生

　①　張上げ後，特に通行の頻度の高いところ，材料の搬出入口，便所，洗面所の出入口等の水掛りとなるおそれのあるところでは，布やシートをかける等して十分養生する。

　②　完全に接着強度が出るまで（1 〜 2 週間）は，**水ぶき等を避ける**。また，局部的な荷重を加えないように注意する。

　③　表面仕上げは，床材をクリーナーで洗浄後，製造所が指定する**ワックス類**を塗布し，乾燥，つや出しして仕上げる。

2. カーペット敷き

2.1　一般事項

⑴　**工法の種類**

　代表的なカーペットの種類とそれに応じた工法の種類は**表 17.1** による。

表 17.1　工法の種類 [1)]

カーペットの種類	工法の種類	備　考
織じゅうたん	グリッパー工法	下敷き材を敷く。
タフテッドカーペット	グリッパー工法	下敷き材を敷く。
	全面接着工法	
タイルカーペット	全面接着工法	粘着はく離形接着剤を使用する。

① **グリッパー工法**──床の周囲に釘又は接着剤で固定したグリッパー〈スムースエッジ〉と呼ばれる取付具にカーペットの端部を引掛け，ゆるみのないよう一定の張力を加えて張りつめる工法である。耐衝撃性を高めるために下敷き材が使用される。

② **全面接着工法**──接着剤を使ってカーペットを床に固定する工法で，温・湿度の変化による収縮を防ぎ，維持・補修も容易である。

③ **タイルカーペット全面接着工法**──カーペット製造所の指定する粘着はく離形接着剤を使用し，市松張りを原則とする。タイルカーペットの特徴は，部分的に簡単にはがせて，かつ，簡単に張り替えることができる点にある。

⑵　敷き方の種類

① 敷　詰　め──床面全面にカーペットを敷き詰める方法。

② センター敷き──廊下や階段等の床の中央部に長手方向に連続して敷く方法。

③ **置　敷　き**──カーペットを床に置いて敷くだけで，ピース敷き，中敷き等がある。

④ 重　ね　敷　き──敷き詰めたカーペットの上にアクセントをつけるために，部分的に敷く方法。

⑶　下　地

下地の不陸は，カーペットを敷き込んだ場合に表面に表れ，見苦しくなるので注意する。

⑷　防炎表示

消防法令により，高層建築物（高さ 31 m を超える），地下街，劇場，公会堂等は防炎規制の対象となっており，規制の対象となっている場合は，防炎表示をしなければならない。

防炎表示は置敷きの場合は，裏面張付け，施工ものは**各部屋ご**とに主要な出入口等に**防炎ラベル**（**図 17.2**）を張り付ける。

図 17.2　防炎ラベル [2)]

2.2　グリッパー工法

1）　下敷き

① 下敷き材〈アンダーレイ〉のはぎ合せは，通常突付けとし，下地がモルタル塗の場合等は，ジョイント及び四方を接着剤で接着する。

② 木造の場合は，釘等で留め付ける。

③ 階段にノンスリップを用いる場合は，け上げ面には下敷き材を用いなくてもよい。

2）　グリッパー取付け

グリッパー取付けは，カーペットの厚さに応じて，周辺に沿って連続して均等な溝（隙間）

をつくり，釘又は接着剤で取り付ける。

3)　上敷き

① 　仕上げをする前に，継目は真っすぐになっているか，模様があっているか，毛並みは同一方向にそろっているか，十分によく伸びきっているかを検討する必要がある。

② 　グリッパー工法の利点は強く伸展して張らなければいかされない。施工直後に表面に多少の凹凸が残る程度でも，その後の歩行によってたるみやしわを誘発しトラブルの原因となるので注意する。

4)　留付け及び敷込みの工法

① 　グリッパー工法の張りじまいは，**ニーキッカー**（**図 17.3**）で伸展しながらグリッパーに引っ掛け，カーペットの端を**図 17.5** のように**ステアツール**（**図 17.4**）を用いて溝に巻き込むように入れる。

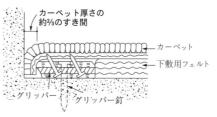

図 17.3　ニーキッカー　　　図 17.4　ステアツール　　　図 17.5　カーペットの張りじまい [3]

② 　カーペットの伸展は，大面積になるほど困難になるので，30 ㎡（6 × 5 m）程度を超える施工にはパワーストレッチャーを使用して施工する。

③ 　センター敷き，張りじまいの各所納まりを**図 17.6** に示す。

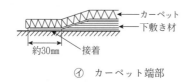

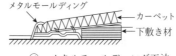

イ　カーペット端部　　　　　　　　ロ　落子のある場合のグリッパー工法

ハ　廊下の釘打留め工法　　　　　　ニ　メタルモールディング工法

図 17.6　センター敷きカーペット張りじまい [2]

④ 　センター敷き，置敷きのカーペットの切り口の端部は，30 ㎜ までパイル糸をはさみで刈り取り，裏面に折り返して千鳥縫いとするか，接着剤で張り付ける。

5)　接　合

はぎ合せは，下記の方法がある。

① 　つづり縫い（**図 17.7**）は，従来から一般に行われている工法で，丈夫な綿糸，亜麻糸又は合成繊維糸で間狭に手縫いで行う。

② 　**ヒートボンド工法**

この工法は，**図 17.8** のように接着テープを**アイロン**（160 ℃ 程度）で加熱しながら，

接着はぎ合せをする方法である。

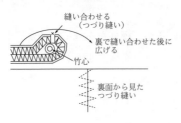

図 17.7　つづり縫い [2]

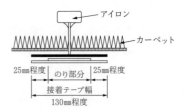

図 17.8　ヒートボンド工法

2.3　全面接着工法

接着剤は，カーペット自体の収縮を抑えるため，はく離強度よりもせん断強度を重視したタイプを使用する。

なお，せん断強度は 0.15N/㎟ 程度以上のものを使用する。

2.4　タイルカーペット張り工法

1)　タイルカーペットを平場に張り付ける場合は，原則として市松張りとする。

2)　割付けでは，パイル目の方向を確認するとともに端部に細幅のタイルカーペットがこないようにする。

3)　張付けは，タイルカーペットを押し付けながら部屋の中央から端部へ敷き込んで行う。

4)　フラットケーブル下地の場合，フラットケーブルは下地に密着させる。また，タイルカーペットの中央付近に敷設し，フラットケーブルの端とタイルカーペットの端（目地）との間隔は 100 ㎜ 以上とする。

5)　フリーアクセスフロア下地の場合，タイルカーペットの張付けに先立ち，下地面の段違い，床パネルの隙間を 1 ㎜ 以下に調整する。タイルカーペットは，目地にまたがるように割り付ける。

3. 合成樹脂塗床

3.1　一般事項

主にコンクリート床面に塗床材を塗り付けて，シームレスな床を形成するもので，液状塗床材の弾性ウレタン樹脂系及びエポキシ樹脂系塗床材を対象としている。

3.2　工　法

1)　下地の処理

①　コンクリート床下地の表面は突起，レイタンス等のぜい弱な層があるため，あらかじめ研磨機，研削機等でコンクリート表層のぜい弱な層を除去し強固な層とする。また，油分等が付着している場合は脱脂処理をする。

②　下地のひび割れ，ピンホール，巣穴等の凹み部分への樹脂パテ処理が不十分で凹み部が残存したままで施工すると，塗床材がピンホール等に流れ落ちて，塗床仕上がり面にピンホールや欠損を生じることになる。このような不具合を防止するには，同材のベースコー

トでしごくとよい。

2)　プライマーの塗布

①　プライマーを塗布する場合は，施工場所の換気を十分に行い，所定量のプライマーをローラーはけ，はけ，金ごて等を用いて，たまりを生じないように塗り付ける。

②　プライマーの吸込みが激しく塗膜を形成しない場合は，全体が硬化したのち，吸込みが止まるまで繰り返しプライマーを塗布する。

3)　ペースト及びモルタルの塗付け

①　ペースト又はモルタルの所定量を床面に流し，ローラー・金ごて等で平たんに仕上げる。

②　立ち上がり・幅木部分等の垂直面にペーストを塗り付ける場合は，硬化前にだれを生じないように，ペーストの粘度を調整したうえで塗付けを行う。

③　ペースト及びモルタルの塗重ね・塗継ぎの最大時間間隔は，ウレタン樹脂の場合，夏で2日，春・秋で3日，冬で4日とし，エポキシ樹脂の場合で1年を通して3日とする。

4)　塗床材の塗付け

①　塗床の仕上げの形態には**薄膜型塗床工法**，**流し展べ仕上げ**，**樹脂モルタル仕上げ**等があり，**ベースコート**の種類，塗付け方法で区分される。塗床の形態と特徴を**表 17.2** に示す。

表 17.2　塗床の形態と特徴 [2]

ベースコートの形態	薄膜型塗床工法	流し展べ工法	樹脂モルタル工法
厚さの目安	0.05 ～ 0.2 mm	0.8 ～ 2.0 mm	3 ～ 10 mm
工法の特徴	主に水性形，溶剤形塗床材をローラーばけやスプレーで塗り付ける工法。防じん，美装を主目的とした床に使用。	塗床材あるいは塗床材に骨材（けい砂等）を混合することによって，平滑に仕上げるセルフレベリング工法。耐摩耗性，耐薬品性を主目的とした床に使用。	塗床材に骨材（けい砂等）を 3 ～ 10 倍混合することによって，耐衝撃性，耐久性を向上させたこて塗り工法。耐荷重性，耐衝撃性を主目的とした床に使用。
工法の断面図			
適用塗床材	主として溶剤形　水性形塗床材	無溶剤形塗床材	
用　途　例	一般床，倉庫，軽作業室	実験室，化学工場等，厨房	駐車場，重作業室，機械室，倉庫等，レジャー施設

②　トップコートは，紫外線（主に直射日光）によるベースコートの変色・劣化抑制又は意匠性（光沢感）・機能性（防滑性・帯電防止性）等の向上が求められる場合に用いる。トップコートの種類と用途例を**表 17.3** に示す。

表 17.3　トップコートの種類と用途例 [2]

種別	劣化抑制・耐候仕上げ	つや消し仕上げ	防滑仕上げ
工法概要	耐候性の良いアクリルウレタン塗料を平滑仕上げ，防滑仕上げ面に塗り付け保護する。	流し展べ仕上げで平滑に仕上げた面は，光沢が高いため，つや消し材等を加えた塗材を塗り付けてつやを落とす。	材料にけい砂やウレタンチップ等の骨材を混合して塗付するか又は硬化する前に骨材を散布することにより表面を凹凸に仕上げて滑りにくくする。
適応箇所	屋外の床	床の照りがなく落ち着いた雰囲気が求められる場所	水，油等を使用する場所
用途例	屋外・開放廊下，直射日光の当たる床等	劇場，ロビー，廊下等	外構部の通路，厨房等

③　各工程における塗り間隔，塗床材の種類により上限と下限がある場合があるので注意する。この間，前工程の塗り面には塵埃や水が付着しないようにあらかじめ十分に養生しておく。

④　ベースコートの塗布は，気泡が混入しないようにして練り混ぜた塗床材を床面に流し，ローラーばけ又は金ごてを用い，塗りむらにならないよう平滑に仕上げる。

⑤　立上り面の施工は**だれ**を生じないよう，よう変剤を混入した材料を用いる。

⑥　弾性ウレタン樹脂系塗材は，硬化するときに少量のガスを発生することがあり，1回の塗付け量があまり多いと内部にガスを封じ込めて仕上り不良となるので，1回の塗付け量は 2kg/㎡ 以下とし，これを超える場合は塗り回数を増す。塗付け量 2kg/㎡ の塗付厚さは，硬化物比重 1.0 の場合，**厚さ 2 mm 以下**とする。

⑦　**エポキシ樹脂モルタル仕上げ**

(a)　樹脂モルタル仕上げのタックコートは，下地と樹脂モルタルとの付着性を高め，金ごてによる樹脂モルタル塗りの作業性をよくする。タックコートを施工した塗面がゲル化する前に樹脂モルタルを塗り付ける。

(b)　樹脂モルタルの塗付けは，こてむらとなりやすいので，定規を用いてあらかじめ平たんに塗り広げる等して平滑に仕上げる。硬化後に目止めを行う。

⑧　防滑のための骨材の散布は，上塗り 1 回目が硬化する前に製造所が指定する骨材をむらのないように均一に散布する。散布は手まきが一般的であるが，より均一に散布するためにガン吹きとする場合もある。

⑨　メタクリル樹脂系塗床

(a)　施工前に下地の表面温度を測定し，下地温度に適する主材料製造所が指定するプライマー，ベースコート及びトップコートに対する硬化剤又は硬化促進剤の添加量を決定する。

(b)　メタクリル樹脂系塗床材は，一般に可使時間が 10 〜 20 分と短いので広い面積の施工を行う場合は，テープ見切りを行う等して塗継ぎにならないように注意する。

3.3　施工管理

①　施工場所の気温及び下地温度が 5 ℃ 以下，相対湿度が 80 % 以上の場合は，低温による塗床材の硬化不良，結露による仕上り不良等の不具合を生じる危険性があるため，施工を中止

する。

② 引火性の塗床材を使用する場合は火気厳禁とし，換気及び通風を確保する。

③ 塗床の施工後，塗床に適度な表面硬度が発現する期間は，冬期で 3 日，春秋期で 2 日，夏期で 1 日が目安であり，この間は養生を行い歩行禁止とする。

4. フローリング張り

4.1　釘留め工法

1) 根太張り工法（**図 17.9，図 17.11**）

① 張込みに先立ち，板の割付けを行い，所定の接着剤を下地に全面又は波状に塗布し（150g/㎡ 程度），隣接する板の短辺の継手が揃わないように継手を根太上とし，板を損傷しないように通りよく敷き並べて締め付け，根太に向け，**雄ざねの付け根から隠し釘留め**とする。

② 壁，幅木，框及び敷居とフローリングの取合いには必要に応じ，板の伸縮に備えた隙間を設ける。

2) 直張り工法（**図 17.10，図 17.11**）

張込みに先立ち，板の割付けを行い，所定の接着剤を下地に塗布し，隣接する板の短辺の継手が揃わないようにし，板を損傷しないように通りよく敷き並べて押さえ，**雄ざねの付け根から隠し釘留め**とする。

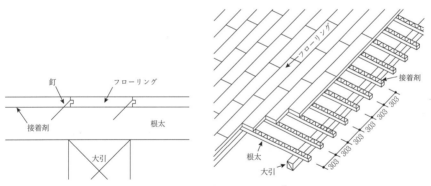

図 17.9　根太張り工法の例 [2]

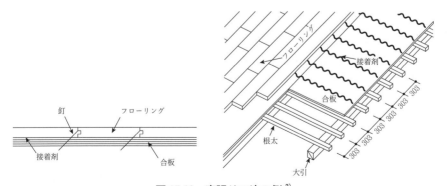

図 17.10　直張り工法の例 [2]

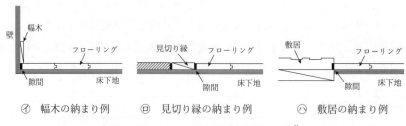

① 幅木の納まり例　　　⑩ 見切り縁の納まり例　　　⑪ 敷居の納まり例

図 17.11　フローリングの納まりの例 [2]

4.2　体育館用フローリングの工法

1)　適用床

この工法は，体育館，武道場等の床の強度，弾力性，平滑性等を特に要求される広い床に適用されているものである。

フローリングボード，複合フローリングを，接着剤を全面塗布した下張り板の上に隠し釘留めとする工法である。

2)　工　法

①　下張りは，板そば，継手（受材心）とも突き付けて，根太上にタッピンねじ留め等とする。

②　割付けは，下張り板の長手方向と根太が直交する方向に置き，継ぎ目根太芯とし，下張り板 4 枚の交点が強度的な弱点にならないよう，下張り板短手の中心に目地を合わせる**縦れんが張り**とする（**図 17.12**）。

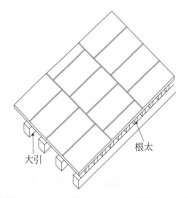

図 17.12　体育館用フローリングの下張り（縦れんが張り）の割付け例 [2]

③　張込みに先立ち，板の割付けは部屋の中央から行い，両端に向けて張り込む。

④　壁際の幅木との取合いを**図 17.13** に，コンクリート等の異種材料との取合いを**図 17.14**に示す。

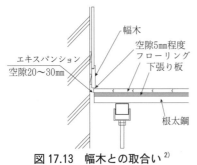

図 17.13　幅木との取合い[2]　　　　図 17.14　異種材料との取合い[2]

⑤　所定の接着剤を下地全面に塗布し（300g／㎡ 程度），隣接する板の短辺の継手が揃わないようにし，板を損傷しないように通りよく敷き並べて締め付け，雄ざねの付け根から隠し釘留めとする。

5. せっこうボード，その他のボード及び合板張り

5.1　工　法

1)　壁張り下地

ボードあるいは合板張付けに先立ち，割付図にしたがって墨出しを行い，下地の不陸調整を行う。

2)　ボード類（仕上げをするもの）張付け工法

①　下地にせっこうボードを取り付ける場合の留付け用小ねじ類の間隔は**表 17.4** のとおりとする。

表 17.4　ボードの留付け間隔[1]

下　　地	施工箇所	下地材に接する部分の留付け間隔（㎜）		備　　考
		周辺部	中間部	
軽量鉄骨下地，木下地	天井	150 程度	200 程度	小ねじ等の場合
	壁	200 程度	300 程度	

②　張付けは，小ねじ，釘の頭がせっこうボードの表面より少しへこむように確実に留め付ける。せっこうボードの表面紙を破損しないように注意する。

③　軽量鉄骨下地にボードを直接張り付ける場合，**ドリリングタッピンねじは下地の裏面に10 ㎜ 以上の余長が得られる長さ**とし，亜鉛めっきをしたものとする。

木製壁下地に釘打ちする場合は，ボード厚の **3 倍程度**の長さをもつ釘を用い，頭が平らになるまで十分打ち付ける。

④　浴室，洗面所，便所，湯沸室，厨房等，錆びやすい箇所に使用する小ねじ等は，ステンレス製とする。

⑤　ボード類を下地張りの上に張る場合，**接着剤を主**とし，小ねじ，釘，タッカーによる**ステープルを併用**して張り付ける。

⑥　壁を二重張りとする場合は，**下張りは横**にし，**表張りは縦**にすることが多いが，**下張り**

と表張りの継目位置が重ならないようにする。

⑦　天井への張付けは，中央部分より張り始め，順次四周に向かって張り上げ，周囲に端物を持ってくる。

5.2　張付け工法

1)　接着工法

①　特殊加工化粧合板，特殊表面仕上げボード類等の張付けに用いられる工法である。

②　接着剤を胴縁又は合板，ボード類の接着面に塗布し，ねじ留めして張り付ける。

③　比較的程度のよい化粧板の張付けに用いられる下記のような工法もある。

目地当たりに，300 mm 間隔程度に**とんぼ押さえ**を行うか，添木を 900 mm 間隔程度に流し，目地当たりにばりで仮押さえを用い，所定の養生期間（接着剤が硬化するまで）を経た後，取り外す（**図 17.15**）。

④　下地張りがある場合も上記に準じて張り付ける。

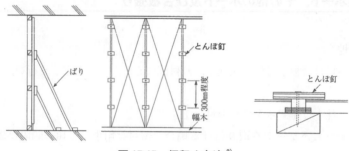

図 17.15　仮留め方法 [2]

2)　留付け工法

最も簡単な工法で，化粧合板及び化粧ボード等を同色のカラーネイル，カラーねじ等で取り付ける工法である。

3)　その他

天然木化粧合板，ボード等を引掛け金物（とっこ，どっこ）を用いて張り付ける高級な工法もある。

5.3　せっこうボードのせっこうによる直張り工法（GL 工法）

コンクリート面の不陸直し，付け送り等の下地調整及び下地骨組みなしでボード張りを行う工法である。

1)　下地の処理

コンクリート下地面は，型枠締付け金物の頭等を取り除きプライマー処理を行う。なお，ALC パネルの場合は，**吸水調整**を行う。また，断熱材下地の場合は，躯体に確実に固定されたものに限る。

2)　墨出し

①　下地の凹凸を計算に入れて床，壁等に仕上げの墨出しを行う。

② 仕上り面までの寸法(a)は，最低ボード厚さ(t)＋ 3 mm 以上あればよいといわれるが，標準寸法としては 9.5 mm ボードで 20 mm, 12.5 mm ボードで 25 mm とするとよい(**図 17.16 ④**)。

なお，壁面との隙間を大きくとる場合は，接着材の塗付け厚さ及び塗付け幅を大きくとるようにする。

3) 張付け用接着材の塗付けと間隔

① 接着材は，水で練り合せて使用するが，練り具合はやや硬めにして，塗り付けたときに，たれない程度とする。

② 一度に練る分量は，**1 時間以内**に使い切れる量とする。接着材は練り混ぜしてから 2 時間程度で硬化する。

③ 接着材の**盛り上げ高さ**は**図 17.16 ⑫**による。

④ 接着材の間隔

直張り用接着材の間隔は**表 17.5**，**図 17.17** に示す。

表 17.5　直張り用接着材の間隔 [1]

施工箇所	接着材の間隔（mm）
ボード周辺部	**150 〜 200**
床上 1.2 m以下の部分	**200 〜 250**
床上 1.2 mを超える部分	**250 〜 300**

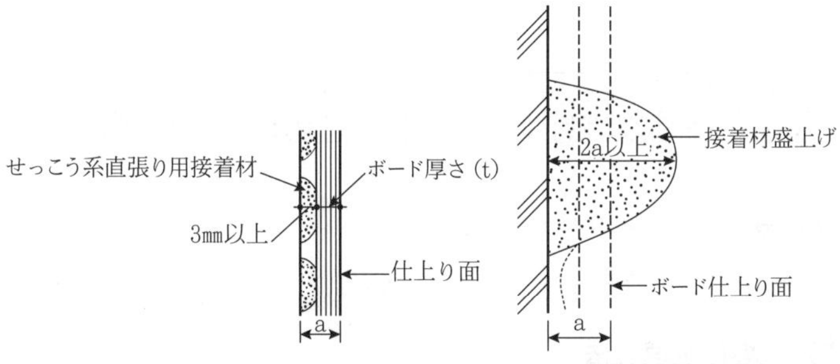

④ 仕上りまでの寸法　　⑫ 接着材の盛上げ高さ

図17.16　せっこう系直張り用接着材の盛上げ高さと仕上り面 [2]

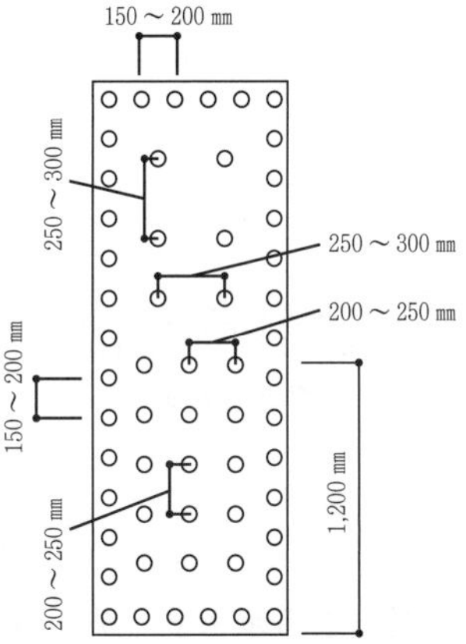

図17.17　せっこう系直張り用接着材の間隔 [2]

⑤ 1 回の接着材塗付けは，張り付ける**ボード 1 枚分**ずつとする。

4) 張付け

① ボードを壁に押しつけるようにし，軽く**定規**でたたいて徐々に接着しながら仕上り墨に合わせていく。

② **定規**でボード表面をたたきながら，上下左右の**不陸調整**を正確に行う。

特に，ジョイント部分の目違いと，壁面全体の不陸を確かめながら張付け作業を進める。

③ ボードの圧着の際，床面からの水分の吸上げを防ぐためくさび等をかい，床面から **10 mm** 以上浮かして張り付ける（**図 17.18**）。

④　張り付けたボードは，接着材が硬化するまで動かさないように十分注意する。

⑤　出隅，入隅及び梁形のボード張りは**図 17.19** による。

5)　せっこうボード表面に仕上げを行う場合，せっこうボード張付け後，仕上材に通気性のある場合で **7 日以上**，通気性のない場合で **20 日以上**放置し，直張り用接着材が乾燥し仕上げ後支障のないことを確認してから仕上げを行う。

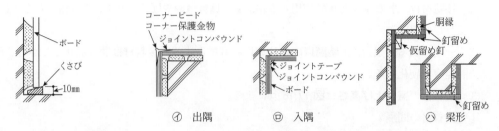

図 17.18　床取合いの例 [2]　　　　**図 17.19　出隅，入隅及び梁形ボード張りの例** [2]

5.4　せっこうボードの目地工法

せっこうボードの目地工法を**図 17.20**，エッジの形状を**図 17.21** に示す。

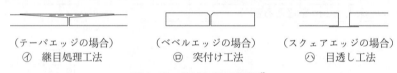

図 17.20　目地工法の種類 [2]

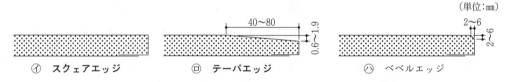

図 17.21　せっこうボードのエッジの形状 [3]

5.5　せっこうボード（テーパ付き）の継目処理工法

継目処理工法とは，せっこうボードのテーパエッジ，ベベルエッジ又はスクェアエッジボードを使用して継目処理を行い，目地のない平滑な面を作る工法である。

1)　釘及び小ねじ頭の処理を**図 17.22** に示す。

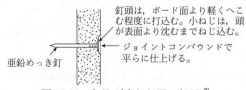

図 17.22　釘及び小ねじ頭の処理 [2]

2)　ボードの留付けを小ねじにするのは，下地が軽量鉄骨の場合であるが，壁の場合その間隔は，周辺で 200 mm 程度，中央部で 300 mm 程度とする。

3)　テーパ部分継目処理の工程を**図 17.23** に示す。なお，ジョイントテープに**グラスメッシュ**を用いる場合は裏面に粘着剤が塗布されているので，**ジョイントコンパウンドの下塗りを省略できる**。

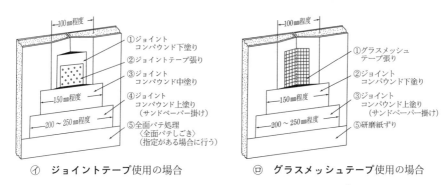

㋑　ジョイントテープ使用の場合　　　㋺　グラスメッシュテープ使用の場合

図 17.23　テーパエッジボードの継目処理工程図 [2]

4)　入隅，出隅の処理

入隅，出隅部の処理の方法は**図 17.24** による。

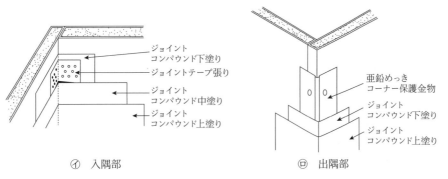

㋑　入隅部　　　　　　　　　　　　㋺　出隅部

図 17.24　入隅及び出隅部の処理

6. 壁紙張り

6.1　一般事項

内装制限を受けるときは，その場所に応じて品質及び必要な防火性能が定められている。

6.2　防火性能

防火材料は国土交通大臣の指定又は認定を受けたものとする。

防火材料として施工する場合の下張り紙は，難燃処理したおおむね 35g/㎡ のものとする。

国土交通大臣の認定を受けた壁紙は，認定番号によって防火性能の識別を行う。壁紙の防火性能の認定には，施工する下地材料の種類，防火性能及び施工上の条件等が当該認定番号ごとに定められているので，これを認定書の付属書類によって確かめる。

6.3　接着剤

　接着剤の配合は，JIS A 6922（壁紙施工用及び建具用でん粉系接着剤）で規定するでん粉系接着剤（ペースト状）を主体とし，これに酢酸ビニル系等の合成樹脂エマルションを添加混合し，水で希釈したものを使用する。

　防火壁装材料の認定条件から，防火張りに使用する接着剤量は，30g/㎡（固型換算量）以下とする。

6.4　施　工

1)　下地に直接張り付ける場合には，下地の凹凸，目違い等がそのまま表面の仕上がりに影響を与えるので，下地の施工精度を高めておく必要がある。

2)　下地の処置

　①　せっこうボードの直張り工法の場合は，接着剤の乾燥が遅いので十分な養生時間をとる必要がある。

　②　下地には，接着性及び作業性をよくするため，壁紙専用の**吸込止め（シーラー）を塗る**のがよい。シーラー塗りは，はけ・ローラー等を用いて全面にむらなく塗布する。**シーラー**塗りには次の目的がある。

　　(a)　接着性の向上

　　(b)　**下地の吸水性の調節**と，**あく等の表面への浮出し防止**

　　(c)　張起し等，張り作業が容易な下地面作り

　　(d)　下地の色違いの修正

　　(e)　張替えの際のはがしやすい下地作り

　　　なお，壁紙の色合が薄いものは，隠ぺい性が悪く下地が見え透くことがあるので，下地の色調を整える必要がある。

　③　下地に使われる釘，ビス等の**金物類**は，黄銅，ステンレス等を除き**錆止め処理**をする。

3)　巻いた壁紙は，くせが付かないように，立てて保管する。

4)　模様のある壁紙では継目部分の模様にずれがないようにすることが重要である。また，色むらにより多少の濃淡がある場合は，色合せをして目立たないように配置する。

5)　ビニル壁紙等硬いものは，収縮やそりが大きいものがあるため，継目等壁紙の周囲にはく離を生じやすいので，周囲の接着剤は接着性の強いものが必要である。

6)　壁紙のジョイントは，できるだけ突付け張りとし，やむを得ず**重ね裁ち**する場合は，**下敷き**を当てて行い，刃物で下地表面を傷つけることがないように施工する。

7)　張り終った箇所ごとに，表面についた接着剤や手あか等を**直ちにふき取る**。特に建具，枠回り，かもい，接合部等は，放置しておくとしみの原因となる。

8)　壁紙の重ね張りは，重ね部分が目立たないように**強い光が入る側**から張り出す。

7. 断熱，防露

7.1　一般事項

　鉄筋コンクリート造等の建物に用いられる断熱工法には，内断熱工法と外断熱工法があり，断熱材打込み及び張付け工法並びに断熱材現場発泡工法が用いられる。

7.2　断熱材打込み工法

1)　概　要

　　断熱材打込み工法は，ボード状断熱材をあらかじめ型枠に取り付けるか，ボード状断熱材そのものか，又は複合成形板を型枠として用いてコンクリートを打設することにより取り付ける工法である。材料としては，ビーズ法ポリスチレンフォーム，押出法ポリスチレンフォーム，硬質ウレタンフォーム等が用いられる。

2)　特　徴・注意点

① 　断熱材と躯体が密着しているので，内部結露やはがれが比較的少ない。

② 　工期の短縮，コストの節減が図れる。

③ 　通常の型枠大工で施工できる。

④ 　建込み時において精度が要求される。

⑤ 　打込み後のコンクリート面の確認が困難である。

⑥ 　継目は，縦方向だけでも相継ぎ等とするのが理想的であるが，テープ張り等の処置を講じてコンクリートの流出を防止する。

7.3　断熱材張付け工法

1)　概　要

　　張付け工法は，ボード状断熱材を接着剤等により下地面に取り付ける工法又は複合成形板を接着剤により直張りする工法である。材料としては，ビーズ法ポリスチレンフォーム，**押出法ポリスチレンフォーム**，硬質ウレタンフォーム等が用いられる。

2)　特　徴

① 　仕上りがきれいで，表面材を補修する必要がない。

② 　施工技術が要求される（接着剤を使用する場合，作業環境の温湿度や，下地の乾燥状況を正確に把握する必要があるため）。

③ 　下地（躯体）の平滑度が要求される。

④ 　打込み後のコンクリート面が確認できる。

⑤ 　断熱材と下地の接着が不十分な場合や，**隙間がある場合**には，断熱材とコンクリートの境界面に**結露が生じやすくなる**。

第 2 章　建築施工

第 17 節　内装工事

5

10

15

20

25

30

35

531

7.4　断熱材現場発泡工法

1)　概　要

　　断熱材現場発泡工法は，断熱施工現場でポリイソシアネート成分及びポリオール成分の 2 原液を混合し，**吹付け**又は注入して発泡・硬化させ，所定の厚さの継目のない断熱層を形成させる工法である。

2)　特　性

①　目地のない連続した断熱層が得られる。

②　現場発泡断熱材の場合は，**接着性（自着性）があるので接着剤が不要**である。

③　吹付け層数を変えることにより，断熱層の厚さを調整できる。

④　打込み後のコンクリート面を確認できる。

⑤　平滑な表面が得にくいため，断熱層厚さが不均一になりやすい。

⑥　施工技術が要求される（専門施工業者による施工管理が必要）。

⑦　吹付け面の温度が **5 ℃ 以上**で施工する。**最適温度は 20 〜 30 ℃** である。

⑧　施工面に，約 5 ㎜ 以下の厚さになるように下吹きする。総厚さが 30 ㎜ 以上の場合は多層吹きとし，各層の厚さは**各々 30 ㎜ 以下**とする。1 日の総吹付け厚さは 80 ㎜ を超えないものとする。なお，吹付け許容誤差は，**0 〜＋ 10 ㎜** とする。**厚く付きすぎて支障となるところは，カッターナイフで表層を除去**する。

⑨　換気の少ない場所では，酸欠状態になりやすいので，**強制換気等**の対策を講ずる。

第18節　改修工事

1. 防水改修工事

　屋根及び屋上の**アスファルト防水改修工事**に関する，改修工法の種類及び工程，既存の防水層・保護層等の処理及び既存下地の処理について，1.1 ～ 1.2 に記す。防水層及び保護層の新設については，**第 9 節　防水工事**を参照。また，シーリング改修工事について，1.3 に記す。

1.1　改修工法の種類及び工程

　改修に際しては，既存防水層の種類，工法の種類，保護層及び断熱層の有無，防水層の劣化の程度等により防水改修工法の種類が決定される。**表 18.1** にアスファルト防水改修工事の主な改修工法の種類及び工程の例を示す。工程は工法の種類に応じて〇印のある工程を行う。

表 18.1　主な防水改修工法の種類及び工程の例

工法の種類 \ 工程		既存保護層撤去		既存防水層撤去		既存下地の補修及び処置	防水層の新設	保護層の新設
		立上り部等	平場	立上り部等	平場			
P1B 工法	P：保護アスファルト防水工法 1：保護層及び防水層撤去 B：屋根保護防水絶縁工法	○	○	○	○	○	○	○
P2A 工法	P：保護アスファルト防水工法 2：保護層撤去及び防水層非撤去 A：屋根保護防水密着工法	○	○	○	－	○	○	○
P0AS 工法 P0D 工法	P：保護アスファルト防水工法 0：保護層及び防水層非撤去 AS：改質アスファルトシート防水 D：屋根露出防水絶縁工法	○	－	○	－	○	○	－
M3AS 工法 M3D 工法	M：露出アスファルト防水工法 3：露出防水層撤去 AS：改質アスファルトシート防水 D：屋根露出防水絶縁工法			○	○	○	○	
M4AS 工法 M4C 工法	M：露出アスファルト防水工法 4：露出防水層非撤去 AS：改質アスファルトシート防水 C：屋根露出防水密着工法			○	－	○	○	

（注 1）　〇〇〇工法
　　　　　└─── 新規防水工法の種別による区分
　　　　└───── 既存の保護層及び防水層の撤去・非撤去による区分
　　　└─────── 既存防水工法による区分
（注 2）　既存のアスファルト防水工法には，改質アスファルトシート防水工法を含む。

1.2　既存防水層・保護層等の処理

　アスファルト防水改修工事の主な改修工法について，既存防水の保護層や防水層等の撤去，ルーフドレン回りの処理及び新設する防水層の既存下地の補修や措置を，次に示す。

⑴　既存保護層等の撤去

　1)　保護コンクリート，れんが，モルタル笠木等の撤去は，**ハンドブレーカー**等を使用し，取

合い部の仕上げ，構造体等に影響を及ぼさないように行う。

2)　既存保護層が非撤去の場合でも，立上り部及びルーフドレン回りの保護層は撤去する。ルーフドレン回りについては，(3) 1) による。

(2)　既存防水層の撤去

1)　平場及び立上り部の防水層の撤去は，既存下地に損傷を与えないように行う。平場の既存の防水層の撤去は，たがねやケレン棒等を使用し適当な大きさに裁断しながら行う。

2)　既存防水層が非撤去の場合でも，立上り部及びルーフドレン回りの防水層は撤去する。ルーフドレン回りは，(3) 2) による。

(3)　ルーフドレン回りの処理

1)　平場の既存保護層等を残す場合で，かつ，改修用ドレンを設けない場合，既存のルーフドレン回りは，ルーフドレン端部から **500 mm 程度**まで，既存保護層を四角形に撤去する。

既存保護層を撤去した後のルーフドレン周囲の既存防水層は，ルーフドレン回りの新規防水層をスラブコンクリートに 300 mm 程度張り掛けることを考慮して，ルーフドレン端部から **300 mm 程度**まで，既存防水層を四角形に撤去する。（**図 18.1**）

2)　平場の既存防水層を残す場合で，かつ，改修用ドレンを設けない場合，既存のルーフドレン周囲の既存防水層は，新規防水層の張り掛けを考慮して，ルーフドレン端部から **300 mm 程度**まで，既存防水層を四角形に撤去する。（**図 18.2**）

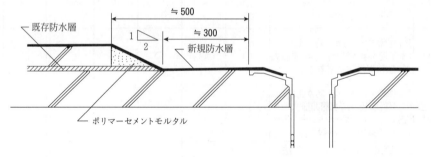

図 18.1　ルーフドレン回りの保護層及び防水層の撤去範囲及び納まりの例 [2]
（既存の保護層及び防水層を非撤去とする場合）

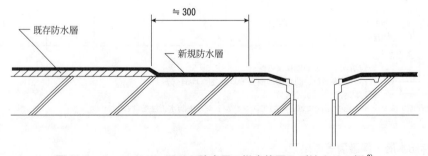

図 18.2　ルーフドレン回りの防水層の撤去範囲及び納まりの例 [2]
（既存の防水層を非撤去とする場合）

(4)　既存下地の処理

新設する防水層の下地には，1) 既存防水層撤去後のコンクリート・モルタル面，2) 既存防水

層面, 3) 既存保護層であるコンクリート・モルタル面があり, それらの既存下地の処理は, 新規防水工法の種類に適応した材料と工法で行う。

1) 既存防水層撤去後のコンクリート面又はモルタル面の既存下地処理

　　コンクリート面等のひび割れ部は, **アスファルト防水工事用シール材等**で補修する。ひび割れ幅が **2 mm 以上**の場合は, **Uカットのうえ, ポリウレタン系シーリング材等**を充填する。既存下地の欠損部は, ポリマーセメントモルタルで平滑に補修する (P1B 工法, M3AS 工法, M3D 工法)。

2) 既存防水層の処理

① 保護アスファルト防水の既存防水層に付着しているコンクリート等は, 既存防水層を損傷しないようケレン及び清掃を行う。清掃後, **溶融アスファルト又はアスファルト系下地調整材**を 1.0 kg / ㎡ 程度塗布する (P2A 工法)。

② 露出アスファルト防水の既存防水層表面の砂は, 既存防水層を損傷しないよう可能な限り取り除き, 清掃を行う。清掃後, **溶融アスファルト又はアスファルト系下地調整材**を 1.0 kg / ㎡ 程度塗布する (M4AS 工法, M4C 工法)。

3) 既存保護層の処理

　　コンクリート面等のひび割れ部及び既存下地の欠損部は, 1) による (P0AS 工法. P0D 工法)。

1.3　シーリング改修工法の種類と特徴

外壁コンクリート部分の打継ぎ目地, 伸縮調整目地, 化粧目地, 部材の接合部, 建具周囲及びガラス留付けに用いた既設シーリング材の改修工法を以下に示す。

表 18.2　シーリング改修工法の種類と特徴 [2]

改修工法の種類	概要と特徴
シーリング充填工法	・シーリングが施されていない既設目地に不具合が生じた場合に, **新たにシーリング材を充填する**工法。 ・目地として有効に働いた箇所ほどひび割れが発生し, シーリング材の充填が必要になる。 ・建築部材, 建具等の交換に伴い, 隣接する目地に新たにシーリング材を充填する工法。
シーリング再充填工法	・**既設シーリング材除去の上, 同種又は異種のシーリング材を再充填する**工法。 ・最も一般的に行われている。
拡幅新規充填工法※	・シーリング材が施されていない既設目地に不具合が生じ, 目地形状を変えて新たにシーリング材を充填する工法。 ・既設目地形状が不備又は使用シーリング材の種類によって, 目地形状を変える必要がある場合に用いる。
拡幅シーリング再充填工法	・目地形状, 被着体強度あるいは被着面の状態の改善を要する場合に, **目地拡幅 (幅及び深さ) を行った後, 同種又は異種のシーリング材を再充填**する工法。 ・既設シーリング材に油性コーキング材が用いられている等, 被着面で接着阻害要因がある場合に行われる。
ブリッジ工法 (図 18.3)	・目地形状が不備で, 既設シーリング材が劣化により破損して**再充填のみでは再発が懸念され, 加えて拡幅再充填工法が採用できない場合に用いる**工法で, 被着体間に橋をかけた状態にシーリング材を重ねて施す。 ・美観上許容されるか否かの検討を要する。

※ 「改修標仕」に規定されていない工法
(注) 再充填工法では, 既存と同程度の耐久性でよい場合は同種の材料を, より高い耐久性が望まれる場合は耐久性の高い異種の材料を用いる。

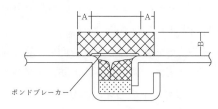

ボンドブレーカー

図 18.3　ブリッジ工法の例 [2]

2. 外壁改修工事

2.1　外壁の劣化調査・診断

外壁の調査・診断方法として，外観目視法，打診法，反発法及び赤外線装置法の 4 つがある。

調査・診断は，外観目視法に打診法を組み合わせた方法，外観目視法に赤外線装置法及び打診法を合わせた方法によることが多い。各調査・診断方法の概要を以下に示す。

(1)　外観目視法

壁面に接することのできる箇所については肉眼により，壁面に接することができない箇所については高倍率の双眼鏡，望遠鏡，トランシットを使用して，外壁のふくれ，はく落・欠損，エフロ・汚れ・錆水，ひび割れ・水漏れ，鉄筋の露出，目地のひび割れ等を調査する。

(2)　打診法

タイル又はモルタルの表面を**テストハンマー等**で叩いて，タイルや下地モルタル等に浮きがある場合に生ずる**打撃音の変化**により，浮きの場所と程度を調査する。

打診実施者の経験に負うところが大きく，熟練者が行うことが望ましい。

(3)　反発法

シュミットハンマー等を用いてタイル又はモルタル面に一定の衝撃を与え，その衝撃により生じた跳ね返りの大きさを自動的に記録し，反発度又は音圧の違いによってタイル等の浮きの有無や程度を調査する。

(4)　赤外線装置法

建物外壁仕上面が太陽の日射や気温の変動等の気象変化を受けると，その面の断面形状と材料の比熱・熱伝導率等の熱特性の違いにより表面温度に差が生じる。赤外線装置法は，外壁タイル又はモルタル仕上げ等の浮き部と健全部の熱伝導の相違によって生じる**表面の温度差**を**赤外線映像装置**によって測定し，タイル又はモルタル仕上げ等の浮きの有無や程度を調査する。

なお，赤外線装置法による診断は，**季節，天候，時刻，気温，壁面の方向，カメラ距離，仕上げ材の色調，建物内の冷暖房機器又は屋外機の発熱等**の影響を受けるため，その適用に限界があることに注意する。

2.2　外壁改修工法の概要

次の各項の既存外壁仕上げの**ひび割れ，欠損及び浮き等**の劣化部に対する補修並びに外壁仕上げの改修について示す。

(1)　コンクリート打放し仕上げ外壁改修工事

1)　コンクリート部分の**ひび割れ部**の改修工法は 2.3 (1)，**欠損部**の改修工法は 2.3 (2) による。

なお，コンクリート部分には，コンクリート打放し仕上げ外壁のほか，モルタル塗り仕上げ外壁，タイル張り仕上げ外壁，塗り仕上げ外壁のコンクリート部分が含まれる。したがって，それぞれの仕上げ外壁のひび割れや欠損が下地としてのコンクリート部分に達している場合は，コンクリート部分の改修も併せて実施することになる。

2) 欠損部周辺にぜい弱部分がある場合は，ハンマー等で軽い打撃を与えて除去し，欠損部の状態を確認し，欠損部の改修を行う。

また，下地部分から部分的に露出している鉄筋等がある場合は，健全部が露出するまでコンクリートをはつり，ワイヤブラシ等でケレンを行い錆を除去し，鉄筋コンクリート用防錆剤等を塗り付けて防錆処理を行う。鉄筋の補修を行った後に，欠損部の改修を行う。

なお，鉄筋腐食の補修には，鉄筋の補修を行う等の劣化要因を取り除く鉄筋腐食補修工法のほかに，劣化の原因となる物質の侵入を防ぐことで鉄筋の腐食を抑制する鉄筋腐食抑制工法がある。主なものを次に示す。

① 中性化抑制工法：表面被膜により，外部からの二酸化炭素の侵入を防ぎ，中性化の進行を抑制する。また，中性化が既に鉄筋位置まで到達している場合には，コンクリートにアルカリ液（浸透性アルカリ性付与材等）を含浸させ，アルカリ性を回復させて鉄筋の腐食進行を抑制する。

② 塩害抑制工法：表面被覆により，外部からの塩化物イオンの侵入を防いだり，水分や酸素の供給を防いで鉄筋の腐食進行を抑制する。コンクリート中に塩化物量が既に多く含まれている場合は，コンクリートに防錆剤を含浸させ，塩化物イオンを吸着させて不活性にして，鉄筋の腐食進行を抑制する。

⑵ モルタル塗り仕上げ外壁改修工事

1) モルタルが施されている外壁におけるモルタル層のひび割れ部の改修工法は 2.3⑴，欠損部の改修工法は 2.3⑵又はモルタル塗替え工法，浮き部の改修工法は 2.3⑶による。

なお，ひび割れや欠損が下地としてのコンクリート部分に達している場合は，コンクリート部分の改修も行う。

2) モルタルを撤去して改修する場合，モルタル撤去部の補修は，充填工法（2.3⑵）又はモルタル塗替え工法による。

① モルタルを撤去して，ひび割れを改修する場合

ひび割れが構造体コンクリート部分に達していると認められる場合は，ひび割れを中心に幅 100 mm 程度のモルタルをダイヤモンドカッター等により健全部分と縁切りを行い，はつり撤去する。撤去後に露出したひび割れを確認し，ひび割れ部の改修を行った後，モルタル撤去部の補修を行う。

② モルタルを撤去して，浮き部を改修する場合

欠損部周辺のモルタルに浮きが見られる場合又は浮き部で通常レベルの打撃により容易にはく落する場合は，浮き部を中心にモルタルをダイヤモンドカッター等により健全部分と縁切りを行い，はつり撤去する。撤去後にモルタル撤去部の補修を行う。

3) 充填工法（2.3⑵）は，モルタル層の欠損部（モルタル撤去部を含む）の面積が 1 箇所当たり 0.25 ㎡ 程度以下の場合に適用する。0.25 ㎡ を超える場合はモルタル塗替え工法とする。

(3)　タイル張り仕上げ外壁改修工事

1)　既存タイル張り仕上げ外壁の**ひび割れ部の改修工法**は 2.3 (1)，**欠損部の改修工法**は**タイル部分張替え工法**又は**タイル張替え工法**，**浮き部改修工法**は 2.3 (3)による。

なお，ひび割れや欠損が下地としてのコンクリート部分やモルタル部分に達している場合は，コンクリート部分やモルタル部分の改修も行う。

2)　タイル張り仕上げを撤去して改修する場合，タイル張り撤去部の補修は**タイル部分張替え工法**又は**タイル張替え工法**による。

①　タイル張り仕上げを撤去して，ひび割れ部を改修する場合

ひび割れが構造体コンクリート部分，下地モルタル層内部又は張り付けモルタル層内部に達していると認められる場合は，ひび割れ周辺をダイヤモンドカッター等で健全部と縁を切って損傷が拡大しないようにタイル目地に沿って切り込む。タイル片又はモルタル層を，のみ，たがね等ではつり撤去する。露出したモルタル表面又はコンクリートの表面のひび割れ部を樹脂注入工法又は U カットシール材充填工法にて改修した後，タイル張り撤去部の補修を行う。

②　タイル張り仕上げを撤去して，浮き部を改修する場合

欠損部周辺のモルタルに浮きが見られる場合又は浮き部で通常レベルの打撃により容易にはく落する場合は，浮き部を中心にモルタルをダイヤモンドカッター等により健全部分と縁を切って損傷が拡大しないようにタイル目地に沿って切り込む。タイル片及びモルタル層を，のみ，たがね等ではつり撤去する。撤去後にタイル張り撤去部の補修を行う。

3)　欠損部（タイル張り撤去部を含む）の改修（タイルの張替え）を行うときは，既存の**下地モルタル等**がある場合及び 1 箇所当たりの張替え面積が **0.25 ㎡ 程度以下**の場合に**タイル部分張替え工法**を適用し，**下地モルタルを撤去**する場合又は**面積が大きい場合**は**タイル張替え工法**を適用する。

(4)　塗り仕上げ外壁等の改修

コンクリート打放し仕上げ外壁やモルタル塗り仕上げ外壁に施された塗り仕上げの改修は，コンクリート部分やモルタル部分の改修と同時に行われるのが一般的で，既存塗膜の劣化部分を除去し，塗料，仕上塗材又はマスチック塗材等の塗り仕上げを行う。

既存塗膜の劣化部分の除去，下地処理及び下地調整の工法と適用上のポイントは，次による。

1)　**サンダー工法**：素地の脆弱部，部分的な劣化塗膜，シーリング材，素地の補修部分周辺の塗膜，塗膜表面の汚れや付着物等の除去と壁面の清掃に適する。**小面積の塗膜除去**には経済的。

2)　**高圧水洗工法**：劣化の著しい既存塗膜の除去や素地の脆弱部分の除去に適する。高価ではあるが**塗膜全体を除去**する場合は効率がよい。既存塗膜表面の洗浄を兼ねて高圧水により劣化塗膜を除去し，壁面全体に改めて塗り仕上げを行う場合に有効な工法である。

3)　**塗膜はく離剤工法**：有機系塗膜（特に機械的な方法での除去が困難な防水形複層塗材のような弾性塗膜）の全面除去に適する。

4)　**水洗い工法**：既存塗膜を除去する必要がなく塗膜表面の粉化物や付着物等を除去・清掃す

る場合に適する。上塗りのみの塗替えに適している。

2.3　外壁改修工法の種類

外壁改修工法の特徴と適用上のポイントを劣化部（ひび割れ，欠損，浮き）別に示す。

(1)　ひび割れ部の改修

表 18.3　ひび割れ部の外壁改修工法の特徴と適用上のチェックポイント
（外壁仕上げ：コンクリート打放し，モルタル塗り，タイル張り）

改修工法	特　　徴	適用上のチェックポイント
樹脂注入工法	・ひび割れ幅が **0.2 mm 以上 1.0 mm 以下** に適用される。 ・注入方法により，自動式低圧エポキシ樹脂注入工法，手動式エポキシ樹脂注入工法，機械式エポキシ樹脂注入工法がある。	・挙動のあるひび割れには **軟質形エポキシ樹脂**，ほとんど挙動がないひび割れには **硬質形エポキシ樹脂** を用いるので，挙動するか否かの確認が必要。 ・注入された樹脂の量を記録し，特記された注入量と相違がある場合は協議を行う。
U カットシール材充填工法	・ひび割れ幅が **1.0 mm を超え**，かつ，**挙動するひび割れ部はシーリング材** を使用する。 ・ひび割れ幅が **0.2 mm 以上 1.0 mm 以下の挙動するひび割れ部及び 1.0 mm を超える挙動しないひび割れ部は，可とう性エポキシ樹脂** を使用する。	・シーリング材はポリウレタン系，変性シリコーン系，ポリサルファイド系等，肉痩せのないものを用いる。 ・ひび割れ部の処置は以下による。 ひび割れ部に沿って電動カッター等を用いて幅 10 mm 程度，深さ 10 〜 15 mm 程度に U 字型の溝を設ける。除去後，プライマーを塗布し，シーリング材又は可とう性エポキシ樹脂を充填する。
シール工法	・ひび割れ幅が **0.2 mm 未満**，微細なひび割れ部に適用する。	・シール材の選定は，挙動の少ない場合は **パテ状エポキシ樹脂**，挙動が比較的大きい場合は追従性が期待できる **可とう性エポキシ樹脂** が適する。

（注）タイル張り仕上げ外壁改修で，タイル張りを撤去しない場合のひび割れ部改修工法は，**樹脂注入工法**を適用する。

図 18.4　U カットシール材充填工法（シーリング材の場合）[2]

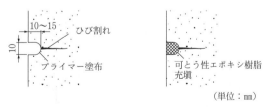

図 18.5　U カットシール材充填工法（可とう性エポキシ樹脂の場合）[2]

(2)　欠損部の改修

表 18.4　欠損部の外壁改修工法の特徴と適用上のチェックポイント
(外壁仕上げ：コンクリート打放し，モルタル塗り)

改修工法	特　徴	適用上のチェックポイント
エポキシ樹脂モルタル充填工法	・比較的**大きな欠損部**に適用する。	・厚さが 50 mm を超える場合は溶接金網やラス等を利用するとよい。
ポリマーセメントモルタル充填工法	・表面の**軽微な欠損部**に適用する。 ・エポキシ樹脂に比べてダレが生じやすい（数層に分けて塗る）。	・最大仕上げ厚さは 30 mm 程度以下とする。 ・モルタル層のみの欠損部改修工法については，ポリマーセメントモルタル充填工法とする。

(注) モルタル塗り仕上げ外壁の欠損部改修においては，欠損部の面積が 1 箇所当たり 0.25 ㎡ 程度以下の場合に，表中の**充填工法**を適用する。0.25 ㎡程度を超える場合は，**モルタル塗替え工法**とする。また，タイル張り仕上げ外壁の欠損部改修においては，**タイル部分張替え工法又はタイル張替え工法**を適用する。

(3)　浮き部の改修

　モルタル塗り仕上げ又はタイル張り仕上げを撤去しない場合の浮き部の改修は，**アンカーピンニングエポキシ樹脂注入工法**が一般的に行われている。

　呼び径 4 mm の丸棒を全ネジ切りしたアンカーピンを使用し，エポキシ樹脂を注入した孔に挿入して，エポキシ樹脂が固まり十分な接着強度が得られることで構造体コンクリートに固定する**部分エポキシ樹脂注入工法**（図 18.6），部分エポキシ樹脂注入工法を行った後に，注入専用の孔から浮き部分へ再度エポキシ樹脂を注入する**全面エポキシ樹脂注入工法**がある。

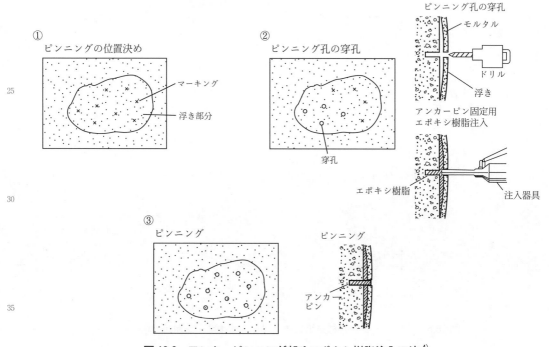

図 18.6　アンカーピンニング部分エポキシ樹脂注入工法[4]

また，近年，モルタルやタイルの浮きを機械的に固定すると同時にエポキシ樹脂を注入できる特殊な注入口付アンカーピンを使用する工法が普及してきている。**注入口付アンカーピンニングエポキシ樹脂注入工法**で，単位面積当たりの穿孔数が少なくなるので穿孔時に発生する騒音や穿孔手間が軽減される。また，エポキシ樹脂注入の際の圧力でモルタル層が浮き上がるのを防ぐアンカー効果があるので，エポキシ樹脂がまんべんなく均一に注入できる工法である。

このほか，タイル張り仕上げ外壁におけるタイル陶片の浮きに適用される**注入口付アンカーピンニングエポキシ樹脂注入タイル固定工法**がある。

表 18.5　浮き部の外壁改修工法の特徴と適用上のチェックポイント
（外壁仕上げ：モルタル塗り，タイル張り）

改修工法	特　徴	適用上のポイント
アンカーピンニング部分エポキシ樹脂注入工法	・浮き部分のうち，通常レベルの打撃力によってはく落しない部分に適用する（以下，共通）。 ・浮き部を全ネジ切りアンカーピンとエポキシ樹脂で構造体コンクリートに固定する工法。なお，注入口付アンカーピンは，浮き部を機械的に固定すると同時に，注入口よりエポキシ樹脂を注入し構造体コンクリートに固定する（以下，共通）。	・モルタルとコンクリートの間隙が完全に埋まらず，雨水が入って氷結するおそれのある場合は，全面エポキシ樹脂注入工法を選定する。
注入口付アンカーピンニング部分エポキシ樹脂注入工法		
アンカーピンニング全面エポキシ樹脂注入工法	・浮きをほぼ全面埋め一体化する工法。 ・一箇所当たりの浮き面積が比較的大きい（0.25 ㎡ 以上を目安）場合に適用する。 ・長期にわたって耐久性を確保し，特に寒冷地で雨水の浸入により凍結融解のおそれのある場合に適用する。	・部分エポキシ樹脂注入工法を行った後，打音診断で未注入部分を調査し，その部分に穿孔して打音で注入状況を確認しながら，再度，エポキシ樹脂を注入充填する。
注入口付アンカーピンニング全面エポキシ樹脂注入工法		
アンカーピンニング全面ポリマーセメントスラリー注入工法	・浮きをほぼ全面埋め一体化する工法。 ・一箇所当たりの浮き面積が比較的大きく（0.25 ㎡ 以上を目安），浮き代が大きい（1.0 ㎜ 以上を目安）場合に適用する。 ・長期にわたって耐久性を確保する場合に適用する。	・浮き部を構造体コンクリートにアンカーピンとエポキシ樹脂で固定し，かつ，残存浮き代部にポリマーセメントスラリーを注入充填する。
注入口付アンカーピンニング全面ポリマーセメントスラリー注入工法		

（注）**タイル張り仕上げ外壁の浮き部改修工法**は，タイル陶片の浮きがなく，目地モルタルが健全な場合に，構造体コンクリートと下地モルタル間等に発生している浮きに適用する。

1)　**アンカーピンニング部分エポキシ樹脂注入工法**

①　浮き部に対するアンカーピンの本数は，一般部分は **16 本 /㎡**，指定部分（見上げ面，ひさしのはな，まぐさ，隅角部分等をいう）は **25 本 /㎡** を標準とする。

　　ただし，浮き面積が 1 ㎡ 以下の場合は，標準配置グリッド（**図 18.7**）をあてはめた最大本数とする。また，狭幅部（幅 200 ㎜ 以下で帯状にはく離している幅の狭い箇所）には，幅中央に 5 本 /m とする。

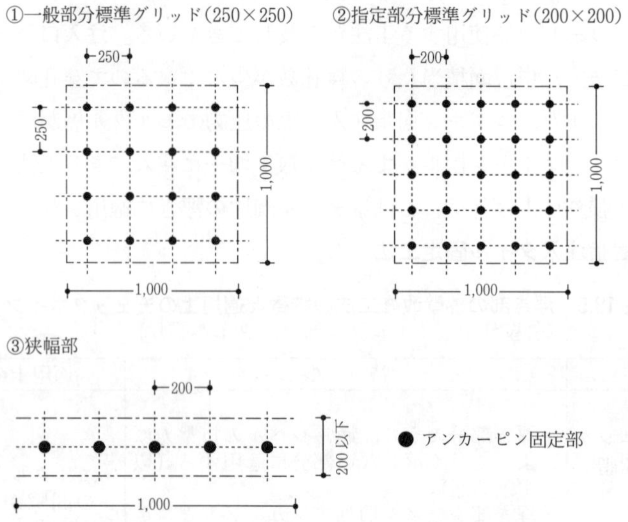
①一般部分標準グリッド(250×250)
②指定部分標準グリッド(200×200)
250
250
1,000
1,000
200
200
1,000
1,000
③狭幅部
200
200 以下
1,000
アンカーピン固定部

図 18.7　標準配置グリッド（mm）

② アンカーピン固定部の穿孔は，使用するアンカーピンの直径より 1 ～ 2 mm 大きい直径とし，壁面に直角に穿孔する。構造体コンクリート中に**30mm程度**の深さに達するまで行う。

③ 穿孔後は，孔内をブラシ等で清掃後，**圧搾空気**，**吸引機**等で接着の妨げとなる切粉等を除去する。

④ アンカーピン固定用エポキシ樹脂は，**手動注入器**を用い，アンカーピン固定部の**最深部から徐々に注入**する。注入量は，挿入孔 1 カ所当たり 25 mℓ を標準とする。

⑤ 挿入に先立ち，アンカーピンのネジ切り部分にアンカーピン固定用エポキシ樹脂を塗布してから，気泡の巻込みに注意して挿入する。

2) **注入口付アンカーピンニングエポキシ樹脂注入タイル固定工法**

タイル張りモルタル層と下地モルタル間又は下地モルタルと構造体コンクリート間等に浮きがなく，タイル陶片のみに浮きが生じている場合に適用する唯一の注入工法である。無振動ドリルを使用して**タイルの中央**に穿孔し，**注入口付アンカーピン**を直接打ち込み，エポキシ樹脂を注入してタイルを固定する。タイルの中心に穿孔するので，**小口タイル以上**の大きなタイルの浮き補修に適している。

(4) 外壁複合改修構工法

建築物の維持保全の重要性が高まるにつれて，多くの新しい外壁改修技術が開発されている。

劣化したモルタル塗り仕上げ外壁及びタイル張り仕上げ外壁等の改修工法として，**繊維ネット**及び**アンカーピン**を併用した**外壁複合改修構工法**（**ピンネット工法**とも呼ばれている）がある。

既存外壁仕上げ層を存置したまま，アンカーピンによる既存仕上げ層のはく落防止と，繊維ネットによる既存仕上げ層の一体化により安全性を確保しようとするものである。

モルタルやタイル仕上げのはく落や浮きが見られる場合の外壁全面改修や，ひさし鼻先やパラペット等の狭小部分の改修にも適用されている。

3. 内装改修工事

既存の床，壁及び天井の撤去並びに下地処理について記す。仕上げは新築工事に倣う。

なお，改修部に石綿，鉛等の有害物質を含む材料が使用されている場合は，法令等に従い処理を行う。石綿含有成形板の除去は，不用意な破損，飛散の防止のため，原則として石綿を含まない内装材及び外部建具等の撤去にさきがけて行う。

3.1　既存床の撤去及び下地補修

⑴　既存床仕上材の除去等

1)　**ビニル床シート**等の除去は，次による。

①　ビニル床シート，ビニル床タイル，ゴム床タイル等の除去は，**カッター**等で切断し，**スクレーパー**等により他の仕上材に損傷を与えないよう行う。また，必要に応じて，集じん装置付き機器を使用する。

②　**接着剤**等は，**ディスクサンダー**等により，新規仕上げの施工に支障のないよう除去する。

なお，過去に製造された既存床仕上材及び接着剤には石綿を含有するものがあり，既存床仕上げ材及び接着材の除去にあたっては注意が必要である。通常のディスクサンダーを用いたけれん作業では，石綿粉じんが飛散するおそれがある。

③　浮き，欠損部等による下地モルタルの撤去が必要な場合は，**ダイヤモンドカッター**等により，健全部分と縁を切ってから行う。また，カッターの刃の出は**モルタル厚さ以下**とする。

2)　**合成樹脂塗床材**の除去等は，次による。

既存塗床材の撤去は，**機械的方法**を基本とし，機械的除去工法で既存塗床を全面除去し，健全で強固な下地コンクリート面を出す。

既存塗床材が**新規塗床材と同材質**で，摩耗，損傷が少なく，下地に十分接着している場合は，塗重ね可能な下地とし，既存仕上げ材の表面に**目荒し処理**を行い，接着性を高める。

①　機械的除去工法

ケレン棒，電動ケレン棒，電動はつり器具，ブラスト機械等により除去する。また，必要に応じて，集じん装置付き機器を使用する。除去範囲は，下地がモルタル塗りの場合は，**モルタル塗り下地共**とする。これは，機械的除去によりモルタルが浮いたり，はく離することが多いためである。また，コンクリート下地の場合は，コンクリート**表面から 3 mm 程度**とする。

②　目荒し工法

既存仕上げ材の表面をディスクサンダー等により目荒しし，接着性を高める。また，既存下地面に油面等が見られる場合は，**油面処理用のプライマー**で処理を行う。なお，油面処理用のプライマーは，合成樹脂塗床材の製造所の指定する製品とする。

3)　**フローリング張り床材**の撤去は，次による。

①　モルタル埋込み工法によるフローリングは，**電動はつり器具，のみ**等により，**フローリングとモルタル部分**をはつり取り，切片等を除去する。

②　乾式工法によるフローリングは，**丸のこ**等で適切な寸法に切断し，ケレン棒等ではがし

取る。撤去しない部分は，必要に応じて，釘の打直しを行う。

4)　**床タイル**の撤去は，張替え部を**ダイヤモンドカッター**等で縁切りをし，タイル片を電動ケレン棒，電動はつり器具等により撤去する。

⑵　**コンクリート又はモルタル面の下地処理**

コンクリート又はモルタルの凹凸・段差部分等は，サンダー掛け，ポリマーセメントモルタルの充塡等により補修し，コンクリート金ごて仕上げ程度に仕上げる。

なお，新規仕上げが合成樹脂塗床の場合は，エポキシ樹脂モルタルにより補修する。また，床材除去後の下地コンクリートがぜい弱でプライマーの吸込みが激しい場合は，プライマーを十分含浸させ強化を図る。

3.2　既存壁の撤去

⑴　**既存壁仕上材の撤去**

1)　既存の壁下地材，下地張りボード等を残し，既存の仕上げ材を撤去する場合は，下地材，設備器具等に損傷を与えないよう行う。また，必要に応じて，集じん装置付き機器を使用する。

既存のモルタル，タイル，布地，壁紙等を撤去する場合は，既存部との取合い部をカッター等により切断し，既存部に損傷を与えないよう行う。

2)　防火認定の壁紙の張り替えは，既存の壁紙を残さず撤去し，下地基材面を露出させてから新規の壁紙を張り付けなければ防火材料に認定されない。通常壁紙を剥がすときに下地側に張り付いたまま残ってしまう**裏打紙の薄層**を，水を塗布して糊を溶解させ，残さず撤去する。

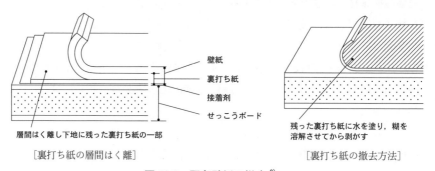

壁紙
裏打ち紙
接着剤
せっこうボード

層間はく離し下地に残った裏打ち紙の一部

残った裏打ち紙に水を塗り，糊を溶解させてから剥がす

［裏打ち紙の層間はく離］　　　［裏打ち紙の撤去方法］

図 18.8　既存壁紙の撤去 [2]

⑵　**コンクリート間仕切壁等の撤去**

1)　壁面の大半を撤去する大規模な撤去は，**油圧クラッシャ**等を使用し，他の構造体及び仕上げにできるだけ損傷を与えないよう行う。

2)　開口部等小規模な撤去は，所定の位置に両面から**ダイヤモンドカッター**等で切り込み，他の構造体及び仕上げに損傷を与えないよう行う。

3.3　既存天井の撤去及び天井下地の新設

⑴　**天井の撤去**

1)　下地材及び下地ボード等を残し，仕上げ材を撤去する場合は，設備器具等に損傷を与えな

いよう行う。また，必要に応じて，集じん装置付き機器を使用する。

2)　下地材等を含め撤去する場合は，床及びその天井に取り合う壁に損傷を与えないよう養生を行う。また，間仕切り壁と取り合う天井は，間仕切り壁の補強を行う必要がないことを確認してから撤去する。必要な場合は適切な補強を行う。

(2)　**新規天井下地の吊ボルト受け等のインサート及びあと施工アンカー**

1)　既存の埋込みインサートを使用する場合は，吊ボルトの**引抜試験**を行い，強度確認のうえ，再使用とする。

2)　新たに吊ボルト用あと施工アンカーを設ける場合は，十分耐力のあるものとし，一般的に**金属拡張アンカー**を使用する。

穿孔時に鉄筋に当たった場合は，吊ボルト等の取付けに有効で，かつ，耐力上支障のない部分に穿孔位置を変更する。なお，使用しない孔は，セメントモルタル等を充塡する。

(3)　**軽量鉄骨天井下地の新設**

軽量鉄骨天井下地の工法，開口補強，振れ止め補強等については，**第 12 節 金属工事 1. 軽量鉄骨天井下地**を参照。

第 2 章　建築施工

第18節　改修工事

第 3 章 法　　規

※「令和7年度1級建築施工管理技術検定 第一次検定・第二次検定　受検の手引」において，「Ⅱ．1級建築施工管理技術検定　受検の流れ」の「6．第二次検定の日時・試験地・試験の内容」の「(4)試験の内容」に「法令等は令和7年1月1日に有効なものとします。」と記載されているため，令和7年1月1日現在の法令を掲載しております。

（公布日：昭和 24 年 5 月 24 日　法律第 100 号／最終改正：令和 6 年 6 月 14 日　法律第 49 号）

※法，則は令和 6 年 12 月 13 日施行分まで，令は令和 7 年 1 月 1 日施行分までを反映

1.1　目的，用語の定義

目　的

> **法第 1 条**　この法律は，建設業を営む者の資質の向上，建設工事の請負契約の適正化等を図ることによって，建設工事の適正な施工を確保し，発注者を保護するとともに，建設業の健全な発達を促進し，もって公共の福祉の増進に寄与することを目的とする。

定義

建設工事

建設業

建設業者

下請契約

発注者
元請負人
下請負人

> **法第 2 条**　この法律において「建設工事」とは，土木建築に関する工事で別表第 1 の上欄に掲げるものをいう。
>
> 2　この法律において「建設業」とは，元請，下請その他いかなる名義をもってするかを問わず，建設工事の完成を請け負う営業をいう。
>
> 3　この法律において「建設業者」とは，第 3 条第 1 項の許可を受けて建設業を営む者をいう。
>
> 4　この法律において「下請契約」とは，建設工事を他の者から請け負った建設業を営む者と他の建設業を営む者との間で当該建設工事の全部又は一部について締結される請負契約をいう。
>
> 5　この法律において「発注者」とは，建設工事（他の者から請け負ったものを除く。）の注文者をいい，「元請負人」とは，下請契約における注文者で建設業者であるものをいい，「下請負人」とは，下請契約における請負人をいう。

法別表第 1

建設工事の種類と対応する建設業の許可の種類（法別表第1）

建設工事の種類	建設業の許可の種類
土木一式工事	土木工事業
建築一式工事	建築工事業
大工工事	大工工事業
左官工事	左官工事業
とび・土工・コンクリート工事	とび・土工工事業
石工事	石工事業
屋根工事	屋根工事業
電気工事	電気工事業
管工事	管工事業
タイル・れんが・ブロック工事	タイル・れんが・ブロック工事業
鋼構造物工事	鋼構造物工事業
鉄筋工事	鉄筋工事業
舗装工事	舗装工事業
しゅんせつ工事	しゅんせつ工事業
板金工事	板金工事業
ガラス工事	ガラス工事業

塗装工事	塗装工事業
防水工事	防水工事業
内装仕上工事	内装仕上工事業
機械器具設置工事	機械器具設置工事業
熱絶縁工事	熱絶縁工事業
電気通信工事	電気通信工事業
造園工事	造園工事業
さく井工事	さく井工事業
建具工事	建具工事業
水道施設工事	水道施設工事業
消防施設工事	消防施設工事業
清掃施設工事	清掃施設工事業
解体工事	解体工事業

1.2　建設業の許可

建設業の許可（通則）

大臣と知事の許可範囲

法第3条　建設業を営もうとする者は，次に掲げる区分により，この章で定めるところにより，2以上の都道府県の区域内に営業所（本店又は支店若しくは政令で定めるこれに準ずるものをいう。以下同じ。）を設けて営業をしようとする場合にあっては国土交通大臣の，1の都道府県の区域内にのみ営業所を設けて営業をしようとする場合にあっては当該営業所の所在地を管轄する都道府県知事の許可を受けなければならない。ただし，政令で定める軽微な建設工事のみを請け負うことを営業とする者は，この限りでない。

一般建設業者
特定建設業者

一　建設業を営もうとする者であって，次号に掲げる者以外のもの

二　建設業を営もうとする者であって，その営業にあたって，その者が発注者から直接請け負う1件の建設工事につき，その工事の全部又は一部を，下請代金の額（その工事に係る下請契約が2以上あるときは，下請代金の額の総額）が政令で定める金額以上となる下請契約を締結して施工しようとするもの

建設業の許可と建設工事の種類

2　前項の許可は，別表第1の上欄に掲げる建設工事の種類ごとに，それぞれ同表の下欄に掲げる建設業に分けて与えるものとする。

許可の有効期間

3　第1項の許可は，5年ごとにその更新を受けなければ，その期間の経過によって，その効力を失う。

4　前項の更新の申請があった場合において，同項の期間（以下「許可の有効期間」という。）の満了の日までにその申請に対する処分がされないときは，従前の許可は，許可の有効期間の満了後もその処分がされるまでの間は，なおその効力を有する。

5　前項の場合において，許可の更新がされたときは，その許可の有効期間は，従前の許可の有効期間の満了の日の翌日から起算するものとする。

一般建設業者が特定建設業者となったときの許可の効力	6　第1項第一号に掲げる者に係る同項の許可（第3項の許可の更新を含む。以下「一般建設業の許可」という。）を受けた者が，当該許可に係る建設業について，第1項第二号に掲げる者に係る同項の許可（第3項の許可の更新を含む。以下「特定建設業の許可」という。）を受けたときは，その者に対する当該建設業に係る一般建設業の許可は，その効力を失う。

軽微な建設工事	令第1条の2　法第3条第1項ただし書の政令で定める軽微な建設工事は，工事1件の請負代金の額が500万円（当該建設工事が建築一式工事である場合にあっては，1,500万円）に満たない工事又は建築一式工事のうち延べ面積が150㎡に満たない木造住宅を建設する工事とする。 2，3（省略）

政令で定める下請金額	令第2条　法第3条第1項第二号の政令で定める金額は，4,500万円とする。ただし，同項の許可を受けようとする建設業が建築工事業である場合においては，7,000万円とする。

附帯工事の請負	法第4条　建設業者は，許可を受けた建設業に係る建設工事を請け負う場合においては，当該建設工事に附帯する他の建設業に係る建設工事を請け負うことができる。

一般建設業の許可

許可申請書の記載事項	法第5条　一般建設業の許可（第8条第二号及び第三号を除き，以下この節において「許可」という。）を受けようとする者は，国土交通省令で定めるところにより，2以上の都道府県の区域内に営業所を設けて営業をしようとする場合にあっては国土交通大臣に，1の都道府県の区域内にのみ営業所を設けて営業をしようとする場合にあっては当該営業所の所在地を管轄する都道府県知事に，次に掲げる事項を記載した許可申請書を提出しなければならない。 一　商号又は名称 二　営業所の名称及び所在地 三　法人である場合においては，その資本金額（出資総額を含む。第24条の6第1項において同じ。）及び役員等（業務を執行する社員，取締役，執行役若しくはこれらに準ずる者又は相談役，顧問その他いかなる名称を有する者であるかを問わず，法人に対し業務を執行する社員，取締役，執行役若しくはこれらに準ずる者と同等以上の支配力を有するものと認められる者をいう。以下同じ。）の氏名 四　個人である場合においては，その者の氏名及び支配人があるときは，

その者の氏名

　　五　その営業所ごとに置かれる第 7 条第二号に規定する営業所技術者の氏名

　　六　許可を受けようとする建設業

　　七　他に営業を行っている場合においては，その営業の種類

許可の基準	**法第 7 条**　国土交通大臣又は都道府県知事は，許可を受けようとする者が次に掲げる基準に適合していると認めるときでなければ，許可をしてはならない。
常勤役員 1 人等の資格	一　建設業に係る経営業務の管理を適正に行うに足りる能力を有するものとして国土交通省令で定める基準に適合する者であること。
営業所ごとの専任の技術者の資格	二　その営業所ごとに，営業所技術者（建設工事の請負契約の締結及び履行の業務に関する技術上の管理をつかさどる者であって，次のいずれかに該当する者をいう。第 11 条第 4 項及び第 26 条の 5 において同じ。）を専任の者として置く者であること。 　　イ　許可を受けようとする建設業に係る建設工事に関し学校教育法（昭和 22 年法律第 26 号）による高等学校（旧中等学校令（昭和 18 年勅令第 36 号）による実業学校を含む。第 26 条の 8 第 1 項第二号ロにおいて同じ。）若しくは中等教育学校を卒業した後 5 年以上又は同法による大学（旧大学令（大正 7 年勅令第 388 号）による大学を含む。同号ロにおいて同じ。）若しくは高等専門学校（旧専門学校令（明治 36 年勅令第 61 号）による専門学校を含む。同号ロにおいて同じ。）を卒業した（中略）後 3 年以上実務の経験を有する者で在学中に国土交通省令で定める学科を修めたもの 　　ロ　許可を受けようとする建設業に係る建設工事に関し 10 年以上実務の経験を有する者 　　ハ　国土交通大臣がイ又はロに掲げる者と同等以上の知識及び技術又は技能を有するものと認定した者
法人，役員，個人等の誠実性	三　法人である場合においては当該法人又はその役員等若しくは政令で定める使用人が，個人である場合においてはその者又は政令で定める使用人が，請負契約に関して不正又は不誠実な行為をするおそれが明らかな者でないこと。
財産的基礎等	四　請負契約（第 3 条第 1 項ただし書の政令で定める軽微な建設工事に係るものを除く。）を履行するに足りる財産的基礎又は金銭的信用を有しないことが明らかな者でないこと。

特定建設業の許可

許可の基準	**法第 15 条**　国土交通大臣又は都道府県知事は，特定建設業の許可を受け

ようとする者が次に掲げる基準に適合していると認めるときでなければ，許可をしてはならない。

一　第7条第一号及び第三号に該当する者であること。

法人の役員，
個人等の資格

二　その営業所ごとに，特定営業所技術者（建設工事の請負契約の締結及び履行の業務に関する技術上の管理をつかさどる者であって，次のいずれかに該当する者をいう。第26条の5において同じ。）を専任の者として置く者であること。ただし，施工技術（設計図書に従って建設工事を適正に実施するために必要な専門の知識及びその応用能力をいう。以下同じ。）の総合性，施工技術の普及状況その他の事情を考慮して政令で定める建設業（以下「指定建設業」という。）の許可を受けようとする者にあっては，その営業所ごとに置くべき専任の者は，イに該当する者又はハの規定により国土交通大臣がイに掲げる者と同等以上の能力を有するものと認定した者でなければならない。

営業所ごとの
専任の技術者の
資格

イ　第27条第1項の規定による技術検定その他の法令の規定による試験で許可を受けようとする建設業の種類に応じ国土交通大臣が定めるものに合格した者又は他の法令の規定による免許で許可を受けようとする建設業の種類に応じ国土交通大臣が定めるものを受けた者

ロ　第7条第二号イ，ロ又はハに該当する者のうち，許可を受けようとする建設業に係る建設工事で，発注者から直接請け負い，その請負代金の額が政令で定める金額以上であるものに関し2年以上指導監督的な実務の経験を有する者

ハ　国土交通大臣がイ又はロに掲げる者と同等以上の能力を有するものと認定した者

財産的基礎

三　発注者との間の請負契約で，その請負代金の額が政令で定める金額以上であるものを履行するに足りる財産的基礎を有すること。

指定建設業

令第5条の2　法第15条第二号ただし書の政令で定める建設業は，次に掲げるものとする。

一　土木工事業

二　建築工事業

三　電気工事業

四　管工事業

五　鋼構造物工事業

六　舗装工事業

七　造園工事業

令第5条の3　法第15条第二号ロの政令で定める金額は，4,500万円とする。

	令第 5 条の 4　法第 15 条第三号の政令で定める金額は，8,000 万円とする。
下請契約の締結の制限	**法第 16 条**　特定建設業の許可を受けた者でなければ，その者が発注者から直接請け負った建設工事を施工するための次の各号の一に該当する下請契約を締結してはならない。 一　その下請契約に係る下請代金の額が，1 件で，第 3 条第 1 項第二号の政令で定める金額以上である下請契約 二　その下請契約を締結することにより，その下請契約及びすでに締結された当該建設工事を施工するための他のすべての下請契約に係る下請代金の額の総額が，第 3 条第 1 項第二号の政令で定める金額以上となる下請契約

1.3　建設工事の請負契約

請負契約の原則	**法第 18 条**　建設工事の請負契約の当事者は，各々の対等な立場における合意に基いて公正な契約を締結し，信義に従って誠実にこれを履行しなければならない。
請負契約書の記載内容	**法第 19 条**　建設工事の請負契約の当事者は，前条の趣旨に従って，契約の締結に際して次に掲げる事項を書面に記載し，署名又は記名押印をして相互に交付しなければならない。 一　工事内容 二　請負代金の額 三　工事着手の時期及び工事完成の時期 四　工事を施工しない日又は時間帯の定めをするときは，その内容 五　請負代金の全部又は一部の前金払又は出来形部分に対する支払の定めをするときは，その支払の時期及び方法 六　当事者の一方から設計変更又は工事着手の延期若しくは工事の全部若しくは一部の中止の申出があった場合における工期の変更，請負代金の額の変更又は損害の負担及びそれらの額の算定方法に関する定め 七　天災その他不可抗力による工期の変更又は損害の負担及びその額の算定方法に関する定め 八　価格等（物価統制令（昭和 21 年勅令第 118 号）第 2 条に規定する価格等をいう。）の変動又は変更に基づく工事内容の変更又は請負代金の額の変更及びその額の算定方法に関する定め 九　工事の施工により第三者が損害を受けた場合における賠償金の負担に関する定め 十　注文者が工事に使用する資材を提供し，又は建設機械その他の機械を貸与するときは，その内容及び方法に関する定め

第 3 章　法　規

十一　注文者が工事の全部又は一部の完成を確認するための検査の時期
　　及び方法並びに引渡しの時期

十二　工事完成後における請負代金の支払の時期及び方法

十三　工事の目的物が種類又は品質に関して契約の内容に適合しない場
　　合におけるその不適合を担保すべき責任又は当該責任の履行に関して
　　講ずべき保証保険契約の締結その他の措置に関する定めをするとき
　　は，その内容

十四　各当事者の履行の遅滞その他債務の不履行の場合における遅延利
　　息，違約金その他の損害金

十五　契約に関する紛争の解決方法

十六　その他国土交通省令で定める事項

2　請負契約の当事者は，請負契約の内容で前項に掲げる事項に該当する
　ものを変更するときは，その変更の内容を書面に記載し，署名又は記名
　押印をして相互に交付しなければならない。

3（省略）

現場代理人の権限等の通知

法第 19 条の 2　請負人は，請負契約の履行に関し工事現場に現場代理人
　を置く場合においては，当該現場代理人の権限に関する事項及び当該現
　場代理人の行為についての注文者の請負人に対する意見の申出の方法
　（第 3 項において「現場代理人に関する事項」という。）を，書面により
　注文者に通知しなければならない。

監督員の権限等の通知

2　注文者は，請負契約の履行に関し工事現場に監督員を置く場合におい
　ては，当該監督員の権限に関する事項及び当該監督員の行為についての
　請負人の注文者に対する意見の申出の方法（第 4 項において「監督員に
　関する事項」という。）を，書面により請負人に通知しなければならない。

3，4（省略）

不当に低い請負代金の禁止

法第 19 条の 3　注文者は，自己の取引上の地位を不当に利用して，その
　注文した建設工事を施工するために通常必要と認められる原価に満たな
　い金額を請負代金の額とする請負契約を締結してはならない。

契約後の機材購入先の強制指定禁止

法第 19 条の 4　注文者は，請負契約の締結後，自己の取引上の地位を不
　当に利用して，その注文した建設工事に使用する資材若しくは機械器具
　又はこれらの購入先を指定し，これらを請負人に購入させて，その利益
　を害してはならない。

著しく短い工期の禁止

法第 19 条の 5　注文者は，その注文した建設工事を施工するために通常
　必要と認められる期間に比して著しく短い期間を工期とする請負契約を

締結してはならない。

発注者に対する 勧告等	**法第19条の6**　建設業者と請負契約を締結した発注者（私的独占の禁止 及び公正取引の確保に関する法律（昭和22年法律第54号）第2条第1 項に規定する事業者に該当するものを除く。）が第19条の3又は第19 条の4の規定に違反した場合において，特に必要があると認めるときは， 当該建設業者の許可をした国土交通大臣又は都道府県知事は，当該発注 者に対して必要な勧告をすることができる。 2　建設業者と請負契約（請負代金の額が政令で定める金額以上であるも のに限る。）を締結した発注者が前条の規定に違反した場合において， 特に必要があると認めるときは，当該建設業者の許可をした国土交通大 臣又は都道府県知事は，当該発注者に対して必要な勧告をすることがで きる。 3　国土交通大臣又は都道府県知事は，前項の勧告を受けた発注者がその 勧告に従わないときは，その旨を公表することができる。 4　国土交通大臣又は都道府県知事は，第1項又は第2項の勧告を行うた め必要があると認めるときは，当該発注者に対して，報告又は資料の提 出を求めることができる。
建設工事の 見積り等	**法第20条**　建設業者は，建設工事の請負契約を締結するに際して，工事 内容に応じ，工事の種別ごとの材料費，労務費その他の経費の内訳並び に工事の工程ごとの作業及びその準備に必要な日数を明らかにして，建 設工事の見積りを行うよう努めなければならない。 2　建設業者は，建設工事の注文者から請求があったときは，請負契約が 成立するまでの間に，建設工事の見積書を交付しなければならない。 3（省略） 4　建設工事の注文者は，請負契約の方法が随意契約による場合にあって は契約を締結するまでに，入札の方法により競争に付する場合にあって は入札を行うまでに，第19条第1項第一号及び第三号から第十六号ま でに掲げる事項について，できる限り具体的な内容を提示し，かつ，当 該提示から当該契約の締結又は入札までに，建設業者が当該建設工事の 見積りをするために必要な政令で定める一定の期間を設けなければなら ない。
工期等に影響を 及ぼす事象に 関する情報の 通知等	**法第20条の2**　建設工事の注文者は，当該建設工事について，地盤の沈 下その他の工期又は請負代金の額に影響を及ぼすものとして国土交通省 令で定める事象が発生するおそれがあると認めるときは，請負契約を締 結するまでに，国土交通省令で定めるところにより，建設業者に対して，

第3章　法規

その旨を当該事象の状況の把握のため必要な情報と併せて通知しなければならない。

2　建設業者は，その請け負う建設工事について，主要な資材の供給の著しい減少，資材の価格の高騰その他の工期又は請負代金の額に影響を及ぼすものとして国土交通省令で定める事象が発生するおそれがあると認めるときは，請負契約を締結するまでに，国土交通省令で定めるところにより，注文者に対して，その旨を当該事象の状況の把握のため必要な情報と併せて通知しなければならない。

3　前項の規定による通知をした建設業者は，同項の請負契約の締結後，当該通知に係る同項に規定する事象が発生した場合には，注文者に対して，第19条第1項第七号又は第八号の定めに従った工期の変更，工事内容の変更又は請負代金の額の変更についての協議を申し出ることができる。

4　前項の協議の申出を受けた注文者は，当該申出が根拠を欠く場合その他正当な理由がある場合を除き，誠実に当該協議に応ずるよう努めなければならない。

契約の保証

法第21条　建設工事の請負契約において請負代金の全部又は一部の前金払をする定がなされたときは，注文者は，建設業者に対して前金払をする前に，保証人を立てることを請求することができる。但し，公共工事の前払金保証事業に関する法律（昭和27年法律第184号）第2条第4項に規定する保証事業会社の保証に係る工事又は政令で定める軽微な工事については，この限りでない。

保証の内容

2　前項の請求を受けた建設業者は，左の各号の一に規定する保証人を立てなければならない。

一　建設業者の債務不履行の場合の遅延利息，違約金その他の損害金の支払の保証人

二　建設業者に代って自らその工事を完成することを保証する他の建設業者

保証人を立てないときの前金払

3　建設業者が第1項の規定により保証人を立てることを請求された場合において，これを立てないときは，注文者は，契約の定にかかわらず，前金払をしないことができる。

軽微な工事の金額

令第6条の2　法第21条第1項ただし書の政令で定める軽微な工事は，工事1件の請負代金の額が500万円に満たない工事とする。

一括下請負の禁止

法第22条　建設業者は，その請け負った建設工事を，いかなる方法をもってするかを問わず，一括して他人に請け負わせてはならない。

一括下請負の 禁止適用除外	2　建設業を営む者は，建設業者から当該建設業者の請け負った建設工事を一括して請け負ってはならない。 3　前二項の建設工事が多数の者が利用する施設又は工作物に関する重要な建設工事で政令で定めるもの以外の建設工事である場合において，当該建設工事の元請負人があらかじめ発注者の書面による承諾を得たときは，これらの規定は，適用しない。 4（省略）
一括下請負の 禁止の対象	**令第6条の3**　法第22条第3項の政令で定める重要な建設工事は，共同住宅を新築する建設工事とする。
公共工事の一括 下請負の禁止	**公共工事の入札及び契約の適正化の促進に関する法律** **第14条**　公共工事については，建設業法第22条第3項の規定は，適用しない。
不適当な下請負 人の変更	**法第23条**　注文者は，請負人に対して，建設工事の施工につき著しく不適当と認められる下請負人があるときは，その変更を請求することができる。ただし，あらかじめ注文者の書面による承諾を得て選定した下請負人については，この限りでない。 2（省略）
請負契約とみな す場合	**法第24条**　委託その他いかなる名義をもってするかを問わず，報酬を得て建設工事の完成を目的として締結する契約は，建設工事の請負契約とみなして，この法律の規定を適用する。

1.4　元請負人の義務（下請負人の保護，指導等）

下請負人の意見 聴取	**法第24条の2**　元請負人は，その請け負った建設工事を施工するために必要な工程の細目，作業方法その他元請負人において定めるべき事項を定めようとするときは，あらかじめ，下請負人の意見をきかなければならない。
下請代金の支払 期限	**法第24条の3**　元請負人は，請負代金の出来形部分に対する支払又は工事完成後における支払を受けたときは，当該支払の対象となった建設工事を施工した下請負人に対して，当該元請負人が支払を受けた金額の出来形に対する割合及び当該下請負人が施工した出来形部分に相応する下請代金を，当該支払を受けた日から1月以内で，かつ，できる限り短い期間内に支払わなければならない。 2　前項の場合において，元請負人は，同項に規定する下請代金のうち労

	務費に相当する部分については，現金で支払うよう適切な配慮をしなければならない。
下請負人の着手費用への配慮	3　元請負人は，前払金の支払を受けたときは，下請負人に対して，資材の購入，労働者の募集その他建設工事の着手に必要な費用を前払金として支払うよう適切な配慮をしなければならない。
下請工事の完成確認検査の期限	**法第24条の4**　元請負人は，下請負人からその請け負った建設工事が完成した旨の通知を受けたときは，当該通知を受けた日から20日以内で，かつ，できる限り短い期間内に，その完成を確認するための検査を完了しなければならない。
工事目的物の引渡し	2　元請負人は，前項の検査によって建設工事の完成を確認した後，下請負人が申し出たときは，直ちに，当該建設工事の目的物の引渡しを受けなければならない。ただし，下請契約において定められた工事完成の時期から20日を経過した日以前の一定の日に引渡しを受ける旨の特約がされている場合には，この限りでない。
不利益取扱いの禁止	**法第24条の5**　元請負人は，当該元請負人について第19条の3，第19条の4，第24条の3第1項，前条又は次条第3項若しくは第4項の規定に違反する行為があるとして下請負人が国土交通大臣等（当該元請負人が許可を受けた国土交通大臣又は都道府県知事をいう。），公正取引委員会又は中小企業庁長官にその事実を通報したことを理由として，当該下請負人に対して，取引の停止その他の不利益な取扱いをしてはならない。

1.5　特定建設業者の下請代金支払義務等

支払期日	**法第24条の6**　特定建設業者が注文者となった下請契約（下請契約における請負人が特定建設業者又は資本金額が政令で定める金額以上の法人であるものを除く。以下この条において同じ。）における下請代金の支払期日は，第24条の4第2項の申出の日（同項ただし書の場合にあっては，その一定の日。以下この条において同じ。）から起算して50日を経過する日以前において，かつ，できる限り短い期間内において定められなければならない。
支払期日が未定，又は違反しているときの定め	2　特定建設業者が注文者となった下請契約において，下請代金の支払期日が定められなかったときは第24条の4第2項の申出の日が，前項の規定に違反して下請代金の支払期日が定められたときは同条第2項の申出の日から起算して50日を経過する日が下請代金の支払期日と定められたものとみなす。
	3，4（省略）

政令の金額	**令第7条の2**　法第24条の6第1項の政令で定める金額は，4,000万円とする。

下請負人の指導義務	**法第24条の7**　発注者から直接建設工事を請け負った特定建設業者は，当該建設工事の下請負人が，その下請負に係る建設工事の施工に関し，この法律の規定又は建設工事の施工若しくは建設工事に従事する労働者の使用に関する法令の規定で政令で定めるものに違反しないよう，当該下請負人の指導に努めるものとする。
下請負人の違反指摘，是正請求義務	2　前項の特定建設業者は，その請け負った建設工事の下請負人である建設業を営む者が同項に規定する規定に違反していると認めたときは，当該建設業を営む者に対し，当該違反している事実を指摘して，その是正を求めるように努めるものとする。
下請負人の違反通報義務	3　第1項の特定建設業者が前項の規定により是正を求めた場合において，当該建設業を営む者が当該違反している事実を是正しないときは，同項の特定建設業者は，当該建設業を営む者が建設業者であるときはその許可をした国土交通大臣若しくは都道府県知事又は営業としてその建設工事の行われる区域を管轄する都道府県知事に，その他の建設業を営む者であるときはその建設工事の現場を管轄する都道府県知事に，速やかに，その旨を通報しなければならない。

1.6　施工体制台帳及び施工体系図の作成等

施工体制台帳・施工体系図の作成等	**法第24条の8**　特定建設業者は，発注者から直接建設工事を請け負った場合において，当該建設工事を施工するために締結した下請契約の請負代金の額（当該下請契約が2以上あるときは，それらの請負代金の額の総額）が政令で定める金額以上になるときは，建設工事の適正な施工を確保するため，国土交通省令で定めるところにより，当該建設工事について，下請負人の商号又は名称，当該下請負人に係る建設工事の内容及び工期その他の国土交通省令で定める事項を記載した施工体制台帳を作成し，工事現場ごとに備え置かなければならない。
再下請負人の通知	2　前項の建設工事の下請負人は，その請け負った建設工事を他の建設業を営む者に請け負わせたときは，国土交通省令で定めるところにより，同項の特定建設業者に対して，当該他の建設業を営む者の商号又は名称，当該者の請け負った建設工事の内容及び工期その他の国土交通省令で定める事項を通知しなければならない。
発注者の閲覧	3　第1項の特定建設業者は，同項の発注者から請求があったときは，同項の規定により備え置かれた施工体制台帳を，その発注者の閲覧に供しなければならない。

第3章　法　規

| 施工体系図の掲示 | 4　第1項の特定建設業者は，国土交通省令で定めるところにより，当該建設工事における各下請負人の施工の分担関係を表示した施工体系図を作成し，これを当該工事現場の見やすい場所に掲げなければならない。 |

(注)　公共工事の入札及び契約の適正化の促進に関する法律の改正（平成27年4月1日施行）により，公共工事については下請金額の下限を撤廃し，公共工事を受注した建設業者が下請契約を締結するときは，その金額にかかわらず，施工体制台帳を作成し，その写しを発注者に提出するものとなった。

| 政令の金額 | **令第7条の4**　法第24条の8第1項の政令で定める金額は，4,500万円とする。ただし，特定建設業者が発注者から直接請け負った建設工事が建築一式工事である場合においては，7,000万円とする。 |

| 施工体制台帳の記載事項等 | **則第14条の2**　法第24条の8第1項の国土交通省令で定める事項は，次のとおりとする。 |

一　作成建設業者（法第24条の8第1項の規定（公共工事の入札及び契約の適正化の促進に関する法律（平成12年法律第127号。次項第一号において「入札契約適正化法」という。）第15条第1項の規定により読み替えて適用される場合を含む。）により施工体制台帳を作成する場合における当該建設業者をいう。以下同じ。）に関する次に掲げる事項

　イ　許可を受けて営む建設業の種類

　ロ　健康保険法第48条の規定による被保険者の資格の取得の届出，厚生年金保険法第27条の規定による被保険者の資格の取得の届出及び雇用保険法第7条の規定による被保険者となったことの届出の状況（第三号ハにおいて「健康保険等の加入状況」という。）

二　作成建設業者が請け負った建設工事に関する次に掲げる事項

　イ　建設工事の名称，内容及び工期

　ロ　発注者と請負契約を締結した年月日，当該発注者の商号，名称又は氏名及び住所並びに当該請負契約を締結した営業所の名称及び所在地

　ハ　発注者が監督員を置くときは，当該監督員の氏名及び法第19条の2第2項に規定する通知事項

　ニ　作成建設業者が現場代理人を置くときは，当該現場代理人の氏名及び法第19条の2第1項に規定する通知事項

　ホ　主任技術者又は監理技術者の氏名，その者が有する主任技術者資格（建設業の種類に応じ，法第7条第二号イ若しくはロに規定する実務の経験若しくは学科の修得又は同号ハの規定による国土交通大

臣の認定があることをいう。以下同じ。）又は監理技術者資格及び
その者が専任の主任技術者又は監理技術者であるか否かの別

　ヘ　法第 26 条第 3 項ただし書の規定により監理技術者の行うべき法
第 26 条の 4 第 1 項に規定する職務を補佐する者（以下「監理技術
者補佐」という。）を置くときは，その者の氏名及びその者が有す
る監理技術者補佐資格（主任技術者資格を有し，かつ，令第 28 条
第一号に規定する国土交通大臣が定める要件に該当すること，又は
同条第二号の規定による国土交通大臣の認定があることをいう。次
項第三号及び第 26 条第 2 項第三号イにおいて同じ。）

　ト　法第 26 条の 2 第 1 項又は第 2 項の規定により建設工事の施工の
技術上の管理をつかさどる者でホの主任技術者若しくは監理技術者
又はヘの監理技術者補佐以外のものを置くときは，その者の氏名，
その者が管理をつかさどる建設工事の内容及びその者が有する主任
技術者資格

　チ　建設工事に従事する者に関する次に掲げる事項（建設工事に従事
する者が希望しない場合においては，(6) に掲げるものを除く。）

　　(1)　氏名，生年月日及び年齢

　　(2)　職種

　　(3)　健康保険法又は国民健康保険法（昭和 33 年法律第 192 号）
による医療保険，国民年金法（昭和 34 年法律第 141 号）又は
厚生年金保険法による年金及び雇用保険法による雇用保険（第
四号チ (3) において「社会保険」という。）の加入等の状況

　　(4)　中小企業退職金共済法（昭和 34 年法律第 160 号）第 2 条第
7 項に規定する被共済者に該当する者（第四号チ (4) におい
て単に「被共済者」という。）であるか否かの別

　　(5)　安全衛生に関する教育を受けているときは，その内容

　　(6)　建設工事に係る知識及び技術又は技能に関する資格

　リ　出入国管理及び難民認定法（昭和 26 年政令第 319 号）別表第 1
の 2 の表の特定技能の在留資格（中略）を決定された者（第四号リ
において「一号特定技能外国人」という。），及び同表の技能実習の
在留資格を決定された者（第四号リにおいて「外国人技能実習生」
という。）の従事の状況

三　前号の建設工事の下請負人に関する次に掲げる事項

　イ　商号又は名称及び住所

　ロ　当該下請負人が建設業者であるときは，その者の許可番号及びそ
の請け負った建設工事に係る許可を受けた建設業の種類

　ハ　健康保険等の加入状況

四　前号の下請負人が請け負った建設工事に関する次に掲げる事項

第 3 章　法　規

イ　建設工事の名称，内容及び工期

ロ　当該下請負人が注文者と下請契約を締結した年月日

ハ　注文者が監督員を置くときは，当該監督員の氏名及び法第19条の2第2項に規定する通知事項

ニ　当該下請負人が現場代理人を置くときは，当該現場代理人の氏名及び法第19条の2第1項に規定する通知事項

ホ　当該下請負人が建設業者であるときは，その者が置く主任技術者の氏名，当該主任技術者が有する主任技術者資格及び当該主任技術者が専任の者であるか否かの別

ヘ　当該下請負人が法第26条の2第1項又は第2項の規定により建設工事の施工の技術上の管理をつかさどる者でホの主任技術者以外のものを置くときは，当該者の氏名，その者が管理をつかさどる建設工事の内容及びその有する主任技術者資格

ト　当該建設工事が作成建設業者の請け負わせたものであるときは，当該建設工事について請負契約を締結した作成建設業者の営業所の名称及び所在地

チ　建設工事に従事する者に関する次に掲げる事項（建設工事に従事する者が希望しない場合においては，（6）に掲げるものを除く。）

(1)　氏名，生年月日及び年齢

(2)　職種

(3)　社会保険の加入等の状況

(4)　被共済者であるか否かの別

(5)　安全衛生に関する教育を受けているときは，その内容

(6)　建設工事に係る知識及び技術又は技能に関する資格

リ　一号特定技能外国人及び外国人技能実習生の従事の状況

2～4（省略）

施工体系図の表示事項等

則第14条の6　施工体系図は，第一号及び第二号に掲げる事項を表示するほか，第三号及び第四号に掲げる事項を第三号の下請負人ごとに，かつ，各下請負人の施工の分担関係が明らかとなるよう系統的に表示して作成しておかなければならない。

一　作成建設業者の商号又は名称

二　作成建設業者が請け負つた建設工事に関する次に掲げる事項

イ　建設工事の名称及び工期

ロ　発注者の商号，名称又は氏名

ハ　当該作成建設業者が置く主任技術者又は監理技術者の氏名

ニ　監理技術者補佐を置くときは，その者の氏名

　　ホ　第 14 条の 2 第 1 項第二号トに規定する者を置くときは，その者
　　　の氏名及びその者が管理をつかさどる建設工事の内容
　三　前号の建設工事の下請負人で現にその請け負った建設工事を施工し
　　ているものに関する次に掲げる事項（下請負人が建設業者でない場合
　　においては，イ及びロに掲げる事項に限る。）
　　イ　商号又は名称
　　ロ　代表者の氏名
　　ハ　一般建設業又は特定建設業の別
　　ニ　許可番号
　四　前号の請け負った建設工事に関する次に掲げる事項（下請負人が建
　　設業者でない場合においては，イに掲げる事項に限る。）
　　イ　建設工事の内容及び工期
　　ロ　特定専門工事（法第 26 条の 3 第 2 項に規定する「特定専門工事」
　　　をいう。第 17 条の 8 において同じ。）の該当の有無
　　ハ　下請負人が置く主任技術者の氏名
　　ニ　第 14 条の 2 第 1 項第四号ヘに規定する者を置くときは，その者
　　　の氏名及びその者が管理をつかさどる建設工事の内容

公共工事におけ
る取扱い

公共工事の入札及び契約の適正化の促進に関する法律

法第 15 条　公共工事についての建設業法第 24 条の 8 第 1 項，第 2 項及び
　第 4 項の規定の適用については，これらの規定中「特定建設業者」とあ
　るのは「建設業者」と，同条第 1 項中「締結した下請契約の請負代金の
　額（当該下請契約が 2 以上あるときは，それらの請負代金の額の総額）
　が政令で定める金額以上になる」とあるのは「下請契約を締結した」と，
　同条第 4 項中「見やすい場所」とあるのは「工事関係者が見やすい場所
　及び公衆が見やすい場所」とする。
2　公共工事の受注者（前項の規定により読み替えて適用される建設業法
　第 24 条の 8 第 1 項の規定により同項に規定する施工体制台帳（以下単
　に「施工体制台帳」という。）を作成しなければならないこととされて
　いるものに限る。）は，当該公共工事に関する工事現場の施工体制を発
　注者が情報通信技術を利用する方法により確認することができる措置と
　して国土交通省令で定めるものを講じている場合を除き，作成した施工
　体制台帳（同項の規定により記載すべきものとされた事項に変更が生じ
　たことに伴い新たに作成されたものを含む。）の写しを発注者に提出し
　なければならない。この場合においては，同条第 3 項の規定は，適用し
　ない。
3　前項の公共工事の受注者は，発注者から，公共工事の施工の技術上の
　管理をつかさどる者（第 17 条第 1 項において「施工技術者」という。）

第 3 章　法　　規

の設置の状況その他の工事現場の施工体制が施工体制台帳の記載に合致しているかどうかの点検を求められたときは，これを受けることを拒んではならない。

1.7　施工技術の確保（主任技術者及び監理技術者）

施工技術の確保
努力義務

法第 25 条の 27　建設業者は，建設工事の担い手の育成及び確保その他の施工技術の確保に努めなければならない。

2　建設業者は，その労働者が有する知識，技能その他の能力についての公正な評価に基づく適正な賃金の支払その他の労働者の適切な処遇を確保するための措置を効果的に実施するよう努めなければならない。

3　建設工事に従事する者は，建設工事を適正に実施するために必要な知識及び技術又は技能の向上に努めなければならない。

4　国土交通大臣は，前三項の規定による取組に資するため，必要に応じ，講習及び調査の実施，資料の提供その他の措置を講ずるものとする。

主任技術者の
設置

法第 26 条　建設業者は，その請け負った建設工事を施工するときは，当該建設工事に関し第 7 条第二号イ，ロ又はハに該当する者で当該工事現場における建設工事の施工の技術上の管理をつかさどるもの（以下「主任技術者」という。）を置かなければならない。

監理技術者の
設置

2　発注者から直接建設工事を請け負った特定建設業者は，当該建設工事を施工するために締結した下請契約の請負代金の額（当該下請契約が 2 以上あるときは，それらの請負代金の額の総額）が第 3 条第 1 項第二号の政令で定める金額以上になる場合においては，前項の規定にかかわらず，当該建設工事に関し第 15 条第二号イ，ロ又はハに該当する者（当該建設工事に係る建設業が指定建設業である場合にあっては，同号イに該当する者又は同号ハの規定により国土交通大臣が同号イに掲げる者と同等以上の能力を有するものと認定した者）で当該工事現場における建設工事の施工の技術上の管理をつかさどるもの（以下「監理技術者」という。）を置かなければならない。

主任技術者，監
理技術者が専任
を要する工事

3　公共性のある施設若しくは工作物又は多数の者が利用する施設若しくは工作物に関する重要な建設工事で政令で定めるものについては，前二項の規定により置かなければならない主任技術者又は監理技術者は，工事現場ごとに，専任の者でなければならない。ただし，次に掲げる主任技術者又は監理技術者については，この限りでない。

一　当該建設工事が次のイからハまでに掲げる要件のいずれにも該当する場合における主任技術者又は監理技術者

イ　当該建設工事の請負代金の額が政令で定める金額未満となるものであること。

　　　ロ　当該建設工事の工事現場間の移動時間又は連絡方法その他の当該
　　　　工事現場の施工体制の確保のために必要な事項に関し国土交通省令
　　　　で定める要件に適合するものであること。

　　　ハ　主任技術者又は監理技術者が当該建設工事の工事現場の状況の確
　　　　認その他の当該工事現場に係る第 26 条の 4 第 1 項に規定する職務
　　　　を情報通信技術を利用する方法により行うため必要な措置として国
　　　　土交通省令で定めるものが講じられるものであること。

　二　当該建設工事の工事現場に，当該監理技術者の行うべき第 26 条の
　　　4 第 1 項に規定する職務を補佐する者として，当該建設工事に関し第
　　　15 条第二号イ，ロ又はハに該当する者に準ずる者として政令で定め
　　　る者を専任で置く場合における監理技術者

4　前項ただし書の規定は，同項各号の建設工事の工事現場の数が，同一
　の主任技術者又は監理技術者が各工事現場に係る第 26 条の 4 第 1 項に
　規定する職務を行ったとしてもその適切な遂行に支障を生ずるおそれが
　ないものとして政令で定める数を超えるときは，適用しない。

5　第 3 項の規定により専任の者でなければならない監理技術者（同項各
　号に規定する監理技術者を含む。次項において同じ。）は，第 27 条の 18
　第 1 項の規定による監理技術者資格者証の交付を受けている者であって，
　第 26 条の 6 から第 26 条の 8 までの規定により国土交通大臣の登録を受
　けた講習を受講したもののうちから，これを選任しなければならない。

6　前項の規定により選任された監理技術者は，発注者から請求があった
　ときは，監理技術者資格者証を提示しなければならない。

主任技術者の配置義務の緩和

法第 26 条の 3　特定専門工事の元請負人及び下請負人（建設業者である
　下請負人に限る。以下この条において同じ。）は，その合意により，当
　該元請負人が当該特定専門工事につき第 26 条第 1 項の規定により置か
　なければならない主任技術者が，その行うべき次条第 1 項に規定する職
　務と併せて，当該下請負人がその下請負に係る建設工事につき第 26 条
　第 1 項の規定により置かなければならないこととされる主任技術者の行
　うべき次条第 1 項に規定する職務を行うこととすることができる。この
　場合において，当該下請負人は，第 26 条第 1 項の規定にかかわらず，
　その下請負に係る建設工事につき主任技術者を置くことを要しない。

2　前項の「特定専門工事」とは，土木一式工事又は建築一式工事以外の
　建設工事のうち，その施工技術が画一的であり，かつ，その施工の技術
　上の管理の効率化を図る必要があるものとして政令で定めるものであっ
　て，当該建設工事の元請負人がこれを施工するために締結した下請契約
　の請負代金の額（当該下請契約が 2 以上あるときは，それらの請負代金
　の額の総額。以下この項において同じ。）が政令で定める金額未満とな

565

るものをいう。ただし，元請負人が発注者から直接請け負った建設工事であって，当該元請負人がこれを施工するために締結した下請契約の請負代金の額が第26条第2項に規定する金額以上となるものを除く。

3　第1項の合意は，書面により，当該特定専門工事（前項に規定する特定専門工事をいう。第7項において同じ。）の内容，当該元請負人が置く主任技術者の氏名その他の国土交通省令で定める事項を明らかにしてするものとする。

4　第1項の元請負人及び下請負人は，前項の規定による書面による合意に代えて，電子情報処理組織を使用する方法その他の情報通信の技術を利用する方法であって国土交通省令で定めるものにより第1項の合意をすることができる。この場合において，当該元請負人及び下請負人は，当該書面による合意をしたものとみなす。

5　第1項の元請負人は，同項の合意をしようとするときは，あらかじめ，注文者の書面による承諾を得なければならない。

6　注文者は，前項の規定による書面による承諾に代えて，政令で定めるところにより，同項の元請負人の承諾を得て，電子情報処理組織を使用する方法その他の情報通信の技術を利用する方法であって国土交通省令で定めるものにより，同項の承諾をする旨の通知をすることができる。この場合において，当該注文者は，当該書面による承諾をしたものとみなす。

7　第1項の元請負人が置く主任技術者は，次に掲げる要件のいずれにも該当する者でなければならない。
一　当該特定専門工事と同一の種類の建設工事に関し1年以上指導監督的な実務の経験を有すること。
二　当該特定専門工事の工事現場に専任で置かれること。

8　第1項の元請負人が置く主任技術者については，第26条第3項の規定は，適用しない。

9　第1項の下請負人は，その下請負に係る建設工事を他人に請け負わせてはならない。

専任の主任技術者，監理技術者を必要とする工事の規模，種類等

令第27条　法第26条第3項の政令で定める重要な建設工事は，次の各号のいずれかに該当する建設工事で工事1件の請負代金の額が4,000万円（当該建設工事が建築一式工事である場合にあっては，8,000万円）以上のものとする。
一　国又は地方公共団体が注文者である施設又は工作物に関する建設工事
二　第15条第一号及び第三号に掲げる施設又は工作物に関する建設工事

　　三　次に掲げる施設又は工作物に関する建設工事

　　　イ　石油パイプライン事業法（昭和 47 年法律第 105 号）第 5 条第 2
　　　　項第二号に規定する事業用施設

　　　ロ　電気通信事業法（昭和 59 年法律第 86 号）第 2 条第五号に規定す
　　　　る電気通信事業者（同法第 9 条第一号に規定する電気通信回線設備
　　　　を設置するものに限る。）が同条第四号に規定する電気通信事業の
　　　　用に供する施設

　　　ハ　放送法（昭和 25 年法律第 132 号）第 2 条第二十三号に規定する
　　　　基幹放送事業者又は同条第二十四号に規定する基幹放送局提供事業
　　　　者が同条第一号に規定する放送の用に供する施設（鉄骨造又は鉄筋
　　　　コンクリート造の塔その他これに類する施設に限る。）

　　　ニ　学校

　　　ホ　図書館，美術館，博物館又は展示場

　　　ヘ　社会福祉法（昭和 26 年法律第 45 号）第 2 条第 1 項に規定する社
　　　　会福祉事業の用に供する施設

　　　ト　病院又は診療所

　　　チ　火葬場，と畜場又は廃棄物処理施設

　　　リ　熱供給事業法（昭和 47 年法律第 88 号）第 2 条第 4 項に規定する
　　　　熱供給施設

　　　ヌ　集会場又は公会堂

　　　ル　市場又は百貨店

　　　ヲ　事務所

　　　ワ　ホテル又は旅館

　　　カ　共同住宅，寄宿舎又は下宿

　　　ヨ　公衆浴場

　　　タ　興行場又はダンスホール

　　　レ　神社，寺院又は教会

　　　ソ　工場，ドック又は倉庫

　　　ツ　展望塔

専任の主任技術者の兼務

2　前項に規定する建設工事のうち密接な関係のある 2 以上の建設工事を
同一の建設業者が同一の場所又は近接した場所において施工するものに
ついては，同一の専任の主任技術者がこれらの建設工事を管理すること
ができる。

一式工事における専門工事の施工

法第 26 条の 2　土木工事業又は建築工事業を営む者は，土木一式工事又
は建築一式工事を施工する場合において，土木一式工事又は建築一式工
事以外の建設工事（第 3 条第 1 項ただし書の政令で定める軽微な建設工
事を除く。）を施工するときは，当該建設工事に関し第 7 条第二号イ，

567

ロ又はハに該当する者で当該工事現場における当該建設工事の施工の技術上の管理をつかさどるものを置いて自ら施工する場合のほか，当該建設工事に係る建設業の許可を受けた建設業者に当該建設工事を施工させなければならない。

2　建設業者は，許可を受けた建設業に係る建設工事に附帯する他の建設工事（第3条第1項ただし書の政令で定める軽微な建設工事を除く。）を施工する場合においては，当該建設工事に関し第7条第二号イ，ロ又はハに該当する者で当該工事現場における当該建設工事の施工の技術上の管理をつかさどるものを置いて自ら施工する場合のほか，当該建設工事に係る建設業の許可を受けた建設業者に当該建設工事を施工させなければならない。

主任技術者・監理技術者の職務等

法第26条の4　主任技術者及び監理技術者は，工事現場における建設工事を適正に実施するため，当該建設工事の施工計画の作成，工程管理，品質管理その他の技術上の管理及び当該建設工事の施工に従事する者の技術上の指導監督の職務を誠実に行わなければならない。

施工従事者の義務

2　工事現場における建設工事の施工に従事する者は，主任技術者又は監理技術者がその職務として行う指導に従わなければならない。

技術検定

法第27条　国土交通大臣は，施工技術の向上を図るため，建設業者の施工する建設工事に従事し又はしようとする者について，政令の定めるところにより，技術検定を行うことができる。

2〜7（省略）

監理技術者資格者証の交付

法第27条の18　国土交通大臣は，監理技術者資格（建設業の種類に応じ，第15条第二号イの規定により国土交通大臣が定める試験に合格し，若しくは同号イの規定により国土交通大臣が定める免許を受けていること，第7条第二号イ若しくはロに規定する実務の経験若しくは学科の修得若しくは同号ハの規定による国土交通大臣の認定があり，かつ，第15条第二号ロに規定する実務の経験を有していること，又は同号ハの規定により同号イ若しくはロに掲げる者と同等以上の能力を有するものとして国土交通大臣がした認定を受けていることをいう。以下同じ。）を有する者の申請により，その申請者に対して，監理技術者資格者証（以下「資格者証」という。）を交付する。

2〜6（省略）

1.8　経営事項審査

経営事項審査受
審義務

> **法第27条の23**　公共性のある施設又は工作物に関する建設工事で政令で
> 定めるものを発注者から直接請け負おうとする建設業者は，国土交通省
> 令で定めるところにより，その経営に関する客観的事項について審査を
> 受けなければならない。
>
> 2，3（省略）

1.9　標識の掲示

標識の掲示

> **法第40条**　建設業者は，その店舗及び建設工事（発注者から直接請け負っ
> たものに限る。）の現場ごとに，公衆の見やすい場所に，国土交通省令
> の定めるところにより，許可を受けた別表第1の下欄の区分による建設
> 業の名称，一般建設業又は特定建設業の別その他国土交通省令で定める
> 事項を記載した標識を掲げなければならない。

標識の記載事項

> **則第25条**　法第40条の規定により建設業者が掲げる標識の記載事項は，
> 店舗にあっては第一号から第四号までに掲げる事項，建設工事の現場に
> あっては第一号から第五号までに掲げる事項とする。
>
> 　一　一般建設業又は特定建設業の別
> 　二　許可年月日，許可番号及び許可を受けた建設業
> 　三　商号又は名称
> 　四　代表者の氏名
> 　五　主任技術者又は監理技術者の氏名
>
> 2（省略）

帳簿の備付け等

> **法第40条の3**　建設業者は，国土交通省令で定めるところにより，その
> 営業所ごとに，その営業に関する事項で国土交通省令で定めるものを記
> 載した帳簿を備え，かつ，当該帳簿及びその営業に関する図書で国土交
> 通省令で定めるものを保存しなければならない。

第3章　法　規

第2節　建築基準法

建築基準法施行令

（公布日：昭和 25 年 11 月 16 日 政令第 338 号／最終改正：令和 6 年 10 月 11 日 政令第 312 号）

※令は令和 6 年 11 月 1 日施行分までを反映

第 7 章の 8　工事現場の危害の防止

仮囲い

令第 136 条の 2 の 20　木造の建築物で高さが 13 m 若しくは軒の高さが 9 m を超えるもの又は木造以外の建築物で 2 以上の階数を有するものについて，建築，修繕，模様替又は除却のための工事（以下この章において「建築工事等」という。）を行う場合においては，工事期間中工事現場の周囲にその地盤面（その地盤面が工事現場の周辺の地盤面より低い場合においては，工事現場の周辺の地盤面）からの高さが 1.8 m 以上の板塀その他これに類する仮囲いを設けなければならない。ただし，これらと同等以上の効力を有する他の囲いがある場合又は工事現場の周辺若しくは工事の状況により危害防止上支障がない場合においては，この限りでない。

根切り工事，
山留め工事等を
行う場合の危害
の防止

令第 136 条の 3　建築工事等において根切り工事，山留め工事，ウェル工事，ケーソン工事その他基礎工事を行なう場合においては，あらかじめ，地下に埋設されたガス管，ケーブル，水道管及び下水道管の損壊による危害の発生を防止するための措置を講じなければならない。

2　建築工事等における地階の根切り工事その他の深い根切り工事（これに伴う山留め工事を含む。）は，地盤調査による地層及び地下水の状況に応じて作成した施工図に基づいて行なわなければならない。

3　建築工事等において建築物その他の工作物に近接して根切り工事その他土地の掘削を行なう場合においては，当該工作物の基礎又は地盤を補強して構造耐力の低下を防止し，急激な排水を避ける等その傾斜又は倒壊による危害の発生を防止するための措置を講じなければならない。

4　建築工事等において深さ 1.5 m 以上の根切り工事を行なう場合においては，地盤が崩壊するおそれがないとき，及び周辺の状況により危害防止上支障がないときを除き，山留めを設けなければならない。この場合において，山留めの根入れは，周辺の地盤の安定を保持するために相当な深さとしなければならない。

5　前項の規定により設ける山留めの切ばり，矢板，腹起しその他の主要な部分は，土圧に対して，次に定める方法による構造計算によった場合に安全であることが確かめられる最低の耐力以上の耐力を有する構造としなければならない。

一　次に掲げる方法によって土圧を計算すること。

　　　　イ　土質及び工法に応じた数値によること。ただし，深さ 3 m 以内の
　　　　　根切り工事を行う場合においては，土を水と仮定した場合の圧力の
　　　　　50 ％ を下らない範囲でこれと異なる数値によることができる。

　　　　ロ　建築物その他の工作物に近接している部分については，イの数値
　　　　　に当該工作物の荷重による影響に相当する数値を加えた数値による
　　　　　こと。

　　二　前号の規定によって計算した土圧によって山留めの主要な部分の断
　　　面に生ずる応力度を計算すること。

　　三　前号の規定によって計算した応力度が，次に定める許容応力度を超
　　　えないことを確かめること。

　　　　イ　木材の場合にあっては，第 89 条（第 3 項を除く。）又は第 94 条
　　　　　の規定による長期に生ずる力に対する許容応力度と短期に生ずる力
　　　　　に対する許容応力度との平均値。ただし，腹起しに用いる木材の許
　　　　　容応力度については，国土交通大臣が定める許容応力度によること
　　　　　ができる。

　　　　ロ　鋼材又はコンクリートの場合にあっては，それぞれ第 90 条若し
　　　　　くは第 94 条又は第 91 条の規定による短期に生ずる力に対する許容
　　　　　応力度

6　建築工事等における根切り及び山留めについては，その工事の施工中
　必要に応じて点検を行ない，山留めを補強し，排水を適当に行なう等こ
　れを安全な状態に維持するための措置を講ずるとともに，矢板等の抜取
　りに際しては，周辺の地盤の沈下による危害を防止するための措置を講
　じなければならない。

**基礎工事用機械
等の転倒による
危害の防止**

令第 136 条の 4　建築工事等において次に掲げる基礎工事用機械（動力を
　用い，かつ，不特定の場所に自走することができるものに限る。）又は
　移動式クレーン（吊り上げ荷重が 0.5 t 以上のものに限る。）を使用す
　る場合においては，敷板，敷角等の使用等によりその転倒による工事現
　場の周辺への危害を防止するための措置を講じなければならない。ただ
　し，地盤の状況等により危害防止上支障がない場合においては，この限
　りでない。

　一　くい打機

　二　くい抜機

　三　アース・ドリル

　四　リバース・サーキュレーション・ドリル

　五　せん孔機（チュービングマシンを有するものに限る。）

　六　アース・オーガー

　七　ペーパー・ドレーン・マシン

第 3 章　法　規

八　前各号に掲げるもののほか，これらに類するものとして国土交通大臣が定める基礎工事用機械

落下物に対する防護

令第 136 条の 5　建築工事等において工事現場の境界線からの水平距離が 5 m 以内で，かつ，地盤面からの高さが 3 m 以上の場所からくず，ごみその他飛散するおそれのある物を投下する場合においては，ダストシュートを用いる等当該くず，ごみ等が工事現場の周辺に飛散することを防止するための措置を講じなければならない。

2　建築工事等を行なう場合において，建築のための工事をする部分が工事現場の境界線から水平距離が 5 m 以内で，かつ，地盤面から高さが 7 m 以上にあるとき，その他はつり，除却，外壁の修繕等に伴う落下物によって工事現場の周辺に危害を生ずるおそれがあるときは，国土交通大臣の定める基準に従って，工事現場の周囲その他危害防止上必要な部分を鉄網又は帆布でおおう等落下物による危害を防止するための措置を講じなければならない。

建て方

令第 136 条の 6　建築物の建て方を行なうに当たっては，仮筋かいを取り付ける等荷重又は外力による倒壊を防止するための措置を講じなければならない。

2　鉄骨造の建築物の建て方の仮締は，荷重及び外力に対して安全なものとしなければならない。

工事用材料の集積

令第 136 条の 7　建築工事等における工事用材料の集積は，その倒壊，崩落等による危害の少ない場所に安全にしなければならない。

2　建築工事等において山留めの周辺又は架構の上に工事用材料を集積する場合においては，当該山留め又は架構に予定した荷重以上の荷重を与えないようにしなければならない。

火災の防止

令第 136 条の 8　建築工事等において火気を使用する場合においては，その場所に不燃材料の囲いを設ける等防火上必要な措置を講じなければならない。

第3節　労働安全衛生法

（公布日：昭和 47 年 6 月 8 日 法律第 57 号／最終改正：令和 4 年 6 月 17 日 法律第 68 号）

※法は令和 4 年 6 月 17 日施行分までを反映

3.1　総　則

目　的

> **法第 1 条**　この法律は，労働基準法（昭和 22 年法律第 49 号）と相まって，労働災害の防止のための危害防止基準の確立，責任体制の明確化及び自主的活動の促進の措置を講ずる等その防止に関する総合的計画的な対策を推進することにより職場における労働者の安全と健康を確保するとともに，快適な職場環境の形成を促進することを目的とする。

定　義

> **法第 2 条**　この法律において，次の各号に掲げる用語の意義は，それぞれ当該各号に定めるところによる。

労働災害

> 一　労働災害　労働者の就業に係る建設物，設備，原材料，ガス，蒸気，粉じん等により，又は作業行動その他業務に起因して，労働者が負傷し，疾病にかかり，又は死亡することをいう。

労働者

> 二　労働者　労働基準法第 9 条に規定する労働者（同居の親族のみを使用する事業又は事務所に使用される者及び家事使用人を除く。）をいう。

事業者

> 三　事業者　事業を行う者で，労働者を使用するものをいう。
>
> 三の二　（省略）

作業環境測定

> 四　作業環境測定　作業環境の実態をは握するため空気環境その他の作業環境について行うデザイン，サンプリング及び分析（解析を含む。）をいう。

事業者等の責務

事業者の責務

> **法第 3 条**　事業者は，単にこの法律で定める労働災害の防止のための最低基準を守るだけでなく，快適な職場環境の実現と労働条件の改善を通じて職場における労働者の安全と健康を確保するようにしなければならない。また，事業者は，国が実施する労働災害の防止に関する施策に協力するようにしなければならない。

設計，製造，建設する者の責務

> 2　機械，器具その他の設備を設計し，製造し，若しくは輸入する者，原材料を製造し，若しくは輸入する者又は建設物を建設し，若しくは設計する者は，これらの物の設計，製造，輸入又は建設に際して，これらの物が使用されることによる労働災害の発生の防止に資するように努めなければならない。

注文者の責務

> 3　建設工事の注文者等仕事を他人に請け負わせる者は，施工方法，工期等について，安全で衛生的な作業の遂行をそこなうおそれのある条件を附さないように配慮しなければならない。

第 3 章　法　規

| 労働者の責務 | **法第 4 条**　労働者は，労働災害を防止するため必要な事項を守るほか，事業者その他の関係者が実施する労働災害の防止に関する措置に協力するように努めなければならない。 |

3.2　安全衛生管理体制

総括安全衛生管理者	
選任と業務内容	**法第 10 条**　事業者は，政令で定める規模の事業場ごとに，厚生労働省令で定めるところにより，総括安全衛生管理者を選任し，その者に安全管理者，衛生管理者又は第 25 条の 2 第 2 項の規定により技術的事項を管理する者の指揮をさせるとともに，次の業務を統括管理させなければならない。 　一　労働者の危険又は健康障害を防止するための措置に関すること。 　二　労働者の安全又は衛生のための教育の実施に関すること。 　三　健康診断の実施その他健康の保持増進のための措置に関すること。 　四　労働災害の原因の調査及び再発防止対策に関すること。 　五　前各号に掲げるもののほか，労働災害を防止するため必要な業務で，厚生労働省令で定めるもの
選任の要件	2　総括安全衛生管理者は，当該事業場においてその事業の実施を統括管理する者をもって充てなければならない。
業務執行に関する勧告	3　都道府県労働局長は，労働災害を防止するため必要があると認めるときは，総括安全衛生管理者の業務の執行について事業者に勧告することができる。
安全管理者	
選任，資格及び業務内容	**法第 11 条**　事業者は，政令で定める業種及び規模の事業場ごとに，厚生労働省令で定める資格を有する者のうちから，厚生労働省令で定めるところにより，安全管理者を選任し，その者に前条第 1 項各号の業務（第 25 条の 2 第 2 項の規定により技術的事項を管理する者を選任した場合においては，同条第 1 項各号の措置に該当するものを除く。）のうち安全に係る技術的事項を管理させなければならない。
監督署長による増員，解任	2　労働基準監督署長は，労働災害を防止するため必要があると認めるときは，事業者に対し，安全管理者の増員又は解任を命ずることができる。
衛生管理者	
選任，資格及び業務内容	**法第 12 条**　事業者は，政令で定める規模の事業場ごとに，都道府県労働局長の免許を受けた者その他厚生労働省令で定める資格を有する者のうちから，厚生労働省令で定めるところにより，当該事業場の業務の区分に応じて，衛生管理者を選任し，その者に第 10 条第 1 項各号の業務（第 25 条の 2 第 2 項の規定により技術的事項を管理する者を選任した場合

においては，同条第 1 項各号の措置に該当するものを除く。）のうち衛
生に係る技術的事項を管理させなければならない。

2　前条第 2 項の規定は，衛生管理者について準用する。

| 監督署長による
増員，解任 | |

**安全衛生推進者
等**

法第 12 条の 2　事業者は，第 11 条第 1 項の事業場及び前条第 1 項の事業
場以外の事業場で，厚生労働省令で定める規模のものごとに，厚生労働
省令で定めるところにより，安全衛生推進者（第 11 条第 1 項の政令で
定める業種以外の業種の事業場にあっては，衛生推進者）を選任し，そ
の者に第 10 条第 1 項各号の業務（第 25 条の 2 第 2 項の規定により技術
的事項を管理する者を選任した場合においては，同条第 1 項各号の措置
に該当するものを除くものとし，第 11 条第 1 項の政令で定める業種以
外の業種の事業場にあっては，衛生に係る業務に限る。）を担当させな
ければならない。

産業医等

産業医の選任

法第 13 条　事業者は，政令で定める規模の事業場ごとに，厚生労働省令
で定めるところにより，医師のうちから産業医を選任し，その者に労働
者の健康管理その他の厚生労働省令で定める事項（以下「労働者の健康
管理等」という。）を行わせなければならない。

産業医の条件

2　産業医は，労働者の健康管理等を行うのに必要な医学に関する知識に
ついて厚生労働省令で定める要件を備えた者でなければならない。

職務の遂行

3　産業医は，労働者の健康管理等を行うのに必要な医学に関する知識に
基づいて，誠実にその職務を行わなければならない。

情報の提供

4　産業医を選任した事業者は，産業医に対し，厚生労働省令で定めると
ころにより，労働者の労働時間に関する情報その他の産業医が労働者の
健康管理等を適切に行うために必要な情報として厚生労働省令で定める
ものを提供しなければならない。

勧　告

5　産業医は，労働者の健康を確保するため必要があると認めるときは，
事業者に対し，労働者の健康管理等について必要な勧告をすることがで
きる。この場合において，事業者は，当該勧告を尊重しなければならない。

報　告

6　事業者は，前項の勧告を受けたときは，厚生労働省令で定めるところ
により，当該勧告の内容その他の厚生労働省令で定める事項を衛生委員
会又は安全衛生委員会に報告しなければならない。

作業主任者

法第 14 条　事業者は，高圧室内作業その他の労働災害を防止するための
管理を必要とする作業で，政令で定めるものについては，都道府県労働
局長の免許を受けた者又は都道府県労働局長の登録を受けた者が行う技
能講習を修了した者のうちから，厚生労働省令で定めるところにより，
当該作業の区分に応じて，作業主任者を選任し，その者に当該作業に従

第 3 章 法　規

事する労働者の指揮その他の厚生労働省令で定める事項を行わせなければならない。

作業主任者の選任と資格一覧（建築工事に関係の深いもの）

①政令，②厚生労働省令で定めたものは一覧の通り

作業主任者の選任と資格（建築工事に関係の深いもの）

	名　称	作業主任者を選任すべき作業	資　格
1	ガス溶接作業主任者	アセチレン溶接装置又はガス集合溶接装置を用いて行う金属の溶接，溶断又は加熱の作業	免許者
2	コンクリート破砕器作業主任者	コンクリート破砕器を用いて行う破砕の作業	技能講習修了者
3	地山の掘削作業主任者	掘削面の高さが2m以上となる地山の掘削（ずい道及びたて坑以外の坑の掘削を除く。）の作業（岩石の採取のための作業を除く。）	技能講習修了者
4	土止め支保工作業主任者	土止め支保工の切りばり又は腹起こしの取付け又は取り外しの作業	技能講習修了者
5	型枠支保工の組立て等作業主任者	型枠支保工（支柱，はり，つなぎ，筋かい等の部材により構成され，建設物におけるスラブ，桁等のコンクリートの打設に用いる型枠を支持する仮設の設備をいう。以下同じ。）の組立て又は解体の作業	技能講習修了者
6	足場の組立て等作業主任者	つり足場（ゴンドラのつり足場を除く。以下同じ。），張出し足場又は高さが5m以上の構造の足場の組立て，解体又は変更の作業	技能講習修了者
7	建築物等の鉄骨の組立て等作業主任者	建築物の骨組み，又は塔であって，金属製の部材により構成されるもの（その高さが5m以上であるものに限る。）の組立て，解体又は変更の作業	技能講習修了者
8	木造建築物の組立て等作業主任者	軒の高さが5m以上の木造建築物の構造部材の組立て又はこれに伴う屋根下地若しくは外壁下地の取付けの作業	技能講習修了者
9	コンクリート造の工作物の解体等作業主任者	コンクリート造の工作物（その高さが5m以上であるものに限る。）の解体又は破壊の作業	技能講習修了者
10	酸素欠乏危険作業主任者	酸素欠乏危険場所における作業（下欄の作業以外の作業）	技能講習修了者
		酸素欠乏危険場所（酸素欠乏症，硫化水素中毒にかかるおそれのある場所として厚生労働大臣が定める場所）における作業	技能講習修了者
11	有機溶剤作業主任者	屋内作業等で有機溶剤，有機溶剤を5%を超えて含有するものを取り扱う業務等の作業	技能講習修了者
12	石綿作業主任者	石綿を取り扱う作業又は石綿等を試験研究のために製造する作業	技能講習修了者
13	はい作業主任者	高さが2m以上のはい（倉庫，上屋又は土場に積み重ねられた荷の集団をいう。）のはい付け又ははい崩しの作業（荷役機械の運転者のみによって行われるものを除く。）	技能講習修了者

作業主任者の職務の内容一覧

③その他の厚生労働省令で定める事項は一覧の通り

作業主任者の職務の内容

作業主任者の職務の内容（主要な職務の内容を抜粋）＼作業の名称（建築工事に関係が深いものを抜粋）	1 ガス溶接作業	2 コンクリート破砕器による作業	3 地山の掘削作業	4 土止め支保工作業	5 型わく支保工の組立て等の作業	6 足場の組立て等の作業	7 建築物等の鉄骨の組立て等の作業	8 木造建築物の組立て等の作業	9 コンクリート造工作物の解体等の作業	10 酸素欠乏危険作業	11 有機溶剤作業	12 石綿等を取り扱う作業等	13 はい付け・はい崩しの作業等
① 作業方法の決定	○	○	○	○	○	○	○	○	○	○	○	○	
② 労働者の配置		○				○	○	○	○				
③ 作業の直接指揮	○	○	○	○	○		○	○	○	○	○	○	
④ 作業の進行状況の監視						○							
⑤ 材料の欠点の有無と不良品の除去				○	○	○							
⑥ 器具・工具の点検と不良品の除去			○	○	○	○	○	○	○				
⑦ 要求性能墜落制止用器具等・保護帽の点検・不良品の除去						○	○	○	○				
⑧ 要求性能墜落制止用器具等・保護帽の使用状況の監視			○	○	○	○	○	○	○				
⑨ 保護具・空気呼吸器等の使用状況の監視	○									○	○	○	
⑩ 機器及び安全装置の点検	○												
⑪ 点火に伴う安全確認退避場所経路の指示	○	○											
⑫ 測定器具の点検										○			
⑬ 酸素濃度の測定・換気装置等の点検										○			
⑭ 従事者の安全指導等一定の安全措置・他	○												
⑮ 局所排気装置等の月例点検											○	○	
⑯ タンク内作業等の措置の実施確認											○		
⑰ 安全通行のための必要な事項の指導													○
⑱ はいくずし作業に伴う崩壊の危険性の確認と作業着手の指示													○
⑲ 昇降設備及び保護帽の使用状況の監視													○

統括安全衛生責任者

選任と業務内容

法第 15 条　事業者で，一の場所において行う事業の仕事の一部を請負人に請け負わせているもの（当該事業の仕事の一部を請け負わせる契約が 2 以上あるため，その者が 2 以上あることとなるときは，当該請負契約のうちの最も先次の請負契約における注文者とする。以下「元方事業者」という。）のうち，建設業その他政令で定める業種に属する事業（以下「特定事業」という。）を行う者（以下「特定元方事業者」という。）は，その労働者及びその請負人（元方事業者の当該事業の仕事が数次の請負契約によって行われるときは，当該請負人の請負契約の後次のすべての請負契約の当事者である請負人を含む。以下「関係請負人」という。）の労働者が当該場所において作業を行うときは，これらの労働者の作業が同一の場所において行われることによって生ずる労働災害を防止するため，統括安全衛生責任者を選任し，その者に元方安全衛生管理者の指揮をさせるとともに，第 30 条第 1 項各号の事項を統括管理させなければならない。ただし，これらの労働者の数が政令で定める数未満であるときは，この限りでない。

選任の要件

2　統括安全衛生責任者は，当該場所においてその事業の実施を統括管理する者をもって充てなければならない。

第 3 章　法　規

指揮者	3　第30条第4項の場合において，同項のすべての労働者の数が政令で定める数以上であるときは，当該指名された事業者は，これらの労働者に関し，これらの労働者の作業が同一の場所において行われることによって生ずる労働災害を防止するため，統括安全衛生責任者を選任し，その者に元方安全衛生管理者の指揮をさせるとともに，同条第1項各号の事項を統括管理させなければならない。この場合においては，当該指名された事業者及び当該指名された事業者以外の事業者については，第1項の規定は，適用しない。
	4　第1項又は前項に定めるもののほか，第25条の2第1項に規定する仕事が数次の請負契約によって行われる場合においては，第1項又は前項の規定により統括安全衛生責任者を選任した事業者は，統括安全衛生責任者に第30条の3第5項において準用する第25条の2第2項の規定により技術的事項を管理する者の指揮をさせるとともに，同条第1項各号の措置を統括管理させなければならない。
業務執行に関する勧告	5　第10条第3項の規定は，統括安全衛生責任者の業務の執行について準用する。この場合において，同項中「事業者」とあるのは，「当該統括安全衛生責任者を選任した事業者」と読み替えるものとする。
元方安全衛生管理者	
資格及び業務内容	**法第15条の2**　前条第1項又は第3項の規定により統括安全衛生責任者を選任した事業者で，建設業その他政令で定める業種に属する事業を行うものは，厚生労働省令で定める資格を有する者のうちから，厚生労働省令で定めるところにより，元方安全衛生管理者を選任し，その者に第30条第1項各号の事項のうち技術的事項を管理させなければならない。
監督署長による増員，解任	2　第11条第2項の規定は，元方安全衛生管理者について準用する。この場合において，同項中「事業者」とあるのは，「当該元方安全衛生管理者を選任した事業者」と読み替えるものとする。
店社安全衛生管理者	
選任と業務内容（元方事業者）	**法第15条の3**　建設業に属する事業の元方事業者は，その労働者及び関係請負人の労働者が一の場所（これらの労働者の数が厚生労働省令で定める数未満である場所及び第15条第1項又は第3項の規定により統括安全衛生責任者を選任しなければならない場所を除く。）において作業を行うときは，当該場所において行われる仕事に係る請負契約を締結している事業場ごとに，これらの労働者の作業が同一の場所で行われることによって生ずる労働災害を防止するため，厚生労働省令で定める資格を有する者のうちから，厚生労働省令で定めるところにより，店社安全衛生管理者を選任し，その者に，当該事業場で締結している当該請負契

約に係る仕事を行う場所における第 30 条第 1 項各号の事項を担当する者に対する指導その他厚生労働省令で定める事項を行わせなければならない。

選任と業務内容（指名業者）

2　第 30 条第 4 項の場合において，同項のすべての労働者の数が厚生労働省令で定める数以上であるとき（第 15 条第 1 項又は第 3 項の規定により統括安全衛生責任者を選任しなければならないときを除く。）は，当該指名された事業者で建設業に属する事業の仕事を行うものは，当該場所において行われる仕事に係る請負契約を締結している事業場ごとに，これらの労働者に関し，これらの労働者の作業が同一の場所で行われることによって生ずる労働災害を防止するため，厚生労働省令で定める資格を有する者のうちから，厚生労働省令で定めるところにより，店社安全衛生管理者を選任し，その者に，当該事業場で締結している当該請負契約に係る仕事を行う場所における第 30 条第 1 項各号の事項を担当する者に対する指導その他厚生労働省令で定める事項を行わせなければならない。この場合においては，当該指名された事業者及び当該指名された事業者以外の事業者については，前項の規定は適用しない。

安全衛生責任者

選任と業務内容

法第 16 条　第 15 条第 1 項又は第 3 項の場合において，これらの規定により統括安全衛生責任者を選任すべき事業者以外の請負人で，当該仕事を自ら行うものは，安全衛生責任者を選任し，その者に統括安全衛生責任者との連絡その他の厚生労働省令で定める事項を行わせなければならない。

選任と通報

2　前項の規定により安全衛生責任者を選任した請負人は，同項の事業者に対し，遅滞なく，その旨を通報しなければならない。

安全委員会

設置すべき事業場と調査審議内容

法第 17 条　事業者は，政令で定める業種及び規模の事業場ごとに，次の事項を調査審議させ，事業者に対し意見を述べさせるため，安全委員会を設けなければならない。

一　労働者の危険を防止するための基本となるべき対策に関すること。

二　労働災害の原因及び再発防止対策で, 安全に係るものに関すること。

三　前二号に掲げるもののほか，労働者の危険の防止に関する重要事項

委員の構成

2　安全委員会の委員は，次の者をもって構成する。ただし，第一号の者である委員（以下「第一号の委員」という。）は，1 人とする。

一　総括安全衛生管理者又は総括安全衛生管理者以外の者で当該事業場においてその事業の実施を統括管理するもの若しくはこれに準ずる者のうちから事業者が指名した者

二　安全管理者のうちから事業者が指名した者

三　当該事業場の労働者で，安全に関し経験を有するもののうちから事業者が指名した者

議　長	3　安全委員会の議長は，第一号の委員がなるものとする。
過半数労働者の代表等の推薦が必要な委員	4　事業者は，第一号の委員以外の委員の半数については，当該事業場に労働者の過半数で組織する労働組合があるときにおいてはその労働組合，労働者の過半数で組織する労働組合がないときにおいては労働者の過半数を代表する者の推薦に基づき指名しなければならない。
前項の規定適用除外	5　前二項の規定は，当該事業場の労働者の過半数で組織する労働組合との間における労働協約に別段の定めがあるときは，その限度において適用しない。

衛生委員会

調査，審議内容

法第18条　事業者は，政令で定める規模の事業場ごとに，次の事項を調査審議させ，事業者に対し意見を述べさせるため，衛生委員会を設けなければならない。

一　労働者の健康障害を防止するための基本となるべき対策に関すること。

二　労働者の健康の保持増進を図るための基本となるべき対策に関すること。

三　労働災害の原因及び再発防止対策で，衛生に係るものに関すること。

四　前三号に掲げるもののほか，労働者の健康障害の防止及び健康の保持増進に関する重要事項

委員の構成

2　衛生委員会の委員は，次の者をもって構成する。ただし，第一号の者である委員は，1人とする。

一　総括安全衛生管理者又は総括安全衛生管理者以外の者で当該事業場においてその事業の実施を統括管理するもの若しくはこれに準ずる者のうちから事業者が指名した者

二　衛生管理者のうちから事業者が指名した者

三　産業医のうちから事業者が指名した者

四　当該事業場の労働者で，衛生に関し経験を有するもののうちから事業者が指名した者

委員として指名できる者

3　事業者は，当該事業場の労働者で，作業環境測定を実施している作業環境測定士であるものを衛生委員会の委員として指名することができる。

議長，労働者の推薦適用除外事項

4　前条第3項から第5項までの規定は，衛生委員会について準用する。この場合において，同条第3項及び第4項中「第一号の委員」とあるのは，「第18条第2項第一号の者である委員」と読み替えるものとする。

安全衛生委員会

設置する場合

法第19条　事業者は，第17条及び前条の規定により安全委員会及び衛生委員会を設けなければならないときは，それぞれの委員会の設置に代えて，安全衛生委員会を設置することができる。

委員の構成	2　安全衛生委員会の委員は，次の者をもって構成する。ただし，第一号の者である委員は，1人とする。 　一　総括安全衛生管理者又は総括安全衛生管理者以外の者で当該事業場においてその事業の実施を統括管理するもの若しくはこれに準ずる者のうちから事業者が指名した者 　二　安全管理者及び衛生管理者のうちから事業者が指名した者 　三　産業医のうちから事業者が指名した者 　四　当該事業場の労働者で，安全に関し経験を有するもののうちから事業者が指名した者 　五　当該事業場の労働者で，衛生に関し経験を有するもののうちから事業者が指名した者
委員として指名 できる者	3　事業者は，当該事業場の労働者で，作業環境測定を実施している作業環境測定士であるものを安全衛生委員会の委員として指名することができる。
議長, 労働者の推 薦適用除外事項	4　第17条第3項から第5項までの規定は，安全衛生委員会について準用する。この場合において，同条第3項及び第4項中「第一号の委員」とあるのは，「第19条第2項第一号の者である委員」と読み替えるものとする。

第3章　法　規

表　安全衛生管理体制総括表（その 1）

管理者等（項目）	選任者	事業場の規模	選任までの期限	報告先等	業務・職務の内容	資格等（主要なもの）
総括安全衛生管理者（法第10条）	事業者	常時 100 人以上 事業の実施を統括管理する者	14 日以内	所轄労働基準署長	(1) 安全管理者・衛生管理者等の指揮 (2) 安全衛生業務 ① 危険又は健康障害等防止の措置 ② 安全衛生教育 ③ 健康診断・健康保持増進の措置 ④ 労働災害原因調査と再発防止対策 ⑤ 安全衛生方針の表明 ⑥ 危険性、有害性等を調査とその措置 ⑦ 安全衛生計画の作成、実施、評価、改善	(1) 特に定められていない (2) 職務を行うことが出来ない場合は代理者を選任
安全管理者（法第11条）〔個々の事業場〕	事業者	常時 50 人以上（事業場に専属）	14 日以内	〃	(1) 総括安全衛生管理者の業務のうち、安全に係る技術的事項 (2) 作業場等を巡視し、設備、作業方法等の危険防止措置	(1) 次のいずれかに該当する者で、厚生労働大臣が定める研修（9 時間）を修了したもの 大学又は高等専門学校で理科系統の課程を卒業した者で、その後 2 年以上産業安全の実務経験者 高等学校又は中等教育学校で理科系統の課程を卒業した者で、その後 4 年以上産業安全の実務経験者 その他、その後 6 年以上産業安全の実務経験者等 (2) 労働安全コンサルタント (3) その他厚生労働大臣が定める者
衛生管理者（法第12条）〔現場〕	事業者	常時 50 人以上（事業場に専属）	14 日以内	〃	(1) 総括安全衛生管理者の業務のうち、衛生に係る技術的事項 (2) 作業場等を定期に巡視し設備、作業方法、衛生状態の健康障害防止措置	(1) 衛生管理者免許を受けた者 (2) 医師 (3) 歯科医師 (4) 労働衛生コンサルタント (5) その他厚生労働大臣が定める者
安全衛生推進者（法第12条の2）	事業者	常時 10 人以上 50 人未満（事業場に専属）	14 日以内	関係労働者に周知	総括安全衛生管理者の安全衛生業務	(1) 大学、高専を卒業した者でその後 1 年以上の安全衛生の実務経験者 (2) 高等学校を卒業した者で、その後 3 年以上の実務経験者 (3) 5 年以上の実務経験者 (4) 都道府県労働局長の登録を受けた講習修了者 (5) その他厚生労働省労働基準局長が認める者 (6) 労働安全・衛生コンサルタント
産業医（法第13条）	事業者	常時 50 人以上（専属の場合がある）	14 日以内	所轄労働基準署長	(1) 健康診断、面接指導等に基づく健康保持措置 (2) 作業環境維持管理 (3) 健康管理 (4) 健康教育、健康相談等健康保持増進 (5) 健康障害等の原因調査と再発防止措置	(1) 厚生労働大臣が定める研修を修了した者 (2) 労働衛生コンサルタント（保健衛生）試験に合格した者 (3) 大学において労働衛生に関する科目を担当する教授、助教授又は講師の職務にあり、又はあった者 (4) その他厚生労働大臣が定める者
作業主任者（法第14条）	事業者	ー	ー	関係労働者に周知	当該作業に従事する労働者の指揮その他	(1) 都道府県労働局長の免許を受けた者 (2) 都道府県労働局長の登録を受けた者が行う技能講習修了者

表　安全衛生管理体制総括表（その 2）

項目 管理者等	選任者	事業場の規模	選任までの期限	報告先等	業務・職務の内容	資格等（主要なもの）
統括安全衛生責任者 （法第 15 条）	特定元方事業者	常時 50 人以上 （ずい道、橋梁又は圧気は常時 30 人以上） （事業の実施を統括管理する者）	遅滞なく	事業開始により所轄労働基準監督署長に報告	(1) 元方安全衛生管理者の指揮 (2) 労働災害防止のため行う事項 　① 協議組織の設置・運営 　② 作業間の連絡・調整 　③ 作業場所の巡視 　④ 関係請負人が行う安全衛生教育の指導・援助 　⑤ 工程及び機械・設備の配置計画 　⑥ ①～⑤のほか、労働災害防止必要事項	(1) 特に定められていない
元方安全衛生管理者 （法第 15 条の 2）	特定元方事業者	〃 （事業場に専属）	〃	〃	統括安全衛生責任者が行う労働災害防止のための事項のうち技術的事項を管理	(1) 大学・高専の理科系統を卒業した者で、その後 3 年以上建設工事の安全衛生実務経験者 (2) 高校の理科系統を卒業した者で、その後 5 年以上の建築工事の実務経験者 (3) その他厚生労働大臣が定める者
安全衛生責任者 （法第 16 条）	特定元方事業者以外の関係請負人	〃	—	（関係請負人により統括安全衛生管理を行う者に通報）	① 統括安全衛生責任者との連絡及び受けた連絡事項の関係者への連絡 ② 統括安全衛生責任者からの連絡事項の実施についての管理 ③ 請負人が作成する作業計画等と統括安全衛生責任者と調整 ④ 混在作業による危険の有無の確認 ⑤ 後次の請負人の安全衛生責任者との連絡調整	(1) 特に定められていない
店社安全衛生管理者 （法第 15 条の 3）	建設業元方事業者	鉄骨造、鉄骨鉄筋コンクリート造の建築工事では 20 人以上 50 人未満 （ずい道、橋梁、圧気工事は作業は 20 人以上 30 人未満）※注	遅滞なく	事業開始により所轄労働基準監督署長に報告	(1) 現場の統括安全衛生管理を行う者の指導 (2) 労働災害防止のため行う事項 　① 作業場所の巡視 　② 作業の種類実施状況の把握 　③ 協議組織の会議への随時参加 　④ 工程計画、機械・設備配置計画の確認	(1) 大学、高専を卒業した者でその後 3 年以上の建築工事の実務経験者 (2) 実務経験者 高校を卒業した者で、その後 5 年以上の建築工事の実務経験者 (3) 8 年以上の建築工事における安全衛生実務経験者

（注）1) 統括安全衛生責任者の選任義務はないが、法に準じて選任している事業場を除く
　　　2) 統括安全衛生責任者、元方安全衛生責任者、安全衛生責任者、店社安全衛生管理者が旅行等で業務が行えない場合は代理者を選任しておくこと

下請　選任　現場

3.3　労働者の危険又は健康障害を防止するための措置

事業者の講ずべき措置等 危険の防止	**法第20条**　事業者は，次の危険を防止するため必要な措置を講じなければならない。 　一　機械，器具その他の設備（以下「機械等」という。）による危険 　二　爆発性の物，発火性の物，引火性の物等による危険 　三　電気，熱その他のエネルギーによる危険
作業方法による危険の防止	**法第21条**　事業者は，掘削，採石，荷役，伐木等の業務における作業方法から生ずる危険を防止するため必要な措置を講じなければならない。 2　事業者は，労働者が墜落するおそれのある場所，土砂等が崩壊するおそれのある場所等に係る危険を防止するため必要な措置を講じなければならない。
健康障害の防止	**法第22条**　事業者は，次の健康障害を防止するため必要な措置を講じなければならない。 　一　原材料，ガス，蒸気，粉じん，酸素欠乏空気，病原体等による健康障害 　二　放射線，高温，低温，超音波，騒音，振動，異常気圧等による健康障害 　三　計器監視，精密工作等の作業による健康障害 　四　排気，排液又は残さい物による健康障害
労働者の健康，風紀及び生命の保持	**法第23条**　事業者は，労働者を就業させる建設物その他の作業場について，通路，床面，階段等の保全並びに換気，採光，照明，保温，防湿，休養，避難及び清潔に必要な措置その他労働者の健康，風紀及び生命の保持のため必要な措置を講じなければならない。
作業行動による災害防止	**法第24条**　事業者は，労働者の作業行動から生ずる労働災害を防止するため必要な措置を講じなければならない。
事業者の行うべき調査等	**法第28条の2**　事業者は，厚生労働省令で定めるところにより，建設物，設備，原材料，ガス，蒸気，粉じん等による，又は作業行動その他業務に起因する危険性又は有害性等（中略）を調査し，その結果に基づいて，この法律又はこれに基づく命令の規定による措置を講ずるほか，労働者の危険又は健康障害を防止するため必要な措置を講ずるように努めなければならない。ただし，当該調査のうち，化学物質，化学物質を含有する製剤その他の物で労働者の危険又は健康障害を生ずるおそれのあるものに係るもの以外のものについては，製造業その他厚生労働省令で定める業種に属する事業者に限る。
指針の公表	2　厚生労働大臣は，前条第1項及び第3項に定めるもののほか，前項の措置に関して，その適切かつ有効な実施を図るため必要な指針を公表するものとする。

厚生労働大臣の指導，援助	3　厚生労働大臣は，前項の指針に従い，事業者又はその団体に対し，必要な指導，援助等を行うことができる。

元方事業者の講ずべき措置等

指　導

> **法第 29 条**　元方事業者は，関係請負人及び関係請負人の労働者が，当該仕事に関し，この法律又はこれに基づく命令の規定に違反しないよう必要な指導を行なわなければならない。

指　示

> 2　元方事業者は，関係請負人又は関係請負人の労働者が，当該仕事に関し，この法律又はこれに基づく命令の規定に違反していると認めるときは，是正のため必要な指示を行なわなければならない。

関係請負人等の義務

> 3　前項の指示を受けた関係請負人又はその労働者は，当該指示に従わなければならない。

技術上の指導

> **法第 29 条の 2**　建設業に属する事業の元方事業者は，土砂等が崩壊するおそれのある場所，機械等が転倒するおそれのある場所その他の厚生労働省令で定める場所において関係請負人の労働者が当該事業の仕事の作業を行うときは，当該関係請負人が講ずべき当該場所に係る危険を防止するための措置が適正に講ぜられるように，技術上の指導その他の必要な措置を講じなければならない。

特定元方事業者の講ずべき措置

必要な措置

> **法第 30 条**　特定元方事業者は，その労働者及び関係請負人の労働者の作業が同一の場所において行われることによって生ずる労働災害を防止するため，次の事項に関する必要な措置を講じなければならない。
> 一　協議組織の設置及び運営を行うこと。
> 二　作業間の連絡及び調整を行うこと。
> 三　作業場所を巡視すること。
> 四　関係請負人が行う労働者の安全又は衛生のための教育に対する指導及び援助を行うこと。
> 五　仕事を行う場所が仕事ごとに異なることを常態とする業種で，厚生労働省令で定めるものに属する事業を行う特定元方事業者にあっては，仕事の工程に関する計画及び作業場所における機械，設備等の配置に関する計画を作成するとともに，当該機械，設備等を使用する作業に関し関係請負人がこの法律又はこれに基づく命令の規定に基づき講ずべき措置についての指導を行うこと。
> 六　前各号に掲げるもののほか，当該労働災害を防止するため必要な事項。

特定事業の仕事の発注者

> 2　特定事業の仕事の発注者（注文者のうち，その仕事を他の者から請け負わないで注文している者をいう。以下同じ。）で，特定元方事業者以外のものは，一の場所において行なわれる特定事業の仕事を 2 以上の請

負人に請け負わせている場合において，当該場所において当該仕事に係る2以上の請負人の労働者が作業を行なうときは，厚生労働省令で定めるところにより，請負人で当該仕事を自ら行なう事業者であるもののうちから，前項に規定する措置を講ずべき者として1人を指名しなければならない。一の場所において行なわれる特定事業の仕事の全部を請け負った者で，特定元方事業者以外のもののうち，当該仕事を2以上の請負人に請け負わせている者についても，同様とする。

3　前項の規定による指名がされないときは，同項の指名は，労働基準監督署長がする。

4　第2項又は前項の規定による指名がされたときは，当該指名された事業者は，当該場所において当該仕事の作業に従事するすべての労働者に関し，第1項に規定する措置を講じなければならない。この場合においては，当該指名された事業者及び当該指名された事業者以外の事業者については，第1項の規定は，適用しない。

注文者の講ずべき措置

法第31条　特定事業の仕事を自ら行う注文者は，建設物，設備又は原材料（以下「建設物等」という。）を，当該仕事を行う場所においてその請負人（当該仕事が数次の請負契約によって行われるときは，当該請負人の請負契約の後次のすべての請負契約の当事者である請負人を含む。第31条の4において同じ。）の労働者に使用させるときは，当該建設物等について，当該労働者の労働災害を防止するため必要な措置を講じなければならない。

2　前項の規定は，当該事業の仕事が数次の請負契約によって行なわれることにより同一の建設物等について同項の措置を講ずべき注文者が2以上あることとなるときは，後次の請負契約の当事者である注文者については，適用しない。

特定作業の注文者

法第31条の3　建設業に属する事業の仕事を行う2以上の事業者の労働者が一の場所において機械で厚生労働省令で定めるものに係る作業（以下この条において「特定作業」という。）を行う場合において，特定作業に係る仕事を自ら行う発注者又は当該仕事の全部を請け負った者で，当該場所において当該仕事の一部を請け負わせているものは，厚生労働省令で定めるところにより，当該場所において特定作業に従事するすべての労働者の労働災害を防止するため必要な措置を講じなければならない。

2　前項の場合において，同項の規定により同項に規定する措置を講ずべき者がいないときは，当該場所において行われる特定作業に係る仕事の全部を請負人に請け負わせている建設業に属する事業の元方事業者又は第30条第2項若しくは第3項の規定により指名された事業者で建設業

に属する事業を行うものは，前項に規定する措置を講ずる者を指名する等当該場所において特定作業に従事するすべての労働者の労働災害を防止するため必要な配慮をしなければならない。

違法な指示の禁止	**法第 31 条の 4**　注文者は，その請負人に対し，当該仕事に関し，その指示に従って当該請負人の労働者を労働させたならば，この法律又はこれに基づく命令の規定に違反することとなる指示をしてはならない。

3.4　労働者の就業に当たっての措置

安全衛生教育	
雇い入れ時等の教育	**法第 59 条**　事業者は，労働者を雇い入れたときは，当該労働者に対し，厚生労働省令で定めるところにより，その従事する業務に関する安全又は衛生のための教育を行なわなければならない。 2　前項の規定は，労働者の作業内容を変更したときについて準用する。 3　事業者は，危険又は有害な業務で，厚生労働省令で定めるものに労働者をつかせるときは，厚生労働省令で定めるところにより，当該業務に関する安全又は衛生のための特別の教育を行なわなければならない。
職長等教育	**法第 60 条**　事業者は，その事業場の業種が政令で定めるものに該当するときは，新たに職務につくこととなった職長その他の作業中の労働者を直接指導又は監督する者（作業主任者を除く。）に対し，次の事項について，厚生労働省令で定めるところにより，安全又は衛生のための教育を行なわなければならない。 一　作業方法の決定及び労働者の配置に関すること。 二　労働者に対する指導又は監督の方法に関すること。 三　前二号に掲げるもののほか，労働災害を防止するため必要な事項で，厚生労働省令で定めるもの
就業制限	**法第 61 条**　事業者は，クレーンの運転その他の業務で，政令で定めるものについては，都道府県労働局長の当該業務に係る免許を受けた者又は都道府県労働局長の登録を受けた者が行う当該業務に係る技能講習を修了した者その他厚生労働省令で定める資格を有する者でなければ，当該業務に就かせてはならない。 2　前項の規定により当該業務につくことができる者以外の者は，当該業務を行なってはならない。 3　第 1 項の規定により当該業務につくことができる者は，当該業務に従事するときは，これに係る免許証その他その資格を証する書面を携帯していなければならない。

4（省略）

建築工事における主な就業制限業務

法第 59 条第 3 項の特別教育及び法第 61 条第 1 項の資格を有するもののうち，建築工事における主な就業制限業務は次表のとおり。

建築工事における主な就業制限業務

	資格等を必要とする業務内容		資　格	資　格			関係法規
				免許	技能講習	特別教育	
1	クレーンの運転業務	つり上げ荷重が 5 t 以上	クレーン・デリック運転士免許	○			令第 20 条（六）クレーン則第 22 条 安衛則第 41 条
2		つり上げ荷重が 5 t 以上床上で運転し，かつ運転者が荷の移動とともに移動する方式のクレーン	① クレーン・デリック運転士免許 ② 床上操作式クレーン運転技能講習	○	○		令第 20 条（六）クレーン則第 22 条 安衛則第 41 条
3		つり上げ荷重が 5 t 未満	① クレーンの運転業務特別教育 ② 跨線テルハの運転業務特別教育			○	安衛則第 36 条（十五）クレーン則第 21 条
4	移動式クレーンの運転（道路上の走行を除く）業務	つり上げ荷重が 5 t 以上	移動式クレーン運転士免許	○			令第 20 条（七）クレーン則第 68 条 安衛則第 41 条
5		つり上げ荷重が 1 t 以上 5 t 未満	① 移動式クレーン運転士免許 ② 小型移動式クレーン運転技能講習	○	○		令第 20 条（七）クレーン則第 68 条 安衛則第 41 条
6		つり上げ荷重が 1 t 未満	移動式クレーン運転業務の特別教育			○	安衛則第 36 条（十六）クレーン則第 67 条
7	デリックの運転業務	つり上げ荷重が 5 t 以上	クレーン，デリック運転士免許	○			令第 20 条（八）クレーン則第 108 条 安衛則第 41 条
8		つり上げ荷重が 5 t 未満	デリックの運転業務の特別教育			○	安衛則第 36 条（十六）クレーン則第 107 条
9	クレーン・移動式クレーン・デリックの玉掛けの業務	つり上げ荷重が 1 t 以上	玉掛技能講習		○		令第 20 条（十）クレーン則第 221 条 安衛則第 41 条
10		つり上げ荷重が 1 t 未満	玉掛けの業務の特別教育			○	安衛則第 36 条（十九）クレーン則第 222 条
11	建設用リフトの運転業務		建設用リフトの運転業務の特別教育			○	安衛則第 36 条（十八）クレーン則第 183 条
12	ゴンドラの操作の業務		ゴンドラ操作業務の特別教育			○	安衛則第 36 条（二十）ゴンドラ則第 12 条
13	車両系建設機械（整地・運搬・積込み用及び掘削用）の運転（道路上の走行を除く）業務（動力を用い，かつ，不特定の場所に自走することができるもの）	機体重量が 3 t 以上	車両系建設機械（整地・運搬・積込み用・掘削用）の運転技能講習		○		令第 20 条（十二）安衛則第 41 条
14		機体重量が 3 t 未満	小型車両系建設機械（整地・運搬・積込み用・掘削用）の運転業務に係る特別教育			○	安衛則第 36 条（九）
15	車両系建設機械（解体用）の運転の業務（同上）	機体重量が 3 t 以上	車両系建設機械（解体用）の運転技能講習		○		令第 20 条（十二）安衛則第 41 条
16		機体重量が 3 t 未満	小型車両系建設機械（解体用）の運転業務に係る特別教育			○	安衛則第 36 条（九）
17	車両系建設機械（基礎工事用）の運転の業務（同上）	機体重量が 3 t 以上	車両系建設機械（基礎工事用）の運転技能講習		○		令第 20 条（十二）安衛則第 41 条
18		機体重量が 3 t 未満	小型車両系建設機械（基礎工事用）の運転業務に係る特別教育			○	安衛則第 36 条（九）
19	基礎工事用建設機械で動力を用い，かつ，不特定の場所に自走できるもの以外のものの運転の業務		基礎工事用建設機械の運転業務に係る特別教育			○	安衛則第 36 条（九の二）

5

10

15

20

25

30

35

第 3 章 法 規

	資格等を必要とする業務内容		資　格	資　格			関係法規
				免許	技能講習	特別教育	
20	基礎工事用建設機械で動力を用い，かつ，不特定の場所に自走できるものの作業装置の操作（車体上の運転席における操作を除く）業務		車両系建設機械（基礎工事用）の作業装置の操作に係る特別教育			○	安衛則第36条（九の三）
21	ローラー等締固め用機械で動力を用いかつ不特定の場所に自走できるものの運転の業務		車両系建設機械（締固め用機械）の運転に係る特別教育			○	安衛則第36条（十）
22	不整地運搬車の運転（道路上の走行を除く）業務	最大積載量が1t以上	不整地運搬車技能講習		○		令第20条（十四）安衛則第41条
23		最大積載量が1t未満	不整地運搬車の運転業務の特別教育			○	安衛則第36条（五の三）
24	高所作業車の運転（道路上の走行を除く）業務	作業床の高さが10m以上	高所作業車運転技能講習		○		令第20条（十五）安衛則第41条
25		作業床の高さが10m未満	高所作業車の運転業務の特別教育			○	安衛則第36条（十の五）
26	フォークリフトの運転（道路上の走行を除く）業務	最大荷重が1t以上	フォークリフト運転技能講習		○		令第20条（十一）安衛則第41条
27		最大荷重が1t未満	フォークリフト運転業務の特別教育			○	安衛則第36条（五）
28	コンクリート打設用機械の作業装置の操作業務		コンクリートポンプ車の作業装置操作に係る特別教育			○	安衛則第36条（十の二）
29	ボーリングマシンの運転業務		ボーリングマシンの運転業務の特別教育			○	安衛則第36条（十の三）
30	動力により駆動される巻上げ機の運転業務（電気ホイスト，エアーホイスト及びこれら以外の巻上げ機でゴンドラに係るものを除く）		巻上げ機の運転業務に係る特別教育			○	安衛則第36条（十一）
31	可燃性ガス及び酸素を用いて行う金属の溶接，溶断又は加熱の業務		①　ガス溶接作業主任者免許 ②　ガス溶接技能講習	○	○		令第20条（十）安衛則第41条
32	アーク溶接機を用いて行う金属の溶接，溶断等の業務		アーク溶接等の業務に係る特別教育			○	安衛則第36条（三）
33	「酸素欠乏危険場所」における作業に係る業務		酸素欠乏危険作業特別教育			○	安衛則第36条（二十六）酸欠則第12条
34	石綿等使用建築物の解体等の作業・石綿等の封じ込め，囲い込みの作業		石綿使用建築物等解体等業務の特別教育			○	安衛則第36条（三十七）石綿則第27条
35	除染則第2条，第7項の除染業務等		除染等業務特別教育			○	安衛則第36条（三十八）除染則（津）第19条
36	足場の組立て，解体又は変更の作業に係る業務（地上又は堅固な床上における補助作業の業務を除く）		足場の組立て，解体又は変更作業の特別教育			○	安衛則第36条（三十九）
37	ロープ高所作業に係る業務		ロープ高所作業の業務に係る特別教育			○	安衛則第36条（四十）
38	墜落制止用器具を用いて行う作業に係る業務		墜落制止用器具を用いて行う作業の業務に係る特別教育			○	安衛則第36条（四十一）

（注）除染則：東日本大震災により生じた放射性物質により汚染された土壌等を除染するための業務等に係る電離放射線障害防止規則

中高年齢者等についての配慮	法第62条　事業者は，中高年齢者その他労働災害の防止上その就業に当たって特に配慮を必要とする者については，これらの者の心身の条件に応じて適正な配置を行なうように努めなければならない。

3.5　健康の保持増進のための措置

健康診断

定期健康診断等	法第66条　事業者は，労働者に対し，厚生労働省令で定めるところにより，医師による健康診断（中略）を行わなければならない。 2　事業者は，有害な業務で，政令で定めるものに従事する労働者に対し，厚生労働省令で定めるところにより，医師による特別の項目についての健康診断を行なわなければならない。有害な業務で，政令で定めるものに従事させたことのある労働者で，現に使用しているものについても，同様とする。 3　事業者は，有害な業務で，政令で定めるものに従事する労働者に対し，厚生労働省令で定めるところにより，歯科医師による健康診断を行なわなければならない。 4　（省略） 5　労働者は，前各項の規定により事業者が行なう健康診断を受けなければならない。ただし，事業者の指定した医師又は歯科医師が行なう健康診断を受けることを希望しない場合において，他の医師又は歯科医師の行なうこれらの規定による健康診断に相当する健康診断を受け，その結果を証明する書面を事業者に提出したときは，この限りでない。
自発的健康診断の結果の提出	法第66条の2　午後10時から午前5時まで（厚生労働大臣が必要であると認める場合においては，その定める地域又は期間については午後11時から午前6時まで）の間における業務（以下「深夜業」という。）に従事する労働者であって，その深夜業の回数その他の事項が深夜業に従事する労働者の健康の保持を考慮して厚生労働省令で定める要件に該当するものは，厚生労働省令で定めるところにより，自ら受けた健康診断（前条第5項ただし書の規定による健康診断を除く。）の結果を証明する書面を事業者に提出することができる。
結果の記録	法第66条の3　事業者は，厚生労働省令で定めるところにより，第66条第1項から第4項まで及び第5項ただし書並びに前条の規定による健康診断の結果を記録しておかなければならない。

3.6　監督等

計画の届出等	法第88条　事業者は，機械等で，危険若しくは有害な作業を必要とするもの，危険な場所において使用するもの又は危険若しくは健康障害を防止するため使用するもののうち，厚生労働省令で定めるものを設置し，

若しくは移転し，又はこれらの主要構造部分を変更しようとするときは，その計画を当該工事の開始の日の30日前までに，厚生労働省令で定めるところにより，労働基準監督署長に届け出なければならない。ただし，第28条の2第1項に規定する措置その他の厚生労働省令で定める措置を講じているものとして，厚生労働省令で定めるところにより労働基準監督署長が認定した事業者については，この限りでない。

2　事業者は，建設業に属する事業の仕事のうち重大な労働災害を生ずるおそれがある特に大規模な仕事で，厚生労働省令で定めるものを開始しようとするときは，その計画を当該仕事の開始の日の30日前までに，厚生労働省令で定めるところにより，厚生労働大臣に届け出なければならない。

3　事業者は，建設業その他政令で定める業種に属する事業の仕事（建設業に属する事業にあっては，前項の厚生労働省令で定める仕事を除く。）で，厚生労働省令で定めるものを開始しようとするときは，その計画を当該仕事の開始の日の14日前までに，厚生労働省令で定めるところにより，労働基準監督署長に届け出なければならない。

4　事業者は，第1項の規定による届出に係る工事のうち厚生労働省令で定める工事の計画，第2項の厚生労働省令で定める仕事の計画又は前項の規定による届出に係る仕事のうち厚生労働省令で定める仕事の計画を作成するときは，当該工事に係る建設物若しくは機械等又は当該仕事から生ずる労働災害の防止を図るため，厚生労働省令で定める資格を有する者を参画させなければならない。

5　前三項の規定（前項の規定のうち，第1項の規定による届出に係る部分を除く。）は，当該仕事が数次の請負契約によって行われる場合において，当該仕事を自ら行う発注者がいるときは当該発注者以外の事業者，当該仕事を自ら行う発注者がいないときは元請負人以外の事業者については，適用しない。

6　労働基準監督署長は第1項又は第3項の規定による届出があった場合において，厚生労働大臣は第2項の規定による届出があった場合において，それぞれ当該届出に係る事項がこの法律又はこれに基づく命令の規定に違反すると認めるときは，当該届出をした事業者に対し，その届出に係る工事若しくは仕事の開始を差し止め，又は当該計画を変更すべきことを命ずることができる。

7　（省略）

〔参考文献・図表の引用〕

第2章　建築施工

第1節　地盤調査

1) 全訂新版　建築地盤工学　平成10年，阪口理著，理工図書(株)
2) 建築工事監理指針（下巻）　令和4年版，(一社)公共建築協会
3) 地盤調査－基本と手引き－　平成25年，地盤工学会地盤調査規格・基準委員会WG12地盤調査－基本と手引き－改訂WG，(公社)地盤工学会
4) 土質試験－基礎と手引き－（第二回改訂版）平成22年，地盤工学会「土質試験－基礎と手引き－」改訂編集WG，(公社)地盤工学会

第2節　仮設工事

1) 公共建築工事標準仕様書（建築工事編）　令和4年版，(一社)公共建築協会
2) 建築工事監理指針（上巻）　令和4年版，(一社)公共建築協会
3) 建築工事標準仕様書・同解説　JASS 2　仮設工事2006，(一社)日本建築学会
4) 型枠の設計・施工指針2011，(一社)日本建築学会

第3節　土工事

1) 公共建築工事標準仕様書（建築工事編）　令和4年版，(一社)公共建築協会
2) 建築工事監理指針（上巻）令和4年版，(一社)公共建築協会
3) 山留め設計施工指針　2002，(一社)日本建築学会
4) 建築工事標準仕様書・同解説　JASS 3　土工事および山留め工事　2009，(一社)日本建築学会
5) 建築地盤アンカー設計施工指針・同解説　2001，(一社)日本建築学会
6) 道路土工要綱（平成21年度版），(公社)日本道路協会

第4節　地業工事

1) 公共建築工事標準仕様書（建築工事編）　令和4年版，(一社)公共建築協会
2) 建築工事監理指針（上巻）令和4年版，(一社)公共建築協会
3) 建築工事標準仕様書・同解説　JASS 4　杭・地業および基礎工事2009，(一社)日本建築学会

第5節　鉄筋工事

1) 公共建築工事標準仕様書（建築工事編）　令和4年版，(一社)公共建築協会
2) 建築工事監理指針（上巻）令和4年版，(一社)公共建築協会
3) 建築工事標準仕様書・同解説　JASS 5　鉄筋コンクリート工事2009，(一社)日本建築学会
4) 鉄筋コンクリート造配筋指針・同解説2010，(一社)日本建築学会

第6節　コンクリート工事

1) 公共建築工事標準仕様書（建築工事編）　令和4年版，(一社)公共建築協会
2) 建築工事監理指針（上巻）　令和4年版，(一社)公共建築協会
3) 建築工事標準仕様書・同解説　JASS 5　鉄筋コンクリート工事2015，(一社)日本建築学会

第7節　鉄骨工事

1) 公共建築工事標準仕様書（建築工事編）　令和4年版，(一社)公共建築協会
2) 建築工事監理指針（上巻）令和4年版，(一社)公共建築協会
3) 建築工事標準仕様書・同解説　JASS 6　鉄骨工事2015，(一社)日本建築学会
4) 鉄骨工事技術指針・工場製作編　2018，(一社)日本建築学会
5) 鉄骨工事技術指針・工事現場施工編　2008，(一社)日本建築学会

第8節　ALCパネル・押出成形セメント板工事

1) 公共建築工事標準仕様書（建築工事編）　令和4年版，(一社)公共建築協会
2) 建築工事監理指針（上巻）　令和4年版，(一社)公共建築協会
3) 建築工事標準仕様書・同解説　JASS 7　メーソンリー工事　2009，(一社)日本建築学会
4) 壁式構造関係設計基準集・同解説（メーソンリー編）2012，(一社)日本建築学会
5) 建築工事標準仕様書・同解説　JASS 21　ALCパネル工事2018，(一社)日本建築学会

第9節　防水工事

1) 公共建築工事標準仕様書（建築工事編）　令和4年版，(一社)公共建築協会
2) 建築工事監理指針（上巻）令和4年版，(一社)公共建築協会
3) 建築工事標準仕様書・同解説　JASS 8　防水工事2023，(一社)日本建築学会

第10節　タイル工事

1) 公共建築工事標準仕様書（建築工事編）　令和4年版，(一社)公共建築協会
2) 建築工事監理指針（下巻）令和4年版，(一社)公共建築協会
3) 建築工事標準仕様書・同解説　JASS 19　陶磁器質タイル工事2012，(一社)日本建築学会

第 11 節　屋根工事
1)　公共建築工事標準仕様書（建築工事編）　令和 4 年版, （一社）公共建築協会
2)　建築工事監理指針（下巻）令和 4 年版, （一社）公共建築協会
3)　建築工事標準仕様書・同解説　JASS 12　屋根工事 2004,（一社）日本建築学会

第 12 節　金属工事
1)　公共建築工事標準仕様書（建築工事編）　令和 4 年版, （一社）公共建築協会
2)　建築工事監理指針（下巻）令和 4 年版,（一社）公共建築協会
3)　建築工事標準仕様書・同解説　JASS 26　内装工事 2006,（一社）日本建築学会

第 13 節　左官工事
1)　公共建築工事標準仕様書（建築工事編）　令和 4 年版, （一社）公共建築協会
2)　建築工事監理指針（下巻）令和 4 年版,（一社）公共建築協会
3)　建築工事標準仕様書・同解説　JASS 15　左官工事 2019,（一社）日本建築学会
4)　建築工事標準仕様書・同解説　JASS 23　吹付け工事 2006,（一社）日本建築学会

第 14 節　建具工事
1)　公共建築工事標準仕様書（建築工事編）　令和 4 年版, （一社）公共建築協会
2)　建築工事監理指針（下巻）令和 4 年版,（一社）公共建築協会
3)　建築工事標準仕様書・同解説　JASS 16　建具工事 2008,（一社）日本建築学会
4)　建築工事標準仕様書・同解説　JASS 17　ガラス工事 2003,（一社）日本建築学会

第 15 節　カーテンウォール工事
1)　公共建築工事標準仕様書（建築工事編）　令和 4 年版, （一社）公共建築協会
2)　建築工事監理指針（下巻）令和 4 年版,（一社）公共建築協会
3)　建築工事標準仕様書・同解説　JASS 14　カーテンウォール工事 2012,（一社）日本建築学会

第 16 節　塗装工事
1)　公共建築工事標準仕様書（建築工事編）　令和 4 年版, （一社）公共建築協会
2)　建築工事監理指針（下巻）令和 4 年版,（一社）公共建築協会
3)　建築工事標準仕様書・同解説　JASS 18　塗装工事 2013,（一社）日本建築学会

第 17 節　内装工事
1)　公共建築工事標準仕様書（建築工事編）　令和 4 年版, （一社）公共建築協会
2)　建築工事監理指針（下巻）令和 4 年版,（一社）公共建築協会
3)　建築工事標準仕様書・同解説　JASS 26　内装工事 2006,（一社）日本建築学会
4)　建築工事標準仕様書・同解説　JASS 24　断熱工事 2013,（一社）日本建築学会

第 18 節　改修工事
1)　公共建築改修工事標準仕様書（建築工事編）　令和 4 年版,（一財）建築保全センター
2)　建築改修工事監理指針（上巻）　令和元年版,（一財）建築保全センター
3)　建築改修工事監理指針（下巻）　令和元年版,（一財）建築保全センター
4)　外装仕上げ及び防水の補修・改修技術 第 5 編 セメントモルタル仕上げ外壁の補修・改修技術,（一財）日本建築センター・（一財）建築保全センター　1995,（一財）経済調査会
5)　既存鉄筋コンクリート造建築物の耐震診断基準・改修設計指針・同解説　2001 年改訂版,（一財）日本建築防災協会
6)　あと施工アンカー・連続繊維補強設計・施工指針　国土交通省（国住指第 1015 号 平成 18 年 7 月 7 日）

第 3 章
1)　建築法規用教材 2016,（一社）日本建築学会
2)　建築工事監理指針（上巻）令和 4 年版,（一社）公共建築協会
3)　型枠の設計・施工指針 2011,（一社）日本建築学会
4)　山留め設計施工指針 2002,（一社）日本建築学会
5)　監理技術者講習テキスト　平成 28 年,（一財）建設業振興基金
6)　監理技術者必携　平成 29 年,（一財）全国建設研修センター

1 級建築施工管理第二次検定問題解説集 2025 年版

令和 7 年 4 月 24 日　第 1 刷発行

ⓒ
編　集
発　行
一般財団法人　地域開発研究所

〒112‐0014　東京都文京区関口 1 － 47 － 12
江戸川橋ビル
TEL 03 （3235）3601
https ://www.ias.or.jp

ISBN 978-4-88615-437-8

施工管理技士受検対策 は
地域開発研究所に おまかせ

地域開発研究所では,
施工管理技士を目指す方を受検講習会,
受検参考書でサポートし, 約46年間にわたり
たくさんの合格者を輩出してきました。

選べる!
講習会

- 累計**98万人**の参加実績

- **出題傾向を分析,**
  的を射た講義内容

- 企業内講習会
  リピート率100%

- **令和6年度検定制度改定**の
  最新情報をフォロー

2本柱で 受検生を サポート!

わかる!
参考書

- **最新の試験出題傾向を分析**

- 技術者必携の**基礎知識, 専門技術,
  施工管理, 関係法規**

- **詳細な解説, 豊富な図表**

- 教育機関の教材や社内研修など
  に**広く採用**

選べる! 講習会

会場とWeb
選べる受講スタイル

地域開発研究所の受検講習会は，2日間の短期集中形式で行います（科目によってコース内容は異なります）。
検定制度を熟知した各専門分野の講師による，重点項目とポイントを厳選した講義で，
独学に比べて学習時間は大幅に短縮でき，効率よく試験対策ができます。

ライブ講義をその場で受講! 『会場参加型講習会』

Point
・同じ目標をもつ仲間と一緒に受講できる
・わからなかった箇所を講師に確認できる
・短期間で重要ポイントの対策ができる

こんな人におすすめ
・短期間に対策を済ませたい人
・独学より対面のほうが集中できる人

会場コース＋Webコースのお得なダブル受講!
プラス5,500円（税込）で会場コースとWebコースの両方受講が可能です。講義内容は同じですが受講後の復習に，または受講前の予習として，すべてのWeb講習をご視聴いただけます。

施工経験記述「添削指導」付き
8/28（木）までの講習会申込特典として、施工経験記述「添削指導」が付いてきます。担当専門家による添削後、添削者とは別の担当者が再チェック。専門家によるダブルチェックにより記述を合格水準へ導きます!!

いつでも何度でも受講! 『Web動画配信講習会』

Point
・単元ごとに視聴できるため学習計画を立てやすい
・スマートフォン，タブレットでも視聴可能
・くり返し視聴できて聞き漏らしもなし

こんな人におすすめ
・仕事が忙しく，まとまった時間がとれない人
・とくに苦手な科目がある人
・ひとりのほうが集中できる人

〈1級建築施工管理 第二次検定 受検講習会 2025年度開催予定〉 *講習会指定図書を使用します（別途購入の必要があります）

コース	内 容	金 額（税込）		
		一 般	再受講	一次割
会場コース Webコース からご選択	**2日間（2日間相当）** ※申込締切：「会場コース」は，各地開催日の 8日前まで。「Webコース」は，10/5（日）。	29,700円	25,300円	25,300円

※Webコースは配信開始日から試験当日まで，何度でも繰り返し視聴可能。

開催日や受講料など詳細はホームページでご案内しています

一般財団法人 **地域開発研究所**　TEL 03-3235-3601

〒112-0014 東京都文京区関口1-47-12 江戸川橋ビル　URL https://www.jas.or.jp/